The

Federalist

Papers

: 새 번역판

페더럴리스트 페이퍼스

: 알렉산더 해밀턴·제임스 매디슨·존 제이 지음 | 김동영 옮김

The Federalist Papers

한울
아카데미

옮긴이 서문

　지금으로부터 28년 전인 1995년, 처음으로 우리말로 『페더럴리스트 페이퍼스(The Federalist Papers)』 전문을 번역해 출판했다. 미국 유학 시절, 미국정치를 전공하면서 우리나라에는 『페더럴리스트 페이퍼스』라는 책을 구성하는 85편의 페이퍼 중 그 일부만 번역되어 있었고, 번역된 것들 중에서도 많은 페이퍼들은 내용의 일부만이 번역되어 있음을 알았다. 이를 계기로 공부를 마치고 돌아가면 반드시 한국에서 처음으로 85편을 전부 번역해 출판할 것을 결심했다. 이 계획은 실행에 옮겨졌고 『페더랄리스트 페이퍼』라는 제목으로 1995년 출판되었다. 하지만 미국정치학으로 학위를 받았음에도 불구하고 당시 그 분야에서의 나의 지식과 연륜은 초보 수준에 불과했기에, 항상 아쉬움이 남은 채 만족하지 못하고 많은 세월이 흘러갔다. 언젠가는 1995년 초판보다는 훨씬 더 나은 번역을 해야겠다고 생각하고 있었으며, 이제서야 마침내 그 계획을 실행에 옮겨 개정판을 출판하게 되었다. 지난 28년 동안 미국정치를 더 공부하고 또 그 분야를 대학에서 가르치는 과정이 있었기에 초판보다는 이번 개정판이 조금은 더 나은 책이 될 것이라고 기대한다.

　초판 발행 당시에는, 이 책의 내용을 좀 더 잘 이해하기 위해 필요한 많은 배경지식과 역사적 사실들에 지금처럼 누구나 인터넷을 이용해 접근 가능한 시절이 아니었다. 초판을 집필하던 당시 이러한 배경지식을 각주나 미주에 담아 독자들이 책의 내용을 이해하는 데 도움을 주고 싶은 생각은 너무도 간절했으나, 이런 지식을 도서관에서 찾아 책에 포함시키는 것은 현실적으로 매우 어려웠다. 그러나 이번 개정판을 집필하면서 이러한 지식의 대부분을 누구나 인터넷에서 얻을 수 있다는 사실은 초판 발행 시에 비해 엄청난 변화였다.

개정판에서 각주로 처리한 내용은 크게 두 종류이다. 하나는 누구나 인터넷에서 구할 수 있는 배경지식을 독자의 편의를 위해 각주로 달았다. 다른 하나는 본문의 내용을 좀 더 쉽게 이해할 수 있도록 그 내용과 관련된 미국정치의 전문지식을 역시 각주로 처리해 이번 개정판이 『페더럴리스트 페이퍼스』의 참고서 역할을 어느 정도 할 수 있도록 구성했다.

1776년, 미국은 독립을 선언했으나, 엄밀한 의미에서 보면 미국의 첫 헌법인 「연합규약(The Articles of Confederation)」[1]이 1781년 모든 주에서 비준되기 전에는 13개의 독립국으로 존재했다고 볼 수 있다. 연합규약은 1789년 지금의 헌법이 채택되기 전까지 약 8년 동안 아메리카 합중국의 첫 헌법이었으며, 견고한 연합을 통해 공동 방위, 자유의 확보, 상호 간의 복지 증진을 도모한다는 것이 그 주요 내용이었다. 그러나 연합규약에도 불구하고 주들은 아직도 독립적인 국가로서 주권을 가지고 있었으며, 행정부나 사법부가 별도로 존재하지 않았다. 그뿐만 아니라, 중앙정부에는 관세를 설정하고, 상업을 규제하며, 세금을 징수하는 권한이 없었다. 또한 중앙정부에는 외교에 대한 권한도 없었기 때문에 여러 주가 외국과 독자적인 교섭과 무역을 하고 있었다.

당시 미국의 지도층은 이러한 문제들을 해결할 수 있는 유일한 방법은 강력한 중앙정부의 수립이라고 생각했고, 그러기 위해서는 헌법의 수정이 불가

---

1) The Articles of Confederation을 이 책의 1995년 초판에서는 연맹규약으로 번역했으나, 개정판에서는 연합규약으로 번역했다. 그 이유는 당시 13개 주의 결속은 그 성격에 있어 연맹보다는 연합에 더 가깝다고 판단되기 때문이다.

피하다고 생각했다. 그리하여 1787년 5월 25일, 마침내 필라델피아에서 로드 아일랜드(Rhode Island)주를 제외한 12개 주의 대표들이 참석한 가운데 헌법 회의가 열렸다. 그러나 원래의 목적이었던 당시의 헌법을 수정하는 대신 새로운 헌법, 즉 현재 미국의 헌법을 제정하게 되었고 약 4개월 후인 1787년 9월 17일, 대표들은 합의된 새헌법에 서명하게 된다. 새헌법의 효력 발생을 위해서는 다시 13개 주 중 9개 주 이상의 비준이 필요했는데, 헌법의 비준을 두고 각 주에서는 격렬한 논란이 일었다. 일반적으로 새헌법과 헌법의 비준을 찬성하는 사람들을 '페더럴리스트(federalist)'라고 불렀고, 이를 반대하는 사람들을 '안티-페더럴리스트(Anti-federalist)'라고 불렀다. 비교적 크고 강한 주인 버지니아주와 뉴욕주에서는 다른 주에 비해 더욱 많은 반대가 있었고, 안티-페더럴리스트는 이미 뉴욕시의 신문에 새헌법을 반대하는 기사를 쓰고 있던 상황이었다.

이에 대해 뉴욕주의 대표로 헌법회의에 참석한 알렉산더 해밀턴의 주도로 다른 두 명의 페더럴리스트인 제임스 매디슨(James Madison)과 존 제이(John Jay)가 1787년 10월부터 ≪인디펜던트 저널(The Independent Journal)≫을 비롯한 뉴욕시의 신문에 새헌법의 의미와 필요성을 설명하는 글을 싣기 시작했다. 이들은 새헌법을 쓸 당시 많은 이론적, 그리고 사상적 공헌을 했을 뿐아니라, 새헌법의 열렬한 지지자로 이미 널리 알려져 있었기 때문에 편견을 배제하고 대중적 지지를 유도하기 위해 푸블리어스(Publius)라는 필명을 사용했다. 그들은 1788년 4월까지 총 77개의 페이퍼를 게재했는데, 1788년 3월 *The Federalist: A Collection of Essays* 라는 제목으로 페이퍼 1~36번이 제1권으로 출판되었다. 1788년 5월에는 페이퍼 37~77번과 그때까지 신문에 게재되지 않았던 페이퍼 8편(78~85번)을 포함한 제2권이 출판되었다. 신문에 게재되지 않았던 페이퍼 78~85편도 그 후 신문에 게재되었다. 85편의 페이퍼를 모아 출판된 책들의 제목은 *The Federalist Papers* 혹은 *The Federalist* 라고 공식화되었다.

85편의 페이퍼들 중 그 저자가 분명치 않은 것이 여러 편 있었으나, 최근 전문가들의 분석에 의하면 해밀턴이 51편(1, 6~9, 11~13, 15~17, 21~36, 59~61, 65~85), 매디슨이 29편(10, 14, 18~20, 37~58, 62~63), 제이가 5편(2~5, 64)을 썼다고 추정되고 있다. 하지만 해밀턴과 매디슨은 서로의 동의 없이는 각 페이퍼에 대한 저자를 절대 밝히지 않을 것을 약속했으며, 이 약속은 두 사람이 죽을 때까지 지켜졌기 때문에 저자가 분명치 않다고 판단되는 페이퍼들의 실제 저자가 정확히 누구였는지는 알 수 없다. 참고로 원저자가 누구인지에 대한 논쟁이 있는 페이퍼들은 50, 52, 53, 55, 56, 57, 58, 62, 63번이다.

해밀턴, 매디슨, 그리고 제이가 뉴욕주의 신문에 페이퍼들의 기고를 마치고 이것이 책으로 출판된 직후인 1788년 6월 21일, 뉴햄프셔주가 13개 주 중 9번째로 새헌법을 비준함으로써 사실상 헌법이 채택되었고, 곧이어 뉴욕주도 약 한 달 후인 7월 26일 11번째로 새헌법을 비준했다.

이 새헌법, 즉 현재의 헌법에 의해 1789년 조지 워싱턴(George Washington)이 초대 대통령으로 선출되고 미국은 연방이라는 새로운 정치제도로 다시 태어나게 된다. 『페더럴리스트 페이퍼스』를 쓴 세 명 중 한 명인 알렉산더 해밀턴은 조지 워싱턴에 의해 초대 재무장관으로 임명되어 자본주의에 기반을 둔 미국경제의 틀을 굳건하게 마련했다. 존 제이는 초대 연방대법원장을 지냈으며, 제임스 매디슨은 제3대 대통령 토머스 제퍼슨의 임기 동안 국무장관을 지낸 후 제4대 대통령에 당선되었다.

『페더럴리스트 페이퍼스』는 독립선언문, 그리고 미국 헌법과 함께 미국 역사와 정치에 있어 가장 신성한 글로 여겨지고 있으며, 미국 연방대법원의 판결에서 헌법의 해석을 위해 인용하는 가장 권위 있는 주석서이다. 특히 이 책은 미국의 정치사상과 미국정치의 메커니즘을 이해하는 데 있어 필독서로 여겨지며, 미국의 역사와 사회를 이해하는 데도 가장 중요한 참고자료 중 하나이다.

이렇듯 심오한 정치사상서이자 정교한 정치이론서인 고전 『페더럴리스트 페이퍼스』는 일반적으로 연방주의자 논집, 논고 등으로 번역되고 있는데, 사실 이 글이 쓰인 당시에는 미국정치에 연방주의(federalism)라는 용어는 물론 그 정확한 개념도 존재하지 않았기 때문에 이 책을 '연방주의자 논집', 혹은 '연방주의자 논고' 등으로 부르는 것은 대단히 잘못된 것이다. 당시 제안된 헌법을 지지하는 사람들은 그들 자신을 'federalist'로 불렀으며, 제안된 헌법에 반대하는 사람들은 그들이 'anti-federalist'라고 불리는 것을 기꺼이 받아들였다. 이러한 맥락에서 그들을 반연방주의라고 부르는 것 또한 대단히 잘못된 것이다. 본 번역서의 제목을 '연방주의자 논고, 논집, 혹은 논문' 등의 제목을 사용하지 않고 원제목 그대로 '페더럴리스트 페이퍼스'라고 한 것도 바로 이러한 이유에서다. 새헌법은 정확히 말해 연합적인 요소(confederal)와 단일국가적인 요소(national)를 혼합한 것이었는데, 당시 미국의 국부들은 이 새로운 형태의 정치제도에 대한 대략적인 개념은 가지고 있었지만, 그 개념에 대한 용어는 존재하지 않았다. 이 두 요소가 합성되어 독자적인 형태로 발전된 정치체제가 연방주의(federalism)로 불리게 된 것은 1800년대에 들어서이고, 그 후로 연방주의라는 개념은 시대에 따라 여러 번에 거쳐 변화하고 진화했다. 어쨌든 연합적인 성격과 단일국가적인 성격을 동시에 가진 정치제도를 지칭하는 'federalism'이라는 용어가 당시에는 존재하지 않았기 때문에 『페더럴리스트 페이퍼스』의 어디에서도, 그리고 당시의 어떠한 문헌에서도 'federalism'이라는 단어를 찾아볼 수 없는 것은 당연하다. '페미니즘(feminism)'이라는 단어에서 'feminist'라는 단어가 생성된 것처럼, 이러한 과정이 새 단어가 생성되는 일반적인 순서이다. 그러나 이 경우와는 반대로 'federalism'이라는 단어는 'federalist'라는 단어로부터 거꾸로 생성된 역성어(back-formation)이기 때문이다.

본 번역본을 읽거나 영어로 쓰인 원본을 공부하는 이들은 『페더럴리스트 페이퍼스』의 저자들뿐만 아니라, 당시의 미국 사회에서 사용된 미국의 정치 체제에 대한 용어들의 개념이 많은 혼동을 준다는 것을 알게 된다. 이 점은 미국 내 학자들도 늘 지적하는 문제이기도 하다. 따라서 본문을 읽기 전에 용어에 대한 정리를 간단히 하고, 이에 대한 세부적인 설명은 이 책의 '원문의 용어에 대한 정의와 설명' 부분과 해당 용어가 나오는 페이퍼의 각주에서 하도록 하겠다.

영국의 식민 지배를 받고 있던 13개 주는 각각 개별 정부를 가지고 있었기 때문에 이들은 13개의 독립된 국가들이었다. 그들은 영국의 식민지 수탈과 억압에 공동으로 대응하기 위해, 두 번의 대륙 회의를 거쳐 1781년에 첫 헌법인 연합규약(The Articles of Confederation)을 토대로 중앙정부가 존재하지 않고 입법부만 존재하는, 즉 느슨한 형태의 연합(Confederation)을 세우게 된다. 그러나 연합규약에서는 당시의 연합을 Confederacy라고도 부르면서 공식 명칭은 The United States of America로 정했다. 따라서 이 부분에서부터 개념의 혼동이 더욱 심해질 수 있다. 또한 그들은 이 연합정부를 Union(대문자 U)으로도 불렀는데, union은 국가들의 연합 중 가장 결속력이 강한 형태이기 때문에 이는 느슨한 연합의 결속력을 강하게 보이도록 하려는 의도도 있을 수 있다.

　용어에 대한 혼동은 여기서 끝나지 않고 다른 정치체제가 소개되고 구상되는 과정에서 더욱 심해진다. 'confederal'이라는 개념은 연합, 즉 'confederation'의 형용사로서 '연합'의 의미를 가지지만, 같은 의미로 'federal'이라는 용어와도 혼용되었다. 현재의 의미의 'federal'은 연방의 의미인 데 반해, 당시에는 연방과 관계없는 'confederal'의 의미로 함께 쓰이는 경우가 많았다. 이것은 현대 영어에서 'flammable'과 'inflammable'이 같은 의미이지만 혼용되고 있는 것과 같은 예이다. 원문에서 저자들은 'federal'이라는 용어를 '연합의' 혹은 '연합적'이라는 의미의 'confederal'이라는 용어 대신에 사용하거나, 'central' 혹은 'national'이라는 '중앙의' 의미로도 사용했다.

　13개 주를 2개, 3개, 혹은 4개의 독립된 정체로 나누는 것은 안티-페더럴리스트들의 제안 중 하나였는데, 그들은 이 정체들을 'confederacies'라 불렀다. 이 정체들, 즉 confederacies 역시 이 책에서는 '연합'으로 번역했다. 이러한 용어의 혼동은『페더럴리스트 페이퍼스』의 많은 부분에서 발견되기 때문에, 저자들이 그때그때 설명하고자 하는 정체의 정확한 개념과 문맥을 이해하지 못하면 많은 혼동이 있을 수 있다는 것을 염두에 두어야 한다. 이러한 점들을 미리 숙지하고 번역본이나 원문을 읽으면 저자들의 의도를 더 정확히 이해할 수 있다고 생각하며, 또 그런 생각에서 자칫 혼동하기 쉬운 용어들이 쓰인 부분을 번역하는 데 각별한 주의를 기울였다는 것을 말하고 싶다.

　용어의 혼동 외에 이 책을 읽으면서 염두에 두어야 할 두 번째 사항은『페더럴리스트 페이퍼스』는 똑같은 내용이 반복되는 부분이 많다는 것이다. 1번부터 연속해서 읽는 경우 반복되는 내용이 너무 많아 때로는 지루해지는 면이 없지 않다. 그 이유는 이 페이퍼들은 처음부터 책으로 출판된 것이 아니라, 신문에 한 편씩 연재되었기 때문에 독자들이 앞서 게재된 페이퍼들의 내용에 익숙하지 않은 경우가 많았기 때문이다. 이러한 이유에서 저자들은 그들의 주장을 반복적으로 펴나갈 수밖에 없었다.

마지막으로, 신문에 한 편씩 기고되었던 페이퍼들의 목적은 새헌법의 채택에 있어 일반 뉴욕주 시민들의 지지를 끌어내기 위한 홍보, 내지는 선전에 있었다는 것을 염두에 두고 읽어야 한다. 이러한 성격으로 인해 『페더럴리스트 페이퍼스』는 그 내용에 있어 때로는 모순적인 부분도 많고, 독자를 오도하기 위해 모호한 논리를 전개하기도 한다. 정도가 지나친 경우에는 새헌법에 의해 수립될 연방정부의 권한과 대통령의 권한을 의도적으로 축소 설명하여, 연방정부의 권한이 너무 강해질 것을 염려하는 사람들의 반대를 피해 가려는 부분도 적지 않다.

『페더럴리스트 페이퍼스』는 그 당시 새롭게 제정된 헌법이 인류 역사에 존재했던 수많은 정부 형태의 단점을 보완하여 국민의 자유, 행복, 그리고 안전을 보장한다고 말하고 있다. 더 나아가 새헌법은 미국을 강력한 국가로 만들 수 있는 최고의 헌법임을 설명하고 있다. 따라서 저자들은 인류 역사에 존재했던 여러 형태의 정부, 역사적 사실들, 그리고 초기 미국에서 흔하게 일어났던 주들 사이의 분쟁을 소개하고 있는데, 이러한 사례들은 적어도 이에 대한 간단한 배경지식이 없다면 이해하기 어려운 부분들이 많다. 따라서 서문의 앞부분에서 언급했듯이, 본 개정판에서는 필요한 경우 옮긴이의 주석을 통해 저자들이 설명하고자 하는 내용을 조금 더 쉽게 이해할 수 있도록 했다. 저자들이 사용한 용어 중 의미가 불분명하거나 구분이 힘든 부분들, 특히 영어 원서를 읽을 때 혼선을 줄 수 있는 용어들에 대해서도 각주를 달아 설명했다. 특별한 표시가 없는 주석은 모두 옮긴이의 주고 원주는 구분하기 쉽도록 끝부분에 저자들의 필명인 '푸블리어스'라고 표시했다.

『페더럴리스트 페이퍼스』는 1787년 최초로 신문에 게재되고 240년 가까이 되었기 때문에 오래된 영어로 쓰였고, 따라서 고풍스러운 표현과 긴 문장이 많아 미국 대학생들조차도 쉽게 읽어 내려갈 수 있는 책이 아니다. 게다가 저자들은 가끔 무작위적으로 자신들의 생각이나 주장을 전개해 나가거나 그에 대한 해석은 독자가 알아서 하도록 남겨두는 경향도 있으므로, 영어를 모국어로 사용하는 사람들마저도 때로는 그들의 생각이나 주장에 대해 해석을 달리하는 경우가 적지 않다.

이러한 이유 때문에 이 책을 우리말로 번역하는 과정에 있어 초판에서뿐만 아니라 개정판에서도 많은 어려움이 있었다. 초판에서는 직역 위주의 번역으로 인해 가독성과 이해도의 문제가 초래되는 경우가 있었기 때문에, 개정판에서는 직역으로는 의미가 충분히 전달되지 않거나 이해도가 떨어질 수 있는 부분들은 원문의 의미를 훼손하거나 왜곡하지 않는 범위 내에서 최소한의 의역을 통해 좀 더 쉽게 이해하고 읽을 수 있도록 시도했다. 또한, 문장이나 문단이 너무 길어 원저자가 의도하고자 하는 취지나 논지의 흐름을 놓치기 쉬운 부분은 문장이나 문단을 나누어 번역하기도 했다. 옮긴이는 전문번역가가 아니기 때문에 본 개정판에서도 번역이 매끄럽지 못한 부분이 있다는 것을 충분히 인정하지만, 미국정치를 전공하고 연구한 사람으로서 현재 미국 정치사상과 정치이론의 바이블인 『페더럴리스트 페이퍼스』를 쓴 저자들의 의도는 충실하게 전달했다고 생각한다.

『페더럴리스트 페이퍼스』의 에디션은 수없이 많다. 저자들의 원문은 오래전의 영어이기 때문에 대부분의 에디션들은 독자들의 편의를 위해 많은 부분을 편집했는데, 이로 인해 저자들이 의도하는 바가 잘못 전달되는 경우가 적지 않다. 이러한 이유에서, 좀 더 정확한 번역을 위해 본 개정판은 여러 에디션을 참고해 비교했고, 저자들이 신문에 기고했던 원본을 가능한 한 가장 우선시하여 사용했다. 원본에 가장 충실한 1863년의 핸리 도슨(Henry B. Dawson) 에디션(Creative Commons Attribution 제공)과 다른 3개의 에디션, 즉 1788년에 최초로 2편으로 나누어 출판된 매클린(J. & A. McLean) 에디션(The Constitutional Society 제공), 1945년 출판된 모던 라이브러리(Modern Library) 에디션, 그리고 최근 학자들이 가장 많이 참고하는 1961년 제이콥 쿡(Jacob E. Cooke) 에디션(Wesleyan University Press)을 주로 사용했다.

끝으로, 본 개정판 작업에 많은 조언을 해주신 옮긴이의 멘토인 미국 조지타운 대학교(Georgetown University) 정치학과의 클라이드 윌콕스(Clyde Wilcox) 교수님께 감사드린다. 그리고 2013년에 작고하신 미국 정치사상, 특히 『페더럴리스트 페이퍼스』의 권위자이자 옮긴이의 스승이기도 한, 전 미국 조지타운 대학교의 조지 캐리(George W. Carey) 교수님이 20여 년 전 최초의 한글판 『페더랄리스트 페이퍼』를 받고서 기뻐하시던 모습을 떠올리면서 서문을 마친다.

2023년 10월
옮긴이 김동영

원문의 용어에 대한 정의와 설명

원문이나 번역본에서 가장 많이 언급되고 구분되는 것은 '연합'과 '연방'이라는 개념이다. 『페더럴리스트 페이퍼스』의 저자들도 '연합'과 '연방'이라는 용어를 쓰는 데 있어 종종 그 개념을 혼동하여 사용했음을 볼 수 있다. 따라서 번역의 본문에 본격적으로 들어가기 전에 '연합'과 '연방' 그리고 그 외의 자주 쓰인 원문의 용어를 정의하고 설명하고자 한다.

▸ 이 번역본에서의 **'연합'**은 독립된 주권을 가진 13개 주들이 영국의 식민지 수탈에 대항하고, 그들의 공동 방위를 위해 처음으로 만든 체제를 의미한다. 그러나 이 연합에는 의회는 있으나 행정부, 즉 중앙정부와 사법부가 없는 느슨한 연대에 불과했다. 연합의 권력은 그 구성원인 13개 주에만 미치고, 각 주의 시민들에게까지는 미치지 않았다. 이에 비해 **'연방'**은 새로운 헌법에 의해 13개 주들이 중앙정부, 즉 연방정부의 구성원이 되고, 연방정부가 주 정부들의 상위 정부가 되는 체제를 말한다. 연방의 권력은 그 구성원인 13개 주뿐만 아니라, 각 주의 시민들에게까지도 직접 미친다.

▸ 『페더럴리스트 페이퍼스』가 쓰인 당시의 **'federal'**이라는 용어는 현재의 연방의 의미가 아니라, 연합을 의미하는 'confederal'이라는 용어와 정확한 구별 없이 혼용되었으며, 저자들도 종종 원문에서 federal이라는 단어를 confederal이라는 의미로 사용하고 있다. 이것은 현대 영어에서 'flammabale'과 'inflammable'이 같은 의미로 혼용되어 사용되는 것과 같은 예이다. 'federal government'라는 용어에서 저자들이 federal을 confederal의 의미로 사용한 경우는 연합정부로 번역했고, 새헌법에 의해 다시 출발하는 정부체제를 의미하는 경우인 federal government는 연방정부로 번역했다.

▸ **'The Union'**은 연합, 합중국, 그리고 새헌법에 의해 세워질 연방 모두를 의미한다. 따라서 The Union이라는 용어는 거의 모든 시대의 미국 정부를 의미할 수 있는 매우 광범위한 의미를 지니고 있으며, 현재까지도 미국을 The Union이라고 표현하는 것을 자주 볼 수 있

다. 특히 원문을 읽을 때는 union이 대문자 U, 혹은 소문자 u로 시작되는지의 여부에 유의해야 한다. 소문자 u로 시작하는 경우 union은 대부분 일반적인 의미의 결속, 연합, 단결, 결합, 혹은 일체 등의 일반적인 의미로 쓰인 것이다.

▶ 'The United States of America'는 아메리카 합중국, 혹은 합중국(The United States)이라고 번역했다. 이 용어는 미국 혁명(영국과의 독립전쟁)중이었던 1776년 7월 4일의 독립선언 직후에 개최된 1776년 9월 9일 대륙회의에서 처음으로 사용되어 식민지 연합(The United Colonies)이라는 용어를 대체했다. 또한, 미국의 첫 번째 헌법이었던 연합규약(The Articles of Confederation: 1781~1789)에 의하면 13개 주의 연합(The Confederacy)의 이름을 아메리카 합중국으로 칭한다고 쓰여 있다. 그러므로 엄밀히 말해서 1776년 9월 9일 이전의 아메리카 식민지 13개 주를 아메리카 합중국, 혹은 합중국이라고 부르는 것은 잘못된 것이다. 덧붙여, 합중국은 연합체제의 미국이나 연방 초기의 미국, 그리고 현재의 미국을 지칭할 때도 다용도로 쓸 수 있는 장점이 있기는 하나, 저자들이 정치체제에 관계없이 미국이라는 총체적인 의미에서 합중국이라는 용어를 썼는지, 연합의 의미로 합중국을 썼는지, 혹은 연방의 의미로 합중국을 썼는지를 명확히 구분해서 이해해야 할 경우도 많다.

▶ 'America'는 문맥이나 글의 내용에 맞게 아메리카, 합중국, 혹은 미국으로 번역했다.

▶ 'confederate'라는 용어 역시 문맥과 논리의 전개에 따라 연합, 연방, 또는 드물게 동맹이라는 의미로 번역했다. 예를 들면, confederate republic은 연합공화국 또는 연방공화국으로 표기했다. 『페더럴리스트 페이퍼스』의 저자들은 confederate라는 용어를 종종 위의 세 가지 의미로 정확한 구분 없이 혼용하고 있기 때문이다.

▶ 'confederacy'는 '연합'으로 번역했으며 그 파생어인 'confederal', 'confederation'도 역시 연합의 의미로 번역했다. 하지만 개념적 혼동으로 인해 매디슨은 드물게 그의 페이퍼 10번, 45번에서, 그리고 해밀턴은 27번 등에서 'Confederacy'를 연방의 의미로 사용하기도 했다. 1789년, 지금의 헌법이 채택되기 전 The Union, The Confederacy, The Confederation, 그리고 The United States of America는 모두 같은 연합정부의 의미로 쓰였다. 그러나 새헌법이 채택되어 연방정부가 설립된 후에는 The Union과 The United States of America만 아메리카 합중국, 혹은 합중국의 의미로 쓰였으며, The Confederacy와 The Confederation이라는 용어는 합중국의 의미로는 거의 쓰이지 않았다. 오늘날 confederate와 confederacy라는 용어는 남북전쟁(1861~1865) 당시 연방에서 떨어져 나갔던 남부의 11개 주를 지칭할 때 주로 쓰이고 있다.

▸ 다음은 제안된 새헌법에 의해 세워질 **새 정부 형태**에 대한 용어이다. 저자들은 이 새 정부나 정부 형태를 일반적으로 'federal government' 혹은 'national government'로 부르고 있으나, 때에 따라 'Confederacy', 'The Union', 'The United States of America', 혹은 'general government'로도 부르고 있는 것을 볼 수 있다.

▸ 다음은 **'federal'**이라는 용어에 대한 번역의 문제이다. 앞서 federal은 confederal과 같은 연합의 의미로 혼용되었다고 설명했다. 하지만 'federal'이라는 단어가 새헌법에 기초해 중앙정부와 주 정부의 권력의 분리를 전제로 하는 현재의 개념으로 사용되었을 때는 '연방'으로 번역했고, 같은 맥락에서 'federal government'는 연방정부로 번역했다.

▸ **'league'**는 '연합' 또는 '동맹'으로 번역했다. 예를 들면, 『페더럴리스트 페이퍼스』의 저자들은 고대의 리키아(Lycian League)와 아카이아(Achaean League) 등을 13개 주의 연합과 비교해서 고찰했기 때문에 리키아 동맹, 아카이아 동맹보다는 리키아 연합과 아카이아 연합으로 번역했다. 반면, 'Peloponnesian confederates'는 '펠로폰네소스 동맹'으로 더 많이 알려져 있으므로 펠로폰네소스 연합 대신 펠로폰네소스 동맹으로 번역했다.

▸ **'national government'**, **'general government'**, 그리고 **'one government'**는 '단일정부', '중앙정부', 또는 '연방정부'로 번역했다. 단일정부 혹은 중앙정부는 당시 13개 주들을 부분, 혹은 구성원으로 포함시키는 단일한 정부 형태이며, 이는 13개 주 정부들의 상위 개념이라고 할 수 있다. 저자들은 헌법안에 의해 제안된 새로운 정부, 즉 연방정부를 national government, general government, federal government, 혹은 one government로

불렀으며, 이 용어들은 지금의 연방정부를 일컫는다.

▶ 'popular government'는 '민주정', '민주정치', '민주정부', 혹은 '민중정부'로 번역했다.

▶ 'nation'은 원문에서 '국가' 혹은 '국민'으로 번역했는데, 이는 해밀턴이 때때로 nation을 국민이라는 의미로 사용했기 때문이다.

▶ 'constitution'은 '헌법', '근본법', '통치구조', '통치체제', '정치체제'로 번역했다. 원문에서 대부분은 헌법의 의미로 사용되었으나, 해밀턴과 매디슨은 종종 constitution을 통치구조, 통치체제, 혹은 정치체제의 의미로도 이 용어를 사용했다.

▶ 'military establishment'의 가장 포괄적인 의미는 군비, 즉 군사적 목적을 위해 갖춘 모든 장비나 시설을 일컫지만 문맥에 따라 상비체제, 군 상비체제, 상비군 체제, 상비군, 군사 시설, 군대 등으로 번역했다.

▶ 'government'는 가산 명사로 쓰였을 때는 단순히 '정부'로 번역했다. 예를 들어 원문에서 여러 번 쓰인 'a good government'는 '좋은 혹은 훌륭한 정부'로 번역했다. 그러나 'government'가 불가산 명사로 쓰였을 때는 '통치' 혹은 '정치체제'로 번역했다. 예를 들어 'good government'는 '좋은 혹은 훌륭한 통치 또는 정치체제'로 번역했으며, 이 표현도 역시 원문에서 여러 번 쓰이고 있다.

끝으로, 『페더럴리스트 페이퍼스』에서는 이 외에도 많은 용어와 표현들이 현대 영어의 정의와 개념과는 다소 차이가 있게 쓰인 경우가 많은데, 그 가장 중요한 이유는 시대적인 이유라고 생각한다. 책으로 발행된 지 230년 이상이 지났기에 이러한 사례들은 어쩌면 자연스러운 현상이라고 생각한다. 현대적 의미로 잘 번역이 안 되는 용어나 단어는 사전에서 오래된 정의나, 혹은 동의어 사전을 참고하면 의외로 당시의 표현에 가까운 의미를 찾을 수 있는 경우도 많다는 것을 말해 두고자 한다.

차 례

페이퍼 번호별 주제

THE FEDERALIST No.1

≪인디펜던트 저널(Independent Journal)≫, 1787년 10월 27일[1]   알렉산더 해밀턴

뉴욕주 시민들에게[2]

현 연합정부[3]의 비효율성이 명백해진 지금, 여러분은 아메리카 합중국을 위해 새롭게 제정된 헌법의 채택에 대해 심사숙고해야 할 입장에 놓이게 되었다. 이 새헌법이 연합[4]의 존재뿐만 아니라 이 연합의 구성원들, 즉 13개 주의 안전과 번영, 그리고 여러 면에서 세계에서 가장 독특한 한 제국의 운명을 결정할 수 있다는 점을 고려할 때 더욱 그렇다. 인간 사회가 그들의 생각과 선택을 통해 훌륭한 정치체제를 구성할 능력이 과연 있는지, 아니면 그 구성을 영구히 우연과 폭력에 운명적으로 맡겨야만 할 것인지에 대한 중요한 결정은 이 나라 국민의 행동과 본보기에 달려 있다고 종종 이야기되어 왔다. 만일 이 말이 진실이라면 우리가 현재 처한 위기에 대해 결정을 내려야 할 때가 왔으며,

---

1) 페이퍼 1번은 1787년 10월 30일에 ≪뉴욕 패킷(The New York Packet)≫과 ≪데일리 애드버타이저(The Daily Advertiser)≫에도 게재되었다. 다수의 페이퍼가 1개 이상의 뉴욕 신문에 게재되었으나 이 책에서는 가장 처음 게재된 출처를 인용했다.

2) 85편의 페이퍼(혹은 에세이라고도 함)가 뉴욕주의 시민들로부터 새헌법에 대한 지지를 얻어내기 위해 쓰였기 때문에 본문에 앞서 '뉴욕주 시민들에게(To the People of the State of New York)'라고 쓰고 있다. 실제로 신문에 연재된 각 페이퍼에는 이렇게 쓰여 있으나, 출판된 책들 중에는 이를 생략한 경우도 있다. 본 번역본에서는 원문에 충실하기 위해 이 부분을 생략하지 않는다.

3) 원문에서는 'the Federal Government'이며 현재 의미의 연방정부가 아닌 당시의 연합정부(Confederation 1781~1789)를 의미한다. 당시의 'federal'이라는 용어는 'confederal'이라는 용어와 정확한 구별 없이 혼용되었고, 여기서는 연합의 의미로 쓰였다.

4) 원문에서는 'The Union'이다.

만일 우리가 그릇된 결정을 한다면 그것은 전 인류의 불행으로 여겨질 수밖에 없을 것이다.

이런 생각은 헌법 채택의 중요성을 이해하는 양심적인 애국자들의 열망을 더욱 고조시킬 뿐만 아니라, 만일 우리의 결정이 공공선과는 아무 관련 없는 동기나 이유에 의해 편향되거나 현혹되지 않고, 우리 사회의 진정한 이익을 좇는다면 정말로 다행스러운 일이 될 것이다. 그러나 우리가 아무리 열렬하게 소망한다고 해도 새헌법의 채택은 쉽게 기대하기 힘든 일이다. 왜냐하면 제안된 새헌법은 너무도 많은 특정 이익에 영향을 미치고 또한 너무도 많은 지방제도를 쇄신하게 될 것이므로, 그 논의 과정에서 헌법의 장점과 무관한 여러 문제, 그리고 진실을 밝히기를 꺼리는 견해나 감정, 편견이 예상되기 때문이다.

새헌법이 직면하게 될 가장 큰 장애물 가운데 다음의 두 가지가 가장 두드러진다. 첫째, 주 정부하에서 자신들이 누리고 있는 권력, 수입, 그리고 관직에 따르는 권한을 축소할 수 있는 모든 변화에 대한 특정 부류의 저항이다. 둘째는, 헌법이 바뀌는 혼란한 국정하에서 자신들의 세력을 확대하고자 하는 부류들, 혹은 단일정부를 이루는 연방보다는 몇 개의 부분적 연합으로 분열된 상태에서 그들의 계급상승을 꾀하려는 부류의 왜곡된 야망이 그것이다.

그러나 나의 의도는 이런 종류의 생각을 되새기자는 것이 아니다. 어떤 그룹에 속해 있는 사람들을 (단지 그들이 처한 상황이 그런 의혹을 살 수 있다는 점 때문에) 자기 이권만 찾거나 야심을 품고 있는 사람으로 무차별적으로 간주하는 것은 옳지 않다는 사실을 우리는 잘 알고 있다. 솔직하게 말하자면 그런 사람들조차도 올바른 의도를 가지고 행동할 수 있다는 사실을 인정해야 한다. 그리고 이미 존재하거나 앞으로 나타날 제안된 헌법에 대한 반대론의 대부분은 훌륭하지는 않더라도 적어도 비난할 수 없는 이유에서 비롯될 수도 있다. 즉, 선입견이 빚어낸 경계와 두려움에서 비롯된 악의 없는 실수에서 비롯된 오해일 수도 있다는 것이다. 현명하고 선한 사람들조차도 그들의 판단을 편향적으로 만드는 너무도 많고 강력한 원인들로 인해 우리 사회의 가장 중요한 문제와 관련하여 서로 반대의 입장에서 다투는 것을 자주 볼 수 있다. 이러한 현실은 어떤 논란에서라도 언제나 자신이 옳다고 생각하는 사람들에게 교훈을 줄 수 있다고 생각된다. 이 점에 있어서 더욱 조심스러워야 하는 이유는, 우리는 진실을 옹호하는 사람들이 그들의 적대자들보다 항상 더 순수한 원칙에 입각하고 있다고는 말할 수 없기 때문이다. 즉, 어떤 옳은 일을 반대하는 자들뿐만 아니라 지지하는 자들 역시도 야심, 탐욕, 개인적 적개심, 당파적 대립 그리고 다른 더 불순한 동기들을 가질 수 있다는 것이다. 오랜 세월 동안 정치적 당파의 특징을 이루어온 편협성보다 더 무분별한 것은 없기에 중용 혹은 절제는 매우 중요하다. 왜냐하면 종교와 마찬가지로, 정치에서도 다른 견해를 가진 사람들을 무력과 폭력으로 개종시키려는 것은 무모한 일이며, 어느 경우에도 박해를 통해서 이단을 개종할 수 있는 경우는 거의 없기 때문이다.

　　그렇지만 이러한 중용의 정신이 아무리 올바른 것임을 인정하더라도, 이전에 있었던 엄청난 전국적인 논쟁의 경우와 마찬가지로, 이번에도 분노와 악의에 찬 감정이 빗발치는 분위기가 조성될 조짐이 이미 충분히 나타나고 있다. 지금까지 새헌법에 반대하는 사람들의 행동으로 미루어 볼 때, 우리는 그들이 새헌법에 대한 반대 의견을 밝히면서 교묘한 말주변과 맹렬한 비난을 통해 지지자들의 수를 늘리려 할 것이라는 것을 의심하지 않을 수 없다. 또한 그들은 정부의 적극성과 효율성을 높이려는 현명한 열정마저도 전제 권력을 선호하고 자유의 원칙에 반하는 사고의 소산이라고 비난할 것이다. 일반적으로 마음보다는 머리의 판단력 결함에서 비롯되는 국민 권리의 위협에 대한 세심한 경계심도 공공의 이익을 담보로 가식적으로 인기를 얻기 위한 썩어빠진 미끼로 비하할 것이다. 사랑에는 질투가 따르듯이, 자유에 대한 고귀한 열정도 편협한 불신으로부터 더럽혀지기 쉽다는 것은 쉽게 잊힐 것이다. 또한 활력 있는 정부는 자유의 보장에 필수적이라는 점, 합리적이면서도 정통한 판단에 비추어보아도 활력 있는 정부와 자유의 보장은 결코 분리될 수 없다는 점, 그리고 위험한 야심은 견고하고 효율적인 정부에 대한 열망보다 국민의 권리에 대한 열망을 표방하는 그럴듯한 가면 뒤에 숨어 있는 경우가 더 많다는 사실도 또한 쉽게 간과될 수 있다. 하지만 국민의 권리에 대한 열정 뒤에 숨어 있는 야심이 독재로 가는 더 확실한 길이었으며, 공화국의 자유를 전복시킨 사람들 중 대다수가 국민에게 아부하는 선동가로 시작해 독재자와 폭군으로 변했다는 것을 역사는 우리에게 말해주고 있다.

동료 시민 여러분,[5] 앞의 논의 과정에서, 나는 새헌법의 채택에 있어 여러분들이 여러분 자신의 복지에 관련해 극히 중요한 결정을 함에 있어서, 확실한 증거도 없이 단지 막연한 생각에 의해 영향을 미치려는 모든 방면의 시도에 대한 경각심을 일깨워 주었다. 여러분은 내가 나열한 전반적인 의견들이 새로운 헌법에 대한 우호적인 동기에서 제시되었다는 사실을 확실히 인지했을 것이다. 그렇다. 신중히 고려한 결과, 나는 새헌법을 채택하는 것이 여러분에게 이익이 되는 것이라는 사실을 확신하고 있다. 이 새로운 헌법이야말로 여러분의 자유, 존엄성 그리고 행복을 위해 가장 안전한 길이라는 것을 의심치 않는다. 나는 새헌법에 대해 마치 의구심을 가지고 있는 것처럼 가장하거나, 마음속으로는 결정을 이미 내려놓고 고민하는 모습을 보이며 여러분을 기만하는 일은 하지 않겠다. 나는 여러분 앞에 나의 믿음을 솔직히 인정하며 이런 결정을 내리게 된 근거를 허심탄회하게 밝히겠다. 선한 의도를 가진 생각은 결코 모호하지 않다. 하지만 이 주제에 대한 나의 주장을 계속 나열하지는 않겠다. 나의 주장은 모든 사람에게 열려 있고 또한 모든 사람에 의해 평가될 수 있다. 그러나 나는 적어도 진실한 목적을 더럽히지 않도록 나의 주장을 펴나갈 것이다.

일련의 페이퍼를 통해 다음의 중요한 사항들에 대해 논하고자 한다: 국민의 정치적 번영을 위한 합중국 체제[6]의 유용성, 그런 합중국을 유지하기에 부

---

5) 여기서 '여러분'은 원문에서 'my Fellow Citizens'이며 뉴욕주 시민들을 의미한다.

적합한 기존의 연합, 이 목적 달성을 위한 적어도 새헌법에서 제안된 정부만큼 강력한 정부의 필요성, 공화정부의 진정한 원칙에 대한 제안된 헌법의 적합성, 제안된 헌법과 여러분 자신의 주인 뉴욕주 헌법의 유사성, 그리고 마지막으로, 제안된 헌법이 채택됨으로써 얻을 수 있는 공화정체의 보전 그리고 자유와 재산의 보장.

이런 논의 과정에서 나는 여러분의 관심을 끌 수 있는 모든 반대 의견에 대해 만족할 만한 대답을 할 수 있도록 노력하겠다.

합중국 체제의 유용성은 모든 주의 시민 대부분의 마음에 깊이 새겨져 있고 이에 반대하는 사람이 없다고 여겨지기 때문에 그 유용성을 논의하는 것이 불필요하다고 생각할 수도 있다. 그러나 사실은, 13개 주가 하나의 전체적 체제로 운영되기에는 너무 넓은 지역에 걸쳐 있어서 반드시 몇 개의 독립된 연합의 형태로 나눌 필요가 있다는 의견이 새헌법을 반대하는 사람들 사이에서 은밀하게 나돌고 있다.[7] 이런 생각은 공개적으로 인정받기에 충분한 숫자의 신봉자들이 생길 때까지 점진적으로 전파될 것이 확실하다. 이 주제에 대해 보다 폭넓은 시야를 가진 사람들에게는, 새로운 헌법을 채택할 것인가, 아니면 합중국을 해체할 것인가에 대한 양자택일만이 남게 된다는 것은 너무도 명백하다. 따라서 새헌법이 가져다줄 합중국 유지의 이점과 그와는 반대로 합중국이 해체됨에 따라 각 주가 불가피하게 처하게 될 해악 및 예상되는 위험

---

6) 합중국이라는 개념과 용어는 1776년 독립선언 직후 미국이 영국의 식민지라는 의미를 가진 식민지 연합(The United Colonies)을 대체하게 되었다.

7) 새헌법에 반대하여 발표된 최근의 여러 출판물들이 결론적으로 이와 똑같은 주장들을 제시하고 있다. _푸블리어스
새헌법의 가장 중요한 의도인 강력한 중앙정부에 반대하는 안티-페더럴리스트는 특정한 하나의 정부 형태를 제시하지는 않았지만 다음의 세 가지의 정부 형태를 제시했다: 첫 헌법인 당시의 연합 규약에 기초해 13개 주가 주권을 가지고 느슨한 연합을 계속 유지하는 형태, 13개 주를 서너 개의 독립적인 연합체제로 재편성 하는 형태, 그리고 세 번째는 새헌법에서 제시된 단일정부를 수용하지만 국민의 권리와 13개 주의 권한이 더욱 강화된 정부 형태이다.

등을 검토하는 것으로 이 글을 시작하는 것이 유익할 것 같다. 따라서 나의 다음 글은 바로 이 주제를 다루고자 한다.

푸블리어스8)

---

8) 서문에서 설명했듯이 세 명의 저자는 새헌법의 열렬한 지지자로 이미 널리 알려져 있었기 때문에 독자들에게 편견을 주지 않기 위해 본명이 아닌 필명을 사용했다. 해밀턴은 위대한 로마의 푸블리어스(Publius Valerius Publicola 560~503 B.C.E.)를 기리기 위해 페더럴리스트 페이퍼스의 필명으로 푸블리어스를 선택했다. 푸블리어스는 로마 공화국의 건국에 중요한 역할을 한 것으로 알려진 인물이고, 해밀턴은 그가 미국 연방정부의 설립에도 상징적으로 다시 중요한 역할을 할 것이라고 믿었다. 그리고 그의 생각은 맞았다고 볼 수 있다.

THE FEDERALIST   No.2

≪인디펜던트 저널≫, 1787년 10월 31일   존 제이

뉴욕 주 시민들에게

미국 국민이 그 어떤 문제보다 가장 중요한 것 중 하나, 즉 새헌법을 채택해야 하는 것에 대한 결정을 내려야 할 시기가 왔다는 사실을 깨닫는 지금, 그 문제에 대해 매우 폭넓은 관점에서 진지한 검토를 해야 함은 명백한 일이다.

정부가 절대적으로 필요하다는 것은 확고한 사실이다. 그 정부가 언제, 어떻게 설립되었는지 상관없이, 정부에 필수적인 권한을 위임하기 위해서 국민은 자신의 자연권의 일부를 양도해야 한다는 점 또한 부인할 수 없다. 그러므로 미국 국민이 단일국가로서 하나의 연방정부를 가질 것인지, 아니면 여러 개의 연합으로 나누어 각 연합에 단일정부가 가지는 것과 같은 권한을 위임하는 것 중 어떤 체제가 더 국민의 이익에 부합할 것인지 면밀히 검토해 볼 만한 가치가 있다.

최근까지도 미국 국민의 번영은 그들의 굳은 단결에 달려 있다는 사실은 반론의 여지가 없었다. 훌륭하고 현명한 우리 시민들은 이 목적을 갈망하며 기도하고 또 노력해 왔다. 그러나 어떤 정치인들은 기존의 연합체제 상태에서는 안전과 행복을 찾을 수 없고, 주들이 몇 개의 연합으로 나뉘거나 혹은 13개 주가 독립된 주권국으로 분열된 상태에서만 가능하다고 우기고 있다. 이 새로운 주장은 터무니없어 보이기는 하지만 옹호자들이 생기고 있으며, 전에는 이 주장에 반대했던 사람들마저도 지금은 그들과 뜻을 같이하고 있다. 이 사람들의 감정과 의견이 어떤 논증과 동기에 의해 변하게 된 것인지는 큰 문

제가 되지 않지만, 시민들이 이런 새로운 정치적 신조가 과연 진실과 온전한 정책에 근거를 두고 있는지를 충분히 확인하지도 않고 수용한다는 것은 현명하지 못한 일이다.

독립한 미국이 분열되고 서로 멀리 떨어진 영토가 아닌 하나의 연결된 비옥하고 광활한 땅이며, 그 땅이 자유의 아들들인 우리의 것이라는 사실이 나는 매우 기쁜 일이라고 생각한다. 신은 우리의 기쁨과 편의를 위해 이 나라에 다양한 토양과 생산물로 축복을 주었고, 수많은 하천으로 그 토양을 비옥하게 만들 수 있도록 해주셨다. 일련의 수로들이 마치 이 나라를 함께 묶어 놓으려는 듯 국경 주변에 띠를 형성하고 있으며, 세계에서 가장 장엄한 강들은 적당한 간격을 두고 흐르면서 다양한 물품의 상호 교환과 수송, 그리고 우호적 협력을 용이하게 해주는 교통로의 역할을 해주고 있다.

그리고 나는 신께서 하나로 연결된 이 나라를 하나로 결속된 국민에게 주셨다는 사실 또한 기쁘게 생각한다. 우리는 같은 조상의 후손이며 같은 언어를 사용하고 같은 종교를 믿으며 같은 정부의 형태를 신봉할 뿐만 아니라, 비슷한 예법과 관습을 지녔으며[1] 오랫동안 피비린내 나는 전쟁[2]을 함께 당당하게 치러 모두를 위한 자유와 독립을 쟁취했다.

이 나라와 국민은 서로를 위해 존재하는 듯하다. 그리고 이러한 사실은 마치 강한 결속으로 서로 뭉쳐진 형제들을 위해 신이 의도한 것처럼 보인다. 그러나 그들이 서로 경계하며 이질적인 개별 국가들로 분열된다면 그것은 신의 뜻이 아닐 것이다.

최근까지도 우리 사회의 모든 계층의 모든 사람들이 우리는 서로 단결하

---

1) 새헌법에 의해 세워질 단일국가의 성격을 가지게 될 연방제도의 타당성을 위해 페더럴리스트인 존 제이(John Jay)가 이미 다민족 사회였던 당시의 미국을 같은 조상과 문화를 가진 나라로 오도하는 의도가 보이는 부분이다.

2) 영국과의 독립전쟁(1775~1783)을 말한다. 하지만 미국인들은 이 전쟁을 '독립전쟁'보다는 전쟁 이상의 의미를 가진 '미국 혁명(The American Revolution)'이라고 부르는 것을 선호한다.

고 결속해야 한다는 것에 같은 생각을 가지고 있었다. 지금까지 모든 공동의 목적을 위해 우리는 하나의 국민으로 존재해 왔다. 모든 개인은 어디에서나 동등한 국가의 권리, 특혜, 그리고 보호를 누렸다. 우리는 하나의 국민으로서 평화를 쟁취하고 전쟁을 겪었으며, 우리는 하나의 국민으로서 공동의 적을 물리쳤다. 또한 우리는 하나의 국민으로서 동맹을 맺고, 조약을 체결하고 다른 국가와 다양한 협정과 협약을 맺었다.

이렇게 일체3)를 이루고 있는 것의 가치와 혜택을 보존하고 영속시키기 위해 사람들은 아주 이른 시기부터 연합정부4)를 설립했다. 그들은 자신들의 집이 불에 타고, 많은 시민이 피를 흘릴 때부터 즉, 그들이 정치적으로 독립하자마자 연합정부를 설립했다. 그러나 계속되는 적대심과 황폐함으로 말미암아 현명하고 자유로운 시민을 위한 균형 잡힌 정부가 세워지기 전에 반드시 선행되어야 하는 냉철하고 성숙한 연구와 검토가 이루어질 시간이 없었다. 따라서 그렇게 불행한 시대에 설립된 정부가 우리가 의도한 목적을 달성하기에는 너무 부족하고 결함이 많을 수밖에 없다는 것은 놀라운 일이 아니다.

우리 사회의 지식인들은 이런 결점을 인지하고 이에 대해 안타까워했다. 아직도 변함없이 자유를 사랑하는 만큼 우리의 결속에 애착을 가지고 있는 이 사람들은 이러한 결점으로 인해 지금 당장에는 그 결속이 위협받고, 더 나아가 결국은 자유까지 위협받을 정도로 위험한 상황에 도달했다는 것을 깨달았다. 우리의 결속과 자유에 대한 안전장치는 더욱 지혜롭게 고안되고 구성된 중앙정부5)에 의해서만 보장될 수 있다는 것을 깨닫고 이 주제에 대해 심사숙

---

3) 원문의 표현은 'union'이다. 여기서 union은 합중국(the Union)의 의미가 아니고 union이라는 단어의 일반적인 의미인 결속, 결합, 단결, 혹은 일체라는 의미이다.

4) 미국은 영국과의 독립전쟁(1775~1783) 중인 1776년 13개 주의 연합이 일방적으로 독립을 선언했고 연합정부 역시 전쟁 중이었던 1781년에 첫 헌법인 연합규약(The Articles of Confederation)에 기초해 설립되었다. 여기서 저자 존 제이는 당시의 헌법인 연합규약의 결점을 설명하면서 새헌법의 필요성과 그 채택을 주장하고 있다.

5) 원문에서는 'national government'이다. 중앙정부는 당시 13개 주들을 한 국가 내의 부분으로 포함

고하기 위해 우리 사회의 지식인들은 최근 필라델피아에서 회의를 열었다.

이 회의의 참석자들은 시민들의 신임을 받고 있는 사람들이며, 그들 중 많은 이들은 인간의 마음과 감정을 시험하는 어려운 시기에도 그들의 애국심, 미덕 그리고 현명함으로 높이 평가된 사람들이다. 필라델피아에서 열린 회의에서 그들은 매우 힘든 임무를 떠맡았다. 전쟁이 끝난 평화로운 시기에, 다른 문제는 모두 잊은 채 이들은 매일 냉철한 마음으로 지속적으로 토의하면서 수개월을 보냈다. 그리하여 마침내 어떠한 권력에도 영향받지 않고 오직 애국심만으로 그들은 그들이 만든 방안 즉, 새헌법안을 말 그대로 만장일치의 협의에 의해 국민들 앞에 제시하고 권고하게 되었다.

인정하건대, 이 새헌법안은 단지 추천된 것이지, 강요된 것은 아니다. 그리고 이 안이 맹목적 승인이나 맹목적 반대를 위해 추천되지 않았다는 점도 잊지 말아야 할 점이다. 오히려 이 안이 가지는 중대성과 비중이 워낙 크기 때문에 침착하고 솔직한 검토를 위해 추천된 것이다. 그러나 전에 이미 언급했듯이, 이 안이 신중하게 검토되리라고 기대하기는 매우 어렵다. 과거의 경험으로 미루어 볼 때 이번 일 또한 너무 낙관할 수는 없다. 식민지 국민들이 (영국의 식민지 수탈이라는) 임박한 위험에 공동으로 대처하기 위해 1774년에 대륙회의를[6] 개최한 것은 아직도 우리의 기억에 생생하게 남아 있다. 그 회의는 당시 식민지 국민들에게 대처할 방안을 권고했고, 그 결과 그들이 현명했음을 보여주었다.[7] 그러나 언론은 즉각 이런 대륙회의가 추천한 방책에 반대하는

하는 정부 형태이며, 13개의 주 정부들과는 별개로 새헌법에 의해 새롭게 수립될 연방정부를 의미한다. 중앙정부와 연방정부는 같은 의미이며 기존 주 정부들의 상위 개념이다.

6) 원문에서는 The Continental Congress이며 아메리카 식민지가 미국으로 독립하기 전 영국의 식민지 수탈에 공동 대응하기 위해 13개 주가 1774년에 개최한 회의이다. 1774년 첫 번째 대륙회의가 열렸고, 두 번째 대륙회의는 1775년부터 1781년까지 지속되었으나 1781년에 채택된 미국의 첫 헌법인 연합규약(The Articles of Confederation)에 의해 연합의회(The Congress of Confederation)로 대체되었다.

7) 1774년 대륙회의에서 결정한 대표적인 대처 방안은 영국 상품에 대한 불매운동이었다.

내용들로 팸플릿과 주간지들을 가득 채웠다. 개인적인 이익만을 추구하는 정부의 관리들뿐만 아니라, 사태의 결과를 잘못 예측하거나, 또는 이전의 정치적 동맹국으로부터 과도한 영향을 받은 사람들[8] 또는, 공공선과 모순되는 목적을 추구하는 사람들도 애국적인 대륙회의의 조언을 거부하도록 국민들을 끊임없이 설득했다. 물론 많은 사람들이 현혹, 기만당했지만 대다수 국민들은 분별력 있게 판단하여 결정을 내렸고, 그러한 자신의 결정에 대해 만족해하고 있다.

그들은 대륙회의가 현명하고 경험이 풍부한 사람들로 구성되었다고 믿었다. 서로 다른 지역에서 모인 이들이 서로에게 다양하고 유용한 정보를 제공할 뿐만 아니라, 함께 나라의 진정한 관심사를 파악하고 토의하며 시간을 보내는 동안 이러한 주제에 대해 매우 정확한 지식을 얻었으리라 믿었다. 그들은 개인적으로 공공의 자유와 번영에 관심을 가지고 있다고 생각했다. 따라서 가장 분별 있는 토의를 거친 후 진정으로 권장할 만하고 신중한 방법이나 수단을 추천하는 일이 그들의 의무인 만큼이나 의도라고 생각했다.

이러한 믿음에서 식민지 국민들은 1774년의 대륙회의의 판단력과 진실성에 상당히 의지하게 되었다. 그리하여 그 회의의 조언을 거부하도록 종용하는 세력의 다양한 수법과 노력에도 불구하고 국민들은 회의의 조언을 받아들였다. 당시 회의 구성원들 중 저명한 사람들이 별로 많지 않았지만 국민들이 그들을 신뢰했다면, 최근 새헌법을 제정한 헌법회의의 판단과 조언을 더욱 존중해야 할 것이다. 왜냐하면 대륙회의의 가장 뛰어난 구성원들 중 일부는 그 후 그들의 애국심과 능력을 이미 증명했으며, 정치적 지식을 축적하면서 연륜을 쌓았고, 그들은 그렇게 쌓은 역량을 헌법회의[9]에서 충분히 발휘했기 때문

---

8) 친영국세력(Royalists)을 의미한다.
9) 1787년 열린 The Constitutional Convention을 의미한다. 이 회의의 목적은 미국의 첫 번째 헌법인 연합규약(The Articles of Confederation)을 보완하고 수정하기 위함이었는데 회의에 참석한 대표들은 결국 새로운 헌법을 제정하기로 결정했다. 따라서 이 회의는 원래 헌법을 제정하기 위한 회의

이다.

　　이번 회의뿐만 아니라 제1차 대륙회의 그리고 그 후 모든 회의가 일률적으로 미국의 번영이 13개 주의 결속에 달려 있다는 국민의 의견과 일치된 생각을 보였다는 사실은 매우 중요하다. 지금의 연합을 보전하고 존속시키기 위한 목적으로 국민들은 헌법회의를 통하여 새헌법을 제정했고 지금 그 채택을 국민들에게 권고하고 있는 것이다. 도대체 어떤 타당한 이유와 목적 때문에 어떤 사람들은 이 시점에서 단일체제의 중요성을 경시하려고 하는 것인가? 그리고 왜 서너 개의 독립적인 연합체제[10]가 단일체제보다 더 바람직하다고 제안하고 있는가? 나는 국민들이 이 문제에 대해 언제나 올바르게 생각해 왔으며, 합중국의 대의와 명분에 대한 그들 모두의 한결같은 애착은 원대하고도 중요한 동기에 근거하고 있다고 확신한다. 다음의 페이퍼에서 나는 이 점에 대해 더 자세히 설명하도록 하겠다. 새헌법안을 채택하는 대신 합중국을 독립된 몇 개의 연합으로 분리해야 한다는 생각을 지지하는 사람들조차도, 새헌법안이 거부되면 합중국의 존속이 심각하게 위협받을 것임을 분명히 예상하고 있는 것 같다. 그리고 실제로 그렇게 될 것이다. 만일 합중국이 해체될 경우 모든 선량한 시민들은 "안녕! 나의 모든 위대함이여 영원히 안녕"이라고 어떤 시인의 표현을 빌려 절규하게 될 것임이 확실하다.

　　　　　　　　　　　　　　　　　　　　　　　　　　푸블리어스

　　가 아니었기 때문에 우리말로 헌법제정회의보다는 헌법회의라고 부르는 것이 원래의 취지에 더 가깝다.

10) 새헌법의 가장 중요한 목적인 강력한 연방정부에 반대해 안티-페더럴리스트는 특정한 하나의 정부 형태를 제시하지는 않았지만 세 가지의 정부 형태를 제시했다(페이퍼 1번, 각주 7) 참고). 하지만 무엇보다도 안티-페더럴리스트들이 새헌법의 채택을 반대한 가장 큰 이유는 연방정부가 너무 강해져 주 정부의 권한이 약해질 것이라는 데 있었다.

THE FEDERALIST   No. 3

≪인디펜던트 저널≫, 1787년 11월 3일   존 제이

뉴욕주 시민들에게

어느 나라 국민이든(만일, 미국 국민처럼 지적이고 견문이 넓다면) 그들의 가장 중요한 이익과 관련된 일에 있어서 잘못된 믿음을 받아들여 그것을 오랜 시간 꾸준히 고집하는 경우는 드물다. 이런 사실을 고려해 볼 때 미국 국민들이, 모든 일반적이고 국가적인 목적을 시행하기 위해 충분한 권한을 위임받은 하나의 중앙정부[1]를 중심으로 지속적으로 굳게 단결하는 것이 무척 중요하다는 것을 알 수 있다.

이러한 견해에 대한 근거를 주의 깊게 생각하고 검토해 볼수록, 나는 그 근거들이 설득력 있고 명확하다는 것을 더욱 확신하게 된다.

현명하고 자유로운 국민이 관심을 기울여야 하는 많은 문제 중 가장 우선적인 것은 자신들의 안전에 대한 보장일 것이다. 국민의 안전은 분명히 매우 다양한 상황과 관련되어 있어 안전이라는 의미를 정확하고 포괄적으로 정의하려는 사람에게는 다양한 해석의 선택지가 주어지기 마련이다.

현 시점에서 내가 논의하려고 하는 안전이란, 외세의 무력과 영향력으로부터 초래되는 위험뿐만 아니라 국내적 요인에서 야기되는 비슷한 종류의 위

---

1) 이 경우 원문에서는 'federal government'로 표기되어 있고 저자들은 이 용어를 종종 단일정부, 혹은 중앙정부와 같은 의미로 쓰는 경우가 많다. 첫 헌법에 의해 구성된 당시 연합정부(1781~1789)에는 행정부가 없었을 뿐 아니라 중앙정부로서의 권한이 거의 없었기 때문에, 새헌법안은 강력한 중앙정부를 채택했고 저자는 이에 대한 타당성을 설명하고 있다.

험에 맞서 평화와 평온을 유지하기 위한 안전의 보장에 관한 것이다. 앞서 언급한 순서에 따라 외세로부터의 위험에 대해 먼저 논의하도록 하겠다. 우선, 효율적인 중앙정부하에 우호적으로 단결된 연방이야말로 외세로부터의 적대 행위에 맞서 최상의 안보를 제공할 수 있다는 사람들의 의견이 과연 잘못된 것인지를 검토해 보도록 하자.

지금까지 이 세상에서 발생했던, 그리고 앞으로 발생할 전쟁의 수는 실제 이건 상상이건 전쟁을 유발한 원인의 숫자와 그 심각성에 비례한다. 만약 이게 사실이라면, 분열된 미국과 연방을 이룬 미국 중 어떤 형태가 더 정당한 전쟁의 원인을 제공할 것인지를 비교해 볼 필요가 있다. 왜냐하면 연방을 이룬 미국이 전쟁의 원인을 제공할 가능성이 더 적다면, 이런 면에서 연방체제야말로 다른 국가들과 평화로움을 유지할 가능성이 높다고 할 수 있기 때문이다.

전쟁의 정당한 원인은 대부분의 경우 주로 조약의 위반 또는 직접적인 무력행동이나 침략에 의한 것이다. 미국은 이미 여섯 개 이상의 국가와 조약을 맺고 있다. 그중 프러시아를 제외하고는 모두가 해양국가이기 때문에 미국에 타격을 주거나 침해할 수 있다. 미국은 또한 포르투갈, 스페인, 영국과도 광범위한 무역을 하고 있으며, 스페인과 영국의 경우, 그들의 아메리카 대륙의 식민지가 미국의 영토와 접해 있다는 것을 염두에 두어야 한다.[2]

이 모든 국가들에 대한 국제법을 지키는 일은 미국의 평화를 위해 매우 중요하다. 그리고 그러한 법의 준수는 13개의 개별 주 또는 서너 개의 독립된 연합체제보다 하나의 중앙정부에 의해 더욱 완벽하고 정확하게 수행될 것임이 분명하다.

그 이유는 일단 효율적인 중앙정부가 설립되면 전국적으로 최고의 역량을 가진 인물들이 임명되어 기꺼이 국가를 위해 임무를 수행할 것이라는 데

---

2)   당시 캐나다는 영국의 식민지였고, 플로리다 지방과 미시시피강 서쪽은 스페인의 식민지였기 때문에, 이 지역들은 모두 미국과 국경을 접하고 있었다.

있다. 왜냐하면 타운3)같은 작은 지방정부의 행정단위에서는 적절한 인물들이 주의 하원 또는 상원, 법원 또는 행정부의 직위를 차지할 수 있지만, 중앙정부의 직책을 위해 추천되는 인물들에게는 재능과 자격에 있어서 보다 전반적이고 폭넓은 명성이 요구되기 때문이다. 특히 중앙정부는 인물 천거에 있어서 가장 넓은 선택의 폭을 가질 수 있게 되며, 일부 주에서 자주 일어나는 인재의 결핍을 겪는 일은 결코 없을 것이다. 그 결과 중앙정부의 행정, 정치적 자문, 그리고 법원의 판결은 개별 주보다 더 현명하고 체계적이며 분별력이 있게 될 것이다. 따라서 지금의 연합체제보다 만족스러운 대외관계를 가능하게 할 뿐만 아니라, 우리에게 보다 안전한 체제가 될 것이다.

그 이유는 중앙정부 아래에선 국제법뿐만 아니라 조약이나 조약의 개별 조항도 언제나 동일한 의미로 해석되고 동일한 방법으로 시행되기 때문이다. 반면 13개 주 또는 서너 개의 독립적인 연합체제 아래에서는 동일한 요점과 문제에 관한 판단이 항상 일관될 수가 없을 것이다.4) 게다가 각기 다른 정부에서는 독립적으로 각각의 법원을 설립하고 판사들을 임명하게 될 것이기 때문에 지역마다 다른 법률과 이익의 영향을 배제할 수 없다. 그러므로 이러한 문제의 해결을 위해 중앙정부, 즉 연방정부에 의해 임명되고 연방정부에 대해서만 책임지는 사법체제를 제안한 헌법회의의 현명함과 지혜는 아무리 칭찬해도 지나치지 않다.

한 개 혹은 두 개 주에서는 지배적인 정파가 눈앞의 이해득실에 따라 신뢰와 정의를 저버리는 유혹을 받을 수 있으나, 이런 유혹은 다른 주에까지는 미

---

3) 원문에서는 'town'이며 1600년대부터 일반적으로 미국에서 가장 소규모의 지방정부를 일컫는다.

4) 저자들이 13개 주 또는 서너 개의 독립적인 연합체제를 단일정부와 비교하는 것은 다음에 계속되는 페이퍼들에서도 계속 언급된다. 페이퍼 1번의 각주 7)에서 설명한 내용 중, 안티-페더럴리스트가 제시한 세 번째 형태는 정부의 기본 체제에서 페더럴리스트가 지지하는 단일정부 형태와 큰 차이가 없으므로 저자들은 안티-페더럴리스트의 첫 번째와 두 번째의 제안과 뚜렷하게 비교되는 단일정부 체제의 장점을 계속 부각시키고 있다.

치지 못할 것이다. 따라서 중앙정부에는 거의 또는 전혀 영향을 주지 못할 것이기 때문에 신뢰와 정의가 유지될 것이다. 영국과의 평화조약의 경우가 이를 뒷받침하는 좋은 예이다.5)

이런 유혹은 한 주에만 국한되는 특별한 상황에 의해 생길 수 있고 결과적으로 많은 주민에게 영향을 줄 수 있다. 개별 주의 지배적 정파가 그런 유혹에 저항하려고 하더라도 항상 불법적인 모의를 막거나 모의를 기도한 자들을 처벌하기란 불가능할 것이다. 그러나 이런 지역적 상황에 영향을 받지 않는 중앙정부는 스스로 부당한 행위를 저지르지 않을 것이며, 다른 세력이 부정을 저지르는 것을 방지하거나 처벌할 수 있는 힘과 의지가 부족할 경우는 없을 것이다.

이상과 같은 이유로 조약과 법률에 대한 의도적 또는 우발적인 위반이 전쟁의 정당한 원인이 되는 한, 여러 개의 작은 연합정부보다는 단일의 중앙정부 체제에서 전쟁이 일어날 확률이 줄어들 것이다. 바로 이런 점에서 단일의 중앙정부가 국민의 안전에 가장 적합하다고 할 수 있다.

직접적이고 불법적인 폭력행위가 전쟁의 정당한 원인이 된 경우, 하나의 유능한 중앙정부는 어떤 다른 형태의 정부에서 일어날 수 있는 이러한 전쟁의 위험으로부터 훨씬 더 확고한 안전을 보장한다는 사실 또한 분명하다고 생각한다.

왜냐하면 그런 폭력은 전체보다 부분, 즉 연합보다는 한두 개 주의 감정이나 이해관계에서 비롯된 경우가 많기 때문이다. 기존 연합정부가 비록 허약하긴 해도, 인디언과의 전쟁 중 그 어느 것도 연합정부의 공격으로 일어난 것은 없다. 이에 반해 개별 주들의 일부 시민의 부적절한 행위가 인디언들의 적대행위를 초래한 적은 여러 번 있었다. 개별 주들은 그들 시민의 이런 부당한

---

5) 1783년 미국과 영국의 전쟁을 끝낸 조약이며, 영국이 미국의 독립을 인정한 조약이기도 하다. 프랑스의 파리에서 체결돼 'The Treaty of Paris'라고도 부른다. 하지만 미국의 여러 주는 친영 세력으로부터 몰수한 재산을 영국에 반환해야 하는 조약의 규정 등을 이행하지 않았다.

행위를 저지 또는 처벌할 능력과 의지가 없었기 때문에 결국 수많은 무고한 주민이 인디언에 의해 학살되는 사태가 일어난 것이다.

몇몇 주들은 스페인 및 영국 식민지와 국경을 접하고 있는데, 그들과 국경을 접하고 있는 주들은 아무래도 돌발적 자극이나 이해득실, 혹은 그들로부터 입게 될 수 있는 피해를 빠르게 감지하여 이 국가들을 상대로 직접적인 무력을 행사해 전쟁을 일으킬 가능성이 매우 높다. 중앙정부, 즉 연방정부보다 이런 위험을 효과적으로 제거할 수 있는 것은 없다. 중앙정부가 가지게 될 현명함과 신중함은 직접 이해관계를 갖는 해당 지역 당사자들의 감정에 의해 결코 좌우되지 않기 때문이다.

게다가 중앙정부하에서는 전쟁의 정당한 원인이 생길 위험성이 훨씬 줄어들 뿐만 아니라, 전쟁을 우호적으로 수용하고 해결할 수 있는 능력 또한 더 많을 것이다. 또한 중앙정부는 보다 절제력이 있고 냉철하여 문제를 일으키는 주보다 더 현명하게 행동할 수 있을 것이다. 인간과 마찬가지로 주들의 자존심은 자신의 모든 행위를 정당화시키려는 경향이 있으며 자신의 잘못과 위반행위를 인정하고 바로잡기를 거부하기 마련이다. 그러나 중앙정부는 그런 자존심의 영향을 받지 않으며, 자신을 위협하는 곤경에서 벗어나기 위한 가장 적절한 방법을 신중하고 공평하게 고려해 결정할 것이다.

강하고 통합된 국가가 (다른 국가에 저지른 잘못된 행위에 대해) 해명하고 보상을 하는 경우 그것이 상대국에 의해 만족스럽게 받아들여지지만, 그 반대의 경우 즉, 힘이 약한 개별 주나 연합정부가 강대국에 해명, 사과, 그리고 보상하는 경우에는 불만족스럽다는 이유로 거부당할 수 있다는 사실은 잘 알려져 있다.

1685년 모욕적인 외교 행위로 강대국인 프랑스의 왕 루이 14세의 감정을 상하게 한 이탈리아의 도시국가인 제노아 공화국6)은 어떻게든 그의 노여움

---

6) 제노아(Genoa)는 제노바(Genova)의 영어식 표현이다. 1815년 사보이(Savoy)에 병합되었고 1861

을 달래려고 노력했다. 루이 14세는 제노아의 최고행정관인 총독으로 하여금 원로원 의원 네 명과 함께 프랑스로 직접 와서 그의 용서를 구하고 그의 조건을 받아들이도록 요구했다. 제노아는 평화를 위해 그 요구에 굴복할 수밖에 없었다.[7] 단지 가정이지만, 루이 14세가 어떤 경우이든 스페인, 영국 혹은 다른 어떤 강대국에 대해 그런 굴욕적인 요구를 하거나 혹은 그와 같은 굴복을 받아낼 수 있었겠는가?

푸블리어스

년 다시 이탈리아의 영토가 되었다.

7) 17세기에 들어 무역과 해상 세력이 쇠퇴한 도시국가 제노아(Genoa)는 프랑스의 정치적 영향을 견제하기 위해 스페인과 동맹을 맺었다. 제노아 총독은 프랑스 왕 루이 14세의 외교사절을 모욕하고 프랑스 군대가 제노아의 영토를 통과하지 못 하게 해 당시 프랑스의 왕 루이 14세의 심기를 건들게 된다. 결국 프랑스는 제노아를 무력으로 공격해 항복을 받아냈으나, 그 후 루이 14세는 제노아의 총독에게 위 본문에서 언급된 굴욕적인 요구를 했다.

THE FEDERALIST No. 4

≪인디펜던트 저널≫, 1787년 11월 7일   존 제이

뉴욕주 시민들에게

나는 앞의 페이퍼에서, 다른 국가에 전쟁에 대한 정당한 명분을 줌으로써 우리에게 닥칠 수 있는 위험에 대해, 왜 단일의 중앙정부를 가진 연방체제가 국민의 안전을 가장 잘 보장해 줄 수 있는 체제인지에 대한 여러 근거를 제시했다. 그리고 그러한 근거들은 단일의 중앙정부가 다른 국가에 전쟁의 원인을 제공하는 경우가 훨씬 드물다는 것을 보여줄 뿐만 아니라 주 정부나 앞서 언급한 소규모 연합체제보다 그러한 문제들을 훨씬 수월하게 해결할 수 있다는 사실 또한 보여준다.

그러나 외부 세력으로부터의 위험에 대한 미국 국민의 안전은 다른 나라에 정당한 전쟁의 원인을 제공하지 않도록 자제하는 것뿐만 아니라, 상대방의 적개심 또는 모욕감을 유발하지 않는 상황을 유지하는 것에도 달려 있다. 왜냐하면, 전쟁에는 정당한 원인뿐만 아니라 정당성을 가장한 원인 또한 있기 때문이다.

인간의 수치스러운 본성이긴 하지만, 국가들은 일반적으로 무언가를 얻을 가능성이 있을 때마다 전쟁을 일으킨다는 점 또한 사실이다. 아니, 절대군주들은 자국이 아무것도 얻을 것이 없을 때조차 군사적 영광에 대한 갈망, 사적인 모욕감에 대한 복수, 야망 또는 그들 가문이나 당파의 세력을 강화하거나 지원하기 위한 사적인 맹약 때문에도 흔히 전쟁을 일으키는 것이다. 이러한 이유와 군주 자신에만 국한된 여러 동기로 인해 군주는 국민의 요구나 이

익이라는 점에서 정당화될 수 없는 전쟁을 일으키게 된다. 이러한 원인은 우리로서도 주의하지 않으면 안 되는 것이기는 하다. 그렇지만 이와는 별개로 군주들만큼이나 자주 국가를 전쟁에 휘말리게 하는 다른 요인들이 있는데, 이들 중 일부는 우리가 놓여 있는 다른 나라와의 관계와 상황에서 비롯될 수도 있는 것임을 알 수 있을 것이다.

우리는 어업에서 프랑스, 영국과 경쟁 관계에 있다. 그들이 자신들의 어업에는 장려금을 지급하고 외국산 수산물에는 관세를 부과한다 해도, 우리는 그들보다 더 저렴한 가격으로 그들의 시장에서 경쟁할 수 있다.

우리는 프랑스와 영국을 비롯한 대부분의 다른 유럽 국가와도 항해와 해운업에서 경쟁 상태에 있다. 이 분야에서 우리가 번창하는 것을 유럽의 경쟁국들이 결코 반길 리는 없다. 우리의 해운업은 유럽의 해운업의 규모를 어느 정도 축소시키지 않고는 확대될 수 없으므로, 유럽의 경쟁국들에게는 우리의 해운업을 억제하는 것이 그들에게 더 이익이 될 것이고 따라서 그들의 정책이 될 것이다.

중국 및 인도와의 교역에 있어서 우리는 유럽의 여러 나라가 과거로부터 사실상 독점했다고 볼 수 있는 이권에 끼어들게 됨으로써 그들과 충돌하게 된다. 왜냐하면 우리가 그동안 유럽 국가들을 통해서 중국과 인도의 물품을 수입했지만 지금은 우리가 직접 그들과의 통상을 통해 물품을 조달하고 있기 때문이다.

우리가 자체 선박을 통해 통상을 확장하는 것은 아메리카 대륙 또는 이 대륙 가까이 식민지를 소유하고 있는 유럽 국가들에게 결코 반가운 일이 아니다. 우리가 생산하는 제품들은 값이 싸고 품질이 좋다. 그리고 우리는 그들의 식민지 영토에 가까운 거리에 있기 때문에, 우리의 기업가 정신을 가진 진취적인 상인과 항해자들은 그들의 식민지에서 큰 이익을 얻게 되겠지만, 이는 이 식민지를 소유한 정부의 의도나 정책과 당연히 충돌하게 될 것이다.

스페인은 우리에 대해 미시시피강을 차단하는 것이 요긴하다고 생각하고 있고,1) 한편 영국은 세인트로렌스강2)에 우리 선박의 항해를 금지하고 있다. 이 두 나라 모두 그들의 식민지와 우리 사이에 있는 해로를 막아 이를 상호 교류와 교통의 수단으로 사용하는 것을 허용하지 않을 것이다.3)

이러한 사실과 다른 일련의 사례들로부터 생각해 볼 때, 다른 나라 국민의 마음과 가슴속에 우리에 대한 시기와 일말의 불안감이 점차적으로 자리 잡을 것이라는 사실을 쉽게 알 수 있다. 또한, 우리의 결속이 굳어지고 땅과 바다에서 우리의 세력이 커지는 것을 그들이 평정을 유지하면서 그저 무관심하게 보고만 있으리라고는 기대해서는 안 될 것이다.

미국인들은 이러한 상황뿐만 아니라 현재로서는 그렇게 분명하지 않은 다른 이유로부터도 전쟁이 발생할 수 있다는 사실을 알고 있다. 이러한 전쟁에 대한 동기는 적절한 시기와 기회를 부여받기만 하면 그것을 합리화시킬 구실은 결코 부족하지 않을 것이다. 따라서 미국 국민은 전쟁을 초래하기보다는 이를 억제하는 상황을 조성하고 유지할 수 있는 굳건한 결속과 훌륭한 중앙정부가 필요하다고 여기고 있다. 그런 상황이란 곧 가능한 최선의 방어 태세를 갖추는 것인데, 이는 당연하게도 그러한 정부와 군사력 그리고 국가의 자원에 달려 있다.

전체의 안전은 전체의 이익이다. 그 안전은 하나, 혹은 여러 개의 정부가 일단 존재하여야만 제공될 수 있다. 이와 관련해서 하나의 훌륭한 정부가 다수의 정부보다 더 효율적인지 아닌지를 검토해 보도록 하겠다.

단일정부4)는 합중국 어디에서든 가장 능력 있는 자들의 재능과 경험을

---

1) 1786년 스페인은 미시시피강의 항해를 독점하기 위한 조약을 미국과 체결하려고 시도했으나 결국 성공하지는 못했다.

2) 원문의 표기는 Saint Lawrence이나 The Saint Lawrence River를 의미한다. 이 강은 5대호와 대서양을 연결하는 중요한 수로이며 전체 길이는 약 1,200km이다. 18세기 당시 물자의 수송과 통상에 매우 중요한 역할을 했다.

3) 아메리카 대륙 내에서, 유럽 국가들 간의 어업과 해운에서의 갈등은 해밀턴의 페이퍼 11번에서도 다루고 있다.

끌어모아 이를 이용할 수 있다. 단일정부는 일관되고 획일적인 정책의 원칙에 의해 움직일 수 있다. 단일정부는 여러 분야의 구성원들을 화합, 동화, 보호할 수 있으며 구성원들에게 정부가 갖고 있는 통찰력과 예방책의 혜택을 두루 나누어줄 수 있다. 조약을 체결할 때 단일정부는 전체의 이익을 고려하고, 전체의 이익과 관련된 지역의 특정 이익도 염두에 둘 것이다. 단일정부는 체제의 협력과 단결이 부족한 주 정부나 독립적 연합보다, 어느 특정 부분의 방어를 위해 전체의 자원과 힘을 용이하고 신속하게 사용할 수 있다. 단일정부는 민병대를 단일한 규율의 체계 아래 둘 수 있고, 장교들을 적절한 계급체계에 의해 최고행정관5) 아래에 예속시킴으로써 결과적으로 그들을 하나의 군대로 통합시킬 것이며, 따라서 이렇게 통합된 군대는 열세 개 또는 서너 개의 독립된 부대보다 훨씬 효율적일 것이다.

만일 잉글랜드 민병대가 잉글랜드 정부에만 복종하고, 스코틀랜드 민병대는 스코틀랜드 정부의 명령만 따르고, 웨일스 민병대는 웨일스 정부에만 복종한다면, 영국의 민병대는 어떻게 되겠는가? 만일 침공을 받았을 때, 이 세 정부가 (설령 서로 동의한다고 해도) 그들 각자의 군사력을 모두 동원한다고 해도 영국의 단일정부만큼 효과적으로 적에 대항할 수 있겠는가?

우리는 영국의 함대에 대해 많은 것을 들어왔다. 그리고 우리가 현명하다면 언젠가 미국 함대들이 그런 관심을 받을 날이 올지도 모른다. 만일 영국 단일의 중앙정부가 해운을 잘 통제하지 않았다면 훌륭한 선원들을 양성하지 못했을 것이고, 또한 함대를 구성하기 위해 모든 국가적 수단과 자원을 동원하지 않았다면 영국 함대의 기량과 능력은 결코 칭송받지 못했을 것이다. 잉글랜드, 스코틀랜드, 웨일스 그리고 아일랜드가 각자의 함대를 두고, 대영제국을 구성하는 이 네 개의 지역이 각자 서로 독립된 정부 아래 존속한다면, 머지

---

4) 원문에서는 'One government'이며 단일정부, 중앙정부 혹은 연방정부와 같은 의미이다.

5) 원문에서는 최고행정관이라는 의미의 'the Chief Magistrate'이나, 새헌법에서는 최고행정관을 대통령(the President)이라고 명명했다. 따라서 여기에서의 최고행정관은 대통령과 같은 의미이다.

않아 곧 다른 나라와 비교해서 그들은 모두 하찮은 존재로 전락해 버릴 것은 뻔한 일이다.

　이런 사실을 우리의 경우에 적용해 보겠다. 미국을 열세 개의 독립된 정부로, 혹은 원한다면 세 개 또는 네 개의 독립된 정부로 분할된 상태로 내버려 둔다고 했을 때, 도대체 이들은 어떤 종류의 군대를 모집하고 보수를 지급할 수 있겠는가? 또, 어떤 함대를 구축할 수 있는가? 만일 한 정부가 공격을 당한다면 그 정부의 방어를 위해 다른 정부들이 급히 달려가 피를 흘리고 비용을 지불하겠는가? 독립된 정부들은 그들 자신의 평온함과 안전을 위협받기보다는 그럴듯해 보이는 약속에 이끌려 중립을 선택할 가능성도 있지 않을까? 그리고 아마도 다른 정부들은 공격당한 정부를 평소 질시하고 부러워하며 오히려 그 영향력이 줄어들기를 바라고 있었을 수도 있는 일이다. 비록 이런 행동은 현명하지 못하지만 자연스러운 것이다. 그리스와 다른 국가들의 역사에서 이런 사례를 얼마든지 찾을 수 있으며, 자주 발생했던 이런 일들이 비슷한 상황에서 다시 반복된다고 해도 전혀 이상하지 않을 것이다.

　그래도 침략을 받은 주 또는 연합정부를 다른 정부들이 지원한다고 가정해 보자. 그렇다면 인력과 자금의 원조는 언제, 어떻게, 그리고 어떤 비율로 제공될 것인가? 누가 어느 정부로부터 명령을 받아 동맹군을 지휘할 것인가? 누가 강화의 조건을 결정하고, 의견의 일치가 이뤄지지 못할 경우 어떤 인물이 중재자가 되어 그들 사이에서 결정을 내리고 어떻게 그 결정에 따르게 할 것인가? 이런 상황에는 여러 가지 어려움과 불편함이 따르기 마련이다. 반면, 일반적이며 공통적인 이익을 돌보며 전체의 힘과 자원을 결집하고 관리하는 단일정부는 이런 모든 복잡한 문제없이 국민의 안전에 훨씬 많은 기여를 할 수 있게 된다.

　우리가 단일의 중앙정부 아래 굳건하게 단결하고 있든, 아니면 여러 연합으로 분리되어 있든 확실한 것은 다른 국가들은 우리를 정확히 알고 파악하여 그에 따라 행동할 것이라는 사실이다. 만일 그들이 우리의 중앙정부가 효율적이고 훌륭하게 운영되고 있으며 우리의 통상이 적절하게 규제되고, 우리의 민병이 제대로 조직되어 훈련되어 있으며, 우리의 자원과 재정이 분별 있게 관리되고, 우리의 공채가 보증되고, 우리의 국민이 자유롭고 만족해하며, 단결되어 있는 것을 보면 그들은 우리의 반감을 사기보다는 우리와의 우호적인 관계를 위해 더욱 노력할 것이다. 반면, 우리에게 효율적 정부가 존재하지 않고, (각 주는 그 통치자의 편의에 따라 잘 운영되거나 잘못 운영되기도 할 것이지만) 또 서너 개로 분리되어 서로 대립하는 독립된 공화국 또는 연합으로 나누어져 있으며, 심지어 한 정부는 영국에 우호적이며 다른 정부는 프랑스, 또 다른 정부는 스페인에 우호적으로 되어 이 세 국가의 사이에서 이용당하게 된다면, 그들의 눈에 우리는 얼마나 보잘것없고 한심한 모습으로 비치겠는가! 미국은 쉽게 그들의 경멸과 모욕의 대상이 될 것이다. 그리고 이렇게 비싼 대가를 지불하고 얻은 경험이 증명하는 것은, 한 국민 또는 한 가족이 이렇게 분열될 경우 반드시 그들 자신에게 불리하게 된다는 것이다.

푸블리어스

THE FEDERALIST

No. 5

≪인디펜던트 저널≫, 1787년 11월 10일 존 제이

뉴욕주 시민들에게

1706년 7월 1일 스코틀랜드 의회에 보낸 서신에서 앤 여왕은 당시 잉글랜드와 스코틀랜드 사이에 형성되고 있었던 연합[1]의 중요성에 대한 의견을 밝혔는데, 그 내용은 우리가 주목할 만하다. 나는 여기서 그 편지의 내용 중의 일부를 인용하고자 한다. "하나의 총체적이고 완벽한 연합은 지속적인 평화의 군건한 기반이 될 것이다. 그것은 여러분의 종교, 자유 그리고 재산을 보호해 주고 여러분들 사이의 적대감, 그리고 두 왕국 간의 경계심과 갈등을 없애 줄 것이다. 연합은 여러분의 힘, 부와 그리고 무역을 증가시킬 것이다. 그리고 이러한 연합으로 이 섬 전체는 우호로써 결합될 것이며, 서로 다른 이해관계에서 비롯되는 모든 불안감으로부터 해방되어 모든 적대 세력을 물리칠 수 있게 될 것이다." "우리의 통합이 행복한 결과를 가져올 수 있도록 이 위대하고 중대한 문제에 있어서 우리는 진심으로 여러분이 침착함과 일치된 마음을 가지기를 바란다. 연합이야말로 현재와 미래의 행복을 보장할 수 있으며, 이 연합을 막거나 지연시키기 위해 온갖 노력을 기울일 적들의 계획을 우리가 효과적으로 좌절시킬 수 있는 유일한 방안이다."

　연약함과 내부의 분열은 외부로부터의 위험을 초래하게 될 것이라고 앞

---

[1] 원문에서는 'the Union'이다. 잉글랜드는 결국 1707년 연합법(The Act of Union)에 따라 사실상 스코틀랜드를 합병했다. 그러나 앤 여왕의 서신은 외교문서였기 때문에 '합병'보다는 '연합'으로 번역했다.

의 페이퍼에서 언급한 바 있다. 또한 우리의 결속, 힘, 그리고 훌륭한 통치보다 우리를 더 잘 보호해 줄 수 있는 것은 없다고도 했다. 이 주제는 아주 방대하므로 짧고 간단하게 고찰하는 것은 불가능하다고 할 수 있다.

일반적으로 우리는 대영제국의 역사에 대해 가장 잘 알고 있으며 이는 우리에게 유익하면서도 많은 교훈을 준다. 우리는 대영제국이 치른 대가를 지불하지 않고도 그들의 경험으로부터 많은 것을 배울 수 있다. 상식적으로 하나의 섬에 사는 사람들이 한 국가로서 존재하는 것이 당연하다고 생각되지만, 그들은 오랜 세월 동안 세 개의 나라로 분리되어 있었으며, 이들은 거의 항상 서로 간의 불화와 전쟁에 휘말려 있었다. 유럽의 대륙 국가에 대해 그들은 같은 이해관계를 가지고 있었음에도, 이 세 나라는 책략적인 정책의 실시로 인해 서로에 대한 경계가 지속되었다. 그들은 오랜 세월 동안 서로를 필요로 하고 도움을 주는 대상이라기보다는 불편하고 귀찮은 존재였다.

만일 미국이 서너 개의 국가로 분열된다면 위와 같은 일이 발생할 것은 분명하지 않은가?[2] 영국에서의 경우와 같이 서로 간의 경계심이 발생하여 이것이 계속 유지되지 않겠는가? 서로가 '우호로써 단합'되고 상이한 이해에 대한 불안감에서 해방되기보다는 머지않아 서로 간의 질투와 시기심으로 인해 신뢰와 우호가 사라지고 말 것이다. 또한, 미국 전체를 위한 전반적인 이익보다는 각 연합의 개별적 이익만이 그들의 정책과 행동의 유일한 목적이 될 것이다. 따라서 국경을 접하고 있는 대부분의 다른 국가들처럼 늘 불화와 전쟁에 휘말리거나 그것을 계속 두려워하며 살게 될 것이다.

서너 개의 연합을 가장 열렬하게 옹호하는 자들조차도, 그 연합들이 설사 처음에는 동등한 힘을 가진 상태에서 형성되어도, 지속적으로 그 상태를 유지할 수 있으리라고 합리적으로 추측할 수 있는 것은 아니다. 그리고 만약 그것이 가능하다고 가정하더라도, 인간이 생각할 수 있는 그 어떤 수단으로도 그

---

2) 페이퍼 3번, 각주 4) 참고.

러한 힘의 균형을 지속시키는 것은 어려울 것이다. 한 부분의 세력이 커지면 다른 부분의 발전이 저해될 수 있는 지역적 상황을 배제하더라도, 우월한 정책과 훌륭한 운영으로 인해 어느 한 정부는 나머지 정부보다 우위에 서게 되고, 따라서 힘의 상대적 균형이 깨지게 될 것이다. 각각의 연합이 같은 수준의 신중함과 통찰력으로 건실한 정책을 오랜 세월 동안 한결같이 펴나가리라고 추정할 수는 없기 때문이다.

언제라도, 그리고 어떤 원인에서든지 이들 국가 또는 연합의 하나가 정치적 비중에서 이웃들보다 훨씬 높은 수준에 오르게 될 수 있고, 그렇게 된다면 바로 그 순간부터 이웃 연합들은 부러움과 두려움의 눈으로 그것을 바라보게 될 것이다. 이런 감정 때문에 이웃 연합들은 적극적으로 나서지는 않는다 하더라도, 그 연합의 영향력을 약화시킬 수 있는 방법에 관심을 가지게 될 것이며 그 연합의 번영을 증진시키고 확고히 해주는 방안들을 방해하고 막으려고 할 것이다. 머지않아 그 연합은 다른 이웃 연합들이 이런 비우호적인 경향을 가지고 있다는 것을 감지하게 될 것이고, 결국 이웃 연합들을 불신하게 될 뿐 아니라 그들처럼 역시 비우호적인 성향을 지니게 될 것이다. 불신은 자연히 불신을 낳고, 노골적이든 아니면 암시적이든 부당한 시기심과 불공정한 비방만큼 상대방의 선의와 우호적인 행동을 더 빠르게 변화시키는 것은 없다.

일반적으로 북부는 힘을 가진 지역이며, 여러 지역적 상황을 고려할 때 제안된 연합들[3] 중 가장 북쪽에 있는 지역은 머지않아 다른 지역보다 더 강해질 것이 분명하다.[4] 이런 상황이 확실해지는 순간, 과거 유럽의 남부지역에서와 같이 미국의 남부지역들이 북부지역[5]에 대해 같은 생각과 감정을 갖게 될 것

---

3) 안티-페더럴리스트들이 제안한 정부 형태 중 서너 개의 연합을 의미한다.

4) 존 제이(John Jay)는 뉴욕주 출신으로 뉴욕주 독자들의 북부의 자부심(Nothern pride)에 감성적으로 호소하는 것으로 보인다. 제이가 남부의 독자들이 읽는 신문에 글을 썼다면 이러한 내용을 포함시키지 않았을 것이라는 학자들의 의견도 있다.

5) 원문의 표현은 'Nothern Hive'이며 북부지역을 의미한다. 산업화로 인해 바쁘게 움직이는 사람들

은 분명하다. 또한 북부의 젊은 꿀벌 무리가 꽃이 만발하고 기후가 온화한 남부의 꿀을 모아 가려는 유혹에 빠질 수 있는 것도 충분히 예상할 수 있다.

위의 경우와 비슷하게, 서너 개로 분리된 연합은 국경만 접하고 있을 뿐이지 결코 우호적인 이웃이 될 수 없다는 역사적인 예는 얼마든지 찾아볼 수 있다. 분리된 연합들은 서로 좋아하지도 신뢰하지도 않을 뿐만 아니라, 오히려 불화와 경계심의 희생물이 되고 서로를 해치게 될 것이다. 한마디로 말하면, 우리는 다른 나라들이 바라는 상태, 즉 서로에게 큰 위협만 되는 상황에 처하게 될 것이다.

이러한 생각으로 미루어 볼 때, 연합들 사이에 공격 및 방어를 위한 동맹이 형성되고, 그 결과 무기와 자원이 결집되어 외부의 적에 맞서 가공할 만한 방위력을 조성할 것이라고 기대하는 사람들의 판단은 잘못된 것으로 보인다.

영국 그리고 스페인이 각각 여러 독립국으로 분열되어 있었을 때, 그 독립국들이 외부의 적에 대항하기 위해 이런 동맹을 맺거나 군대를 결집한 적이 있는가? 제안된 서너 개의 연합들은 결국 개별 국가가 될 것이다. 각 연합의 외국과의 통상은 각자의 개별 협약에 의해 규제될 것이다. 그리고 그들이 생산하는 상품이 각각 다르고, 그에 따라 시장도 다를 것이기 때문에 이런 조약들도 당연히 다르게 될 것이다. 서로 다른 상업적 관심은 서로 다른 이해관계를 초래하기 때문에 다른 국가들과 개별적인 정치적 유대관계를 맺게 되는 것은 당연하다. 따라서 북부의 연합과 평화적이고 우호적인 관계를 유지하고 싶어하는 외국이 남부의 연합과 전쟁을 치르는 경우가 있을 수도 있으며 또 그럴 가능성 또한 높다. 그렇기 때문에 북부와 남부 연합들 사이에 당면한 이익과 관계없는 동맹이 맺어지기는 쉽지 않을 것이며, 설사 그것이 가능하다 하더라도 완벽한 신뢰를 바탕으로 이행되고 지켜지기는 힘들 것이다.

아니, 유럽에서처럼 아메리카에서도 상반된 이익과 비우호적인 감정 때

이 밀집한 북부지역을 벌집(hive)에 비유했다.

문에 인접한 국가들이 종종 서로 다른 편을 들기 십상이다. 유럽과의 거리를 고려할 때, 이런 연합들이 멀리 떨어져 있는 나라보다는 가까운 다른 연합으로부터 위험을 느끼는 것이 당연해 보인다. 따라서 각 연합은 서로 간의 동맹을 통해 외국의 위협에 대처하기보다는 외국 동맹국의 지원을 받아 서로에 대한 경계를 강화하고자 할 것이다. 그리고 여기서 잊지 말아야 할 것은, 외국 함대를 우리 항구에, 외국 군대를 우리 땅에 받아주는 것보다 그들을 철수시키기 위해 설득하거나 강요하는 것이 훨씬 더 어렵다는 사실을 기억해야 한다. 동맹을 구실삼아 로마와 그리고 다른 강대국들이 얼마나 많은 곳을 정복했는가? 또, 그들이 보호라는 핑계로 다른 나라들의 정부에 과연 어떠한 혁신을 가져다준 적이 도대체 있기는 하였는가?

그렇다면, 미국을 그것이 몇 개이든 여러 개의 독립국으로 나누는 것이 과연 외국의 적대행위와 부당한 간섭으로부터 우리를 안전하게 지켜줄 수 있을지는 공정한 사람들이 판단할 일이다.

푸블리어스

THE FEDERALIST   No. 6

≪인디펜던트 저널≫, 1787년 11월 14일   알렉산더 해밀턴

뉴욕주 시민들에게

앞의 세 편의 페이퍼는 연합이 분열된 상태에서 우리가 외국의 무력과 책략에
노출될 수 있는 위험을 열거하는 데 집중했다. 나는 여기서 조금 다르지만 어
쩌면 더욱더 경계해야 할 종류의 위험에 대해 언급하고자 한다. 이런 위험은
아마 여러 주 간의 불화와 국내의 파벌들과 소요로부터 비롯될 것이다. 이에
대한 것은 이미 간략히 언급되었지만, 보다 자세히 검토해 볼 필요가 있다.

만일 주들이 서로 완전히 분열되거나 또는 부분적인 몇 개의 연합의 형태
로 결합되는 경우라면, 그러한 상태에 있는 지역들은 서로 빈번하게 폭력적으
로 다투게 될 것이다. 만일 이러한 사실을 믿지 않는 사람이 있다면, 그는 비
현실적인 유토피아적 망상에 너무 심하게 빠져 있다고밖에 볼 수 없다. 그러
한 다툼을 일으킬 동기도 거의 없을 것이라고 생각하는 것 또한 인간은 야망,
복수심 그리고 탐욕의 존재임을 망각하는 것과 같다. 같은 지역에서 서로 독
립되어 있고 주권이 통합되지 않은 여러 나라 사이에서 지속적 화합을 바라는
것은 마치 인간의 일들은 계속해서 같은 과정을 반복한다는 사실과 오랜 세월
동안의 축적된 경험을 무시하는 것과 같다.

국가 간에 적대감을 유발하는 원인은 수없이 많다. 그 원인 중 일부는 사
회의 집단에 보편적으로 존재하며 또한 거의 지속적으로 작용한다. 권력에
대한 집착 또는 우월성과 지배에 대한 갈망, 권력에 대한 시기심 또는 평등과
안보에 대한 갈망이 그것이다. 또한 덜 직접적이긴 하지만 그 영향력에 있어

52   페더럴리스트 페이퍼스

결코 뒤지지 않는 다른 원인들 또한 존재한다. 즉, 상업국가 사이의 무역에 대한 경쟁과 같은 것이다. 그러나 이미 언급된 것들만큼이나 많은 다른 원인들이 완전히 개인적인 감정에서 비롯되었는데, 그것은 그 사회의 일원인 지도자들의 집착, 적대감, 이권, 희망, 두려움 등이다. 이러한 부류의 사람들은 대부분의 경우 왕 또는 국민으로부터 받은 신뢰를 남용했다. 그리고 공적인 목적을 위해서라는 구실을 들어 개인적인 이득이나 자기만족을 위해 서슴지 않고 국가의 평화를 희생시켰다.

그 유명한 페리클레스는 한 매춘부[1]의 억울함을 풀어주기 위해 국민의 많은 피와 재산을 희생시켜 가며 사모스인들의 도시국가를 공격, 정복하고 멸망시켰다.[2] 바로 이 사람이 그리스 연대기에 펠로폰네소스 전쟁[3]이란 이름으로 기록된 그 유명하고 파국적인 전쟁을 일으킨 최초의 장본인이었는데, 전쟁을 일으킨 이유는 그리스의 또 다른 도시국가인 메가라인들[4]에 대한 그의 사적인 분노 때문에 또는 조각가 피디아스[5]의 절도 혐의[6]의 종범으로 기소

---

1) 아스파시아(Aspasia), 플루타르크(Plutarch)의 『페리클레스의 인생(*Life of Pericles*)』 참고. _푸블리어스

2) 아스파시아(Aspasia)는 고대 그리스의 밀레투스(Miletus) 출신의 여자로 아테네로 이주한 후 아테네의 정치가이자 장군인 페리클레스(495~429 B.C.E.)의 정부가 되었다. 아스파시아는 아테네의 여성들을 타락시킨 죄목으로 재판을 받았으나 중상모략으로 밝혀져 무죄판결을 받았다. 한편 밀레투스는 사모스인들(Samnians)의 도시국가인 사모스(Samos)와 전쟁을 하게 되고 아테네의 페리클레스가 이를 중재하려 했으나 사모스는 그의 중재를 거부했다. 이에 격노한 페리클레스는 그의 정부 아스파시아의 모국인 밀레투스의 적국, 즉 사모스를 공격했다. 아테네는 그 공격에서 많은 희생자를 냈으나 사모스를 결국 굴복시켰다. 플루타르크는 페리클레스가 아스파시아의 환심을 사기 위해 사모스를 공격했다고 주장한다.

3) 펠로폰네소스 전쟁(The Peloponnesian War 431~405 B.C.E.)은 고대 그리스의 두 경쟁 도시국가인 아테네와 스파르타의 전쟁이다. 26년간의 긴 전쟁 끝에 스파르타가 결국 승리해 가장 강력한 그리스의 도시국가로 부상했다.

4) 플루타르크(Plutarch). _푸블리어스
    메가라(Megara)는 아테네 근처의 도시국가였으며 아테네가 그의 지배 영역에서 메가라인들의 상업 활동을 금지한 것 등이 펠로폰네소스 전쟁의 원인 중 하나가 된 것으로 여겨지고 있다.

되는 것을 피하기 위해, 또는 사적인 인기를 돈으로 사기 위해 나라의 재정을 낭비한 것에 대한 고소를 면하기 위해,[7] 또는 이 모든 이유가 복합적으로 작용했기 때문이었다. 이 전쟁은 많은 우여곡절을 겪고 여러 번의 휴전과 재발을 거친 후 결국 아테네의 멸망으로 끝이 났다.

헨리 8세 밑에서 수상직을 맡았던 야망에 찬 추기경 울지[8]는 카를 5세[9]의 영향력을 이용해 교황[10]이 되기를 열망했다. 이 막강한 군주의 환심과 관심을 사기 위해 그는 명백한 국책의 지침을 위반하고 추밀원을 조종함으로써 그가 관장했던 잉글랜드 왕국은 물론, 유럽 전체의 안전과 독립을 위태롭게 하면서까지 잉글랜드와 프랑스와의 전쟁을 부추겼다. 울지는 만인의 군주가

---

5) 같은 책. 피디아스(Phidias or Pheidias 480?~430 B.C.E.)는 페리클레스의 묵인 아래 미네르바 조각상을 장식하기 위해 공금(public gold)을 훔친 것으로 알려졌다. _푸블리어스

6) 『페더럴리스트 페이퍼스』의 거의 모든 에디션들은 독자들의 편의를 위해 원문의 단어들을 일부러 빼거나, 추가하거나 혹은 교체했다. 페이퍼 6번에서도 적어도 15번의 그러한 사례가 있는데, 그중 다음의 예는 해밀턴이 원래 의도한 의미에서 완전히 벗어난 경우에 해당된다. Modern Library (1945) 버전과 New American Library(1961) 등의 몇몇 버전들에서는 "in a supposed theft of the statuary of Phidias"라고 statuary 뒤에 'of'를 추가했다. 이 경우 피디아스 소유의 조각상들을 훔친 혐의를 의미하거나 피디아스가 만든 조각상들을 훔친 혐의를 의미하게 되는데, 해밀턴이 각주에서 언급했듯이 피디아스는 금을 훔쳤고 페리클레스는 그 절도에 대한 종범 혐의를 받았기 때문에 statuary와 Phidias 사이에 'of'가 들어간 것은 잘못된 편집이다. 따라서 'statuary'는 조각상들(a collection of statues)이 아니라 여기서는 조각가(sculptor)의 의미로 쓰였다. 한편, 피디아스의 죄는 결국 입증되지 못했으나 그는 감옥에서 생을 마감했다. 피디아스(480~430 B.C.E.)는 고대 아테네의 위대한 조각가, 화가, 그리고 건축가였으며 페리클레스의 지원을 받아 아테네의 전반적인 예술 활동을 관장했다. 파르테논 신전의 재건축을 감독했고(플루타르크는 이에 대해 반론을 제시하고 있지만) 신전의 가장 중요한 조각상을 직접 만든 것으로 알려져 있다. 하지만 그의 작품 중 다수는 오늘날 전해지지 않고 있다.

7) 플루타르크(Plutarch). _푸블리어스

8) 토머스 울지(Thomas Wolsey 1473~1530)는 영국의 추기경이며 정치가이다. 프랑스에 맞서 영국과 합스부르크의 동맹을 주도했다. 그러나 결국 카를 5세가 영국을 동맹에서 제외시킴으로써 그의 야망은 좌절되었다.

9) 카를 5세(Charles V 1500~1558)는 신성로마제국의 황제.

10) 원문에는 '교황이 쓰는 관(the triple crown)을 열망했다'라고 표현했다.

되려는 계획을 시도했던 통치자 찰스 5세의 계략의 도구였으며 꼭두각시였던 셈이다.

마담 맹트농의 완고함,[11] 말버러 공작부인의 까다로운 성미,[12] 그리고 마담 퐁파두르의 음모[13]가 당대 유럽 상당 부분의 소요와 안정에 끼친 영향은 너무도 자주 얘기되며 또 널리 알려져 있다.

외국이든 국내의 경우이든 중요한 국가적 사건의 발생에 개인적인 동기가 관여된 경우를 계속 나열하는 것은 시간 낭비라고 할 수 있다. 역사에 대해 조금이라도 지식이 있는 사람이라면 많은 비슷한 사례들을 기억해 낼 수 있을 것이다. 그리고 인간의 본성에 대해 어느 정도 알고 있는 사람이라면 있는 그대로의 사실이나 그 영향에 대한 자신의 의견을 정리하는 데 이러한 사례들조차 필요 없을 것이다. 하지만 우리의 주변에서 일어난 최근의 한 사건을 예로 든다면 이런 일반적 원칙을 설명하는 데 도움이 될 수 있다. 만약 셰이즈가 절박한 정도로 많은 빚을 지지 않았더라면 과연 매사추세츠주가 내란에 휩싸였을지 매우 의문스럽다.[14]

---

11) 마담 맹트농(Madame de Maintenon)은 프랑스 왕 루이 14세가 비밀리에 결혼한 두 번째 부인이지만 왕비가 되지는 못했다. 하지만 실질적인 왕비로서 루이 14세의 통치에 많은 영향력을 행사했고 그의 실패한 정책을 주도한 것으로 비난을 받았다. 특히 루이 14세가 위그노(Huguenots)파를 박해하도록 부추기는 데 성공했다.

12) 말버러 공작부인(Duchess of Marlborough)인 새라 처칠(Sarah Churchill)은 앤 여왕(Queen Anne)의 총애를 받았고 남편인 말버러 공작이 스페인 왕위계승 전쟁에 참여했을 때 앤 여왕의 권력을 부당하게 이용해 남편의 출세에도 기여했다. 그러나 그녀의 오만함과 부당한 정치적 행위로 결국 여왕의 적이 되었고 여러 직위로부터 해임되었다. 말버러 공작부인은 84세로 1744년에 사망할 때까지 유럽에서 가장 부자인 여성 중 한 명이었다.

13) 마담 퐁파두르(Madame de Pompadour)는 뛰어난 미모와 지성으로 24세에 루이 15세의 애첩이 되었고 20년 동안(1745~1765) 왕의 각료들을 임명하는 데 두드러진 역할을 했다. 예술에도 높은 안목이 있었으나 예술품의 수집에 엄청난 돈을 쓴 것으로 알려져 있다. 국민들의 어려운 경제 사정에는 아랑곳하지 않고 돈을 물 쓰듯 썼으며, 극도의 거만함과 악랄한 정치적 영향의 행사로 비난받았다. 그러나 한편에서는 예술의 큰 후원자로서 프랑스의 자부심과 긍지를 높인 공적을 인정받기도 한다.

이러한 경험에 대한 의견의 일치에도 불구하고, 주들이 서로 분열되어도 평화를 지속적으로 유지할 수 있다는 모순된 주장을 하는 몽상가나 모략가들이 아직도 존재한다. 공화국은 그들에 따르면 본질적으로 평화적이라는 것이다. 상업 정신은 사람들의 태도를 부드럽게 만들고 전쟁을 자주 일으켰던 격앙된 감정을 억누르는 경향이 있다고 주장한다. 우리와 같은 상업 공화국들은 서로 간의 파괴적인 분쟁에 불필요한 노력을 낭비하지 않을 뿐만 아니라 그들은 상호 이익에 의해 주도되며, 상호 간의 우호와 조화를 돈독하게 할 것이라고 그들은 말한다.

그렇다면 (우리는 위와 같이 정치적으로 말하고 있는 사람들에게 묻고 싶은데), 이처럼 호의적이고 이성적인 정신을 배양하는 일이 모든 국가의 진정한 관심사가 아니겠는가? 만약 이것이 그들의 진정한 관심사라면, 실제로 그들은 그것을 추구했는가? 반대로 일반적이거나 먼 미래를 내다보는 정책이나 실익 또는 정의보다, 일시적 충동이나 눈앞의 이익이 인간의 행동을 더욱 적극적이고 성급하게 만든다는 사실을 늘 볼 수 있지 않았는가? 공화국이 군주국에 비해 실제로 전쟁에 덜 집착했는가? 두 체제 모두 인간에 의해 통치되지 않는가? 반감, 편견, 경쟁 그리고 부당한 획득에 대한 갈망이 군주뿐만 아니라 국민에게도 영향을 주지 않는가? 국민을 대표하는 의회는 흔히 분노, 원한, 시기, 탐욕 그리고 다른 비정상적이고 폭력적인 성향의 충동에 지배되지 않는가? 의회의 결정은 그들이 신뢰하는 소수 인물에 의해 지배될 뿐만 아니라 그들의 감정과 견해의 영향을 받기 십상이라는 것은 잘 알려진 사실이 아닌가?

---

14) 셰이즈의 반란(Shays' Rebellion 1786~1787)은 매사추세츠주에서 일어난 민간인들의 무장 봉기이다. 대니얼 셰이즈(Daniel Shays)가 주도한 반란군은 대부분 가난한 농민이었으며 영국과의 전쟁 직후 경제적 불황이 계속되자 쌓이는 빚과 세금에 분노해 있었다. 그들의 상당수가 부채 상환을 할 수 없어서 감옥에 수감되거나 혹은 자산이 몰수된 경우가 많았다. 결국 1787년에 반란군은 제압되었지만 이러한 민간인의 사적인 반란을 제압하기 어려운 당시 정부 형태의 결함으로 인해 지식인들 사이에서 당시의 헌법인 연합규약을 수정하자는 의견이 증폭되었고, 결국 1787년 필라델피아 헌법회의를 개최하는 데 중요한 동기가 되었다.

상업은 지금까지 전쟁의 목적을 바꾸는 것 그 이상의 어떤 역할을 해왔는가? 부에 대한 애정은 권력과 영광만큼 지배적이고 대담한 열정이 아닌가? 이전에는 영토 또는 지배에 대한 욕심에서 전쟁이 일어난 것처럼, 상업이 국가의 지배적인 체제가 되면서 상업적 동기에서 많은 전쟁이 발생하지 않았는가? 많은 경우 상업 정신이 영토와 지배 모두에 대한 욕구에 새로운 동기를 부여하지 않았는가? 이런 질문에 대한 대답은 인간의 행위에 가장 확실한 지침이 되는 경험에서 찾을 수 있다.

스파르타, 아테네, 로마, 카르타고는 모두 공화국이었다. 이 중 두 나라, 아테네와 카르타고는 상업국가의 성격을 띠고 있었다. 그러나 그들도 같은 시대의 이웃 군주국들만큼이나 서로 방어적이고 공격적인 전쟁을 자주 벌였다. 스파르타는 잘 훈련된 군대와 다름없었고 로마는 항상 살육과 정복에 굶주려 있었다.

카르타고는 상업 공화국이었지만 자신이 일으킨 전쟁 때문에 멸망했다. 한니발은 카르타고의 군대를 이끌고 이탈리아 중심부에서 로마의 문턱까지 들어갔으나, 스키피오는 카르타고 영토에서 한니발을 격파하여 카르타고를 정복했다.[15]

15세기 말에 베네치아는 야망에 찬 전쟁을 일으켜[16] 다른 이탈리아 국가의 공포의 대상으로 떠올랐다. 이에 교황 줄리어스 2세는 16세기 초에 강력한

---

15) 기원전 218년부터 기원전 202년까지 로마 공화국과 카르타고(Carthage) 사이에 벌어진 일련의 전쟁인 제2차 포에니 전쟁(The Second Punic War)에서 로마 공화국은 초기에 카르타고의 명장 한니발(Hannibal Barca)에 밀려 이탈리아 본토까지 침략당했다. 그러나 로마 공화국은 결국 역전에 성공하여, 카르타고의 남서부에 위치한 자마(Zama) 근처에서 벌어진 자마 전투(202 B.C.E.)에서 로마의 장군 스키피오(Scipio Africanus)가 카르타고의 한니발의 군대를 꺾고 지중해 서부의 패권을 차지한다.

16) 해상 무역으로 강대해진 베네치아(Venice)는 해상에서 육상으로 그 세력을 확대해 나갔다. 베네치아는 15세기 말 이탈리아의 베네토(Veneto), 파도바(Padua), 베로나(Verona) 등을 정복하기에 이르렀고, 이런 베네치아의 세력을 견제하기 위해 1508년 캉브레 동맹이 형성되었다.

동맹17)을 형성할 수 있는 방법을 모색하여 이 오만한 공화국의 세력과 자존심에 치명적인 타격을 주었다.

네덜란드 연합에 속한 공화국들18)은 부채와 세금에 시달리기 전까지는 유럽 전쟁에서 지도적이며 두드러진 역할을 차지했다. 그들은 해상의 지배권을 차지하기 위해 영국과 격렬하게 싸웠으며, 루이 14세의 적들 중 가장 끈질기며 완강한 상대였다.

영국 정부의 경우 국민의 대표들이 입법부의 한 원19)을 구성하고 있으며, 상업의 번창은 오랫동안 이 나라가 추구한 가장 주된 목표였다. 그러나 이 나라만큼 많은 전쟁에 관여한 나라 또한 많지 않다. 그리고 그 왕국이 치른 전쟁 가운데 많은 경우는 국민들에 의해 시작되었다.

국왕이 일으킨 전쟁만큼이나 국민들이 일으킨 전쟁 또한 많았다고 해도 무방해 보인다. 국민의 외침, 그리고 그들 대표들의 끈질긴 요구는 그들의 왕을 여러 차례 전쟁으로 이끌었다. 때로는 왕들의 의향과는 달리 국가의 진정한 이익과 상반되는 전쟁을 계속하기도 했다. 유럽을 그토록 오랫동안 화염 속에 몰아넣었던 오스트리아의 합스부르크와 프랑스의 부르봉 왕가 간의 오랜 주도권 투쟁에서, 프랑스에 대한 영국의 적대감은 그들이 추앙하는 지도자20)의 야망, 아니 오히려 그의 탐욕을 부추겼으며 결국 영국을 전쟁21) 속으로 몰아넣었으며, 왕실의 견해와는 반대로, 그리고 때로는 국가의 진정한 이익에 반하여 전쟁을 필요 이상으로 길게 끌도록 만들었다는 것은 이미 잘 알려진 사실이다.

---

17) 캉브레 동맹(The League of Cambray)은 신성로마제국의 황제, 프랑스 왕, 아라곤 왕, 그리고 대부분의 이탈리아 군주들과 국가들을 포함했다. _푸블리어스

18) 페이퍼 20번 참고.

19) 하원(The House of Commons).

20) 말버러 공작(The Duke of Marlborough). _푸블리어스

21) 9년 전쟁(1688~1697)을 말한다. 프랑스에 맞서 오스트리아, 신성로마제국, 네덜란드, 스페인, 사보이 공국, 그리고 잉글랜드가 동맹을 맺어 싸운 전쟁이며 최초의 세계 전쟁으로 일컬어진다.

마지막으로 언급된 두 국가 간의 전쟁, 즉 영국과 프랑스의 전쟁은 상당 부분이 상업적 동기에서 비롯되었다. 특정한 항로에서의 이익 또는 일반적인 무역과 해운에서의 유리한 위치를 차지하려는 욕망과 그것을 빼앗기게 되는 두려움이 바로 그것이다. [그리고 전쟁은 때로는 다른 나라의 무역에 그들의 동의도 없이 개입하려는 더욱더 나쁜 욕망에서도 비롯된다. 최근의 영국과 스페인의 전쟁은 영국 상인들이 아메리카 대륙의 스페인 영토에서 저지른 불법적인 무역을 스페인 측에서 기소하려는 시도에서 비롯되었다. 영국 측의 부당한 행위로 인해 스페인 사람들은 영국에 가혹한 행위를 저지르게 되었는데 이 또한 부당한 처사였다. 왜냐하면 그러한 행위는 복수의 경계를 넘어 비인간적이고 잔인한 행위로 비난 받을 수 있었기 때문이었다. 스페인은 그들의 아메리카 영토의 해안에서 억류한 많은 영국인들을 볼리비아의 포토시 광산(은광)을 채굴하는 곳으로 보내 가혹한 노역을 시켰고, 무고한 사람들도 무차별적으로 죄인 취급을 하여 잔인하게 처벌했다. 이에 영국에서 무역상들의 원성은 전국에 걸쳐 폭력적인 감정을 유발시켰고, 이러한 여파는 영국 하원, 그리고 내각으로 퍼져나갔다. 그 결과, 영국 정부는 스페인 선박에 대한 나포인허장[22]을 발부했고 결국 전쟁이 시작되었다.[23] 결과적으로 오랜 평화적 관계를 희망하며 20년 전에 맺은 두 나라 간의 동맹은 폐지되었다.][24]

---

22) 나포인허장에는 크게 두 종류가 있다. 그중 letter of reprisal은 평시에(전쟁이 시작하기 전을 포함) 주권국가가 민간인에게 적국의 선박을 공격하고 포획할 수 있도록 허가한 문서를 말한다. 다른 하나인 letter of marque는 전쟁 중에 같은 목적으로 발부된 문서를 일컫는다. 영국 정부가 발부한 나포인허장은 전자인 letter of reprisal이었다.

23) 잉글랜드 스페인 전쟁 혹은 영서전쟁(Anglo-Spanish War 1585~1604).

24) 괄호 [ ]안의 내용은 처음 신문에 연재된 해밀턴의 페이퍼에는 포함되지 않았지만 1788년의 매클린(J. & A. McLean) 에디션, 1802년의 조지 홉킨스(George Hopkins) 에디션, 1818년의 제이콥 기디언(Jacob Gideon) 에디션, 그리고 1961년의 제이콥 쿡(Jacob E. Cooke) 에디션에 추가되었다. 괄호 [ ]안의 내용은 신문에 연재된 내용만을 고집해 출판된 1863년의 헨리 도슨(Henry B. Dawson) 버전에는 포함되지 않았고, 1945년의 Modern Library 버전 등에도 역시 포함되지 않았다.

우리와 가장 유사한 상황을 겪은 다른 나라에서 일어난 이런 일들로 미루어 볼 때, 분리된 상태에 있는 현재의 연합 구성원들 간의 평화와 우정에 기대를 갖는 것은 한낱 환상에 불과하다. 모든 형태의 사회에서 일어나기 쉬운 결함, 약점과 폐해로부터 벗어날 수 있다는 약속으로 우리를 기만하는 그런 헛된 이론의 오류와 지나친 과장을 우리는 이미 충분히 보지 않았는가? 이제는 우리가 황금시대에 대한 거짓된 꿈에서 깨어나 이 지구상의 다른 사람들과 마찬가지로 우리 국가도 완벽한 지혜와 덕으로 통치되는 국가가 되기에는 아직 멀었다는 사실을 실질적인 좌우명으로 채택할 때가 되지 않았는가?

극도로 실추된 우리 국가의 존엄성과 신용, 해이하고 잘못 운영되고 있는 정부 때문에 어디서든 느낄 수 있는 불안감, 노스캐롤라이나주 일부에서 일어났던 봉기,[25] 펜실베이니아주에서 최근 발생했던 위협적인 소요 사태,[26] 그리고 매사추세츠주에서 실제로 일어난 반란[27]이 이를 뒷받침해 준다.

인류의 일반적인 의식은, 주들이 해체될 경우에 발생할 불화와 적대감에 대한 우려를 잠재우려 애쓰는 것과는 너무도 거리가 멀다는 것이 지금까지의 느낌이다. 사회의 변화와 진행에 관한 오랜 관찰로 미루어 볼 때, 지리적으로

---

25) 1784년 노스캐롤라이나주 서부의 4개의 카운티 주민들은 연합에 14번째 주로 편입되고자 하는 의도를 가지고 프랭클린(Franklin)이라는 이름으로 독립된 주를 설립했다. 그러나 노스캐롤라이나주의 반대와 프랭클린 내부의 갈등으로 1787년 노스캐롤라이나주에 항복해 분리 독립하려는 시도는 실패했다.

26) 영국 국왕 찰스 2세는 당시 식민지였던 코네티컷주에 현재 펜실베이니아의 북동부에 위치한 와이오밍 밸리(Wyoming Valley)의 소유권을 1662년에 인정해 주고 다시 1681년에는 펜실베이니아주에 같은 땅의 소유권을 인정했다. 이 땅에 대한 소유권을 두고 이 두 주들 사이에 세 번에 걸친 전쟁이 벌어졌으나 영국과의 전쟁이 막바지에 달한 1782년, 사법부가 없었던 연합정부에서 임시로 구성된 종무관 재판소(the Court of Commissioners)가 펜실베이니아주의 소유권을 인정했다. 그러나 그 후 1784년에도 와이오밍 밸리에서는 펜실베이니아 정착민(Pennamites)과 코네티컷 정착민(Yankees) 간의 갈등이 있었고, 1787년에는 존 프랭클린(John Franklin)의 주도하에 코네티컷 정착민들이 독립된 주를 설립하려는 시도가 이루어졌으나 실패했다. 참고로 와이오밍 밸리는 1890년에 미합중국의 주로 편입된 와이오밍(Wyoming)주와는 관계가 없는 별개의 지역이다.

27) 이 페이퍼, 각주 14) 참고.

인접해 있고 비슷한 상황에 놓인 나라들은 필연적으로 서로 천적이 된다는 것은 하나의 정치적 공리가 되었다. 한 지혜로운 작가가 이 주제에 대해 다음과 같이 표현했다. "이웃하고 있는 나라들이 (그에 따르면) 자신들의 공통된 약점으로 말미암아 하나의 연방공화국으로 결속되지 않는 한, 그리고 인접한 관계에서 야기되는 불화를 상호 간의 헌법을 통해 방지함으로써 이웃을 희생시켜 자신의 강력함을 도모하려는 은밀한 욕망을 없애지 않는 한, 서로에게 적이 되는 결과를 낳을 것임은 당연하다."[28] 이 구절은 인간의 사악함을 보여주는 동시에 그 해결책 또한 제시하고 있다.

푸블리어스

---

28) L'Abbé de Mably의 『협상의 원칙(Principes des Négociations)』 참고. _푸블리어스
    L'Abbé de Mably(1709~1785)는 프랑스의 철학자, 작가, 역사학자이며 18세기의 유명한 학자이다. 외교관으로도 활동했다.

THE FEDERALIST

≪인디펜던트 저널≫, 1787년 11월 17일

No. 7

알렉산더 해밀턴

뉴욕주 시민들에게

만일 주들이 현재의 연합에서 분리된다 해도 도대체 무슨 이유로 그들이 서로 전쟁을 하겠느냐고 가끔 으스대는 말투로 묻는 사람들이 있다. 여러 시대에 걸쳐 세계의 모든 나라를 피로 물들게 한 바로 그 이유 때문이라고 말한다면 충분한 대답이 될 것이다. 그러나 불행히도 우리에겐 이보다 더 구체적인 대답이 있다는 것을 인정하지 않을 수 없다. 우리가 지금 당장 생각할 수 있는 범위 내에서도 불화의 원인이 있을 수 있고, 연합규약이라는 구속 아래에서도 불화는 존재하고 있으며, 그러한 구속이 없어질 경우에 일어날 일들도 충분한 경험을 바탕으로 추측할 수 있다.

어느 시대에서나 영토분쟁은 전쟁의 가장 큰 요인 중 하나였다. 지구를 황폐하게 만든 전쟁의 대부분이 바로 이 원인 때문이었으며 이는 앞으로도 강력한 원인으로 존재할 것이다. 합중국 영토 내에는 아직 경계가 확정되지 않은 엄청나게 거대한 규모의 땅이 있다. 아직도 몇몇 주들 사이에 이런 영토의 소유권에 대한 논쟁이 계속되고 있으며 연합의 해체는 모든 주에서 그와 비슷한 주장의 토대를 제공할 것이다. 미국 혁명[1] 당시 미교부 상태로 주로 영국 왕실의 소유였던 토지에 대한 권리를 둘러싸고 심각하고 격렬한 논쟁이 현재까지 계속되고 있다. 식민지 정부에서 그 토지를 관리하고 있던 주들은 그 토

---

1) 원문에서는 'the revolution'이며 'the American Revolution', 즉 영국과의 독립전쟁을 의미한다.

지가 자신들의 소유라고 주장하고 있다. 다른 주들은 이 지역에 대한 영국 왕실의 권리는 연합 전체에 양도되었다고 주장하며 이를 반박하고 있다. 특히 서부의 모든 영토에 있어서는, 그 땅에 거주하던 인디언들의 항복 혹은 영국의 실질적인 소유로 인해 대영제국 왕의 영토였으나, 평화조약에 의해 영국이 그 땅의 소유권을 포기하게 되어 연합에 그 소유권이 이양되었다고 주장한다. 어떤 사람들은 이 영토는 외국과의 협정에 의해 연합이 획득한 것이라고 주장하기도 한다. 연합의회가 이 논란을 원만하게 끝내기 위해 주들로 하여금 그 땅을 합중국에 양도하도록 권유한 것은 전체의 이익을 위한 현명한 정책이었다. 이 정책은 연합이 지속됨으로써 이 분쟁을 평화적으로 해결할 것이라는 확실한 전망에 힘입어 지금까지 잘 진행되어 왔다. 그러나 기존 연합의 분열은 이 분쟁을 다시 일으킬 것이며, 이와 같은 주제에 대하여 또 다른 분쟁도 야기할 것이다. 현재 비어 있는 서부지역의 넓은 영토의 대부분은 가령 이전의 권리에 부합하지 않는다 하더라도 적어도 주들의 양도에 의한 연합의 공동재산이다. 만약 연합이 해체된다면 연합의 타협의 원칙에 따라 영토를 양도한 주는 그 양도의 이유가 없어짐에 따라 그 소유권을 다시 주장할 확률이 높다. 다른 주들도 연합 내에서 대표되는 권리에 해당하는 몫을 요구할 것임은 의심의 여지가 없다. 이들 주들은 일단 이루어진 양도를 무효로 할 수 없으며, 또한 연합의 공동 노력에 의해 획득하거나 확보한 토지의 배당에 그들이 참여하는 것에 대한 정당성은 변하지 않는다고 주장할 것이다. 만일 이럴 분쟁이 일어날 가능성이 없고 공동 자산에 대한 권리를 각 주들이 나눠 갖는 데 모든 주가 동의한다고 하더라도 여전히 극복해야 할 문제는 남아 있다. 적절한 분배에 대한 문제가 바로 그것이다. 이 문제에 있어 주들은 서로 다른 이익을 위해 각자 다른 원칙을 내세울 것이고, 그 원칙들은 당사자 상호 간의 상반된 이해관계에 작용할 것이기 때문에 원만한 해결 방법을 찾기는 쉽지 않을 것이다.

따라서 서부지역의 넓은 영토는 분쟁 당사자들을 중재해 줄 사람이나 공통의 심판관도 없는 상황에서 적대적인 주장이 난무하는 각축장이 될 수 있다. 과거의 경험에서 미래를 예측해 볼 때, 그들 사이의 영토 소유권 문제가 종종 무력 분쟁으로 발전할 수도 있다는 충분한 근거가 있다. 와이오밍 밸리에 대한 코네티컷주와 펜실베이니아주 사이의 분쟁은 그러한 불화의 손쉬운 해결을 기대해서는 안 된다는 사실을 일깨워준다. 연합규약에 따라 당사자들은 그 문제를 연합법원[2]의 결정에 맡기게 되어 제소가 이루어졌고, 그 결과 연합법원은 펜실베이니아주 측에 유리한 판결을 내렸다. 그러나 코네티컷주는 그런 결정에 대해 불만을 강력히 표현했을 뿐만 아니라, 법원의 판결에 의해 입은 손실에 상응하는 보상[3]이 협상에 의해 이뤄지기 전까지는 판결에 승복할 것 같지 않았다. 나는 그 주의 행위를 비난하고자 하는 의도는 조금도 없다. 코네티컷주는 분명히 그 판결로 피해를 봤다고 진지하게 믿었을 것이고, 주들도 역시 개인들과 같이 그들에게 불리한 판결에도 마지못해 따를 수밖에 없기 마련이다.

　　뉴욕주와 뉴욕주 북동부의 버몬트 지역 간에 있었던 분쟁[4]의 내막을 들여다볼 기회가 있었던 사람들이라면 그 일과 관계가 있는 주들뿐만 아니라 관계가 없는 다른 주들도 우리 뉴욕주에 반대했음을 단언할 수 있을 것이다. 그 이유는 만일 뉴욕주가 무력으로써 자신의 권리를 주장하려고 했다면 연합의 평화가 위험에 처할 수 있다는 것을 입증할 수 있었기 때문이다. 두 가지 동기

---

2)　연합정부에는 사법부가 없었기 때문에 해밀턴은 편의상 원문에서 이 사건의 판결을 내린 임시 재판소인 종무관 재판소(the Court of Commissioners)를 'the federal court'라고 부르는 대신 편의상 어떤 하나의 연합법원(a federal court)이라고 불렀던 것으로 보인다. 페이퍼 6번, 각주 26) 참고.

3)　코네티컷주는 보상으로서 이리호(Lake Erie)에 인접한 서부 보호구역(the Western Reserve: 약 330만 에이커, 환산하면 약 13,355제곱킬로미터)을 요구했다.

4)　뉴욕주의 북동부에 위치한 버몬트 지역(the district of Vermont)은 1777년 독립을 선언하고, 당시 영국과의 전쟁에 여념이 없던 뉴욕주로부터 무력 충돌 없이 분리 독립했다. 버몬트 지역은 뉴욕주로부터 분리 독립을 원했던 지역 중 유일하게 성공한 사례이다. 연합정부는 버몬트를 독립된 주로 인정하지 않았으나 새헌법이 채택되고 난 후인 1791년, 14번째 주로 합중국에 편입되었다.

에서 다른 주들은 이 무력행사에 대해 반대했다. 첫째는 우리 뉴욕주가 장차 가지게 될 세력에 대한 경계심이었고, 또 다른 동기는 버몬트주 정부로부터 토지를 불하받은 이웃 주들에 사는 유력자들의 이해타산 때문이었다. 심지어 우리의 주장에 반대하는 즉, 버몬트 지역의 독립을 지지하는 주들인 뉴햄프 서, 매사추세츠 그리고 코네티컷주는 버몬트의 독립 자체보다는 오히려 뉴욕 주가 분열되는 것을 더욱 바라고 있는 것처럼 보였다. 뉴저지주와 로드아일 랜드주는 언제나 버몬트 지역의 독립에 대해 열렬한 지지를 보여주었고, 메릴 랜드주는 캐나다와 버몬트 지역 간의 정치적 연계[5] 가능성을 알아차리고 경 계하기 전까지는 버몬트 지역의 독립을 지지하고 있었다. 이 주들은 규모가 작으므로, 우리 뉴욕주가 크게 성장하는 것을 비우호적인 시선으로 보고 있었 다. 이런 모든 것을 다시 검토해 볼 때 만약 주들이 서로 분열되는 불운한 운 명에 처하게 된다면, 주들이 서로 분쟁에 휩쓸리게 될 가능성이 크다는 것을 우리는 쉽게 깨달을 수 있다.

통상 경쟁도 분쟁의 많은 원인이 될 수 있다. 여건이 좋지 않은 주들은 자 신의 불리한 지역적 여건에서 벗어나, 그들보다 여건이 유리한 이웃 주들의 이점을 공유하기를 원할 것이다. 각 주 또는 개별 연합들은 자신들에게 특성 화된 통상 정책을 고집할 것이고 이는 주들과 연합들 간의 통상에 있어서 차 별, 특혜, 그리고 제외 조치를 유발해 불만을 초래할 것이다. 아메리카에 정착 한 초기부터 우리는 동등한 권리에 기초를 둔 상호 교류에 익숙해졌기 때문에 서로가 불공평한 상황에 처하게 된다면 더욱 강한 불만이 초래될 수 있다. 독 자적인 이익을 추구하는 데 있어 독립된 주권국가들이 사실상 정당한 행위를 할지라도, 그것이 만약 다른 주나 연합들에게 손해를 끼칠 경우에는 유해한 것이라고 말할 수밖에 없는 것이다. 미국의 상업을 특징짓는 기업 정신은 끊

---

5) 버몬트 지역은 뉴욕주에서 독립이 불가능해질 경우 캐나다에 편입되기를 원했고, 그 가능성을 영 국에 타진하려는 의도를 가지고 있었다.

임없이 발전되고 향상되어 왔다. 이런 구속받지 않는 정신이, 특정 주들이 그들의 시민들에게 독점적 혜택을 줄 목적으로 만든 규제를 존중해 줄 가능성은 별로 없다. 이러한 규제를 위반하는 측과 그들의 위반을 막으려는 다른 측은 필연적으로 논쟁에 휩싸이고 결국 보복과 전쟁에 이르게 될 것이다.

일부 주들이 통상 규제를 이용해 다른 주들을 종속적으로 만들어버릴 가능성이 있고, 종속된 주들은 그것에 마지못해 따를 수밖에 없을 것이다. 뉴욕, 코네티컷, 뉴저지주 간의 관계가 이러한 예를 보여준다. 뉴욕주는 세입의 필요성 때문에 외국으로부터 수입하는 물품에 대해 관세를 부과하고 있는데, 관세의 상당부분을 이 수입 물품의 소비자 중 일부인 다른 두 주의 시민들이 지불해야 한다.[6] 뉴욕주는 이런 이점을 자발적으로 포기하려 하지 않을 것이며 그렇게 할 수도 없을 것이다. 이웃 주 시민들에게 그들의 편의를 위해 세금을 면제해 주는 것을 뉴욕주 시민들이 결코 동의하지 않으려 할 뿐 더러, 뉴욕주의 시장에서 다른 두 주의 고객을 구별하는 것은 현실적으로 불가능하기 때문이다. 코네티컷과 뉴저지주가 오직 뉴욕주의 세입 혜택만을 위해 언제까지 이러한 관세정책을 따르겠는가? 우리는 대도시를 가지고 있는 이점을 누리고 있지만, 우리 이웃 주들이 생각하기에는 이런 상황이 참으로 견디기 어렵고 억압적일 수밖에 없다. 과연 그들은 우리가 이러한 태평하고 방해받지 않는 상황을 얼마나 더 오래 유지할 수 있도록 내버려둘 것인가? 코네티컷주가 현재 뉴욕주에 가하는 압박과 다른 한편에서 이에 협력하는 뉴저지주의 압력에 대항하여 우리는 이 상태를 유지할 수 있겠는가? 그럴 수 있다고 대답한다면 그것은 염치없고 뻔뻔한 것으로밖에 볼 수 없다.

---

6) 외국으로부터 뉴욕시의 항구를 통해 수입되는 상품에 대해, 뉴욕주는 세입을 위해 관세를 부과하고 있었다. 뉴욕주를 거친 수입품들은 외국과의 무역을 위한 대규모 항구가 없던 인접 주인 뉴저지, 코네티컷 등의 다른 주들에서도 판매되었기 때문에 그들 주의 주민들은 사실상 뉴욕주의 관세를 부담하는 것과 마찬가지였다. 해밀턴은 평소에도 이러한 뉴욕주의 불공평한 관세정책은 주변의 작은 주들과의 전쟁을 초래할 가능성이 있을 수 있다고 주장했다.

기존 연합이 분열될 경우, 연합의 공공부채[7]는 개별 주들 또는 새롭게 형성될 몇 개의 연합들 간에 더 큰 충돌을 발생시키는 원인이 될 것이다. 부채를 우선 할당하고 이어서 점진적으로 갚아나가는 것은 모두에게 불쾌감과 적대감을 유발할 것이다. 모두에게 만족스러운 할당 규정이 어떻게 가능하겠는가? 실질적인 반대가 전혀 없는 규정을 정한다는 것은 거의 불가능하다. 그러한 반대는 관계자들의 상이한 이익에 따라 더욱 커질 것이다. 심지어는 공공부채를 상환하는 일반적인 원칙에도 주마다 관점이 다르다. 그중 첫 번째 예는, 몇몇 주들은 국가의 신용을 별로 중요하게 인식하지 않기 때문인지, 또는 그 주들의 시민들이 이 문제에 대해 직접적인 관심이 없거나, 있다 하더라도 아주 미미한 수준이므로 그 주들은 공공부채의 상환에 반감을 가지거나 무관심하다. 이것은 부채의 할당을 더욱 어렵게 만들 것이다. 그리고 두 번째 예를 들자면, 어떤 주들의 경우 다수의 시민들이 가지고 있는 연합정부가 발행한 전쟁채권의 총액이 그 주가 연합에 지불해야 하는 금액의 총액보다 많아 결국 그런 주들은 연합에 대하여 채권자가 되는 경우이다. 이러한 상황에서 이런 주들은 공평하고 효율적인 방안을 꾸준하게 요구하고 있다. 첫 번째 예에 해당하는 주들은 공공부채에 대한 지불을 미룰 것이고, 이로 인해 두 번째 예에 해당하는 주들의 시민들은 그들의 전쟁채권에 대한 연합정부의 상환이 연기되거나 아예 이루어지지 않을 수 있기 때문에 분개할 것이다. 따라서 공공부채의 할당에 대한 결정은 이러한 의견 차이와 의도된 지연 때문에 계속해서 연기될 것임이 틀림없다. 이해관계가 있는 여러 주의 시민들은 아우성칠 것

---

7)　공공부채(public debt)란 영국과의 독립전쟁(The American Revolution)의 비용을 충당하기 위해 프랑스와 네덜란드로부터 빌린 돈과 연합정부가 연합 내에서 발행한 전쟁채권을 말한다. 전쟁채권은 대체로 부유한 주들의 부유한 시민들이 소유하고 있었고, 그에 대한 적절한 상환은 전쟁이 끝난 후에 잘 이루어지지 않아 헐값에 거래되기도 하였다. 1789년 새헌법에 의해 재무부(The U.S. Treasury Department)가 설립되면서 초대 장관인 알렉산더 해밀턴의 주도하에 공공부채의 상환을 위해 연방 정부는 국채를 발행했다. 페이퍼 84번, 각주 11) 참고.

이고, 채권국가들은 자신들의 정당한 요구를 재촉할 것이며, 연합의 평화는 외부 침공과 내부 분쟁으로부터 이중 위협을 받게 된다.

어렵게 부채의 할당에 대한 규정이 결정된다 하더라도 일부 주들에는 다른 주들에 비해 할당량이 더욱 무거운 부담이 될 여지가 많다. 그런 주들은 자연히 부채의 할당 금액을 낮출 수 있게 규정을 고치는 방법을 찾게 될 것이고, 그렇지 않은 주들은 자신의 부담을 증가시킬지도 모르기 때문에 규정의 수정을 당연히 꺼리게 될 것이다. 만약 규정이 수정되지 않으면, 결과적으로 할당 금액이 과도하다고 불평하는 주들은 자신의 할당금을 지불하지 않기 위해 그럴듯한 구실을 만들게 될 것이고, 이런 주들의 의무 불이행은 신랄한 논의와 논쟁의 요인이 될 것이다. 채택된 규정이 실제로 평등의 원칙에 충실하다 해도 다양한 원인 때문에 일부 주들이 할당금을 체납하는 경우가 발생할 것이다. 그 원인은 자원의 실재적 부족, 잘못된 재정관리, 정부 운영의 실수, 그리고 이와 더불어 즉시 필요한 지출을 연기하고서라도 빚을 갚는 데 먼저 돈을 쓰기 싫어하는 인간의 공통된 본성에 있다. 그 원인이 무엇이든 체납사례는 불평, 비난, 그리고 논쟁을 낳을 것이다. 공동의 목적을 달성하기 위해 서로가 같은 부담을 짐에도 불구하고, 모두에게 동등하고 똑같은 혜택이 골고루 돌아가지 않는다면 이보다 더 국가의 평화를 어지럽히기 쉬운 일은 아마도 없을 것이다. 진부한 표현이긴 하지만, 돈 문제만큼 인간을 서로 쉽게 갈라놓는 것은 없다.

사적인 계약을 파기하는 법률은 주들 간에 적대감을 일으키는 또 다른 원인이 될 수 있다. 왜냐하면 그런 법률에 의해 어느 주의 시민이 피해를 입는 경우 이는 그들이 속한 주의 권리를 침해하는 것과 같기 때문이다. 우리는 많은 사례에서 주들의 법률이 서로 존중되지 않은 것을 봐왔다. 어떤 추가적인 규제가 없는 한 자유롭고 공정한 정신을 주들의 입법부로부터 기대하기는 어려울 것이다. 우리는 로드아일랜드주 의회가 저지른 무모한 행위의 결과로 인해 코네티컷주에서 발생한 보복적 성향을 보았다.[8] 그리고 다른 상황에서 비슷한 경우가 발생한다면 공문서에 의한 전쟁이 아닌 칼에 의한 무력전쟁이 도덕적 책임과 사회정의의 위반을 단죄하게 되리라고 생각하는 것이 타당할 것이다.

여러 주 또는 연합 사이의, 그리고 여러 외국과의 동맹이 체결될 가능성과 이런 상황이 전체의 평화에 주는 영향은 앞서 게재된 일부 페이퍼에서 충분히 다루었다. 이 문제에 대해 그들이 보여준 관점에서 다음과 같은 결론을 내릴 수 있다. 만약 아메리카가 전혀 결속되지 않거나, 오직 공격과 방어만을 위한 취약한 동맹에 지나지 않는다면, 점차 유럽 정치와 전쟁의 모든 파괴적인 미궁에 말려들게 될 것이다. 그리고 주들을 분열로 몰아넣게 될 파괴적 투쟁으로 인해, 각 주들은 그들 공동의 적인 강대국들의 모략과 음모에 희생될 가능성이 크다. "분열시켜 지배하라(*Divide et impera*)"[9]는 말은 우리를 중오하거나 두려워하는 모든 나라들의 지표가 될 것임이 틀림없다.[10]

푸블리어스

---

8) 로드아일랜드주는 영국과의 전쟁 이후 경제가 어려워지자 채무자들이 빚을 상환하는 데 유리하도록 지폐를 과잉 발행하여 화폐가치가 떨어졌고 이는 채권자들에게 불리한 상황을 만들었다. 게다가 로드아일랜드주 의회는 채무자가 빚을 상환하는 기간을 연장해주는 법(Stay Law)을 제정했는데, 이 역시 채권자들에게 매우 불리한 법이었다. 이 법은 다른 주의 채권자들에게도 적용되어 이웃 주인 코네티컷주의 채권자들도 큰 피해를 보게 되었다. 이에 대한 보복으로 코네티컷주는 법원으로 하여금 로드아일랜드주의 채권자들이 코네티컷주의 채무자들에게 빚의 상환을 요구하는 소송을 맡지 못하도록 하는 법을 통과시켰다. 이 보복 조치가 별로 실효를 거두지 못하자 1787년 코네티컷주는 연합의회에 로드아일랜드주의 법이 연합규약(The Articles of Confederation)에 위반된다고 항의했다.

9) Divide and command. _푸블리어스

10) 이 페이퍼들의 모든 주제를 최대한 빨리 일반에게 공개하기 위해 매주 4회 출판할 것을 제의한다. 화요일에는 ≪뉴욕 패킷≫, 그리고 목요일에는 ≪데일리 애드버타이저≫에 게재될 것이다. _푸블리어스

THE FEDERALIST No. 8

≪뉴욕 패킷≫,[1] 1787년 11월 20일 　　　　　　　　　　　　　알렉산더 해밀턴

뉴욕주 시민들에게

합중국이 주들로 모두 분열되거나 그 분열로부터 몇 개의 연합이 형성된다고
가정해 보자. 하나의 정부로 통합되지 않은 이웃 나라들의 경험에서 보듯이,
그들도 역시 평화와 전쟁, 우호와 적대감의 우여곡절을 겪어야 할 것이다. 그
런 상황이 초래할 결과에 대해 세부적인 내용을 간결하게 논의해 보자.

　　주들이 각자 분리되어 존재하게 될 가장 초기에 그들 사이에 전쟁이 일어
난다면, 그런 전쟁에는 이미 오랫동안 상비군 체제를 유지해 왔던 나라들의
경우보다 훨씬 더 큰 고통이 따를 것이다. 언제나 준비태세를 갖추고 있는 유
럽 대륙의 훈련된 군대는 비록 자유와 경제에는 해로운 측면이 있지만 그러한
군대의 존재는 상대의 갑작스러운 침략을 불가능하게 만들고 또한, 상비군 제
도가 확립되지 않았다면 겪게 될 수 있는 전쟁의 진행에 따른 급속한 황폐를
막아준다. 방어 시설도 이와 같은 목적에 기여하고 있다. 유럽 국가들은 일련
의 요새로 둘러싸여 있어 서로 간의 침공을 막고 있다. 적국에 침투하기 위해
서는 두세 개의 국경수비대를 우선 진압해야 하는데 모든 단계에서 비슷한 제

---

1) 　1787년 11월 17일 ≪인디펜던트 저널≫은 일주일에 두 번 더, 즉 화요일에는 ≪뉴욕 패킷≫에, 그
　　리고 목요일에는 ≪데일리 애드버타이저≫에 페이퍼를 게재하기로 한다는 내용을 공지했다. 따라
　　서 페이퍼 8번은 화요일인 1787년 11월 20일 ≪뉴욕 패킷≫에는 처음으로 게재된 페이퍼이다. 그
　　러나 ≪인디펜던트 저널≫이 발표한 요일별 게재 순서의 공지는 그 후 일관성 있게 지켜지지는 않
　　았다.

지가 시도되어 침략군의 힘을 소모시키고 공격의 진행을 지연시킨다. 이전에는 침략군이 접근하고 있다는 정보가 입수될 즈음 침략군은 이미 이웃 나라의 중심부를 통과하고 있었다. 그러나 지금은 방어를 맡은 비교적 작은 규모의 훈련된 전초 기지의 병력이 그보다 훨씬 더 큰 군대의 공격을 저지하여 좌절시킬 수 있다. 유럽 전쟁의 역사는 더 이상 국가가 정복되거나 제국이 전복되는 역사가 아니라, 기껏해야 작은 마을을 빼앗기고 이를 되찾고, 전투는 교착상태에 머무르고, 승리보다 후퇴가 더 이득이 되고, 수고에 비해 얻는 것이 별로 없는 전쟁의 역사라고 할 수 있을 것이다.

이 나라에서 상황은 완전히 그 반대이다. 군 상비체제에 대한 경계심은 그 설립을 가능한 한 지연시킬 것이다. 방어요새가 부족하므로 한 주의 국경은 다른 주에게 노출되어 침투되기 쉽다. 인구가 많은 주는 별 어려움 없이 인구가 적은 이웃 주를 침공하게 된다. 정복이 쉽게 이뤄지는 것만큼이나 그것을 계속 유지하는 것도 어려울 것이다. 따라서 전쟁은 종잡을 수 없게 되며 약탈적 성격을 띠게 된다. 비정규군이 가는 곳에는 약탈과 파괴가 따를 것이다. 그런 일에서 가장 두드러지는 모습은 개인들이 겪는 참상일 것이고, 이것이 바로 우리의 군사적 행동을 특징짓는 주요한 성격이 될 것이다.

이것은 과장이 아니다. 하지만 내가 보기에 이런 상황이 오래 지속되지는 않을 것이다. 외세의 위험으로부터 안전을 유지하는 것은 국가적 행위의 가장 강력한 목표이다. 자유에 대한 열정적인 사랑조차도 시간이 지나면서 결국 외세로부터의 안전을 위해 어느 정도 희생되어야만 할 것이다. 전쟁은 생명과 재산을 무자비하게 파괴할 뿐만 아니라 지속적인 위험에 처하게 한다. 따라서 자유를 가장 사랑하는 국가들마저도 평온과 안전을 위해 그들의 인권과 정치적 권리를 잠재적으로 파괴할 수도 있는 제도에 의존하도록 만들 것이다. 안전을 위해 그들은 결국 자유의 일부를 포기해야 하는 위험을 무릅쓸 것이다.

여기서 주로 암시하고 있는 제도는 상비군과 거기에 부속된 군사시설이다. 새헌법에는 상비군을 금지하는 내용이 없기 때문에[2] 상비군은 새헌법 체제하에서 존재할 수 있다는 말이 된다.[3] 그러나 상비군을 설립할 수 있다고 추론하는 것은 불가능하지는 않다고 하더라도 의문이 많고 불확실하다고 할 수 있다. 그럼에도 상비군은 기존 연합이 해체된다면 필연적으로 생겨날 수밖에 없다고 응수할 수 있다. 왜냐하면 잦은 전쟁과 지속되는 불안한 상황으로 인해 각 주는 상비군이 필요해질 것이기 때문이다. 보다 약한 주들이나 연합들은 보다 강한 이웃과 대등한 입장에 서기 위해서 상비군에 우선적으로 의존할 수밖에 없게 된다. 그들은 정규적이고 효과적인 방어체제, 잘 훈련된 군대, 그리고 방어 시설로써 인구와 자원에서의 열세를 보완하려고 할 것이다. 동시에 그들은 정부의 행정 부문을 강화할 수밖에 없게 되고, 그 결과 그들의 헌법은 군주제의 방향으로 나아가게 될 것이다. 입법부의 권위를 희생시킴으로써 행정부를 강화하는 것이 바로 전쟁의 본질이다.

앞서 언급한 상비군을 가지는 주들 또는 연합들은 머지않아 이웃 국가보다 우월해질 것이다. 본래는 자원이 부족하지만 활력 있는 정부와 잘 훈련된 군대를 가진 작은 국가가, 자원은 훨씬 풍부하지만 이런 이점을 갖추지 않은 더 큰 국가들을 정복한 경우가 종종 있다. 하지만 그런 경우에 더욱 큰 주들이나 연합들의 자존심이나 안보에 대한 의식은 이러한 굴욕적이고 예기치 못한 수모를 오랫동안 감수하지 않을 것이고, 그들도 즉시 상대방과 같은 수단을 사용해 빼앗긴 우위를 찾으려고 할 것이다. 따라서 우리는 머지않아 구세계의 재앙이었던 전제정치의 수단인 무력이 짧은 시간 내에 전국으로 확산되는

---

2) 평화 시에 상비군을 금지하는 조항이 새헌법에 포함되지 않은 것에 대한 반대는 페이퍼 24~29번에서 다루고 있다.

3) 상비군에 대한 반대론에 대해서는 적절한 곳에서 다시 충분히 검토될 예정이며, 반대론자들이 주장하는 상비군의 문제에 관련된 유일하고 합리적인 대응책을 소개할 것이다. 이 문제에 대한 대응책은 아메리카의 13개 주에서 지금까지 만들어진 어떠한 헌법들에서도 대부분 아무런 보장도 하지 않고 있지만 새헌법이 이 점에 있어서 그들의 헌법보다 우월하다는 점을 밝힐 것이다. _푸블리어스

것을 보게 될 것이다. 이것은 세상사의 자연스러운 흐름일 것이며, 우리의 논리도 이 기준에 비추어 볼 때 확실하다고 볼 수 있다.

이것은 모든 권력이 국민 혹은 그들의 대표들로부터 나오는 헌법의 가정적인 결함에서 비롯된 모호한 추정이 아니라, 인간사의 당연하고 필연적인 과정에서 도출된 확고한 결론이다.

이런 주장에 대한 반박으로써 다음과 같은 질문이 제시될 수 있다. "고대 그리스의 공화국들 사이에 분쟁이 자주 발생했음에도 불구하고 왜 상비군이 없었는가? 이 질문에는 앞의 내용과는 서로 차이가 있을 수 있지만, 만족스러운 답변을 할 수 있다. 소득을 위해 열심히 일하고, 농업과 상업의 발전에 헌신하고 있는 오늘날의 사람들은 군인들의 국가였던 그 시대 공화국 시민들의 실체와는 상반되는 것이다. 근대의 소산인 금과 은의 증가, 산업기술과 재정학에 힘입어 엄청나게 증가된 수입은 국민들의 특성에 부합하여 전쟁체제에 전반적인 혁명을 가져왔는데, 시민의 집단과는 구별되는, 잦은 전쟁에 없어서는 안 될 훈련된 군대가 바로 그 결과이다.

그 처한 상황으로 보아, 외세의 침략을 거의 받지 않는 나라의 군대와 자주 침략을 겪으며 언제나 그것을 두려워하는 나라의 군대 사이에는 큰 차이가 있다. 전자의 통치자는, 자신이 원하더라도, 큰 규모의 군대를 유지할 구실이 없지만, 후자의 경우에는 필요에 의해 많은 수의 군대를 유지할 수밖에 없다. 외세의 침략을 받지 않는 나라의 군대는 국내 치안을 위해 동원될 경우가 거의 없기 때문에 국민들이 군의 지배하에 들어갈 위험이 없고, 법률은 군사적 긴급 상황으로 인해 조정될 필요도 없다. 시민국가는 다른 국가의 원칙이나 성향에 따라 부패되거나 혼란에 빠지지 않고 활기에 넘치게 된다. 군대는 규모가 작기 때문에 지역사회의 힘은 군대보다 우세할 것이며, 보호를 받기 위해 군사력에 의존하거나 군대의 억압을 받아야 할 일이 없는 국민은 군대를 좋아하거나 두려워하지도 않는다. 그들은 군대를 경계하면서도 필요악으로 묵인하며 자신들의 권리를 침해하는 어떤 시도에도 저항할 준비가 되어 있다. 이런 상황하에서 군대는 작은 파벌 또는 이따금 일어나는 폭도나 반란을 제압하는 데 있어 통치자에게 유용한 역할을 할 수 있지만, 그들이 국민 다수의 단합된 행동을 침해하는 것은 불가능할 것이다.

앞서 설명했던, 곤경에 처해 있는 나라에서는 이와 완전히 반대되는 상황이 발생한다. 정부는 언제나 지속되는 위험을 격퇴할 준비가 되어 있어야 한다. 군대의 규모는 즉각적인 방어가 가능할 만큼 커야 한다. 군인들이 지속적으로 복무해야 하기 때문에 그들의 중요성이 커지게 되고, 이에 비례해 국민의 지위가 저하된다. 결국 이러한 형태의 군사 정부는 국민 위에 군림하게 된다. 전쟁이 자주 발생하는 지역 주민들의 권리는 자주 침해될 수밖에 없어서 결국 자신들의 권리에 대한 의식도 약해지게 된다. 그리고 점차 국민은 군대를 그들의 보호자로서뿐만 아니라 그들보다 우월한 존재로 여기게 되는 것이다. 군인이 그들의 주인이라는 생각으로 바뀌기까지는 오래 걸리지도 않을뿐더러 별 어려움도 없다. 그러나 반대로 이런 생각을 하는 사람들을 설득하여 무력에 의해 자행되는 권리침해나 찬탈 행위에 대해 적극적이고 효과적으로 저항하도록 만드는 것은 매우 어려운 일이다.

영국 왕국은 침략을 거의 받지 않는 첫 경우에 해당된다. 섬나라라는 상황과 막강한 해군력은 외부 침공의 가능성으로부터 왕국을 강력히 보호했고, 따라서 왕국 내에 대규모의 군대가 존재할 필요성이 없었다. 민병이 동원되고 조직될 때까지 적의 급습을 감당할 만한 군사력만 있다면 그것으로 충분했다. 국가정책뿐만 아니라 여론 또한 어떤 이유로든 국내에 더 많은 군대를 배치하는 것을 용인한 적이 없다. 영국에서는 과거 오랜 세월 동안, 몇 번의 내전의 경우를 제외한 다른 원인에 의해 군사 행동이 일어날 여지가 없었다. 이런 축복은 타락과 부패의 만연에도 불구하고, 그 나라가 오늘날까지 향유하는 자유를 보존하는 데 엄청나게 기여했다. 만약 반대로 영국이 유럽 대륙에 위치해 있어서 유럽의 다른 거대한 세력과 유사한 규모의 상비군을 국내에 유지할 수밖에 없는 상황에 처해 있었다면, 지금쯤 영국도 다른 유럽 국가와 마찬가지로 한 사람의 절대권력자의 희생양이 되었을 가능성이 매우 높다. 다른 원인들에 의해 영국 국민들이 지배될 가능성이 전혀 없는 것은 아니지만, 자국의 미미한 규모의 군대에 의해서 그렇게 되기란 불가능하다.

만약 우리가 합중국을 보존할 만큼 현명하다면, 지리적으로 고립된 유리한 상황 때문에 우리는 앞으로 오랫동안 영국과 유사한 이점을 누릴 수 있다. 유럽은 우리와 아주 먼 거리에 있고 우리의 가까이에 있는 유럽의 식민지들은 앞으로도 우리의 힘을 능가하기는 힘들기 때문에 우리에게 지속적인 위협은 될 수 없다. 따라서 대규모의 상비군 체제가 우리의 안보를 위해 필수적인 것은 아니다. 그러나 만약 우리가 분열되어 모든 주가 분리된 상태로 있거나, 아니면 가장 가능성의 큰 두세 개의 연합의 형태가 된다면, 우리는 짧은 시간 내에 유럽의 강대국들이 처했던 것과 같은 곤경에 빠질 것이며, 우리의 자유는 서로에 대한 경계심과 야망으로부터 스스로를 방어하기 위한 수단, 즉 군대의 희생물이 되고 말 것이다.

이것은 피상적이거나 쓸모없는 것이 아니라 구체적이고 중요한 생각이다. 이런 생각은 당파를 막론하고 모든 분별력 있고 공정한 사람들이라면 누구든지 매우 진지하고 성숙하게 고찰해 볼 만한 가치가 있다. 만약 그런 사람들이 귀중한 시간을 내어 이 관심사의 중요성에 대해 냉정하게 검토하고, 그 생각의 모든 관점에 대해 고찰하고, 모든 가능한 결과를 추론해 본다면, 그들은 새롭게 제안된 헌법에 대해 별 의미도 없는 반대론을 포기하는 것을 주저하지 않을 것이다. 새헌법을 거부하는 것은 십중팔구 합중국의 종말을 초래할 것이 확실하다. 새헌법에 반대하는 자들의 앞에 아른거리는 비현실적인 환상은 곧 현실적이고 피하기 어려운 가공할 만한 위험으로 바뀔 것이다.

푸블리어스

THE FEDERALIST · No. 9

≪인디펜던트 저널≫, 1787년 11월 21일

알렉산더 해밀턴

뉴욕주 시민들에게

새헌법에 의해 설립될 견고한 연방은 내부의 파벌과 반란을 저지하는 방벽으로서 주들의 평화와 자유에 가장 중요한 역할을 할 것이다. 고대 그리스와 이탈리아의 작은 공화국들의 역사를 보면 그들의 끊임없는 동요와 혼란에 대해, 그리고 그들을 전제정과 무정부 상태의 양극단 사이에 끝없이 처하게 만든 연속적인 정변에 대해 공포와 혐오의 감정을 느끼지 않을 수 없다. 만일 그 작은 공화국들이 가끔 평온함을 보인다면 그것은 단지 맹렬한 폭풍 전의 짧은 평온함에 불과했다. 그들에게 가끔 평온의 시기가 잠깐 온다고 해도, 그것은 이내 선동과 분노의 격렬한 파도로 바뀌게 될 것이라는 것을 알기 때문에 안타까운 감정이 들지 않을 수 없다. 순간적인 영광의 빛이 어둠을 뚫고 나와 우리를 현혹시키지만, 동시에 그 빛은 이 혜택받은 땅의 산물인 빛나는 재능과 고귀한 자질이 정부의 결함으로 말미암아 방향을 잃고 퇴색하는 것을 한탄하게 될 것임을 경고하는 것이기도 하다.

전제정치의 옹호자들은 이러한 고대 그리스와 이탈리아의 작은 공화국들의 역사를 훼손시킨 혼란으로부터 공화정부의 형태와 시민 자유의 원칙에 반대하는 주장을 이끌어냈다. 그들은 모든 자유 정부는 사회질서와 양립할 수 없다고 주장하며, 자유 정부의 지지자들을 비난하는 것을 악의적으로 즐기는 듯하다. 인류로서는 다행스럽게도 자유의 기반 위에 세워진 경이로운 조직이 오랫동안 번성해 왔으며 그들의 절망적인 궤변을 몇 가지 훌륭한 사례로 반박하고 있다는 것이다. 그리고 나는 미국도 그런 경이로운 조직에 비해 결코 뒤지지 않는 또 다른 체계의 넓고 굳건한 기반이 될 것이며, 그것은 동시에 전제정치를 옹호하는 자들의 잘못을 증명해 주는 영구적인 기념비가 될 것이라고 믿는다.

그러나 과거의 전제정치의 옹호자들이 묘사한 공화정부라는 것 역시도 공화정부의 원형을 모방한 것에 불과하다는 것을 부인하기는 어렵다고 할 수 있다. 만일, 전제정치의 옹호자들에 의해 묘사되고 있는 공화정부보다 더욱 완벽한 정치체제를 고안하는 일이 불가능했다면, 자유를 신봉하는 개화된 자들은 그런 종류의 정부 즉, 진정한 공화정부의 명분을 옹호하는 것을 포기할 수밖에 없었을 것이다. 그러나 대부분의 다른 과학과 마찬가지로 정치과학 또한 엄청난 발전을 보여 왔다. 고대인들에게는 전혀 알려지지 않았거나 불완전하게 알려진 효율성이 현재는 제대로 이해되고 있다. 정부의 별개의 부문에 일정하게 분배된 권력, 즉 입법부의 견제와 균형의 채택, 적법행위[1]를 하는 한 직위가 보장되는 판사들로 구성된 법원, 국민이 선출한 대표에 의한 의회, 이 모든 것들은 완전히 새로운 개념이거나 또는 근대에 이르러 완벽함을 추구하며 발전해 온 것들이다. 이것은 공화정부의 우수함을 유지시켜 줄 뿐만 아니라, 정부의 결함을 줄이거나 방지할 수 있게 해주는 강력한 수단이다. 나는 여기서 대중적인 시민 정부체제의 개선에 이바지하는 목록에 한 가지 사항을 추가해 보도록 하겠다. 이는 일부 사람에게는 매우 새로운 것으로 보일 수 있는데, 왜냐하면 그것은 새헌법에 대한 반대의 근거가 되어왔기 때문이다. 내가 추가하고자 하는 사항은, 한 주의 차원에서든지, 또는 여러 작은 주들이 하나의 거대한 연합으로 통합되는 차원에서든지, 그러한 대중적인 시민 정부 체제의 운영 범위의 확대를 뜻하는 것이다. 지금 고려되고 있는 주제

---

1) 특히 합중국의 새헌법에서 연방법원 판사는 하원에서 탄핵하고 상원에서 유죄판결을 받지 않는 한 그 직위를 유지한다는 것이다. 즉, 연방법원 판사는 적법행위를 하는 한(during good behavior) 해임될 수 없고 종신의 임기를 갖는다는 의미이다.

는 여러 작은 주들이 하나의 거대한 연합으로 통합되는 문제와 당장 관련 있는 것이다. 그러나 그 원칙이 하나의 주에만 적용되었을 경우를 검토해 보는 것도 유용할 것이며, 이 문제는 후에 다른 곳2)에서 다루도록 하겠다.

파벌을 억압하고 주들의 내부적 평온을 보호함과 더불어 외부 세력과 안보를 강화시키는 것이 연합의 장점이라는 것은 실제로 새로운 생각은 아니다. 그것은 여러 나라와 여러 시대에 실시되었으며 가장 권위가 있는 정치학자들의 인정을 받았다. 제안된 새헌법에 반대하는 자들은 작은 영토가 공화정부에 적합하다는 몽테스키외의 견해를 매우 열심히 인용하고 배포해 왔다. 그러나 그들은 그 위대한 인물이 그의 저서의 다른 부분에서 밝힌 의견에 대해 잘 알지 못하는 것 같고, 또한 그들이 인정하는 원칙의 결과에 대해서도 언급하지 않는 것 같다.

공화정부를 위해 몽테스키외가 작은 규모의 영토를 권장했을 때, 그가 염두에 두었던 영토 규모의 기준은 합중국의 거의 모든 주보다 훨씬 작은 규모였다. 버지니아, 매사추세츠, 펜실베이니아, 뉴욕, 노스캐롤라이나, 그리고 조지아주는 어떤 면에서도 그가 생각하고 설명하는 모델의 조건과 비교될 수 없다. 따라서 만약 이 점에 대한 그의 기준을 의심 없이 받아들인다면 우리는 군주국 안에서 도피처를 찾게 되거나, 또는 우리 자신을 무수하게 작고, 시기하며, 충돌하고, 혼란스러운 군소 주들로 갈라지게 만들어 끊임없는 불화의 온상이 되고 만인의 동정 또는 경멸의 대상이 될 것이다. 이 논점에 대해 반대의견을 가진 몇몇 저술가는 이 딜레마를 인지하고는 있었던 것 같으나, 큰 규모의 주들을 분할하는 것이 바람직하다는 뜻을 비칠 정도로 무모했다.3) 공화정부를 위하여 연합을 작은 단위로 나누자는 그런 어리석은 정책, 그런 무모한 수단은 하찮은 관직만을 늘릴 것이고, 이는 사사로운 개인적 음모 집단 이

---

2) 페이퍼 10번과 14번 참고.

3) 이 부분은 페이퍼 10번, 각주 5)의 매디슨의 큰 공화국 이론(the extended republic theory)을 참고.

상으로 그들의 영향력을 확대할 능력도 없는 사람들의 견해에는 부합할지 모른다. 그러나 그것은 결코 미국 국민의 위대함이나 행복을 증진할 수는 없다.

이미 언급된 바와 같이 이 원칙 자체에 대한 검토는 다른 부분에서 하기로 하고 여기에서는 다음의 내용에 주의를 기울이면 충분하다고 생각된다. 공화 정부에 대해 몽테스키외가 의미하는 바는 우리 연합 내 큰 주들의 개별적인 크기가 축소되어야 한다는 것뿐이지, 주들이 하나의 정부, 즉 연방정부를 이루는 개념과는 어긋나지 않는다는 것이다. 그리고 이것이야말로 우리가 현재 관심을 가지고 논의하고 있는 문제의 정확한 핵심이다.

몽테스키외의 생각은 주들을 전면적으로 통합한 하나의 연방에 반대하는 입장이 전혀 아니었다. 그는 명백히 연방공화국[4]을 민주정체의 범위를 확장할 수 있는 수단으로, 또한 군주제와 공화주의의 이점을 조화시킬 수 있는 수단으로 간주하고 있다.

"아마 (그가 말하기를)[5] 인류가 공화국의 내부적 이점과 군주정부의 외적인 힘을 모두 갖춘 종류의 통치구조, 즉 연방공화국을 고안해 내지 않았다면, 인류는 오랫동안 계속 한 사람이 지배하는 정부 아래에서 살 수밖에 없었을 것이다.

"이런 형식의 정부는 여러 소규모 국가들이 더 큰 국가의 구성원이 되기로 동의하는 협약이다. 이것은 새로운 사회를 구성하는 일종의 사회들의 집합으로, 새로운 구성원을 더해가는 방법으로 그 연방체의 안전을 확보할 수 있는 정도의 세력에 도달할 때까지 더욱 커질 수 있다.

"이런 종류의 공화국은 외부 세력에 대항할 수 있고, 어떤 내부적 부패 없이 자신을 스스로 지킬 수 있다. 이런 사회 구조는 모든 문제와 어려움을 방지해준다. 만약 연방의 한 구성원이 최고 권력을 찬탈하려고 시도한다면, 그는

---

4) 원문에서는 a Confederate Republic이다. 그러나 여기서 해밀턴은 confederate라는 용어를 연합이 아닌 연방의 의미로 사용했다.

5) Montesquieu, *Spirit of Laws*, Vol. 1, Book IX., Chap. 1. _푸블리어스

모든 연방 구성원 사이에서 동등한 권력과 신임을 가질 수 없다. 만일 그 구성원이 다른 한 구성원에 대해 너무 큰 영향력을 발휘한다면, 이는 나머지 구성원들에게 경종을 울릴 것이다. 그 구성원이 연방의 한 부분을 무력으로 제압한다 해도, 아직 지배되지 않은 남은 구성원들은 무력으로써 대항하여 그가 강탈한 곳에서 완전한 세력을 잡기 전에 그를 무력화할 수 있다. 연방의 한 주에서 대중 반란이 일어나면, 다른 주들이 그것을 진압할 수 있다. 폐해가 한 지역을 잠식해도 그것은 남아 있는 다른 안전한 지역들에 의해 개혁될 수 있다. 한 주는 파괴될 수 있지만 다른 주는 안전할 수 있다. 연방은 해체될 수 있지만, 연방을 구성하는 주들은 자신의 주권을 유지하게 될 것이다.

"이 정부는 작은 공화국으로 구성되어 있으므로 각자 내부적 행복을 누린다. 그리고 외부적 상황에 대해서는 연방이라는 수단으로 대규모 군주국의 모든 이점을 가지게 된다."

나는 이런 흥미로운 문맥을 자세히 인용하는 것이 적절하다고 생각했다. 왜냐하면 여기에는 새헌법에 의한 연방체제에 호의적인 주된 논거를 명쾌하게 요약하고 있으며, 그의 저서의 다른 부분을 의도적으로 악용하여 만들어진 그릇된 생각을 효과적으로 일소할 것이 틀림없기 때문이다. 동시에 그의 이론의 바로 이 부분이 이 페이퍼의 보다 직접적인 의도와 밀접하게 연관되어 있다. 그 의도는 바로 연방이 내부적 파벌과 내란을 억제하는 성향이 있다는 것을 설명하는 것이다. 주들의 연합과 통합 사이에는 정확하다기보다는 애매한 구분이 제기되어 왔다. 연합의 본질적 특징은 그 권력이 연합을 이루고 있는 개인에까지 미치는 것이 아니라, 집단으로서의 구성원들에게만 국한되어 있다는 것이다. 중앙의회는 구성원 내부 행정의 그 어떤 사항에도 관여하지 않아야 한다고 주장되고 있다. 구성원들의 동등한 투표권 또한 연합정부의 주요 특징이 되고 있다. 이런 입장은 대체로 원칙이나 선례가 없는 임의적인 것이다. 이런 종류의 정부들의 뚜렷한 특징은 위에서 언급한 연합정부의 고유의 성격인 권력의 구분에 의해 운영된다는 것이다. 그러나 실제 운용에 있어서 광범위한 예외가 존재했었고, 또 그 사례들로 보았을 때 이 문제에 대한 절대적 법칙은 없다는 결론을 내릴 수 있다. 그리고 그들이 주장하는 원칙 즉, 권력이 개인에게까지 미치지 않도록 제한되는 경우 걷잡을 수 없는 무질서와 혼란만이 초래되었다는 것이 이 논설의 검토 과정에서 명백히 밝혀질 것이다.[6]

연방공화국의 정의는 단순히 '사회들의 집합' 혹은 둘 또는 그 이상의 국가들이 하나의 국가로 연합하는 것이다. 연방 권력이 미치는 범위, 그 변형이나 목적은 단순히 선택의 문제이다. 구성원들의 개별적 조직이 폐지되지 않는 한, 그것이 지역적 목적을 위해 헌법적 필요에 의해 존재하는 한, 그것이 연방체제의 포괄적 권한에 완전히 종속되어 있다 하더라도, 여전히 사실상 그리고 이론적으로도, 연방은 모든 주들의 집합체이며 또한 하나의 연방이라는 조직체인 것이다. 제안된 새헌법은 주 정부의 폐지를 암시하기보다는 주 정부들이 상원에서 직접 대표되게 함으로써 주 정부를 국가 통치권의 구성 부분으로 만들었다. 또한 주권이 가져야 하는 일정한 독점적 부분 및 매우 중요한 부분도 각 주가 보유하도록 했다. 이것은 용어의 모든 합리적인 의미에 비추어 볼 때 새헌법은 연방정부[7]의 개념과 완전히 일치한다.

23개의 도시 또는 공화국으로 구성되었던, 리키아 연합[8]의 경우, 가장 큰

---

6) 해밀턴은 여기서 새헌법에 의해 수립될 연방정부의 권한 범위가 연방을 구성하는 주들뿐만 아니라 주들의 시민, 즉 개인들에게까지 확대된다는 것을 암시하고 있다.

7) 해밀턴은 페이퍼 1번의 도입부에서 현 정부의 비효율성에 대해 언급하면서 현 정부, 즉 연합정부를 the federal government라고 불렀다. 물론 페이퍼 1번의 각주 3)에서 해밀턴이 쓴 federal이라는 용어의 의미는 confederal의 의미라고 설명했다. 그러나 해밀턴은 몽테스키외의 연방공화국(confederate republic) 이론을 기반으로 새헌법에서 고안한 정치 제도 역시 연방정부(a federal government)라고 부르면서 그가 비효율적이라고 비난한 당시의 the federal government와 구별 없이 쓰고 있음을 알 수 있다.

8) 리키아 연합(Lycian Confederacy 혹은 Lycian League 205~168 B.C.E.)의 형성은 약 기원전 205년까지 거슬러 올라간다. 23개(구성 도시국가의 수는 때때로 변했다)의 도시국가가 연합을 맺었고 도시국가의 크기에 따라 중앙의회의 의석이 할당되었다. 학자들에 의하면 리키아 연합은 인류 역

지역은 연합의회에서 3개의 투표권이 있었고, 중간 규모는 2개, 가장 작은 곳은 1개의 투표권이 있었다. 연합의회는 개별 도시의 모든 판사와 행정관의 임명권을 가지고 있었다. 이것은 확실히 각 도시의 내정에 대한 가장 민감한 개입이었다. 왜냐하면 지방정부의 관할에 전적으로 타당하다고 생각되는 것이 만약 있다면 그것은 바로 지방정부의 공직자 임명권이기 때문이다. 그럼에도 불구하고 이 연합에 대해 몽테스키외는 다음과 같이 말한다. "연방공화국의 탁월한 모델을 제시한다면 리키아를 들겠다." 따라서 새헌법의 반대자들이 주장하는 권력의 뚜렷한 구분, 다시 말하면, 연방공화국에서의 중앙정부의 권력이 뚜렷하게 제한되어야 한다는 것은 몽테스키외의 생각에는 없었던 것이었다. 그러므로 반대자들이 우기는 권력의 구분은 잘못된 이론을 기발하게 포장한 것이라고밖에 볼 수 없다.

푸블리어스

사에서 최초의 민주적 연합정부였다. 크기에 따라 중앙의회에서 의석수가 배분되는 방식은 약 2,000년 후에 처음으로 미국의 새헌법에서 각 주의 인구에 비례한 연방하원의 의석수 배정에 도입되었다. 그러나 리키아 연합의 명칭, 즉 confederacy 혹은 league가 의미하고 있듯이 리키아 연합의 중앙정부의 권한은 미국의 새헌법에서 중앙정부에 주어진 권한보다는 훨씬 작았다. 그러므로 리키아 연합을 연방이라고 부르는 것은 적절하지 않다. 리키아 연합은 페더럴리스트 페이퍼 16번 (해밀턴)과 45번(매디슨)에서도 언급되고 있다. 리키아의 위치는 현재 튀르키예의 남서부의 지중해 해안이다.

THE FEDERALIST No. 10

≪데일리 애드버타이저(Daily Advertiser)≫, 1787년 11월 22일 　　제임스 매디슨

뉴욕주 시민들에게

훌륭하게 구성될 연방[1]은 수많은 이점을 약속하고 있지만, 그중에서도 특히 더 구체적인 설명이 필요한 것은 파벌[2]의 횡포를 막고 억제하는 성향이다.[3] 민주 정부의 옹호자들은 파벌의 이런 위험한 해악에 대해 생각할 때 그런 정부의 성격과 운명에 대해 깊은 불안감을 갖게 된다. 따라서 그들은 그들이 매우 소중하게 여기는 자유의 원칙을 위반하지 않으면서 그런 악행에 대한 적절한 해결책을 제공하는 방안에 큰 가치를 부여할 것이다. 사실 공공의회에서 나타난 불안정성, 부정, 혼란은 세계 곳곳에서 민주정부를 파멸시킨 치명적 병폐였다. 왜냐하면 그것들은 자유의 적들이 그럴듯한 연설을 할 때 효과적이고 선호되는 주제이기 때문이다. 아메리카의 헌법들 즉, 주들의 헌법이 고대와 현대의 민주정치의 모델을 크게 개선한 것은 매우 칭찬할 만하다. 하지

---

1) 원문에서는 'Union'이며 합중국의 의미도 있지만 여기서는 새헌법에 의해 구성될 새로운 정부 형태인 연방을 의미한다.

2) 'faction'은 여기서 파벌로 번역하고 있으나 정당 내 파벌의 의미보다는 당파에 더 가까운 의미로 쓰인 경우가 있어서 때로는 당파로도 번역했다. 매디슨은 이 페이퍼에서 'faction'과 'party'를 거의 같은 의미로 사용하고 있다.

3) 파벌에 관한 매디슨의 이론은 흄(David Hume)의 견해를 독창적으로 재구성했다는 주장이 있다. 그 주장 중 대표적인 것으로 다음의 논문이 있다. Douglass Adair, "That Politics May Be Reduced to a Science: David Hume, James, Madison, and the Tenth Federalist," *Huntington Library Quarterly*, XX, (1956~1957): 343~360.

만 그 헌법들이 우리가 바라고 기대한 만큼 이 문제에 대한 위험을 효과적으로 제거했다고 볼 수는 없다. 우리 사회의 지각 있고 덕망 있는 시민들과, 공적 그리고 사적인 신념, 그리고 공공과 개인의 자유를 옹호하는 사람들은 우리의 주 정부들이 너무 불안정하다는 불만을 자주 토로한다. 또한 그들은, 정당 간의 파벌 싸움에서 대중의 이익은 무시되고, 정책이 정의의 원칙과 소수파의 권리보호를 배려하지 않고 오만한 다수의 이익과 그들의 우월적인 힘에 의해 결정되는 경우가 너무 많다고 말하고 있다. 이것이 아무런 근거가 없는 불만이기를 우리가 아무리 절실하게 원해도, 알려진 사실에 대한 증거로 미루어 볼 때 이러한 불만에는 어느 정도 근거가 있다는 것을 알 수 있다. 우리의 상황을 솔직하게 검토해 보면 우리가 시달리고 있는 고통의 일부를 우리 정부 운영의 탓으로 돌리는 것은 잘못된 것이라는 것을 알 수 있다. 그러나 한편으로는 우리가 당면한 수많은 심각한 불행을 다른 이외의 원인들만으로는 전부 설명할 수 없을 것이다. 특히 정부에 대해 만연한 불신의 증대와 개인의 권리가 위협받고 있다는 우려의 목소리가 아메리카 대륙의 전역에 퍼지고 있다. 이러한 현상은 모든 경우는 아니지만, 대부분 공공 행정을 더럽힌 파벌 정신에 대한 불신과 부정에서 비롯된 것이다.

나는 여기서 파벌이란, 전체의 다수이든 소수이든 다른 시민의 권리 또는 사회의 영구적이며 전체적인 이익에 역행하는 공통된 욕구 또는 이해관계에 의해 단결되고 행동하는 사람들의 집단이라고 생각한다.

파벌의 폐해를 다스리는 데는 두 가지 방법이 있다. 하나는 그 원인을 제거하는 방법이고, 다른 하나는 파벌의 영향을 억제하는 것이다.

파벌의 원인을 제거하는 데는 다시 두 가지 방법이 있다. 하나는 파벌의 존재에 필수적인 자유를 없애 버리는 방법이고, 다른 하나는 모든 시민에게 동일한 의견, 동일한 열정, 그리고 동일한 이해관계를 갖게 하는 것이다.

첫 번째 치료법은 오히려 그것이 질병 자체보다 더 해롭다는 것 이외에는 달리 표현할 말이 없다. 자유와 파벌의 관계는 마치 공기와 불의 관계와 같아서 자유가 없으면 파벌은 즉시 소멸해 버린다. 그러나 단지 파벌을 조성한다는 이유로 정치적 생명에 필수적인 자유를 없애는 일은, 불에 파괴적인 힘을 불어넣는다는 이유로 동물의 생명에 필수 불가결한 공기를 없애버리는 것과 똑같이 어리석은 짓이다.

첫 번째 방법이 현명하지 못한 방법이라면, 두 번째 방법은 실행 불가능한 것이다. 인간의 이성에는 오류가 있을 수 있고, 인간이 이성을 자유롭게 행사할 수 있는 한 다양한 다른 의견들이 형성될 것이다. 인간의 이성과 자애심이 연결되는 한, 인간의 의견과 감정은 서로 영향을 끼칠 것이다. 왜냐하면 의견에는 감정이 따라다니기 쉽기 때문이다. 재산의 정도는 인간 능력의 다양성에서 나온다. 이러한 인간 능력의 다양성 때문에 사람들은 서로 동일한 이해관계를 가질 수 없다. 인간의 각기 다른 능력을 보호하는 일은 정부의 첫 번째 목적이다. 재산을 취득하는 데 있어서 개인들의 서로 다르고 고르지 않은 능력을 정부가 보호하는 것으로부터 재산의 정도와 종류가 달라진다. 그리고 이것이 재산 소유자의 생각과 견해에 미치는 영향으로 인해 우리 사회는 서로 다른 이해관계와 파벌로 나뉘게 되는 것이다.

따라서 파벌의 잠재적인 원인은 인간의 본성에 심어져 있다. 그리고 우리는 이 원인들이 시민사회의 다양한 환경에 따라 여러 단계의 행동으로 나타나는 것을 볼 수 있다. 이론과 실제에서 종교와 정부에 관한 서로 다른 의견, 우월성과 권력을 위해 야심적으로 싸우는 서로 다른 지도자들에 대한 추종, 또 인간의 열정을 불러일으킬 만한 운명의 기복을 겪었던 여러 부류의 사람들에 대한 지지는 인류를 파벌로 나누고 상호 적개심을 악화시키며, 공동 이익을 위해 협조하기보다는 서로를 괴롭히고 억압하기 쉽게 만들었다. 상호 적대감에 빠지게 되는 인류의 성향은 너무 강하기 때문에 사소하고 중요하지 않은 차이점만으로도 폭력적인 투쟁을 일으키기에 충분한 비우호적인 감정을 부추겼다.[4] 그러나 파벌의 근원 중 가장 흔하고 지속적인 것은 다양하고 동등하지 않은 재산 분배였다. 재산이 있는 사람과 없는 사람은 언제나 사회에서 명백히 서로 다른 이해관계를 형성해 왔다. 채권자와 채무자도 비슷한 경우에 해당한다. 토지 소유자의 이익, 제조업자의 이익, 상인의 이익, 금융업자의 이익, 그리고 그 밖의 다른 크고 작은 이익은 문명국가에서 필연적으로 생성되며, 서로 다른 감정과 견해에 의해 국가를 서로 다른 계급으로 나누는 것이다. 이렇게 다양하고 서로 상반되는 이해관계를 조정하는 일이 근대 입법의 주요 임무를 구성하는 것이지만, 그것이 동시에 필수적이고 일상적인 정부 운영에 당파와 파벌 정신을 끌어들이게 되는 것이다.

어느 누구도 자신이 관련된 소송사건에서 재판관이 될 수 없다. 왜냐하면 그의 이해관계로 인해 그의 판단에 분명히 편견이 생기게 될 것이며, 그것은 아마도 그의 도덕성을 더럽힐 수 있기 때문이다. 마찬가지로, 아니 더 중대한 이유로, 한 집단이 동시에 재판관이 되고 당사자인 것은 적절하지 않다. 그러나 입법의 가장 중요한 행위 중 하나는 개인의 권리에 관한 것이 아닌, 많은 수의 시민의 권리에 관한 사법적 결정이 아닌가? 그리고 다양한 계층에 속하는 여러 입법자들은 결국 그들이 결정하는 소송사건의 당사자이면서 변호인이 아니겠는가? 어떤 제안된 법이 사적인 채무에 관한 것이라면, 채권자들이 한쪽 당사자가 되고 채무자들은 다른 쪽의 당사자가 되는 그런 문제일 것이다. 정의는 이들 사이의 균형을 유지시킬 수 있어야 하지만 입법의 경우에는 양쪽 당사자들은 모두 자기 자신이 재판관이 되어버린다. 그리고 가장 다수의, 또는 다른 말로, 가장 강력한 파벌이 이기는 것을 예상할 수밖에 없다. 외국 제품의 수입을 제한함으로써 어느 정도까지 국내 제조업을 장려해야 하는가? 이런 질문에 대해서 토지 소유자와 제조업자들은 서로 다른 대답을 할 것

---

4) 흄(David Hume)은 1741년 그의 글에서 파벌에 대해 자세하게 설명하고 있는데, 그 요지는 "인간은 개인적인 파벌(factions)로 나누어지려는 성향을 가지고 있다. 아주 작은 다른 점도 파벌이 형성되는 원인이 된다." David Hume, "Of Parties in General," in *Essays, Moral and Political and Literary,* ed. Eugene F. Miller(Indianapolis: Liberty Fund, Inc., 1987), 54~63. 페이퍼 10번의 각주 3), 페이퍼 15번의 각주 9) 참고.

이며, 그 어느 측도 정의와 공익의 관점에서 답변하지는 않을 것이다. 다양한 종류의 재산에 세금을 할당하는 문제는 가장 정확한 공평성을 요구하는 행위 같지만, 아마 이 문제만큼 우세한 당파에게 정의의 규칙을 짓밟을 수 있는 기회와 유혹을 주는 입법행위는 없을 것이다. 수적으로 열세인 사람들에게 한 푼을 더 부담시키면 그들 주머니에서 한 푼을 더 아낄 수 있기 때문이다.

현명한 정치가들이 이러한 충돌하는 이익을 조정해서 공익에 유용하도록 만들 수 있다는 것은 헛된 주장이다. 현명한 정치가들이 언제나 실권을 가지는 것은 아니기 때문이다. 게다가 부차적인 것과 먼 앞날을 깊이 고려하지 않고서는 대부분의 경우 이익의 조정은 불가능하다. 따라서 한 당파가 다른 당파의 권리나 전체의 이익을 무시함으로써 얻고자 하는 눈앞의 이익보다 그러한 고려가 우선되는 경우는 매우 드물다.

따라서 우리가 내린 결론은, 파벌의 원인은 제거될 수 없고 오직 파벌로 인한 영향을 억제하는 방법에 의해서만 그 폐해를 줄일 수 있다는 것이다.

만약 파벌의 수가 다수에 못 미친다면, 통상적인 다수결 투표로써 다수가 소수 파벌의 사악한 견해를 물리치도록 하는 공화주의 원칙을 적용할 수 있다. 소수의 파벌은 행정을 방해하고 사회를 혼란시킬 수 있지만, 새헌법의 규정 아래서는 폭력을 행사하고 은폐할 수 없게 된다. 반면에 다수가 하나의 파벌을 구성하는 경우, 민주정치의 형태는 공익과 시민의 권리가 그 파벌의 지배적인 욕망 또는 이익에 희생되는 것을 가능하게 해준다. 이런 파벌의 위험으로부터 공익과 개인의 권리를 보호하고, 동시에 민주정치의 정신과 형태를 보존하는 일이 우리가 탐구해야 할 중요한 과제이다. 덧붙이자면, 그렇게 하는 것이야말로 우리로 하여금 정부 형태를 오랜 치욕으로부터 구할 수 있도록 해주고, 인류에게 진정한 민주주의 정부를 존중하고 채택하도록 권장하는 데 크게 필요한 것이다.

어떤 방법으로 이 목적을 성취할 수 있는가? 분명 다음의 두 가지 중 하나의 방법에 의해서만 가능하다. 첫째, 동일한 감정 혹은 이해관계가 동시에 다수의 파벌 내에 존재하는 것을 방지하거나, 둘째, 다수가 이러한 동일한 감정 혹은 이해관계를 가지고 있는 경우에는 그들의 수적 우세와 지역적 상황을 이용해 소수를 억압하는 음모를 실행하지 못하게 하는 것이다. 만약 그들의 충동과 기회가 맞아 떨어진다면, 도덕적 동기 혹은 종교적 동기 그 어느 것도 우리가 의존할 만한 적절한 통제수단이 될 수 없다는 것을 우리는 잘 알고 있다. 그러한 도덕적·종교적 동기들이 개인의 부정과 폭력을 통제할 수 있다고 알려진 바 없다. 또한 그런 동기들은 음모에 가담하는 사람의 수에 비례해, 즉 그 효과가 필요해질수록 오히려 그 효과를 잃게 된다.

이런 관점에서 볼 때, 직접 민주주의, 즉 직접 정부를 구성하고 운영하는 소수 시민으로 구성된 사회에서는 파벌의 폐해에 대한 해결책이 없다는 결론을 내릴 수 있다. 직접 민주주의에서는 대부분의 경우, 사회 전체의 다수는 공통된 열정 또는 관심사를 가지게 되고 상호 간의 의사소통과 협조가 정부 형태 자체에 의해 가능해진다. 따라서 약한 당파나 거슬리는 개인을 쉽게 희생시키는 것은 어렵지 않다. 따라서 그러한 민주주의는 언제나 소란과 분쟁의 연속이었고 개인의 안전과 재산권과는 양립할 수 없었을 뿐 아니라, 일반적으로 그 생명도 짧았다.[5] 이런 종류의 정부, 즉 소수의 직접 민주주의 정부를 옹호하는 정치이론가들은 인류가 완벽하게 동등한 정치적 권리를 가지게 된다면, 동시에 그들의 재산, 의견, 그리고 열정도 완전히 동등하게 되고 동화될 것이라는 잘못된 생각을 가지고 있었다.

반면에 공화국, 즉 대의제도가 행해지는 정부는 다른 가능성을 열어주고 우리가 추구하는 해결책을 약속해 준다. 공화국과 순수한 민주주의의 차

---

5) 매디슨의 큰 공화국 이론(the extended republic theory)은 당시의 전통적이고 일반적으로 인정된 이론과는 완전히 반대되는 이론이다. 당시의 이론은, 공화국은 비교적 작고 소수의 단일민족으로 구성되어 있지 않으면 동요와 혼란으로 인해 오래 지속되지 못한다는 것이었다. George W. Carey "Majority Tyranny and the Extended Republic Theory of James Madison," *Modern Age* (Winter, 1976): 40~53.

이점을 검토해 보면 우리는 해결책의 본질과 연방의 효율성을 이해하게 될 것이다.

직접 민주주의와 공화제의 가장 큰 두 가지 차이점은 첫째, 공화제의 경우 시민이 선출한 소수의 대표에게 정부를 위임한다는 사실이다. 둘째, 공화제는 더 많은 수의 시민들과 더 넓은 범위의 국가로 확장될 수 있다는 점이다.

첫 번째 차이점의 효과는 대중의 의견이 그들이 선출한 매개체를 통과함으로써 정제되고 확대되는 것이다. 선출된 집단의 현명함은 자국의 진정한 이익을 가장 훌륭하게 분별할 것이고, 그들의 애국심과 정의에 대한 애정은 일시적, 또는 편협한 사고방식에 의해 국가의 이익을 희생시킬 가능성이 거의 없다. 이러한 제도하에서 국민의 대표를 통해 표명된 대중의 목소리는, 국민 전체가 모여 그들 자신들을 위해 제시하는 의견보다 공익에 더욱더 부합할 수 있을 것이다. 반면, 그 효과는 반대가 될 수도 있다. 당파성, 지역적 선입관, 또는 사악한 목적을 가진 사람들이 음모, 부패 또는 다른 수단으로 선거에 의해 우선 선출된 다음, 국민의 이익을 배신할 수도 있기 때문이다. 여기에 대한 의문은 공공복리에 적절한 수호자들을 선출하기 위해서는 작은 공화국 또는 큰 공화국[6] 중 어느 것이 더 바람직할 것인가와 관련된 문제이다. 그리고 두 가지 명백한 이유로 큰 공화국이 더 바람직하다는 것이 분명해진다.

우선, 한 공화국의 크기가 아무리 작더라도 소수의 음모를 막기 위해서는 대표의 수를 일정한 수까지 늘려야 한다. 그리고 공화국의 크기가 아무리 크더라도 대표의 수가 많음으로써 생기는 혼란을 막기 위해선 대표를 일정한 수로 제한해야 한다. 따라서 두 경우 모두 대표의 수가 선거인의 수에 비례하지 않게 되어, 작은 공화국의 경우 선거인에 대한 대표의 비율이 더 크다고 볼 수 있다. 즉, 대표에 걸맞은 자격을 갖춘 사람의 비율이 큰 공화국이나 작은 공화

---

6) 작은 공화국(small republic)과 큰 공화국(extensive republic)을 구분하는 가장 주된 기준은 인구이다.

국이나 비슷하다면, 큰 공화국 선거인들의 선택지가 많아지게 된다. 그 결과, 큰 공화국에서 더 적절한 인물을 선택할 가능성이 훨씬 더 커질 것이다.

다음으로, 작은 공화국보다 큰 공화국에서 각각의 대표가 훨씬 더 많은 수의 시민들에 의해 선출되기 때문에, 자격 없는 후보를 자주 선거에서 이길 수 있게 해주는 부도덕한 술책을 성공시키기 더욱 힘들어진다. 또, 국민의 투표는 보다 자유로워질 수 있으며, 가장 많은 장점과 검증된 인격을 가진 사람에게 표가 집중될 수 있는 가능성도 더 커질 것이다.

그런데 대부분의 경우처럼, 두 종류의 공화국 어느 쪽을 보더라도 각각의 문제가 있으며 그 중간이 존재한다는 사실을 인정해야 한다. 선거인의 수가 너무 많아지면 대표들이 그들 선거구의 상황과 작은 문제들에 대해 잘 알지 못하게 된다. 반면에 선거인의 수가 너무 적으면 대표들이 그들 선거구의 일에 지나치게 매달리게 되어 원대한 국가적인 문제를 이해하고 수행하는 것이 어려워진다. 이런 면에서 볼 때, 연방헌법은 만족스러운 조합을 구성하고 있다. 크고 전체적인 관심사는 중앙정부의 입법부 즉, 연방의회에 맡기고 지역적이고 개별적인 관심사는 주 의회에 맡긴 것이다.

또 다른 차이점은 (직접)민주주의 정부[7]보다 공화정부는 일반적으로 훨씬 더 많은 시민과 더 많은 지역을 아우를 수 있다는 것이다. 그리고 이러한 면에서 공화주의 정부는 당파들의 결탁을 더 어렵게 만든다. 왜냐하면 사회가 작을수록 당파와 이익의 수도 더 적어지고, 당파와 이익의 수가 적어질수록 다수가 동일한 당파로 형성되는 경우가 많아지게 마련이다. 다수파를 구성하는 사람의 수가 적을수록, 그리고 그들이 속한 지역의 크기가 작을수록, 그들이 일치단결하여 억압적인 계획을 실행하는 것이 용이해질 것이다. 범위를 확대하면, 훨씬 다양한 당파와 이익을 수용하게 되어 시민의 권리를 침해

---

7) 매디슨은 직접 민주주의 정부(pure democratic government)를 민주주의 정부(democratic government)로 때때로 표기하고 있다.

하고자 하는 다수가 공통된 동기를 가질 가능성은 아주 희박해질 것이다. 만약 그런 공통된 동기가 존재하더라도 그러한 그 동기를 가진 자들이 그들이 가진 힘의 강력함을 알게 되고, 또 모두가 일사분란하게 행동한다는 것은 더욱 어려워질 것이다. 게다가 다른 장애물은 차치하더라도, 그런 계획의 부당하고 부정직한 목적이 감지된 경우, 그 계획에 동조하는 사람들의 수에 비례하여 서로 간의 불신도 커지게 될 것이며, 따라서 의사소통이 가로막힐 수도 있다.[8]

따라서 공화정이 민주정에 비해 파벌의 영향을 억제하는 이점을 가지고 있는데, 이와 같은 이점을 큰 공화국이 작은 공화국에 비해, 그리고 연방이 그것을 구성하는 주들에 비해 가지는 것은 분명해 보인다. 또한 이러한 파벌의 영향을 억제하는 이점은 지역적 선입견과 부정한 계략에 초연할 수 있는 견식 있는 관점과 덕망 있는 대표들을 선출하는 데서도 비롯되지 않을까? 연방의 대표들이 이러한 필수불가결한 자질을 소유할 가능성은 매우 높다. 어느 한 당파가 다른 당파들보다 수적으로 우세해져 나머지 당파들을 억압하는 것을 방지해 주기 위해서는 당파의 다양성을 크게 증대시키는 것이 그에 비례해 연방의 안전을 더욱 증대시키지 않겠는가? 큰 공화국에는 부당하고 이권에 개입된 다수가 단합하여 그들의 은밀한 목표를 달성하는 것을 어렵게 하는 더 많은 장애물이 존재하기 때문에 더 안전하다고 할 수 있는 것이다. 다시 말해, 연방의 큰 규모가 안전에 가장 명백한 이점을 제공해 준다는 것이다.

파벌 지도자들의 영향력은 그들의 개별 주에서는 불씨를 일으킬 수 있지만, 다른 주들에게 전반적으로 큰 불길을 퍼뜨릴 수는 없을 것이다. 연방[9]의 한 지역에서 어떠한 종교적 종파가 정치적인 파벌로 타락할 수 있지만, 연방

---

8) 매디슨은 이 부분을 페이퍼 51번 마지막 문단에서 "정의와 보편적 선의 원칙 이외의 다른 어떤 원칙에 의해 전체 사회의 다수가 연대하는 경우는 거의 없을 것이다"라고 반복해서 설명하고 있다.

9) 매디슨은 여기서 드물게 연방을 Confederacy라고 부르고 있다. 이는 그의 페이퍼 45번 등에서도 볼 수 있다.

전체에 퍼져 있는 종파의 다양성은 그러한 타락으로 인해 발생하는 어떠한 위험으로부터도 연방의회를 보호할 것이다. 지폐의 과도한 발행,[10] 채무의 폐기, 재산의 동등한 분배, 또는 다른 부적절하고 사악한 계획은 특정 주보다 연방 전체에 퍼질 가능성이 훨씬 낮을 것이다. 이러한 비율을 적용하면, 그러한 병폐가 특정 카운티[11]나 지역보다는 전체 주를 오염시킬 가능성도 더 낮아질 것이다.

따라서 우리는 연방의 광범위한 규모와 적절한 구조가 바로 공화주의 정부에 가장 흔히 발생하는 질병에 대한 공화주의적 치료법이라는 것을 발견하게 된다. 그런 이유로 우리는 공화주의자로서 느끼는 기쁨과 자부심만큼이나 제안된 헌법을 지지하는 이들의 정신을 소중히 여기고 그들의 의지를 지원하는 열의를 가져야 할 것이다.[12]

푸블리어스

---

10) 영국과의 전쟁 이후 많은 주들이 채무를 해결하기 위해 과도하게 지폐를 발행했고 이는 심한 인플레이션을 초래했다.

11) 카운티(county)는 식민지 초기인 1634년 버지니아(Virginia)주에서 최초로 설립된 지방정부의 단위로서 주 정부(state government)와 시 정부(city government)의 중간 단계의 정부이다. 따라서 카운티를 우리말로 시의 하위 개념인 군이라고 부르는 것은 잘못된 것이다.

12) 해밀턴은 페이퍼 9번에서 리키아 연합정부를 예로 들어 새헌법에서 이미 구상되고 설계된 연방정부를 암시했고, 매디슨은 이 페이퍼에서 큰 공화국 이론(the extended republic theory)을 적용시켜 연방정부의 장점과 특성을 좀 더 구체적으로 보여주면서 새헌법을 홍보하고 있다.

THE FEDERALIST No. 11

《인디펜던트 저널》, 1787년 11월 24일 알렉산더 해밀턴

뉴욕주 시민들에게

상업적 관점에서 연방의 중요성은 이견의 여지가 가장 적은 사항 중 하나이며, 사실상 이 주제에 대해 조금이라도 식견이 있는 사람들이라면 누구나 동의해 왔던 것이다. 이것은 연방 구성원들 간의 교류뿐만 아니라 외국과의 통상에도 적용된다.

미국의 상업적 성격을 특징짓는 진취적인 정신이 유럽의 여러 해상 세력을 불안하게 만들고 있는 징후들이 이미 나타나고 있다. 유럽 제국들은 그들의 해상교통의 버팀목이자 해군력의 토대인 해운업에 우리가 너무 깊이 개입하고 있다는 사실에 대해 불안해하는 것 같다. 아메리카 대륙에 식민지를 가지고 있는 나라들은 우리가 이룰 수 있는 가능성을 우려의 눈으로 바라보고 있다. 그들은 미국의 주들이 강력한 해군을 창설할 모든 준비가 되어 있으며, 또한 거기에 필요한 모든 수단을 갖추게 될 것이므로 아메리카 내의 그들의 영토를 위협할 수 있다고 예상하는 것이다. 이러한 생각에 따라 그들은 우리들 사이의 분열을 조장하고, 우리 자체 선박을 이용한 활발한 상업행위를 최대한 허용하지 않으려는 정책을 당연히 추구하게 될 것으로 보인다. 이 정책은 그들의 해상교통에 우리가 간섭하는 것을 막고, 우리의 무역에서 생기는 이익을 독점하며, 그들에게 위험할 정도로 위대하게 날아오를 수 있는 우리의 날개를 꺾어버린다는 세 가지 목적으로 설명될 수 있다. 빈틈없이 자세히 살펴보면, 이러한 정책의 근원은 유럽의 해상 강국들 정부의 내각까지 거슬러

올라감을 어렵지 않게 알 수 있다.

　우리가 계속 단결할 수만 있다면, 우리의 번영에 너무나 적대적인 정책에 대해 다양한 방법으로 대항할 수 있다. 모든 주들에 수입금지 규제를 동시에 확대함으로써, 우리 시장에서의 특권을 얻기 위해 다른 국가들이 서로 경쟁할 수밖에 없도록 만들 수 있다. 대부분이 농업에 전념하고 있고 또 지역적 상황으로 봐서도 앞으로도 계속해서 농업에 종사할 가능성이 크며, 그 인구 또한 급격히 증가하고 있는 300만 명의 시장이 앞으로 제조업 국가들에 중요한 시장이 되리라는 것을 인식하는 사람이라면 이러한 주장을 그저 터무니없는 것이라고 여기지는 못할 것이다. 제조업 국가와의 무역과 운송에 있어서 우리의 자체 선박을 이용해 직접 거래를 하는 것과, 다른 나라의 선박을 이용해 그들과 미국 사이에 제품을 운송하는 무역에는 큰 차이가 생길 것이다. 우리의 모든 항구에서 대영제국의 선박의 입항을 금지시킬 수 있는(그들과는 현재 어떠한 통상조약도 맺고 있지 않다) 단일정부가 아메리카에 존재한다고 가정하자. 이런 조치가 영국 정치에 어떠한 영향을 줄 수 있는가? 우리는 영국이라는 왕국의 여러 영토에서 가장 중요하고 광범위한 통상 특권을 확보하는 데 성공적으로 협상할 수 있지 않겠는가? 이런 질문이 여러 차례 제기되었을 때 얻을 수 있었던 답은 확실하고 만족할 만한 것은 아니었다. 그 답이란 설령 우리 측에서 영국에 대한 그러한 입항금지 조치를 한다고 해도 영국의 무역 체제에는 아무런 영향도 미치지 못하리라는 것이었다. 왜냐하면 우리에게 필요한 제품들을 영국에서 직접 구매하고 또 운송하여 우리 시장에 공급하는 것이 가능한 네덜란드를 통해서 영국은 간접적으로 우리와 무역을 계속할 수 있기 때문이다. 그러나 그런 무역에서 영국은 그들의 선박을 이용한다는 중요한 이점을 잃게 됨으로써 그들의 해운업이 실질적으로 피해를 입게 될 것 아닌가? 영국은 우리와의 간접 무역에서 생기는 이익의 대부분을 무역 대행과 위험부담의 대가로 네덜란드에게 빼앗기게 되지 않겠는가? 그뿐만 아니라, 화물 운송비용을 네덜란드에 지불하는 것으로 인해 영국의 수익이 상당히 줄지 않겠는가? 영국의 이러한 우회 무역으로 인해 우리 시장에서 영국 상품의 가격이 오르게 되고, 영국의 무역 대상국 중 수익성이 좋은 우리와의 무역을 다른 나라에 내줌으로써 결국 다른 나라들을 경쟁에서 유리하도록 만들지 않겠는가?

이런 질문들에 제시된 여러 생각들을 신중하게 검토해 보면, 그러한 상황으로 인해 영국이 입게 될 현실적 불이익은, 영국 대부분의 지역이 미국과의 무역을 선호하는 것과, 서인도 제도의 집요한 요구와 맞물려, 영국이 무역 체제의 규제를 완화할 수밖에 없게 되는 것이다. 그 결과, 우리는 최대의 실질적 이익을 얻게 될 서인도 제도와 다른 그 외의 시장에서도 특권을 누리게 될 것이다. 영국 정부로부터 얻어내게 될 이런 그러한 이점은, 우리 시장에서 영국 상품에 대한 공제나 면세에 상당하는 조치가 없으면 기대할 수 없기 때문에, 우리와의 무역에서 전면적으로 배제되고 싶지 않은 다른 국가의 정책에 대해서도 같은 효과를 미칠 것이다.

이런 점에서 우리에 대한 유럽 국가들의 정책에 더욱 더 영향을 줄 수 있는 방법은 연방 해군을 창설하는 것이다. 효율적인 정부 아래 합중국이 유지된다면, 우리가 머지않은 시기에 해군을 창설할 힘을 갖게 될 것이다. 그 해군이 강력한 해상세력과 직접 경쟁할 수 없다고 해도, 대립하고 있는 두 나라 중 어느 한쪽과 합세한다면 적어도 상당한 영향력을 행사할 수 있을 것이다. 이는 특히 서인도 제도에서의 우리의 군사전략과 관련해서는 더욱 그러하다. 대립 중인 양측 중 어느 쪽을 돕는지와 상관없이, 적절한 시기에 투입되는 소수의 전함은 엄청나게 중요한 이권이 걸려 있는 전쟁의 운명을 결정할 수도 있을 것이다. 이런 면에서 우리는 가장 유리한 입장에 있다. 그리고 만약 서인도 제도에서 군사작전을 수행하는 데 지리적으로 가까운 우리로부터 받을 수 있는 보급품의 이점을 추가한다면, 이러한 유리한 상황으로 인해 통상 특권과 관련된 협상에서 유리한 고지를 차지할 수 있다. 따라서 우리의 외교적 가치는 다른 유럽 국가들과의 우호 관계뿐만 아니라 중립성에 의해 매겨질 것이다. 연방을 견고하게 유지함으로써 머지않아 우리가 아메리카 대륙에서 유럽 강대국들의 중재자가 되고, 또한 아메리카 대륙에서 유럽 국가들 사이에 일어나는 갈등을 우리의 이익에 유리하게 이용할 수 있을 것이다.

그러나 우리가 분열하게 된다면, 서로의 경쟁심으로 인해 자연이 우리의 품에 안겨준 위대한 이점을 잃게 될 것이다. 보잘것없는 규모의 우리의 통상은 전쟁 중인 모든 나라의 무자비한 간섭의 희생물이 될 것이다. 그들은 우리를 두려워할 아무런 이유가 없으므로, 기회가 있을 때마다 별다른 양심의 가책이나 죄책감 없이 그들의 군대가 지나가는 곳마다 우리의 재산을 강탈하여 자신들의 욕구를 충족시킬 것이다. 중립의 권리는 적절한 군사력에 의해 보호를 받을 때만 존중되는 것이기 때문에 멸시당할 정도로 약한 나라는 중립이 될 수 있는 권리마저도 잃게 된다.

활력 있는 중앙정부 아래에서는 우리가 자연으로부터 받은 힘과 자원을 공익을 위해 사용함으로써, 우리의 성장을 저지하려고 경계하는 유럽 국가들의 단결된 행동을 모두 좌절시킬 수 있을 것이다. 이렇듯 새헌법에 의한 하나의 중앙정부는 유럽 국가들의 공동 행동을 단념하게 만들어 그들의 단결에 대한 동기마저도 제거할 것이다. 활발한 통상, 해상 교통의 확대, 그리고 선박업의 번창은 미국의 정신적이고 물질적인 필요성에서 당연히 이뤄질 것이다. 또한 강력한 중앙정부하에서, 피할 수도 없고 바꿀 수도 없는 자연적인 순리를 거스르거나 이를 변화시키려는 하찮은 정치인들의 술책을 우리는 저지할 수 있다.

그러나 분열된 상태에서는 유럽 국가들의 단합은 현실이 될 수 있고 또 성공적으로 실행될 수도 있다. 해상국가들은 우리의 전반적인 무기력함을 이용하여 우리의 정치적 존재를 좌우하게 될 것이다. 그리고 무역에 있어서 유럽 국가들은 우리의 해상 운송을 대행하는 데 공통의 이해관계를 가질뿐더러 그 반대의 경우, 즉 우리 상선들이 그들의 해상 운송을 맡게 되는 것을 저지하는 데는 그보다 더 큰 공통의 이해관계를 가지게 될 것이다. 따라서 그들은 단합하여 우리의 해운업을 사실상 파멸시키고, 우리를 수동적 무역[1]에 묶어둠으로써 우리의 해운업을 방해할 가능성이 아주 높다. 그렇다면 우리는 그들이 우리 상품을 구매할 때 제시하는 첫 번째 가격, 즉 가장 낮은 가격에 마지못해 따를 수밖에 없게 되고, 우리와 적대적인 국가들이 우리의 무역 수익을 가로채어 부유하게 되는 것을 보고만 있을 수밖에 없다. 또한, 우리의 고갈되지 않는 국부의 원천인, 누구도 따라올 수 없는 미국의 상인과 선박업자들의 재능과 기업 정신은 질식되고 사라지고 말 것이다. 그리고 현명하게 대처했더라면 전 세계의 존경과 선망의 대상이 될 수 있었던 이 나라는 빈곤과 수치로 뒤덮이게 될 것이다.

아메리카 대륙의 통상에서 합중국은 여러 중요한 권리를 가지고 있다. 그것은 어업권과 서부의 호수들(5대호)과 미시시피강의 항행권에 대한 것이다.[2] 기존 연합이 분열된다면 이런 권리가 계속 유지될 것인가에 대한 미묘한 문제의 소지가 있다. 아메리카에 식민지를 소유하고 있는, 우리보다 우세한 유럽 국가들은 의심할 여지없이 이런 문제들을 그들에게 유리한 방법으로 해결할 것이 틀림없다. 미시시피강에 대한 스페인의 강경한 태도에 대해서는 언급할 필요조차 없다.[3] 프랑스와 영국은 어업에 있어 우리와 관련되어 있으며, 그들은 어업이 그들 해운업의 가장 중요한 부분이라고 보고 있다. 우리는 경험을 통해 해운의 중요성을 알고 이에 대한 지배력을 가짐으로써, 양 국가의 시장에서 이들 국민에게 더 낮은 가격으로 유리한 경쟁을 하고 있다. 그러

---

1) 수동적 무역(passive commerce)이란 한 국가가 수출과 수입을 하는 데 있어 다른 국가의 운송수단을 이용하는 것이다.

2) 제이(Jay)의 페이퍼 4번에서도 이와 같은 주제, 즉 어업과 해운에 있어 아메리카 대륙에서의 유럽 국가들과의 갈등을 다루고 있다.

3) 새헌법에 의해 1789년 연방정부가 출범하고 약 6년 후인 1795년, 미국은 스페인과의 핑크니 조약(Pinckney's Treaty, Treaty of San Lorenzo, 혹은 the Treaty of Madrid로도 불림)에 의해 아메리카 대륙의 스페인 영토를 통과하는 미시시피강의 자유항해권을 보장받았을 뿐만 아니라 미시시피강 유역의 넓은 지역도 스페인으로부터 양도받았다.

나 경쟁국들은 우리가 해운을 확실히 장악하는 것에 대해서 오랫동안 무관심하게 있지만은 않을 것이다. 그들이 위험한 경쟁자를 제거하려는 것은 자연스러운 일이 아니겠는가?

이런 부류의 통상을 일부 주만의 이익으로 간주해서는 안 된다. 항행이 가능한 모든 주들은 정도의 차이는 있겠지만 해운업에 유리하게 참여할 것이고, 상업자본이 늘어남에 따라 그럴 가능성은 더욱 높아질 것이다. 해운업은 지금도 선원들의 양성소 역할을 하고 있지만, 여러 주의 해운에 대한 규정이 일률적이 되면 이는 국력의 보편적인 자원이 될 것이다. 그것은 해군 설립을 위해서 필수 불가결한 것이다.

연방체제하에서 우리의 단결은 해군이라는 위대한 국가적 목적을 위해 다양한 방법으로 기여할 것이다. 모든 기관이나 단체는 그것의 설립과 지원에 집중된 수단의 양과 규모에 비례하여 성장하고 번성하기 마련이다. 연방 해군의 설립은 모든 주의 자원을 수용하게 되기 때문에, 어느 한 지역의 제한된 자원에만 의지해야 하는 하나의 주나 일부 주들이 연합한 체제의 해군보다 그 설립이 훨씬 더 쉬울 것이다. 실제로 연방체제하의 여러 지역들은 정말 공교롭게도 각자 이 필수 불가결한 기구인 해군의 설립을 위해 필요한 여러 종류의 독특한 이점들을 보유하고 있다. 남부 주들은 타르, 피치, 테레빈유와 같은 선박 건조용 재료를 풍부하게 제공할 수 있다. 또한 선박 건조에 사용되는 남부의 목재는 조직이 더욱 단단하고 오래가는 장점을 가지고 있다. 해군의 군함들이 주로 남부의 목재로 건조되어 뛰어난 내구성을 갖게 된다면 이는 해군력이나 또는 국가 경제의 관점에서 엄청나게 중요하다고 볼 수 있다. 일부 남부와 중부 주들은 보다 질 좋고 풍부한 철을 생산한다. 수병은 주로 인구가 밀집된 북부지역에서 선발되어야 한다. 해군의 번영에는 해운 통상이 필요한 것과 같이, 해외 무역이나 해운 통상에 해군의 보호가 필요하다는 점에 특별한 설명이 필요 없듯이, 이런 종류의 통상이 해군의 발전에 역시 이바지할 것이라는 점도 역시 마찬가지일 것이다.

주 간의 자유로운 통상은 상호 간의 필요에 의한 국내에서의 공급뿐만 아니라, 외국시장으로 수출하기 위해 그들 각자의 생산품을 교환하는 방식으로 각 주의 통상을 발전시킬 수 있다. 각 지역의 상업활동은 활기로 넘치게 되고, 상품의 자유로운 유통으로부터 더 많은 동력과 활력을 얻게 될 것이다. 여러 다른 주들에서 생산되는 제품의 다양성으로 인해 상업의 범위는 훨씬 넓어질 것이다. 어느 한 주에서 흉작으로 인해 주요 농산물이 부족해진다면, 다른 주에 그 주의 주요 농산물을 지원해 달라고 요청할 수 있다. 수출용 생산품의 가격만큼이나 그 다양성 또한 대외 무역의 활성화에 기여한다. 해외 수출은 일정 가격의 많은 품목이 있을 때, 같은 가격의 소수 품목보다 더 좋은 조건으로 통상이 이루어질 수 있다. 그 이유는 무역 경쟁과 시장의 유동성 때문이다. 한 가지 상품만 있다면 어떤 시기에는 엄청난 수요가 있고, 상품이 전혀 팔리지 않는 시기도 있을 것이다. 그러나 만약 다양한 상품이 있다면, 이 모든 상품들이 동시에 팔리지 않을 경우는 드물기 때문에 이런 면에서 그 상인의 사업은 어떤 큰 장애나 불경기에도 쉽게 영향을 받지 않을 것이다. 상식 있는 무역업자라면 곧 이러한 의견의 타당성을 받아들이고, 13개의 독립적인 주들이나 부분적 연합들의 이익보다 합중국의 집합적 이익이 훨씬 더 커질 것이라는 점을 인정하게 될 것이다.

이 문제에 대해 주들이 결속하던 하지 않던, 상업적 목적을 이루기 위한 친밀한 교류는 여전히 계속될 것이라는 반론을 제시할 수 있다. 그러나 이런 교류는 이 페이퍼에서 이미 상세하게 설명된 다양한 원인들에 의해 억제되고 중단되고 제한될 것이다. 정치적 이익의 결속처럼 상업적 이익의 결속도 오직 정부의 결속에서 비롯될 수 있다.

이 문제를 바라보는 충격적이고 자극적인 또 다른 관점이 있을 수 있다. 그러나 그런 성격의 관점은 우리를 너무 먼 미래의 분야로 끌어들이고, 신문지상에서의 논의하기에는 적절하지 않은 주제를 포함할 수도 있다. 그 대신 나는 우리의 상황과 이해관계가, 아메리카 대륙의 문제에 있어 가장 우세한 위치를 차지하도록 우리를 이끌고 재촉하고 있다는 것만 간단히 언급하고자 한다. 세계는 지리적으로나 정치적으로 각자 일련의 독특한 이해관계를 가진 네 개의 부분으로 나뉠 수 있다. 불행하게도, 그 정도의 차이는 있지만, 유럽은 전쟁과 협상, 그리고 무력과 기만으로 다른 세 개의 지역 모두에 대한 지배를 확장했다. 아프리카, 아시아, 아메리카는 잇따라 유럽의 지배를 받았다. 오랫동안 유럽이 유지한 우월성은 마치 자신들이 세계의 주인이라도 된 것처럼, 그리고 나머지 인류가 유럽의 이익을 위해 창조된 듯한 생각을 갖도록 부추겼다. 심오한 철학자로 존경받는 사람들은 노골적으로 유럽인들이 신체적으로 우월하다고 여겼으며, 아메리카에서는 모든 동물, 그리고 그들과 함께 인간 또한 퇴보한다고 진지하게 주장했다. 심지어는 잠깐이라도 아메리카의 공기를 들이쉬고 나면 개들마저도 짖기를 멈춘다고 했다.[4] 현실은 유럽인들의 이런 오만한 주장을 너무 오랫동안 뒷받침해 주었다. 인류의 명예를 회복하고, 독선적이면서 오만한 유럽의 형제들에게 절제를 가르치는 일이 우리의 사명이다. 우리의 결속은 그 일을 가능하게 해줄 것이다. 반면 우리의 분열은 유럽의 승리에 또 다른 희생자를 추가할 것이다. 아메리카인들이 유럽의 위대함의 수단이 되어서는 결코 안 된다. 견고하고 분열될 수 없는 합중국으로 결속된 13개 주들이 하나의 위대한 아메리카 체제인 연방을 수립하는 것에 동의하여, 대서양 건너편 유럽의 모든 세력과 영향력보다 우월해지고 구세계와 신세계를 연결하는 주도권을 갖게 되기를!

푸블리어스

---

4) *Recherches philosophiques sur les Americains* (Berlin, 1771). _푸블리어스.
   네덜란드의 철학자, 지리학자인 코넬리우스 파우(Cornelius de Pauw 1739~1799)의 저서로 1771년 베를린에서 출판되었다. 이 저서는 신세계, 즉 아메리카의 자연과 기후가 인간이나 동물을 오염시켜 퇴행시킨다는 등의 퇴보이론(degeneracy)을 포함하고 있다. 그의 이론과 저서는 당시 엄청난 논쟁을 불러일으켰고 토머스 제퍼슨(Thomas Jefferson)과 제임스 매디슨(James Madison) 같은 유명한 미국인의 비난을 받았다. 파우의 이론은 잠시 많은 인기를 누렸으나 곧 사람들의 관심 밖으로 사라지고 말았다.

THE FEDERALIST

No. 12

≪뉴욕 패킷≫, 1787년 11월 27일

알렉산더 해밀턴

뉴욕주 시민들에게

주들의 결속[1]이 상업적 번창에 가져다주는 영향은 충분히 설명하였으므로, 이번 편에서는 그런 결속이 세입의 이익을 증진시키는 경향에 대해 검토해 보겠다.

　상업의 번영은 이제 국부의 가장 생산적이며 가장 유용한 근원이라고 모든 개화된 정치인들은 인정하고 있고, 따라서 이는 정치적 관심의 주요한 대상이 되었다. 상업은 만족을 주는 수단을 다양화하고, 인간의 탐욕과 기업가 정신의 소중한 목적인 주화[2]를 도입하고 그 유통을 촉진시킴으로써 산업의

---

1)　원문에서는 정관사나 부정관사가 없는 'Union'이다. 따라서 합중국, 연합, 연방의 의미가 아닌 결속, 단결, 일체라는 의미로 쓰였다.

2)　해밀턴은 원문에서 주화 즉, 동전을 귀금속의 의미인 'precious metals'로 표현했다. 당시에는 주화에 금, 은 등의 귀금속이 함유되어 있었고, 그 자체로 가치가 있는 상품화폐(commodity money)였기 때문에 주화를 흔히 귀금속으로 부르기도 했다. 연합은 연합규약 제9조에 의해 각 주에서 발행되는 주화에 포함되는 귀금속의 양을 주화의 액수에 따라 규제하는 권한, 즉 주화의 순도 및 가치를 규제하는 권한을 가지고 있었지만 각 주 정부도 화폐주조권을 독자적으로 가지고 있었다. 그러나 새로 제정된 헌법 제1조 8절 5항은 연방의회만이 화폐의 주조에 대한 권한(power to coin money)을 가진다고 규정하고 있는데, 해밀턴은 여기서 연방정부에 새롭게 소개될 화폐인 주화를 귀금속으로 표현했다. 새헌법 채택 후 조폐국을 설립하고 미국의 주화를 규제하는 법인 주화법(Coinage Act of 1792)에 의해 1793년에 주화가 처음으로 연방에 유통되었다. 한편, 헌법에는 연방의회의 지폐를 발행할 수 있는 권한에 대한 언급은 없었다. 그러나 연방대법원은 1819년 머컬록 대 메릴랜드주(McCulloch v. Maryland) 판결에서 연방정부의 통화규제(지폐 발행권을 포함)는 합헌이라고 만장일치의 판결을 내렸다. 그러나 미국에서 현재 의미의 명목화폐로서의 최초의 공식

유통 체계에 많은 생기와 활력을 불어넣고 나아가 더 활발하고 풍요롭게 만드는 데 기여한다. 부지런한 상인, 근면한 농부, 활동적인 기계공, 그리고 성실한 제조업자 등 모든 계층의 인간은 자신들의 노력에 대한 만족스러운 대가를 간절하게 기대한다. 농업과 상업 사이에 빈번히 발생했던 문제는 확실한 경험으로 인해 한때 그들 사이에 존재했던 대립 관계를 무마시킴으로써 결론이 났다. 이 두 가지 부문의 이해관계가 불가분하게 혼합되어 있고 서로 얽혀 있음이 양쪽의 후원자들 모두가 만족할 정도로 입증되었다. 상업의 번창에 비례해 토지의 가치가 상승한다는 점은 여러 나라에서 볼 수 있는데, 당연히 그럴 수밖에 없지 않은가? 상업은 토지로부터의 생산물에 자유로운 통로를 확보해 주고, 농산물의 경작에 새로운 동기를 부여한다. 또한 상업은 한 국가의 통화량을 증가시키는 데 가장 강력한 수단이며, 모든 면에서 노동과 산업의 충실한 시녀이다. 그러한 상업이 대부분의 생산물의 원천인 토지의 가치를 올리는 것은 당연하지 않겠는가? 이렇게 단순한 진실에 대해 반대하는 자가 있다는 점은 매우 놀랍다. 그것은 근거 없는 경계심 또는 지나치게 추상적인 생각이, 이성과 신념에 기초한 가장 명백한 진실로부터 인간을 오도할 수 있다는 것을 보여주는 증거 중 하나이다.

한 나라의 납세 능력은 유통되고 있는 통화량과 유통 속도에 크게 비례할 것이다 .이런 두 조건에 기여하는 상업은 필연적으로 납세를 더욱 수월하게 하고, 국고에서 필요로 하는 자금을 충당하는 것을 용이하게 해준다. 독일 황제가 물려받은 광대한 영토는 비옥하고 개간되어 있으며 많은 인구가 포함되어 있다. 영토의 상당 부분은 기후가 온화하고 쾌적한 곳에 위치해 있으며, 이 영토의 일부 지역에는 유럽에서 가장 훌륭한 금광과 은광이 있다. 그러나 상업을 육성시키지 못해 독일 군주가 얻는 수입은 미미했다. 따라서 황제는 그의 필수 불가결한 이권을 보존하기 위해 번번이 다른 나라들의 재정적 원조를

적인 지폐의 발행은 1862년에 시작되었다.

요청할 수밖에 없었고, 그가 가진 힘과 자원으로는 장기적이고 지속적인 전쟁을 감당할 수 없었다.

그러나 연방정부가 이러한 면에서만 세입의 목적에 기여하는 것은 아니다. 연방의 영향은 다른 면에서 보면 더욱 직접적이고 결정적으로 나타날 수 있다. 직접 과세에 의해 많은 세입을 올리는 것은 우리의 현 상황이나 국민들의 습관, 과세에 대한 우리의 경험에 비추어 볼 때 비현실적이다. 세법은 쓸데없이 늘어났고 징세를 위해 새로운 방법이 시도되었으나 아무런 효과를 볼 수 없었고 전반적으로 대중의 기대에 어긋났으며, 따라서 주 정부들의 금고는 빈 채로 남게 되었다. 민주정체의 특성에 내재하는 민주적 정부 운영체제는, 침체되고 훼손된 무역으로부터 초래된 실질적인 자금 부족과 겹쳐서 광범위한 징세를 위한 지금까지의 모든 시도를 좌절시켰으며, 다른 주들의 의회에도 이러한 징세 방법은 어리석은 시도라는 교훈을 주었다.

다른 나라의 사정에 대해 조금이라도 아는 사람은 이런 상황에 놀라지 않을 것이다. 부유한 국가인 영국에서는 최상위 부유층에 적용되는 직접세가 미국보다는 훨씬 더 용인된다. 그리고 정부의 행정 능력과 징세 능력이 우리보다 훨씬 더 우월하기 때문에 국가 세입의 가장 큰 부분을 부과금과 소비세와 같은 간접세로부터 충당할 수 있고, 수입품에 대한 관세가 소비세의 큰 부분을 차지하고 있다.

미국에서는 세입의 수단으로 한동안 주로 이런 과세에 의존해야 할 것이라는 점은 확실하며, 소비세는 좁은 범위에 국한되어야 할 것이다. 국민은 소비세법의 강제적이고 위압적인 성격을 인내하지 않을 것이다. 반면에 농부들은 그들의 집과 땅에 대한 작은 세금도 마지못해 내게 될 것이다. 더구나 개인 재산(동산)은 세금을 부과하기에는 너무 불확실하고 불투명한 자금이기 때문에 납세자가 직접 느끼기 어려운 소비세라는 수단을 사용하는 수밖에 없다.

만일 이런 견해가 타당하다면, 그토록 소중한 재원을 개선, 확대할 수 있는 상태가 우리의 정치적 번영에 있어서 가장 적합한 것임에 틀림없을 것이다. 그리고 그러한 상태는 바로 주들을 모두 통합하는 하나의 연방 위에 기초해야 한다는 것에는 의심의 여지가 없다. 이러한 통합이 상업적 이익에 도움이 되는 한, 상업에서 비롯되는 세입의 확대에 기여하게 될 것이다. 또한 관세의 징수 규정을 보다 단순하고 효과적으로 만든다면 징수되는 관세를 더욱 증가시키고, 무역에 타격을 주지 않는 범위 내에서 세율을 인상할 수 있는 권한을 연방정부에 부여하는 목적에도 부응할 수 있다.

이런 주들의 상대적 상황들, 주들을 가로지르는 여러 강, 해안과 접한 만, 모든 방향으로 가능한 교통수단, 언어와 풍속의 유사성, 스스럼없는 교류, 이 모든 것은 그들 사이의 불법 무역을 어렵지 않게 하고, 상호 약속된 상업규정의 잦은 위반을 조장하는 상황들이다. 분열된 주들이나 몇 개의 연합들은 서로에 대한 경계로 말미암아 관세를 낮춤으로써 그런 종류의 불법 무역에 대한 유혹을 막으려 할 것이다. 유럽 국가들이 육지와 바다를 포함한 그들 각자의 나라로 들어오는 통로를 감시하기 위해 철저한 예방책을 도입했지만, 이러한 수단도 탐욕적이고 모험적인 수법의 불법 무역을 막기엔 역부족이었다. 그러나 우리 정부의 성향으로 보아, 앞으로 오랫동안 유럽식의 엄중한 경계조치를 취하지는 않을 것이다.

프랑스에서는 밀수행위를 위해 잠입하는 자들에게 맞서 자국의 재정 규제를 확실히 하기 위해 상시 고용된 순찰군대(그들이 부르기를)가 있다. 네케르[3] 씨는 이들 순찰군대의 숫자를 2만 명 이상으로 계산하고 있다. 이 사실은

---

[3] 자크 네케르(Jacques Necker 1732~1804)는 프랑스의 은행가였으며 루이 16세 때 재무총감(장관)을 지냈다. 새헌법에 의해 수립된 연방정부의 초대 재무장관으로서 미국 자본주의 경제의 틀을 마련한 해밀턴은 네케르의 경제 정책의 영향을 많이 받았고, 특히 그가 귀금속이라고 부른 주화 발행은 네케르의 조언을 받아 프랑스의 주화 발행을 모델로 삼은 것이다. 해밀턴은 네케르의 저서 *A Treatise on the Administration of Finances of France* (London, 1785, 3 vols.)에 정통했다. 해밀턴은 이 페이퍼에서 그의 이름을 Necker 아닌 Neckar로 잘못 표기한 것으로 보인다. Jacob E. Cooke, ed. *The Federalist* (Wesleyan University Press, 1961), 77.

내륙 교통로가 있는 곳에서 이런 종류의 왕래를 방지하는 것이 매우 어렵다는 것을 보여준다. 주들이 분열되어 각 주가 프랑스와 그 인접국가들의 관계와 비슷한 상황에 놓이게 된다면, 이 나라에서 관세를 징수하는 데 겪게 될 불편은 분명해진다. 순찰군대에게 부여될 수밖에 없는 독단적이며 남용적인 권력은 자유국가에서는 용납되지 않을 것이다.

반면, 하나의 정부가 모든 주들에게 권한을 행사하는 경우 우리 상업의 주요 부분으로서 보호해야 할 것은 오직 하나, 즉 대서양 해안밖에 없다. 값비싼 화물을 가득 싣고 외국으로부터 직접 도착하는 선박들은 항구에 들어오기도 전에 밀수 단속을 피해 짐을 내리면서 겪게 될 복잡하고 위험한 경우를 대부분 피하려고 할 것이다. 그들은 또한, 최종 목적지에 도착하기 전과 마찬가지로 그 후에도 선박이 입을 수 있는 해안에서의 위험과 밀수에 대한 검문의 위험을 몹시 두려워해야만 할 것이다. 그러므로 세입의 권한에 대한 중대한 위반을 방지하는 것은 보통 수준의 경계로도 충분할 것이다. 따라서 우리의 항구 입구에 적절하게 배치된 몇 대의 무장된 함대는 큰 비용 없이 법의 용이한 파수꾼으로 이용될 수 있다. 그리고 모든 지역에서의 위법에 대비하는 데 관심을 가질 연방정부는 각 주의 협조에 의해 이러한 방침을 효과적으로 만들 수 있게 된다. 이런 점에서 역시, 분열의 상태에서는 포기해야 하는 자연이 주는 이점을 연방체제에서라면 보존할 수 있다. 미국은 유럽에서 매우 먼 거리에 있으며, 앞으로 우리와 해외무역에 있어 광범위한 관계를 갖게 될 여러 다른 나라와도 굉장히 먼 거리에 있다. 이러한 나라들로부터 미국으로 오기 위해서는 프랑스와 영국 사이의 해안이나 혹은 다른 이웃 국가들의 경우와는 달리, 몇 시간 또는 하룻밤 사이에 오는 것은 불가능하다. 이 점은 외국과의 직접적 밀무역에 대해서는 굉장한 안전장치가 될 수 있지만, 반대로 한 주에서 다른 주를 통한 우회적인 밀수는 수월하면서 안전할 것이다. 해외로부터 직접 수입하는 것과, 이웃 주의 경로를 통해 적합한 시간과 좋은 기회에 내륙 경로를 이용할 수 있는 편의까지 더해져 이루어지는 작은 양의 간접 수입 간의 차이는 인식 있는 사람이면 쉽사리 알 수 있을 것이다.

따라서 하나의 중앙정부는 개별 주들 또는 부분적 연합과는 비교할 수도 없이 훨씬 저렴한 비용으로 수입관세를 늘릴 수 있다. 현재까지는 어떤 주에서도 이런 관세가 평균 3%도 넘지 못했다는 것을 나는 확실하게 주장할 수 있다. 프랑스에서는 약 15%로 추정되며 영국은 이보다 더 높다.[4] 우리 미국에서도 수입 관세를 지금보다 적어도 세 배로 올리는 것을 막을 이유가 전혀 없어 보인다. 중앙정부의 통제하에는 알코올 성분이 높은 주류 같은 단 한 품목만으로도 상당한 세입을 올릴 수 있다. 뉴욕주에 수입되는 비율을 감안할 때, 합중국에 수입되는 전체 양은 약 400만 갤런으로 추정할 수 있다. 1갤런당 1실링을 부과하면 20만 파운드가 된다. 주류는 이 관세율을 충분히 감당할 것이다. 설령 관세율로 인해 주류 소비가 줄어든다 해도 그만큼 농업, 경제, 도덕, 그리고 사회 건강에 유익할 것이다. 주류만큼 국가적 낭비의 원인이 되는 것은 없기 때문이다.

만약 우리가 논의하고 있는 관세라는 자원을 최대한 활용하지 못한다면 어떤 결과가 발생할 것인가? 세입 없이 국가는 오래 존재할 수 없다. 이런 필수불가결한 뒷받침이 없다면, 그 국가는 자신의 독립을 포기하고 일개 지방에 불과한 상태로 격하되고 말 것이다. 이것은 그 어떤 정부도 자발적으로 동의하지 않을 극단적 상황이다. 따라서 세입은 어떠한 경우에서든 확보되어야 한다. 우리의 경우, 세입의 주요 부분이 상업에서 충당되지 않으면 토지에 대한 과세의 비중이 엄청나게 증가하게 된다. 왜냐하면 국내 소비세란 국민이 공감하는 정도로 과세하게 되면 그 징수액이 너무 적을 것이기 때문에 조세로서 활용 가치는 거의 없다고 할 수 있다. 그리고 농업을 주업으로 하는 주들에서는 소비세를 충분히 걸을 수 있는 적절한 대상이 충분하지 않다. 개인 부동산은 (이미 언급되었듯이) 추적하기가 어렵기 때문에 소비세에 대한 세금 외의

---

4) 나의 기억이 옳다면 약 20%에 달할 것이다. _푸블리어스

다른 수단으로는 국고에 큰 수입을 가져올 수 없다. 인구가 밀집된 도시에서는 개인들에게 어떻게든 억압적으로 세금을 부과할 수는 있지만, 주 정부에는 그다지 도움이 될 정도는 아니다. 그러나 이러한 도시를 벗어나면 동산은 상당 수준 세무 관리의 눈과 손을 피하게 된다. 그럼에도 불구하고 어떠한 방법으로든 주에서 필요한 세입이 충족되어야 하기 때문에 다른 적절한 재원에 의존할 수 없으면 공공 부담의 주요 부분은 아무래도 토지 소유자에게 부가될 수밖에 없다. 반면에, 주 정부가 필요한 예산을 모든 세입의 대상으로부터 확보할 수 없다면, 지역사회의 존엄성이나 안보도 재정의 궁핍으로 인해 유지되기 힘든 상황에 이르게 된다. 따라서 농업에 종사하는 이 소중한 계층의 중압감을 보상해 줄 국고의 충실이라는 위안마저 갖지 못하게 된다. 이러한 암울한 상황에서 공공의 고통과 개인적 고통은 서로 보조를 맞춰, 합중국을 분열로 이끈 어리석은 논의를 한 목소리로 원망하게 될 것이다.

푸블리어스

THE FEDERALIST No. 13

≪인디펜던트 저널≫, 1787년 11월 28일   알렉산더 해밀턴

뉴욕주 시민들에게

우리는 세입의 문제와 관련해 그 지출을 어떻게 절약할 것인가를 고려해 보는 것이 적절할 것 같다. 어느 한 부분에서 절약된 돈은 다른 부분에 유용하게 쓰일 수 있으므로 국민의 주머니에서 나가는 돈이 훨씬 줄어들 것이다. 만약 주들이 하나의 정부 아래 통합되어 있다면 하나의 중앙 공무원 조직으로 충분하다. 그러나 만일 주들이 몇몇 연합으로 나누어진다면, 그 수에 해당하는 만큼의 중앙공무원 조직이 필요하게 될 것이다. 게다가 각 연합의 주요 부처의 수는 중앙정부에 필요한 주요 부처의 수에 필적할 것이다. 전체 주들을 13개의 개별 주권국으로 분리한다는 것은 다수의 지지를 얻기에는 너무 낭비적이고 많은 위험이 따르는 계획일 것이다. 기존 연합의 해체를 구상하고 있는 사람들의 계획을 보면, 일반적으로 세 개의 연합을 생각하고 있는 것 같다. 하나는 북부의 네 개 주들로 구성하고, 두 번째는 중부의 네 개 주들로, 그리고 세 번째는 남부의 다섯 개 주들로 구성하는 것인데, 이보다 연합의 수가 더 늘어날 가능성은 별로 없다. 이런 분류에 따르면 각 연합은 대영제국보다 더 큰 규모의 영토를 가지게 될 것이다. 식견이 있는 사람이라면 이런 연합은 헌법회의에서 제안된 정부보다 더 작은 조직이나 제도로는 적절히 통치되리라고 생각하지 않을 것이다. 또한 어느 국가가 일정한 규모까지 커지게 되면, 그 국가는 그보다 훨씬 더 큰 영토를 가진 국가가 필요로 하는 것과 같은 정치적 활동력과 행정기구를 요구하게 된다. 그러나 어떤 일정한 인구를 통치하기에 필요한 정부 권력의 규모를 측정할 수 있는 기준은 없

으므로 이런 견해를 정확하게 증명할 수는 없다. 그럼에도 위에서 제시된 각 연합의 규모와 거의 비슷한 영국의 국민이 약 800만 명이라고 생각할 때, 또한 이렇게 큰 사회의 열정을 공익을 위한 방향으로 이끄는 데 필요한 권한의 정도를 고려해 본다면, 비슷한 정도로도 인구가 훨씬 많은 사회에서 같은 과업을 충분히 수행할 수 있으리라고 생각한다. 정치권력은 적절히 조직되고 발휘되면 그 힘을 상당히 광범위하게 분산시킬 수 있는 능력이 있으며, 이러한 능력으로 하급 기관들을 신중히 배치함으로써 큰 국가의 전 지역에 권력을 행사할 수 있는 것이다.

　주들이 분열되어 속하게 될 각 연합도 역시, 새헌법에서 제안한 단일 정부 못지않게 포괄적인 정부를 필요로 할 것이라는 가정은 또 다른 가정에 의해 강화될 수 있다. 이는 단일의 포괄적 연방에 대한 대안으로 제시된 세 개의 연합보다 훨씬 가능성이 높은 것인데, 만일 우리가 서로 다른 주들의 습성, 편견과 밀접하게 관련된 그들의 지리적·통상적 여건을 조심스럽게 검토한다면, 13개 주가 분열될 경우 그들은 아주 자연스럽게 두 개의 정부로 연합할 것이라는 결론이 그것이다. 동부의 네 개 주들[1]은 민족적 공감대와 상호 관계를 형성하는 모든 이유에서 연합할 것이 확실하다. 뉴욕주는 그 지리적 위치로 보아 방어력이 약하고 지원을 받을 데도 없는 그 영토의 측면에서 이 네 개 주의 연합의 압박에 맞설 정도로 어리석지는 않을 것이다. 뉴욕주에는 그 밖에도 이 연합에 가입할 수밖에 없는 다른 분명한 이유들도 있다. 뉴저지주는 너무 작아 한층 강력해질 이 북부연합에 국경을 접하면서 맞서기는 힘들뿐더러, 그 연합에 합류하는 데 아무런 어려움도 없어 보인다. 심지어 펜실베이니아도 이 북부연합에 가입할 강한 동기를 갖게 될 것이다. 자체의 해운업에 기반을 둔 활발한 해외무역이 펜실베이니아주의 주된 정책이고 또한 그것은 그 주민들의 의견과 성향과도 일치하기 때문이다. 보다 남부에 있는 주들은 여러

---

1)　동부의 4개의 주들, 자세히 말하면 동부의 북쪽 주들은 뉴햄프셔, 매사추세츠, 코네티컷, 그리고 로드아일랜드주를 의미하며 17세기부터 주로 영국인들이 정착한 주들이다. 따라서 해밀턴은 그 주들의 이런 위치로 보아 이들의 가상 연합을 북부연합이라고 부르고 있다.

가지 상황으로 인해 해운업을 장려하는 데 별 관심이 없다고 생각할 수 있다. 그들은 모든 국가가 무제한으로 그들 상품의 구매자가 될 뿐만 아니라 운송인이 되는 체제를 선호할 수 있다. 따라서 펜실베이니아주는 자신의 정책과 반하는 남부연합에 가입하여 자신의 이익이 저해되는 것을 원치 않을 것이다. 펜실베이니아주는 어떤 경우에도 다른 연합과 국경을 접해야 하므로, 강한 북부연합보다는 약한 남부연합과 그 국경을 접하는 것이 안보에 가장 부합한다고 판단할 수 있다. 이것은 펜실베이니아주가 아메리카에서의 플랜더스2)가 되는 경우를 피할 수 있는 최선의 기회이다. 펜실베이니아주가 어떠한 결정을 내리든 북부연합에 뉴저지주가 포함된다면, 뉴저지주 남쪽에 한 개 이상의 연합이 구성될 가능성은 없다.

13개 주의 2분의 1, 혹은 3분의 1, 혹은 어떤 다른 수보다 13개의 주 전체가 중앙정부를 더욱 잘 유지할 수 있다는 점은 너무도 명백하다. 이러한 생각은, 비용의 원칙을 근거로 제안된 헌법에 대한 반대를 일축하는 데 큰 의미가 있다. 그리고 그런 반대의견은 좀 더 면밀히 들여다볼 때 잘못된 근거에 기초하고 있음을 알 수 있다.

합중국이 분열하여 몇 개의 연합으로 나뉘는 경우 관직의 중복이라는 문제와 더불어, 그 연합들 간의 불법 무역을 방지하기 위해서 내륙 교통로를 감시하는 데 필요한 인원과 그에 따른 세입의 필요성이 대두하게 된다. 그리고 그런 연합들 사이의 경계심과 분쟁으로 인해 불가피하게 될 군 상비체제에 대해 고려한다면, 분열로 인해 우리 경제가 입게 될 피해는 모든 지역의 평화, 상업, 세입 그리고 자유가 겪을 피해보다 결코 작지는 않을 것이다.

푸블리어스

---

2) 플랜더스(Flanders)는 플랑드르(Flandre)의 영어식 명칭이다. 현재 벨기에 북부 지방으로 유럽에서 전략적 요충지에 있어 80년 전쟁(네덜란드 독립전쟁 1568~1648)에 휘말렸고, 그 후에도 오스트리아, 스페인, 프랑스의 지배를 받았다. 해밀턴은 펜실베이니아주가 북부연합에 가입하게 되면 북부와 남부연합과 간에 분쟁이 있을 경우 플랜더스와 같은 처지를 피할 수 있을 것이라고 말하고 있다.

THE FEDERALIST　　　　　No.14

≪뉴욕 패킷≫, 1787년 11월 30일　　　　　제임스 매디슨

뉴욕주 시민들에게

우리는 다음과 같은 이유에서 연방의 필요성을 살펴보았다. 외부 위험에 대한 방비로서, 우리들 간의 평화의 수호자로서, 우리의 상업과 다른 공동 관심사의 보호자로서, 구세계의 자유를 파괴했던 군 상비체제에 대한 유일한 대안으로서, 그리고 다른 민주정부에 치명적이었고 우리 정부에도 그 위험한 증후를 보이고 있는 파벌이란 병에 대한 적절한 해독제로서이다. 우리가 검토 중인 이 분야에서 이제 남은 것은 합중국이 포함하고 있는 지역이 너무 방대하다는 것을 근거로 새헌법에 제기되는 반대론을 검토하는 것뿐이다. 반대자들은, 공화정의 운용은 넓은 지역에는 효과적이지 않을 것이라는 단지 가정적인 약점을 그들이 찾고 있던 확실한 반대의 근거로 삼으려는 것이다. 즉, 공화정의 운용 범위에 대한 전형적인 편견을 이용하고 있는 것이다. 따라서 이 주제에 대해 몇 가지 의견을 제시하는 것이 적절하다고 본다.

　공화제 정부가 좁은 지역에만 적용될 수 있다는 잘못된 생각은 이미 앞의 페이퍼들에서 조명되고 논박되었다.[1] 나는 이런 오해가 생기고 확산되고 있는 것은 주로 민주정과 공화정을 혼동하고 민주주의의 본질로부터 끌어낸 추론을 공화정에 적용하려고 하기 때문이라는 것만 지적하고자 한다. 이 두 형태 간의 분명한 차이는 앞에서 언급되었다.[2] 민주주의[3]에서는 국민들이 직

---

1)　페이퍼 9번과 10번 참고.

접 모여 정부를 운영하는 것에 비해, 공화국에서는 국민들이 그들의 대표들과 대리인들을 통해 정부를 구성하고 운영한다. 결과적으로 민주주의는 작은 범위에만 국한될 것이고 공화국은 넓은 지역으로 확대될 수 있다.

공화제 정부가 좁은 지역에만 적합하다는 오류는 공화정과 민주정과의 혼동이라는 우연적 요인 외에, 정치적 이론의 근대적 기준을 형성하는 데 큰 역할을 하는 유명 저술가들의 교묘한 책략도 한몫하고 있다. 그들은 절대적인 또는 제한적인 군주정의 신하로서, 공화정의 악폐와 결함을 내세우면서 군주국의 이점을 강조하거나 그 해악을 변명하려고 노력했다. 그리고 그들의 주장을 증명하기 위해 고대 그리스와 현대 이탈리아의 혼란스러운 민주정을 공화정의 예로 인용했다. 민주정 혹은 공화정이라는 용어의 혼란으로부터 오직 민주정에만 적용할 수 있는 견해를 공화정에 끌어다 쓴 것이다. 그런 잘못된 적용 중 하나가 바로 공화정은 작은 영토 내에 거주하는 소수의 사람들 사이에서만 수립될 수 있다는 것이었다.

고대 민중정부들의 대부분이 민주정의 한 종류였기 때문에 이런 오류가 잘 감지되지 않았을 수 있다. 그리고 심지어 우리가 대표제라는 훌륭한 원칙을 빌려온 현대 유럽에서도 완전한 민중정부이면서 동시에 완전히 대표제의 원칙 위에 설립된 정부의 예는 볼 수 없었기 때문이다. 만약 전체 국민의 의지를 대표제라는 수단에 의해 집약시켜 그 힘을 공익이 요구하는 목적을 위해 사용할 수 있는 것을 발견한 것이 유럽의 업적이었다면, 미국의 업적은 그 발견을 광대한 공화국의 기초로 만든 것이라고 주장할 수 있다. 다만, 지금 검토 중인 포괄적인 체제, 즉 연방의 설립으로 그 충분한 효과가 발휘됨으로써 추가되는 이점을 시민들 중 누군가가 우리로부터 앗아 가려 한다는 것은 통탄할 일이 아닐 수 없다.

---

2) 페이퍼 10번 참고.

3) 매디슨은 여기서도 페이퍼 10번에서처럼 직접민주주의(pure democracy)라는 의미로 사용하고 있다.

(직접)민주주의의 물리적 한계는 공적인 활동이 필요할 때마다 집회가 열리는 중심지에서 가장 먼 곳의 시민들도 직접 참가할 수 있는 거리로 제한되고 또, 그 공적 활동에 참가할 수 있는 자격이 있는 사람만을 포함시켜야만 한다는 것이다. 마찬가지로 공화정의 물리적 한계는 공무의 처리가 필요할 때마다 대표들이 어떻게든 와서 모일 수 있는 중심지로부터의 바로 그 거리이다. 합중국의 넓이가 이런 한계를 초과한다고 말할 수 있는가? 대서양 연안이 합중국의 가장 긴 쪽이며, 지난 13년 동안[4] 각 주의 대표들은 거의 지속적으로 모였으며, 가장 먼 주에 사는 대표들이라 할지라도 회의 장소나 의회에 인접한 주들의 대표보다 참석률이 더 나빴던 적이 없는 것을 상기하면 그렇게 말할 수는 없을 것이다.

이 흥미로운 주제에 관해 보다 정확한 평가를 하기 위해 합중국의 실제 규모를 살펴보고자 한다. 평화조약[5]에서 확정된 경계선은, 동쪽으로는 대서양, 남쪽으로는 북위 31도, 서쪽으로는 미시시피, 그리고 북쪽으로는, 낮게는 북위 42도와 높게는 북위 45도를 넘는 불규칙한 모습을 보이고 있다. 심지어 이리호(Lake Erie)의 남쪽 해안은 북위 42도보다 아래에 위치해 있다. 북위 31도와 45도간의 거리는 973마일(약 1,566km)이고, 북위 31도에서 42도간은 764.5마일(약 1,230km)이다. 따라서 평균 거리는 868.75마일(약 1,398km)이다. 대서양에서 미시시피까지의 평균 거리는 아마도 750마일(약 1,207km)을 넘지 않을 것이다. 이런 합중국의 넓이를 유럽의 여러 나라와 비교해 보면 그런 규모에

---

4) 미국이 독립을 선언하고 연합을 이루기 전인 1774년 9월 5일에 필라델피아에서 13개 식민지 중 조지아(Georgia)주를 제외한 12개 주가 영국 상품의 불매운동을 위해 제1차 대륙회의(The First Continental Congress)를 열었고, 영국과의 전쟁이 시작되자 1775년 5월 10일에는 제2차 대륙회의가 열렸다. 아메리카 식민지는 영국과의 전쟁 중인 1776년에 독립을 선언하고 1781년 연합정부(1781~1789)를 세웠다. 따라서 매디슨이 말하는 13년은 1774년 제1차 대륙회의부터 이 페이퍼가 게재된 1787년까지의 13년을 의미한다. 페이퍼 2번 참고.

5) 1783년 프랑스 파리(Paris)에서 열렸고, 공식 명칭은 The Treaty of Paris이다. 이 조약에서 영국은 미국과의 전쟁을 끝내고 그 독립을 인정했다. 페이버 3번, 각주 5) 참고.

상응하게 우리 체제를 만드는 것이 실제로 가능한 것처럼 보인다. 우리의 영토는 제국 전체를 대표하는 의회가 지속적으로 소집되는 독일이나, 의회에 최고 권력이 집중되었던 최근 분할된 폴란드보다 규모가 많이 크지는 않다. 프랑스와 스페인을 제외하고 대영제국의 경우, 비록 크기에 있어선 우리보다 더 작지만, 그 섬의 최북단의 대표들이 그들의 의회에 참석하기 위해 이동해야만 하는 거리는 합중국의 가장 먼 지역의 대표들이 의회에 참석하기 위해 가야 하는 만큼이나 먼 거리이다.

이러한 견해는 현재 논하고 있는 주제에 호의적으로 보인다. 하지만 이 주제에 더욱 유리한 의견들이 아직 남아 있다.

첫째, 법률을 제정하고 집행하는 권한이 모두 연방정부에 위임되는 것이 아니라는 사실을 명심해야 한다. 연방정부의 관할 범위는 공화국의 모든 주들에 해당되지만 어느 한 주의 독자적인 법령으로서는 그 목적을 달성할 수 없는 구체적으로 열거된 사항에만 한정된다. 하위 정부인 주 정부와 지방정부들은 독자적으로 대처할 수 있는 다른 모든 사항에 그들의 권한을 가진다. 만약 헌법회의의 안이 어떤 개별 주들의 정부를 폐지하는 것을 제안하고 있다고 하더라도, 이에 대한 반대론자들의 이의에는 정당한 근거가 주어질 수 있다. 사실, 개별 주들의 정부가 폐지된다고 하더라도 자기 보존의 원칙에 따라 연방정부는 폐지된 각 주 정부의 관할권을 복원시켜야 할 것임은 분명하다.

둘째, 우리가 확신하고 있듯이 새헌법의 최우선적 목적은 초기부터 가입된 13개 주들의 연방을 확고히 하는 것이고, 그들의 내부나 주변에서 형성될지도 모르는 다른 주들을 추가하는 일도 가능하다는 것을 의심하지 않는다. 북서쪽 국경에 위치한 우리의 영토6)에 대한 조정 문제는 그 지역에 대한 더

---

6) 이 영토의 공식명은 Territory Northwest of the River Ohio이며 미국 혁명(독립전쟁) 이후 1787년 북서부 조례(the Northwest Ordinance)를 통해 연합의회(The Congress of the Confederaion)에 의해 설립되었다. 이곳은 식민지 시대 이후 미국 최초의 조직된 통합 영토(organized incorporated territory)였다. 이러한 영토들은 아메리카 대륙에서 미국의 세력이 커짐에 따라 주로 승격되

많은 조사와 경험을 통해 이 임무를 감당할 수 있는 사람들에게 맡겨져야 할 것이다.

세 번째로, 새로운 발전에 의해 합중국 도처에서의 교류가 더욱 수월해질 것이다. 모든 곳에서 더 가까운 도로가 만들어지고 더욱 잘 관리될 것이며, 여행자를 위한 숙박시설이 늘어나고 개선될 것이다. 동부에서의 내륙 수로는, 13개 주 전역 또는 거의 대부분으로 통하게 될 것이다. 서부와 대서양지역, 그리고 그들 지역의 서로 다른 부분 간의 교통은 그들을 가로질러 흐르는 자연의 혜택인 여러 운하로 인해 더욱 더 수월해질 것이며, 또한 건설기술의 발달로 이 운하들은 쉽게 연결되고 완성될 것이다.

네 번째, 그리고 더욱 중요한 사항은 거의 모든 주들이 한 면 또는 그 이상에서 다른 주들과 경계를 접하게 될 것이므로, 전체의 방위를 위해 각자의 안보에 어느 정도의 희생을 감수해야 한다는 것이다. 따라서 연방의 중심에서 가장 멀리 떨어져 있어, 그 연방의 일반적인 혜택을 가장 적게 받게 될 주들이 동시에 외국과 직접 접경하게 될 것이며, 특수한 상황에서는 연방의 힘과 자원을 가장 필요로 하는 위치에 놓이게 될 것이다. 조지아주 또는 우리의 서쪽 또는 북동쪽 국경을 형성하는 주들이 그들의 대표를 정부에 보내는 일이 불편할 수 있을 뿐 아니라, 적의 침략에 홀로 투쟁하거나 심지어는 이웃으로부터의 지속적인 위험에 대한 경계의 비용을 혼자서 감당하는 일이 더욱 탐탁지 않을 수 있다. 그들이 지리적인 이유로 인해 연방의 중심에서 가까운 거리에 있는 주들보다 어떤 점에서 혜택을 덜 받는다고 하더라도, 다른 점에서 더 많은 혜택을 받게 되므로 전체적으로 적절한 균형이 유지될 것이다.

나는 뉴욕주 시민 여러분이 지금까지 여러 결정에 있어 보여준 분별력으로 이와 같은 점들의 중요성과 영향을 충분히 인정하고, 기존 연합의 분열을 옹호하는 자들이 여러분을 암울하고 위험한 곳으로 몰아넣으려고 하는 잘못

어 합중국에 차례로 편입되었다.

된 생각이 아무리 가공할 만하고 그럴듯해 보여도, 여러분은 전혀 어려움 없이 이겨낼 수 있으리라는 것을 확신한다. 깊은 애정으로 밀착된 미국 시민이 더 이상 같은 가족의 구성원으로 함께 살 수 없고, 서로의 행복을 지켜주는 수호자가 될 수 없으며, 더 이상 하나의 위대하고 존경받고 번창하는 제국의 동료 시민이 될 수 없다고 잔혹하게 말하는 사람들의 목소리에 귀를 기울이지 말아야 한다. 여러분의 채택을 받기 위해 추천된 정부의 형태가 정치 세계에서 전례 없던 기이한 것이며, 가장 터무니없는 기획자들의 이론에서조차도 다루어지지 않았던 것이고, 실행 불가능한 일을 경솔하게 시도하려는 것이라고 말하는 조급한 목소리에도 귀를 막아야 한다. 시민 여러분, 부정한 말들로부터 귀를 막고, 그것이 가지고 있는 독으로부터 여러분의 마음도 닫아야 한다. 미국 시민들의 핏줄에 흐르는 동포의 피, 그들의 신성한 권리를 방어하기 위해 함께 흘린 피가 그들의 결속을 신성하게 하는 데 바쳐졌다는 것을 생각할 때, 미국 시민들은 서로 이방인, 경쟁자, 적이 되는 생각에 두려움으로 전율할 수밖에 없다. 그리고 만약 새로운 시도를 피해야 한다면, 우리의 자유를 보존하고 행복을 증진하기 위한 목적으로 우리가 분열되어야 한다고 하는 것이야말로 그런 모든 시도 중에서 가장 경계해야 하고, 가장 터무니없는 것이며, 가장 무모한 것이라고 나는 믿는다. 큰 공화국의 실험이 단지 어떤 새로운 것을 포함할 수 있다는 점 때문에 거부되어야 하는 이유는 무엇인가? 미국 시민들은 전 시대와 다른 국가의 의견에 관대한 관심을 기울이면서도 오래되고 낡은 것, 습관, 또는 명성에 대한 무분별한 숭배에 얽매이지 않았다. 그리고 자신들의 분별력, 상황에 대한 지식, 그리고 그들 자신의 경험에서 얻은 교훈에 어긋나는 제안에 반대할 수 있는 것이 미국 시민의 훌륭한 점이 아닐까? 개인의 권리와 공공 행복을 지지하는 수많은 새로운 제도를 만들고, 전 세계에 보여주는 미국의 용감한 정신 덕분에 우리의 자손들은 혜택을 보게 될 것이다. 미국 혁명의 지도자들이 전례를 찾을 수 없었던 중요한 조치를 취하지 않았더라면, 지금과 같은 독창적인 형태의 정부가 설립되지 않았을 것이고, 미국 시민은 지금 나머지 인류의 자유를 말살한 다른 그릇된 형태의 정부의 억압으로부터 고통에 시달리고 있었을 것이다. 그러나 우리 미국에 다행스럽게도, 그리고 우리가 믿기엔 전 인류를 위해 다행스럽게도, 그 지도자들은 새롭고 더욱 숭고한 길을 추구했다. 그들은 인류사회의 역사에서 그 어떤 유사한 예도 없는 혁명을 성취했다. 그들은 전 지구상에 그 어떤 모델도 없었던 정부조직을 수립했다. 그들은 하나의 위대한 연방을 설계했는데 그것을 개선하고 영속시키는 것은 이를 이어받을 사람들의 의무이다. 만일 그들의 과업에서 결점이 드러난다고 하더라도 그 수가 고작 몇 개 되지 않음에 놀랄 수밖에 없을 것이다. 만일 현재의 연합구조가 가장 잘못 만들어진 것이라면[7] 새헌법을 만드는 것은 당연히 가장 어려운 과제였을 것이다. 그렇지만 헌법회의는 마침내 새로운 모델에 의해 새헌법을 만들었고, 거기에 대해 심사숙고해서 결정해야 하는 것은 지금 여러분이 해야 할 일이다.

푸블리어스

---

[7] 매디슨은 그 당시 연합정부의 헌법인 연합규약(The Articles of Confederation)을 가장 잘못 만들어진 헌법이라고 일관되게 주장했다.

THE FEDERALIST   No. 15

≪인디펜던트 저널≫, 1787년 12월 1일   알렉산더 해밀턴

뉴욕주 시민들에게

시민 여러분, 앞서 나는 여러분의 정치적 안전과 행복을 위한 연방의 중요성을 여러분에게 명백하고 설득력 있게 제시하려고 노력했다. 미국 국민들을 결속해 주는 그 신성한 매듭이 야망, 탐욕, 경계심 또는 오해에 의해 끊어지거나 풀어지는 것을 용납할 경우 여러분이 마주치게 될 위험도 밝혔다. 나는 다음에서, 지금까지 언급되지 않았던 사실과 주장에 의해 확인된 진실에 관해 설명하고자 한다. 만일 앞으로 여러분이 지나가야만 할 길이 지루하고 번거롭게 느껴진다면, 여러분은 자유 시민의 관심을 끌 수 있는 가장 중대한 문제에 대한 정보를 탐구하고 있다는 것을 상기해야 한다. 여러분이 가야 할 들판 그 자체는 광활하고 그 여행은 궤변으로 둘러싸인 미로들로 인해 더욱 고달파졌다는 사실을 기억해야 한다. 나의 목적은 가능한 한 간단한 방법으로, 신속하면서도 그 유용성을 해치지 않고 여러분이 나아가는 길에서 장애물을 제거하는 것이다.

이 주제의 토론을 위한 나의 계획에 의하면, 다음으로 검토되어야 할 논점은 "합중국의 보존에 있어서 기존 연합제도의 부적당함"이다. 이 점에 대해서는 아무도 논박하거나 의심하지도 않으며, 모든 계층의 사람들이 이해하고 정서적으로 동의하고 있다. 또한 새헌법의 옹호자뿐만 아니라 반대하는 자들도 실질적으로 받아들이고 있기 때문에, 이 점을 설명하는 데 무슨 증거나 논거가 필요하겠느냐는 질문이 제기될 수 있다. 다른 여러 면에서는 서로 의견이

다를 수 있다고 해도, 적어도 우리의 국가체제에 상당한 결함이 있으며, 임박한 무정부 상태에서 우리 자신을 구하기 위한 어떤 조치가 필요하다는 것에 대해서는 일반적으로 의견이 일치하는 것 같다. 이러한 의견을 뒷받침해 주는 사실들은 너무 명백하기 때문에 더 이상 검토할 필요조차 없다. 이런 사실들은 국민 전체의 감성을 짓눌러 왔으며, 또한 잘못된 정책으로 우리를 극단적인 위험에 처하게 만든 사람들로 하여금 합중국의 현명한 지지자들이 오랫동안 지적하고 개탄해 왔던 연합제도의 결점을 마지못해 시인하게 만들었다.

사실, 우리 국가적 수치의 거의 마지막 단계에 와 있다고 말할 수 있다. 독립국가의 자긍심을 가지고 국가의 품성을 타락시킬 수 있는 모든 것을 경험했다. 사람들 사이에서 존중되어야 할 계약의 이행이 잘 지켜지고 있는가? 이런 계약들은 뻔뻔하게 계속해서 지켜지지 않고 있다. 우리의 정치적 존립을 위해 급박했던 위기의 시기에 외국인이나 우리 시민으로부터 차관 계약에 의해 빌린 돈을 아직 갚지 못하고 있지는 않은가? 이런 부채는 아무런 적절하고 만족스러운 대책 없이 그대로 남아 있다.[1] 명문 규정에 따라 오래전에 우리에게 양도되었어야 할 귀중한 영토와 중요한 기지[2]가 아직도 영국의 소유로 되어 있지 않은가? 그것들은 우리의 권리뿐만 아니라 이익에 불리하게 아직도 영국의 점령하에 있다. 우리는 침략에 대해 분개하고 그것을 물리칠 수 있는

---

1) 미국 혁명 당시와 그 직후 미국 경제는 전쟁으로 매우 힘든 상황이었다. 모든 13개 주는 전쟁 비용을 마련하기 위해 채권을 발행했고 전쟁 직후에 개별 주의 공공 부채의 합은 7500만 달러에 달했다. 주 정부와 시민 간, 그리고 개인 간의 채무 변제는 잘 이루어지지 않았다. 심지어 전쟁 비용을 충당하기 위해 프랑스 등 외국으로부터 차관한 돈은 1786년 만기가 되었지만 상환할 수 없었다. 국민의 경제도 도탄에 빠져 곳곳에서 주 정부와 연합에 대한 봉기가 일어났는데 매사추세츠주에서 일어난 셰이즈의 반란이 그 좋은 예이다. 페이퍼 6번 참고.

2) 1783년 영국과의 평화조약(The Treaty of Paris)에서 영국은 모든 군대, 수비대, 함대 및 군사기지를 미국으로부터 철수하기로 했으나 미국이 조약의 일부를 위반했다는 이유로 당시 그중 일부를 철수하지 않고 영국이 보유하고 있었다. 미국 측은 평화조약의 조항 중 서로 간의 합법적인 계약에 의한 채권 및 채무 관계, 그리고 친영국파(Loyalists)의 재산에 대한 압수금지 등의 조항을 위반했고, 영국 측은 영국군의 재산의 일부인 노예를 미국 측에 양도해야 하는 조항을 위반했다.

상태에 있는가? 우리에게는 군대, 국고, 그리고 정부[3]도 없다. 심지어 우리가 위엄을 가지고 항의할 입장이라도 되는가? 우리 측의 평화조약 위반에 대한 영국 측의 비난을 우선적으로 막아야 한다.[4] 자연조건과 조약에 따라 미시시피강을 자유롭게 항해할 권리가 우리에게 있지 않은가? 그러나 스페인은 우리를 제외하고 있다. 공공신용[5]은 국가적인 위기에 필수 불가결한 자원이 아닌가? 그러나 우리는 이런 공공신용의 필요성을 절망적이고 또한 더 이상 회복할 수 없는 것으로 간주하고 포기해 버린 듯 보인다. 상업은 국가의 부에 있어 얼마나 중요하겠는가? 우리 상업은 쇠퇴의 구렁텅이에 있다. 외세의 눈에 우리가 존경스럽게 보여야만 그들의 침략으로부터 안전하지 않겠는가? 우리 정부가 무능하여 열강들은 우리와 조약을 맺지도 않고 해외에 있는 우리 대사들은 단지 허울만 주권국인 나라의 장식용 대표일 뿐이다. 비정상적이고 극단적인 토지 가치의 폭락은 국가적 빈곤의 징후가 아니겠는가? 이 나라 대부분의 지역에서 개간지의 가격은, 시장에서의 미개간지의 공급량에 따라 설명될 수 있는 가격보다 훨씬 낮다. 이것은 모든 종류의 재산 가치의 하락에 직접적으로 영향을 주고 모든 계층에 너무도 놀라울 정도로 만연해 있는 개인과 공공신용의 결여에 의해서만 설명될 수 있다. 개인 신용은 산업의 친구이자 후원자가 아닌가? 채무와 채권 행위는 줄어들 대로 줄었다. 이것은 유통되는 화폐가 부족해서라기보다는 신용 경제에 대한 불안감 때문이다. 아무런 기쁨도 교훈도 주지 않는 이런 문제들에 관한 열거를 여기서 멈추고, 자연의 특별한 은혜로 가득 찬 우리 사회에 나타나고 있는 이러한 국가적인 무질서, 빈곤,

3)   나는 연합(the Union)을 말하고 있다. _푸블리어스
     당시의 연합에는 입법부만 있었고 행정부와 사법부가 없었기 때문에 해밀턴은 정부가 없다고
     말하고 있다. 이 말은 즉, 새헌법에 의해 수립될 연방정부 같은 정부가 아직 없다는 의미이다.

4)   이 페이퍼, 각주 2) 참고.

5)   공공신용(public credit)은 금전적 약속을 이행할 수 있는 정부의 능력이나 준비 상태에 대한 평판
     또는 일반적인 신뢰를 의미한다.

그리고 미천함에 대한 근본적인 원인이 과연 무엇인지 알아볼 필요가 있지 않겠는가?

이것은 제안된 새헌법의 채택을 저지하고자 하는 독단적인 생각과 몇몇 주 의회로 말미암아 우리가 처하게 된 암울한 상황 때문이다. 그들은 우리를 절벽의 벼랑 끝으로 몰아붙이는 것에 만족하지 않고, 저 밑에서 우리가 떨어지기만을 기다리며 나락으로 처넣기로 아예 작정한 것으로 보인다. 동포들이여, 지혜로운 사람들이라면 받아들일 모든 동기를 추진력으로 삼아 우리의 안보, 평화, 존엄성, 그리고 우리의 평판을 위해 단호한 입장을 고수하자. 그리고 행복과 번영의 길로부터 너무도 오랫동안 우리를 유혹해 온 치명적인 마법에서 벗어나도록 하자.

앞서 살펴본 것처럼, 부인하기엔 너무 확실한 사실을 바탕으로, 우리의 연합체제에 상당한 결함이 있다는 의견에 대해 일반적인 동의가 이루어져 왔다. 연방안에 대해 오래전부터 반대해 온 사람들도 이를 인정하고 있다. 하지만 그들의 이런 인정은 연방이라는 새로운 체제를 성공시킬 수 있는 유일한 원칙에 입각한 해결책에 반대함으로써 무색해지고 있다. 그들은 현재의 연합정부의 활력이 절대적으로 모자란다는 점을 인정하면서도, 그 활력을 제공하기 위해 필요한 권한을 위임하는 데는 반대한다. 그들은 모순되고 조화되지도 않는 상호 배타적인 목표를 가지고 있는 것 같다. 즉, 그들은 주들의 권한을 축소시키지 않으면서 연방정부의 권한을 늘리고, 구성 주들의 완전한 독립을 주장하면서 연방 주권의 수립을 논하고 있는 것이다. 자세히 보면 그들은 아직도 맹목적인 헌신으로 국가 안의 국가(imperium in imperio)라는 정치적 괴물을 소망하는 것 같다. 사실, 우리가 겪고 있는 결함이 미세하거나 부분적인 불완전함에서 비롯되는 것이 아니라 건물 구조의 가장 중요한 근본적인 결함에서 발생하기 때문에 건물을 지탱하는 주요 기둥을 교체하지 않고는 고칠 수 없다. 따라서 기존 연합정부의 주요 결점을 낱낱이 살펴볼 필요가 있다.

기존 연합의 구조에서 가장 크고 근본적인 결함은 각 주의 시민들이 아닌 단체 또는 집합적 능력을 가진 주나 정부에만 적용되는 입법 원칙에 있다. 이 원칙이 연합에 위임된 모든 권한에 적용되지는 않지만, 그 원칙에 의해 유효성이 좌우되는 다른 나머지 권한에 영향을 미친다. 연합에는 각 주에 대한 할당 규정6)이 있기는 하지만, 궁극적으로 인력과 자금을 징발할 수 있는 무제한의 재량권을 가지고 있다. 그러나 미국 시민 개인에 대한 이러한 권한은 규제되어 있기 때문에 개별 시민으로부터 직접 인력이나 혹은 자금을 징발할 수 있는 권한은 없다. 그 결과, 그런 목적에 관한 의회의 결의는 이론적으로는 연합을 구성하는 주들에 대해 헌법적 구속력이 있는 법률이지만, 실제로는 주들이 자신들의 의지에 따라 준수하거나 무시할 수 있는 단순한 권장 사항일 뿐이다.

이 문제에 관한 우리의 경험이 주는 교훈에도 불구하고, 새헌법에 반대하는 사람을 아직도 찾을 수 있다는 것은 인간의 변덕스러움을 보여주는 한 예이다. 그들의 반대 이유는 제안된 헌법이 기존 연합정부의 파멸을 가져온 원칙 즉, 개인에까지는 미치지 못하고 주들까지만 적용되는 입법 원칙에서 벗어나기 때문에 그 자체가 정부라는 개념과 모순된다는 것이다. 그러나 만일 주 정부에까지만 미치는 이 원칙을 실행해야 한다면 행정관의 온화한 영향력 대신 난폭하고 피비린내 나는 무력을 사용해야 할 것이다.7)

독립 국가 간에 맺는 연맹이나 동맹이라는 생각 자체에는 불합리하거나 비현실적인 것이 전혀 없다. 왜냐하면 시간, 장소, 상황, 그리고 수량적인 것들이 세밀하게 규정된 어떤 정해진 목적이 조약 내용에 상세하게 표명되어 있

---

6) 연합규약 제9조(Article IX)에서는, 연합의회는 각 주의 인구에 비례한 할당(quota)에 의해 인력과 자금의 징발을 요청할 수 있다고 규정하고 있다.

7) 당시의 연합체제에서처럼, 새헌법에 의한 연방정부에서도 주 정부에까지만 미치는 입법 원칙을 고수한다면, 주들이 반대, 혹은 저항할 경우, 연방정부는 국민에까지 미치는 권한이 없기 때문에, 정책의 집행을 위해서는 때로는 주 정부에 대해 무력을 사용할 수도 있다는 의미이다. 페이퍼 16번, 각주 5) 참고.

으며, 미래의 당사국들의 임의적인 재량을 배제하고, 조약의 이행을 당사국들의 선의에 맡기기 때문이다. 이런 종류의 조약은 모든 문명국가에 존재하며, 조약의 당사국들의 이익과 열정이 이끄는 대로 전쟁과 평화, 준수와 위반의 일상적인 굴곡을 겪는다. 금세기, 즉 18세기 초반에 유럽에는 이런 종류의 조약에 대한 유행병 같은 열망이 있었고, 그 시대의 정치가들은 어리석게도 이로부터 전혀 실현성이 없는 혜택을 기대했다. 유럽에서 권력과 평화의 균형을 확립하려는 목적으로, 협상을 위한 수단이라는 수단은 모조리 동원되어 삼중, 사중의 동맹이 형성되었다. 그러나 그런 동맹은 평화와 정의에 대한 고려보다는, 당면한 이해관계나 욕망을 충족시키기 위한 것이었기 때문에 형성되자마자 깨지기 일쑤였다. 이러한 동맹은 당사국들이 서로 선의를 지키는 것 외에는 어떠한 제재도 따르지 않으며, 따라서 의존하기 어렵다는 유익하면서도 쓰라린 교훈을 인류에게 남겨주었다.

만약 특정 주들이 서로에 대해 대등한 관계를 원하거나, 연방정부의 전반적인 자유재량에 의한 통제를 원치 않는다면 그러한 계획은 상당히 치명적이고 앞서 열거한 모든 악영향을 우리에게 미칠 것이다. 그러나 그 계획은 어쨌든 이론대로라면 일관성 있고 실행 가능한 이점은 가질 수 있을 것이다. 즉, 연방정부의 구성에 관한 모든 생각을 깨끗이 포기해 버린다면, 우리는 공격적이고 방어적인 단순한 동맹 관계에 지나지 않게 되고, 외국의 음모에 의해 조장된 서로 간의 경계와 경쟁심에 의해 친구가 되었다가 다시 적이 되기를 반복하는 상황에 처할 것이다.

그러나 만약 우리가 이런 위험한 상황에 처하길 거부한다면, 그리고 만약 우리가 계속 중앙정부의 구성 또는 공동의회의 지시를 받는 통제권의 구상을 고수한다면, 동맹과 개별 정부 사이의 특징적인 차이점으로 간주되는 요소들을 우리의 계획에 혼합해서 반영해야만 한다. 즉, 우리는 연방의 권한을 통치의 유일하고 적합한 대상인 국민 개개인에게까지 확대하지 않으면 안 된다.

통치는 법률을 제정하는 권한을 수반한다. 위반 행위에 대한 벌금과 처벌이라는 제재는 법의 본질적인 개념이다. 만약 위반 행위에 대한 처벌이 없다면 법률의 형태를 취하는 결의나 명령은 사실상 충고 내지는 권고에 지나지 않는다. 어떤 형태이든 처벌을 가하는 데는 두 가지 방법이 있다. 법원과 사법 집행관, 혹은 군사력에 의한 방법이다. 다시 말해서, 집행관의 강제에 의해서 또는 무력을 이용한 강제에 의해서 처벌이 가해질 수 있다. 첫 번째 방법이 명백히 오직 개인에게만 적용될 수 있는 반면, 두 번째는 필요에 따라 정치체, 공동체, 또는 국가에 적용되어야 한다. 그런데 분명한 것은 연합체제에는 (사법부가 없으므로) 최후 수단으로써 법의 준수를 강제하는 사법 절차가 없다. 의무 불이행에 대한 선고가 내려질 수는 있지만 그 선고에 대한 집행은 무력에 의해서만 가능하다. 보편적인 권한이 주 정부들에만 부여되고, 그들이 연합을 구성하는 경우, 주 정부들 사이에 위법행위가 있을 때마다 전쟁 상태에 말려들게 된다. 그리고 군사력의 행사만이 사회통제의 유일한 수단이 된다.[8] 이런 상태는 결코 정부라고 불릴 만한 가치가 없을 뿐 아니라 분별력이 있는 그 어떠한 사람도 그런 정부에 자신의 행복을 맡기지 않을 것이다.

주들이 연합의 규정을 위반할 것이라고는 생각할 수 없으며, 공동의 이해 관계라는 의식이 연합을 구성하는 주들의 행위를 통할할 것이고, 모든 헌법상의 요구에 충실히 응할 것이라는 말들이 오가던 때가 있었다. 그러나 지혜를 얻을 수 있는 최고의 수단, 즉 경험이라는 것을 통해 더 많은 것을 배우는 오늘날에는 이런 말들은 터무니없어 보인다. 이러한 말들은, 인간은 그들의 진정한 동기를 잘 알지도 못하면서 행동한다는 것을 보여주었으며, 시민 권력을 수립하려고 했던 원래의 취지와는 모순된 것이다. 정부는 도대체 왜 설립되었는가? 인간의 욕망과 격정은 제약이 없으면 이성과 정의에 순응하지 않기 때문이다. 개인보다 집단이 더욱 정직하거나 더욱 공평하게 행동한다고 인정할 수 있을까? 인류의 행동을 정확히 관찰한 자들의 추론은 이와는 반대이며

---

8)   페이퍼 16번, 각주 5) 참고.

그것은 명확한 이유에 근거하고 있다. 부정한 행위로 인한 오명이 미치는 영향은 그것이 개인에 집중되는 경우보다 다수에 분산될 경우에 훨씬 줄어든다. 그러한 이유에서, 모든 인간 단체의 생각에 해악을 끼치기 일쑤인 파벌 정신은 파벌의 구성원들에게, 개인이라면 수치스러워 할, 부당하고 과도한 행동을 저지르게 한다.[9]

이 모든 것에 덧붙여, 주권을 위임받은 사람들이 그 주권의 발동을 억제하거나 통제하려는 외부의 모든 시도를 일단은 아주 불쾌한 시각으로 보게 되는 것은 주권의 본성이라고 할 수 있다. 이런 주권의 본성에서 다음과 같은 일들이 생긴다. 여러 개의 작은 주권국이 공동 이익에 의해 단결된 모든 정치적 연합에서 하위의 구성원들이 그 중심 세력으로부터 떨어져 나가려는 기이한 경향을 보이게 되는데, 이런 경향을 설명하기는 어렵지 않다. 그 근원은 권력에 대한 욕망에 있다. 지배되거나 제한받는 권력은 대부분 그것을 지배하거나 통제하는 권력의 경쟁자이며 적이다. 이런 단순한 명제로 인해 연합의 구성 단위들(13개 주)의 정책 운영을 위임받은 사람들이 연합 전체의 복지에 대한 완전한 선의와 공정함에 의거해 항상 보편적 권력, 즉 연합의 결의와 법령을 집행할 것이라고 기대하기는 어렵다. 그런 기대는 인간의 본성과는 정반대되는 것이다.

따라서 만일 어느 특정 행정부들(주 정부들)의 개입 없이는 연합의 정책이 시행되지 못한다면, 그런 정책이 시행될 가망은 별로 없다. 그들에게 헌법적

---

9) 해밀턴의 생각은 1741년에 쓴 흄(David Hume)의 글과 매우 비슷한 내용이다. "인간은 공동의 입장에서보다 개인의 입장에서 일반적으로 더 정직하다. 사적인 이익만을 위해서보다 정당의 이익을 위해서는 극단적인 행동도 할 것이다. 정직은 인류에게 큰 제약을 준다. 그러나 많은 수의 사람들이 행동을 같이할 경우, 정직이라는 제재는 대부분 없어지고 만다. 왜냐하면 개인은 공동(정당)의 이익을 증진시키는 일에 대해 자기가 속한 정당의 확실한 지지를 얻을 수 있기 때문이다. 그리고 곧 그는 그들의 적대자들의 비난을 경멸하는 데 익숙해진다." David Hume, "Of the Independency of Parliament," in *Essays, Moral and Political and Literary*, ed. Eugene F. Miller (Indianapolis: Liberty Fund, Inc.,1987), 43. 페이퍼 10번의 각주 3), 4) 참고.

권리가 있든 없든 개별 주의 통치자들은 연합의 정책에 대한 타당성을 스스로 판단하려고 할 것이다. 그들은 연합에 의해 제안되었거나 요구된 정책이 그들의 직접적인 이해관계나 목적에 부합하는지를, 그리고 그 정책의 채택에 따르는 일시적인 편익 또는 불편을 생각할 것이다. 또한 이 모든 정책들은 올바른 판단에 필수적인 국가적 상황이나 정책에 대한 지식이 결여된, 이해타산적이고 의심쩍은 생각과 지역적 목적에 치우친 극심한 편견에 의해 이루어지기 때문에 올바른 결과를 기대하기 어렵다. 이와 똑같은 과정이 연합을 구성하는 모든 구성원들 사이에서 되풀이될 것이 틀림없으며, 전체 의회에서 고안된 계획의 시행은 구성원들의 잘못된 지식과 편견에 따라 수시로 변하게 될 것이다. 각 주 의회의 의사진행에 대해 익숙한 사람들은 외부 상황의 압력이 없는 경우에도 중요한 문제에 대한 조화로운 결정이 얼마나 어려운가를 알고 있다. 그들은 또한, 서로 멀리 떨어져, 다른 시점에, 다른 생각을 가지고 심의를 진행하는 그런 다수의 의회들이 같은 관점과 목적을 가지고 서로 협조하도록 유도하는 일이 불가능하다는 것도 쉽게 인정할 것이다.

우리의 경우 연합의회가 결의한 모든 중요한 정책을 완전하게 수행하기 위해서는 13개의 주권적 의사의 동의가 필요하다. 예측했던 상황이 발생했고 연합의 방안들은 실행되지 않고 있다. 주들의 의무 불이행은 점점 극단적인 상태로 발전하여 마침내 연합정부의 추진력을 정지시켜 이윽고 마비 상태에 이르게 하고 말았다. 현재로서는 유명무실해진 기존의 연합정부를 좀 더 실질적인 정부로 대체하자는 데 주들이 동의할 때까지 지금의 연합의회는 정부의 형태를 유지할 수 있는 수단도 거의 보유하고 있지 않다. 이러한 사태가 단번에 절망적이며 극단적 상황에 이르게 된 것은 아니다. 이러한 원인은 처음에 주로 연합의 징발에 대한 주들의 불평등하고 불균형적인 이행에서 시작되었다. 즉, 연합은 할당한 분담금에 대한 체납이 가장 많은 주들로 하여금 분담금 지불을 비교적 잘 이행하고 있던 주들에게 남은 분담금 지불을 거부할 구실을 준 것이다. 그들의 주장은 이랬다. 정치적 운명을 같이한 다른 주들과 공동으로 부담해야 하는 분담금을 왜 더 많이 할당받고 또 지불해야만 하는가? 이러한 생각은 인간의 이기심 때문에 어쩔 수 없으며, 심지어 먼 장래의 결과를 예견할 수 있는 사려 깊은 사람들도 쉽게 물리칠 수 없을 것이다. 모든 주는 당면한 이익과 편의를 좇아야 한다는 설득력 있는 목소리에 굴복해 연합에 대한 지지를 잇달아 거둬들였다. 그리하여 우리는 결국 약하고 흔들거리는 건물이 금방이라도 머리 위로 무너져 내려 그 잔해 밑에서 부서져버릴 지경에 이른 것이다.

푸블리어스

THE FEDERALIST　　　　　No. 16

≪뉴욕 패킷≫, 1787년 12월 4일　　　　　　　　알렉산더 해밀턴

뉴욕주 시민들에게

우리가 행한 실험에서, 연합을 구성하는 각 주 또는 자치체에만 그 권한이 미치는 입법원칙은 무정부 상태를 초래하는 경향이 있다는 것을 볼 수 있었다. 또한 그런 경향은 앞서 언급한 바 있는 연합과 비슷한 형태의 다른 모든 정부에 닥쳤던 사태에 의해서도 입증된 바 있다. 그리고 그들의 정치체제 내에서 이 원칙이 어느 정도 지배적인가에 정확히 비례해 그런 경향 또한 커지기 마련이었다. 이 사실에 대한 확인은 다른 페이퍼들에서 구체적 검토가 이루어질 것이다.[1] 여기서 나는, 역사가 우리에게 전해준 모든 고대의 연합체제 중에서, 남아 있는 증거로 미루어 볼 때, 리키아 연합[2]과 아카이아 연합[3]이 위

---

1) 페이퍼 18번, 19번, 20번.

2) 페이퍼 9번, 각주 8) 참고.

3) 아카이아 연합(Achaean League 281~146 B.C.E.)은 기원전 5세기부터 펠로폰네소스 반도의 북서부에 존재했으나 기원전 323년의 지진과 쓰나미에 의해 파괴되고 말았다. 그 후 2차 연합은 현재 그리스의 펠로폰네소스 반도의 북부와 중부에서 기원전 281년에 12개의 도시국가에 의해 결성되었다. 각 도시국가는 독립적인 주권을 유지하면서 집합체로서의 많은 장점을 가지고 있었다. 연합의 군대는 각 도시국가의 할당된 수에 의해 유지되었으며, 연합의회에서 작은 도시국가는 1석, 그리고 가장 큰 도시국가는 3석까지 배정받았다. 공동의 화폐를 사용했으며 공동의 사법제도를 가지고 있었다. 그리스의 강력한 도시국가인 스파르타의 침입에 대항해 마케도니아(Macedon)와 동맹을 맺어 스파르타를 격퇴할 정도로 굳건한 연합이었지만 결국 기원전 146년에 로마제국에 의해 지배되어 아카이아 연합은 로마에 합병되었다. 그 후에도 연합은 축소되기는 했지만, 로마의 지배하에서 기원후 3세기까지 존재했던 것으로 기록되고 있다. 학자들은 그리스의 역사가인 폴리비우스

에서 언급된 잘못된 입법원칙으로부터 가장 자유로웠던 것으로 보이며, 따라서 정치학자들의 찬사를 가장 많이 받을 만하다.[4]

　다시 한번 강조하지만 이런 입법원칙은 진정으로 무정부 상태의 근원이라고 부를 수 있다. 따라서 연합 구성원의 의무 불이행은 자연스럽고 필연적인 소산이었던 것이다. 그리고 그런 일이 벌어질 때마다 유일한 입헌적 해결책은 무력의 사용이고, 그 즉각적 결과는 내전인 것이다.

　기존 연합정부가 혐오스러운 무력의 사용으로 과연 그 목적을 달성할 수 있을지는 지켜봐야 할 것이다. 중앙정부의 지휘권 아래 큰 규모의 군대가 존재하지 않는다면, 무력을 전혀 사용할 수 없거나 설령 무력 사용이 가능하다 해도, 연합의 규칙 위반에 관한 문제를 둘러싸고 이해관계를 같이하는 주들끼리 각자의 세력을 만들어 전쟁을 벌이는 지경에 이르게 될 것이다. 이런 경우 연합정부의 권위에 대한 지지 여부 혹은 저항 여부와 관계없이 가장 강한 세력이 승리할 가능성이 크다. 의무 불이행이 단 하나의 구성원(주)에 국한되는 경우는 드물 것이며 의무를 저버리는 구성원의 수가 하나 이상일 경우, 자신들이 처한 비슷한 상황으로 인해 그들은 공동 방어를 위해 단합할 수도 있다. 이런 비슷한 상황에 대한 공감을 떠나서 크고 영향력 있는 주가 의무를 어기고 연합정부에 반항하게 될 경우, 그 주는 인접 주들에게 대체로 큰 영향력을 행사할 수 있기 때문에 자신의 목적을 위해 인접한 주들의 일부를 자기편으로 끌어들일 수 있다. 크고 영향력이 있는 주가 공동의 자유가 위험하다는 그럴

───────────────

(Polybius)의 기록을 바탕으로 아카이아 연합이 미국의 새헌법에 많은 영향을 주었다고 주장하고 있다.

4)　아카이아 연합이 리키아 연합보다 시대적으로 더 먼저이고 조금 더 오래 지속되었지만, 이 두 연합의 존재 기간이 겹치고 지리적으로도 서로 멀리 떨어져 있지 않았던 것은 매우 흥미로운 사실이다. 이 2개의 고대 정치체제는 미국의 새헌법에서 구상된 연방정부와 유사한 점이 많지만, 매디슨의 '큰 공화국 이론(the extended republic theory)'과는 맞지 않는 체제들이다. 이 두 고대 연합 중 어떤 것이 최초의 민주적 연합체제였는가에 대해서는 학자들의 견해가 서로 다르다. 페이퍼 10번 참고.

듯한 주장을 쉽게 궁리해 낼 것이고, 자신의 여러 가지 결함에 대한 그럴듯한 구실 또한 어렵지 않게 만들어낼 것이다. 그 결과, 의무 이행을 위반하지 않거나 혹은 그 이행을 소홀히 하지 않은 주들에까지 불안감을 자극하고 감정을 자극하여 포섭하려 회유할 것이다. 이런 경우는 큰 주가 의무를 어길 때 일어날 가능성이 더 크다. 왜냐하면 개인적 영향력 확대를 위해 모든 외부 세력을 제거하려는 지도자들이 그들의 야심 찬 음모를 위해 의무 불이행을 미리 계획할 수 있기 때문이다. 더 나아가, 이러한 계획의 더 용이한 실행을 위해 미리 인접 주들의 지도자들을 매수하는 경우도 있을 수 있다. 만약 연합 내에서 다른 주들의 협조를 얻지 못한다면, 외세의 도움을 요청할 것이고 그들은 망설임 없이 응할 것이다. 왜냐하면 연합이 굳건하게 단결되어 강해지면 그들에게 두려움의 대상이 되므로 연합 내의 불화를 조장하는 것을 마다할 이유가 없기 때문이다. 일단 한번 칼을 빼 들면 인간의 격정은 중용의 한계를 넘게 된다. 연합이 의무를 위반한 주들에 대해 무력을 사용하게 되면, 자존심이 손상되었다는 생각에 분한 감정이 격앙되어 연합에 맞서게 되고, 모욕에 대한 복수를 위해, 그리고 굴욕의 수치를 피하고자 그들 자신을 필요 이상의 극단적 상황까지 몰고 가게 된다. 단 한 번의 이런 전쟁으로도 연합은 해체되고 말 것이다.

이것은 연합의 잔혹한 종말이라고 부를 수 있다. 연합의 좀 더 자연스러운 종말은, 연합체제를 한층 실질적인 형태로 신속하게 쇄신하지 않으면 머지않아 우리가 경험하게 될 것으로 보이는 바로 그런 것이 될 것이다. 이 나라의 특성을 고려할 때, 의무 이행을 따르는 주 정부들이 연합의 권위를 지지하기 위해 그렇지 않은 주 정부들과 전쟁에 돌입할 것이라고 생각되지는 않는다. 그들은 차라리 의무를 저버린 주 정부들의 예를 따라, 그들과 동등한 입장에서 전쟁보다는 더 순탄한 과정을 추구할 것이다. 우리의 과거 경험은 이러한 심리가 작용하고 있음을 명백하게 보여준다. 사실상 무력을 언제 정당하게 행사할 것인지를 결정하는 것은 무척 어려운 일이다. 의무 불이행의 가장 흔한 원인인 분담금 조항에 있어서, 어떤 주들이 분담금을 체납할 경우 흔히 그 이유가 단지 이를 지불하기 싫어서인지, 혹은 지불할 능력이 없어서인지를 파악하기 어려운 경우가 많다. 그들은 항상 지불할 능력이 없는 척하겠지만, 설령 이러한 기만이 확실한 증거에 의해 드러난다고 하더라도 가혹한 강제 수단을 정당화하는 것은 최악의 수단임에 틀림없다. 이런 문제가 발생할 때마다, 연합의회에서 우세한 다수파의 당파적 견해, 편견, 그리고 압박이 광범위하게 행사될 가능성이 매우 커지게 된다.

정부의 통상적인 분담금 요청이나 일반적인 법령을 시행하는 것까지 대규모의 군대에 의지해야 하는 단일국가적 헌법을 주들이 원치 않는다는 것은 확실하다. 그러나 모순되게도, 개인에게까지 효력을 미치는 헌법에 반대하는 자들(안티-페더럴리스트)이 고집하는 것이 바로 이런 헌법이다.[5] 실행성이 있기만 하다면 이런 계획은 즉각 군사적 독재로 타락하게 될 것이다. 그러나 그것은 어느 면으로 보나 실행 불가능한 것임을 알 수 있다. 무엇보다도, 기존 연합의 재원으로는 큰 주들의 의무 이행을 강제할 수 있는 대규모 군대를 유지할 힘도 없을 뿐만 아니라, 그러한 군대를 조직할 수단도 없다. 현 시점에서 여러 큰 주들의 인구의 규모와 세력을 생각하고, 그들의 미래, 적어도 반세기 후의 모습이 어떻게 될지 내다볼 수 있는 사람이라면 누구나 그들을 통제하려는 그 어떠한 계획도 쓸모없고 비현실적인 것이라고 무시해 버릴 것이다. 왜냐하면 개별이 아닌 집단의 개념으로 주들에 적용되고, 또한 같은 개념에서 강제력을 행사할 수 있는 법률의 집행으로 그들을 통제할 수 있을 것이라는 이런 종류의 계획은 고대의 초인적 영웅이나 반인반신이 괴물을 길들일 수 있

---

5) 안티-페더럴리스트에 대한 해밀턴의 반박은 다음과 같이 요약된다. 헌법의 권한이 개인에게까지 확대되는 새헌법의 경우 중앙정부는 다양한 정책이나 법률의 집행에서 주 정부를 거치지 않고도, 즉 주 정부를 강제하지 않고도 합중국 전체를 효율적으로 통제하기가 용이해진다. 이 주장은 앞의 페이퍼 15번에서도 다음과 같이 강조되고 있다. "보편적인 권한이 사회적 집합체들(주 정부들)에만 부여되고, 그들이 연합을 구성하는 경우, 주 정부들 사이에 위법행위가 있을 때마다 전쟁 상태에 말려들게 된다. 그리고 군사력의 행사만이 사회통제의 유일한 수단이 된다."

었다는 생각만큼이나 공상적인 발상이기 때문이다.

심지어 우리 연합 내의 대부분의 카운티6)보다 구성원의 수가 적었던 다른 고대 연합들에서조차 연합의 입법이 주권적 도시국가들에 대해 이루어진다는 원칙은 군사적 강제력에 의지하더라도 결코 효과적이지 못했다. 이러한 강제는 극히 예외적으로 시도되었을 뿐만 아니라, 그마저도 약한 구성원에만 국한되었다. 완고하고 순종적이지 않았던 구성원을 무력으로 강제하려는 시도는 대개의 경우 연합의 절반과 나머지 절반을 갈라놓아 그들 사이의 피비린내 나는 전쟁을 초래했다.

현명한 사람은 이러한 관찰을 통해 다음과 같은 결론을 내릴 수 있다. 공동 관심사를 조정하고 전반적인 안정을 유지할 능력이 있는 연방정부를 구성하는 일이 어떻게 해서든 가능하다면, 그 정부가 담당해야 할 사항에 대해서는 제안된 헌법에 반대하는 사람들이 지지하고 있는 원칙과는 반대되는 원칙에 기초해야 한다는 것이다. 이 연방정부는 개개의 국민에게까지 통치 권한을 가져야 하고, 연방정부와 국민 사이에 그 어떠한 중간적인 입법의 개입도 없어야 한다는 입장을 고수해야 하며, 특히 연방정부는 자신이 만든 결정을 상임행정관7)으로 하여금 집행할 수 있도록 하는 권한을 가져야 한다. 국가 권위의 위엄은 법원이란 매개체를 통해 표명되어야 한다. 각 주의 정부와 마찬가지로 연방정부도 각 개인의 희망과 두려움에 즉각 대응할 수 있어야 하는 동시에, 인간의 마음에 가장 강한 영향력을 발휘하는 애착심을 연방정부로 끌어모을 수 있어야 한다. 간단히 말하자면, 연방정부는 현재 각각의 주 정부가 소유하고, 행사하고 있는 권한을 집행하기 위한 모든 수단을 가져야 하며, 또

---

6) 카운티(county)는 미국 주 정부 내의 가장 큰 행정단위다. 페이퍼 10번, 각주 11) 참고.

7) 당시 새헌법에서는 연방정부의 최고행정관의 호칭을 대통령(the President)으로 정했으나, 당시 일반 시민들은 대통령이라는 명칭에 익숙하지 않았기 때문에 일반인들이 이해할 수 있는 호칭인 상임행정관(the ordinary magistrate)으로 표현했다. 지금도 대통령을 the Chief Magistrate로 부르기도 한다.

한 모든 방법에 호소할 수 있는 권한을 가져야 한다.[8]

이런 논리에 대해 다음과 같은 반론이 제기될 수 있다. 만약 어떤 주가 연방의 권한에 불만을 품게 된다면, 그 주는 언제든지 연방 법률의 집행을 방해할 수 있고 이는 다시 이 반론이 비난받는 것과 같은 무력 사용의 필요성이라는 문제로 귀착된다.

단순한 불복종과 직접적이며 적극적인 저항 간의 본질적인 차이를 명확하게 살펴보면 위의 반론은 그 타당성이 없어진다. 연방정부의 법안을 유효화시키는 데 주 의회의 개입이 필수적이라면, 즉 주 입법부가 연방의 모든 법안을 승인해야 한다면, 그들은 단지 아무런 행동을 하지 않거나 단지 회피하는 것만으로 해당 법안은 무효가 될 것이다. 이런 임무 태만은 국민들 사이에 헌법의 안전성에 대한 경각심을 불러일으키는 일이 없도록, 그럴듯하지만 아무런 의미 없는 규정에 의해 감추어질 수 있다. 주 정부의 지도자들은 심지어 어떤 일시적인 편리함, 예외 규정, 또는 특례 등을 근거로 연방의 결정을 은밀하게 침해했다는 것을 자랑으로 생각할지도 모른다.

그러나 만약 연방정부의 법률을 시행하는 데 있어 주 입법부의 개입이 배제되고 이것이 시민들에게 직접 적용된다면, 주 정부들은 위헌적인 권력을 공공연하고 폭력적으로 행사하지 않고서는 연방법의 집행을 방해할 수 없다. 태만이나 회피로도 방해의 목적을 이룰 수 없으므로 그들은 연방의 권한을 침해했다는 의심의 여지를 남기지 않는 방식으로 행동해야만 한다. 이런 종류의 시도는 어느 정도 자체적인 방어 능력이 있는 헌법에 정면으로 배치되거나, 권위의 정당한 행사와 불법적 강탈의 차이를 구별할 수 있을 만큼 개화된 국민 앞에서는 언제나 위험을 수반할 것이다. 그것의 성공은 의회의 당파적

---

8) 새헌법에서 개인에 미치는 연방정부의 권한은 매우 제한적임에도 불구하고 이 페이퍼만을 놓고 보면 연방정부의 개인에 미치는 권한이 너무 광범위할 수 있다는 오해를 불러일으킬 소지가 있는데, 이러한 문제는 특히 페이퍼 15번과 16번에서 볼 수 있다. 그러나 해밀턴의 이러한 입장은 페이퍼 17번에서는 약간 다르게 나타난다.

인 다수를 필요로 할 뿐만 아니라, 법원과 국민의 일치된 협력 또한 필요하다. 만일 판사들이 의회와 함께 음모에 가담하지 않았을 경우, 의회 다수파의 행위는 국가 최상위 법에 위반됨으로 이는 위헌이며 무효라고 선고할 것이다. 만약 국민들이 자신들의 주 대표들의 이런 정신에 더럽혀지지 않았다면, 국민들은 헌법의 당연한 수호자로서 전국적인 차원에서 그들의 영향력을 확대해, 주 정부와의 투쟁에 있어 헌법에 결정적인 우위를 확보해 줄 것이다. 중앙의 권위가 독재적인 방법에 의해 행사되는 경우를 제외하고 이런 종류의 시도는 주모자들 자신이 위험에 처하게 될 것이기 때문에 그렇게 빈번하고, 경솔하며, 그리고 성급하게 시도되지는 않을 것이다.

　만약 중앙정부에 대한 반대가 불온하거나 선동적인 개인들에 의해 발생한다면, 그것은 그와 같은 악행에 대해 주 정부가 항상 사용하고 있는 것과 같은 수단으로써 극복될 수 있다. 행정수장은 동시에 국법의 집행자이기도 하므로 그것의 근원이 무엇이든 사적 위반 행위에 의한 침해에 대해서 지역의 법규만큼이나 중앙의 법규를 확실히 지켜낼 준비가 되어 있을 것이다. 사회의 대다수에게는 영향을 미치지는 않지만 사소한 당파의 음모나 돌발적인 분노에서 비롯되어 때때로 사회의 평온을 어지럽히는 당파적 소요나 폭동을 진압하는 데 있어, 중앙정부는 그 어떤 개별 구성원의 세력보다 훨씬 더 광범위한 수단과 자원을 행사할 수 있다. 정부에 대한 심각한 불만이 원인이 되었든 아니면 어떤 난폭한 대중 폭동의 영향 때문이든, 국가 전체 또는 국가의 매우 광범위한 부분에 그 불길을 퍼뜨리는 치명적 충돌이 발생할 경우에는 어떠한 통상적 수단으로도 수습할 수 없다. 이런 일이 발생하면 흔히 혁명이 일어나고 국가는 결국 해체에 이르게 된다. 그 어떤 형태의 정부도 항상 이런 현상을 피하거나 억제할 수 없다. 인간의 예지와 예방책의 범위를 벗어나는 사건을 막으려는 일은 헛된 일이지만, 정부가 그런 불가능한 일을 수행하지 못할 것이라는 이유로 정부의 수립에 반대하는 것은 어리석은 일이다.

푸블리어스

THE FEDERALIST No.17

≪인디펜던트 저널≫, 1787년 12월 5일   알렉산더 해밀턴

뉴욕주 시민들에게

개개의 미국 시민에게까지 직접 적용되는 연방정부의 입법의 원칙에 대해서 앞의 페이퍼에서 언급하고 답변했던 것과는 다른 반론이 있을 수 있다. 그것은 바로 연방정부를 너무 강하게 만들기 쉽다는 것이다. 즉, 개별 주들에게 일임하는 것이 적절하다고 판단될 수 있는 나머지 권한마저도 연방정부가 빼앗아갈 수 있다는 주장이다. 어떤 이성적인 사람이 가질 수 있는 최대한의 권력욕을 인정한다 해도, 나는 사실, 연방정부의 행정 권한을 가진 사람들이 위에서 기술한 종류의 주 정부의 권한까지 빼앗아가고 싶은 유혹을 느끼리라고는 생각하지 않는다. 연방정부의 행정을 맡은 사람들이 주들의 단순한 내부 치안을 통제하는 것은 그들의 야심에 대한 큰 유혹이 될 수 없다고 본다. 상업, 재정, 협상, 그리고 전쟁이야말로 권력욕에 지배되는 사람들을 유혹하는 것들을 모두 포함하고 있다고 할 수 있는데, 이러한 분야의 운용에 필요한 모든 권한은 우선적으로 연방정부에 맡겨져야 한다. 같은 주의 시민들 간에 사적인 정의를 실행하는 민사재판, 농업 또는 비슷한 성격을 가진 사항 즉, 지방정부의 입법으로 규정하기에 적합한 모든 사항들이 연방정부의 관할이 되는 것은 결코 바람직하지 않다. 따라서 연방의회가 주 의회의 권한을 빼앗을 우려는 거의 없다. 왜냐하면 그런 권력을 행사하려는 시도는 전혀 가치도 없고 귀찮은 것이기 때문이다. 그리고 바로 그런 이유에서 이러한 권한을 소유하는 것은 연방정부의 품위, 중요성 또는 위엄 중 어떤 것에도 도움이 되지 않을 것이다.

그러나 논의의 편의를 위해서, 단순한 부도덕과 통치에 대한 갈망만으로도 충분히 그런 성향이 생길 수 있다고 인정해 보자. 그렇다고 할지라도 연방의원들을 선출하는 유권자 집단, 바꿔 말하면 여러 주의 시민의식이 이런 터무니없는 욕구를 억제할 것이라고 확신할 수 있다. 반대로 주 정부들이 연방정부의 권위를 침해하는 일이 언제나 훨씬 더 쉬울 것이다. 이런 의견은 주 정부들이 그들의 업무를 올바르고 신중하게만 처리한다면, 그들 시민에 대해 그들이 행사할 수 있는 영향력이 더 커진다는 점에 근거한다.[1] 이런 상황이 우리에게 주는 교훈은, 모든 연방체제에는 그 자체가 가진 고유의 본질적인 취약점이 있으므로 연방체제 구성에서 자유의 원칙에 부합하는 모든 권한을 부여하는 데 아무리 많은 노력을 기울여도 지나치지 않다는 것이다.

영향력에서 주 정부들이 우세한 것은, 부분적으로는 연방정부의 분산된 구조에도 그 이유가 있지만, 대개는 주 정부들이 관심을 가지는 대상의 특징에서 기인할 것이다.

흔히 어떤 대상과의 거리가 멀어질수록, 그리고 대상이 더 분산되어 있을수록 인간의 애착도 약해진다는 것은 잘 알려진 사실이다. 이와 같은 인간의 본성에 입각하면 사람들은 그들의 이웃보다는 가족에게, 지역사회 전체보다는 이웃에게 더 애착을 갖는다. 따라서 연방정부가 주 정부보다 특출하게 더 잘 운영되어 앞에서 설명한 원리가 힘을 잃는 경우를 제외하고는, 각 주의 시민들은 주 정부에 강한 편애를 가질 것이다.

이런 인간 심리의 강한 성향은 주 정부의 규제를 받는 분야들을 살펴보면 더욱 뚜렷하게 나타난다.

시민들 간의 잡다하고 소소한 이해관계는 필연적으로 지방 행정부의 감독을 받게 되는데, 이로 인해 지방정부는 사회의 더 많은 분야에 걸쳐 영향력을 형성하게 된다. 그러한 이해관계의 종류는 무수하게 많아 일일이 설명하

---

1)   페이퍼 16번, 각주 8) 참고.

기에는 너무 지루하고 재미없는 것들이 대부분이다.

그러나 이러한 주 정부의 행정 영역 중에는 그 자체만으로도 그 탁월한 이점이 명확하고 만족스럽게 설명되는 것이 있다. 그것은 즉, 통상적인 형사재판과 민사재판권이다. 이 권한은 어느 것보다 대중의 복종과 애착을 이끌어내는 가장 강력하고 가장 보편적이며 가장 매력적인 원천이다. 이런 사법행위는 생명과 재산의 직접적이고 분명한 수호자로서, 일반 시민들의 눈앞에서 그 혜택과 두려움을 끊임없이 보여준다. 또한 개인들이 더욱 즉각적으로 느낄 수 있는 모든 사적인 이익과 일상적인 문제를 지배하는 것이므로 다른 어떤 것보다 정부에 대한 소속감과 존경심을 심어주는 데 기여한다. 다른 모든 영향력과 관계없이 거의 전적으로 특정 정부, 즉 주 정부라는 통로를 통해 확산된 사회의 이 위대한 응집력은 주 정부들이 그들 시민에 대한 결정적인 지배권을 갖도록 해준다. 따라서 항상 연방의 권력에 대해 완전한 균형을 유지하고, 가끔은 연방의 권력에 대한 위험스러운 경쟁자가 되기도 할 것이다.[2]

반면, 연방정부의 운영은 일반 시민의 입장에서 보면 주 정부보다 덜 직접적으로 느껴지기 때문에 그로부터의 혜택은 주로 사려 깊은 사람들에게만 보

---

[2] 해밀턴은 앞의 페이퍼 16번에서 연방정부의 권한을 이미 제정된 헌법상의 권한을 확대해 설명한데 반해 이 페이퍼에서는 주 정부의 역할과 권한에 좀 더 비중을 두면서 논리를 전개해 나가고 있기 때문에 두 개의 페이퍼의 논지에 차이가 있음을 알 수 있다. 새헌법의 특징상 연방정부와 주 정부의 권한이 확실하게 구분되어 있지 않은 부분들이 많아 권한의 관할권에 대한 문제는 아직도 가끔 연방대법원의 판결에 의존하는 경우가 있는 것도 사실이다. 이 페이퍼는 이전 페이퍼에서 나타난 해밀턴의 강력한 페더럴리스트 입장을 완화시켜 주는 부분들로 인해 실제 저자가 누구인지에 대해 논쟁이 있었다. 1817년 12월 15일 자 ≪시티 오브 워싱턴 가제트(the City of Washington Gazette)≫에는 페이퍼 17번의 저자가 매디슨이라고 되어 있다. 독립선언문의 기초자이며 미국의 3대 대통령인 토머스 제퍼슨(Thomas Jefferson 1743~1826)도 페이퍼 17번의 원작자는 해밀턴이 아니라 매디슨이라고 기록하고 있으며, 해밀턴의 도움을 받아 매디슨이 쓴 것으로 알려진 18번, 19번, 20번 중 18번과 19번도 매디슨이 단독으로 쓴 것이며, 21번도 해밀턴이 아닌 매디슨이 원작자라고 기록하고 있다. Harold C. Syrett, ed., *The Papers of Alexander Hamilton*(New York and London: Columbia University Press, 1962), 4: 370.

이고 주목받게 된다. 연방정부의 활동은 더욱 보편적인 이익과 관련되기 때문에 일반 시민에게는 아주 가깝고 친숙하게 느껴지지는 않을 것이고, 그와 비례하여 습관적으로 느끼는 의무감과 적극적인 소속감을 자아낼 가능성이 더 낮다.

이런 추론은 우리가 잘 아는 모든 연합체제뿐만 아니라 그들과 거의 무관한 다른 모든 통치 구조의 경험에 의해서도 충분하게 예증되어 왔다.

엄밀히 말해서 고대 봉건체제는 연합체제는 아니었지만, 그래도 유사한 성격을 가지고 있었다. 그런 체제에서는 족장이 아닌 지도자 혹은 군주에 상당하는 한 사람의 지배적인 수장이 있었고 그의 권위는 전국의 구석구석까지 미쳤다. 또한 그로부터 넓은 토지를 할양받은 몇 명의 봉건 영주 즉, 봉토의 소유자가 있었는데 이들에게는 충성 또는 복종을 조건으로 그 땅을 점유해 경작하는 여러 계층의 하급 봉신 또는 신하들이 있었다. 각 봉건 영주는 자신의 봉토에서는 일종의 주권자였다. 이런 상황의 결과로 군주에 권위에 대한 반항이 끊임없이 발생했고, 또한 주요 봉건 영주 간에도 종종 전쟁이 일어나곤 했다. 군주의 권력은 흔히 공공 평화를 유지하거나 평민의 직접적인 주인인 영주의 억압으로부터 그들을 보호하기에는 너무 약했다. 역사학자들은 이 시대의 유럽 상황을 단호하게 봉건적 무정부 시대라고 부른다.

주권자인 군주가 강력하고, 호전적인 성격과 탁월한 능력을 갖춘 사람이었을 경우 그는 권위에 따르는 개인적 영향력을 가질 수 있었고, 그 결과 일정 기간은 좀 더 명실상부한 권위를 확립했다. 그러나 일반적으로 영주들의 권력이 군주의 세력보다 우월하거나 강한 경우 군주의 통치권은 완전히 박탈되고 거대한 봉토가 별개의 공국 또는 작은 국가로 나누어졌다. 군주가 그의 영주들을 상대로 최종적으로 승리했던 사례들을 보면, 그 성공은 영주들이 그들에게 종속된 농노들에게 폭정을 한 덕분이었다. 영주들은 군주와 평민들의 공동의 적이었으며, 두려움과 증오의 대상이었다. 결국에는 공동의 위험과 공동의 이익으로 인해 군주와 평민들은 단결했고 영주들의 권력에 치명적 타격을 입혔다. 영주들이 자비와 정의를 행해 그들의 신하들과 추종자들의 충성과 헌신을 잃지 않았다면, 군주와의 경쟁에서 언제나 승리하고 왕실의 권위를 축소 또는 전복시켰을 것이다.

이것은 단순히 억측과 상상에 의한 주장이 아니다. 스코틀랜드가 적절한 예가 될 수 있다. 초기에 스코틀랜드 왕국에 도입된 동족 정신은, 귀족들과 그들에게 종속된 평민들을 혈족과 같은 관계로 결속시킴으로써 귀족들이 군주의 권력보다 항상 우세하도록 만들었다. 그러나 잉글랜드와의 합병으로 거세고 다루기 어려운 귀족들의 기백이 진압되었고, 그 결과 합병 이전에 잉글랜드 왕국에서 이미 수립되어 있었던 보다 합리적이고 활력적인 시민 정체3)의 복종 규정을 따르게 되었다.

연합 내의 주 정부는 봉건제도의 영주들과 적절하게 비교될 수 있다. 이미 설명한 이유로 인해 주 정부들은 일반적으로 시민들의 신임과 호의를 얻게 될 것이고, 그들의 소중한 지지를 바탕으로 중앙정부의 모든 침해에 효과적으로 대항할 수 있을 것이다. 이런 과정에서 그들이 중앙정부의 합법적이고 필수적인 권한을 침해할 수만 없다면 다행일 것이다. 봉건제도와 연합제도에 모두 적용될 수 있는 유사점은 앞에서 말한 권력의 대립 문제이고, 다른 하나는 공동체의 권력의 대부분이 특정 수탁자에게 집중된다는 것이다. 즉, 봉건

---

3) 잉글랜드에서의 시민 정체(civil polity)의 태동은 1600년대 말로 거슬러 올라간다. 제임스 2세는 1685년에 왕에 즉위했으나 당시 잉글랜드 의회와의 협조를 거부하고 외교 정책을 시행했다. 이에 덧붙여 이미 종교개혁이 거의 성공을 거두었는데도 불구하고 카톨릭교도인 제임스 2세는 의회와 지방정부를 카톨릭교도들로 채우려는 시도를 했다. 이에 의회는 1688년 제임스 2세의 사위인 네덜란드의 총독 윌리엄(혹은 오라녜 공 Prince of Orange)에게 도움을 요청했고 그가 함대를 이끌고 잉글랜드에 도착하자 제임스 2세는 왕위를 포기하고 결국 프랑스로 유배되었다. 이 사건은 후에 명예혁명(the Glorious Revolution)으로 불리며 결과적으로 의회의 권한을 확대해 시민 정체의 기초를 확립했고, 민주적인 선거와 언론의 자유를 보장했다. 다음 해인 1689년에는 명예혁명으로 잉글랜드의 새로운 공동 통치자가 된 윌리엄 3세(William III)와 그의 아내, 즉 제임스 2세의 장녀인 메리 2세(Mary II)에 의해 시민의 기본권을 보장하는 권리장전(The Bill of Rights)이 서명되어 발효되었다. 잉글랜드의 스코틀랜드 합병은 페이퍼 5번, 각주 1) 참고.

제도의 경우는 개인인 봉건 영주에게, 그리고 연합정부의 경우는 주 정부에 집중된다는 것이다.

다른 연합정부들에 뒤따랐던 여러 사례를 간략하게 되새겨 정리해 보면 이런 중요한 가르침이 보다 잘 설명될 것이다. 이런 가르침에 대한 무관심은 우리 정치적 실책의 큰 원인이 되었고 우리의 경계심을 잘못된 방향으로 이끌었다. 다음에 이어지는 페이퍼들에서는 이 주제에 대해 다뤄보겠다.

푸블리어스

THE FEDERALIST   No. 18

≪뉴욕 패킷≫, 1787년 12월 7일   제임스 매디슨·알렉산더 해밀턴[1]

뉴욕주 시민들에게

고대 연합 중 가장 주목할 만한 것은 암픽티온 인보동맹회의에 가입했던 그리스 공화국들의 연합이었다.[2] 이 널리 알려진 제도에 대해 가장 잘 기록된 자

---

[1]   페이퍼 17번의 원작자에 대해 논란이 있듯이 페이퍼 18번의 원작자에 대한 논란도 존재한다. 공식적으로는 해밀턴의 도움을 받아 매디슨이 쓴 걸로 알려져 있으나, 매디슨 단독으로 썼다는 증거들이 많다. 1818년 제이콥 기디언(Jacob Gideon)이 발행한 에디션에서는 18번의 저자는 매디슨이라고 표기했으며, 1882년 조지 밴크로프트(George Bancroft)는 그의 저서 *History of the Formation of the Constitution*에서 페이퍼 18, 19, 그리고 20번은 해밀턴의 도움 없이 매디슨이 단독으로 썼다는 것을 강력하게 주장한 바 있다. 이 밖에 다른 많은 학자도 18, 19 그리고 20번의 저술에는 해밀턴이 전혀 개입하지 않았다는 것에 동의하고 있다. 페이퍼 17번, 각주 2) 참고.

[2]   암픽티온 회의(Amphictyonic Council) 혹은 암픽티온 연합은 고대 그리스 인보동맹 중 하나이며 델피 인보동맹, 그리고 올림피아 인보동맹과 함께 가장 잘 알려졌다. 인보동맹은 같은 신을 믿는 도시국가들끼리 신전을 지키고 유지하기 위하여 결성한 연합형태의 동맹이다. 암픽티온 회의는 기원전 약 6세기경에 12개의 도시국가로 결성되었고 공동으로 신전을 지키고 유지하는 목적 외에도 동맹회의 내에서 어느 도시가 다른 도시를 공격하는 경우 연합하여 저지하고 징벌하는 규정을 가지고 있었다. 그러나 이러한 규정은 잘 지켜지지 않았고 내부 문제에서뿐만 아니라 외세의 침략에 의해서도 여러 번의 전쟁을 겪어야 했다. 첫 번째 전쟁(595~585 B.C.E.)은 연합의 구성원인 포키스(Phocis) 내의 도시인 크리사(Crissa) 대 나머지 구성원들 사이에 일어났고, 두 번째 전쟁(449~448 B.C.E.)도 포키스의 델피 신전에 대한 단독 소유욕에 의한 전쟁이었으나 스파르타가 연합 내의 분쟁에 개입하는 결과를 초래했다. 세 번째 전쟁(356~346 B.C.E.)도 역시 포키스가 델피 신전에 대한 규정을 위반함으로써 일어났으나 마케도니아가 개입해 포키스를 제압하고 포키스는 연합에서 퇴출당하게 된다. 그 결과 마케도니아는 연합의 일원이 되어 막강한 세력을 가지게 되었다. 네 번째 전쟁(338 B.C.E.)에서는 결국 마케도니아에 의해 암픽티온 연합이 분열되었다.

료에 따르면 그것은 현재 미국 주들의 연합에 매우 교훈적인 유사성들을 가지고 있었다.

이 회의를 구성하는 도시국가들은 독립주권국가의 특성을 가지고 있었으며, 연합회의에서 동등한 투표권을 가지고 있었다. 이 회의는 전쟁을 선포 또는 수행, 구성원 간의 모든 분쟁의 최종적 결정, 구성원들의 규정 침해에 대한 벌금 부과, 불복종 구성원에 대한 연합의 강제력 행사, 그리고 새로운 구성원의 가입을 허가하는 것과 같이 그리스의 공동 복지를 위해 필요하다고 판단되는 것을 제안하고 결의하는 전반적인 권한을 가지고 있었다. 암픽티온 회의의 구성국들은 종교의 수호자이자 델피 신전에 속하는 막대한 재산의 관리자였다. 또한 그곳의 거주민과 신탁의 지혜를 얻기 위해[3] 신전을 찾는 외부인들 사이의 분쟁에 대해 사법권을 가지고 있었다. 나아가 연합권력의 효율성을 위해 회의를 구성하는 도시국가들을 함께 방어하고 보호하기로 맹약했으며, 또한 이를 위반한 자들을 벌하고 사원의 신성을 모독한 자들에 대한 복수를 맹세했다.

이론적으로나 기록상으로 보면, 이런 권력 장치는 모든 일반 목적을 위해 충분한 것으로 보인다. 여러 구체적인 경우에 이 권력 장치는 우리의 현재 연합규약에 열거된 권한 이상의 권력을 행사하고 있었다. 암픽티온 회의는 당시 정부 유지의 원동력 중 하나인 미신, 즉 미신에 근거한 관습의 집행권[4]을 장악하고 있었다. 이 수단에 의해 회의는 저항적인 도시에 대해 강제력을 사

---

3) 원문에서 'to consult the oracle'이며 'oracle'에는 다른 의미들이 있기는 하나, 여기에서는 신의 말씀을 전해주는, 혹은 해석해 주는 매개인인 사제, 즉 신탁을 의미한다. 델피 신전에는 신들의 말씀이나 예언을 신탁(oracle)을 통해 듣기 위해(to consult the oracle) 항상 많은 사람들이 찾는 곳이었다. 그리스의 역사가인 헤로도토스(Herodotus 484?~425? B.C.E.)도 여러 신탁 중 가장 신의 예언을 정확히 해석하는 신탁을 골라 그리스와 페르시아와의 전쟁(499~449 B.C.E.)에 대한 조언을 자주 구한 것으로 잘 알려졌다.

4) 원문에서는 미신(superstition)이라고만 표현하고 있다. 신과 사원에 대한 관습의 규정을 집행하는 권한이며 고대 그리스에서는 가장 큰 권력 중의 하나였다. 이 페이퍼, 각주 13) 참고.

용할 수 있는 권한을 선포했고, 필요한 경우에는 구성원끼리의 맹약에 따라 이 권한을 행사했다.

그러나 실제는 그 이론과 너무 달랐다. 현재 우리의 연합의회의 권한처럼, 암픽티온 회의의 권한은 그 정치적 구성단위인 도시국가가 독자적으로 임명한 대표들에 의해 집행되었고, 또한 회의의 권한은 회의의 구성단위인 도시국가들에 행사되었다. 따라서 연합은 약해지고, 무질서해져 궁극적으로 분열되었다. 강한 구성원들은 연합의 분열에서 오는 어떤 두려움이나 종속에 대한 염려가 없었기 때문에 오히려 나머지 약한 구성원들을 차례로 억압해서 지배했다. 데모스테네스[5]를 통해 우리가 알 수 있듯이 아테네는 73년 동안 그리스의 주도권을 가졌고, 라케다이몬인들[6]이 다음으로 그리스를 29년간 지배했으며, 그 후 레우크트라 전투[7] 이후 테베인들[8]이 지배권을 이어받았다.

플루타르크[9]에 따르면 가장 강한 도시국가의 대표들은 약한 대표자들을

---

5) 데모스테네스(Demosthenes 384~322 B.C.E.)는 고대 그리스 아테네의 정치가이자 웅변가로 그가 쓴 연설문들은 기원전 4세기의 고대 그리스 도시국가들의 정치와 문화에 대한 많은 귀중한 기록을 남겼다. 그는 정치가로서 마케도니아 필립 2세의 그리스 도시국가 정복을 저지하기 위해 그와 동맹을 맺으려고 시도했으나 실패해 아테네는 결국 정복당하게 된다. 그 후 왕위를 물려받은 필립 2세의 아들 알렉산더 대왕의 지배에 대항해 반란을 시도했으나 그것도 실패하자 스스로 목숨을 끊었다.

6) 스파르타(Sparta)의 다른 이름으로 고대 그리스인들은 보통 스파르타를 '라케다이몬' 또는 '라케다이모니아'로 불렀다. 기원전 650년경부터 스파르타는 이 지역의 군사적 패권국으로 떠올랐으며, 기원전 431년부터 404년까지 스파르타는 펠로폰네소스 전쟁에서 경쟁 도시국가인 아테네에게 승리해 그리스 도시국가의 패권을 확실히 다지게 된다. 그러나 기원전 371년 그리스 전역에 대한 스파르타의 군사적 패권이 종식되었다.

7) 레우크트라 전투(the Battle of Leuctra)는 기원전 371년 테베(Thebes)를 주축으로 한 보이오티아 연합(Boeotian League)과 스파르타 사이의 전투로 테베의 장군 에파미논다스(Epaminondas)의 천재적인 전술에 의해 패권 도시국가인 스파르타를 단 하루 만에 패배시켰다. 이 전투로 스파르타는 펠로폰네소스 전쟁 이전부터 누리던 그리스 패권국가의 지위를 잃게 되고, 테베는 그로부터 약 10년 동안 그리스의 최강 도시국가로 군림했다.

8) 테베(Thebe 395~335 B.C.E.)는 고대 그리스 도시국가이며 보이오티아 연합의 주요 구성국이었다. 알렉산더 대왕의 정복으로 멸망했다.

위협하고 매수했으며, 가장 강한 측에 유리한 판결을 내리는 일이 너무도 자주 발생했다.

심지어는 페르시아와 마케도니아의 공격에 맞서는 위험한 전쟁에서도, 암픽티온 회의의 구성원들은 일치단결하지 않았으며, 그들 중 일부는, 그 수에 변화는 있었지만, 끊임없이 공동의 적의 앞잡이가 되거나 매수당하기 일쑤였다. 심지어 외세와의 전쟁이 없는 기간도 내부적 격변과 동란, 대학살로 메워지는 형국이었다.

크세르크세스와[10]의 전쟁이 종결된 후 스파르타인들은 그동안 구성 도시국가들이 각자 맡은 역할에 불성실했다는 이유로 다수의 도시국가들을 연합에서 몰아내야 한다고 요구한 것으로 보인다. 아테네인들은 이런 조치로 인해 스파르타보다 자신들이 더욱 많은 지지 도시를 잃게 되어 결국 스파르타가 공통 문제의 결정권을 가지게 될 것을 눈치 채고, 그 시도를 격렬하게 반대하여 좌절시켰다. 이 한 편의 역사는 이 연합의 무능력, 가장 강력한 구성원들의 야심과 경계심, 그리고 나머지 구성원들의 의존적이며 굴욕적인 면을 보여준다. 더 작은 구성원들은 그들 체제의 이론에 따르면 똑같은 자부심과 위엄을 가지고 공동 권력의 중심에 설 권리가 있지만, 사실상 그들은 권력의 중심부를 맴도는 위성들로 전락해 버렸다.

---

9) 플루타르크(Plutarch 46~119?)는 플루타르코스(Plutarchus)라고도 하며 그리스의 철학, 역사, 문학가, 그리고 아폴론 신전의 사제이기도 했다. 그의 유명한 저서 『플루타르크 영웅전(Parallel Lives)』은 그리스와 로마의 유명 인물들에 대한 기록이다. 그는 아폴론 신전에서 신관으로서 이룬 공적으로 로마제국의 시민이 되었고 Lucius Mestrius Plutarchus라는 로마 이름을 얻었다. 그는 영웅전 외에도 78편의 에세이와 도덕론을 저술했다. 페이퍼 6번의 각주 1), 2), 4), 5) 참고.

10) 크세르크세스(519~465 B.C.E.)는 기원전 486년부터 465년까지 21년간 페르시아를 통치한 황제이다. 기원전 480년 친히 대군을 이끌고 그리스를 침공해 스파르타의 군대를 무찌르기도 했으나, 그리스 연합 해군에게 살라미스(Salamis) 해전에서, 그리고 이듬해 플라타이아(Plataea) 전투에서도 그리스 연합군에 패해 페르시아와 그리스의 전쟁은 기원전 478년에 끝났다. 패전한 크세르크세스는 페르시아로 철수해 통치를 계속했다. 아리스토텔레스는 그의 저서 『정치학(Politics)』에서 크세르크세스는 그의 신하 아르타바누스(Artabanus)에 의해 살해되었다고 기록하고 있다.

만약 그리스인들이 용감한 만큼 현명하기까지 했다면 그들은 더욱 밀접하게 결속된 연합의 필요를 경험에 의해 깨달았을 것이다. 그리고 페르시아에 대한 그리스의 승전 이후에 찾아온 평화의 시기를 개혁을 위한 기회로 삼을 수 있었을 것이라고 미요 신부[11]는 지적하고 있다. 이런 개혁 대신 아테네와 스파르타는 그리스의 승리와 명예로 의기양양해진 나머지 처음에는 경쟁자가 되고, 그다음에는 적이 되어 크세르크세스로부터 당한 것보다 더 많은 폐해를 서로에게 주었다. 그들 상호 간의 경계심, 두려움, 증오심과 침해는 그 유명한 펠로폰네소스 전쟁[12]을 초래했고, 그로 인해 그 전쟁을 시작했던 아테네인들은 파멸하고 결국 노예가 되었다.

허약한 정부는 전쟁 상태에 있지 않아도 내부적 불화로 언제나 동요되듯이, 이런 불화는 필히 외부로부터 새로운 재앙을 불러들인다. 암픽티온 회의

---

11) 클로드 프랑수아 자비에르 미요(Claude François Xavier Millot 1726~1785), 즉 미요 신부(Abbé Millot)는 그의 저서 *Elements of General History* 에서 위의 내용을 언급하고 있다. 이 책은 당시 영국에서도 1778년에 번역되어 출판되었다. 미요 신부는 프랑스의 사제, 역사가, 비평가, 작곡가, 지도 제작자, 무용가, 가수, 배우 겸 통역가이며 그의 연구의 수가 1,346개에 달할 정도로 많은 분야에서 업적을 남겼다. 그의 이름 Millot는 모든 *The Federalist Papers* 버전에서 Milot로 표기된 걸로 보아 저자의 실수인 것 같고, 신부 혹은 사제를 칭하는 프랑스 단어 Abbé는 처음 신문에 기고된 페이퍼에서는 Abbe로 표기되어 있다.

12) 펠로폰네소스 전쟁(431~404 B.C.E.)은 처음부터 아테네와 스파르타의 직접적 대립으로 인해 시작된 것은 아니었다. 아테네가 다른 도시국가들의 분쟁에 자주 개입하는 등의 횡포에 불만을 품은 국가들이 늘어났고 코린토스(Corinth), 메가라(Megara) 등의 도시국가들이 주축이 되어 펠로폰네소스 동맹 회의를 열고 아테네와의 전쟁을 결의하게 된다. 그들은 아테네의 라이벌인 스파르타를 부추겨 결국 전쟁은 두 개의 라이벌 도시국가 간의 전쟁으로 발발하게 된 것이다. 펠로폰네소스 전쟁은 27년 동안 계속되었지만, 도중에 여러 번의 휴전 기간도 있었다. 결국 전쟁은 스파르타의 승리로 마무리되어 스파르타는 그리스에서 패권을 장악했다. 실제 그 전쟁에 참전하기도 했던 그리스의 역사가 투키디데스(Thucydides 460?~404? B.C.E.)는 그의 저서 『펠로폰네소스 전쟁사(History of Peloponnesian War)』에서 이 전쟁의 원인과 이 전쟁이 고대 그리스의 도시국가 전반에 끼친 영향에 대해 설명하고 있다. 투키디데스가 그의 저서에서 내세운 국가 간의 갈등에 대한 이론은 현대 국제정치학의 중요한 이론인 현실주의(realism)의 기초가 되었다. 페이퍼 6번, 각주 3) 참고.

는 아폴론 사원 내의 신성한 땅 일부를 경작한 포키스인들에게 그 시대의 미신에 기초한 관습 규정에 따라 신성모독이라는 이유로 벌금을 부과했다.[13] 아테네와 스파르타로부터 부추김을 받은 포키스인들은 이 결정에 복종하기를 거부했다. 테베인들이 다른 도시들과 함께 암픽티온의 권위를 유지하고 신의 모독에 대한 복수의 권한을 부여받았지만, 당시 테베는 약소 도시국가였으므로 비밀리에 이 분쟁을 은밀히 조장하고 있던 마케도니아의 왕 필립에게 도움을 청하게 된다. 이것은 필립에게는 그리스를 지배하기 위해 오래전부터 그가 품고 있었던 계획을 실행할 수 있는 절호의 기회가 되었다. 그는 음모와 뇌물로 여러 도시국가의 인기 있는 지도자들의 호감을 사는 데 성공한다. 결국 그들의 영향력과 투표권에 힘입어 암픽티온 회의에 가입할 수 있었고, 그의 책략과 무력을 십분 이용해 연합의 지배자가 될 수 있었다.[14]

이상이 이 흥미로운 제도의 기초가 되었던 잘못된 원칙의 결말이다. 그리스의 운명에 대한 한 현명한 관찰자는, 만약 그리스가 더 엄격하게 규정된 연합체제에 의해 결속되어 있었고 그 체제 내에서 계속 유지되었더라면 결코 마케도니아의 사슬에 묶이지 않았을 것이며, 어쩌면 로마의 웅대한 계획을 막을 수도 있었을 것이라고 말한다.

이른바 아카이아 연합은 그리스 공화국의 또 다른 연합 조직으로 우리에게 귀중한 가르침을 준다.

이 연합은 이전의 사례보다 훨씬 더 긴밀했으며 그 조직도 훨씬 더 현명하게 구성되었다. 이 연합도 비록 암픽티온 회의와 비슷한 파국을 면할 수는 없었겠지만, 그렇다고 똑같은 정도의 비참한 파국을 맞아야 할 정도는 결코 아니었다.

아카이아 연합을 구성하는 도시국가들은 그들의 도시에 대한 관할권을

---

13) 이 페이퍼, 각주 4)에서 언급한 미신에 근거한 관습 집행권의 한 예이다.

14) 이 페이퍼, 각주 2) 참고.

가졌으며, 자체 관리들을 임명했고, 완벽한 평등을 누렸다. 그들을 대표하는 원로원은 전쟁과 평화, 사절의 파견과 접수, 조약과 동맹의 체결, 집정관이라고 불리는 최고행정관의 임명에 대한 유일하며 단독적인 권한을 보유했다. 이 최고행정관은 그들의 군대를 통솔했고, 10명의 원로원 의원의 조언과 동의하에 원로원의 휴회 동안 정부를 운영했을 뿐만 아니라 회기 중일 때에도 정책의 심의에서 큰 비중을 차지했다. 출범 초기의 규약에 따르면 두 명의 최고행정관이 행정의 집행을 맡았으나, 후에는 실제 경험을 바탕으로 한 명의 최고행정관 체제를 선택하게 되었다.[15]

도시국가들은 모두 동일한 법률과 관례, 도량형 제도, 그리고 화폐를 사용했던 것으로 보인다. 그러나 아카이아 연합의회의 영향력이 어느 정도까지 미쳤는지는 확실하지 않다. 단지 이 도시들은 관례상 동일한 법률과 그 집행 방식을 받아들여야만 했다고 전해진다. 필로포이멘[16]에 의해 스파르타가 동맹에 강제로 병합되었을 때 스파르타는 리쿠르고스[17]가 기초한 수백 년 된 제도와 법률을 폐지하고 아카이아의 방식에 따라야만 했다. 한때 스파르타가 소속되어 있었던 암픽티온 연합은 이와는 반대로 스파르타에 대해 그 통치와

---

15) 페이퍼 70번 참고.

16) 필로포이멘(Philopoemen 253~183 B.C.E.)은 아카이아 연합에 펠로폰네소스 반도의 패권을 가져온 아카이아의 정치가이며 장군이다. 기원전 207년 마카니다스(Machanidas)가 이끄는 스파르타 군이 만티네이아(Mantinea)를 공격했을 때 아카이아 군을 지휘해 적장 마카니다스를 토벌하고 승리를 거두었다. 마카니다스 사후 스파르타의 마지막 왕이 된 나비스(Nabis)는 아카이아를 공격하기 위해 고대 그리스의 다른 도시국가 연합인 아이톨리아 연합(Aetolian 혹은 Etolian League)에 원군을 요청했지만, 아이톨리아 연합에 배신당해 나비스는 살해되고 스파르타는 아이톨리아에 점령당할 위기에 놓였다. 아카이아의 필로포이멘이 이 틈을 이용하여 기원전 192년 스파르타를 점령하여 스파르타를 아카이아 동맹에 합병시켰다.

17) 리쿠르고스(Lycurgus 800?~730 B.C.E.)는 스파르타의 전설적인 입법자로서 델피 신전의 아폴론의 예언(신탁)에 의해 스파르타 사회를 군국주의로 개혁했다. 리쿠르고스의 모든 개혁은 스파르타 사람의 세 가지 덕목인 평등, 군사적 적합성, 엄격성을 지향했다. 그는 헤로도토스, 플라톤, 폴리비우스(Polybius), 그리고 플루타르크 같은 고대 역사가와 철학자들에 의해 알려졌다.

법률의 시행에 있어 완전한 자유를 허용했다. 이 상황으로도 두 체제의 성격이 실질적으로 아주 달랐음을 알 수 있다.

이런 특이한 정치적 구조에 대해서 너무 불완전한 역사적 기록만 남아 있다는 점은 참으로 유감이다. 만약 이 체제의 내부 조직과 평상시의 운용을 확실하게 알 수 있다면, 우리가 잘 알고 있는 어떤 비슷한 실험보다도 연방정부에 대한 연구에 더 많은 기여를 했을 것이다

아카이아 연합의 다양한 면모에 관심을 가지는 역사학자들은 하나의 중요한 사실에 대해 주목하고 있다. 즉 아라투스[18]가 연합을 개혁한 후부터 마케도니아의 책략에 의해 그 동맹이 해체되기 전까지 정부의 운영은 대단히 온건하고 정의로웠으며 국민의 폭력과 폭동도 줄어들었다는 것이다. 이 점은 모든 주권적 권한을 단독적으로 행사하는 그 어떤 도시국가에서도 찾아볼 수 없었던 일이다. 그리스에 대한 관찰에서 마블리 신부[19]는, 다른 곳에서는 너무도 소란스러웠던 민중정부와는 반대로 아카이아 공화 체제의 구성원들 사이에는 어떤 무질서도 발생하지 않았다고 말한다. 그 이유는 아카이아 체제에서는 연합의 보편적인 권한과 법률에 따라 민주정이 적절하게 조정되었기 때문이다.

그러나 파벌이 특정 도시국가를 선동한 적이 전혀 없었다고 경솔하게 단정 지어서는 안 될 것이고, 하물며 준법과 조화가 전반적 체제에서 두드러졌다고 결론지어서도 역시 안 될 것이다. 왜냐하면 그와 반대되는 경우들을 이

---

18) 아라투스(Aratus of Sicyon 271~213 B.C.E.)는 그리스의 정치가이며 장군으로 수많은 전쟁을 지휘했다. 2년 임기의 군지휘관인 스트라테고스(strategos) 선출 때마다 거의 아무런 반대 없이 그가 사망할 때까지 17번이나 선출되었다. 그의 통치 아래 아카이아는 수많은 전쟁에 승리해 그리스의 주축 세력이 되었다. 플루타르코도 그를 위대한 정치가로 기록하고 있다.

19) 마블리 신부(L'Abbé de Mably, 본명은 Gabriel Bonnot de Mably 1709~1785)는 프랑스의 철학자, 작가, 역사학자이며 외교관으로도 활동했다. 그는 18세기에 유럽에서 매우 잘 알려진 인물이다. 그의 저서 *Observations on the Greeks* (1749)에서 위의 내용을 볼 수 있다. 페이퍼 6번, 각주 28) 참고.

공화국의 흥망, 성쇠 그리고 운명에서 충분히 볼 수 있기 때문이다.

암픽티온 연합이 존속했던 동안, 약한 도시국가로 구성된 아카이아 연합은 그리스에서는 사소한 존재일 뿐이었다. 암픽티온이 마케도니아에 정복되었을 때도 아카이아는 필립 2세와 그의 후임자이며 아들인 알렉산더 대왕[20]의 정책에 의해 그 존재를 부지할 수 있었다. 그러나 알렉산더 대왕 이후의 군주들은 이와 다른 생각을 하고 있었는데 그것은 바로 아카이아 연합을 분열시키는 계략이었다. 각 도시국가는 각자의 이해관계에 이끌렸고 연합은 결국 분열되었다. 그 결과 일부 도시는 마케도니아 주둔군의 폭정에 시달렸고 다른 도시들은 그들 내부의 혼란으로부터 튀어나온 권력 찬탈자의 전제하에서 억압을 받게 되었다. 치욕과 억압은 곧 자유에 대한 그들의 애정을 일깨웠다. 몇 개의 도시국가가 다시 결합했으며 폭군을 제거할 수 있는 기회가 오면 다른 도시국가들도 그들의 뒤를 따랐다. 펠로폰네소스 반도는 얼마 가지 않아 이런 연합체들로 가득하게 되었다. 마케도니아는 이런 상황이 진전되고 있음을 알고는 있었지만, 내부적인 분열 때문에 그것을 막지 못했다. 그리스 전체가 이런 연합 결성의 열망에 휩싸여 언제라도 하나의 연합으로 통합될 듯 보였으나, 이러한 계획은 아카이아의 번창을 경계하고 시기한 스파르타와 아테네에 의해 치명타를 입게 된다. 마케도니아의 세력에 대한 두려움 때문에 아카이아는 알렉산더의 후계자들이며 마케도니아 왕의 경쟁자였던 이집트와 시리아의 왕들과 동맹을 맺게 된다. 그러나 이 계획은 야심에 찬 스파르타의 왕 클레오메네스 3세[21]가 그의 이웃인 아카이아에 대해 정당한 이유 없는 공

---

20) 이 페이퍼, 각주 5) 참고.

21) 클레오메네스 3세(Cleomenes III 260~219 B.C.E.) 고대 스파르타 말기의 왕이며, 스파르타의 개혁을 시도한 걸로 잘 알려졌다. 그는 아라투스(Aratus of Sicyon)가 이끄는 아카이아 연합군과 전쟁을 했으나 기원전 222년에 셀라시아 전투(the Battle of Sellasia)에서 패하여 프톨레마이오스 3세(Ptolemy III)가 지배하고 있던 이집트로 도피했다. 프톨레마이오스 3세가 죽고 권력을 물려받은 그의 아들에게 천대받자 반란을 시도했으나 실패해 자살했다.

격을 함으로써 실패로 돌아갔다. 그는 마케도니아의 적으로서 이집트와 시리아 군주들에 대해 아카이아와의 동맹을 파기하게 할 만큼 충분한 이해관계를 가지고 있었다. 아카이아는 이제 클레오메네스 3세에게 항복하거나, 또는 과거 자신을 강압했던 마케도니아에 도움을 간청해야 하는 궁지에 몰렸고 결국 후자의 방법을 택하게 되었다. 그리스인들의 세력 싸움은 항상 그들의 일에 간섭하려는 강력한 이웃인 마케도니아에 더 바랄 나위 없이 좋은 기회를 제공했다. 마케도니아 군대가 신속히 진격했고 클레오메네스는 항복했다. 종종 그러하듯이 승리를 거둔 강력한 동맹자는 또 다른 이름의 지배자라는 것을 아카이아 연합은 곧 경험했다. 그들의 가장 비굴한 맹종을 통해 지배자로부터 얻은 것이라고는 그들 자신의 법률을 시행할 수 있도록 묵인 받은 것뿐이었다. 그러나 필립 5세는 마케도니아의 왕좌에 앉은 후 계속적인 폭정을 실시했고 이는 곧 그리스인 사이에 새로운 단결의 움직임을 유발했다. 아카이아는 내부 분쟁과 그 구성원 중 하나인 메세네[22]의 반란으로 약화됐지만, 아이톨리아인들[23]과 아테네가 가입함으로써 필립 5세에 대해 대항하는 입장을 취했다. 이런 지지에도 불구하고 그에 대항하기에 역부족임을 깨달은 아카이아 연합은 또 다시 외세의 도움을 요청하는 위험한 방편을 택하지 않을 수 없었다. 로마인들은 이런 초대를 받자 아주 반기며 이를 받아들였다. 필립 5세는 패했고 마케도니아는 진압되었다.[24] 그러나 새로운 위기가 아카이아 연합에

---

22) 메세네(Messene)는 펠로폰네시아의 남서부에 위치했던 고대 도시국가이다. 에파미논다스가 지휘하는 보이오티아 연합과의 레우크트라 전투에서(371 B.C.E.) 스파르타가 패하고 난 약 2년 후인 기원전 369년에 형성된 것으로 추정되고 있다. 이 페이퍼, 각주 7) 참고.

23) 원문에서는 Etolians으로 표기했고 아이톨리아인들(Aetolians)로도 불린다. 이 페이퍼, 각주 16) 참고.

24) 해밀턴은 이 부분에서 마케도니아의 왕을 'Philip'으로만 불렀지만 정확히는 필립 5세(재위기간 221~179 B.C.E.)이다. 아카이아를 도와 클레오메네스 3세의 스파르타에 기원전 222년에 승리한 마케도니아의 왕은 안티고누스 3세(Antigonus III)였으며 필립 5세는 그 다음 해에 왕위를 계승했다. 한편, 필립 5세는 알렉산더 대왕의 아버지인 필립 2세(재위기간 359~336 B.C.E.)와는 시대적으로 상당한 간격이 있다.

닥쳤는데, 그것은 구성원들 사이의 분열이었고 그 분열은 바로 그들을 도왔던 로마인들이 부추긴 것이었다. 로마는 아카이아인들을 농락하기 위한 도구로 칼리크라테스25)와 다른 민중 지도자들을 매수했다. 로마의 진정성을 믿었던 자들을 놀라게 한 것은 아카이아인들의 불화와 무질서를 더욱 효과적으로 조장하기 위해 로마가 그리스 전역에 보편적인 자유26)를 재빨리 선언한 것이었다. 이와 같은 교활한 목적으로, 로마인들은 구성원인 각 도시국가들의 주권을 아카이아 연합이 침해하고 있다며 그들의 자존심에 호소함으로써 연합에서의 탈퇴를 종용했다. 이런 책략들로 인해 그리스의 마지막 희망이며, 고대 자유의 마지막 희망이었던 이 연합은 여러 갈래로 찢겨나갔다. 그런 어리석음과 분열 덕분에 로마는 그들의 책략으로 시작된 그리스의 파멸을 아무런 어려움 없이 이루어낼 수 있었다. 아카이아 연합은 산산조각이 났고 지금 이 시간에도 쇠사슬에 묶여 신음하고 있다.

이 중요한 역사의 한 부분을 요약해 보는 것이 쓸데없다고 생각하지 않는다. 그 이유는 이 사례가 한 가지 이상의 교훈을 주기 때문이고, 또한 아카이아 체제의 윤곽에 대한 보완적인 설명으로서, 그 지배자의 전제로 가는 경향보다는 오히려 구성국들 간의 무정부 상태로 가는 경향을 강하게 보여준다는 것이다.

푸블리어스

---

25) 칼리크라테스(Callicrates)는 아카이아의 정치가이며 아카이아의 로마에 대한 사절이었다. 그러나 그는 로마에 더 충성해 신임을 얻었고, 로마의 지원을 얻어 아카이아의 반대에도 불구하고 패망 후 흩어져 있던 스파르타와 메세네의 망명자들을 그들의 지역으로 복귀시켰다, 그는 또한 로마의 지배에 저항하지 못하도록 인질로 억류시키고자 했던 아카이아인 1,000명(역사가 폴리비우스를 포함)의 명단을 로마에 넘긴 행위로 아카이아에서는 매우 매국적인 인물이 되었다.

26) 이것은, 연합으로부터 구성원들의 이탈을 유도하는 허울 좋은 용어였을 뿐이다. _푸블리어스

THE FEDERALIST No.19

≪인디펜던트 저널≫, 1787년 12월 8일   제임스 매디슨·알렉산더 해밀턴

뉴욕주 시민들에게

앞의 페이퍼에서 인용된 고대 연합의 사례가 연합체제의 문제에 관한 경험적 교훈을 모두 망라하고 있는 것은 아니다. 비슷한 원칙에 기초한 현존하는 몇 가지 제도들도 특별히 살펴볼 만한 것이 있는데, 첫 번째 소개할 것은 독일의 체제이다.

초기 기독교 시대에 독일은 공통의 지배자가 없는 일곱 개의 상이한 민족들이 점령하고 있었다. 그들 중 하나인 프랑크족[1]은 골족[2]을 정복하고 자신의 이름을 따서 왕국을 설립했다. 9세기에 이 나라의 호전적인 군주 샤를마뉴[3]는 무적의 군대를 이끌고 각 지역을 점령했으며, 독일은 그의 거대한 영토의 한 부분이 되었다. 그의 왕국은 아들들에 의해 분리되어 독립제국이 되었

---

1) 프랑크족(Franks)이 세운 왕국의 이름은 Francia혹은 프랑크 왕국(481~843)이라고 불린다. 프랑크 왕국의 서부는 지금의 프랑스의 일부가 되었고 동부는 독일의 일부가 되었다.

2) 골(Gaul)은 라틴어로는 갈리아(Gallia)이며 정확한 기록이 없을 정도의 고대의 민족이다. 율리우스 카이사르(Julius Caesar)가 로마의 장군이었던 시절 기원전 58년부터 기원전 51년까지 로마에 의해 8년에 걸쳐 평정되어 그 후 약 500년 동안 로마의 지배를 받았다. 로마의 지배 이후인 486년(C.E.)에는 프랑크족에게 함락되었다. 골의 영토는 로마제국의 멸망 이전까지 현재의 프랑스, 벨기에, 스위스 서부, 그리고 라인 강 서쪽의 독일을 포함하는 지방을 포함했다.

3) 샤를마뉴(Charlemagne 740?~814)는 프랑스어 표기이고, 샬리메인은 영어식, 그리고 카롤루스는 라틴어 이름이다. 그는 피피누스 3세(Pippinus III)인 아버지로부터 프랑크 왕국을 물려받아 프랑크 왕국의 2대 국왕이 되었다. 그는 중부 유럽 대부분을 차지해 프랑크 왕국을 크게 확장했다.

고, 그의 직계 후손들은 황실 권력의 문장과 위엄뿐만 아니라 그 실질적 지배권도 소유했다. 그러나 샤를마뉴가 존속시킨 제국의회의 구성원이었던 주요 영주들은 자신들의 봉토를 세습했고, 점차적으로 제국의 영향에서 벗어나 주권자로서의 관할권과 독립성을 가지게 되었다. 황제의 통치권은 이렇게 강력한 영주들의 권력을 억제하거나 제국의 통일과 치안을 유지하기에는 충분하지 않았다. 치열하면서도 사사로운 전쟁이 각기 다른 군주들과 국가들 사이에 일어나면서 온갖 수많은 재난을 초래한 것이다. 황실의 권한은 공공질서를 유지할 수 없을 만큼 점점 쇠퇴해서 결국 무정부 상태가 되어버렸고, 이러한 상황은 스와비아⁴⁾의 마지막 황제가 사망하고 오스트리아 혈통의 첫 황제가 즉위하기까지 오래 지속되었다. 11세기에 황제들은 완전한 통치권을 향유했지만, 15세기에 그들이 가진 것은 권력의 상징과 장식에 불과했다.

연합의 주요 특징을 많이 가진 이 봉건제도로부터 독일제국(신성로마제국)을 구성하는 연합체제가 등장했다. 제국의 권력은 세 개의 기능적인 분야로 구성되었다. 연합의 구성원을 대표하는 제국의회, 최고행정관이며 제국의회의 결의에 대한 거부권을 가진 황제, 그리고 제국 또는 구성원들 간에 발행하는 분쟁에 대한 최고사법권을 가진 두 개의 사법재판소, 즉 제국법원과 궁정재판소⁵⁾가 그것이다.

제국의회는 제국에 관한 입법, 전쟁의 선포와 강화, 동맹 협정, 군대의 병력과 재정 분담의 할당, 요새 구축, 통화 규제, 새로운 구성원의 가입 허가, 그

---

4) 9세기 말에 프랑크족 카롤루스 일족이 세운 왕조인 카롤루스 왕조(Carolingian dynasty)가 쇠퇴하자, 신성로마제국이 형성되기 전의 과도기에 5개의 공국(5 stem Duchies)이 카롤루스의 영토에 자리를 잡았다. 그중 하나가 스와비아(Swabia)이다. 매디슨은 이 페이퍼의 신문 기고에서 Suabia라고 표기했다.

5) 신성로마제국 시대에는 2개의 최고법원이 있었다. 그중 하나는 제국법원(The Imperial Chamber Court)이고 다른 하나는 궁정재판소(The Aulic Council)인데, 궁정재판소는 제국법원의 관할권을 동시에 가졌을 뿐만 아니라 많은 경우에 봉토, 봉건 영주, 범죄 행위, 그리고 연합의 업무에 관한 독점적인 관할권을 가지고 있었다.

리고 제국금지령6)에 따라 불복종적인 구성원으로부터 그 주권을 박탈하고 재산을 몰수하는 광범위한 권한을 가지고 있었다. 연합의 구성원들은 제국에 불리한 조약을 체결하거나, 황제 또는 제국의회의 동의 없이 그들 상호 간의 교역에 대한 통행세나 관세를 부과하고, 화폐 가치를 변동시키고, 서로에게 부당한 행위를 하고, 또는 공공 평화를 어지럽히는 자에게 도움 또는 도피처를 제공하지 못하도록 명백하게 금지되었다. 이들 제한 사항을 하나라도 위반한 경우, 제국금지령이 내려지고 제국의회 구성원은 모든 경우에 황제와 의회의 판결에 복종하며, 개인 자격으로서의 위반 행위는 궁정재판소와 제국법원의 판결에 따라야 했다.

황제의 특권은 무수히 많았다. 그중 가장 중요한 것들로는 제국의회에 대한 법률 제안권, 제국의회의 결의에 대한 거부권, 대사임명권, 작위수여권, 공석이 된 선제후7)의 충원권, 대학 설립권, 연합 내 국가들에게 유해하지 않은 특권 부여권, 공공세입권과 적용권, 그리고 전반적인 공공의 안전을 지키는 것 등에 대한 권한을 들 수 있다. 어떤 경우에는 선제후들이 황제를 위한 자문위원회를 구성했다. 그는 황제의 자격으로는 제국 내에 어떤 토지도 소유하지 않고 그의 생활 유지를 위한 어떤 보수도 받지 않았다. 그러나 다른 신분으로서 갖는 수입과 통치권만으로도 그는 유럽의 가장 강력한 군주 중 한 명이 되기에 충분했다.

이 연합의 대표들과 황제가 가지는 헌법상의 일련의 권한으로 미루어 볼

---

6) 제국금지령(the ban of the empire 혹은 the imperial ban)은 원어인 독일어로는 'Reichsacht'이며 신성로마제국의 사회적 추방 형태의 처벌이다. 제국금지령은 특정 개인이나 지역에 내려질 수 있는데 제국금지령 아래에 놓인 개인이나 혹은 지역의 사람들은 즉각적으로 교회에서 파문되고, 모든 법적 권한과 재산을 박탈당하며, 약탈, 침략 그리고 살인 같은 행위에 대해 어떠한 공적 보호도 받지 못하기 때문에 사실상의 사형을 의미했다.

7) 선제후(electorates 혹은 electors)는 신성로마제국 황제를 선정하는 역할을 하였던 선거인단이다. 선제후는 백작, 공작 그리고 대공과 같이 대단히 높은 직책을 맡고 있었으며, 위계상 봉건 제후들 가운데 왕 또는 황제 다음으로 높았다.

때 자연스럽게 추측되는 것은, 그것이 다른 비슷한 체제의 일반적 성격과는 다르다는 것이다. 즉, 현실과는 너무도 동떨어져 있었다. 이 연합은 근본적인 원칙에 근거하고 있는데, 즉 제국은 주권국들의 공동체이고, 제국의회는 주권국들을 대표하고, 법률이 주권국에 위임된다는 것이 그것이다. 이 원칙은 제국을 무기력한 조직체로 만들어 그 구성원들을 통제할 수 없었고, 외부의 위험으로부터 취약했으며, 끊임없는 내부의 부패로 동요하게 되었다.

독일의 역사는 황제와 제후들 및 제후국들 간의 전쟁, 제후들 간이나 제후국들 간의 전쟁의 역사이며, 무법적인 강자의 약자에 대한 억압, 외세의 침입과 음모의 역사이다. 인력과 자금의 징발은 대체적으로 무시되거나 지켜지지 않았고, 그것을 강제하려는 시도가 완전히 무산되거나, 아니면 그 시도로 인해 무고한 사람들이 죄를 뒤집어쓰고 학살당했다. 한마디로 그것은 무능, 혼란 그리고 불행의 역사였다.

16세기에 황제는 제국의 일부를 자기편으로 만들어 다른 제후 및 제후국들과 싸우고 있었다. 이런 분쟁 중 한 번은 황제 자신이 피신을 해야 했고 작센[8] 지방 선제후들의 포로가 될 뻔했다. 전 프로이센 왕도 황제에 적어도 한 번 이상 대항했는데, 대개의 경우 황제를 패배시켜 자신의 힘이 더 강함을 보여주었다. 구성원들 간의 분쟁과 전쟁은 너무 흔해서, 독일 역사는 이런 전쟁을 묘사하는 피비린내 나는 페이지들로 가득하다. 웨스트팔리아 평화조약[9] 이전에 독일은 30년 전쟁으로 황폐해졌다. 그 전쟁에서 황제는 제국의 절반과 한 편을 이루어, 제국의 나머지 절반이 가세한 스웨덴과 맞섰다. 그러나 결국은 외세가 개입해 평화에 대한 협상권을 가지고 주도하게 된다. 그렇게 만

---

8) 작센(Saxony)의 영토는 초기 독일의 5개 공국들 중 하나였으며 10세기에 신성로마제국의 일부가 되었다.

9) 1648년의 웨스트팔리아 평화조약(The Peace of Westphalia) 혹은 베스트팔렌 조약은 2개의 조약을 집합적으로 일컫는다. 약 800만 명의 사망자를 낸 30년 전쟁을 종식하고 신성로마제국에 평화를 가져다준 조약이다.

들어진 평화협정의 조항들이 결과적으로 독일 통치구조의 근본이 되었다.

만약 국가가 비상 상황에서 자기방어의 필요에 의해 어쩌다 더욱 단합된다 해도 그 상황은 여전히 비참할 수밖에 없다. 군사적 준비를 하기 전에 주권국 집단 간의 경계심, 자존심, 각기 다른 관점, 상충되는 주장으로 인해 매우 지루한 토론 과정을 거쳐야 하기 때문에 제국의회가 대책을 내놓기 전에 적군은 이미 전장에 도착해 있고, 연합의 군대가 공격에 맞설 준비를 갖췄을 즈음에는 이미 계절이 바뀌어 적군은 겨울철 병영으로 철수하는 상황이었다.

평화 시에 필요하다고 판단되었던 그나마 작은 규모의 제국군은 엉망으로 유지되었다. 병사들의 급여는 형편없고, 지역적 편견에 물들었으며, 연합 구성원들의 불규칙한 그리고 할당된 액수에 못 미치는 분담금 지불에 의해 간신히 지탱되었다.

이처럼 주권국들 사이의 질서를 유지하고 정의를 실현하는 일이 불가능해짐에 따라 제국은 9개나 10개의 집단, 또는 구역으로 나누어 각 집단에 내부조직을 두고, 의무 불이행이나 반항적인 구성원에 관한 법률 집행에 군사력을 사용할 수 있는 권한을 주었다. 하지만 이 실험으로 말미암아 그 통치구조의 극단적인 결점이 더 확실히 드러났다. 각 구역은 기형적인 정치적 괴물인 독일제국의 축소판이 되어 자신들의 임무를 아예 수행하지 못하거나, 수행한다 하더라도 내전의 파괴와 살육이 뒤따르게 되었다. 때로는 모든 지역이 의무를 불이행하기도 했는데, 국정을 바로잡기 위해 만들어진 구역 제도가 오히려 해악을 증가시킨 것이다.

우리는 투아누스[10])가 제시한 예에서 군사적 강압의 음모에 대해 어느 정

---

10) 투아누스(Thuanus 혹은 Jacques Auguste de Thou 1553~1617)는 프랑스의 정치가이며 역사학자이다. 그의 연구의 특징은 편견 없이 그 시대를 정확히 기록한 것이다. 그런 목적에서 그는 라틴어로 저서를 집필했고, 역사에 대해 과학적인 접근을 처음 시도한 개척자의 지위를 인정받고 있다. 특히 16권의 책으로 이루어진 저서 *Histoire Universelle* 에서 1543~1607년 사이의 많은 사건들을 객관적으로 기록했다. 그는 그의 저서를 다른 언어로 번역하는 것을 허락하지 않았으나 그의 사후

도 판단할 수 있다. 스와비아 지방의 자치도시인 도나워스11)에서 크로아 신부는 그에게 부여된 종교적인 면책권을 행사하는 도중에 그 도시 시민들로부터 폭행을 당하게 되었다.12) 그 결과, 그 도시에는 제국금지령이 선포되었으며, 다른 구역의 지도자인 바바리아 공이 그 집행자로 임명되었다. 곧 1만 명의 군인을 이끌고 도시에 나타난 바바리아 공은 자신이 처음부터 의도했듯이 그의 조상들이 이 지역을 마지못해 내주었다는 구실을 다시 내세울 적절한 기회로 삼았다.13) 그는 도시를 점유하여 자신의 소유로 만들어 무장을 해제시키고, 주민을 벌하고, 그의 영지에 재합병시켰다.

그렇다면 그토록 오랫동안 이런 지리멸렬한 체제가 산산조각 나지 않은 이유가 무엇인가 하는 의문이 생긴다. 대답은 분명하다. 제국에는 강한 구성원들이 없었고, 외세에 휘둘리는 것을 꺼리는 약한 구성원이 대부분이었다는 점, 게다가 주요 구성원들마저도 그들을 둘러싼 열강에 비해 약체였다는 점,

---

에 프랑스어로 처음 번역되었다.

11) 독일어로는 도나우베르트(Donauwörth)이다. 스와비아(Swabia)에 속했던 지역으로 1308년 신성 로마제국으로부터 자유권을 부여받아 1607년까지 자치구로 존속했다.

12) 당시 독일제국은 종교개혁으로 인해 개신교와 카톨릭의 세력이 대립하고 있었는데, 자치도시인 도나워스는 개신교의 종파인 루터교도가 대부분을 차지하고 있었다. 그러나 아우크스부르크 화의 (The Peace of Augsburg 1555)에 따라 그 지역의 소수인 카톨릭교도는 그들의 종교활동의 자유를 보장받고 있었다. 이러한 상황에서, 도나워스에서 크로아 신부(Abbe de St. Croix)를 포함한 다섯 명의 카톨릭 신부가 이끄는 카톨릭교도의 행사를 방해하려는 루터교도의 시도가 있었고, 그 직후에도 같은 곳에서 루터교도들의 카톨릭교도에 대한 또 다른 무력행사가 있었다. 이에 카톨릭교도인 루돌프 황제가 1607년 도나워스에 대해 제국금지령(the imperial ban)을 내려 역시 같은 카톨릭교도인 바바리아 공(Duke of Bavaria)으로 하여금 이를 집행하게 했다. 그 결과 이 자치도시는 독립을 잃고 바바리아에 합병되었으며, 이 일련의 사태는 30년 전쟁의 한 원인이 되었다. 제국금지령은 이 페이퍼, 각주 6) 참고

13) Pfeffel, *Nouvel Abreg, Chronol. de l'Hist., etc.*, d'Allemagne. 페펠은 이 저서에서 바바리아 공의 이런 행위는 그 자신이 조달한 원정비를 보상받기 위한 핑계라고 기술하고 있다. _푸블리어스.
페펠(Christian Frédéric Pfeffel 1726~1807)은 독일의 외교관이며 역사가이다. 저서로는『독일역사와 공법의 새 연대순 요약(Nouvel abrégé chronologique de l'histoire et du droit public d'Allemagne)』(1776)이 있다.

각 지역에 산재한 세습 영지로부터 나오는 황제의 엄청난 세력과 영향력, 황제 가문의 자존심과 황제 자신을 유럽 최고의 군주로 군림하도록 만들어주는 체제를 보전하는 데 쏟는 그의 관심 등과 같은 요인들이 취약하고 위태로운 연합을 가까스로 지탱해 주었다. 반면, 시간이 지나면서 더욱 심해지는 통치권의 본질인 배타적 특성 때문에 이 연합에서는 진지한 협력에 의한 어떤 종류의 개혁도 허용되지 않았다. 만약 이런 장애물이 극복되었더라도, 이웃 세력들이 독일제국에게 걸맞은 힘과 우월함을 가져다줄 개혁이 일어나도록 내버려 두지는 않았을 것이다. 외세들은 오래 전부터 이 체제에서 일어나는 변화에 그들의 이해관계가 얽혀 있다고 생각해 왔다. 그리고 여러 면에서 그들은 독일제국의 무질서와 취약함을 오래 지속시킬 수 있는 정책을 추구했음이 드러났다.

보다 직접적인 사례가 필요하다면, 지방주권체 위에 하나의 정부로 존재하는 폴란드를 주목하는 것도 적절할 것 같다. 여러 연합제도에서 유래하는 그 어떤 폐해도 이보다 더 참혹할 수 없다. 폴란드 정부는 자치나 자체 방어의 능력이 없어 오랫동안 강력한 이웃들이 좌지우지하고 있었고, 이들은 최근에야 관용을 베풀어 최근 폴란드 국민과 영토의 3분의 1을 자유롭게 풀어주었다.

스위스 주들[14] 간의 관계는, 연합제도의 안정성을 보여주는 사례로 이따금 인용되기는 하지만 연합과 같다고 보기는 어렵다.

그들은 공동의 국고가 없으며, 심지어는 전쟁 중에도 공동 군대가 없고, 공동 화폐, 공동 법원이나 그 밖에 공동의 주권을 특징해 주는 어떤 것도 가지고 있지 않기 때문이다.

스위스의 여러 주들은 다음과 같은 이유에서 서로 결속했다. 즉, 자신들

---

14) 칸톤(Canton)은 스위스가 신성로마제국 시대의 지배하에 있던 13세기에 지역적인 주권체제로 형성되었다. 1499년에 스위스가 신성로마제국의 황제 막시밀리안 1세(Maximilian I)를 물리치면서 사실상 독립국가로 존재했다. 그러나 프랑스의 침공으로 1798년에 해체되었고 1830년 다시 복원되어 현재는 26개의 칸톤이 존재하고 있다.

의 특별한 지형학적인 상황, 각각의 연약함과 취약함, 그들이 한때 종속되었던 강력한 이웃에 대한 공포, 단순하고 동일한 관습을 가진 사람들 사이에 분쟁이 거의 없었다는 점, 각 주에 속하는 영토에 대해서는 이해가 일치하고 있다는 것, 폭동과 반란을 억제하기 위한 명문화된 상호 협력, 그리고 주 간의 분쟁을 조정하기 위한 어떤 일관되고 영구적인 대책의 필요성이다. 이 대책에 의하면 분쟁 당사자 주들이 중립 주들로부터 4명의 판사를 선택하고, 판사들의 의견 차이가 발생할 경우 1명의 심판관을 뽑는다. 이 법정은 공정성을 맹세한 판사들이 최종판결을 내리고 모든 주들은 이 판결을 반드시 집행해야만 한다. 이런 규정의 효율성은 사보이의 빅터 아마데우스[15]와 그들의 1683년도 조약에 명시되어 있는 조항에서 볼 수 있다. 이 조약에서 아마데우스는 주들 간 분쟁의 중재자로 개입하며, 필요하다면 불복종하는 측에 대해 무력을 행사할 수 있는 의무를 스스로에게 부여했다.

스위스 주들의 특징을 합중국의 경우와 비교할 수 있다면 우리가 수립하고자 하는 원칙을 확고히 하는 데 도움이 될 것이다. 통상적인 다양한 경우에 있어 스위스 주들의 결속이 어떤 효과가 있었더라도, 그 효과가 얼마나 클지를 가늠해 볼 수 있을 정도의 심각한 불화가 발생하는 순간 그들의 결속은 실패로 끝나고 말았다. 폭력적이고 피비린내 나는 분쟁을 촉발했던 종교적 갈등의 세 가지 예는 사실상 주들의 결속을 와해시켰다고 말할 수 있다. 그 후로 지금까지 프로테스탄트와 카톨릭 주들은 서로 다른 의회를 갖고 있으며, 여기서 모든 주요 문제가 조정되고 중앙의회는 공동 원조 외에는 다른 업무가 없게 되었다.

이런 분열은 주목할 만한 또 다른 결과를 낳았다. 프로테스탄트 주들의

---

15) 비토리오 아메데오 2세(Vittorio Amedeo Francesco 1666~1732)를 말한다. 해밀턴은 원문에서 영어식으로 Victor Amadeus라고 표기했다. 그는 1675년부터 1730년까지 사보 공작이었다. 스페인 왕위계승 전쟁에서 수훈을 세우고 1713년 시칠리아의 왕이 되었으나 4개국 동맹의 반대로 시칠리아 왕의 직위를 뺏기고 사르데냐 왕으로 전락했다.

연대를 이끈 베른은 네덜란드[16]와 동맹을, 카톨릭 주들의 연대를 이끈 루체른은 프랑스와 동맹을 맺어 스위스의 주들은 서로 대립적으로 외국 열강과의 동맹 관계를 맺었다.

푸블리어스

---

16) 원문은 The United Provinces로 네덜란드의 다른 명칭이다. 종교개혁으로 프로테스탄트, 즉 개신교가 일찍이 세력을 장악했기 때문에 스위스의 프로테스탄트 교도들을 이끄는 칸톤인 베른(Berne)은 네덜란드를 동맹국으로 선택한 반면, 카톨릭교도들을 이끄는 칸톤인 루체른(Luzerne)은 종교개혁의 영향을 별로 받지 않아 카톨릭의 세력이 우세한 프랑스와 동맹을 맺은 것이다.

제임스 매디슨·알렉산더 해밀턴

뉴욕주 시민들에게

네덜란드 연합1)은 공화국의 연합이라기보다는 아주 뛰어난 정치체제를 가진 귀족정의 연합으로 보는 편이 더 어울린다. 하지만 역시 그조차도 우리가 이미 검토한 다른 모든 연합체들을 통해 얻은 교훈을 재차 확인시켜 줄 뿐이다.

이 연합은 각자의 주권을 가진 일곱 개의 주로 구성되어 있고 각 주는 동등하고 독립된 도시로 구성되었다. 모든 중요한 문제는 주들뿐 아니라 도시들의 만장일치로 결정된다.

연합의 주권은 각 주가 임명한 약 50명에 달하는 대표들로 구성된 연합의회에 부여된다. 대표의 임기는, 일부 주에서는 종신직, 다른 주에서는 6년, 3년, 1년이며, 2개 주에서는 대표의 임기를 자신들의 결정에 맡긴다.

네덜란드 연합의회는 조약과 동맹을 체결하는 권한이 있으며, 전쟁을 선포하고, 평화협정을 맺고, 군대를 소집하고, 함대를 무장시키고, 할당 규정을 정하여 분담금을 요구할 수 있는 권한이 있다. 그러나 이 모든 경우에 연합 구

---

1) 네덜란드 연합(The United Provinces of Netherland 1579~1795)은 1579년에 1월 조인된 위트레흐트 연합(The Union of Utrecht)에 기초하여 1581년 스페인으로부터 독립을 선언하고 북해 연안 저지대(Low Countries)의 북부 7주가 세운 연합주이다. 같은 해 여름, 이 연합에는 지금의 벨기에의 도시인 브뤼셀(Brussels), 이퍼르(Ypres), 앤트워프(Antwerp)가 가입했고 네덜란드의 브레다(Breda) 지방도 가입하게 된다. 그 후 1795년 프랑스의 침공으로 네덜란드 연합은 종식되었으나, 1813년 나폴레옹으로부터 자유를 되찾았고, 1815년 비엔나 회의(The Treaty of Vienna)에 의해 입헌군주제를 기초로 네덜란드 연합왕국(The Kingdom of Nederlands)이 수립되었다.

성원 즉, 주들의 만장일치에 의한 결정과 승인이 필요하다. 그들은 대사를 임명, 접수하고 이미 체결된 조약과 동맹을 집행하고, 수출입품에 대한 관세를 책정해 징수하고, 주조권은 주들에 남기되[2] 그에 대한 규제권을 가지고 있으며, 주권국으로서 속령을 지배할 수 있는 권한이 있다. 각 주는 전체의 동의가 없는 한, 외국과의 조약 체결로 다른 주에게 피해를 주는 수입 관세를 제정하거나 자기 주의 주민들보다 이웃 주의 주민들에게 더 높은 관세를 부과하는 것 또한 금지되어 있다. 연합 자문위원회, 회계원, 그리고 다섯 개의 해양부처가 함께 연합정부의 행정을 돕고 보강하고 있다.

이 연합의 최고행정장관은 세습 군주인 총독[3]이다. 공화국에 대한 그의 비중과 영향력은 총독이라는 독립적인 직함, 그의 엄청난 세습 영토, 일부 주요 유럽 지배자와 그의 가문이 맺고 있는 친분, 그리고 무엇보다도 연합뿐만 아니라 여러 지방의 총독도 겸하고 있다는 사실에서 나오는 것이다. 그가 지방 총독으로서 가진 권한을 보자면, 규정에 의해 시의 행정관을 임명하고, 지방의 법령을 집행하며, 자신이 원하면 지방법정을 주재하고, 전적인 사면권을 행사한다.

연합의 총독으로서도 그는 상당한 특권을 누린다.

다른 모든 수단이 실패할 경우, 총독은 그의 정치적인 자격으로써 지방 간의 분쟁을 해결하고, 연합의회와 특별 회의에 참석하여 심의를 돕고, 외국 대사를 접견해 의견을 들을 수 있으며, 외국의 법원에서 그의 특정 업무를 위한 대리인을 둘 수 있는 권한이 있다.

군사적인 지위에 있어서는 그는 연합군을 지휘하고, 국경 경비대를 유지하고 전반적인 군사적 업무를 통제한다. 그는 또한 소위에서 대령까지 모든

---

2) 네덜란드 연합 초기에는 각 주가 각자 주조권을 가지고 있어서 14종류의 다른 통화가 존재했다.

3) 총독이라는 의미의 스타트허우더(Stadtholder, 영어식 발음으로는 스테트홀더)는 네덜란드 연합 국가원수의 직함이었다. 스타트허우더는 16~17세기까지는 사실상 세습직이었으나 18세기에 와서야 공식적으로 세습직이라고 명시되었다. 이로써 네덜란드는 엄밀히 말하면 군주국이 되었다.

직위를 임명할 수 있고, 요새화된 도시의 행정 및 공직도 관장한다.

해군으로서의 총독의 자격을 보면, 그는 해군 제독이며 해군 부대 및 기타 해군의 업무와 관련된 모든 일을 감독하고 지휘한다. 그리고 그는 직접 또는 대리인을 통해 해사 심판을 주재하고, 중위제독[4]과 다른 장교들을 임명하며 전쟁위원회를 설립한다. 전쟁위원회의 결정은 그가 승인할 때까지 집행되지 않는다.

개인 소득과는 관계없이 그의 수입은 30만 플로린[5]에 달한다. 그가 통솔하는 상비군은 약 4만 명으로 구성되어 있다.

이것이 문서에 기록된 그 유명한 벨기에(네덜란드)연합[6]의 특징이지만, 이 연합의 현실적 특징들은 무엇인가? 정부의 무능, 주 간의 불화, 외세의 영향과 그들의 무례함, 전쟁 중이 아니어도 지속되는 불안정과 급기야는 전쟁으로 인한 극심한 재난이었다.

오래 전 그로티우스[7]는 자신의 동포들, 즉 네덜란드인들이 통치구조의

---

4) 원문에서는 Lieutenant Admirals이며 중위 제독이라고 번역한다. 해양 강국인 네덜란드에서 이 계급은 전통적으로 해군 제독(Admiral)과 해군 부제독(Vice Admiral) 사이의 계급이다. 총독이 해군 제독을 겸하기 때문에 네덜란드 연합의 해군에서 총독 다음으로 가장 높은 계급이다. 중위 제독은 다른 유럽 국가들의 해군 제독과 같은 위치이다.

5) 플로린(Florin)은 14~16세기까지 플로렌스 공화국(이탈리아), 잉글랜드, 헝가리 등 유럽의 거의 모든 지역에서 사용된 화폐 단위이다. 네덜란드에서도 사용되었으며 주로 금으로 만든 주화였다. 이 글을 쓴 당시의 네덜란드의 화폐 단위는 휠던(Gulden) 혹은 굴덴이었지만 저자는 독자들의 이해를 위해 네덜란드의 화폐 단위 대신 당시 미국인들에게도 익숙했던 플로린이라는 단위를 쓴 것으로 추정된다. 일반적으로 1플로린은 약 7그램의 금 주화였는데 네덜란드에서의 가치는 달러화로 환산하면 당시 약 1달러 정도였다고 추정된다. 1790년경 1달러는 2022년 가치로 환산하면 약 28달러이다.

6) 원문에서는 'Belgic confederacy'이며 1579년 위트레흐트 연합에 기초해 결성된 네덜란드 연합의 별칭이다. 매디슨은 이 연합을 Dutch Confederacy 혹은 Belgic Confederacy로 불렀다.

7) 휴고 그로티우스(Hugo Grotius 1583~1645) 또는 네덜란드어로는 휘호 더 흐로트(Hugo de Groot)는 네덜란드의 법학자이자 정치가이다. 3개의 책으로 구성된 그의 대표적인 저서 『전쟁과 평화의 법(De Jure Belli ac Pacis Libri Tres)』(1625)은 국제법의 개념과 이론을 처음으로 정리한

결함에도 불구하고 파멸하지 않았던 이유는 그들의 오스트리아 왕가에 대한 증오 때문이라고 말한 바 있다.

다른 저명한 저자는, 위트레흐트 연합이, 연합의 화합을 보장하기에 충분한 권한을 연합의회에 부여하고 있지만, 각 지방의 경계심으로 인해 실상은 이론과 매우 달랐다고 말한다.

또 다른 저자는, 연합의회는 각 지방에게 동등한 분담금을 지불하도록 했지만, 이 조항은 절대 집행될 수 없고 앞으로도 집행될 수 없을 것이라고 한다. 왜냐하면 바다를 접하고 있지 않아 상업 활동이 거의 없는 내륙지방은 해안지방과 동등한 할당액을 지불할 수 없기 때문이다.

분담금 문제에 관한 헌법의 조항은 그 집행을 될 수 있는 한 연기하는 것이 하나의 관습이다. 지불 연체가 연합에 미치는 위험성을 알기 때문에, 조항에 동의하는 주들은 연체한 주들의 몫을 대신 지불한 후 대리인을 통하거나 다른 가능한 방법으로 분담금을 연체한 주들로부터 추후 상환을 받았다. 이런 일은 흔히 있었는데 홀랜드 주[8]가 엄청난 부와 영향력을 가지고 있었기 때문에 가능한 일이었다.

체납된 분담금이 결국 무력에 의해 징수된 경우가 한두 번이 아니다. 이러한 무력 사용은 한 구성원의 세력이 다른 모든 구성원을 능가하고, 그중 많은 구성원들이 너무 약해 저항할 수 없는 상황에서는 끔찍하기는 하지만 실행 가능한 방법이다. 그러나 세력과 자원에 있어서 여러 구성원들이 서로 대등하고, 또 구성원들 단독으로 강력하고 끈질긴 방어 능력이 있는 경우에는 전혀 불가능한 일이다.

자신도 전에 외무장관을 지낸 영국의 윌리엄 템플 경[9]은, (네덜란드 연합

연구이다. 그는 국제법의 아버지 혹은 자연법의 아버지로 불린다.

8) 홀랜드(Holland)는 네덜란드의 서쪽 해안의 지역이다. 연합체제에서는 가장 강하고 부유한 주였다. 홀랜드란 명칭은 국내 혹은 국외에서 흔히 네덜란드 전체를 일컫는 의미로 쓰인다.

9) 윌리엄 템플 경(Sir William Temple 1628~1699)은 영국의 외교관이며 수필가이다. 프랑스가 네덜

의) 외무장관들은 외교적으로 이미 동의된 사안들에 있어 연합의 특정 주들과 도시들이 그 사안에 반대하게끔 매수함으로써 그 사안의 최종 결정을 피한다고 말한다. 하노버 조약[10]은 이런 식으로 1년이나 지연되었다. 이와 비슷한 성격의 사례는 수없이 많으며 매우 수치스러운 일이다.

결정적인 비상사태에 있어 네덜란드 의회는 종종 헌법으로 정해진 권한의 한계를 넘을 수밖에 없었다. 1688년 그들은 자신들의 명운을 건 조약을 체결하기로 결정했다. 1648년 그들의 독립을 정식으로 그리고 결정적으로 인정한 베스트팔렌 조약은 구성원 중 하나인 질런드주[11]의 동의 없이 체결되었다. 심지어는 대영제국과 최근에 맺었던 평화조약에서도 만장일치의 헌법의 원칙이 지켜지지 않았다. 약한 정부조직은 적절한 권력의 부족이나 혹은 공공 안전상 불가피한 권력남용에 의해 필연적으로 붕괴되는 것이다. 권력남용이 일단 시작되면, 그것이 유익한 지점에서 끝날지 아니면 극단적인 위험 상황으로 치달을지는 그 당시의 상황에 달려 있다. 어쩌면 전제정치라는 것은 헌법상 최대한의 권력을 전면적으로 행사하는 데서 오는 것이 아니라, 헌법의 결함으로 인해 절박한 위기상황에 대처할 수 없는 경우, 이로 인해 권력의 장악이 불가피하게 요구됨으로써 더 자주 발생한다고 볼 수 있다.

총독권의 폐해에도 불구하고, 개개의 주에 미치는 총독의 영향력이 없었

란드의 일부(Spanish Netherlands)와 프랑슈콩테(Franche-Comté)를 점령하자, 이에 맞서 1668년에 영국, 스웨덴, 그리고 네덜란드가 맺은 3국 동맹(the Triple Alliance)을 주도했다. 그는 네덜란드 연합의 자위트홀란트(Zuid-Holland) 주의 주도인 헤이그 대사를 지내기도 하였다.

10) 하노버 조약(the Treaty of Hanover)은 스페인과 오스트리아의 합스부르크와의 동맹(1725년 6월)에 맞서 1725년 9월 영국, 프랑스, 프로이센에 의해 체결된 상호방위 조약이다. 네덜란드는 1년 후인 1726년에 동맹에 합세했다.

11) 질런드(Zeeland 혹은 Zealand)는 제일란트의 영어식 표현이다. 1579년에 1월 조인된 위트레흐트 연합(The Union of Utrecht)에 가입한 북해 연안 저지대의 북부 7주 중 하나이다. 네덜란드의 남서부에 위치하며 가장 인구가 적은 지역이다. *The Federalist Papers* 의 에디션에 따라 Zealand로 표기되기도 하지만 신문 기고 당시 원본은 Zeland로 표기했다.

다면, 체제 내에서 분명해진 무정부적 혼란의 여러 원인들이 오래 전에 이 연합을 해체했을 것이다. "이 같은 정부 아래에서는 만약 여러 주가 국사를 지체시키는 주를 재촉하고 그들과 같은 사고방식을 강요하는 원동력이 없었다면, 이 연합은 절대 존속하지 못했을 것이다. 이 원동력이 바로 총독이다"라고 마블리 신부는 지적한다. 윌리엄 템플 경은 "총독제가 중단된 동안 홀랜드주가 그 부와 권력을 가지고 다른 주를 속령으로 삼아 총독을 대신했다"고 지적한다.

무정부 상태와 연합의 해체를 억제해 준 것은 이러한 내부적 상황만은 아니다. 외부적으로도 주변 강대국들이 어느 정도 이 연합의 존재를 필요로 했기 때문이다. 그러나 동시에 강대국들은 음모를 통해 통치체제의 결함을 조장함으로써, 연합을 항상 어느 정도는 그들의 수중에서 벗어나지 못하도록 만들었다. 그들은 네덜란드 연합을 어느 정도까지는 항상 그들이 좌우할 수 있게끔 음모를 통해 정체의 결함을 은근히 조장했다.

네덜란드 연합의 진정한 애국자들은 오래 전부터 이런 결함의 치명적인 경향을 비탄했으며, 해결 방법을 찾는 특별한 목적을 위해 소집된 임시회의를 통해 적어도 네 번의 정기적인 실험을 시행했다. 그들의 열의는 칭찬할 만했으나, 널리 인식된 기존 헌법의 치명적인 결함을 고치기 위해서 각 주의 의회를 단결시키는 것이 불가능하다는 사실이 매번 밝혀졌다. 시민 여러분, 잠시 멈추어 이 슬프면서도 경고를 주는 역사의 교훈에 대해 한번 생각해 보자. 그리고 그들의 적대적인 의견과 이기적인 감정이 인류에게 가져다준 불행에 대해 눈물을 흘리며 우리의 정치적 행복을 위한 여러 회의에서 돋보인 상서로운 의견일치에 대해 하늘에 감사를 올리도록 하자.

네덜란드 연합의 권한에 의해 집행될 일반세의 수립안도 마련되었지만 반대자들에 의해 이 계획은 실패했다.

이 불행한 국민은 지금 대중적 소동, 주 간의 불화, 그들의 운명적 위기인 외세의 침공으로 고통 받고 있는 것 같다. 모든 국가들이 이 무서운 광경을 주목하고 있다. 인류에 대한 사랑에서 나오는 첫 희망은, 그들이 이 혹독한 시험을 통한 개혁으로 연합을 확고하게 하고 그 연합을 평화, 자유 그리고 행복의 근원으로 만드는 것이다. 그 다음으로 희망하는 것은, 이런 축복의 혜택들을 하루빨리 보장받게 될 것을 믿으며, 그것을 보장하는 피난처로서의 정부가 그들을 재앙으로부터 감싸고 위로해 주는 것이다.

연합제도의 선례들을 이렇게 길게 다룬 점에 대해 나는 변명하지 않겠다. 경험으로부터 우리는 진리를 배우게 된다. 경험이 주는 교훈이 명백할 때는 그것을 단호하게 그리고 신성하게 받아들여야 한다. 이 사례에서 명백히 나타나는 중요한 진리는 이렇다. 여러 주권국 위의 하나의 주권국, 여러 정부 위에 있는 하나의 정부, 개인에게까지는 그 권한이 미치지 못하는 자치체를 대상으로 하는 입법은 이론상의 오류라는 것이다. 실제로 이런 것들이 실행될 경우에 질서는 무너지고 시민 정체는 끝나는 것이다. 왜냐하면, 법은 폭력으로 대체되고, 집행관의 온건하고 합리적인 권한의 행사는 무력에 의한 파괴적 강제로 대체되기 때문이다.

푸블리어스

THE FEDERALIST No. 21

≪인디펜던트 저널≫, 1787년 12월 12일   알렉산더 해밀턴[1]

뉴욕주 시민들에게

앞의 세 페이퍼에서 다른 연합정부의 특징과 파멸을 보여주는 상황과 사건에 대해 요약, 검토해 보았다. 지금부터 나는 우리의 희망을 좌절시켜 온 우리 13 개 주들 사이에 설립된 연합의 가장 중요한 결점들을 열거하고자 한다. 그에 대한 적절한 치유법에 대해 안전하고 만족스러운 판단을 내리기 위해서는 그 병폐의 정도에 대한 충분한 인식이 절실하다.

    기존 연합에서 가장 쉽게 감지할 수 있는 결점은 법률에 대한 강제력이 전혀 없다는 점이다. 현재의 연합은 결의에 대한 복종을 강요하거나, 불복종에 대한 벌금을 부과하거나, 권리를 정지 또는 박탈하거나, 혹은 기타 어떤 헌법적 수단에 의한 처벌권도 가지고 있지 않다. 주들의 의무 불이행에 대한 무력 사용권이 연합에 명시적으로 위임되어 있지 않다. 만약 주 간의 사회적 계약의 특징에 의해 그런 권한이 연합에 속한다고 한다면 이는 추론상으로나 해석상으로나 제2조의 주의 권리에 관한 부분과 정면으로 배치된다. 연합규약 제 2조[2]는 "각 주는 소집된 의회에서 연합에 명백히 위임되지 않은 모든 권한, 관할권 및 권리를 보유한다"고 명시하고 있기 때문이다. 그렇지만 이런 종류의 권한, 즉 강제력이 연합에 존재하지 않는다고 생각하는 것은 정말로 어리

---

1) 페이퍼 21번의 원작자 논란에 대해서는 페이퍼 17번, 각주 2) 참고.

2) 연합규약은 13개 조(Articles)로 이루어져 있으나, 7개 조로 이루어진 새헌법보다 그 내용에 있어 훨씬 적고 짧다.

석다고 할 수 있다. 그 결과, 우리는 그 터무니없는 가정을 인정하거나, 혹은 새로운 헌법에 반대하는 자들이 최근까지 계속 찬양하는 그 조항을 위반하든지, 혹은 적당히 둘러대어 해석할 것인지 하는 딜레마에 처할 수밖에 없다. 새 헌법에 주의 권한이 명시된 조항이 없다는 것은 최근까지 그럴싸한 비평과 혹독한 비난의 주제가 되고 있다.[3] 우리가 만약 새헌법의 반대자들이 칭송하는 이 조항, 즉 제2조의 힘을 약화시키지 않으면, 연합은 그 자신의 법을 집행할 수 있는 헌법적 권한의 근처에도 못 가는 그런 정부로 전락해 조롱의 대상이 될 것이다. 그러나 이런 문제점들을 배제하게 될 (새헌법에 의한) 아메리카 연방은 앞서 인용된 사례들[4]에 비추어볼 때, 비슷한 종류의 다른 모든 체제와 구별될 뿐만 아니라 정치 세계에서 새롭고 유례없는 모습을 보여줄 것이다.

　　연합규약을 구성하는 조문 중에 주 정부들 간의 상호 보장이 없다는 것도 또 다른 주요 결함이다.[5] 더구나 그 유용성을 고려해 일종의 암묵적인 상호 보장을 인정하는 것은, 비슷한 고려에서 연합의 강제력을 묵시적으로 인정하는 것보다 앞서 언급한 조항(제2조)에 대한 훨씬 더 명백한 위반이 될 것이다. 상호 보장의 결여는 결과적으로 연합을 위기에 처하게 할 수 있지만, 연합 법률의 위반에 대한 헌법적 제재 수단의 결여만큼이나 직접적으로 연합의 존재를 당장 위협하지는 않는다.

---

3) 안티-페더럴리스트들이 새헌법에 반대하는 가장 큰 이유는 중앙정부(연방정부)의 권한이 막강해짐에 따라 주 정부의 권한이 축소된다는 것이다. 즉, 새헌법에는 중앙정부의 권한에 주 정부에 대한 강제력이 포함되기 때문이다. 이런 이유로 안티-페더럴리스트들을 'states' righters'라고도 부른다.

4) 페이퍼 18, 19, 20번에서 예를 든 다른 연합의 사례를 참고.

5) 해밀턴은 여기서, 새헌법에는 주 간의 상호 보장 조항이 포함되었음을 암시하고 있다. 새헌법 제4조 4절은 주 간의 상호 보장에 관한 조항이다: "합중국은 이 연방 내의 모든 주에 공화정체(a Republican Form of Government)를 보장하며, 각 주를 침략으로부터 보호하며, 또 각 주의 주 의회 또는 행정부(주 의회를 소집할 수 없을 때)의 요구가 있을 때는 주 내의 폭동으로부터 각 주를 보호한다." 반면 국민의 기본권은 당연하므로 묵시적으로 보장된다고 생각해 새헌법에서 누락되었으나, 결국 새헌법이 채택된 직후 권리장전이라는 10개의 조항으로 기본권이 추가되었다. 이 책 부록의 미국헌법과 헌법 수정 조항 참고.

상호 보장 조항이 없다면, 주 헌법의 존재를 때로 위협할 수 있는 내부적 위험을 타파하기 위해 연합으로부터 받을 수 있는 도움을 단념해야 한다. 각 주에서 강탈이 고개를 들어 시민의 자유를 짓밟을 수 있으며, 연합정부는 그런 침해를 분노와 애도의 눈으로 바라보는 것 외에 합법적으로 할 수 있는 일은 아무것도 없을 것이다. 성공적인 파벌은 질서와 법을 짓밟고 독재를 세울 수 있는 반면에 연합은 그들을 지지하고 후원하는 자들에게 헌법적인 그 어떤 도움도 줄 수 없다. 이러한 위험이 그저 가정에 그치지 않는다는 확실한 예는 최근 매사추세츠주가 간신히 벗어났던 격렬한 상황에서 볼 수 있다.[6] 만약 그러한 불만 세력을 카이사르[7]나 크롬웰[8]이 주도했다면, 매사추세츠주에서 시작되었을 전제적 지배가 주변의 뉴햄프셔, 로드아일랜드, 코네티컷 또는 뉴욕주의 자유에 어떤 영향을 미칠지 누가 예측할 수 있겠는가?

어떤 사람들은, 주의 중요성에 대한 지나친 자부심 탓에, 새로 수립될 연방정부에서 주 정부 간의 상호 보장은 주의 내정에 쓸데없는 개입을 가져올 것이라는 점을 지적한다. 이런 의심은 우리가 합중국으로부터 기대할 수 있는 주요 혜택을 앗아갈 것이며, 새헌법의 상호 보장 조항 자체의 성격을 오해하지 않으면 생길 수도 없는 것이다. 이것은 합법적이며 평화적인 방식으로

---

6) 해밀턴은 셰이즈의 반란을 말하고 있다. 페이퍼 6번, 각주 14) 참고.

7) 율리우스 카이사르(Julius Caesar 100~54 B.C.E.)는 영어식으로는 줄리어스 시저라고도 불리며 로마 공화국의 정치가이자 장군이다. 수많은 정복과 개혁으로 로마 공화국이 로마제국으로 성장하는 데 큰 역할을 했으나 독재로 인해 결국 아들처럼 여겼던 브루투스(Marcus Junius Brutus)를 비롯한 약 60명에 의해 [로마의 역사가 에우트로피오스(Eutropius)에 의하면] 원로원에서 암살당했다.

8) 올리버 크롬웰(Oliver Cromwell 1599~1658)은 잉글랜드의 정치가이자 군인이다. 청교도 혁명을 통해 찰스 1세를 처형하고 공화정 체제를 수립하여 잉글랜드를 통치했다. 그러나 그의 사후 공화정 체제는 오래 가지 못하고 왕정이 부활했다 그는 1651년 제1차 항해 조례(The Navigation Act 1651)를 지휘하여 통과시켰다. 이 조례는 영국의 식민지 무역의 이권을 지키기 위해, 그리고 급성장하는 네덜란드 해상 무역으로부터 영국의 산업을 보호하는 것을 목적으로 했으며, 그 주요 내용은 오직 잉글랜드 혹은 그 식민지의 선박으로만 영국 식민지로 상품을 옮길 수 있는 것이었다. 그 결과 아메리카 식민지는 외국과의 교역에 있어 많은 타격을 받게 되었다.

각 주 시민의 다수결 원칙에 의해 주의 헌법을 개혁하는 데 어떤 방해도 되지 않는다. 이런 권리는 없어지지 않고 그대로 남아 있을 것이다. 주 간의 상호 보장은 오직 폭력에 의한 변화에 대해서만 적용될 수 있고, 이런 종류의 혼란을 방지하기 위한 제어수단은 많으면 많을수록 바람직하다. 사회 평화와 정부의 안정은 절대적으로 이 문제에 대비하는 예방책의 효능에 달려 있다. 정부의 모든 권한이 국민에게 있다면, 주의 일부분에서 또는 간혹 일어나는 소요사태에 대해 폭력적인 해결책을 사용할 구실은 줄어든다. 민주 또는 대의 정체의 헌법에서 그릇된 정부 운영에 대한 자연스러운 해결책은 담당자를 교체하는 일이다. 중앙정부에 의한 주 간의 상호 보장은 지역사회에서의 소동, 파벌의 폭력과 선동에 대적하기 위한 것만큼이나 지도자들의 권력 남용에도 똑같이 대적하기 위한 것이기도 하다.

공동 국고에 납입하는 주 정부의 분담금을 할당의 원칙에 의해 정하는 것 또한 연합체제의 또 다른 근본적인 결함이다. 이 할당 제도가 국가의 긴급사태 시에 적절한 자금 조달에 부적합하다는 사실은 이미 지적되었으며,[9] 지금까지의 실적에서도 충분히 증명되었다. 여기에서는 오로지 주들 간의 평등이라는 관점에서 할당제에 대해 언급해 보겠다. 국가의 부가 창출되고 구성되는 상황에 익숙한 사람들은 국부의 가치가 어느 정도인지 확인할 수 있는 공통된 기준이나 척도가 없다는 것에 수긍할 것이다. 주의 분담금을 정하는 척도로써 꾸준히 제안되고 있는 각 주의 토지의 가치나 인구 중 그 어느 것도 그들의 부를 측정하는 정당한 기준이 될 수 없다. 만약 우리가 네덜란드 연합의 부를 러시아나 독일이나 프랑스의 부와 비교한다면, 또한 네덜란드 연합의 토지의 총가치 및 이 좁은 지역에 밀집한 인구를, 앞에서 서술한 3개국 중 하나의 토지의 총가치 및 광대한 지역의 총인구와 비교해 본다면, 우리는 즉시 이 두 기준 중 어느 것도 이 국가들의 상대적인 부를 비교할 수 있는 수단이

---

9)   이 주제는 페이퍼 15번을 참고.

될 수 없다는 사실을 알게 된다. 만약 아메리카의 여러 주들 사이에 비슷한 비교가 적용된다면, 이와 같은 결과가 나올 것이다. 버지니아주를 노스캐롤라이나주와 비교하고, 펜실베이니아주를 코네티컷주와 또는 메릴랜드주를 뉴저지주와 비교한다면, 우리는 세입 능력과 관련해서 각 주의 능력은 상대적인 토지 자산과 상대적 인구와는 관계가 거의 없다는 점을 알게 된다. 이런 상황은 같은 주에 있는 카운티들의 비교에서도 비슷하게 나타난다. 뉴욕주를 잘 아는 사람이라면 킹스 카운티와 몽고메리 카운티를 비교할 때, 토지의 총가치 혹은 총인구라는 기준에 의해 추정할 수 있는 것보다 실제로 훨씬 더 많은 부를 킹스 카운티가 가지고 있다는 것을 의아해하지 않을 것이다.

한 국가의 부는 아주 다양한 요인에 의해 결정되는데 예를 들면 위치, 토양, 기후, 생산물의 종류, 정부의 성격, 시민의 능력, 그들이 소유하는 지식의 정도, 상업, 기술, 산업의 상태와 같은 것들이 있다. 이 외에 한 국가의 부의 결정에는 여러 가지 사정이나 특정하게 명시하기 힘든 너무나 복잡하고 미세하고 또는 우연적인 것들이 국가 간의 상대적인 풍요와 부에서 생각하기 어려운 차이를 만들어낸다. 분명한 결론은, 국가의 부를 측정할 수 있는 공통 척도라는 것이 없으므로 주의 납세 능력을 결정할 수 있는 일반적 또는 일률적인 기준도 물론 없다는 점이다. 따라서 연합 구성원의 분담금을 그와 같은 규칙으로 통제하려는 시도는 심한 불평등과 극단적인 억압을 초래할 것이다.

만약 연합의 필요를 충족하기 위한 그 어떤 수단이 고안되더라도, 이런 불평등 자체만으로도 아메리카에서 연합은 궁극적으로 파멸을 맞이할 것이다. 공적 부담의 불공평한 할당으로 고통 받는 주들은, 어떤 주의 시민들은 궁핍하게 되고 억압받는 반면에 다른 주의 시민들은 할당으로 인한 부담이 거의 의식하지 못할 정도로 적은 그런 원칙을 따르면서 연합에 계속 남아 있기를 결코 원하지 않을 것이다. 그러나 이것은 분담금 할당과 징발의 원칙에 필연적으로 따르는 폐해이다.

이런 불편함을 완전히 피하는 방법은 중앙정부가 자체적인 방법으로 그 세입을 조성하도록 허용하는 것 외에는 없다. 수입관세와 소비세 및 일반적인 소비품에 대한 세금은 유동적인 액체와 비교될 수 있다. 해당 물품의 가격에 따라 소비의 양이 결정되고 따라서 세금의 수입도 항상 유동적으로 변하기 때문이다. 각 시민이 지불하는 세금은 그의 소비에 따라 자신의 선택이 될 것이며, 그의 경제적 능력을 고려해 조정할 수 있다. 즉, 부자는 낭비할 수 있고 가난한 자는 절약할 수 있다. 그리고 과세 대상 품목을 신중하게 선택함으로써 대부분의 경우 개인에 대한 과세의 압박을 피하는 것이 항상 가능할 것이다. 만약 일부 주들에서 특정 물품에 대한 과세로 인해 불공평한 상황이 발생한다고 하더라도, 다른 주들에서 다른 물품에 대한 과세로 인한 불공평이 십중팔구 발생할 것이므로 그런 불공평은 상쇄되어 자연스럽게 균형을 이룰 것이다. 시간이 지나고 사태가 경과함에 따라 이렇게 복잡한 문제에서 균형이 이루어진다면, 마침내 모든 곳에서 균형이 자리 잡게 될 것이다. 혹은 불공평이 여전히 존재한다고 해도, 최대한으로 배려된 기준에 따른 분담금 할당제에서도 필연적으로 발생할 정도까지는 아닐 것이고, 그 폐해도 일률적이지 않고 보기에도 그렇게 혐오스럽지는 않을 것이다.

소비세의 주목할 만한 이점은 세금 자체의 성격상 과잉에 대한 예방책을 보유하고 있다는 사실이다. 즉, 소비세에 의한 세입은 어느 한계를 넘으면 그 이상 증가시키기 어려운 특성이 있다. "정치적 산수에서는 2+2가 언제나 4가 되지는 않는다"라는 격언을 이 경우에 적용하면 재치 있으면서도 옳은 말이라고 할 수 있을 것이다. 만약 소비세가 너무 높으면 소비가 감소하고 징세를 피할 것이다. 그 결과 소비세가 타당하고 적절한 범위 안에 제한된 경우보다 국고의 수입은 늘지 않을 것이다. 이것은 소비세 부과로 인해 생기는 시민에 대한 실질적인 억압을 완전하게 막아주는 방벽이 되며, 그 자체가 과세권에 대한 자연적인 한계가 된다.

이런 종류의 세금은 보통 간접세라는 종목에 속하는 것으로 이 나라의 세금 수입의 주요 부분을 장기간 차지할 것이 틀림없다. 주로 토지와 건물에 관한 직접세는 분담 원칙의 기준이 될 것 같고, 토지의 가치 혹은 인구 중 하나가 그 기준에 포함될 수 있다. 농업의 양상과 인구 밀도는 서로 밀접한 관계가 있다고 생각되어 왔다. 그리고 의도된 목적, 즉 분담금 할당에 맞는 기준으로서, 주민의 수는 그 측정에 있어 단순하고 확실하다는 점에서 분담금의 할당 기준으로 선호될 만하다. 모든 나라마다 토지에 대해 가치평가를 하는 일은 엄청나게 힘든 일이다. 완전히 정착이 이루어지지 않았거나 개발이 진행 중인 나라에서는 특히 토지 가치의 평가는 불가능에 가깝다. 어떤 경우라도 정확한 가치평가에 드는 비용은 엄청난 부담이다. 그 특성상 정부의 자유재량에 한계를 설정할 수 없는 과세의 분야에서는, 재량권을 전반적으로 정부에 위임하는 것보다는, 궁극적 목적과 어긋나지 않는 한, 고정된 규칙을 마련하는 것이 거기에 따른 불편을 줄여줄 것이다.

푸블리어스

뉴욕주 시민들에게

기존 연합체제에는 이미 열거한 결함 못지않은 또 다른 중요한 결함들이 있다. 이러한 결함들이 서로 겹쳐 합중국의 운영에 기존 연합체제가 완전히 부적합하다는 것을 보여준다.

통상에 대한 규제권이 없다는 것은 모두 인정하는 연합정부의 결함의 하나이다. 이런 권한의 필요성은 우리가 검토한 내용의 앞부분에서 논의되었기 때문에[1] 이 문제에 대한 일반적인 인식에 대해 여기서 추가할 내용은 별로 없다. 가장 피상적인 관점에서 보더라도 무역 또는 재정의 이익에 관련해서 통상만큼 강력한 연합의 감독을 필요로 하는 대상은 없다. 이런 권한의 결여는 이미 외국 세력과의 유익한 조약 체결에 걸림돌이 되었으며 주들 간에 있어서도 여러 가지 불만이 발생하는 계기가 되었다. 어떤 나라라도 우리의 정치적 연합의 성격에 대해 알고 있다면, 자신의 중요한 특권을 양보하면서 연합과 조약을 체결할 만큼 어리석지 않다. 반면에 그들은 연합 측의 약속이 그 구성원인 주들에 의해서 언제라도 파기될 수 있음을 알고 있고, 또한 자신들의 일시적 편익을 위한 경우를 제외하고는 우리에게 아무런 대가를 지불하지 않아도 미국 시장에서 그들이 바라는 모든 이점을 누릴 수 있다는 것을 경험을 통해서 알고 있다. 따라서 젠킨슨 씨가 두 나라 간의 일시적 통상을 규제하는 법

---

1)　페이퍼 11번 참고.

안을 영국 하원에 제안하면서, 이전 법안의 유사한 조항이 대영제국 통상의 모든 목적을 충족하는 것으로 나타났기 때문에, 미국 정부의 정책이 한층 더 일관성을 갖게 되기 전까지는 이전 법안을 고수하는 것이 신중한 처사일 것이라고 주장했다는 사실은 놀라운 일이 아니다.[2]

여러 주에서 개별적으로 통상에 대한 금지, 제한, 제외 규정으로 영국의 행위에 영향을 미치려고 했으나, 중앙 권위의 부재와 주들 간의 상충되고 상이한 의견들로부터 발생한 불협화음 때문에 현재까지 그런 종류의 모든 시도가 좌절되었으며, 이와 같은 장애가 계속 존재하는 한 성공하기는 어려울 것이다.

연합의 진정한 정신에 어긋나는 일부 주의 간섭적이고 비우호적인 통상 규제는 여러 경우에 다른 주들의 분개와 불만의 원인이 되고 있다. 그리고 중앙의 통제에 의해 규제되지 않는다면 이런 성격의 사례가 늘어나고 확대되어 연합의 각 부분 간 통상을 저해하는 장애가 되고 그와 못지않게 적대감과 불화의 심각한 원인이 될 수 있다. "독일제국의 상업은 여러 군주들과 국가가 자기 영토를 통과하는 상품에 대해 부과하는 갖가지 관세에 의해 계속 속박되어 있다. 이로 인해 독일의 훌륭한 하천과 항해 가능한 강들은 거의 쓸모없게 되었다."[3] 미국 국민은 현명하여 이런 상황이 우리에게 닥치도록 절대 허용하

---

2) 내가 기억할 수 있는 한, 이것이 지난 법안을 소개하는 데 있어 그의 연설의 요지이다. _푸블리어스
   해밀턴은 1783년에 영국 하원에서 시작된 미국과의 통상 법안에 대해 말하고 있다. 그러나 1814년에 출판된 영국 하원의 회의록에는 해밀턴이 인용한 젠킨슨(Charles Jenkinson) 의원의 발언은 포함되지 않았기 때문에 그의 발언에 대한 진위는 밝혀지지 않았다. 젠킨슨은 영국의 정치가로 재정부 장관(Secretary of Treasury)을 지내기도 했으며 백작(1st Earl of Liverpool)의 작위를 수여 받아 호크스베리 경(Lord Hawkesbury)으로도 불린다. Jacob E. Cooke, ed., *The Federalist*(Wesleyan University Press, 1961), 136.

3) 백과사전의 '제국(Empire)'이라는 주제 참고. _푸블리어스
   Denis Diderot and Jean LeRond d'Alembert, ed., *Encyclopédie ou Dictionnaire Raisonné des Sciences, des Arts et des Métiers Adobe gral* (Lausanne and Berne, 1782), XII, 254. 이 백과사전은 프랑스 최초의 백과사전으로 일반적으로 디드로(Diderot) 백과사전이라고도 부른다.

지 않겠지만, 주 정부의 규제가 점차 갈등 양상으로 발전함에 따라 결국에는 각 주의 시민들은 서로를 외국인이나 이방인 정도로만 취급할 수도 있게 될 것이다.

연합규약의 가장 명백한 조항에 의한 군대모집권은 단순히 각 주에 할당된 수의 병력을 요구하는 권한에 불과하다. 최근의 전쟁 경험을 통해서 이 제도는 적극적이고 경제적인 방위체제에 방해가 되는 것으로 밝혀졌다. 이것은 일종의 인간 경매 현상을 초래했다. 할당된 군인의 수를 공급하기 위해 더욱 높은 보상금을 입찰해 몸값은 엄청나게 늘어나고 지급할 수 없는 정도에 이르렀다. 보상금이 증가하리라는 희망으로 입대 등록을 연기하여 복무 의사가 있는 사람들도 상당 기간 종군계약을 하지 않았다. 따라서 가장 긴급한 비상 상황에서도 군대의 소집은 느리고 불충분했으며, 엄청난 모병 비용에도 불구하고 모집된 병력은 적었다.[4] 또한 계속되는 부대 안의 동요로 군기는 흐트러지고, 부대가 해체되어 무질서해진 군인들에 의해 공공 치안은 종종 무방비 상태에 놓이게 되었다. 결국 강압적인 징병도 여러 번 집행되었는데, 그것은 오직 자유에 대한 시민들의 열의가 아니었다면 감내하기 불가능한 것이었다.

이런 할당에 의한 모병 방법은 부담을 공평하게 배분하는 데 도움이 되지 않는 만큼 일률적이지 못한 모병 보상금 제도를 유발해 경제와 그 활력에도 나쁜 영향을 끼친다. 전투 지역에 가까운 주들은 자기 보존의 동기에서 자신의 몫(할당 병력)을 제공하려고 노력하다 보니 그들의 능력 이상으로 병력을

Cooke, *The Federalist*, 137.

4) 연합의회는 1776년부터 병력 모집에 있어서 보상금 문제를 떠안았다. 1776년 1월 19일, 주 정부에 개인 무기를 가지고 입대하는 모든 남성에게 6.33달러의 보상금을 지급하고, 개인 무기 없이 입대하는 남성에게 4달러를 지급하라고 권고했다. 1776년 9월 16일, 의회는 전쟁 중 복무에 동의하는 모든 사병에게 20달러와 토지 100에이커로 보상금을 인상했다. 그러나 전쟁이 길어짐에 따라 주 정부들은 신병의 할당량을 맞추기 위한 수단으로 보상금 경쟁을 하게 되었고, 주마다 매우 창의적인 보상금 제도를 만들었다. 심지어 주 정부들도 보상금에 토지를 추가했으나 병력 부족은 여전히 심각한 상태로 남아 있었다.

충당하는 일도 생기게 되었다. 반면 위험으로부터 떨어져 있는 주들은 대부분의 다른 주들이 열성적인 것과는 반대로 모병에 성의를 보이지 않았다. 병력 할당의 불평등이 주는 직접적인 압박은 분담금을 지불해야 하는 문제와는 사뭇 다르다. 주들은 자신의 분담금이 최종적으로 변제될 수 있는 희망을 가질 수 있지만, 할당된 병력의 부족은 분담금의 경우처럼 나중에 청산할 수 있는 문제가 아니기 때문이다. 그런데 분담금을 체납한 주들이 그것을 갚을 가망이 조금도 없음을 생각한다면, 할당제가 사람이든 돈에 적용되든지 간에 어떤 점에서 보아도 그것은 연합이 어리석은 체제이며, 구성원들 사이에는 불평등하고 불공평한 체제라는 것을 보여준다.

　　모든 주가 동등한 투표권을 갖는 것은 기존 연합의 또 다른 특이한 부분이다. 로드아일랜드주에 대해 매사추세츠주나 코네티컷주 혹은 뉴욕주와 동등한 비중의 대표성을, 전국적 문제의 심의에 있어서 델라웨어주에 대해 펜실베이니아주나 버지니아주, 혹은 노스캐롤라이나주와 대등한 발언권을 주고 있다. 이러한 원칙의 시행은 다수의 지배라는 공화정부의 근본원리에도 모순된다. 이에 대해 궤변론자는, 주권은 모두 동등하므로 주들의 다수가 즉 연합한 아메리카의 다수라고 답할지 모른다. 그러나 이런 종류의 논리적 속임수는 정의와 상식이 명백하게 보여주는 바를 절대 뒤집을 수는 없다. 주들의 다수가 미국 국민의 소수가 될 수도 있다.[5] 그리고 미국 국민의 3분의 2는, 다수와 소수를 주의 수에 의해서만 구분하는 인위적 구분과 미묘한 논리에 설득당해 자신들의 이해관계를 나머지 3분의 1의 손에 오랫동안 맡길 리가 없다. 얼마 후 더 큰 주들은 더 작은 주들이 만든 법의 지배를 받아들여야 한다는 것에 반발할 것이다. 정치적 균형에서 자신의 정당한 중요성이 상실되는 것을 묵인하는 것은 권력에 대한 애착에 무감각한 것일 뿐만 아니라 심지어는 평등에

---

5)　뉴햄프셔, 로드아일랜드, 뉴저지, 델라웨어, 조지아, 사우스캐롤라이나 그리고 메릴랜드주는 전체 주들의 다수이지만, 전체 인구의 3분의 1이 되지 않는다. _푸블리어스

대한 소망마저 희생시키는 일이다. 권력에 무감각한 것은 이성적이지 않으며 평등을 희생하는 것은 정당하지 않다. 작은 주들은 모든 주의 결속[6]에 자신들의 안전과 복지를 의존할 수 있는 것이 얼마나 특별한 일인가를 잘 고려하여 이런 결속의 지속에 치명적일 수 있는 동등한 투표권을 기꺼이 포기해야 한다.

이 주장에 대해, 가장 중요한 사항의 결의에 대해서는 7개 주가 아니라 9개 주 또는, 전체 주의 3분의 2가 동의해야 한다는 반대가 있을 수 있다.[7] 따라서 9개 주는 언제나 연합의 다수가 된다는 추론이다. 그러나 이것은 규모와 인구에 있어 동등하지 않은 주들에게 동등한 투표권을 주는 부당함을 해결하지 못하며, 이 추론도 사실에 비추어 정확하지도 않다. 왜냐하면 9개 주의 인구가 전체 인구의 다수가 되지 않을 수 있으며, 나아가 이 9개 주들이 표결에서 이길 수 있는 경우가 헌법적으로 가능하기 때문이다. 또한 근소한 차이의 과반수에 의해서도 상당히 중요한 문제가 결정될 수 있다는 것이다. 더욱이 만약 사안들이 7개 주의 표로 결정하기에 충분하다고 해석된다면 가장 중대한 이해관계까지 그 결정 방식이 적용될 수 있다는 의구심도 생길 수 있다. 더군다나 주의 수가 증가할 가능성이 있는 데도, 그에 비례하는 득표 비율의 증가에 관한 조항이 없다는 것도 주목할 만하다.

그러나 이것이 전부가 아니다. 처음에는 치료제로 보이는 것이 사실상 독약이다. 소수에게 다수에 대한 거부권을 주는 것은 한 결정에 대해 과반수가 필요한 경우에 언제나 그렇듯이 그 성향에 있어서 다수의 의견을 소수의 의견에 종속시키는 것이다. 몇 개 주들의 불참으로 인해 연합의회는, 단 한 표의

---

6) 원문에서는 연합, 합중국, 혹은 연방을 의미하는 'the Union''이 아닌 'union'이다.

7) 연합규약 제9조에는 구체적으로 열거된 사항의 결정에는 9개 주, 즉 전체 주의 3분의 2의 동의가 필요하고, 그 밖의 사항의 결정에는 과반수, 즉 7개 주 이상의 동의가 필요하다고 규정되어 있다. 한편, 연합규약을 수정하는 데는 13개 주의 만장일치에 의해서만 가능하다고 제13조에 규정하고 있다.

부족으로 인해 그들의 모든 의회 활동이 빈번히 중단된 폴란드 의회와 같은 상황에 처하곤 했다. 즉 델라웨어주와 로드아일랜드주를 합한 정도 즉, 연합의 60분의 1에 지나지 않은 부분이 여러 번 연합 전체의 운영을 중단시키곤 했다. 이것은 이론에만 치중한 나머지 현실에서는 반대의 결과를 가져온 실례 중 하나이다. 공공 단체에서 만장일치 또는 그것과 비슷한 결정 방법이 필요한 이유는 그것이 안전에 기여할 것이라는 가정 때문이다. 그러나 그러한 방법은 사안에 관한 결정을 이끌어내기가 매우 어렵다는 점 때문에 현실에 적용되면 행정을 마비시키고 정부의 활력을 파괴하게 된다. 그리고 그것은 다수의 정당한 절차에 의한 심의와 결정을, 하찮고 혼란스럽거나, 부패한 자들의 타락, 변덕 또는 술책으로 대체해 버린다. 좋은 정부인지 나쁜 정부인지, 강한 정부인지 약한 정부인지가 매우 중요하게 부상되는 국가적 비상시에는 일반적으로 국가는 일단 행동을 취해야 할 필요가 있다. 공무는 어떤 식으로든 계속 진행되어야 한다. 만일 그것을 수행하는 가장 좋은 방법에 대해 완고한 소수가 다수의 의견을 지배할 수 있다면, 다수는 어떤 일이 수행되도록 하기 위해서는 어쩔 수 없이 소수의 의견을 따를 수밖에 없다. 그리하여 소수의 의견이 다수를 지배하게 되고, 국가의 의사 진행에 대한 하나의 기조를 만드는 결과를 낳을 수 있을 것이다. 그 결과는 결정의 연기, 계속되는 협상과 음모, 공익에 대한 비열한 타협으로 나타난다. 그러나 이 같은 연합규약 체제에서는 그런 타협이라도 이루어지면 다행이다. 왜냐하면 어떤 경우에는 타협의 여지가 없어지고, 정부의 시책은 정체되어 빛이 바래거나 치명적인 실패로 끝나기 쉽다. 필요한 찬성표를 확보하지 못해 정부는 이따금 정지 상태에 머물게 된다. 그런 상태가 바로 약한 정부에 항상 나타나는 특징이고 이로 인해 때때로 무정부 상태에 바짝 다가서게 된다.

이런 만장일치나 그에 준하는 원칙은, 다수에 결정권을 주는 것보다 오히려 국내의 파벌과 외세로부터의 매수에 더 많은 기회를 준다는 사실을 쉽게 알 수 있다. 그럼에도 사람들은 그 반대일 것이라 생각했고, 이런 착각은 특정한 위기 상황에서 정부의 업무 진행을 가로막음으로써 발생할 수 있는 폐해에 당연히 필요한 배려와 주의를 기울이지 않는 데서 시작되었다. 어떤 국가적 행위를 시행할 때 헌법상 다수의 동의가 필요하도록 규정되어 있으면, 불합리한 일이 일어날 가능성이 별로 없다는 생각에 모든 것이 안전하다고 생각하고 마음을 놓곤 한다. 그러나 정작 필요한 행동을 저해하고 특정 시기에 공교롭게 닥치게 된 일들을 불리한 상태로 계속 방치하려는 세력 때문에 얼마나 많은 유익한 것을 놓치고 많은 나쁜 일들이 생길 수 있는지를 우리는 잊고 있다.

예를 들어, 우리가 다른 나라와 동맹하여 어떤 나라와 전쟁을 하고 있다고 가정해 보자. 우리는 형편상 평화를 원하는데도, 우리의 동맹국은 자신의 이익이나 야심 때문에 전쟁을 계속 추구하는 상황에서 우리가 적국과 별개의 타협을 충분히 할 수 있다는 생각을 할 수도 있다. 이런 상황에서 그들은 우리가 적국과 강화를 맺지 못하도록 뇌물과 책략으로써 우리 정부의 손을 묶어 놓는 것이 훨씬 쉽다는 것을 알게 된다. 왜냐하면 단순 과반수의 원칙으로 충분히 결정될 수 있는 강화 의결에 있어 우리의 경우에는 전체 투표의 3분의 2가 필수적이기 때문이다. 즉, 단순 과반수의 원칙의 경우 적어도 7개 주를 매수해야 하지만, 전체의 3분의 2 동의의 원칙에서는 5개 주만 매수하면 강화 결의를 막을 수 있기 때문이다. 똑같은 원칙으로 우리와 전쟁 중인 외세가 우리 의회를 혼란시키고 우리의 전쟁 수행을 방해하는 것이 훨씬 수월해진다. 이런 점에서, 상업적 관점에서도 우리는 이와 비슷한 불리한 위치에 놓이게 될 수 있다. 즉, 우리와 통상조약을 맺고 있는 나라는, 그 나라의 통상 경쟁국과 우리가 관계를 맺는 것이 우리에게 매우 유익한 것이라 해도 그것을 쉽게 방해할 수 있을 것이다.

이런 결함은 상상 속에 있는 것으로만 생각해서는 안 된다. 여러 이점에도 불구하고 공화국의 단점 중 하나는 그것이 외국에 의해 쉽게 매수된다는 점이다. 세습 군주는 흔히 자신의 야망 때문에 국민을 희생시키는 성향은 있지만, 국가의 대외적인 명예에 대한 개인적 이해관계가 많기 때문에 어떤 외세라도 군주가 국가를 배반함으로써 잃는 것만큼의 보상을 제시하기가 쉽지 않다. 따라서 다른 종류의 군주의 변절 사례는 많이 있지만 이런 종류, 즉 군주의 국가에 대한 배신행위는 세계적으로 찾아보기 힘들다.

공화국에서 그들 동료 시민들의 투표로 영예로운 지위와 높은 지위에 오른 사람들은, 고매한 덕성에 의해 행동하는 사람을 제외하고는, 시민들의 믿음에 대한 배신을 무릅쓰고 얻는 대가, 즉 뇌물이 그들의 직무에 대한 보상보다 비교가 안 될 정도로 크다고 생각할 수 있다. 역사는 공화정부 내에 외국으로부터의 매수가 성행하는 많은 뼈아픈 사례를 우리에게 보여주고 있다. 이런 현상이 고대 공화국의 파멸에 얼마만큼 기여했는가는 이미 설명되었다.[8] 네덜란드 연합의 대표들이 여러 번 인접 왕국들의 사절에 의해 매수되었다는 것은 잘 알려진 사실이다. 체스터필드 백작[9]은 (내 기억이 옳다면) 왕실에 보낸 편지에서, 중요한 협상에서 성공의 여부는 그가 군주의 사절단 중 어느 한 명에게 바칠 뇌물을 확보할 수 있느냐에 달려 있다고 암시하고 있다. 그리고 스웨덴에서는 당파들이 번갈아 가며 프랑스와 영국에 의해 너무도 염치없고 추하게 매수되어 전국적으로 국민의 혐오감을 자극했다. 그리고 이것은 유럽에서 가장 제한된 권한을 가졌던 군주[10]를 하루아침에 소요도 폭동도 반항도 없이 가장 전제적인 절대군주로 만든 주요 원인이었다.

기존 연합체제의 가장 큰 결점은 아직 언급되지도 않았다. 사법권의 부재가 그것이다. 법률이란 그 올바른 의미와 효력을 해석하고 결정하는 법원이

---

8) 페이퍼 18, 19, 20번 참고.

9) 체스터필드 백작 4세(Philip Dormer Stanhope 1694~1773) 영국의 정치가이자 외교관. 네덜란드 헤이그에서 영국특사로 4년간 있었다(1728~1732). 이후 다시 네덜란드에 파견되어 네덜란드로 하여금 오스트리아 왕위 계승 전쟁에 참여하도록 하는 데 설득해 성공시키기도 했다.

10) 스웨덴의 구스타브 3세(Gustav III 1746~1792)는 1771년에 왕위를 계승했으나 당시의 왕권은 매우 취약했다. 그러나 그는 1772년 강압적인 혁신을 통해 권력을 장악하고 의회의 권한을 대폭 축소시키면서 왕권을 강화하는 새로운 헌법을 제정했다. 구스타프 3세는 왕권의 강화를 통해 언론의 자유, 종교적 관용, 화폐개혁, 자유무역 촉진 등의 많은 업적을 남겼다.

없다면 생명이 없는 문서에 불과하다. 합중국의 조약들이 어떤 강제력을 발휘하기 위해서는 그 조약들을 국법의 한 부분으로 간주해야 한다. 조약의 개인에 대한 효력은 다른 모든 법률과 마찬가지로 사법적 결정에 따라 명확해져야 한다. 이런 결정이 일관성을 갖기 위해서는, 조약은 최종적으로 단일의 최고법원에 맡겨져야 한다. 그리고 이 법원은 조약을 체결하는 권위와 동등한 권위 아래 설립되어야 한다. 이 두 권위는 분리될 수 없다. 만약 각 주마다 최종적 권한을 가진 법원이 있다면, 동일 사항에 대해 법원 수만큼 서로 다른 최종 결정이 있을 수 있게 된다. 인간의 의견에는 끝없이 많은 차이가 있다. 우리는 법원들 사이뿐만 아니라 같은 법원의 판사들 사이에서도 서로 의견을 달리하는 경우를 흔히 본다. 여러 독립된 법원들의 상반되는 결정으로 인해 불가피하게 발생하는 혼란을 피하기 위해, 모든 국가는 나머지 법원들에 대해 최고의 권위와 포괄적인 사법 감독권을 가지고, 최종적으로 시민 정의의 일관된 규칙을 처리하고 선언하도록 위임된 하나의 대법원을 설립하는 것이 필요하다는 사실을 깨닫게 되었다.

대법원은 정부의 조직이 너무 복잡하게 중복되어 전체의 법(연방법)이 각 지역의 법(주의 법)에 의해 침해될 위험에 놓이게 될 경우에 더욱 필요하다. 이런 경우 만약 각 주의 특정 법원에 최종적 사법집행권이 부여된다면, 의견 차이로부터 예측되는 모순 외에도 지역적 견해나 편견에 의한 엇갈린 의견, 그리고 지역적인 규제의 간섭으로 인해 우려할 만한 일이 많아질 것이다. 이러한 간섭이 발생할 때마다 지역 법률(주의 법)의 조항이 연방법의 조항보다 우선하게 되는 것이 염려된다. 왜냐하면, 공직자들은 그들을 공직에 임명한 권력에 대해 특별한 복종심을 가지는 것이 자연적인 현상이기 때문이다.

기존의 헌법인 연합규약 아래 합중국의 조약들은, 서로 다른 13개의 입법부와 이런 입법부의 권한 밑에 있는 13개의 최종 사법재판소의 개입을 피하기 어렵다. 따라서 전체 합중국의 신뢰, 평판, 평화는 끊임없이 그것을 구성하는 주들의 편견, 감정, 이익에 희생되곤 한다. 외국이 이런 정부를 존중하거나 신임할 수 있는가? 미국 국민이 이렇게도 위태로운 기반 위에 그들의 믿음, 행복, 안전을 앞으로도 계속 맡기고 싶어 하겠는가?

연합에 대한 이런 검토에서, 나는 연합의 가장 중요한 결함을 밝히는 데 전력했다. 연합에 속한다고 여겨졌던 권력의 많은 부분마저도 무능하게 만들어 버린 세부 사항의 결함까지는 다루지 않았다. 기존의 잘못된 선입견에서 과감히 벗어날 생각이 있는 사람이라면 이 기존 연합체제는 극단적인 결함을 가진 불완전한 체제이기 때문에 개정으로 해결될 문제가 아니라 그것의 가장 특징적인 형태와 성격을 전면적으로 바꾸지 않으면 개선의 여지가 없다는 것을 분명히 판단할 수 있을 것이다.

현재의 의회조직은 연합에 위임된 권력을 행사하기에는 전적으로 부적절하다. 단원의 의회가 지금까지 연합정부에 위임되어 온 빈약한 아니 오히려 제한된 권한을 수용하는 데는 적당할지 모른다. 하지만 제안된 헌법의 중용적이고 합리적인 반대자들마저도 인정하는 합중국의 추가적인 권력을 단원의 의회에 맡기는 일은 효율적인 정부의 모든 원칙에 부합하지 않는다. 만약 새헌법이 채택되지 못하고, 합중국의 해체로부터 개인적 권력 확대를 노리고자 하는 자들의 야심으로부터 합중국의 필요성이 견지될 수 있어야 한다면, 아마 우리는 현재 구성되어 있는 의회에 추가적인 권한을 위임해야 하는 과제에 직면하게 될 것이다. 이 기구는, 그것을 지탱시키기 위한 우리의 잘못된 판단에서 비롯된 노력에도 불구하고 그 구조의 본질적인 무기력함으로 인해 산산조각이 나거나, 또는 반대로 필요의 충동에 자극받아 영향력과 세력을 확대해 갈 수 있을 것이고, 그 결과 주권국의 가장 중요한 특권이 단일 기구(단원제 의회)에 집약될 것이다. 따라서 인간의 욕망이 고안해 낸 가장 저주할 만한 형태의 정부를 우리의 후손에게 남겨 주게 될 것이고, 그 결과 새헌법의 반대자들이 피하려는 척하거나 혹은 피하고자 하는 바로 그 전제정[11])을 실제로 야

---

11) 안티-페더럴리스트들의 새헌법에 대한 반대 이유 중 하나는 중앙정부(연방정부)에 권력이 집중되

기하게 될 것이다.

기존 연합체제가 국민의 비준을 받지 않았던 사실은 그 체제가 허약할 수밖에 없는 이유 중 하나이다. 여러 주의 입법부의 동의에 의해 세워진 이 체제는 그 권력의 유효성에 대해 빈번하고 복잡한 의문을 불러일으켰으며, 어떤 경우에는 입법부의 폐지라는 엄청난 주장까지 등장하게 되었다. 연합체제가 주들의 법률에 따라 비준되었기 때문에, 같은 권한에 의해 연합체제를 폐지할 수 있다는 이론도 나왔다. 계약의 당사자가 그 계약을 파기할 권리가 있다는 주장이 아무리 혐오스러운 해석이라 해도, 이 이론 자체는 존경받는 사람들 사이에서도 지지를 받고 있기도 하다. 이런 종류의 문제 제기가 가능하다는 것 자체가, 우리의 중앙정부의 토대가 단순한 대표들의 동의보다 더 깊고 튼튼한 기반 위에 기초해야 할 필요성을 증명해 준다. 아메리카 제국의 구조는 국민의 동의라는 굳건한 기초 위에 설립되어야 한다. 국가권력은 모든 합법적 권한의 순수한 원천에서부터 시작되어야 한다.

푸블리어스

어 그 결과 전제정의 위험이 있다는 것이다.

THE FEDERALIST No. 23

≪뉴욕 패킷≫, 1787년 12월 18일 　　　　　　　　　　　　　　알렉산더 해밀턴

뉴욕주 시민들에게

이제 우리는 합중국의 보존을 위해 적어도 제안된 것만큼의 강력한 헌법이 필요하다는 점을 검토하고자 한다.

　이런 검토는 자연스럽게 세 부분으로 나뉜다. 연방정부가 성취해야 하는 목적, 그러한 목적을 성취하는 데 필요한 여러 권한, 그 권한 행사의 대상이 되는 사람들이다. 이 권한의 분배와 조직에 대해서는 다음 페이퍼에서 좀 더 관심을 가지고 다루도록 하겠다.

　연방이 성취해야 할 주요 목적들은 다음과 같다. 연방 구성원인 각 주의 공동 방위, 내부적 혼란과 외부의 공격 및 국내의 소요에 대한 공공안전의 유지, 외국과의 통상 및 주 간의 통상에 대한 규제, 외국과의 정치적 그리고 상업적 교류에 대한 감독이다.

　공동 방어를 위해 필요한 권한은 다음과 같다. 육군의 소집, 함대의 구축 및 무장, 육군과 해군 관리규칙의 제정과 작전의 지휘, 그리고 그들의 유지를 위한 재정적 조치이다. 이러한 권한은 제한 없이 계속 유지되어야 한다. 왜냐하면 국가적인 위기에 있어서 그 범위와 종류 그리고 그런 위기를 극복하는 데 필요하다고 생각되는 수단의 적절한 범위와 다양성을 예측하고 정의하는 일은 불가능하기 때문이다. 국가의 안보를 위태롭게 할 수 있는 상황은 무한하고, 이런 이유로 국민의 안전을 위해 위임된 권한에 어떠한 헌법적 구속을 강요하는 것은 옳지 않다. 이런 권한은 국민의 안전을 위협하는 모든 가능한

상황에도 동일하게 적용되어야 하며 공동 방어를 통할하도록 지정된 바로 그 기관, 즉 연방의회의 지시를 받아야 한다.

이것은 옳고 편견이 없는 사람들에게는 자명한 진리이며, 여기에 대한 어떤 논쟁과 추론도 이 진리를 더 애매하게만 만들 뿐이다. 그것은 보편적인 만큼 단순한 원칙에 근거하고 있다. 수단은 목적에 상응해야 하며, 목적을 성취할 수 있을 것이라고 기대되는 사람들은 그것을 위한 수단을 소유하고 있어야 한다.

첫 번째 논의의 대상은 공동 방어의 임무를 위임받은 연방정부가 존재해야 하는가의 문제이다. 이 문제가 일단 긍정적으로 결정되는 순간, 정부는 이 임무를 온전히 수행하는 데 필요한 모든 권한을 부여받아야 한다. 만일 공공의 안전에 영향을 미치는 사태가 어떤 한정된 범위 내에만 국한될 것처럼 보이지 않거나, 또는 이에 반대되는 견해가 공정하고 합리적으로 주장될 수 없다면, 다음과 같은 필연적인 결론을 내릴 수 있다. 즉, 사회의 방위와 보호를 위한 권력에 대해서는 연방 군대의 구성, 통솔, 혹은 지원에 필수적인 어떤 사안에 대해서도 제한이 있을 수 없다는 것이다.

기존의 연합규약이 결점 투성이임이 밝혀졌지만, 그것을 제정한 사람들도 이런 원칙을 충분히 인식했던 것으로 보인다. 하지만 이 원칙의 실행을 위해 적절하거나 충분한 대책은 만들지 않았다. 연합의회는 병력과 자금의 징발을 요구할 수 있고, 육군과 해군을 통솔하고, 그들의 작전을 감독하고 지휘할 수 있는 무제한의 재량권을 가지고 있다. 연합의회의 징발은 주에 대해 헌법적 강제력을 가지고 있고, 각 주는 그들에 요구된 인력과 자금을 제공할 숭엄한 의무를 가지고 있다. 따라서 합중국은 "공동 방어와 공공복지"[1]를 위해 필요하다고 판단되는 모든 자원을 요구할 수 있다는 것이 명백한 의도였다. 각 주가 그들의 진정한 이익을 자각하고 선의를 따른다면 연합 구성원으로서

---

1) 연합규약 제8조의 규정이다.

연합정부에 대한 의무의 엄수가 충분히 보장될 것이라고 추정되었다.

그러나 실제 실험에 의하면 이런 기대는 근거 없는 환상이었다. 그리고 내 생각으로는, 공정하고 판별력 있는 사람들은 전 페이퍼에서의 관찰을 통해 연합체제의 첫 번째 원칙을 전반적으로 변경하는 것이 절대적으로 필요하다는 사실을 확신했을 것이다. 만약 우리가 진실로 합중국에 활력과 지속성을 부여하고자 한다면, 우리는 시민 개인이 아닌 집합체로서의 주를 대상으로 하는 입법, 즉 미국 시민 개인에게까지는 그 효력이 미치지 않는 입법이라는 무익한 기획을 포기하고 연방정부의 법률이 미국의 개별 시민에게까지 미치도록 확장해야 한다. 또한 우리는 각 주에 대한 할당제와 징발이라는 그릇되고 비현실적이며 불공정한 계획을 모두 버려야 한다. 이러한 변화의 결과는 합중국이 다른 정부가 시행하고 있는 관례적이며 일반적인 방법으로 군대를 소집하고, 함대를 구축하고 무장시키며, 육군과 해군을 조성하고 유지하는 데 필요한 권한을 가지게 되는 것이다.

만약 우리의 상황이 독자적인 단일 중앙정부보다는 복합적인 연합정부를 요구한다면, 아직 조정되지 않은 필수적인 사안이 남아 있다. 그것은 정부의 다른 지역 혹은 부분, 즉 중앙정부(연방정부)와 주 정부에 귀속되는 권력을 가능한 한 분류하고, 각자가 그 수행을 위임받은 목적을 달성하기에 충분한 권한을 부여해야 한다는 것이다. 연방이 공동 안전의 수호자가 되어야 하지 않겠는가? 이 목적을 위해 함대와 군대와 자금이 필요한가? 새 연방정부는 이와 관련된 모든 법률과 규정을 제정할 수 있는 권한을 가져야 한다. 통상에 대해서도, 그리고 연방의 관할에 속하는 모든 사안에 대해서도 같은 경우가 적용돼야 한다. 같은 주의 시민들 사이의 재판은 지방정부들의 합당한 소관인가? 지방정부는 이 목적과 관련된 모든 권한을 소유해야 한다. 또한 지방정부의 특정한 승인과 지시에 맡겨진 다른 어떤 목적에 대해서도 마찬가지다. 어떠한 경우에도 그 목적에 상응한 정도의 권한을 부여하지 않는 것은 신중함과 정당성의 가장 분명한 규칙을 위반하는 것이며, 국가의 중대한 이익을 적극적이면서도 성공적으로 처리할 수 없는 사람들에게 무모하게 위임하게 되는 것이다.

공공의 안전을 수호하는 조직, 즉 연방정부야말로 공공의 방위에 적합한 대책을 마련하기에 적합한 조직일 것이다. 그 조직은 정보의 중심부로서 급박한 위험의 정도와 범위를 가장 잘 이해하며, 전체의 대표로서 모든 부분의 보존에도 가장 깊은 관심을 가질 것이다. 또한 그 조직은 맡겨진 의무에 따르는 책임감으로 인해 적절한 권한 행사의 필요성을 가장 분별 있게 판단할 것이다. 그런 조직만이 모든 주에 그 권위를 확장함으로써 공동의 안전이라는 목표를 달성하는 데 필요한 계획과 수단을 일관성 있게 확립할 수 있을 것이다. 그러나 전반적인 방위의 책임을 연방정부에 위임하면서 그 방위를 구성하는 데 필요한 실질적인 권한을 주 정부에 맡기면 그것은 명백한 모순이 아닌가? 이러한 경우의 결과는 연방과 주 정부 사이의 협력의 결여를 초래할 것이 분명하다. 그리고 전력의 약화, 무질서, 전쟁의 부담과 재해의 불공평한 분포, 불필요하고 견딜 수 없을 만큼 지나친 비용증가는 당연하고도 필연적인 부수물이 아니겠는가? 우리가 얼마 전 이루어낸 미국 혁명(독립전쟁)의 과정에서 이러한 제도의 결과를 확실하게 경험하지 않았는가?

공정하게 진리를 추구하는 사람으로서 이 주제를 어떤 측면에서 보아도, 연방정부에 운영을 위임하는 모든 목적에 있어, 그것에 대해 무제한의 권한을 부여하지 않는 것은 어리석고 위험한 것임을 우리는 납득할 수 있다. 연방정부가 필요한 권한을 위임받기에 과연 안전하게 조직되었는지에 대해 국민들은 항상 빈틈없고 주의 깊은 관심을 가져야 하는 것은 당연하다. 우리의 검토를 받기 위해 제안되었거나 제안될 수 있는 계획이, 선입견 없는 냉철한 검토를 만족시키지 못한다면 거부되어야 마땅하다. 자유로운 국민 누구라도 모든 필요한 권한을 위임할 정부의 헌법이 부적당하다고 판단한다면, 그런 정부는 국익을 맡기기에는 불안전하고 부적절한 보관소에 지나지 않게 될 것이다. 만약 국민의 이익을 믿고 맡길 만한 정부라면, 그에 합당한 권한 또한 안전하게 맡길 수 있을 것이다. 이것이 바로 이 문제에 대한 모든 정당한 추론에서 나온 진실된 결론이다. 그리고 헌법회의에서 제안된 헌법안에 반대하는 사람들은 제안된 정부의 내부구조가 국민의 신임을 받을 만한 가치가 없다는 것을 증명하는 데만 전념했어야 했다. 그들은 권력의 범위에 대한 종잡을 수 없는 선동적인 열변이나 무의미한 트집에서 벗어나야만 했다. 연방의 권한은 연방정부의 운영, 또는 다른 말로 해서 우리의 국익을 관리하는 일에 비해서는 그렇게 광범위한 것은 아니다. 또한 그 권한들이 비난받을 정도로 과다하다는 것을 보여주기 위한 어떤 만족할 만한 논증도 없다. 반대자들을 옹호하는 글을 쓴 몇몇 사람들이 암시했듯이, 어려움은 사안의 성격상 발생하는 것이며, 이 나라가 너무 방대하기 때문에 그러한 과다한 권력을 안심하고 위임할 수 있는 정부를 구성할 수 없다는 것이 옳다면, 우리는 시야를 축소해 보다 실현 가능한 범위 내에서 운영될 수 있는 개별 연합국이라는 편의적인 수단에 의지해야 할 것이다.[2] 왜냐하면 적절하고 효율적인 운영에 필수 불가결한 권한도 가지지 않은 정부에 정작 가장 중요한 국익의 관리를 맡긴다는 것은 너무도 노골적으로 불합리한 모순이기 때문이다. 이런 모순과 타협하려 하기보다는 차라리 합리적인 대안을 기꺼이 받아들이도록 하자.

　　나는 합중국 전체를 아우르는 포괄적인 단일 체제의 형성이 실현 불가능하다는 것을 입증할 수는 없다고 생각한다. 이런 불가능성에 대해 어떤 비중 있는 주장이 제시된 적이 있었다면, 나는 큰 실수를 범하는 것이다. 그리고 나는 이 페이퍼들에서 고찰한 바를 통해, 장차 일어날 수 있는 어떤 일이라도 내

---

2)　서문에서 이미 언급했듯이, 『페더럴리스트 페이퍼스』의 내용들은 이렇게 계속 반복되는 특징이 있다. 1번부터 계속해서 읽는 경우 반복되는 내용이 너무 많아 때로는 지루해지는 면이 없지 않다. 이 페이퍼들은 처음부터 책으로 출판된 게 아니라 신문에 한 편씩 연재되었기 때문에 독자들은 그 내용에 익숙하지 않은 경우가 훨씬 많았다. 이런 이유로 저자들은 반복해서 주장을 펴나갈 수밖에 없었다. 덧붙여, 신문에 한 편씩 기고되었던 페이퍼들의 목적은 새헌법의 채택에 대한 뉴욕주 일반 시민들의 지지를 이끌어내기 위한 목적에 맞춘 홍보 내지는 선전의 성격이었다는 것도 염두에 두어야 한다.

다 볼 수 있는 분명한 빛 아래 그와 반대되는 입장을 충분히 보여주었다고 감히 자부한다. 어떤 경우에도, 나라의 광대함에서 초래되는 어려움 그 자체가 강력한 정부의 필요를 설명하는 강력한 논거라는 것은 분명하다. 왜냐하면, 다른 종류의 어떤 정부도 이렇게 큰 합중국을 절대 보존할 수 없기 때문이다. 만약 헌법을 채택하는 것에 반대하는 사람들의 주장을 우리의 정치적 신조의 기준으로서 수용한다면, 우리는 현재 연합의 모든 범위를 포괄하는 하나의 국가 체제를 만드는 것은 불가능하다고 예언하는 암울한 신조를 옳다고 할 수밖에 없다.

푸블리어스

THE FEDERALIST　　　　No. 24

≪인디펜던트 저널≫, 1787년 12월 19일　　　　　　　　알렉산더 해밀턴

뉴욕주 시민들에게

연방정부에 위임될 것으로 제안된, 연방군의 설립과 지휘에 관련된 권한에 대해서 나는 단 하나의 구체적인 반대의견에 부딪혔다. 내가 올바르게 이해하고 있다면 그 반대의견이란 평화 시에 상비군의 존재를 금지하는 마땅한 규정이 없다는 것이다. 앞으로 내가 살펴볼 그 반대의견은 빈약하고 비현실적인 근거에 바탕을 두고 있다.

　　이 반대의견은 가장 애매하고 추상적인 형식이고, 심지어는 의견에 대한 이론적 지지도 없으며, 단지 무모한 주장에 지나지 않는다. 또한 다른 자유 국가의 관습과, 현존하는 대부분 주의 헌법에 표현되어 있는 미국의 일반 정서에도 모순된다. 고려 중인 반대의견이, 평시의 상비군 유지에 관한 국가의 입법권을 제한할 필요가 있다고 주장하고 있음을 생각해 보면, 이것은 한두 개 주의 헌법 이외에 나머지 모든 주가 거부한 일찍이 들어보지도 못한 원칙이다.[1]

---

[1]　해밀턴은 새헌법이 평화 시의 상비군을 허용한다는 것을 인정한다. 그러나 군대소집의 권한이 행정부가 아닌 국민에 의해 선출되는 입법부에 있기 때문에 국민의 자유가 침해당할 가능성이 없어 전혀 위험하지 않다는 것을 이 페이퍼에서 강조하고 있다. 당시 미국인들의 상비군에 대한 정서는 현재와는 사뭇 달랐다. 영국을 포함한 유럽에서의 전제정과 군주의 사병 소유 등의 역사적 경험을 이어받은 미국인들은 평시의 상비군의 존재에 대해 매우 부정적이었다. 왜냐하면 권력이 남용될 경우 평시의 상비군은 국민의 자유를 침해하는 데 오용될 수 있기 때문이다. 따라서 당시의 연합체제에서도 2개 주는 평시 상비군의 유지를 확실하게 금지하고 있었고 나머지 주들은 대부분 입법부

우리 정치에 대한 문외한이 현시점에서 헌법회의에 의해 발표된 계획을 처음으로 우리 신문에서 읽게 된다면, 자연스럽게 다음 두 결론 중 하나에 이르게 될 것이다. 즉 평시에도 상비군이 유지되어야 한다는 명확한 지시를 포함하고 있거나 군대 소집의 전권을 어느 형태로든 입법부의 통제하에 두지 않고 행정부에 부여한다는 것이다.

그 문외한이 나중에 그 헌법안 자체를 정독해 본다면, 두 결론 중 어느 것도 사실이 아니라는 것을 발견하고 놀라워할 것이다. 즉, 군대를 소집하는 권한은 행정부가 아닌 입법부에 있고 게다가 이 입법부는 시민들에 의해 정기적으로 선출되는 대표들로 구성된 대중적 조직이며, 입법부가 상비군을 지지하는 것으로 그가 생각했던 조항 대신 입법부의 재량에도 중요한 제약이 있다는 것을 발견하게 될 것이다. 그것은 입법부의 군대를 유지하기 위한 세출 승인은 2년의 기간을 초과하지 못하게 되어 있다는 것이다.[2] 이 예방 수단을 더 면밀히 검토해 보면, 명백한 필요 없이는 병력을 유지하는 것에 대한 중대하고 현실적인 안전장치임을 알 수 있을 것이다.

첫 추측에 실망해서, 내가 언급한 그 가공의 인물은 한 걸음 더 나아가 신

에 상비군 금지 권한을 부여는 하고 있었지만 실제로는 금지한 사례가 없었다. 새헌법의 평시 상비군의 허용은 어쨌든 미국인들의 정서에는 잘 맞지 않았고 또 거기에 대한 반대 세력이 있다는 것을 해밀턴은 잘 알고 있었다. 그는 당시 연합체제에서도 실제로는 평시 상비군을 금지한 예가 주 정부 차원에서 거의 없었고, 연합정부에는 더구나 어떠한 제약도 없기 때문에, 그것은 상비군을 허용하는 것과 마찬가지이고 따라서 새헌법의 상비군 허용 조항하고는 전혀 다를 바가 없다고 설득하고 있다. 이러한 실례를 토대로 그는 이 새헌법의 조항에 반대하고 비난하는 자들은 대중을 속이거나 오도하고 있다고 주장하고 있다.

2) 아메리카 합중국 헌법 제1조 8절 12항. 이 조항은 미국이 강대국으로 점점 부상함에 따라 평시 상비군의 존재가 필수적으로 되어 사실상 상비군에 대한 의회의 권한을 제한하는 규정(상비군의 유지를 위한 경비의 지출은 2년을 초과하지 못한다)은 의미가 없다고 보아야 한다. 아메리카 합중국 헌법은 조(article)와 절(section), 그리고 절의 밑은 구절(clause)의 단계로 이루어져 있지만 구절에는 번호가 없어 편의상 번호를 붙여 '항'이라고 부르기로 한다. 부록의 아메리카 합중국 헌법 전문과 수정 조항도 이런 방식을 적용했다. 부록의 아메리카 합중국 헌법 참고.

문 지상에서 읽을 수 있는 이런 모든 격렬하고도 비장한 헌법안에 대한 반대에는 반드시 그럴듯한 구실이 있을 거라고 자연스럽게 혼잣말을 할 것이다. 자신의 자유를 너무도 열망하는 이 나라의 국민들이, 그들이 이전에 만든 다른 모든 주의 헌법에서는 이 문제에 대한 가장 정확하고 엄격한 예방책을 포함시켰으나, 새로운 헌법안에서는 그 부분이 누락되어 이렇게 다들 불안해하고 또 항의하는 것이 틀림없다고 생각할 것이다.

만약 이런 느낌을 가지고 그 문외한이 여러 주의 헌법을 계속 검토하게 된다면, 그중 오직 두 개 주만[3] 평시 상비군 금지 내용을 포함하고 있고, 나머지 11개 주는 이 문제에 대해 아무런 언급조차도 없거나, 상비군의 존재를 승인할 수 있는 입법부의 권한을 명시적으로 인정하고 있다는 사실에 무척 실망하게 될 것이다.

그래도 그는 평시에 상비군을 허용하는 이 조항에 대한 비난에는 어떤 그럴듯한 근거가 있으리라 믿고 싶을 것이다. 아직 모든 정보를 다 찾아보기 전이지만 그는, 이런 조항에 반대하는 자들이 대중을 속이려는 고의적인 의도에서든지, 아니면 순수하다기보다는 무절제하고 과다한 열의에서든지, 쉽게 잘 믿는 대중들을 한번 떠본 것이라는 사실을 상상조차 하지 못할 것이다. 어쩌면 그는 그가 찾는 예방책을 주 정부 간의 최초의 계약인 연합규약에서 찾을 가능성이 있다고 생각할 수 있다. 드디어 여기서 그는 수수께끼를 풀어줄 해

---

3) 이것은 출간된 주 헌법 모음집에서 인용했다. 펜실베이니아주와 노스캐롤라이나주의 헌법은 평시 상비군을 다음과 같이 금지하고 있다. "평시 상비군은 자유에 위험하므로 유지되지 않아야 한다." 이것은 사실 금지라기보다는 경고이다. 뉴햄프셔, 매사추세츠, 델라웨어 그리고 메릴랜드주의 헌법도 각자의 권리장전에 그와 같은 취지의 조항을 가지고 있다. "상비군은 자유에 위험하기 때문에 입법부의 동의 없이는 모집되거나 유지될 수 없다." 이것은 입법부의 권한을 공식적으로 인정하는 것이다. 뉴욕주의 헌법에는 권리장전이 없고, 평시의 상비군에 대해서도 아무런 언급이 없다. 앞서 언급한 주들을 제외한 다른 주들의 헌법에는 권리장전이 추가되어 있지 않고, 역시 상비군 문제에 대해서도 아무런 언급이 없다. 그러나 내가 듣기로는 이 헌법 모음집에서 누락된 한 개 혹은 두 개의 주들이 권리장전을 채택하고 있고 상비군 문제에 있어서 입법부의 권한을 인정하고 있다. _푸블리어스

답을 기대해 볼 것이다. 틀림없이 그는 혼잣말로 다음과 같이 말할 것이다. '기존의 연합은 평시 상비군을 금지하는 명확한 조항을 포함하고 있는 반면, 새헌법이 이 선례를 버리고 상비군의 존재에 대해 긍정적으로 된 것이 불만을 야기했으며, 그 불만이 정치 지도자들에게 영향을 미친 것이 틀림없다'고 말이다.

이제 그가 만약 연합규약을 조심스럽고 비판적으로 조사해 본다면, 예기치 못한 사실을 발견하고 더욱 놀랄 뿐만 아니라 그의 감정은 분노로 뒤섞이게 될 것이다. 연합규약에는 그가 찾고 있는 상비군에 대한 금지규정이 포함되어 있지 않기 때문이다. 또한 연합규약은 이 사항에 관한 주 입법부의 권한을 경계심을 가지고 제한했지만, 연합의 권한에는 그 어떤 제약도 가하지 않았기 때문이다. 그가 만약 재빠른 감각 또는 열정적 기질을 가진 사람이라면, 자신의 국가를 진정으로 사랑하는 모든 사람으로부터 적어도 공정하고 솔직한 검토를 받아야 하는 새헌법에 대한 반대의 아우성은 음흉하고 원칙 없는 부정직한 책략이라고 말하기를 꺼리지 않을 것이다. 만약 이것이 책략이 아니라면 반대론자들은 이 새헌법이 다른 정부 형태인 주들의 헌법에서 표명된 것처럼 미국의 일반적인 정서에 맞을 뿐만 아니라, 그런 주들의 헌법에도 없었던 새롭고 강력한 경계적 조치까지 추가하고 있는데도 그렇게까지 비난을 퍼부을 수 있겠는가? 그와는 반대로 만약 그가 차분하고 냉정한 감정의 소유자라면, 그는 인간 본성의 연약함에 대해 한숨을 쉬고, 수백만 명의 행복에 너무도 중요한 이 사안의 진정한 장점이 편법에 의해 혼돈되고 뒤엉켜 버려 공정하고 올바른 결정에 매우 불리하게 된 것을 애통해 할 것이다. 그와 같은 사람마저도, 이런 종류의 행위에서는 국민의 이해를 돕기 위해 그들을 설득하기보다 오히려 감정을 자극하여 국민을 오도하려는 의도가 너무 역력하게 드러난다고 스스럼없이 말할 것이다.

그러나 이전의 우리들 간의 선례에서도 그랬듯이 상비군에 대한 반대론이 용납될 가능성이 적다고 해도, 그 본질적인 장점을 보다 면밀히 검토해 보는 것은 바람직하다. 더 세밀하게 조사해 본다면, 평화 시의 군비에 관한 입법부의 재량을 제한하는 것은 부당하며, 설령 제한이 된다고 하더라도 여러 사회적인 필요성에 의해 그것이 지켜질 가능성이 없다는 것을 알 수 있다.

넓은 바다가 합중국을 유럽으로부터 갈라놓기는 하지만, 우리가 지나치게 자신감을 갖거나 안도감에 빠지지 않도록 경고하는 여러 고려 사항이 있다. 우리의 한편에는, 그리고 우리 배후 깊숙이 영국 지배하의 정착지가 확대되면서 뻗쳐 들어오고 있다. 다른 한편으로는 이 영국 식민지를 접하고 스페인의 통치를 받는 식민지와 개척지가 있다. 이런 상황과 더불어 이 두 세력에 소속된 서인도 제도가 근처에 존재하는 상황 때문에 영국과 스페인 사이에는 그들 각각의 아메리카 속령과 그리고 우리와의 관계에 있어서 공동의 이해관계가 형성된다. 우리 서쪽의 변경에 있는 인디언들[4]은 우리를 가장 두려워하는 반면 영국과 스페인으로부터 바라는 것이 매우 많다. 그런 이유로 인디언들과 두 나라는 자연스럽게 동맹을 이룰 것으로 보아야 한다. 항해술의 발달에 의한 교통의 편의성 덕분에 멀리 떨어져 있던 나라들도 대부분 이웃이 되었다. 영국과 스페인은 유럽의 주요 해양 세력이다. 향후 두 나라 사이에 견해의 일치가 이루어질 수 있다는 점을 현실성 없는 일로 여겨서는 안 된다. 프랑스와 스페인 간에는 양국 왕실 간의 혈족 관계가 점차 멀어지면서 동맹 관계가 갈수록 약해지고 있다. 그리고 많은 이유에서 정치인들은 혈족 관계를 정치적 연대에 있어서 미덥지 못한 약하고 위태로운 고리로 생각해 왔다. 이렇게 복잡한 상황은 우리가 위험으로부터 완전히 벗어나 있다고 너무 낙관하지 말 것을 경고하고 있다.

미국 혁명, 즉 독립전쟁 이전 그리고 그 후의 평시에도, 서부 변경에 소규모 수비대를 계속 주둔시켜 둘 필요가 항상 있었다. 단지 인디언들의 파괴와 약탈에 대항하기 위해서라도 수비대가 계속 필요하다는 사실을 의심하는 사

---

4) 원문에서는 야만 부족(the savage tribes)이라고 표현했으나 여기서는 인디언으로 번역했다.

람은 없다. 이런 수비대는 필요한 경우 민병대에서 가끔 파견되는 부대에 의해서나, 또는 연방정부의 보수를 받는 상설 부대에 의해 유지되어야 한다. 그러나 첫 번째 방법은 비실용적이다. 그리고 만약 실행 가능하더라도 해로울 뿐이다. 민병들은 완전한 평화 시에 가장 불쾌한 임무를 수행하기 위해 그들의 원래 직업과 가족으로부터 멀리 떨어지는 것을 감수하지 않을 것이다. 그리고 만약 그들이 그 일을 하도록 설득되거나 강요당한다 해도, 이 계획은 잦은 순환 근무로 증가하는 비용, 인력 손실, 그리고 개인의 직업에 노동력 낭비와 혼란을 초래할 것이기에 결정적인 반대에 부딪혀 오래 지속되지 못할 것이다. 이 민병 계획은 개개의 시민 생활을 파괴하는 것만큼 공공에도 짐이 되고 피해를 줄 것이다. 두 번째 방법, 즉 정부로부터 봉급을 받는 상설 부대는 결국 평시의 상비군이 된다. 물론 소규모이지만 소규모라고 해서 실제로 존재하지 않는다고 할 수 없다. 이에 대한 단순한 견해는, 그런 상비군 체제를 헌법으로 금지하는 부적절함과 이 문제를 입법부의 재량과 신중함에 맡겨야 하는 필요성을 동시에 우리에게 보여 준다.

우리 국력의 증가에 비례하여, 영국과 스페인이 우리 주변에 자신들의 군사시설을 강화할 가능성은 확실하다. 만약 우리가 그들의 모욕과 침해에 대해 무방비 상태로 적나라하게 노출되기를 원하지 않는다면, 우리의 서부 정착지를 괴롭히는 적의 힘에 비례하여 우리의 국경 수비대를 증강하는 것이 합당하다는 것을 알아야 한다. 서부에는 특정 요충지들이 있으며 또 앞으로도 생길 수 있는데, 그곳을 차지함으로써 영토의 큰 지역을 통제할 수 있게 되고, 미래에 나머지 지역에 대한 침투를 수월하게 해주는 그런 지점들이다. 또한 이런 지점의 일부는 인디언 부족국가와의 교역의 관문이 될 수 있다고 덧붙일 수 있다. 이런 중요한 곳들을 영국이나 혹은 스페인 같은 무서운 세력에 의해 점령당하도록 방치해도 좋다고 생각하는 사람이 있겠는가? 그렇게 행동하는 것은 신중한 정책의 모든 일반적인 원칙을 포기하는 일이다.

우리가 정말 상업 국가가 될 의향이 있다면, 또는 대서양 연안을 안전하게 확보할 생각이 있다면, 가능한 한 빨리 해군을 갖추도록 노력해야 한다. 이 목적을 위해 조선소와 병기창고가 있어야 하며, 이를 방어하기 위한 요새와 수비대가 있어야 한다. 어떤 나라가 함대로 자신의 조선소를 보호할 수 있을 만큼 해상에서 강력해지면, 해상수비대는 필요 없게 된다. 그러나 해군 체제가 아직 초창기에 있는 나라에서 적당한 수비대는 병기창고와 조선소, 그리고 때로는 함대 자체를 파괴하려는 급습에 필수 불가결한 안전책이라고 할 수 있을 것이다.

푸블리어스

THE FEDERALIST No. 25

≪뉴욕 패킷≫, 1787년 12월 21일,　　　　　　　　　　　　알렉산더 해밀턴

뉴욕주 시민들에게

앞의 페이퍼에서 열거된 목표들은 연방의 지침에 따라 각 주의 정부가 담당해야 한다는 주장이 있을 수 있다. 그러나 이것은 현실적으로 공동 방어의 책임을 연방으로부터 주에 전가시키는 것이므로, 현실적으로 우리 정치적 연대의 중요한 원칙을 뒤집는 것이다. 이는 일부 주들에게는 억압적이고, 모두에게 위험하며, 연방에는 해가 되기 때문이다.

　우리 이웃에 있는 영국, 스페인, 인디언 부족들의 영토는 어떤 특정 주하고만 경계를 접하고 있는 것이 아니라, 북쪽은 메인주부터 남쪽은 조지아주까지 합중국을 에워싸고 있다. 따라서 정도의 차이는 있지만 모든 주에 위험하다. 그리고 이 위험에 대한 방어도 역시 공동 의회와 공동 재정에 의해 조달되어야 한다. 지역적 위치로 인해 일부 주들이 더욱 직접적으로 노출되기도 하는데, 뉴욕주가 이 중 하나이다. 각 주가 개별적으로 방위를 부담해야 하는 방안에 따른다면, 뉴욕주는 자신의 직접적인 안보와 이웃 주들의 간접적 혹은 궁극적인 보호에 필요한 모든 비용을 감당해야 하는데, 이는 뉴욕주에 공평하지 않으며 다른 주에 있어서는 안전하다고 할 수 없다. 그런 방식에는 여러 불편함이 따르게 된다. 필요한 군비를 유지할 수밖에 없게 된 주들은 앞으로 상당 기간 만족스러운 대비를 해야 하는 부담을 지는 것을 원하지도 않고 또 그렇게 할 수도 없을 것이다. 따라서 모두의 안보는 한 구성원, 즉 한 주의 인색함과 경솔함 그리고 무능력에 좌우된다. 반대로 그 주의 재원이 더욱 풍부해

지고 늘어나 그 방위 능력도 그에 따라 강해진다면, 다른 주들은 합중국 전체의 군사력이 두세 개의 주 그리고 아마도 그중 가장 강력한 주의 수중에 들어가는 것을 보고 곧 경계하게 될 것이다. 그들은 각자 그에 대한 대항책을 강구하게 될 것이며 거기에 대한 구실은 쉽게 만들 수 있다. 이런 상황에서 서로 간의 경계심 때문에 군비는 정상적 혹은 적절한 규모를 넘어 증대될 가능성이 있다. 또한 각 주의 재량에 맡겨짐으로써 연방 전체의 권위를 손상시키거나 파괴하는 수단이 될 수도 있다.

주 정부들이 권력욕에 의해 너무도 자연스럽게 연방정부와 경쟁 관계에 놓이게 될 것이라는 이유는 이미 제시되었다.[1] 연방정부와 그 구성원 사이에 대립이 일어나면 국민들은 그들이 속한 지방정부와 단결할 가능성이 높다는 사실도 이미 언급했다. 이런 큰 이점과 더불어, 만약 주 정부들의 야심이 개별적이고 독립된 군사력을 가짐으로써 고무된다면, 이것은 그들에게 연방의 헌법적 권위에 대해 감히 도전하고 마침내 이를 뒤집으려는 너무나 강력한 유혹과 엄청난 편의를 제공하게 된다. 한편 이러한 상황에서는 전국적인 군대가 연방정부의 수중에 있을 때 국민의 자유는 더 불안해질 것이다. 군대는 그것이 권력의 위험한 무기로 여겨질 수 있는 한, 국민이 가장 경계하지 않아도 되는 사람들 손에 있는 것보다 가장 경계해야 할 사람들의 손에 맡겨져야 한다. 왜냐하면, 국민이 가장 덜 의심하는 사람들이 그들의 권리를 침해하는 수단을 가지고 있을 때 항상 가장 위험하다는 것은 오랜 시간의 경험을 통해 증명된 진리이기 때문이다.

현재의 연합을 구상한 사람들은, 주 정부들이 별도로 군사력을 소유할 경우 연합이 놓이게 될 위험을 충분히 인식하여, 연합의회의 동의 없이 주 정부가 함대나 병력을 갖추는 것을 명시적으로 금지하고 있다.[2] 사실인즉, 연방

---

1) 페이퍼 22번 참고.
2) 연합규약 제6조.

정부의 존재와 주 정부 권한하의 군대 및 군사시설이 양립할 수 없는 것은, 연방국고제에 의한 적정한 자금 조달과 각 주에 대한 분담금 할당 및 징발이 서로 양립할 수 없는 것과 별로 다를 바 없다.

　이미 지적된 문제들 외에, 연방의회의 재량을 제한하는 것이 부적절하다는 것을 분명히 밝혀주는 다른 측면이 있다. 지금까지 언급된 반대 의견의 목적은 평시의 상비군을 금지하는 것이다. 그러나 이런 금지의 범위가 과연 어느 정도에 이르는 것으로 의도되었는지는 알려진 바가 없다. 즉 평시에 군대를 유지하는 것과 더불어 군대를 모집하는 것까지를 포함하는가? 만약 상비군의 유지만을 금지한다면, 그것은 어떤 명확한 중요성을 갖지 못할 것이고, 의도된 목적에 대해 효과가 없을 것이다. 군대가 일단 모집된다면, 헌법 취지에 반하는 '군대를 유지한다'는 것은 구체적으로 무엇을 의미하는가? 어느 정도의 기간이 지나야 헌법을 위반하는 것이 되는가? 일주일, 한 달, 일 년? 아니면 군대모집의 요건이 되는 위험이 계속되는 한 그 군대를 유지해도 무방하다는 것이 될 것이다. 이것은 평시에도 위협적 또는 임박한 위험에 대처하기 위해 군대를 유지할 수 있다는 것을 인정하게 되는 것이고, 그것은 곧 상비군 금지라는 글자 그 자체의 의미를 넘어 광범위한 해석을 가능하게 하는 것이다. 그렇다면, 위험이 지속되고 있는지에 관한 판단은 누가 할 것인가? 분명히 이런 문제는 연방정부에 맡겨질 것이고, 우려되는 위험에 대처하기 위해 우선은 군대를 모집하고, 그 후에는 사회의 평화 또는 안전이 여전히 위험에 처해 있다고 정부가 판단하는 한 군대를 그대로 유지할 수 있다는 것이다. 이처럼 포괄적인 재량이 부여된다면 상비군 금지 규정을 두더라도 규정의 적용을 피할 수 있는 충분한 여지가 생기게 될 것이다.[3]

---

3)　새헌법은 평시의 상비군의 존재를 허용하고 있다. 그러나 그 유지를 위한 경비의 지출은 2년을 초과하지 못하게 함으로써 의회의 상비군에 대한 권한을 제한하고는 있으나, 바로 이런 포괄적 재량으로 인해 그 규정을 피할 수 있는, 혹은 규정이 적용되지 않는 상황이 오늘날까지도 계속되고 있다. 페이퍼 24번, 각주 2) 참고.

이런 규정이 도움이 될지도 모른다는 생각은, 행정부와 입법부가 결탁하여 권력찬탈을 꾀할 개연성, 적어도 가능성이 있다는 추정에서만 가능하다. 만약 이 양자의 결탁이 언제든 이루어지면 위험이 임박했다는 구실을 만드는 것은 매우 쉬운 일이다. 스페인 또는 영국에 의해 조장된 인디언들의 도발은 언제든 일어날 수 있기 때문에 권력 찬탈을 위한 결탁의 좋은 구실이 될 수 있다. 원하는 상황, 즉 위험이 임박한 상황을 만들어내기 위해 심지어는 외부 세력을 자극한 다음 적절한 시기에 합의함으로써 다시 국면을 가라앉힐 수도 있다. 만일 행정부와 입법부의 이런 결탁이 지금까지 형성된 적이 있었고 또 앞으로도 성공할 가능성이 충분히 있다고 합리적으로 추정한다면, 어떤 이유나 평계에 의해 일단 모집된 군대는 그런 일의 도모에 이용될 수 있을 것이다.

만약 이런 결과를 미리 막기 위해 평화 시의 군대모집까지 금지하기로 한다면, 합중국은 이 세상에서 일찍이 볼 수 없었던 엄청난 구경거리가 될 것이다. 즉, 실제로 침략이 일어나기 전까지는 방어 태세를 갖추는 것이 자국의 헌법에 의해 불가능하기 때문이다. 공식적인 전쟁선포 의례가 최근 쓰이지 않게 됨에 따라, 정부가 국가 방위를 위해 군대모집을 시작할 수 있는 법적인 인가를 얻기 위해서는 적군이 우리 영토 내에 침입하는 것을 보고 있을 수밖에 없다. 즉 반격을 위한 준비를 하기도 전에 공격을 받아야만 한다. 먼 훗날의 위험을 예상하고 다가오는 전운에 대비하기 위한 그런 식의 모든 정책을 우리는 절제해야 하지만, 이는 자유 정부의 진정한 원칙에 반하는 것이다. 우리는 우리의 재산과 자유를 외국 침략자들의 처분에 맡기게 되고 적나라한 무방비 상태로 그들의 희생물이 될 것이 틀림없다. 왜냐하면, 우리는, 우리들 자신의 선택에 의해 선출되고 우리의 의지에 의존하는 통치자들이 자유를 보존하는 데 필요한 수단을 남용하여 오히려 자유를 위협할지도 모른다고 두려워하고 있기 때문이다.

여기서 나는, 민병이야말로 나라의 자연적인 방벽이 되고, 언제나 국가방위를 충분히 해낼 수 있을 것이라는 의견이 있을 것이라고 예상할 수 있다. 하지만 이런 생각으로 인해 우리는 사실상 독립을 잃을 뻔했고, 허비하지 않았어도 될 엄청난 비용을 지불해야만 했다.[4] 민병에 국방을 맡긴다는 주장에 현혹되어서는 안 된다는 것은 너무도 생생한 최근의 경험에서 비롯된 사실이다. 정규적이며 훈련된 군대에 맞서 동요되지 않고 성공적으로 전쟁을 수행하기 위해서는 그와 같은 종류의 군대가 필요하다. 병력의 안정성과 활력뿐만 아니라 경제상의 절약에 대한 고려도 이런 입장을 확인해 준다. 지난 영국과의 전쟁에서, 미국의 민병은 수많은 경우에서 그 용맹을 보여줌으로써 명성에 대한 영원한 기념비를 세웠다. 그러나 그들 중 가장 용감한 사람도, 그들의 노력이 아무리 귀중했을지라도 그것만으로 국가의 자유를 확립할 수 없었다는 사실을 느낄 뿐만 아니라 인지하고 있다. 다른 대부분 일과 마찬가지로 전쟁은 근면, 인내, 시간과 훈련을 통해 취득되고 완성되는 과학이다.

인간사의 자연스럽고 경험적인 도리에 반하는 모든 폭력적인 정책은 스스로 파멸한다. 지금, 이 순간 펜실베이니아주가 이 말이 진실임을 증명해 준다. 펜실베이니아주의 권리장전은, 상비군은 자유에 위험하며 평화 시에 유지되어서는 안 된다고 선언하고 있다. 그럼에도 펜실베이니아주는 아주 평화로운 시기에도 하나 혹은 두 개의 카운티에서 발생한 부분적 무질서를 이유로 군대를 모집하기로 결의했다.[5] 그리고 공공의 안전에 대한 위협의 징조가 있는 한, 십중팔구 이 군대를 계속 유지할 것이다. 매사추세츠주의 행위 또한 그 근거는 다르지만 같은 내용의 교훈을 준다. 이 주는 연합규약의 조항이 규정하고 있는 대로 연합의회의 승인을 받지도 않고 주의 내부 반란[6]을 진압하기

---

4) 독립을 잃을 뻔 했다는 의미는, 미국은 영국과의 전쟁(1775~1783) 중인 1776년에 일방적으로 독립을 선언했기 때문이다. 그리고 원문에서의 수백만(millions)은 영국과의 전쟁에서 합중국 측의 사망자 수(약 25,000~70,000명)를 말하는 것이 아닌 비용을 말하고 있다. 해밀턴은 수백만이라는 표현을 구체적인 비용이 아닌 많은 비용을 상징적으로 의미하는 것으로 보인다. 참고로, 영국과의 전쟁에 쓰인 비용은 당시 가치로 약 1억 100만 달러(101 million dollars)로 추정되고 있다.
5) 페이퍼 6번, 각주 26) 참고.
6) 셰이즈의 반란, 페이퍼 6번, 각주 14) 참고.

위해 병력을 모집할 수밖에 없었지만, 반란의 기운이 되살아나는 것을 막기 위해 아직도 군대에 급료를 지불하면서 이를 유지하고 있다. 매사추세츠주의 헌법은 이런 조처에 어떤 제약도 하지 않았다. 그러나 이 예는, 다른 나라 정부뿐만 아니라 우리 정부에서도 사회의 안전에 필수적인 군대가 필요한 경우가 평화 시에도 때때로 발생할 가능성이 높으며, 이런 점에 비추어 입법부의 자유재량을 통제하는 것은 적절하지 않다는 교훈을 우리에게 주고 있다. 또한 이것이 합중국에 적용될 때, 약한 정부의 권한은 자국민조차도 존중하지 않는다는 점을 가르쳐준다. 그리고 다른 것과 더불어 문서상의 규정은 공공의 필요를 감당하기에 얼마나 취약한가를 보여준다.

스파르타의 기본적인 원칙은 해군 제독의 직위를 동일한 인물에게 두 번 부여하지 않는다는 것이었다. 해전에서 아테네인에게 무참하게 정복된 펠로폰네소스 동맹[7]은 전에도 제독으로서 전쟁에서 성공적으로 임무를 수행한 라이샌더[8]에게 연합 함대를 지휘할 것을 요청했다. 스파르타인은 그들의 동맹국을 만족시키고 동시에 고대 법령에 따르는 모양새를 갖추기 위해 라이샌더에게 명목상으로는 부제독이라는 칭호를 주면서 실질적으로는 해군제독의 권한을 그에게 위임하는 누가 봐도 뻔한 수법을 썼다. 이 경우는 이미 제시되고 설명된 많은 국내의 사례를 확인할 수 있는 것 중 하나이다. 즉 국가는 그 특성 자체로 인해 사회의 필요성에 반대되는 규칙과 원칙은 별로 중요하게 여

---

7) 펠로폰네소스 동맹(The Peloponnesian League)은 기원전 6세기부터 4세기까지 스파르타가 압도적인 지위를 가지고 조직한 그리스의 펠로폰네소스 도시국가들의 동맹으로 펠로폰네소스 전쟁에서 아테네가 주축이 된 델로스 동맹(The Delian League)과 싸웠다. 주요 구성원은 스파르타를 포함한 10개의 도시국가였다. 스파르타가 레우크트라 전투(371 B.C.E.)에서 보이오티아 연합에 패한 후 해체되었다. 해밀턴은 이 페이퍼에서 펠레폰네시아 동맹(The Peloponnesian League)을 The Peloponnesian confederates로 표기했다. 페이퍼 6번의 각주 3), 페이퍼 18번의 각주 7) 참고.
8) 라이샌더(Lysander ?~395 B.C.E.)는 스파르타 동맹의 제독으로 펠로폰네소스 전쟁을 스파르타의 승리로 이끈 주역이었고, 그 후 10년 동안 그리스의 패권국이 된 스파르타에서도 중요한 정치적 역할을 수행했다.

기지 않는다는 사실이다. 무릇 현명한 정치인들은 지켜질 것 같지 않은 헌법적 제약을 만들지는 않을 것이다. 왜냐하면 모든 헌법의 위반은, 필요에 따라 부득이하게 이루어진 것일지라도, 지도자들의 가슴 속에 유지되어야 하는 나라의 정체에 대한 숭고한 존경심을 손상시키는 것이며, 그와 같은 간절한 필요가 전혀 존재하지 않거나 그만큼 급박하거나 명백하지 않은 경우에도 또 다른 침해가 발생할 수 있는 선례를 만들기 때문이다.

푸블리어스

THE FEDERALIST　　No. 26

≪인디펜던트 저널≫, 1787년 12월 22일　　　　　　　알렉산더 해밀턴

뉴욕주 시민들에게

대중혁명에서 사람들의 생각이, 권력과 기본권 사이의 바람직한 경계를 긋고 또한 정부의 활력과 개인의 권리 보장을 모두 아우르는 중용의 지점에 이르기를 기대하기란 어렵다. 이런 미묘하고 중요한 고비에서의 실패는 바로 우리가 겪고 있는 문제의 중요한 원인이다. 그리고 만약 앞으로도 우리의 체제를 고치고 개선하기 위한 시도에서 이런 실수의 반복을 막는 데 주의하지 않는다면, 우리는 하나의 비현실적인 계획과 변화를 끊임없이 시도할 수는 있겠지만, 더 나은 쪽으로의 실질적인 변화를 이루기는 어려울 것이다.

　국가 방위를 갖추는 수단과 관련해 입법부의 권한을 제한하는 발상은, 계몽되었다기보다는 열정에 지배된 자유에 대한 집착에서 비롯된 그릇된 신념이다. 그러나 이런 생각은 아직까지는 널리 퍼지지는 않았으며, 심지어 이런 발상이 처음 나타났던 이 나라에서도 펜실베이니아와 노스캐롤라이나 두 주에서만 군 상비체제에 관련된 입법부의 권한을 제한하는 것이 전적으로 지지되었고, 그 외의 다른 주들은 모두 그런 권한의 제한에 대해 최소한의 지지조차도 거부했다. 국민의 신임은 어딘가에는 맡겨져야 하고 그것은 권한의 위임이라는 모든 행위에 포함된다. 현명하게도 다른 주들은, 그런 신임이 남용될 위험을 무릅쓰는 것이 입법부의 권한에 무분별한 제한을 가함으로써 정부를 혼란시키고 공공의 안전을 위태롭게 하는 것보다는 차라리 낫다고 판단한 것이다. 이런 점에서, 제안된 헌법의 반대자들은 아메리카의 전반적인 선택

에 반대하고 있는 것이다. 그리고 우리가 지금까지 마주쳤을 극단적인 상황을 과거로부터 얻은 경험을 반면교사로 삼아서 적절하게 바로잡기보다는, 오히려 이들은 훨씬 더 위험하고 터무니없는 또 다른 극단적인 상황으로 우리를 끌고 가기를 원하는 것으로 보인다. 반대자들의 신조는, 마치 새헌법이 제안하고 있는 연방정부의 힘이 너무 강하거나 너무 완고한 것이 확실한 것처럼, 다른 경우에서 이미 비난받았거나 금지된 편법까지 동원해 그것을 약화시키거나 유연하게 만들도록 우리를 고의적으로 유도하고 있다. 만일 다양한 점에 대해 그들이 주장하는 여러 원리가 일반적인 신조가 되어버릴 정도로 널리 받아들여진다면, 그것들로 인해 이 나라 시민들은 어떤 유형의 통치에도 완전히 부적합하게 될 것임을 단언할 수 있다. 그러나 이런 종류의 위험은 우려하지 않아도 된다. 왜냐하면 미국 시민들은 충분한 식별력을 갖추고 있으므로 무정부 상태에 빠지도록 설득당할 리는 없기 때문이다. 만약 우리가 겪은 경험으로 인해서, 사회의 복지와 번영을 위해 더욱 활력 있는 정부가 필수적이라는 심오하고 심각한 믿음이 대중의 마음속에 심어지지 않았다면, 내 생각이 크게 잘못된 것이다.

이 부분에서 평시 상비군을 없애려는 생각의 근원과 그 전개에 대해 명료하게 언급하는 것이 적절할 것 같다. 이 생각은 사려 깊은 사람들의 마음속에서 다른 나라와 다른 시대에 일어났던 사건에 입각하여 상비군 제도의 특성과 경향을 깊이 숙고한 결과 생겨났을지도 모른다. 그러나 국민적 정서로 보았을 때 이런 생각은 여러 주의 시민 대부분의 뿌리라고 할 수 있는 민족, 다시 말해 영국 국민이 습성적으로 가지고 있었던 사고방식에서 그 근원을 찾을 수 있다.

노르만 정복[1]이후 영국 군주는 아주 오랫동안 거의 무제한의 권한을 누

---

[1] 1066년 영국 국왕 에드워드(Edward the Confessor) 사망 후에 해럴드 2세(Harold II)가 왕좌에 올랐다. 그러자 자신이 영국의 권력 계승자임을 주장하던 노르망디 공작(Duke of Normandy)인 윌리엄 1세는 이에 반발해 군대를 이끌고 도버 해협을 건너 영국을 침공, 헤이스팅스 전투에서 승리해 해럴드 2세를 몰아내고(해럴드 2세는 이 전투에서 전사했다) 영국의 왕이 되었다. 이를 노르만

려 왔다. 그러나 자유를 쟁취하기 위해 처음에는 점차적으로 귀족들이 나섰고 후에는 시민들에 의해서 군주의 특권은 점차 잠식되어 결국에는 권한의 대부분을 잃게 되었다. 그 후, 오라네 공이 영국의 왕좌에 오르게 된 1688년의 명예혁명 후에야 영국의 자유가 완전히 승리했다고 할 수 있다. 전쟁을 일으킬 수 있는 왕의 무제한적 특권의 예로 찰스 2세는 자신의 권한에 따라 평시에 5000명에 달하는 정규 상비군을 유지하고 있었다. 그리고 제임스 2세는 그 수를 3만 명으로 증가시켰고, 그 경비는 왕실 경비에서 지출되었다. 위험한 권한의 행사를 근절하기 위한 목적으로 혁명에서 주장된 "평화 시 의회의 동의 없이 상비군을 모집하거나 유지하는 것은 불법이다"라는 구절은 그때 구성된 권리장전의 한 조항에 포함되었다.[2]

자유에 대한 열망이 최고조에 달했던 이 왕국에서는 상비군의 위험에 대한 안전책으로서, 단순히 최고행정관의 권한만으로 상비군을 모집하고 유지하는 일을 금지하는 것 이외의 어떤 다른 조치가 필요 없다고 생각했다. 그 기념비적인 혁명을 일으킨 애국자들은 너무 절도 있는 지식인들이었기 때문에 입법부의 재량에 대한 제한은 생각조차 하지 않았다. 그들은 경비 또는 수비대로서의 어느 정도의 병력은 필수적이며 국가의 비상사태의 정도를 명확히 규정할 수 없다는 것과 모든 가능한 우발적 사건에 대응할 수 있는 권력이 정부 어딘가에는 존재해야 한다는 점을 알고 있었다. 그리고 그들이 그런 권력 행사의 판단을 입법부에 맡기는 것이 사회의 안전에 부합하는 가장 최적의 예방책이라고 인식했던 것이다.

바로 이와 같은 근거에서 미국 국민은 평시 상비군의 존재가 자유에 위험이 될 수 있다는 전통적인 사고방식을 물려받았다고 할 수 있다. 미국 혁명의 상황은 시민의 권리 보장과 관련된 모든 부분에서 대중적 관심을 점점 가속화

정복이라 한다.

2) 1689년 영국 권리장전 제1장 6항. 영국의 명예혁명과 권리장전은 페이퍼 17번, 각주 3) 참고.

시켰고, 경우에 따라서는 권리 보장이라는 점에서 정치체제에 대한 우리의 관심이 필요 이상으로 뜨거워졌다. 앞서 언급한 두 개 주(펜실베이니아주와 노스캐롤라이나주)가 군 상비체제에 대한 조항에서 입법부의 권한을 제한하려 했던 시도가 이런 경우에 속한다. 세습군주의 권력에 대해 경계하라고 우리에게 가르쳐준 지침이, 국민을 대표하는 의회 내의 대표들에게까지도 무절제하게 확산된 것이다. 심지어 이런 오류를 범하지 않은 주들에서도 평시에 입법부의 동의 없이 상비군이 유지되면 안 된다는 불필요한 선언을 하게 된다. 나는 그런 선언이 불필요하다고 생각한다. 왜냐하면, 영국의 권리장전에 이와 유사한 규정을 넣게 되었던 이유가 합중국 어떤 주의 헌법에도 해당되지 않기 때문이다. 그런 헌법하에서 군대모집 권한은 입법부 외의 다른 곳에 있을 수 없다. 그리고 군대모집을 행할 수 있는 권한을 가지고 있는 유일한 조직 즉, 입법부의 동의 없이 시행되어서는 안 된다고 선언하는 것은, 터무니없지는 않더라도 불필요한 일이었다. 따라서 몇몇 주들의 헌법과, 그중 이 나라에 설립된 정부 형태 중에서 가장 훌륭하다고 유럽과 아메리카에서 칭송받는 뉴욕주의 헌법에서 이 점에 대한 언급은 전혀 찾아볼 수 없다.

평시에 상비군 금지를 고려한 두 개의 주[3]마저도, 금지라기보다는 권고하는 어조를 띠고 있다는 점은 주목할 만하다. 이 두 개 주 헌법을 보면 평화 시 상비군을 "유지해서는 안 된다"가 아니라 "유지되지 않아야 한다"라고 적혀 있다. 이런 모호한 표현은 경계심과 믿음 사이의 갈등, 그리고 상비군 체제를 가능한 한 배제하고자 하는 욕구와 그것을 완전히 배제하는 것은 현명하지 못하고 안전하지 않을 수 있다는 입장 간의 갈등에서 비롯된 것으로 보인다.

공적인 상황으로 상비군 금지 규정에 얽매일 필요가 없다고 판단할 경우에는 입법부는 언제나 이 규정을 단순한 권고로 해석하고, 그 주가 필요하거

---

[3] 펜실베이니아와 노스캐롤라이나주를 말한다. 페이퍼 24번, 각주 3) 참고.

나 혹은 필요할 것이라고 생각되는 방안을 따를 것이라는 것은 분명하지 않은가? 이 점은 펜실베이니아주와 관련하여 이미 언급된 사실에 의해 확인될 수 있다.[4] 만약 그 규정을 무시하려고 하는 바로 그 순간 그 효력이 사라진다면 그런 규정이 도대체 무슨 소용이 있는가?

여기서 언급된 평시 상비군 금지 규정과, 군사적 목적을 위한 경비 지출의 기간을 2년으로 제한하고 있는 새헌법의 규정 사이에는 그 효력에 있어서 어떠한 차이가 있는지 검토해 보기로 하자. 평시 상비군 금지 규정은 너무 많은 의도를 가지고 있어 아무런 효과도 기대할 수 없으리라 판단된다. 군사비 지출의 2년 제한 규정은 경솔한 극단적 조치를 피하는 것과 국가의 긴급상황에 대한 적절한 대처라는 필요성을 동시에 만족시킴으로써 유익하고 강력한 효력을 갖게 될 것이다.

이 규정에 따라 연방입법부는 적어도 2년에 한 번은 상비군 유지의 타당성에 대해 결의한 다음 공식 표결을 통해 그들의 선거구민인 국민에게 그 결과를 공표해야 할 '의무'를 가지게 된다. 만약 입법부가 경솔해 행정부를 부적절하게 신임한다고 해도, 군대 유지에 필요한 상설 자금을 입법부 마음대로 행정부에 주는 것은 용납될 수 없다. 정도의 차이는 있지만, 당파적 정신이 모든 정치조직에 영향을 미치리라 예상되기 때문에, 연방의회에도 틀림없이 다수파의 정책을 규탄하고 그들의 견해를 비난하려고 하는 사람들이 반드시 있을 것이다. 군대 유지 규정은 언제나 비난의 대상이 되기 쉽다. 군대 유지에 대한 문제가 제시될 때마다, 그에 반대하는 측에 의해 그 문제에 대한 대중의 관심이 집중될 것이다. 그 결과 만약 다수가 실제로 적절한 한계점을 넘어서려는 기미가 보인다면, 그런 위험은 사회 전체에 대해 경고를 주게 되어 그에 대한 대책을 강구할 기회가 생길 것이다. 연방의회 내의 당파와는 별도로, 연

---

4) 해밀턴은 펜실베이니아주 의회가 평시에 군대모집을 결정한 것에 대해 말하고 있다. 페이퍼 6번과 페이퍼 25번 참고.

방정부의 침해에 대해 항상 의심하고 경계함으로써 시민 권리의 수호자가 될 개별 주의 입법부는 회기 때마다 연방정부 지도자들의 행동을 계속 주시할 것이다. 만약 적절하지 못한 일이 발견되면 주 의회는 국민에게 경종을 울리고, 국민의 불만의 목소리가 될 뿐만 아니라 필요하다면 기꺼이 불만의 무기가 되어줄 것이다.

거대한 공동체의 자유를 파멸시키려는 계략은 실행에 옮기기까지 계획을 짜고 준비할 충분한 시간이 필요하다. 자유를 심각하게 위협할 수 있을 정도의 규모를 갖춘 군대는 점진적인 증강에 의해서만 형성될 수 있다. 즉, 입법부와 행정부 간의 일시적인 결탁만으로는 안 될 일이며 모름지기 일련의 음모가 계속 진행되어야만 하는데, 과연 그런 결탁이 존재할 가능성이라도 있는가? 또한 상원과 하원에서 2년마다 시행되는 선거5)에 의해 구성원들이 계속해서 교체되는 변화에도 불구하고 그러한 결탁이 유지되고 계승될 가능성이 있겠는가? 연방정부의 상원 또는 하원에 선출되는 순간 모두가 그들의 선거구민과 나라를 배신할 것이라고 상상이나 할 수 있는가? 그렇게도 흉악한 모략을 간파할 만큼 분별력 있고, 그의 선거구민에게 그런 위험에 대해 알려줄 정도로 용감하거나 정직한 연방의원이 한 명도 없다고 생각할 수 있는가? 만약 이런 추정들이 상당히 가능하다면, 위임한 모든 권한을 즉시 무효로 해야 한다. 국민들은 지금까지 자신들의 손으로 위임한 모든 권력을 다시 소환하고, 자신들의 문제를 직접 처리할 수 있도록 카운티 수만큼이나 많은 수의 주들로 스스로를 나누기로 작정해야 할 것이다.

만일 이런 가정이 이론적으로 가능하다 하더라도, 상당 기간 이런 계획을 숨기는 것은 불가능할 것이다. 그 계획은 아주 평화로운 시기에 군대를 대폭 증강시키는 그 상황 자체에 의해 드러나게 될 것이다. 평화로운 나라에서 군

---

5) 새헌법에 의하면, 하원은 2년마다 총선거를 실시하고, 상원은 임기는 6년이지만 2년마다 상원의원 총수의 3분의 1을 새로 선출한다.

사력을 엄청나게 증강시키는 것에 대해 어떤 합당한 근거가 있을 수 있는가? 국민을 오랫동안 기만하는 일은 불가능하며, 이러한 음모가 탄로 나면 곧 그런 계획과 계획 입안자들의 파멸이 뒤따를 것이다.

군대 유지에 대한 경비의 지출을 2년 기한으로 제한하는 규정은 효과가 없다는 주장이 대두되어 왔다. 일단 행정부의 수반이 국민을 위압으로 굴복시킬 만한 규모의 세력을 가지게 되면, 바로 그 세력을 이용해 입법부의 결의에 의한 경비의 지급이 없이도 충분한 자원을 확보할 수 있기 때문이라는 것이다. 그러나 다시 반복되는 질문은, 평화 시에 그가 어떤 구실로 그런 대규모의 군사력을 보유할 수 있겠는가 하는 점이다. 만약 그런 세력이 어떤 국내의 폭동 또는 외국과의 전쟁의 결과로 형성되었다고 가정한다면 그것은 반대파의 논리에 맞지 않는 경우이다. 왜냐하면 그들의 논리는 그런 위기 상황이 아닌 평시에 군대를 유지하려는 권력에 반대하고 있기 때문이다. 반란을 진압하거나 외국의 침공을 저지하기 위해 군대가 소집되어서는 안 된다고 진지하게 주장할 정도로 허무맹랑한 사람은 몇 안 될 것이다. 그리고 만약 그런 상황에 있는 공동체를 보호하기 위해 그 공동체의 자유를 위협할 정도로 큰 규모의 군대를 갖추는 일이 필요하다면, 그것은 어떤 예방책이나 구제책도 없는 재앙 중의 하나일 것이다. 그 어떤 가능한 형태의 정부도 이런 경우의 재앙에 대비할 수는 없다. 만약 공동 방어의 필요에 의해 어떤 연합이나 동맹이 군대를 조직할 필요가 생기기라도 한다면, 이런 단순한 공수동맹으로부터도 공동체의 자유를 위협할 수 있는 재앙이 초래될 수 있다.

그러나 그것은 우리가 분열되어 있는 상태가 아니고 반대로 결속된 상태에 있다면 거의 일어날 수 없는 재앙이라고 할 수 있다. 아니, 결속되어 있다면 그런 재앙은 전혀 일어나지 않을 것이라고 확실히 주장할 수 있을 것이다. 적어도 우리의 자유를 위태롭게 할 만큼 큰 군사력이 요구될 정도의 엄청난 위험이 합중국 전체를 덮칠 가능성을 생각하기는 쉽지 않다. 특히 어느 때든 중요하고 막강한 보조 병력으로서 의지할 수 있는 민병의 도움을 감안하면 더욱 그렇다. 그러나 분열의 상태에서는, (다른 곳에서 충분히 설명되었듯이)6) 이런 추정과 반대되는 일이 일어날 수 있을 뿐만 아니라 거의 불가피하게 될 것이다.

푸블리어스

---

6)   페이퍼 8번 참고.

THE FEDERALIST No. 27

≪뉴욕 패킷≫, 1787년 12월 25일   알렉산더 해밀턴

뉴욕주 시민들에게

헌법회의에서 제안된 것과 같은 헌법은, 그에 근거한 법률의 집행에 있어서 군사력의 도움 없이는 기능할 수 없다고 반대자들이 여러 형태로 주장해 왔다. 그러나 이 역시, 그들이 제기한 대부분의 다른 주장과 마찬가지로, 어떤 정확하거나 명백한 근거가 없는 단순한 일반적인 주장일 뿐이다. 반대자들의 숨겨진 의도를 미루어 볼 때 이 주장은, 국민은 어떠한 국내 문제에 대해서도 연방의 권한이 행사되는 것을 꺼릴 것이라는 전제에 근거하는 것 같다. 국내와 대외에 대한 구분이 부정확하고 애매하다는 것을 차치하더라도, 먼저 국민들이 그런 문제에 대한 연방 권한의 행사를 그토록 꺼려할 것이라고 추정하는 근거가 무엇인지 살펴보아야 한다. 그와 동시에 연방정부의 권한이 주 정부의 권한보다 그 운용이 더 잘못되고 있다고 가정하지 않는 한, 연방정부에 대한 국민의 반감, 불만 또는 반대는 없을 것으로 보인다. 국민들이 정부를 신뢰하고 복종하는 것은 보통 그 정부가 운영을 잘하고 또는 못하는 정도에 비례한다는 것이 일반적인 원칙이라고 생각된다. 이런 원칙에는 예외가 있다고 인정되지만, 그런 예외는 전적으로 우발적 요인에 의해서 생기는 것이지 헌법의 본질적인 장점이나 결점과 관계가 있다고는 볼 수 없다. 그러한 장점과 결점은 오직 보편적 원칙과 원리에 의해서만 판단될 수 있다.

지금까지 여러 페이퍼에서, 주 정부들보다 연방정부가 더욱 잘 운영될 것이라는 가능성을 추론해 내기 위한 여러 가지 이유가 제시되었다. 그중 주된

것은 다음과 같다. 선거구의 범위를 확대시키는 것은 국민에게 더욱 많은 선택의 자유 혹은 더욱 넓은 선택의 범위를 제공할 것이라는 점, 각 주에서 주민에 의해 선출된 조직, 즉 주 의회라는 매체를 통해 연방 상원의원이 임명되기 때문에[1] 일반적으로 연방상원은 특별한 사려와 판단에 의해 구성될 것을 확실히 기대할 수 있다는 점, 그리고 이런 상황들은 연방의회에 한층 더 다양한 지식과 더욱 광범위한 정보의 유입을 약속할 수 있다는 점, 그리고 연방의회는 선거구의 범위가 넓어 당파성으로 오염될 가능성이 훨씬 더 적으며, 때때로 발생하는 무례함 또는 일시적인 편견과 편파적인 성향에서 벗어나기 쉽다는 것이다. 반면에 보다 작은 사회일수록, 그 편협성과 편파성은 자주 공공의회를 부패시키고, 지역사회 일각에서 부정과 억압을 야기하며, 음모와 책략을 불러일으켜 순간적인 충동 또는 열망을 충족시키겠지만, 결국 지역사회는 전체적으로 고통, 불만, 혐오에 봉착할 것이다. 우리가 세우고자 하는 연방정부라고 하는 건물의 내부구조를 보다 비판적인 눈으로 관찰해 보면, 연방정부가 주 정부에 비해 더 잘 운영될 가능성을 확증해 주는 매우 유력하고도 추가적인 근거가 발견되지만, 여기서는 다음 사항만 언급해도 충분할 것 같다. 만일 연방정부가 국민들에게 혐오스럽고 경멸당할 만한 방식으로 운영될 것 같다는 의견을 충분히 정당화할 만한 이유가 특별히 없다면, 연방의 법률이 어떤 주의 법률보다 국민의 큰 저항을 받게 된다거나 또는 그 집행을 강요할, 주들의 법률과는 다른 수단인 무력이 필요하게 되리라는 가정에는 합리적 근거가 없다는 것이다.

처벌을 면하게 될 것이라는 기대는 반란을 일으키는 강력한 동기가 되며,

---

[1] 연방헌법은 당초에 각 주의 의회가 연방 상원의원 두 명씩을 임명한다고 규정했지만 실제로는 후보를 지명한 다음 투표에 의해 선출되어 임명되었다. 그러나 지명 절차에서 갈등이 많이 생겨 주 의회에서 상원의원이 선출되지 못하는 경우가 종종 발생했다. 그 결과 1866년 연방의회는 각 주가 연방 상원의원 선출 방식으로 2단계로 된 표준 절차를 채택할 것을 의결했다. 그러나 이러한 연방 상원의원 선출 방식은 결국 1913년 수정 제17조에 의해 각 주의 주민들이 직접 선출하도록 변경되었다.

처벌의 두려움은 그 정도에 비례해 반란을 강하게 억제하게 된다. 연방정부[2] 가 적절한 권력을 가진다면 연방 전체의 모든 자원의 지원을 요구할 수 있을 것이므로, 자체 내의 자원밖에 사용할 수 없는 개개의 주 정부보다 반란의 기운을 억누르고 그것을 단념하도록 만들 가능성이 더 크지 않겠는가? 불온한 당파는 한 주 내에서라면 자신들이 그 주 정부의 지지파들과 대적할 수 있다고 쉽게 가정할 수 있다. 그러나 그들 자신이 연방의 단결된 힘에 대적할 수 있다고 상상할 정도로 어리석지는 않을 것이다. 만약 이런 생각이 옳다면, 개인들로 이루어진 불법 단체가 연방 전체의 권위에 저항할 위험은 한 주의 권위에 저항할 위험보다 덜할 것이다.

여기서 나는 단지 일부 사람에게는 이상하게 보일지 모르지만 그렇다고 해서 정당성이 없다고는 할 수 없는 의견을 하나 말하고자 한다. 그것은, 연방정부의 기능이 통상적인 정부의 운영과 서로 연관되면 될수록, 시민들이 그들의 정치 생활에서 혹은 일상적으로 일어나는 사건에서 연방정부를 접하는 데 더욱 익숙해질 것이고, 연방정부가 그들의 눈과 감정에 친숙해질수록 인간 마음속의 가장 감수성이 예민한 곳에 파고들게 되어 국가권력이 사회의 존경 그리고 애착을 얻을 가능성이 더욱 커질 것이라는 의견이다. 인간은 단연 습관의 존재이다. 일반적으로 인간의 감각을 자극하지 않는 것이 인간의 마음에 영향을 주는 일은 적다. 항상 먼 곳에 떨어져 있고 보이지 않는 곳에 있는 정부는 국민의 관심을 불러일으키기 어렵다. 결론적으로 말하면, 연방의 권한이 주의 내부 문제까지 확장됨으로써 연방의 권위와 연방을 향한 시민의 애착이 약해지기는커녕 오히려 강화될 것이라고 할 수 있다. 그리고 그 역할에 대한 친밀성과 포괄성에 비례해 연방정부가 무력에 의존할 경우가 더욱 적어질 것이다. 인간의 열정이 자연스럽게 흐르는 통로와 과정 속으로 국가의 권위

---

2) 해밀턴도 드물게 원문에서 'Confederacy'라는 용어를 연방의 의미로 사용했다. 매디슨도 페이퍼 10번과 45번에서 용어에 대한 같은 종류의 개념적인 혼동(conceptual confusion)이 있었다.

가 더 녹아들수록, 폭력적이고 위험한 강제적 수단에 의존할 필요는 더 줄어들 것이다.

어떤 경우에도 한 가지 분명한 것은, 제안된 것과 같은 (연방)정부가 그에 반대하는 자들의 대부분이 주장하는 종류의 연합체제보다 무력 사용의 필요성을 피할 수 있는 가능성이 더 크다는 사실이다. 반대론자가 주장하는 그런 연합체제의 권한은 정치적인 또는 집합적인 단위로서의 주들에게만 효력이 미치기 때문이다. 앞서 설명했듯이, 그런 연합체제에서는 무력 이외에 법률적 제재는 있을 수 없고, 구성원들인 주들의 빈번한 의무의 불이행은 그 정부의 체제 자체에서 나오는 자연스러운 결과이다. 만일 의무에 대한 위반이 시정될 수 있다 해도 그런 행위가 발생할 때마다 오직 전쟁과 폭력에 의해서만 가능하다는 것은 이미 설명된 바와 같다.[3]

헌법회의에서 보고한 안은 연방정부의 권한을 각 주의 시민에까지 확장함으로써 연방정부가 연방법의 집행에 각 주의 법원을 이용할 수 있도록 해주는 것이다. 이 방법은 일반적으로 말해 시민들이 흔히 우려하는 점인 법률의 원천에 대한 구분 즉, 연방법과 주법의 구분을 없애는 데 도움이 될 것이다. 또한 합중국 전체의 자원에 대해 지원과 지지를 요구할 수 있는 권한을 연방정부가 가진다는 중요한 고려에서 비롯된 여론의 영향에 더하여, 각 주의 정부가 누리는 것과 같은 정부 권위에 대한 정당한 복종을 확보하기 위한 이점이 연방정부에도 주어질 것이라는 사실을 쉽게 알 수 있다. 여기서 특별히 주목할 것은, 연방법은 그 관할이라고 열거된 합법적 대상에 대해서 국가의 최고법이 될 것이고, 각 주의 모든 입법부, 행정부, 사법부의 관리들은 모두 신성한 서약에 의해 그 법을 준수해야 한다는 점이다. 따라서 각 주의 입법부, 법원, 행정관들은 정당하고 헌법적 권한이 허용하는 한도 내에서 연방정부의 운영에 통합되어 연방법의 집행을 보조하게 될 것이다. 이런 상태가 초래할

---

3) 페이퍼 15, 16번 참고.

결과에 대해 스스로 생각을 해본 사람이라면 누구라도, 연방정부와 주 정부가 함께 연방 권력의 행사에 신중하게 대처한다면, 연방 법률의 규칙적이며 평화로운 집행에 대해 좋은 기초 조건이 갖춰져 있음을 인정할 것이다. 만약 우리가 그와 반대되는 상황을 가정해 본다면, 우리가 원하는 어떤 추론도 그 가정에서 끌어낼 수 있다. 왜냐하면 현재까지 존재했던 가장 훌륭한 정부 또는 앞으로 설립될 수 있는 모든 정부도 그 권한의 무분별한 행사에 의해 국민을 자극해 절제될 수 없는 한계까지 몰아붙일 수 있기 때문이다. 그러나 제안된 헌법의 반대자들이, 연방의 통치자들이 공익의 목적 또는 직무에 대한 의무에 무관심하리라 예측한다고 하더라도, 내가 반대자들에게 여전히 묻고 싶은 것은, 어떻게 그러한 무관심으로 인해 야심의 사리사욕이나 권리침해의 의도가 조장되는 것이 가능할 수 있는가 하는 것이다.

푸블리어스

THE FEDERALIST No. 28

≪인디펜던트 저널≫, 1787년 12월 26일   알렉산더 해밀턴

뉴욕주 시민들에게

단일의 중앙정부가 무력에 의존할 수밖에 없는 사태가 발생할 수 있다는 사실은 부인할 수 없다. 다른 국가들의 사례를 통해 배운 교훈과 우리 자신의 경험에서 확인할 수 있듯이, 이런 종류의 비상사태는 그것이 어떻게 구성된 것이든 모든 사회에서 때때로 발생할 것이고, 폭동이나 반란은 인체의 종양이나 발진과 같이 정치체제에서 분리될 수 없는 질병이라는 사실이다. 단순한 법의 힘만으로 (공화주의 정부에서 유일하게 인정될 수 있는 원칙이라고 주장되는) 항상 통치가 가능하다는 생각은 경험적 가르침이 주는 충고를 무시하는 정치학자의 공상 속에서만 있을 수 있는 일이다.

　중앙정부하에서 언제라도 그런 비상사태가 발생한다면 실력 행사 이외에는 대책이 없다. 여기서 행사되는 수단은 그 피해의 정도에 비례해야 한다. 만약 한 주의 작은 지역에서 발생하는 경미한 소요라면, 그 주의 다른 지역의 민병이 진압하는 것으로 충분할 것이고, 민병은 당연히 그 임무를 수행할 준비를 갖추고 있다고 자연스럽게 추측할 수 있다. 반란은 직접적 원인이 무엇이든지 간에 궁극적으로는 모든 정부를 위험에 빠뜨리고 만다. 비록 연방의 정당한 권한에 해당하지 않더라도, 공공의 안전을 위해서는 연방은 아직 반란에 가담하지 않은 시민들로 하여금 폭도들에게 맞서게 할 것이다. 그리고 만약 중앙정부가 실제로 국민의 번영과 행복에 이바지한다면, 시민들이 정부를 돕지 않을 것이라고 믿는 것은 어리석은 일일 것이다.

반면에, 만약 반란이 주 전체 또는 주요 부분에까지 미치게 된다면, 다른 종류의 실력 행사가 불가피하게 될 수 있다. 매사추세츠주는 주 내의 무질서를 바로잡기 위해 병력을 모집할 필요성을 느낀 것으로 보인다.[1] 펜실베이니아주의 경우, 시민 일부에서 소요가 발생할 수 있다는 단순한 우려만으로도 매사추세츠주와 같은 수단을 강구하는 것이 적절하다고 생각했다.[2] 만약 뉴욕주가 버몬트 주민에 대한 잃었던 관할권을 다시 찾을 의향이 있었다면,[3] 단지 뉴욕주의 민병만으로 그런 계획이 성공하기를 바랐겠는가? 그런 계획을 실행하기 위해 좀 더 정규적인 군대, 즉 상비군을 모집하고 유지해야만 하지 않았겠는가? 그러면 이런 매우 특이한 경우, 민병과는 다른 종류의 무력을 써야 할 필요성이 주 정부에 허용된다면, 중앙정부 또한 그와 유사한 극단적인 상황에서 그와 같은 수단을 쓸 필요가 있다는 것에 왜 반대해야 하는가? 단지 추상적으로만 합중국에 대해 애착을 표명하는 사람들이, 그들의 주장대로 합중국을 몇 개의 연합으로 나누는 경우에는 제안된 헌법에 기초한 하나의 연방체제에서 보다 무력 사용의 가능성이 열 배나 더 높아질 수 있음에도 그 헌법에 반대하는 것은 놀랍지 않은가? 상비군의 필요성이 조금이라도 사실에 근거하는 한, 그것은 대규모의 시민사회에서 불가피한 것이 아닌가? 누구라도 소규모 공화국에서 겪게 되는 지속적인 혼란과 잦은 혁명보다는 상비군에 안전을 의존할 수 있는 가능성을 택하지 않겠는가?

지금까지의 고찰을 다른 관점에서 살펴보자. 하나의 보편적인 정부 대신에, 두 개 또는 세 개 심지어는 네 개의 연합이 형성된다고 가정한다면, 그런 연합들 가운데 어느 것이든 그 운영에 있어 단일정부가 갖는 것과 같은 난점이 있지 않을까? 각 연합은 서로 동일한 피해를 겪을 수밖에 없지 않을까? 그리고 그런 일이 발생한다면 그들 정부의 권위를 지키기 위해서는, 그들이 연

---

1) 셰이즈의 반란. 페이퍼 6번, 각주 14) 참고.

2) 펜실베이니아주와 코네티컷주 사이의 분쟁. 페이퍼 6번, 각주 26) 참고.

3) 버몬트 지역은 원래 뉴욕주의 일부였다. 페이퍼 7번, 각주 4) 참고.

방정부에 대한 반대 이유로 내세우는 똑같은 수단 즉, 상비군에 의지할 수밖에 없지 않은가? 이런 가정에서 볼 때, 민병대가 과연 하나의 연방정부보다 각각의 연합정부를 더 기꺼이 그리고 더 잘 지원할 수 있겠는가? 모든 솔직한 지식인들은 신중한 고려를 통해 반대의 원칙은 두 가지 경우에 똑같이 적용될 수 있다는 사실을 인정해야만 한다. 그리고 우리가 모든 주들로 구성된 단일 정부, 즉 연방정부를 갖거나, 몇몇 주들이 모여 서로 다른 몇 개의 연합정부를 만들거나, 심지어는 주들이 완전히 분리된다고 하더라도, 사회의 평화를 보전하고, 반란과 폭동에 상당하는 폭력적 침해로부터 법의 정당한 권위를 유지하기 위해, 때로는 민병대와는 다르게 구성된 무력, 즉 상비군을 사용할 필요가 있다는 사실을 인정해야 한다.

이 주제에 대한 다른 모든 추론에 상관없이, 평화 시의 상비군 체제에 대한 보다 엄격한 규정을 요구하는 사람들에게는 제안된 연방정부의 모든 권력은 국민의 대표들에게 주어진다고 답할 수 있다. 이것은 시민사회에서 획득할 수 있는 국민의 권리와 기본권을 위한 필수적인, 그리고 무엇보다, 단 하나의 효과적인 보장이다.[4]

국민의 대표가 그들의 선거구민을 저버린다면, 어떤 구체적인 정치 형태보다 중요한 자기방어라는 권리를 행사할 수밖에 없다. 그것은 개별 주의 통치자들의 권리침해에 맞서 대항할 때보다 국가적 통치자의 권리침해에 맞설 때 훨씬 더 성공할 가능성이 크다. 즉 개별 주에서 최고의 권력을 부여받은 사람들이 권리의 침해자가 되는 경우에는, 그 주를 구성하는 각 구역, 각 지역, 각 지방은 각자 어떤 특정한 정부가 없으므로, 자기방어를 위한 어떤 조직적인 조치를 취하지 못한다. 시민들은 그들의 용기와 절망 외에는 협조나 체제, 자원도 없이 무기를 찾아 나서는 수밖에 없다. 합법적 권한의 탈을 쓴 권리의

---

4) 이것의 상세한 효과는 차후에 다루겠음. _푸블리어스
   국민의 권리에 대한 가장 궁극적인 보장은 그들의 대표의 손에 있다는 내용은 페이퍼 17번 참고.

침해자들은 반대 세력을 흔히 초기 단계에 짓밟을 수 있다. 지역의 범위가 작으면 작을수록, 국민이 정규적이고 조직적인 대책을 강구하는 것은 더욱 어려워지고, 시민의 그러한 노력은 초기 단계에서 더 쉽게 좌절될 것이다. 권리의 침해자들이 보유한 군사력은 국민의 준비사항과 거동에 대한 정보를 더욱 신속하게 얻을 수 있고, 그들의 군대는 대항이 시작된 지점으로 신속하게 파견될 수 있다. 이런 상황에서는 여러 조건이 기막힐 정도로 운 좋게 일치해야만 대중들의 대항이 성공할 수 있다.

시민들이 그들의 권리를 이해하고 그 권리를 방어할 각오가 되어 있다면, 그 침해를 막고 거기에 저항하는 것은 국가의 규모가 커질수록 더욱 쉬워진다. 정부의 인위적인 세력에 비례하여, 대규모 공동체에서 시민의 자연적 힘은 소규모 공동체에서보다 훨씬 강하기 마련이다. 당연히 독재를 수립하려는 정부의 시도에 대항하는 시민의 능력도 커지게 된다. 더구나 연방체제에서는 국민은 완전히 자신들의 운명의 주인이 된다고 말할 수 있고 이는 결코 과장이 아니다. 권력은 언제나 경쟁적이기 때문에 연방정부는 주 정부들의 권리 침해를 감시할 준비가 되어 있을 것이며, 주 정부들 또한 연방정부에 대해 똑같은 성향을 갖고 있을 것이다. 국민이 어느 정부를 지지하느냐에 따라 한쪽이 반드시 우세해지게 된다. 즉 그들의 권리가 그 어느 한쪽에 의해 침해된다면, 그들은 그것을 바로 잡는 수단으로서 다른 한쪽을 이용할 수 있다. 국민이 이러한 연방을 지지함으로써 아무리 높이 평가해도 모자랄 훌륭한 이점을 유지한다면 얼마나 현명한 일인가!

일어날 수 있는 모든 경우에 있어, 연방 권력에 의한 공공 자유의 침해에 대해 주 정부들이 완전한 안전을 제공하리라는 것은 우리의 정치체제에서 자명한 이치라고 생각해도 거의 틀림이 없을 것이다. 권리를 침해하기 위한 기도를 아무리 위장하더라도 일반 국민들이 꿰뚫어 볼 수 있는 것처럼, 선출된 집단의 사람들도 역시 그럴 수 있을 것이다. 주 정부의 입법부는 더 좋은 정보 수단을 갖추고 있어 멀리 떨어져 있는 위험을 감지할 수 있다. 주 입법부는 시민 권력을 바탕으로 한 모든 조직과 사람들의 신뢰를 받고 있기에, 그들은 지역사회의 모든 자원을 동원할 수 있는 조직적인 대항책을 즉시 채택할 수 있다. 그들은 다른 주에 있는 사람들과 서로 쉽게 연락을 취해 그들의 공동 자유를 보호하기 위해 공동의 세력을 결집할 수 있다.

이 나라의 광대한 규모는 안보에 한결 유리하다. 우리는 외세의 공격에 있어서 이러한 이점을 이미 경험했다. 그것은 연방의회 내의 야심적인 지도자들의 권리침해를 위한 기획에 대해서도 정확히 같은 효과를 가질 것이다. 만약 연방군대가 한 주의 저항 세력을 진압할 수 있다고 하더라도, 멀리 떨어져 있는 여러 주는 군대를 새로이 조직하여 대항할 수 있는 능력을 갖출 수 있을 것이다. (연방군대가) 한 지역에서 얻은 유리함은 다른 지역에서의 저항을 제압하기 위해 포기되어야 할 것이다. 그리고 일단 장악한 지역이라도 방치하는 순간, 그 지역이 반항할 능력은 회복되고 저항은 되살아나게 될 것이다.

군사력의 규모는 어떤 경우에서나, 한 나라의 자원에 의해 좌우될 수밖에 없다는 사실을 기억해야 한다. 앞으로 장기간에 걸쳐 대규모 군대를 유지하는 것은 불가능할 것이다. 그럼에도 군대의 규모를 어느 정도 증강하기 위해서는 공동체의 인구와 자원력도 그만큼 비례하여 증가해야 한다. 거대한 제국의 위대한 시민들이 그들의 주 정부라는 매개체를 통해 독립된 한 국가와 같은 모든 신속성, 규율, 조직을 가지고 각각의 방어 수단을 강구할 수 있는 상황에서, 연방정부가 전제정을 구축할 수 있는 군대를 모집하고 유지할 수 있는 날이 과연 올 수 있겠는가? 이러한 우려는 논쟁과 논리만을 가지고는 결코 그 치유책을 찾을 수 없는 하나의 질병과 같다고 생각해도 좋을 것이다.

푸블리어스

THE FEDERALIST　　　　No. 29*

≪인디펜던트 저널≫, 1788년 1월 9일　　　　알렉산더 해밀턴

뉴욕주 시민들에게

민병대에 대한 통제권과 국내의 반란이나 외적의 침입 시 민병대에 대한 지휘권은, 공동의 방위를 통할하고 국내 치안을 지키는 연방의 직무에 당연히 부수되는 것이다.

민병이 공공 방위를 위해 소집되더라도 조직과 규율에 일관성이 있어야 최대의 효과를 거둘 수 있다는 것은 전쟁학에 대해 정통하지 않아도 알 수 있는 사항이다. 민병은 병영 내 및 야전에서의 임무를 상호 간의 이해와 협력을 통해 완수할 수 있으며, 이것이 군사 작전에서 결정적인 순간에 이점으로 작용하는 것이다. 그리고 이러한 일관성은 민병대로 하여금 그들에게 필수적인 군사적 기능을 더 빨리 습득할 수 있도록 해줄 것이다. 이러한 바람직한 일관성은 민병대의 통제권을 연방정부에 위임함으로써만 달성될 수 있다. 따라서 헌법회의 안이 연방에 그 권한을 위임할 것을 다음과 같이 제안한 것은 가장 적절했다고 볼 수 있다. "민병대의 조직, 무장 및 훈련에 관한 규칙과, 합중

　"The Federalist Papers"는 *The Federalist: A Collection of Essays*라는 제목으로 1788년 최초로 2권으로 나뉘어 매클린(J. & A. McLean)에 의해 출판되었다. 1권은 1번부터 36번, 그리고 2권은 37번부터 85번이다. 지금 통상적으로 쓰고 있는 페이퍼의 번호는 매클린 에디션에 따라 표준화되었는데 원래 신문에 게재된 페이퍼들의 순서와 번호가 일치하지 않는 경우가 많다. 원래 순서는 신문에 게재된 날짜를 보면 알 수 있는데, 이 페이퍼 29번은 원래 순서로는 35번이었으나 매클린 에디션에서는 주제에 있어 더 적절한 순서인 29번으로 앞당겨졌다.

국의 군무에 복무하는 자들을 다스리는 규칙을 정한다. 다만 민병대의 장교를 임명하고, 연방의회가 정한 군율에 따라 민병대를 훈련시키는 권한은 각 주에 유보한다."[1]

헌법회의의 안에 대한 반대에는 여러 이유가 있었지만, 위의 조항에 대한 반대만큼은 전혀 예상하지도 못했고, 또 그 반대 자체도 도무지 정당화될 수 없는 것이었다. 만약 잘 관리된 민병대가 자유국가의 가장 자연스러운 방위 수단이라면, 그것은 당연히 국가안보를 수호하는 조직인 연방정부의 관리와 재량하에 있어야 한다. 만약 상비군이 자유에 위협이 된다면, 모든 주의 방위를 맡는 연방정부가 민병대에 대한 효과적인 권한을 가짐으로써 달갑지 않은 제도, 즉 상비군 제도의 도입에 대한 동기나 구실을 최대한 없앨 것이다. 만약 무력을 필요로 하는 비상사태에서 연방정부가 행정관을 지원하기 위해 민병대의 도움을 명령할 수 있다면, 연방정부는 민병 이외의 다른 무력(상비군)을 행사하지 않아도 될 것이다. 만약 연방정부가 민병을 사용할 수 없다면 상비군에 의존할 수밖에 없다. 군대를 불필요하게 만드는 것이야말로 문서상에 나열된 수천 개의 금지 규정보다 더 확실히 군대의 존재를 막을 수 있는 방법일 것이다.

연방의 법률의 집행을 위한 민병대 소집 권한을 비난하기 위해, 새헌법 어느 곳에도 최고행정관, 즉 대통령의 임무 수행을 돕기 위해 민병대(POSSE COMITATUS)[2]를 소집할 수 있는 규정이 어디에도 없다는 점이 지적되었다. 이 같은 비난으로 볼 때 군대야말로 행정관을 돕는 유일한 수단으로 여겨지고

---

1) 헌법 제1조 8절 16항.
2) 해밀턴이 사용한 이 라틴 용어(posse comitatus)는 영어로는 카운티 군대(force of the county)를 의미한다. 16세기 후반부터 영어로도 사용되었으며 17세기 중반부터는 posse로 단축되었다. 포세 코미타투스는 긴급 상황, 즉 폭동 진압 또는 중범죄자 추적 등을 위해 지역사회의 보안관에 의해 소집된 치안대를 의미한다. 아직도 미국의 조지아주 같은 몇몇 주에서는 보통법으로서 그 효력이 남아 있다. 여기서는 민병대의 의미로 사용되어 민병대로 번역했다.

있다는 것이다. 지금까지 제기된 반대론들은, 심지어 때로는 그 출처가 같음에도, 논리에 일관성이 전혀 없을 뿐만 아니라, 그런 반대론을 주장한 사람들의 진실성이나 공정성에 대한 호의적인 의견이 나올 것 같지 않다. 처음에는 연방정부의 권력은 전제적이고 무제한적이 될 것이라고 말한 바로 그 사람이, 다음에는 연방정부가 민병대를 소집할 충분한 권한을 갖고 있지 않다고 말하고 있는 것이다. 다행히 연방의 권력이 무제한이라는 것은 과장이고 민병대 소집의 권한이 없다는 것은 사실과는 거리가 멀다. 새헌법에는, 연방의회는 '필요하고 적절한'[3] 모든 법률을 제정할 수 있는 권한을 가진다고 되어 있다. 과세와 징세에 '필요하고 적절한 법률'을 제정할 권한 안에, 토지소유권의 상속이나 양도의 규정을 변경할 권한 또는 그에 관련된 소송에서 배심제를 폐지할 수 있는 권한까지도 포함된다고 생각하는 것이 터무니없듯이, 공표된 권한의 집행에 '필요하고 적절한' 모든 법률을 제정할 수 있는 권한에, 그 법률의 집행을 위임받은 공직자가 시민의 도움을 요청할 수 있는 권한은 포함되지 않는다는 것 또한 터무니없는 것이다.[4] 따라서 민병대의 도움을 요청할 수 있는 권한이 새헌법에 없다는 추정은 근거가 없음이 분명하므로, 민병대에 관한 연방정부의 권한에 대해 내린 결론은 모순되고 공정하지 못하다. 필요할 때

---

3) 필요하고 적절한 조항: 헌법 제1조 8절 18항을 일컫는 말이다. "연방의회는 위에 기술한 권한들(제1조 8절 1항부터 17항에 명시된 권한들)과 이 헌법이 합중국 정부의 모든 부처와 그 부처의 관리들에게 부여한 모든 기타 권한을 행사하는 데 필요하고 적절한 모든 법률을 제정한다." 이 조항은 광범위하게 해석되어 의회에 많은 권한을 부여했다. 또한 이 조항은 미국헌법의 가장 큰 특징이자 장점 중 하나인 융통성과 신축성의 표본이며, 부정적으로는 이현령비현령, 즉 이렇게도 저렇게도 적용할 수 있는 조항이라는 비난을 받기도 한다. "필요하고 적절한 조항 necessary and proper clause'이라는 용어는 1926년 미국 연방대법원 판사인 브랜다이스(Louis Brandeis)에 의해 처음 사용되었고, 그 이후 이 조항을 일컫는 통상적인 용어로 쓰이고 있다. 이는 페이퍼 33번과 44번에서도 다시 언급되고 있다.

4) 해밀턴은 '필요하고 적절한 조항'이 사회의 가장 기본적이고 상식적인 제도까지 바꿀 정도로 남용되지 않을 것이며, 그 권한에 의해 만들어진 법률은 그에 합당한 부수적 권한만을 수반하리라는 것을 설득하고 있다.

무력을 사용할 수 있는 권한이 있다는 단지 그 이유만으로 무력이 권위의 유일한 수단이라고 주장할 수 있는 어떤 근거가 있는가? 지각 있는 사람들이 도대체 무슨 동기에서 이런 생각을 하는 것인가? 그런 생각을 너그럽게 받아들여야 할지 혹은 더 냉혹하게 판단해야 할지 결정하기란 쉽지가 않다.

군대에 대한 공화주의적 경계심을 미묘한 추론으로 왜곡하여, 그들은 심지어 우리에게 민병대가 연방정부의 수중에 있으면 그 자체로서 위험하다고 가르쳐 왔다. 젊고 열정적인 사람들로 구성된 선발부대가 조직되어 전횡적인 권력에 복종하는 수단이 될지 모른다는 의견도 있다. 지금으로서는, 중앙정부가 민병대를 관리하기 위해 어떤 계획을 추진하게 될지 예측하는 일은 불가능하다. 하지만 나는 그런 선발부대가 위험하다고 반대하는 사람들과 같은 관점에서 이 문제를 보지 않는다. 헌법이 비준된 후, 민병대의 설립에 대해 우리 뉴욕주에서 선출된 연방의원들에게 나의 의견을 전하게 된다면, 나는 대체로 그들에게 다음과 같은 주장을 할 것이다.

"합중국의 모든 민병대를 훈련시키는 계획은, 만약 그것이 시행될 수 있다 해도 해로울 뿐만 아니라 소용도 없는 일이다. 군사적 작전에 대한 상당한 전문성을 취득하는 일은 많은 시간과 훈련을 요구하는 일이며 하루 또는 일주일의 시간만으로는 충분하지 않다. 농민과 다른 시민계급으로 구성된 대규모의 인원을 무장시켜 제대로 갖춰진 민병대가 될 만큼 필요한 군사훈련을 받게 하는 것은 국민들에게 상당한 불만을 가져다줄 뿐 아니라 심각한 공공 폐해와 손실을 낳을 것이다. 그 손실은 현재 인구를 기준으로 계산할 때, 연간 모든 주의 공공기관의 전체 비용과 거의 맞먹는 액수에 이르게 될 것이다. 민병대를 설립하기 위해 대량의 노동력과 산업을 그런 정도로 상당히 감축시키는 일을 시도하는 것은 현명하지 못하다. 그리고 그 실험이 실행된다 해도 시민들이 오랜 시간 감수하지 않을 것이기 때문에 성공할 수 없을 것이다. 국민 전체보다는 더 소수의 사람이 적당한 무기와 장비를 갖추는 것을 목표로 하는 것이 훨씬 합리적이다. 그리고 적절한 무장과 장비를 잘 갖추는 데 소홀하지 않도록 일 년에 한두 번 그들을 소집해야 할 필요가 있을 것이다.

"따라서 전 국민을 훈련시키는 계획은 유해하고 실시 불가능하기에 포기해야 하지만 민병대의 올바른 설립을 위해 신중히 마련한 계획을 최대한 빨리 채택하는 문제는 가장 중요하다. 정부는 유사시에 적절한 준비태세를 갖추어야 하는 원칙에 근거해 적당한 규모의 선발부대를 형성하는 데 관심을 집중해야 한다. 이러한 계획의 범위를 정함으로써 주의 방위가 필요할 때마다 언제든지 출동할 수 있는 제대로 훈련된 민병대를 갖추는 일이 가능해진다. 이것은 상비군의 필요를 감소시킬 뿐만 아니라, 정부가 상황에 따라 어떤 규모의 군대를 조직한다 해도, 그 군대는 절대 국민의 자유에 위험을 줄 수 없다. 왜냐하면, 훈련과 무기의 사용에 있어 상비군에 버금가는 대규모 시민 집단이 그들의 권리와 동료 시민들의 권리를 방어할 준비가 되어 있기 때문이다. 내가 보기에, 이것이 상비군에 대한 유일한 대체 수단이며, 만약 상비군이 존재한다면 그에 대한 최선의 견제수단이다."

이렇게 나는 제안된 헌법의 반대자들과는 다르게 추론함으로써, 연방정부의 통제하에 있는 민병대가 위험과 파멸로 가득 찼다고 비난한 주장에 대해 사실은 그것이 안전하다는 것을 증명했다. 그러나 연방입법부가 이 문제에 대해 어떻게 볼 것인지에 대해서는 나도 예측할 수 없는 일이다.

민병대가 자유에 위협이 된다는 생각은 뭔가 너무 억지스럽고 허황된 면이 있어 그것을 심각하게 다루어야 할지 혹은 농담으로 받아들여야 할지 잘 모를 때가 있다. 그리고 그 생각을 웅변가의 역설처럼 단순한 말장난으로 여겨야 할지 혹은 어떻게 해서든지 편견을 심어주려는 불순한 모략 또는 정치적 광신의 위험한 결과로 간주해야 할지도 잘 모르겠다. 상식적으로 생각할 때 우리의 아들, 우리의 형제, 우리의 이웃, 우리의 동료 시민을 믿을 수 없다면, 도대체 우리의 두려움의 끝은 어디인가? 다른 시민들과 매일 어울리면서, 같은 감정, 느낌, 습관과 관심을 나누는 사람들로부터 어떤 위험의 조짐이 있을 수 있겠는가? 연방의 권한이 민병대에 관한 규정을 정할 수 있다고 하지만 각 주가 민병대의 장교를 임명할 수 있는 독점적인 권한을 가지기 때문에 불안해할 만한 합당한 원인이 없다. 연방정부 아래서 있음 직한 민병대의 세력에 대해 경계심이 생긴다고 할지라도, 각 주 정부에 의해 장교들이 임명된다는 사실이 즉시 그 우려를 없애줄 것이다. 이런 상황은 주 정부에, 민병대에 대한 압도적인 영향력을 언제나 보장해 줄 것이기 때문이다.

새헌법에 반대하는 많은 출판물을 읽으면서, 독자는 자연스럽고 편안한 느낌 대신, 의미하는 모든 것을 변색시키고 훼손하며 손에 닿는 모든 것을 괴물로 변화시키면서 무섭고 왜곡된 모습만 보여주는 형편없는 이야기나 공상소설을 읽고 있는 것으로 착각하기 쉽다.

이것에 대한 예는 민병대를 소집할 수 있는 권한에 관한 과장되고 현실성 없는 주장에서 볼 수 있다. 그 권한에 반대하는 자들에 의하면 연방정부는 뉴햄프셔주의 민병대를 조지아주로, 조지아주의 민병대를 뉴햄프셔주로, 뉴욕주의 민병대를 켄터키주로, 켄터키주의 민병대를 샘플레인호수5)로 파견한다는 주장이 바로 그 예다. 그뿐만 아니라, 프랑스와 네덜란드에 갚아야 하는 부채를 돈 대신6) 민병대원으로 갚아야 한다는 주장도 있다. 어떤 때는 거대한 민병대가 국민의 자유를 굴복시킬 수 있고, 다른 때는 버지니아주의 민병대가 매사추세츠주 공화파의 완강한 저항을 억누르기 위해 그들의 주로부터 500∼600마일이나 끌려가야 하고, 매사추세츠주의 민병대는 귀족적인 버지니아인의 고질적인 오만함을 진압하기 위해 또 그만한 거리를 움직여야 할 것이다. 이런 식으로 주절거리는 사람들은, 미국 국민이 그들의 속임수나 능변에 넘어가 이런 터무니없는 얘기를 과연 의심 없이 믿을 것으로 생각하는 것인가?

만약 전제정의 수단으로 사용할 군대가 있다면, 민병대가 왜 필요하겠는

---

5) 샘플레인 호(Lake Champlain)는 뉴욕주와 버몬트주를 거치며 캐나다와 미국 간 국경을 이루고, 캐나다 퀘벡주까지 길게 뻗어 있는 호수이다.

6) 원문에서는 프랑스로부터 빌린 돈은 프랑스 금화인 루이 도르(Louis d'ors)로 갚는 대신, 그리고 네덜란드로부터 빌린 돈은 유럽에서 당시 사용된 금화 더커트(Ducat)으로 갚는 대신이라고 쓰고 있다.

가? 만약 군대가 없다면, 일부의 동료 시민에게 노예의 굴레를 채우기 위해 동원된 민병대는 멀고 고통스러운 원정에 대해 격분할 것이다. 그들은 너무 어리석을 뿐만 아니라 사악하기까지 한 음모를 꾸민 폭군들 쪽으로 그들의 진로를 바꿔 행군할 것이다. 그리고 민병대는 폭군들이 헛되이 꿈꾸던 권력의 요새에서 그들을 처절히 박살낸 다음, 학대받고 격분된 국민들의 정당한 보복의 본보기로 삼을 것이다. 그런데도 자유의 침해자들이 수많은 현명한 국민을 지배하기 위해 이런 어리석은 방법을 택하겠는가? 그들은 자신들이 꾀하고자 하는 권력 찬탈에 사용될 바로 그 수단, 즉 폭력에 대한 국민의 증오를 자극하는 일부터 시작하겠는가? 그들은 모든 사람에게 증오와 저주만을 일으킬 뿐, 아무런 목적에도 부합하지 않는, 잔인하고 메스꺼운 권력의 행사로서 전제적 지배의 길을 시작하겠는가? 이런 가정, 즉 민병대를 이용해 시민의 자유를 강탈할 것이라는 가정은 분별력 있는 애국자들이 분별력 있는 국민에게 주는 진지한 충고인가? 아니면 선동자들 또는 불온한 열성주의자들의 선동적인 외침인가? 만약 국가의 지도자들이 아무리 무절제한 야심에 따라 움직인다 해도, 그들의 계획을 성취하기 위하여 그렇게 터무니없는 수단을 사용할 것이라고 믿기 어렵다.

반란 또는 외부 침략의 시기에 이웃 주의 민병대가 공동의 적을 저지하거나, 또는 공화국을 파벌이나 반란의 폭력으로부터 보호하기 위해 다른 주로 행군해 들어가는 것은 자연스럽고 합당한 일이다. 공동의 적을 저지한다는 첫 번째 목적에 부합하는 사례는 지난 영국과의 독립전쟁에서 자주 있었다. 그리고 이런 상호 원조야말로 바로 우리 정치적 유대의 주요 목적이다. 이웃 주의 위기에 대해 의무감과 공감의 자극을 거의 느끼지 않던 주들에게 위험이 가까이 다가와 자기 보존에 대한 자극을 더해 주고, 만일 연방도 상호 원조를 가능하게 해주는 권한을 가지고 나선다면, 그때야 비로소 이웃 주의 위기에 대한 무관심과 태만의 위험은 없어질 것이다.[7]

[8]이상으로 정부의 활력과 직접적으로 관계가 있다고 생각되는, 연방에

부여될 권한에 대해 검토해 보았다. 그리고 나는 이러한 권한에 반대하는 주요 의견에 답하려고 노력해 왔다. 하지만 지금까지 전혀 거론되지 않았고, 그리고 제안된 헌법에 반대하는 사람들의 적의를 살 만큼 크게 중요하지 않거나, 혹은 연방에 부여하는 것이 너무 당연해 논할 필요조차 없는 작은 권한에 대해서는 언급하지 않았다. 지금까지의 일련의 페이퍼에서 이미 사법부의 권한에 대해서 검토할 수도 있었지만, 사법부의 조직과 사법권의 범위를 연계하여 검토하는 것이 더 나을 것이라고 판단했다. 따라서 사법부에 대한 전체적인 검토는 나중에(78번~83번) 다루도록 하겠다.

푸블리어스

---

7) 하지만 민병대에 있어서 연방정부의 통제권과 주 정부 간의 상호 원조가 잘 지켜지지 않았던 경우도 때때로 있었다. 영국과의 마지막 전쟁 기간(1812~1815) 동안 뉴욕주는 민병대를 영국과의 전투를 위해 캐나다로 파견하는 것을 거부했다. 그 이유는 뉴욕주의 민병대는 그들의 주만을 방위하는 것이 원칙이라는 것이었다. 같은 전쟁에서, 뉴욕주의 플래츠버그(Plattsburgh)에서 영국군과의 대치 상황이 일어났을 때 자신의 주의 민병대를 주 외로 파견하는 것을 원하지 않았던 버몬트주 지사는 이미 연방군을 지원하기 위해 파견된 버몬트주 민병대에 철수 명령을 내렸다. 하지만 민병대는 연방군을 도울 의무가 있다고 주지사를 비난하며 명령을 듣지 않고 한동안 철수를 거부했다. 1814년 실제로 전투가 일어나자 버몬트주 민병대가 다시 뉴욕주의 플래츠버그로 가서 영국군을 무찌르고 승리하는 데 많은 공을 세우기도 하였다. 민병대에 대한 연방정부의 통제권과 지휘권이 잘 지켜지지 않자 연방의회는 1903년 민병법(The Militia Act of 1903)을 제정해 민병대를 주 방위군(The National Guard)으로 이름을 바꾸고 유사시에 주 방위군에 대한 연방정부의 통제권과 지휘권을 명시화했다. 페이퍼 69번, 각주 6) 참고.

8) 이 마지막 문단은 신문에 게재된 35편의 가장 마지막에 해밀턴이 포함한 것이다. 그러나 책(매클린 에디션)으로 출판되면서 이 페이퍼를 35번에서 29번으로 번호를 바꾸고 이 마지막 문단을 삭제했다. 그러나 이 번역본에서는 신문에 게재된 버전을 우선으로 생각해 이 문단을 추가했다. Henry B. Dawson, ed., *The Federalist*(New York: Charles Scribner, 1863), 1: 238.

THE FEDERALIST　　　No. 30

≪뉴욕 패킷≫, 1787년 12월 28일　　　　　　　　　　　알렉산더 해밀턴

뉴욕주 시민들에게

연방정부는 연방군의 유지에 필요한 지출을 할 수 있는 권한을 가져야 한다고 이미 지적한 바 있다. 이 제안에는 군대의 모집과 함대의 건조 및 무장에 소요되는 비용, 군대의 배치와 군사행동에 관련된 다른 모든 비용도 포함되어 있다. 그러나 세입과 관련하여 연방의 권한은 이러한 대상들에만 국한되는 것은 아니다. 연방의 권한에는 연방 공무원의 봉급과, 기존의 국가채무와 앞으로 발생할 국가채무에 대한 지불, 그리고 일반적으로 국고로부터 지출되어야 하는 모든 사항에 대한 법적 규정이 포함되어야 한다. 결론적으로 말하자면, 정부 조직에는 어떠한 형태로든 보편적 과세권이 포함되어 있지 않으면 안 된다는 것이다.

돈은 정치체의 생명활동을 유지하고 정부의 가장 본질적인 기능을 가능하게 하는 것으로서 정부 활력의 원천으로 여겨지는 것이 타당하다. 따라서 사회의 자원이 허용하는 한, 자금의 정기적이고 충분한 공급을 확보하기 위한 완전한 권한은 모든 헌법의 필수불가결한 요소라고 볼 수 있다. 이러한 권한이 미비하면 국민들은 공적인 필요에 부응하는 적절한 법 대신 정부로부터의 계속적인 수탈을 감수해야 하거나, 그렇지 않으면 정부가 치명적으로 쇠약해져 오래 버티지 못하고 이내 소멸할 것이 확실하다.

현존하는 오스만제국[1] 또는 터키제국에서, 군주는 모든 면에서 백성들의 생명과 재산의 절대적인 지배자이지만, 그럼에도 새로운 세금을 부과할 수 있

는 권한은 전혀 없다. 그 결과 군주는 고위 관리들[2] 또는 지방 총독들이 마음대로 국민들을 약탈하도록 허용하고 다시 군주는 그들로부터 자신과 국가의 위급상황에 필요한 금액을 빼앗고 있다. 이와 비슷한 이유로 아메리카에서도 연합정부는 점차 쇠퇴하여 소멸의 단계에 이르고 있다. 공공의 필요를 충족시키는 세입을 조달할 수 있는 유능한 정부가 있다면 오스만제국과 합중국 국민의 행복을 증진시킬 수 있다는 것을 누가 의심할 수 있겠는가?

현재의 연합은 비록 약체이기는 하지만, 처음에는 연합의 금전적 필요를 충족시키는 무제한적 권한을 연합의회에 위임하고자 했다. 그러나 잘못된 원칙에 따라 진행되다 보니 본래의 의도에서 완전히 벗어나고 말았다. 연합의 구성에 대한 주 간의 계약 즉, 연합규약(이미 말했듯이)에 따르면, 연합의회의 판단으로 합중국의 유지에 필요한 금액을 산정하여 그것을 각 주에 요구할 권한이 있다. 그리고 할당의 규칙에 부합하는 한, 모든 헌법적 의미에서 주 정부는 합중국의 징발에 따라야 한다. 주 정부는 요구의 타당성에 이의를 제기할 권리가 없으며, 요구된 액수를 제공하는 방법과 수단을 강구하는 것 이외의 어떠한 재량도 없다. 그러나 이것이 엄밀한 사실임에도 불구하고, 또한 이의를 제기하는 것이 연합규약의 위반임에도, 그리고 공공연하게 제기되지 않았을지는 모르지만, 실제로는 이러한 이의 제기에 대한 권한은 사실상 행사되어 왔고 앞으로도 계속될 것이다. 왜냐하면 연합의 세입은 중간 매개체인 주들에 계속 의존해야 할 수밖에 없기 때문이다. 공적인 업무에 대해 조금이라도 알고 있는 사람이라면 이런 제도의 결과가 어떠했는지 알 수 있을 것이며, 이미 이 페이퍼들의 여러 부분에서 충분히 밝힌 내용이다. 이것이 바로 우리 자

---

1) 오스만제국 혹은 오토만제국(Ottoman Empire 1299~1922)은 터키제국으로도 불리며 13세기 말에 형성되어 20세기 초까지 유럽 동남부, 서아시아, 북아프리카 대부분을 통치하던 광대한 제국이다. 하지만 계속되는 전쟁으로 18세기부터 급격히 쇠퇴의 일로에 들어섰다.

2) 원문에서는 버쇼(bashaws)이다. 파샤(pasha)라고도 불리며 오스만제국이나 북 아프리카 지역의 고위 관리를 말한다.

신에게는 굴욕을, 우리 적들에게는 승리를 안겨 준 주된 원인이 되어 결국 우리를 이런 지경으로 몰아넣고 말았다.

이런 상황을 초래한 구조를 바꾸는 것 즉, 할당제와 징발이라는 그릇되고 기만적인 제도를 변경시키는 것 외에 어떤 대책이 있을 수 있겠는가? 질서정연한 시민 정체의 헌법이 허용하는 통상적인 과세 방식으로 중앙정부 자체의 세입을 조성하도록 하는 것 외에 어떤 대안을 상상할 수 있는가? 재치 있는 사람들은 어떤 문제에 대해서나 그럴듯하게 둘러댈 수 있겠지만, 인간의 어떤 지략으로도 공공재정의 공급 부족으로 인해 당연하게 생기는 불편함과 어려움으로부터 우리를 구출해 줄 정확한 방편을 찾을 수는 없을 것이다.

새헌법의 반대자들 중 그래도 현명한 사람들은 이런 논리, 즉 연방정부의 자체적인 세입 조성의 필요성을 인정하고 있다. 그러나 그 인정에는 그들이 칭하는 국내세와 국외세의 구분이라는 조건이 달려 있다. 그들은, 국내세는 주 정부가 확보하고, 그들이 통상 관세, 또는 수입품목에 대한 세금으로 설명하고 있는 국외세는 연방에 양보할 의향을 밝히고 있다. 그러나 이런 구분은, 모든 권한은 그 목적에 상응해야 한다는 상식 및 건전한 정책의 기본 공리에 반하는 것이며, 연방정부를 주 정부의 관리하에 놓이게 만들어 연방정부의 활력과 효율을 배려하는 모든 의도에 부합되지 않는다. 통상 관세만으로 합중국의 현재 그리고 미래의 필요를 충족시킬 수 있다고 생각할 수 있는가? 모든 당파가 필요하다고 인정하는 여러 기관에 대한 지출과 더불어 기존의 국내와 국외의 부채를 갚는 계획을 고려할 때, 공공정의와 신용의 중요성을 어느 정도 인식하는 사람이라면 통상 관세의 규모가 아무리 커진다 해도 그것만으로는 현재의 필요를 충족시킬 수 있다고 자신할 수 없을 것이다. 합중국의 미래에 대한 필요는 계산할 수도 없고 제한할 수도 없는 것이므로, 여러 차례 언급된 원칙에 근거해, 필요가 생기면 거기에 대비할 수 있는 권한도 마찬가지로 제한되어서는 안 된다. 이런 저런 세상일들이 통상 진행되는 것에 따르면, 국가가 존속해 나가는 모든 단계에서 국가가 필요로 하는 것은 그것이 가진 자원의 한계 내에서 결정됨을 인류의 역사는 증명해 준다.

통상 관세만으로 부족한 세입이 주 정부들에 대한 징발을 통해 메꾸어 질 수도 있다고 말하는 것은 한편으로는 각 주에 대한 할당제도에 의존할 수밖에 없다는 것을 인정하는 것이고, 다른 한편으로는 일정 한도를 넘어서는 모든 것도 역시 이 제도에 의존할 수밖에 없다는 것을 인정하는 것이다. 경험에 의해서나 앞의 페이퍼들에서[3] 기술된 이 제도의 결점과 결함들을 주의 깊게 살펴본 사람이라면, 국가의 이익에 관한 운용을 조금이나마 이런 제도에 맡기는 데 대해 엄청난 반감을 느낄 것이다. 그 제도가 실제로 운용되는 한, 그것의 불가피한 성향 때문에 연방은 위축되고 연방정부와 주들의 사이, 그리고 각 주 자신들 사이에 불화와 갈등의 원인이 될 것이다. 지금까지 연합의 전체적 필요를 충당해 왔던 것과 같은 방법, 즉 할당제도에 근거한 징발을 통해 추후 연방체제에서도 세입의 부족액이 지금보다 더 잘 충당될 수 있을 것이라고 기대할 수 있는가? 만약 주 정부에 필요액보다 더 적은 액수를 요구하더라도, 주 정부는 그에 비례한 만큼 감액하여 그 요구에 응할 것이라는 사실을 염두에 두어야 한다. 만약 앞에서 말한 국내세와 국외세의 구분을 주장하는 사람들의 의견이 증명된 사실로 받아들여져야 한다면 국가의 경제 업무에 있어서는 그 정도에서 멈춰야 가장 무난하다고 인정되는 지점이 있기에, 그 정도까지는 정부의 필요를 충족시킴으로써 공공의 행복이라는 목표를 촉진할 수 있겠지만, 그 한계점을 넘는 것은 우리가 배려하거나 걱정할 만한 가치가 없다는 결론에 이르게 된다. 세입이라는 수단으로 정부의 필요를 어느 한계까지 충족시킴으로써 공공의 행복이라는 목표가 촉진되겠지만, 그 한계를 넘어서는 것은 우리가 배려하거나 걱정할 가치가 없다는 것이다. 그러나 필요액의 절반밖에 공급되지 않고 늘 재원이 부족해 궁핍한 정부가 어떻게 이런 목적을 달성하고, 안전을 제공하고, 번영을 증진시킬 수 있으며, 연방의 명성을 유지할

---

3) 페이퍼 15번, 16번 참고.

수 있겠는가? 그런 정부가 어떻게 국내의 활력과 안정, 위엄과 신용을 확보하고 외국의 존경을 얻을 수 있겠는가? 그런 정부의 행정은 편법, 무기력 그리고 불신의 연속이 아니면 무엇이겠는가? 눈앞의 필요에 따라 빈번히 정부의 업무를 저버리는 일을 어떻게 피할 수 있을 것인가? 공익을 위한 개혁적인 일 혹은 대규모의 계획을 어떻게 맡아서 시행할 수 있겠는가?

우리가 앞으로 치르게 될지도 모르는 첫 번째 전쟁에서 이런 상황이 어떠한 결과를 가져올지 주목해 보자. 논쟁을 위해서, 수입 관세로부터의 세입이 연방 공공부채의 상환과 치안유지라는 목적에 부응할 수 있다고 가정해 보자. 이런 상황에서 전쟁이 발발한다면 비상 상황에서 정부가 취할 수 있는 행동은 무엇이겠는가? 우리는 경험에 의해 각 주에 대한 분담금 징발이 성공적으로 이루어질 수 없다는 것을 알고 있다. 더구나 연방의 자체 권한으로는 새로운 재원을 얻어낼 수도 없는 입장에서, 정부는 국가적 위험이 닥쳤을 때 타당한 목적을 위해 이미 책정된 자금을 국가 방위의 용도로 전용해야 하는 편법을 쓰는 수밖엔 없지 않겠는가? 이렇게 편법을 써야 하는 상황을 어떻게 피할 수 있을지 해결책을 찾기는 쉽지 않다. 그리고 만약 그런 편법적인 조치가 공공의 안전을 위해 어쩔 수 없이 채택되는 바로 그 순간, 공공신용은 붕괴될 것이 분명하다. 이런 위기에서 정부가 외국의 차관 없이도 대처해 나갈 수 있다고 생각하는 것은 극단적으로 어리석은 것이다. 근대의 전쟁에서는, 가장 부유한 국가도 고액의 차관으로 전쟁을 수행할 수밖에 없다. 우리처럼 별로 부유하지 않은 나라는 차관의 필요성이 더욱 커질 수밖에 없다. 그러나 상환 수단의 안정성을 신뢰할 수 없는 정부에게 누가 돈을 빌려주겠는가? 설령 차관이 가능해진다 하더라도 그 조건은 까다롭고 액수는 제한적일 것이다. 이러한 차관은 고리대금업자가 사기성이 있고 흔히 부도를 내는 사람에게 돈을 빌려줄 때와 똑같은 원칙, 즉 소액의 대출로 높은 이자를 챙기는 원칙에 근거할 것이다.

중앙정부가 과세에 대해 무제한적 권한을 가져야 하지만, 이 나라의 자원의 부족으로 인해 전쟁에 돌입해야 할 경우를 상상하면 이미 다른 용도로 책정된 자금을 전용할 필요가 있으리라고 생각할지 모른다. 그러나 두 가지 고려사항이 이 문제에 대한 모든 불안감을 해소시켜 줄 수 있을 것이다. 그중 하나는, 그러한 과세권을 가진다면 연방의 이익을 위해 사회의 자원이 최대한 활용되리라고 확신할 수 있다는 것이고, 둘째는 부족액이 얼마가 되든지 간에 차관으로 어렵지 않게 해결될 수 있다는 사실이다.

중앙정부가 새로운 과세 대상을 정해 새로운 자금을 확보할 수 있는 권한을 가지고 있으면 필요할 때 언제나 차관이 가능할 것이다. 그때는 미국 시민은 물론 외국인들까지도 우리 정부의 약속을 합리적으로 신뢰할 수 있을 것이다. 그러나 상환 계약을 이행하기 위해 13개 다른 정부에 의존해야 하는 지금의 연합정부의 처지를 일단 명확히 파악한다면, 인간의 금전거래에서 흔히 볼 수 없는, 타인을 쉽게 믿는 성향을 가진 사람이라면 거래가 가능할 수는 있겠지만, 금전적인 욕심에 예민한 사람이라면 그런 거래의 가능성은 거의 없다고 봐야 할 것이다.

이런 생각은 낭만적이거나 또는 이상주의적인 시대의 평화로운 장면이 미국에서 실현되기를 바라는 사람에게는 별로 중요하지 않을지 모르지만, 다른 많은 나라에 공통적으로 닥친 변화와 고난을 우리도 경험하게 될 것이라고 믿는 사람들에게는 진지한 관심을 불러일으킬 만하다. 그러한 사람은 자기 나라의 현재 상황을 고통스럽고 걱정어린 눈으로 바라볼 것이고, 야심이나 복수심이 너무도 쉽게 나라에 끼칠지 모르는 폐해를 피할 수 있도록 기원할 것이다.

푸블리어스

THE FEDERALIST

No. 31

≪뉴욕 패킷≫, 1788년 1월 1일   알렉산더 해밀턴

뉴욕주 시민들에게

어떤 종류의 논의에 있어서도, 뒤이은 모든 추론이 거기에 의존해야 하는 근
본적 진리 혹은 제1의 원리라는 것이 있다. 이러한 원리는 모든 고찰과 논리
의 조합에 우선하여 그 자체를 입증하는 내재적 증거를 포함하고 있다. 따라
서 이런 원리가 스스로 명백하게 입증되는 것을 보지 못하는 사람이라면, 그
는 분명 인식 기관에 어떤 결함이나 장애가 있거나 또는 강력한 이해관계, 충
동, 편견의 영향을 받고 있는 것이다. 이 같은 원리에는 기하학의 공리가 있
다. "전체는 그것의 부분들보다 더 크다. 같은 것에 서로 동일한 것들은 서로
같다(즉, A와 B가 같고 B와 C가 같으면 A는 C와 같다). 직선 두 개로는 하나의 공간
을 둘러쌀 수 없다. 그리고 모든 직각은 서로 같다." 이와 유사한 성질을 가진
공리는 윤리학이나 정치학에도 있다. 즉 원인 없이 결과가 있을 수 없다; 수단
은 목적에 비례해야 한다; 모든 권력은 그 목적과 상응해야 한다; 그 자체에
한계가 없는 목적의 달성에는 그것을 위한 수단을 제한해서는 안 된다. 그리
고 윤리학과 정치학의 두 과학에는 공리와 같은 수준이라고는 할 수 없지만,
공리로부터 직접 추론된 진리들이 존재한다. 그 진리들은 그 자체로서 너무
명백하며, 자연스럽고 순수하게 상식에 잘 부합되기 때문에, 공리와 같은 정
도의 지향할 수 없는 힘과 확신을 가지고 건전하고 편견 없는 마음의 공감을
불러일으킨다.

기하학적 연구의 대상은 인간의 마음에 있는 억누를 수 없는 감정을 자극

_238_ 페더럴리스트 페이퍼스

하여 행동하게 하는 것들과는 완전히 다르기 때문에, 사람들은 어려움 없이 기하학의 단순한 공리뿐만 아니라 난해한 역설까지도 받아들인다. 그러나 그런 역설은 증명이 가능할 수도 있어 보일지 몰라도 철학의 도움 없이는 고려하고자 하는 주제에 대한 자연스러운 관념과 모순된다. 예를 들면 물질의 무한 분할 가능성이 그것이다. 극미한 원자에 이르기까지 무한하게 분할이 가능하다는 것이 그런 역설에 해당한다. 이것은 무신론자가 지금까지 열심히 논박해 온 종교적 신비만큼이나 상식적으로 이해할 수 없음에도 불구하고 기하학자들 사이에서 합의에 이른 논점이다.

그러나 사람들은 도덕이나 정치과학 분야의 공리나 원리에 대해서는 훨씬 덜 수용적이다. 이런 특징은 어느 정도까지 옳고 유용하며 또 그래야만 한다. 주의 깊게 그리고 꼼꼼하게 조사하는 것은 실수와 기만을 막기 위한 방어벽이다. 그러나 인간의 이런 완고함이 너무 지나치면 뒤틀리고, 고치기 힘들어지고, 부정직하고 기만적으로 될 수 있다. 일반적으로 도덕과 정치적 지식의 원리가 수학의 정리와 같은 정도로 확실성을 가지고 있다고는 할 수 없다. 그렇지만, 특정 상황에서의 인간 행위를 근거로 판단해 볼 때, 이런 원리는 통상 인정되고 있는 것보다 더 높은 확실성을 가진다고 할 수 있다. 불확실성의 원인은 대상이 되는 문제에 있기보다는 추론하는 사람의 감정과 편견에 있는 경우가 많다. 인간은 대부분의 경우, 공정한 판단을 하지 않고 선입견에 사로잡혀, 스스로를 논쟁으로 끌어들이고 결국 쓸데없는 혼란에 빠져버린다.

연방정부의 일반적인 과세권의 필요성이 명백하다는 입장에 대해 어떻게 지각 있는 사람들 중에(만약 우리가 반대자들도 그들의 반대론을 내세우는 데 있어서 진지하다는 것을 인정한다면) 거기에 반대하는 사람이 있을 수 있는가? 연방정부의 일반적인 과세권의 필요성에 대한 견해는 다른 곳에서도 충분히 언급되었지만,[1] 그런 입장에 반대하는 주장들을 살펴보기 위한 서론으로서 그 견

---

1) 페이퍼 30번 참고.

해를 요약해 보도록 하겠다.

정부는 그 소관 사항에 관한 목적을 완전히 수행하기 위해, 그리고 정부가 책임져야 하는 위임된 사항을 완수하기 위해 필요한 모든 권한을 가져야 한다. 이 권한은 공익과 국민의 뜻에 대한 고려 이외에 어떤 다른 통제도 받지 않아야 한다.

국방을 관리하고, 국외 또는 국내의 폭력에 맞서 공공의 평화를 유지하는 임무에는 재해와 위험에 대한 무한한 대비도 포함하기 때문에, 그에 대한 준비를 갖추기 위한 권한에는 국가의 긴박한 필요와 공동체의 자원을 제외한 어떤 한계도 있어서는 안 된다.

국가 세입은 국가의 긴급사태에 대비할 수 있는 수단을 획득하기 위한 원동력이므로, 국가가 그런 긴급사태에 필요한 세입을 최대한 확보하는 권한을 갖는 것은 당연하다.

세입을 조달하는 권한이 분담금 할당에 의해 각 주에 행사될 때는 효과가 없었다는 사실이 이론과 실제에 의해 증명된 이상, 연방정부는 당연히 통상적인 방식에 의해 과세할 수 있는 무제한적인 권한을 부여받아야 한다.

만일 우리가 반대파의 반발을 경험하지 않았더라면 연방정부에 부여된 포괄적인 과세권의 타당성은, 어떤 추가적인 논의나 실례의 도움 없이 그런 주장들에만 근거한다고 해도 무난히 수용될 것이 당연한 결론이다. 그러나 사실상, 새헌법의 반대자들은 제안된 과세권에 대한 정당성이나 진실을 인정하기는커녕 이 부분을 가장 격렬하게 반대하고 있는 것으로 보인다. 따라서 그들이 이 계획에 대해 강력하게 반대하는 이유를 분석해 보는 것이 마땅할 것 같다.

그들이 가장 힘주어 주장하는 반대 내용은 바로 이런 것 같다. "연방의 긴급사태에 대한 필요에는 한계가 없을 수도 있기 때문에, 세금을 부과할 수 있는 권한도 제한되어서는 안 된다는 주장은 정당하지 않다. 세입은 연방 행정부의 목적만큼이나 지방행정부의 목적에도 필요한 것이다. 국민의 행복에 있어 지방행정은 적어도 연방행정과 마찬가지로 중요하다. 따라서 연방정부가 그 필요를 충족시키기 위한 권한을 가지는 것처럼, 주 정부들도 자신의 필요를 충족할 수 있는 수단을 강구할 수 있는 권한이 필요하다. 그러나 연방정부에 과세의 무제한적 권한을 허락하는 일은, 결국 주 정부로부터 자체적인 필요성을 충족하는 수단을 박탈하게 될 가능성이 있고, 따라서 연방입법부가 주 정부를 완전히 좌지우지하게 될 것이다. 연방의 법률은 국가의 최고 법이기 때문에, 또한 연방에 부여될 권한을 행사하기 위한 필요한 모든 법률을 제정할 수 있기 때문에, 연방정부는 언제든지 연방과세권에 저촉된다는 구실로 주의 목적을 위해 부과된 세금을 폐지할 수 있을 것이다. 연방정부는 국가 세입의 효율성을 위해 그런 조치가 필요하다고 얼마든지 주장할 수 있다. 그리하여 과세의 모든 재원을 점차적으로 연방이 독점하게 되고, 그 결과 주 정부는 완전히 배제되고 파멸하게 될 것이다."

이런 방식의 논리는 어떤 경우에는 연방정부의 권리침탈이 있으리라는 가정에 기초한 것 같다. 그리고 다른 경우에는 연방정부에 부여하고자 의도된 권한이 헌법적으로 시행된 결과 일어날 일들을 단지 추론한 것으로 보이기도 한다. 그나마 어느 정도 공평성이 있다고 인정한다면 그것은 후자의 경우이다. 연방정부의 권리침탈에 대한 억측에 부딪히는 순간, 우리는 끝없는 심연에 빠지게 되고, 더는 이성적으로 생각하는 것이 어려워진다. 상상력은 마음대로 돌아다니다 마법에 걸린 성의 미로에서 길을 잃고, 무모한 모험심으로 들어간 혼란 속에서 빠져나오기 위해 어느 쪽으로 가야 할지를 모른다. 연방의 권한을 어떤 식으로 제한하거나 변경한다 해도, 새헌법의 반대자들은 끝없이 이어지는 가능한 위험을 얼마든지 어렵지 않게 찾아낼 것이다. 그리고 과다한 경계심과 소심함 때문에, 우리는 철저한 회의론과 우유부단함에 처하게 된다. 나는 다른 곳2)에서 관찰한 것을 여기서 반복하려고 하는데, 즉 연방정

---

2) 이와 비슷한 의견은 페이퍼 23번에서도 볼 수 있다.

부의 권리침탈의 위험을 전제로 한 모든 주장은, 그 정부 권한의 성격 또는 범위가 아니라 그 정부의 구조와 조직을 고려해야 한다는 사실이다. 주 정부들은 각각의 헌법에 의해 완전한 주권을 위임받고 있다. 그렇다면 주 정부의 권리침탈에 대한 우리의 안전장치는 무엇인가? 의심할 바 없이 주 정부의 구성 방식과, 그 정부를 운영하는 자들의 국민에 대한 의존에 있다. 만약 공정한 검토에 의해, 제안된 연방정부의 구조와 조직도 동일한 종류의 적절한 안전을 제공하는 것으로 밝혀지면, 권리침탈에 대한 모든 우려는 버려야 할 것이다.

연방의 권리를 침해하려는 주 정부의 성향도, 주 정부의 권리를 침해하려는 연방의 성향만큼 가능하다는 사실을 잊어서는 안 된다. 그런 대립에서 어느 쪽이 우세할 것인가의 여부는 그 성공을 얻기 위해 사용할 수 있는 수단에 달려 있다. 공화국에서 힘은 언제나 국민의 편에 있기 때문에, 그리고 일반적으로 주 정부들이 국민에 대해 가장 많은 영향력을 가지고 있다고 믿을 만한 중요한 이유들이 있기 때문에, 자연스러운 결론은 이런 분쟁은 연방에게 불리하게 끝날 가능성이 매우 많다는 것이다. 따라서 연방에 대한 주들의 침해 가능성이 주들에 대한 연방의 침해 가능성보다 더 높다. 그러나 이런 종류의 모든 추측은 매우 애매하고 틀리기 쉬우며, 가장 안전한 것은 그런 추측들을 제쳐놓고 헌법에 명시되어 있는 권한의 성격과 범위에만 우리의 관심을 국한시키는 것이다. 이외의 모든 것은 국민의 신중함과 견실함에 맡겨야 한다. 저울을 자신의 손에 쥐고 있는 국민은 연방정부와 주 정부 간의 헌법적 균형을 유지하는 것에 항상 주의를 기울일 것이다. 분명하고 진실한 입장을 견지한다면, 연방의 무제한적 과세권에 대한 반대는 어렵지 않게 막아낼 수 있을 것이다.

푸블리어스

THE FEDERALIST No. 32[*]

≪인디펜던트 저널≫, 1788년 1월 2일 · 알렉산더 해밀턴

뉴욕주 시민들에게

나는 세금 징수에 관한 연방의 주 정부에 대한 통제권에 있어서 주 정부들의 우려를 초래할 어떤 실질적인 위험도 없을 것이라 생각한다. 왜냐하면 국민의 감정과 주 정부들의 분노를 유발할 극단적인 위험, 그리고 지역적인 목적을 위해서는 지방정부가 유익하고 필요하다는 믿음은 연방 과세권의 억압적 행사를 충분히 막아 주리라고 생각하기 때문이다. 그러나 여기에서, 개별 주들도 자신의 필요를 충족하기 위해 자신의 세입을 조성할 수 있는 독립적이고 통제받지 않는 권한을 가져야 한다는 주장의 정당성을 나는 기꺼이 인정하려 한다. 이런 양보를 통해서(수출입에 대한 관세는 제외하고), 주 정부들은 새헌법에 의해 절대적이고 무제한적으로 과세에 대한 권한을 보유할 것이라고 확언한다. 또한 과세권 행사에서 주의 권한을 축소하려는 연방정부의 시도는 헌법안의 그 어떤 조항이나 항목에 의해서도 보장받지 못하는 극도의 권한 침탈이라고 나는 분명히 말할 수 있다.

전체 주들을 완전한 단일 주권으로 통합시키는 것은 부분들이 전체에 종속한다는 것을 의미하고, 어떤 권한을 주 정부에 남길 것인가는 완전히 일반

* 이 페이퍼는 1788년 1월 2일에는 ≪인디펜던트 저널≫에, 1월 3일에는 ≪데일리 애드버타이저≫에, 1월 4일에는 ≪뉴욕 패킷≫에, 그리고 1월 8일에는 ≪뉴욕 저널(The New-York Journal)≫과 ≪데일리 페이트리오틱 레지스터(Daily Patriotic Register)≫에 게재되었다. 신문 게재 당시에는 31번이었으나 매클린 에디션에서는 이 페이퍼를 2개로 나누어 32번과 33번으로 출판했다.

의지, 즉 공동체의 총의에 달려 있다. 그러나 헌법회의 계획은 단지 부분적 결합 내지는 부분적 통합을 목적으로 하고 있으므로, 주 정부들은 지금까지 가지고 있었던, 그리고 헌법안에 의해 연방에 독점적으로 위임되지 않은 모든 주권상의 권한을 명백하게 보유하는 것이다. 이 주권의 전면적 위임, 더 정확히 말하자면 주들의 연방에 대한 주권의 양도는 오직 다음 세 가지 경우에서만 발생할 수 있을 것이다. 첫째, 헌법의 명문에 의해 연방에 독점적 권한을 부여하고 있는 경우이다. 둘째, 헌법이 한편으로는 연방에 어떤 권한을 부여하고 다른 한편으로는 주들에 대해 동일한 권한 행사를 금지한 경우이다. 그리고 셋째는, 헌법이 연방에 어떤 권한을 부여했는데 그것이 주들의 유사한 권한과 절대적으로, 그리고 전면적으로 모순되고 상충되는 경우이다. 세 번째 경우는 두 번째 경우와 비슷하기는 해도 실제로는 본질적으로 다르다. 즉, 연방정부와 주 정부의 공동 관할권, 즉 공동으로 가지는 권한의 행사가 행정의 모든 부문에서 서로 간섭적인 경우가 가끔 있을 수 있으나, 헌법적 권한의 행사에 있어서는 그것이 직접적으로 서로 모순되거나 상충되지는 않는다는 것이다. 첫 번째로 얘기한 연방정부의 독점적 관할권은 다음의 세 가지 예에서 볼 수 있다. 제1조 8절의 끝에서 두 번째 항(17항)은 연방의회는 미국정부의 소재지가 되는 지역에 대하여는 어떠한 경우를 막론하고 "독점적 입법권"을 행사한다고 명시하고 있다. 이것이 첫 번째 예이다. 같은 절의 첫 조항은 "조세, 관세, 수입세 및 소비세를 부과, 징수하는" 권한을 연방의회에 위임한다. 그리고 같은 조의 10절 두 번째 조항은 "어느 주라도 연방의회의 동의 없이는 수입품 또는 수출품에 대하여 검사법의 시행상 절대적으로 필요한 경우를 제외하고는 어떠한 수입세 또는 관세를 부과하지 못한다"라고 선언하고 있다. 따라서 언급된 특정한 경우, 즉 각 주의 검사법의 시행을 제외하면, 연방은 수입품과 수출품에 대한 관세의 독점적 권한을 가진다. 그러나 이 권한은 다시 각 주에서 수출되는 물품에 대해 연방의회가 조세 또는 관세를 부과하지 못한다고 선언하는 또 다른 조항(제1조 9절 5항)의 제약을 받는다. 이 단서 조항에 의해 결과적으로, 연방의 독점적인 과세 권한은 단지 수입품에 대한 관세에만 유효하게 된다.[1] 이것이 두 번째 예이다. 세 번째 예는, 연방의회는 "합중국 전역에 걸쳐 일률적인 시민권 부여 규정을 제정할" 권한을 갖는다고 선언하는 조항(제1조 8절 4항)에서 볼 수 있다. 이 권한은 필연적으로 독점적이어야 한다. 왜냐하면 시민권 부여에 대해 각 주가 서로 다른 별개의 규칙을 제정할 권한을 갖게 되면, 일관된 규칙은 있을 수 없기 때문이다.[2]

시민권 부여에 대한 연방정부의 독점적인 권한과 비슷한 것으로 생각될 수 있지만 사실 매우 다른 경우가 지금 우리가 검토하고자 하는 문제와 관련되어 있다. 즉, 수출입품에 대한 과세권은 연방정부의 독점적 권한이지만, 수출입품 이외의 모든 다른 상품에 대한 과세권은 주장하건대, 명백하게 연방정부와 개별 주 정부에 공동으로 주어진 그리고 또한 동등한 권한이다. 이 권한을 연방의 독점적인 것으로 인정한 조항은 명백히 어디에도 없을 뿐만 아니라 실제로도 그렇지 않다. 즉, 주 정부가 수출입품 이외의 다른 상품에 과세하는 권한을 금지하는 어떤 별도의 조항뿐만 아니라 문장도 전혀 없다는 것이다. 다시 말해서, 주 정부가 관세를 부과하는 것을 금지한 대상이 수출입품에만 한정된다면, 주 정부는 수출입품 이외의 모든 상품에 대해서는 과세권을 가질 수 있다는 것을 의미한다. 그리고 더불어 다른 모든 세금에 대해서도 주 정부의 권한이 제한되지 않는다는 것을 함축하고 있다. 다른 관점에서 보면, 주 정부의 수출입품에 대한 과세권의 제한 규정은 불필요할 뿐만 아니라 위험할 것이다. 그것이 불필요한 경우는, 만일 연방에 그런 관세를 부과하는 권한을 위임하는 것이 이 문제에 있어서 주 정부를 배제시키고 주 정부의 종속을 의도

---

1) 이 단서 조항에 의해 새헌법이 채택된 후 현재까지도 연방정부는 외국에서 수입되는 물품에 대한 과세권만 행사하고 있다. 같은 단서 조항에 의해 어느 주에도 속하지 않는 워싱턴시(Washington, D.C.) 및 모든 주, 즉 미국 전역에서 외국으로 수출되는 물품에 대한 과세는 아직까지 없었다. 만일 있었다 해도 수출품에 대한 관세는 이 단서 조항에 위반되기 때문에 위헌이라고 볼 수 있다.

2) 시민권 부여에 대한 권한을 연방정부가 독점적으로 가져야 한다는 이유는 페이퍼 42번 참고.

하는 것이었다면, 굳이 그런 규정까지 만들 필요가 없을 것이기 때문이다. 그것이 위험할 수 있는 이유는, 제한 규정이 적용되지 않는 모든 경우에 주 정부는 연방정부와 공동으로 과세권을 가질 것이라는 점이다. 이 문제에서의 제한 규정은 법률가들이 함축부정이라고 부르는데, 즉 하나는 부인하고 다른 것은 긍정하는 것이다. 주들의 수출품과 수입품에 대해 세금을 부과하는 권한은 부정하고, 다른 모든 품목에 대해 세금을 부과할 수 있는 권한은 긍정하는 것이다. 제한 규정의 의도가 주 정부들이 수입관세와 같은 종류의 세금을 부과하지 못하게 절대적으로 배제하고, 나머지 과세권에 대해서는 연방의회의 통제를 받게끔 하는 것이었다고 주장하는 것은 단지 궤변일 뿐이다. 제한 또는 금지규정은 연방정부가 주 정부의 과세권을 철저하게 통제하기 위한 의도보다는 단지 주 정부가 연방의회의 동의 없이 그런 관세를 부과할 수 없다고만 말하고 있을 뿐이다. 만일 이 제한 규정이 주 정부의 다른 과세권도 배제하려는 의도에서 비롯되었다고 잘못 해석될 여지가 있다면, 그 의도가 아니라는 것을 확실히 뒷받침해 줄 수 있는 정식 조항이 추가되었을 것이다. 즉, 주 정부는 연방입법부의 동의하에 수입품과 수출품에 대해 과세할 수 있고, 연방입법부의 통제를 받지 않는 한 다른 모든 물품에 대해 과세할 수도 있다는 것이다. 하지만 이러한 추가 조항이 없다는 것은 이 제한 규정이 주 정부의 과세권을 배제하려는 의도를 전혀 포함하지 않는다는 것을 보여준다. 반면, 이 제한 규정을 원래의 취지대로 바르게 이해하는 경우에는 사실 이런 추가 조항이 필요 없는 것은 당연할 뿐만 아니라, 있으면 오히려 엉뚱하게 보일 수도 있다. 만일 주 정부의 과세권을 강력하게 제한하는 것이 새헌법의 원래 의도였다면, 이것은 연방의 포괄적 과세권을 위임하는 원래의 조항(제1조 8절 1항)에 의해 의도된 당연한 효력에 맡기면 되는 것 아닌가? 즉, 그런 것을 이 규정이 의도했을 리가 없으며, 또한 이 규정은 이런 식으로 해석해서는 안 된다는 것은 명백하다.

주 정부와 연방의 과세권이 상충할 수도 있다는 가정은 그런 상충관계에 있어 주 정부가 과세권에서 배제당한다는 의미는 결코 아니다. 특정 상품에 대한 주 정부의 과세로 인해 같은 상품에 대한 연방정부의 추가적 과세가 불편해질 수도 있지만, 헌법적인 면에서 연방정부가 같은 품목에 추가적 과세를 할 수 없다는 것은 아니다. 주 정부나 연방정부에 의한 과세의 액수와 증액이 양측에 서로 불편한 문제를 야기할 수 있겠지만 상호 간의 신중함과 분별력의 문제이지 권한의 충돌과는 직접적인 관계는 없다.[3] 연방정부 체제와 주 정부 체제의 재정 정책이 때로는 정확히 일치되지 않을 수 있고, 그런 경우에는 상호 자제를 필요로 할지 모른다.[4] 그렇지 않을 경우, 이것은 권한행사가 불편해질 수 있는 단순한 가능성의 문제가 아니라 기존의 주권적 권한을 배제하고

---

3) 해밀턴은 과세권이 연방정부와 주 정부에 공동으로 주어져야 한다는 것을 확실하게 주장하고 있다. 단, 연방정부가 독점적으로 수출입품에 대한 과세권을 가지는 반면, 주 정부는 연방의회의 동의하에 수출입에 대한 과세를 할 수 있고 이러한 제한 규정은 연방정부가 주 정부의 다른 과세권을 침해하기 위한 수단이 결코 아니라는 주장을 반복하고 있다. 결국 과세권은 연방정부와 주 정부에 공동으로 주어지는 권한(concurrent power)이고 따라서 연방정부와 주 정부가 같은 품목에 대해 과세하는 상황이 초래될 경우가 생길 것도 우려하고 있다. 그럼에도 해밀턴은 연방과 주 정부의 신중함으로 이런 불편한 상황을 피할 수 있을 것이라고 설득하고 있다. 실제로 이런 우려는 후에 담배, 연료(휘발유, 경유 등)에 대한 과세권에서 현실로 나타났다. 1794년 해밀턴은 재무장관으로 재직 당시 처음으로 연방정부의 담배에 대한 과세를 시행했고, 1921년 아이오와주를 필두로 주 정부들도 담배에 대한 과세를 시작해 2022년 현재 50개 주와 워싱턴시에서 담배에 대해 과세하고 있다. 연료세(휘발유, 경유 등)의 경우 1919년 오리건주에서 시작해 2022년 현재 50개 주와 워싱턴시에서 연료에 대해 과세하고 있고, 연방정부는 1932년 연료에 대해 과세를 시작했다. 소득세도 마찬가지 경우인데, 위스콘신주가 1911년 처음으로 소득세를 부과했고, 연방정부의 역할이 커지면서 헌법 수정 제16조에 의해 연방정부는 1913년 소득에 대한 과세권을 가지게 되었다. 이후 다른 주들도 소득세를 징수했고 2022년 현재 41개 주와 워싱턴시에서 소득세를 징수하고 있다. 그러나 해밀턴이 예견한 바와 같이 연방정부와 주 정부가 같은 품목이나 개인에 과세하고 있지만 상호 간의 신중함과 분별력으로 직접적인 충돌은 거의 없었다.

4) 연방정부는 지금까지 재산에 대해 과세하지 않고 있으며, 재산세(property tax)를 주 정부와 지방정부의 가장 주된 세입으로 인정함으로써 재산세의 징수를 자제하고 있다고 볼 수 있다. 같은 맥락에서, 2022년 현재 소득세를 징수하지 않는 9개 주도 역시 연방정부와 그 관할이 중복되는 소득세의 징수를 자제하고 있다고 볼 수 있다.

무효화할 수도 있다는 직접적인 헌법상의 대립도 가능할 수 있다는 것을 의미한다.

일부 경우에 있어서 공동 관할이 불가피한 이유는 주권적 권력의 분할에서 기인한다. 그리고 연방정부에 양도되지 않은 모든 권한들이 주 정부에 완전한 효력을 가지고 남아 있다는 원칙은, 그 권력 분할의 이론적인 귀결일 뿐만 아니라, 제안된 헌법의 전체적인 취지에 의해 분명하게 인정되고 있다. 우리는 연방정부에 일반적 권한들을 승인하고 부여하고 있음에도 불구하고, 주 정부가 같은 종류의 권한을 가지는 것이 부적절하다고 생각될 경우, 주 정부의 이러한 권한의 행사를 금지하는 구체적인 조항이 새헌법에 포함되어 있는 것을 볼 수 있다. 제1조 10절은 모두 그러한 규정으로 구성되어 있다. 이런 정황이야말로 헌법회의의 의견을 분명히 보여주는 것이며, 내가 제시한 입장을 정당화하고, 그와 반대되는 모든 가설을 논박해 주고 있다.

푸블리어스

THE FEDERALIST No. 33

≪인디펜던트 저널≫, 1788년 1월 2일   알렉산더 해밀턴

뉴욕주 시민들에게

과세에 대한 헌법 규정에 반대하는 나머지 주장은 다음의 조항과 관련된다.[1] 헌법안의 제1조 8절의 마지막 항은 "이 헌법에 의해 합중국 정부 또는 합중국 정부의 모든 부처와 그 부처의 관리들에게 부여한 모든 기타 권한을 행사하는 데 필요하고 적절한 모든 법률을 제정할 권한"을 연방입법부에 부여한다. 그리고 제6조의 2항은 "이 헌법에 준거하여 제정되는 합중국의 법률, 그리고 합중국의 권한에 의하여 체결되었거나 체결될 모든 조약은 이 나라의 최고법이다. 어떤 주의 헌법이나 법률 중에 이에 배치되는 규정이 있을지라도, 모든 주의 법관은 이 최고법을 따라야 한다"라고 선언하고 있다.

이 두 조항은 제안된 헌법에 반대하는 많은 악의적인 독설과 무자비한 비난의 근원이었다. 두 조항은 최대한 과장되고 왜곡되게 국민에게 제시되었다. 이 조항들은 그들의 지방정부를 파괴시키고 그들의 자유를 전멸시키는 사악한 수단이라고 주장되었고, 성별이나 연령, 지위의 높음과 낮음, 성스럽거나 속된 것, 그 어떤 것도 그냥 두지 않고 탐식하는 입을 가지고 있는 흉악한 괴물로 묘사되었다. 그러나 이러한 모든 아우성이 이 조항들을 그렇게 해석하지 않는 사람들에게는 이상하게 들리겠지만, 그 조항들이 완전히 삭제된

---

[1] 이 문장은 원래 신문에 게재된 31번을 매클린 에디션에서 32번과 33번으로 나누어 출판하면서 삽입한 문장이다.

다 해도 마치 헌법의 모든 조에서 반복되고 있는 것처럼 새로 설립될 연방정부의 헌법적 운영에는 전혀 변함이 없을 것임을 단언할 수 있다. 그 조항들은, 연방정부를 구성하고, 그 정부에 특정한 권한을 부여한 바로 그 행위로부터 필연적이고 불가피하게 초래될 사실을 기술하고 있는 것에 지나지 않을 뿐이다. 이것은 너무도 틀림없는 명제이기에, 아무리 중용적인 사람이라도 새헌법의 이 부분에 대해 엄청나게 쏟아지는 반대론을 평정심을 잃지 않고 듣기는 어려울 것이다.

권력이란 무엇을 이루는 능력이나 수단이 아니면 무엇인가? 무엇을 할 수 있는 능력이란 그것의 시행을 위해 필요한 수단을 사용하는 힘이 아니면 무엇인가? 입법권이란 법률을 제정하는 권한 외에 무엇인가? 법률에 의하지 않으면 입법권을 행사할 수 있는 수단이란 무엇인가? 세금을 부과하고 징수하는 권한은 세금을 부과하고 징수하기 위한 입법권 또는 법률을 제정하는 입법권 외에 다른 무엇이 있을 수 있는가? 그런 권한을 집행하는 적절한 수단이란 필요하고 적절한 법률 외에 무엇이 있겠는가?

이런 단순한 일련의 질문은 우리로 하여금 비난받고 있는 조항(제1조 8절 18항)의 올바른 본질을 판단할 수 있는 하나의 기준을 우리에게 즉각 제공해 준다. 이러한 기준을 통해서 세금을 부과하고 징수하기 위한 권한은, 그 권한의 집행을 위해 필요하고 적절한 모든 법률을 통과시킬 수 있는 권한이 아니면 안 된다는 명백한 진리를 우리는 알 수 있다. 그리고 이 문제로 인해 불행히도 비난받고 있는 이 포괄적 조항이, 세금을 부과하고 징수하는 권한을 이미 부여받은 연방정부의 입법부가 권한을 행사하는 데 있어 그 효력을 발생시키기 위해 필요하고 적절한 모든 법률을 통과시킬 수 있다는 것을 표명하고 있는 것과 무엇이 다르겠는가? 내가 이런 의견을 과세의 권한에 특별히 적용한 이유는 징세권이 당면한 관심 주제이고, 또한 연방에 위임될 것으로 제안된 권한 중 가장 중요한 것이기 때문이다. 헌법에 선언된 다른 모든 권한들을 해석하는 데 있어서 이와 동일한 추론 과정은 동일한 결과를 도출할 것이다.

그리고 소위 포괄적 조항이라고 불리는 이 조항이 모든 필요하고 적절한 법률을 통과시키는 권한을 연방입법부에 주는 것은 명백히 이런 권한을 집행하기 위한 것이다. 만약 반대할 만한 것이 있다면, 그것은 이 포괄적인 선언의 근거가 되는 구체적인 권한에서 찾아야 할 것이다. 이 선언 자체는 설령 중복되거나 반복적이라고 비난받을 수는 있겠지만 적어도 전혀 해롭지는 않은 것이다.

그렇다면 이 포괄적 조항이 왜 삽입되었는가 하는 의심이 생길 것이다. 이는, 최대의 신중을 기하기 위해, 그리고 후에 연방의 합법적 권한을 축소시키고 회피하려고 하는 사람들이 트집 잡을 수 있는 모든 상황에 대비하기 위해서이다. 아마도 헌법회의는 우리의 정치적 복지에 가장 큰 위협은 주 정부들이 결국 연방의 기반을 무너뜨리는 것이라고 아마도 예견했을 것이다. 따라서 헌법회의는 중요한 논점의 해석에 상충의 여지를 남겨두지 않는 것이 필요하다고 생각했을 것이고, 이 점은 또한 이 일련의 페이퍼들이 주지시키고자 하는 주요 목표이기도 하다. 어떻든 이 예방책의 현명함은 그것에 반대해 제기된 비난의 외침에서 확실히 나타난다. 바로 그 비난은, 그 포괄적 조항이 선언하고 있는 명백한 목적인 중대하고 본질적인 사실에 대한 의구심을 드러내고 있기 때문이다.

하지만 다시, 연방의 권한을 집행하기 위해 제정되는 법률의 필요성과 적절성은 누가 판단하느냐고 물을지도 모른다. 우선 나는 이 질문 앞에서 열거한 포괄적 선언 조항에 대해서 뿐만 아니라, 바로 이러한 권한의 명백하고 단순한 부여 그 자체에 대해 제기된 것이라고 대답할 수 있다. 그리고 두 번째로, 다른 모든 정부와 마찬가지로 연방정부가 먼저 그 권한 행사의 적절성을 판단해야 하며 최종적으로는 국민이 판단해야 한다고 대답하고자 한다. 만약 연방정부가 그 권한의 정당한 한계를 초과하고 그 권력을 전제적으로 행사할 때는, 그 정부를 만든 국민들은 자신들이 만들어낸 기준에 호소해야만 한다. 그리고 헌법에 가해진 침해를 바로잡기 위해, 절박한 상황에서 필요하고 또 정당화될 수 있는 신중한 조치를 채택해야만 한다. 헌법의 관점에서 법률의 타당성이란, 항상 법률이 기초하고 있는 권한의 성격에 따라 결정되어야 한다. 연방의회가 그 권한을 무리하게 해석함으로써(물론 상상하기는 어렵지만) 어떤 주의 상속법2)의 개정을 시도한다고 가정한다면, 연방의회가 자신의 관할권을 벗어나 주의 관할권을 침해한 것이 분명하지 않겠는가? 그리고 연방 세입에 방해가 된다는 이유로 연방의회가 주의 권한에 의해 부과된 토지세를 폐지하려고 시도한다면, 헌법이 명확하게 주 정부에 과세권이 있다고 추정하고 있는 그런 종류의 세금에 관하여 공동 관할권을 침해한다는 사실 또한 분명하지 않은가? 만약 이 점에 대해 의문이 있다면, 그것은 헌법회의의 계획에 대한 무모한 적개심 때문에 헌법안의 가장 명백하고 단순한 진실까지도 덮어 감추려는 사람들의 잘못된 판단에서 나오는 것이라고 말할 수 있다.

연방법은 이 나라의 최고법이 될 것이라고 한다. 만약 그것이 최고법이 아니라면 그것은 무엇을 의미하며, 결국 어떤 것이라고 말할 수 있는가? 연방법은 결국 유명무실한 것이 될 것은 명백하다. 법률은 그 용어 자체로서 최고성을 내포하고 있다. 법률은 그 효력의 대상이 되는 사람들이 지켜야 하는 규칙이며, 이는 모든 정치적 유대에서 발생하는 것이다. 만약 개인들이 모여 사회를 이루게 된다면, 그 사회의 법률은 개인의 행위에 대한 최고의 규제가 되어야 한다. 만약 다수의 정치사회가 더 큰 정치사회에 속하게 되면 헌법이 부여한 권한에 따라 더 큰 정치사회가 제정하는 법률이 필연적으로 작은 정치사회들과 그것들을 구성하는 개인들에 대한 최고법이 되어야 한다. 그렇지 않으면 그것은 당사자들의 선의에 의존하는 단순한 약정일 뿐 정부가 아닐 것이다. 정부란 정치적 권력과 최고성의 또 다른 이름이기 때문이다. 하지만 큰 정치사회의 법률들이 그것의 헌법적 권한에서 벗어나 작은 정치사회들에 유보된 권한을 침해하는 경우에도, 그것이 나라의 최고법이 될 것이라는 점은 이

---

2) 원문에서는 the law of descent이다. 좀 더 정확히 말하면, 유언장 없이 사망한 사람의 재산의 승계를 결정하는 법이며 일반적으로 개별 주의 관할이다.

원칙에 어긋난다. 이것은 단지 권력찬탈의 행위일 뿐이며 그렇게 간주되어야 마땅하다. 따라서 연방법의 최고성을 선언하는 조항은, 우리가 바로 전에 고려한 것처럼, 연방정부의 제도로부터 직접적 그리고 필연적으로 발생하는 사실을 단지 선언하는 것임을 우리는 인식하고 있다. 이 조항은 그 최고성을 헌법에 준거해 제정된 법률로 명확히 제한하고 있다는 것임을 간과할 수 없다. 왜냐하면 이런 제한은 명시되지 않았다 할지라도 당연히 그렇게 이해될 것이기 때문에, 나는 단지 이것을 헌법회의의 신중함을 보여주는 예로 언급하고 있는 것이다.

따라서 연방이 사용하기 위한 세금을 제정하는 법률은 그 성격상 최고가 되며, 법적으로 반대되거나 제한도 할 수 없지만, 주의 권한에 의해 부과된 세금(수출품과 수입품에 대한 세금을 제외하고)을 폐지하거나 징수를 막기 위한 법률은 나라의 최고법이 될 수 없으며 헌법에 의해 부여받지 않은 권한의 남용일 뿐이다. 같은 대상에 대한 세금의 부적절한 누적 때문에 징수가 어려워지거나 불확실하게 되는 것은 어느 한쪽의 권력의 우월성이나 결함에서 발생하는 것이 아닐 것이다. 이런 문제는 어느 한쪽의 권력의 부적절한 행사에서 발생할 수 있고 서로에게 불편함을 초래할 것이다. 그러나 이 점에 있어서 상호 이익을 위해 물질적 피해를 피하기 위한 협력으로 이어질 것이 기대되고 또 그렇게 될 걸로 예상된다. 헌법안 전체로부터 추론되는 것은, 개별 주들은 수입품과 수출품에 대한 관세를 제외한 모든 종류의 과세를 통해 그들이 필요한 만큼의 세입을 조성할 수 있는 독립적이고 제한되지 않는 권한을 유지한다는 사실이다. 다음 페이퍼에서는, 과세 조항에서의 이런 공동 관할권, 즉 공동으로 주어진 권한이 주 정부의 권력을 연방정부의 권력에 완전히 종속되지 않도록 해줄 유일하게 수용 가능한 대안이라는 것을 설명하도록 하겠다.

푸블리어스

THE FEDERALIST   No. 34

≪뉴욕 패킷≫, 1788년 1월 4일   알렉산더 해밀턴

뉴욕주 시민들에게

제안된 헌법에서 주들은 수입품에 대한 관세를 제외한 다른 세입에 대해 연방 정부와 동등한 권한을 가질 것이라는 사실을 나는 앞의 페이퍼에서 명확히 설명했다고 자부한다. 이것은 주에 사회 재원의 대부분을 과세의 대상으로 남겨두는 것을 의미한다. 따라서 주들은 모든 외부의 통제로부터 벗어나 그들 자신의 필요를 충족시킬 만큼 풍부한 재원을 확보하지 못할 것이라는 주장에는 더 이상 근거가 없다. 주 정부가 부담해야 할 공공 비용이 아주 적은 것을 감안하면 주 정부의 과세 범위가 충분히 넓다는 것을 한층 더 잘 알 수 있을 것이다.

추상적 원칙에 입각하여 과세에 대한 공동 관할권은 있을 수 없다고 주장하는 것은 사실과 실제에 반하는 가정과 이론을 내세우는 것과 같다. 즉, 어떤 사실 그 자체가 존재하고 있음이 증명되고 있는데 그와 반대로 그것은 존재하지 않는다는 것을 증명하는 데 이용되는 추론은 전적으로 쓸모가 없는 것이다. 로마 공화국에서는 입법의 마지막 수단으로서 오랫동안 입법권이 두 개의 다른 정치적 기구에 속했다는 사실은 잘 알려져 있다. 게다가 그것들은 동일한 입법부의 두 부분이 아니라 별개의 독립된 입법부로서 하나는 귀족 그리고 다른 하나는 평민이라는 상반되는 이해가 지배하고 있었다. 각자 서로의 행동을 무효로 하거나 폐지할 수 있는 권한을 가진, 이처럼 모순적으로 보이는 명백히 대립하는 두 권력의 부적절함을 증명하기 위해 많은 주장이 제시되

었을지도 모른다. 하지만 로마에서 이들의 존재를 논박하려고 시도한 사람은 미치광이로 간주되었을 것이다. 여기서 내가 두 민회, 백인대 민회와 트리부스 민회[1])를 언급하는 이유를 쉽게 이해하리라고 생각한다. 백인조에 의해 시민들이 선출하는 백인대 민회는 귀족들의 관심사에 우선권을 주도록 조직되어 있었다. 수적으로 우세했던 트리부스 민회에서는 평민의 관심사가 완전히 지배적이었다. 그럼에도 이 두 입법부는 오랜 세월 동안 공존했으며, 로마 공화국은 인간의 위대함의 정점에 도달했다.

현재 논의되고 있는 경우에서는, 앞의 사례에서 보았던 것과 같은 그런 모순은 없다. 어떤 측에도 서로의 결의를 무효화시키는 권한이 없다. 그리고 실질적으로도 어떤 폐해도 우려할 이유가 별로 없다. 왜냐하면 조만간 주들은 그들의 세입에 대한 수요가 자연스럽게 매우 좁은 범위로 축소될 것이고, 그러는 사이에 연방정부는 개별 주들이 의지하게 될 과세의 대상에서 가능하다면 모든 경우에 전면적으로 손을 떼는 것이 편리하다고 느끼게 될 가능성이 크기 때문이다.

이 문제에 대한 중요성을 보다 정확히 판단하려면, 세입에 관련해 연방정부에 필요한 경비와 주 정부에 필요한 경비를 비교해 보는 것이 좋을 듯하다. 연방정부에 필요한 것은 완전히 무제한적이고 주 정부에 필요한 것은 매우 적당한 범위에 국한되어 있다는 사실을 발견할 수 있다. 이런 조사에 있어서는 우리의 시각을 현재에만 국한시킬 것이 아니라, 아주 먼 미래까지 내다보아야

---

1) 백인대 민회 혹은 켄투리아 민회(Comitia Centuriata)는 고대 로마의 민회 중 하나로, 군사적 단위였던 켄투리아(켄투리아란 100을 의미하는데 그렇다고 해서 하나의 켄투리아가 꼭 100명으로 이루어지지는 않았다)로 구성되어 국민위원회의 기능을 했다. 하나의 켄투리아에 하나의 투표권이 있었고 부유한 계급의 힘이 막강했던 탓에 가난한 계급의 의견이 반영되는 일은 거의 없었다. 공화정 후기에는 예전처럼 법안을 만드는 것과 같은 기능이 거의 사라지고 그 위상이 축소되었다. 트리부스 민회(Comitia Tributa)도 역시 고대 로마의 민회이며 제6대 왕인 세르비우스 툴리우스 시대에 군대소집, 세금 징수 등 행정적 목적을 위해 구성된 민회이다. 공화정 시기에는 정무관의 선출, 입법, 그리고 재판을 맡았는데, 귀족의 이익에 맞서 평민의 이익을 대표하는 민회였다.

한다는 사실을 염두에 두어야 한다. 시민 정부의 헌법은 현재 상황에 대한 고려만으로 만들어져서는 안 되며, 인간사의 자연스럽고 이미 겪었던 과정을 따라 앞으로 일어날 수 있는 상황도 고려하여 만들어져야 한다. 따라서 연방정부에 위임되어야 합당한 어떤 권한의 범위를 지금 당장 필요한 정도에 기준을 두고 정하는 것보다 더 불합리한 것은 없다. 무릇 연방정부는 장차 일어날지 모르는 우발적 사건에 대처할 수 있는 능력이 있어야 한다. 그리고 그러한 우발적이고 예기치 못한 수요는 그 본질에 있어 한정될 수 없는 것이므로 그에 대비하기 위한 능력을 제한하는 것은 불가능하다. 어쩌면 현재의 연합이 지고 있는 채무를 갚고, 평화 시에 정부기구들을 유지하는 데 필요한 세입의 규모를 정확하게 계산하는 것은 충분히 가능할 것이다. 그러나 평시를 위한 세입을 조달할 수 있는 정도에 그쳐, 외국과의 전쟁 또는 국내 분쟁에 의한 미래의 공공 평화의 침해에 대해 국가방어를 책임진 정부를 완전히 무능력한 상태에 두는 일이 현명한 일일까, 아니면 어리석음의 극치일까? 그와는 반대로, 연방정부는 그 정도의 권한을 초과해 장차 발생할 수 있는 위기에 대비할 수 있는, 즉 무제한의 권한에 버금가는 정도의 권한을 가져야 하지 않을까? 장차 생길지도 모르는 위험에 대한 적당한 대비책을 합리적으로 판단할 수 있다고 일반적으로 주장하는 것은 쉬울지 모른다. 그러나 우리는 그런 주장을 하는 사람들에게 그에 대한 근거자료를 제시해 보라고 자신 있게 요구할 수 있을 것이다. 그 자료는 이 세상의 종말이 언제인지를 제시하는 주장만큼이나 모호하고 불확실할 것임이 틀림없을 것이다. 단순히 일어날 수 있는 내란에 대한 관측은, 비록 이것 역시 만족스럽게 추정하기는 불가능하겠지만, 별로 중요하지 않을 수 있다. 그러나 만약 우리가 상업 국가가 되려고 한다면, 언젠가는 우리의 통상을 보호할 수 있는 것이 정책의 일부분이 되어야 한다. 해군을 유지하고 해전에 대비하는 비용의 산출은 정치적인 산술로 능히 할 수 있는 일이 아니다.

침략적인 전쟁에서 정부의 손을 묶는 새롭고 터무니없는 정치적 실험을 우리가 경험하게 될 수도 있다고 인정하더라도, 다른 국가의 야심이나 적의에 맞서 공동체를 지킬 수 있는 능력을 연방정부로부터 절대 빼앗아서는 안 될 것이다. 상당 기간, 유럽 대륙은 어두운 전운으로 덮여 있다. 만약 그 구름이 폭풍으로 변한다면, 그 과정에서 격렬한 폭풍의 일부가 우리에게 미치지 않을 것이라고 누가 장담하겠는가? 이성적인 사람이라면 우리가 그 폭풍의 영향에서 완전히 벗어나 있다고 성급하게 단언하지 않을 것이다. 만약 현재 모이고 있는 것으로 보이는 가연성 물질들이 발화되기 전에 흩어지거나, 만약 불이 붙어도 우리에게까지 번지지는 않는다고 해도, 우리의 평화가 어떤 다른 원인이나 다른 지역으로부터 위협받지 않고 오래 지속될 수 있다는 보장이 있는가? 전쟁이나 평화는 우리가 선택할 수 있는 것이 아니라는 사실을 기억해야 한다. 우리가 아무리 절도를 지키고 야심이 없어도, 다른 자들의 온건함을 기대하거나 야망이 없어지기를 바랄 수는 없다. 미국의 독립전쟁이 끝났을 때, 지칠 대로 지쳐 있던 프랑스와 영국이 곧바로 서로에 대해 적개심을 가질지 누가 알았겠는가? 인류의 역사로 판단해 볼 때, 전쟁의 격렬하고 파괴적인 격정이 평화 시의 온건하고 자애로운 감정보다 인간의 가슴을 훨씬 더 강하게 지배하고 군림한다는 결론을 내릴 수밖에 없다. 평온이 지속될 것이라는 생각에서 우리의 정치체제를 설계하는 일은 인간의 믿을 수 없는 본질에 의지하는 것과 같을 것이다.

모든 정부의 가장 주된 지출의 근원은 무엇인가? 여러 유럽 국가를 압박하고 있는 엄청난 부채를 야기한 것은 무엇인가? 그것은 전쟁과 반란이다. 즉 이 두 가지 병폐로부터 국가를 보호하는 데 필요한 조직의 유지에 바로 그 원인이 있는 것이다. 한 국가의 내부적 치안유지, 입법, 행정 그리고 사법부와 각각의 부속기관에 대한 지원, 그리고 농업과 제조업의 장려에 드는 비용은 국가 지출의 거의 모든 대상을 포함하지만, 이 모든 것들은 국방과 관련된 비용과 비하면 보잘것없는 것이다.

군주국의 모든 과시적인 기구를 갖추고 있는 대영제국의 경우, 앞서 언급된 여러 분야에 연중 국가수입의 15분의 1(약 7%) 이상은 할당되지 않는다. 나머지 15분의 14(약 93%)는 영국이 관여한 전쟁 때문에 발생한 부채의 이자를 지불하거나 함대와 군대를 유지하는 데 쓰인다. 군주제의 야심 찬 계획과 허영심의 추구에 들어가는 비용이 공화국에서 필요한 비용을 판단하기 위한 적절한 기준이 아니라고 본다면, 부유한 왕국의 내정에서 볼 수 있는 사치나 화려함과 공화주의 정부의 내정에서의 검소와 절약 사이에는 비교할 수 없을 정도의 큰 차이가 있을 것이라는 점이 주목된다. 설령 내정 비용에서 차감해야 한다고 생각하는 것에 합당한 것을 국방비에서 차감하여 비교하더라도 역시 그 비율은 1:14에서 달라지지 않을 것이다.

단 한 번의 전쟁에서 우리가 떠안게 된 큰 부채와 국가의 평화를 어지럽히는 사건들에 대한 공동 부담을 계산해 보면, 자세한 설명의 도움이 없이도 연방의 지출 대상과 주 정부의 지출 대상 사이에는 엄청난 불균형이 항상 존재할 수밖에 없다는 사실을 즉시 인지할 것이다. 여러 주가 각자 지난 전쟁으로 인해 발생한 상당한 부채에 시달리고 있는 것은 사실이다. 그러나 제안된 연방체제가 채택되면, 이런 일은 다시 발생할 수 없을 것이다. 그리고 이런 부채가 상환되고 나면, 주 정부들이 계속 필요로 하는 세입 항목은 단순히 개별 주의 공무원들의 봉급을 지불하는 데에만 국한될 것이다. 설령 여기에 모든 임시 지출을 추가한다고 해도 개별 주들의 지출 총액은 20만 파운드에 훨씬 못 미칠 것이다.

우리 자신뿐만 아니라 후손을 위한 정부를 구성하려면, 항구적인 목적으로 고안된 헌법 조항에 따라 일시적인 경비가 아닌 영속적인 지출 요인에 기초하여 비용을 산출해야 한다. 이러한 원칙이 정당하다면, 우리는 개별 주 정부를 위해서는 연간 약 20만 파운드가 필요하다는 데 관심을 가져야 한다. 반면에 연방의 긴급사태에는 상상으로라도 어떤 한계를 두어서는 안 된다. 이렇게 볼 때, 주 정부가 20만 파운드를 초과하는 금액에 대해서도 그 독점적 세입원을 영구적으로 요구해야 한다는 주장이 어떤 논리에 의해 지지될 수 있겠는가? 이러한 무분별한 과세권의 행사로 연방의 권한을 배제함으로써 주의 권한을 더욱 확장시키는 일은, 공공복리에 있어서 사회의 재원을 그것을 필요로 하는 사람들로부터 빼앗아 정당하거나 적절한 근거도 없는 다른 사람들에게 주는 것과 같다.

헌법회의가 연방과 그 구성원들인 주들의 필요에 비례해 세입의 대상을 구분했다고 가정해 보자. 너무 적거나 너무 많지도 않은, 즉 현재의 필요보다는 너무 적지 않게 그리고 미래의 필요보다는 너무 많지 않은 적절한 재원이 과연 주 정부들의 용도를 위해 선택될 수 있었을까? 국외세(관세)를 연방의 재원으로 그리고 국내세를 주 정부들의 재원으로 나누면,[2] 대략 사회 전체 비용(합중국의 총지출)의 5~10%만 부담할 주 정부들은 연방 전체 재원의 약 66%를 차지하게 되고, 사회 전체 비용(합중국의 총지출)의 90~95%를 부담할 연방정부는 합중국 전체 재원의 겨우 약 33%만을 차지하게 될 것이다. 만약 우리가 이런 구분을 버리고 주택과 토지에 대한 독점적 과세권을 주 정부에 부여하는 선에서 만족한다고 해도 과세의 수단과 목표 사이에 엄청난 불균형이 생길 수 있는데, 주 정부들은 합중국 전체 재원의 33%를 소유하면서도 합중국이 필요로 하는 지출 중 많아야 10%만을 부담하게 되는 것이다. 그러나 이와는 반대로, 만약 주 정부들이 그들의 필요에 상응하거나 또는 그 필요보다 더 많지 않게 재원을 선택하고 충당할 수 있다고 하더라도, 주 정부들은 그것으로 기존의 부채를 상환하는 데 불충분할 것이며, 결과적으로 이 목적을 위해 주 정부들은 연방정부에 계속 의존할 수밖에 없을 것이다.

앞의 일련의 주장들은 이 논문의 다른 곳[3]에서 언급된 "과세 조항에서의

---

2) 새헌법의 일부 반대자들의 세입 조성에 대한 의견이다. 그들은 연방정부의 과세 권한을 국외세(통상 관세, 또는 수입 품목에 대한 과세)로 제한하고, 주 정부들이 국내세를 확보해야 한다고 주장했다. 그 경우 주 정부의 세입은 커지고 연방정부의 세입은 매우 제한적으로 되어 연방정부가 주 정부에 종속될 수도 있는 상황이 생길 수 있다. 페이퍼 30번 참고.

3) 페이퍼 33번 참고.

이런 공동 관할권, 즉 공동으로 주어진 권한이 주 정부의 권력을 연방정부의 권력에 완전히 종속되지 않도록 해줄 유일하게 수용 가능한 대안"이라는 입장을 정당화할 것이다. (세입 대상에 대한 공동 관할권 대신에) 연방과 주의 세입 대상을 가능한 어떤 형태로 구분하더라도, 연방의 중대한 이익이 개별 주들의 권력에 결국 희생되는 지경에 이를 것이다. 헌법회의는 공동 관할권이 그러한 종속보다는 낫다고 생각했고, 그것은 적어도 연방정부의 무제한적인 과세권과, 자체의 필요를 공급하기 위한 주들의 적절하고 독립적인 권한을 조화시키는 장점이 있음은 분명하다. 과세라는 이 중대한 문제에 대해 추가적 고려가 필요한 몇 가지 다른 견해가 남아 있다.

푸블리어스

THE FEDERALIST No. 35

≪인디펜던트 저널≫, 1788년 1월 5일　　　　　　　　　　　알렉산더 해밀턴

뉴욕주 시민들에게

연방의 무제한적 과세권에 대한 다른 반대의견을 계속 검토하기 전에, 나는
일반적인 의견 하나를 제시하고자 한다. 만약 세입과 관련된 연방정부의 관
할권이 특정 대상으로만 국한된다면, 필연적으로 이런 과세 대상에 과도한 공
공 부담이 부과되는 일이 발생하게 된다. 여기에서 두 가지 폐해가 생기게 된
다. 즉, 특정 산업 부분에 대한 압박과, 서로 다른 주들뿐만 아니라 같은 주의
시민들 간에도 과세가 불공평하게 이루어진다는 것이다.

　　앞서 언급되었듯이,[1] 연방정부의 과세권이 수입품에 대한 관세로만 국한
된다면, 다른 재원을 확보할 수 없는 연방정부는 이 관세를 부당한 정도로 과
대하게 늘리려는 유혹을 자주 느끼게 될 것이 분명하다. 이런 수입관세가 너
무 과도하게 오를 일은 결코 없다고 생각하는 사람들도 있다. 왜냐하면, 수입
관세가 높아질수록 낭비적인 소비를 억제하는 경향이 생겨 수입은 줄고 반면
수출이 늘게 되어 무역수지는 흑자를 이루게 되고, 결과적으로 이는 국내 제
조업을 촉진하게 될 것이라는 이유 때문이다. 그러나 모든 극단적인 것은 여
러 면에서 폐해를 가져오기 마련이다. 수입품목에 대한 과대한 관세는 밀수
입을 초래하게 되어 공정한 무역업자에게는 언제나 불리하게 되고 결국에는
국가 세입 자체에도 불리하게 된다. 그리고 과도한 관세로 인하여 수입 물품

---

1)　페이퍼 30번과 34번 참고.

이 줄어들게 되어, 국내 제조업 종사자들에게는 때 이른 독점을 허용하게 된다. 따라서 그들은 과다한 이익을 챙기게 되고 지역사회의 다른 계급들은 제조업에 종사하는 계급에 부적절할 정도로 종속되는 경향이 생기게 된다. 어떤 경우에는 수입품에 대한 과다한 세금으로 인해, 산업을 보다 자연스러운 경로로부터 그다지 유리하지 않은 생산 부문으로 억지로 전환시키게 되는 경우도 있다. 그리고 과도한 관세는 무역업자를 압박하게 되는데, 그 이유는 그들이 관세를 소비자에게 전가하지 못하고 어쩔 수 없이 직접 관세를 지불해야 하기 때문이다. 수요가 시장의 상품 공급량과 동등할 때 일반적으로 소비자가 관세를 지불한다. 그러나 시장에서 공급이 과잉될 때는 관세의 큰 부분이 무역상의 부담이 되고 때로는 그의 수익을 고갈시킬 뿐만 아니라 그들의 자본까지 잠식하기도 한다. 일반적으로 생각되는 것 이상으로 판매자와 구매자의 사이에 관세 분담이 이루어진다고 생각되지만, 한 물품에 대해 추가되는 세금에 정확히 비례하여 판매자가 물품의 가격을 올리는 일이 언제나 가능한 것은 아니다. 특히 소규모의 상업자본을 가진 국가의 무역상들은 수입품의 보다 신속한 판매를 위해 가격을 불가피하게 내려야만 하는 경우가 많다.

소비자가 결국 관세의 지불자라는 말이 사실인 경우가 그 반대의 경우보다 훨씬 많기 때문에, 수입품에 대한 관세가 수입하는 주들의 독점적인 이익으로 돌아갈 것이 아니라, 공동의 자산인 연방정부의 세입에 편입되는 것이 훨씬 더 공평할 것이다. 그러나 국가 재원이 관세만으로 형성되어야 한다는 점은 공평하지 않다. 상인이 관세를 지불할 때, 이 관세는 수입하는 주에 부가세로 작용하고, 그 주의 시민은 소비자로서 이 관세의 일부를 분담하는 것이다. 이런 관점에서 볼 때, 수입품에 대한 관세가 주들 간에 불공평함을 낳을 수 있고, 관세의 규모가 커짐에 따라 불공평도 커지게 된다. 국가의 세입을 이런 종류의 관세로만 국한시키는 것은 제조업을 근간으로 하는 주들과 그렇지 않은 주들 간에 또 다른 원인으로부터 초래되는 불공평함을 유발한다. 자체 제조품으로, 자체의 필요성을 충당하는 데 가장 앞선 주들은 그처럼 유리한 상황에 있지 않은 주들보다 더 많은 수입품을 소비하지는 않을 것이다. 그러므로 관세의 지불에 있어서 제조업이 발달한 주들은 그들의 능력에 비례하여 공공 재정에 기여하지 않을 것이다. 그런 주들이 공공 재정에 기여할 수 있게 하기 위해서는 특정 종류의 상품에 대한 소비세가 필요하다. 뉴욕주의 시민들은 연방의 과세권을 국외세(수입관세)에 한정할 것을 주장하고 있지만, 뉴욕주는 자신의 시민들이 아마도 인식하고 있는 정도보다 이 문제에 대해 더 깊은 이해관계를 가지고 있다. 뉴욕은 수입을 주로 하는 주이므로 이른 시일 내에 대규모의 제조업 주가 될 가능성은 없다. 따라서 연방의 관할권을 수입 관세로 제한하면 뉴욕은 당연히 이중의 고통을 겪게 될 것이기 때문이다.

이런 논의는 수입관세의 위험이 극심하게 해로운 정도로 확대될 수 있음을 주지시켜 준다. 다른 페이퍼에서 언급했듯이,[2] 세입에 대한 관심이 그런 극단적인 상황에 대한 충분한 보호막이 될 것이라는 사실을 알게 될 것이다. 다른 재원들이 개방되어 있는 한, 나는 이것이 바로 그런 경우가 될 것이라고 기꺼이 인정한다. 그러나 다른 재원이 막혀 있다면, 필요에 부추겨져 관세의 확대를 실험하게 될 것이다. 그런 경우, 엄중한 탈세 방지책과 추가적 벌금에 의한 관세의 확대에 비례해 세입이 늘어나기는 하겠지만, 그러한 방책은 세금을 피할 수 있는 새로운 편법이 등장하게 되면 이내 효력을 잃게 되는 것이다. 첫 성공은 그릇된 생각을 부추기기 마련이고, 이런 생각을 바로 잡는 데는 그 후 오랜 시간의 경험이 요구될 것이다. 특히 정치에 있어서 필요성은 흔히 거짓 희망, 그릇된 추론, 그리고 흔히 그에 따르는 잘못된 대응 체계를 만들어낸다. 그러나 만약 이런 가정적인 무절제가 연방의 과세권을 제한한 데서 비롯된 결과가 아니라 해도, 언급된 불공평성은 같은 정도는 아니라도 다른 원인으로 인해 계속 발생할 것이다. 지금부터는 헌법안에 대한 반대의견에 대한 검토로 돌아가도록 하겠다.

---

2) 페이퍼 21번 참고.

반복되는 빈도로 판단해 볼 때 가장 그럴듯한 반대의견은, 하원의 의석수가 모든 종류의 시민계급을 포용하기에는 충분하지 않다는 주장이다.3) 사회의 모든 부분의 이해관계와 의견을 통합하기 위해서, 그리고 대표 기구와 그 선거구민들 간의 적절한 공감대를 형성하기 위해서는 하원의 규모가 더 커야 한다는 것이다. 이런 주장은 매우 그럴듯하고 매혹적인 형태로 제시되고 있으며, 여기에 조금이라도 관심 있는 사람들이라면 편견에 사로잡히도록 의도되어 있다. 그러나 그것을 조심스럽게 분석해 보면, 그럴듯하게 들리는 말 이외에는 아무런 내용이 없다는 사실을 알 수 있다. 우선 이 주장이 겨냥하는 목적은 비현실적이며, 주장하는 의미도 전혀 중요하지 않다. 연방 하원의원의 적당한 수에 대한 논의는 다른 기회로 미루고,4) 여기서는 우리의 고찰의 당면한 주제인 과세와 관련된 반대론을 검토하는 것으로 만족하도록 하겠다.

국민의 모든 계층이 그 계층에 속한 사람들에 의해 대표되어야 한다는 생각은 완전히 비현실적인 것이다. 서로 다른 직업마다 각자 한 명 또는 그 이상의 의원을 선출해야 한다고 헌법에 명백히 명시되어 있지 않는 한 그런 일은 실제로 발생하지 않을 것이다. 아주 예외적인 경우 외에 기계공들과 제조업자들은 언제나 그들과 같은 직업이나 무역에 종사하는 사람보다 상인에게 투표하는 경향이 있다. 그 분별 있는 시민들은 기계업 그리고 제조업의 기술은

---

3) 인구비례로 선출하는 하원의원의 수는 제1차 미국의회(1789년 3월 4일~1791년 3월 4일)에서 59명이었다. 그 후 1789년 11월에 노스캐롤라이나가 새헌법을 비준해 인구비례에 의해 하원 5석을 얻었고, 1790년 5월, 13개 주 중 마지막으로 로드아일랜드주가 새헌법을 비준해 인구비례로 1석을 얻어 하원의원 총수는 65명이 되었다. 그러나 미국의 인구가 계속 늘면서 하원 의석수도 그에 비례해 계속 늘어나자 1929년 연방의회는 하원 의석수 영구 할당법(The Permanent Apportionment Act)을 입법하여 하원 의석을 435석으로 영구히 고정시켰다. 한편 상원 의석수는 각 주에 동일하게 2석을 배정하기 때문에 1789년 제1차 미국의회는 11개 주의 22명으로 시작해 노스캐롤라이나주와 로드아일랜드가 연방에 들어옴에 따라 26석이 되었고, 현재는 50개 주가 각기 2석을 가지므로 상원 의석수는 100석이다.

4) 페이퍼 54번 참고.

상업과 산업의 기본 요소라는 사실을 알고 있다. 사실 이들 대부분은 상업 활동에 직접적으로 관여한다. 기계공들과 제조업자들은 상인들이 그들의 당연한 후원자이며 친구란 사실을 알고 있다. 그리고 자신들의 분별력에 대해 아무리 자신감을 가지고 있다 할지라도, 그들의 이익은 결국 그들 자신에 의해서보다는 상인들에 의해서 더 효과적으로 증진될 수 있다는 것을 알고 있다. 그들은 살아가면서 자신들의 생활 습성 때문에 후천적인 재능인 숙달된 발언 능력이 없음을 잘 알고 있다. 그런 재능이 없으면 토의적인 의회에서는 타고난 능력도 대부분 소용이 없다. 또한 그들은 영향력, 사회적 지위, 그리고 뛰어난 재능을 가진 상인들이 제조업과 무역업의 이익에 적대적인 어떠한 성향이 의회로 유입될지라도 그런 성향에 맞서는 데 더 적격임을 알고 있다. 이러한 점들과 더불어 언급될 수 있는 다른 많은 사항들은, 기계공들과 제조업자들이 흔히 상인이나 또는 상인들이 추천하는 인물에게 투표하는 경향이 있음을 증명하고 있으며 이는 경험에 의해서도 확인된다. 따라서 우리는 상인을 지역사회의 모든 계층의 당연한 대표로 간주하지 않을 수 없는 것이다.

학문적 전문직에 대해서는 그다지 고찰할 필요가 없다. 사실 그들은 사회에서 어떤 뚜렷한 이해관계를 형성하지 않으며, 그들의 상황과 재능에 따라 아무런 차별도 받지 않고 서로에 대해 그리고 사회의 다른 부분의 신뢰와 선택의 대상이 될 것이다.

이제 남은 것은 토지 소유자의 이해관계이다. 그리고 이것은 정치적 입장에서 그리고 특별히 과세와 관련하여, 가장 부유한 지주에서부터 가장 가난한 소작인까지 완전히 일치된 입장을 가지고 있는 것으로 나는 알고 있다. 토지세는 단 1에이커의 지주뿐만 아니라, 수백만 에이커의 토지 소유주에도 영향을 미친다. 따라서 토지에 대한 세금을 가능한 한 낮게 유지하는 것이 모든 지주들의 공동의 관심사가 될 것이며, 공동 관심사는 언제나 공감을 불러일으키는 강력한 유대라고 예상할 수 있다. 그러나 우리가 대지주와 중농 간의 이해관계에 차이가 있다고 가정해도, 후자보다 전자가 연방입법부에서 대표될 기회가 더 많다는 결론을 내릴 수 있는 근거가 무엇인가? 사실에 입각하여 우리 주(뉴욕주)의 상원과 하원을 본다면, 중간 정도의 지주가 양원에서 오히려 우세하다는 것을 발견할 수 있다. 보다 많은 수로 구성된 하원에 있어서도 그리고 소수로 형성되어 있는 상원의 경우에 있어서도 마찬가지다. 선거인들의 자격이 동등하다면, 그들이 많은 수를 선출하든 작은 수를 선출하든 관계없이, 그리고 후보가 큰 재력가이든 중간 정도이든 아니면 전혀 재산이 없든 관계없이 자신이 가장 신임하는 사람에게 표를 줄 것이다.

모든 계층의 의견과 이익을 보다 잘 이해하고 돌보기 위해서는 의회 내에 각 계층에 속하는 누군가를 확보할 필요가 있다는 주장이 있다. 그러나 국민들이 자유롭게 투표권을 행사하도록 되어 있는 체제에서 그런 일은 결코 일어나지 않는다는 사실을 보아왔다. 만일 이 주장이 맞는다면, 대의 기구인 의회는 지주, 상인, 지식인들로 구성될 것이고 다른 계층은 정부의 성향에 거의 아무런 영향력을 갖지 못한다는 것이 된다. 그러나 시민의 다른 여러 계층의 이익과 감정들이 세 부류의 사람들에 의해 이해되지 않거나 보호도 받지 못할 위험이 과연 있겠는가? 지주는 토지 재산의 이익을 증진하고 손상시킬 모든 것을 알고 느끼지 않겠는가? 그리고 그런 종류의 재산에 대한 개인적 이해관계에 있어서, 그것을 침해하거나 방해하려는 모든 시도에 충분히 대항할 준비가 되어 있지 않겠는가? 상인들은 그들과 너무도 밀접한 관계를 맺고 있는 기계 그리고 제조기술의 이익을 이해하고 육성하려는 성향을 가지지 않겠는가? 산업의 여러 부문 간의 경쟁에 대해 중립적 위치를 지킬 학문적 전문직에 종사하는 사람들은 그런 경쟁이 사회의 일반적 이익에 이바지하는 것처럼 보이는 한, 그들의 공정한 중재자가 될 가능성이 높지 않겠는가?

사회의 어느 특정 부분에서 지배적인 경향이나 풍조는 시시각각 변할 수 있기 때문에, 현명한 정부라면 이를 결코 등한시하지는 않을 것이다. 그리고 광범위한 조사와 정보를 얻을 수 있는 입장에 있는 사람들이, 그들의 이웃이나 그저 아는 사람들 이외의 넓은 세상을 보지 못했던 사람들보다 사회의 특정 부분들의 본질과 범위, 기반을 더 잘 판단하지 않겠는가? 시민들의 지지를 필요로 하는 후보자이고 자신의 공적인 명예를 지속하기 위해 동료 시민들의 투표에 의지해야 하는 사람들이, 시민들의 성향과 경향을 확실히 숙지하고, 그들의 영향력을 합당한 정도로 자신의 임무 수행에 기꺼이 수용하는 것은 자연스러운 일이 아닌가? 이러한 선거구민에 대한 의존과 그가 동의한 법률에 의해 그 자신과 그의 후계자가 의무를 져야 하는 필요성은 당연한 사실이며, 이는 또한 대표와 선거구민을 묶는 강력한 유대이다.

행정부의 그 어느 부분 중에도 과세의 문제만큼 정치, 경제의 원칙에 대한 광범위한 정보와 철저한 지식을 요구하는 부분은 없다. 이런 원칙을 가장 잘 이해하는 사람들이 세입의 확보를 위해 억압적 수단이나 어떤 특정 시민계급을 희생시키는 방법에 의지할 가능성은 거의 없다. 가장 생산적인 재정 체제는 언제나 가장 부담이 없는 것이라는 사실은 분명하다. 과세권의 합리적인 행사를 위해서는 그 권한을 가진 사람이 일반 국민들의 경향, 습관, 사고방식을 널리 알고 국가의 재원에 정통해야 할 필요가 있다. 그리고 이것이 바로 국민의 이익과 감정에 대한 지식이 의미하는 모든 것이라고 할 수 있다. 이것이 어떤 다른 것을 의미한다면 이 제안은 무의미하거나 불합리할 뿐이다. 그리고 그런 의미에서, 모든 사려 깊은 시민은 특정한 과세에 있어서 연방정부나 주 정부 중 어느 정부에 가장 필요한 과세권의 자격이 있는지 자신이 판단해야 할 것이다.

푸블리어스

THE FEDERALIST No. 36

≪뉴욕 패킷≫, 1788년 1월 8일 알렉산더 해밀턴

뉴욕주 시민들에게

우리는 앞의 페이퍼들에서의 고찰을 통해서 다음과 같은 결과를 얻었다. 사회의 다양한 계층을 대변하는 이익과 의견의 자연스러운 영향에 의해, 국민의 대표들은 그 수에 관계없이 거의 대부분이 토지 소유자, 상인, 지적 전문직으로 구성될 것이며, 그들은 다른 모든 이익과 의견을 올바르게 대표하게 되리라는 것이다. 하지만 지방정부의 의회에서는 이와는 다른 직업을 가진 사람들을 볼 수 있다는 반론이 제기될 수 있다. 그에 대해 나는 모든 규칙에는 위와 같이 예외가 있다는 것을 인정하지만, 그런 예외가 정부의 일반적인 경향이나 성격에 영향을 미칠 정도로 상당한 수는 아니라고 답할 수 있다. 어느 계층에서나 그들이 처한 불리한 조건을 극복하고 자신이 속한 특정 계층뿐만 아니라 사회 전체에서도 그들의 능력에 걸맞은 존경을 받을 만한 강한 의지를 가진 사람들이 있게 마련이다. 모든 사람에게는 동등한 기회가 당연히 주어져야 하고 또 그래야 한다는 인간의 본성을 믿기에, 주의 입법부에서뿐만 아니라 연방의 입법부에서도 그러한 활력 있는 인재들이 성공하는 경우를 우리는 볼 수 있을 것이다. 하지만 이런 일은 이따금 우연히 일어나는 것이지 세상사의 일반적인 추이라고 할 수는 없다.

이러한 문제는 다른 여러 관점에서 보아도 결국 같은 결론에 이르겠지만, 특히 다음과 같은 질문이 있을 수 있다. 즉, 목수와 대장장이 사이, 린넨 제조업자와 스타킹 직조업자 사이에는 상인과 이들 중 누군가의 사이에서보다 훨씬 더 많은 친근감과 이해관계가 있지 않을까? 노동과 산업의 여러 다른 부문들 사이에서 볼 수 있는 심각한 경쟁관계는 여러 다른 부문들의 기술업이나 제조업 사이에서도 마찬가지로 볼 수 있다는 것은 주목할 만하다. 그렇다 해도, 의회가 질서 있고 현명한 심의에 도저히 도달할 수 없을 정도로 그 수가 많아지지 않는 한, 우리가 지금까지 고려해 온 반대론의 취지,[1] 즉 의회에서 각 계층이 그 계층에 속한 의원에 의해 대표되어야 한다는 것이 현실로 구체화되는 것은 불가능하다. 어떻든 나는, 지금까지 너무 모호해 그 현실적인 모습과 추세에 대한 정확한 결과를 파악하기 힘들었던 문제에 대해 더 이상 언급하는 것을 삼가고자 한다.

우리들의 주의를 끄는 또 하나의 반대의견이 있는데, 이것은 좀 더 명확한 성격을 가지고 있다. 연방정부의 의회가 가지는 과세의 권한은 지방정부의 사정에 대한 충분한 지식의 결여와 연방과 특정 주 정부의 세입법 사이의 상호 간섭 때문에 결코 잘 행사될 수 없다는 것이다. 하지만 연방정부가 그런 사정에 대한 적절한 지식이 없다는 전제는 전혀 근거가 없는 것이라고 생각된다. 어느 주의 입법부에서 한 카운티에 관한 정확한 세부 사정에 대한 정보가 필요할 경우, 그런 세부적인 정보는 어떻게 얻을 수 있는가? 그 카운티를 대표하는 주 의회 의원으로부터 얻을 수 있다는 것은 틀림없다. 연방정부의 의회에서는 이와 비슷한 종류의 정보를 각 주 출신의 대표들로부터 얻을 수 없다는 말인가? 연방정부 의회에 보내질 정도의 인물들이라면 지방 사정에 대한 정보를 전할 수 있을 정도의 이해력을 가지고 있지 않겠는가? 과세에 적용되는 지방 사정에 대한 정보라는 것이 각 주 내의 모든 산, 하천, 시내, 도로 그리고 간선 도로에 관한 자세한 지형적인 정보인가? 과세에 관련된 지방정부에 대한 지식과 정보란 각 주의 상황과 재원, 농업, 상업, 제조업의 상태나 생산품과 소비의 특징이라든가 성격, 그리고 각 주의 부, 재산, 산업의 정도와 종

---

1) 페이퍼 35번 참고.

류의 차이 같은 전반적인 정보가 아니겠는가?

국가들은 일반적으로, 보다 민주적인 정부하에서조차 재정의 운영을 보통 한 사람 혹은 소수로 구성된 위원회에 일임하고 있다. 그 소수가 과세안을 준비하고 체계화하고 나면 이것은 주권자나 혹은 의회의 권한에 의해 법률로 된다.

탐구적이고 사리에 밝은 정치인들은 어디서나 세입에 적합한 대상을 현명하게 선별하는 데 최고의 적임자로 생각된다. 사람들이 과세 문제를 중요하다고 의식하는 한, 이런 사려 깊은 선별 능력이야말로 지방 사정에 관한 어떤 종류의 정보가 정말로 과세 목적에 필요한 것인지 명확히 보여주는 것이다.

내국세라는 일반적인 명칭으로 형성되는 세금은 다시 직접세와 간접세로 나눌 수 있다. 이 두 종류의 세금에 모두 반대가 있을 수 있지만 아무래도 반대의 이유는 직접세에 국한되어 있는 것처럼 보인다. 간접세는 사실 관세와 소비재에 대한 소비세로 이해되는데, 과연 거기에 대한 반대의 우려가 도대체 무엇인지 이해하기 힘들다. 간접세에 관한 지식은 물품 자체의 성격에 의해 결정되거나 그 방면에 밝은 사람들, 특히 상업 계층의 사람들로부터 얻을 수 있다. 어떤 주의 간접세의 상황이 다른 주의 상황과 뚜렷이 구별되는 경우는 그렇게 많지 않을뿐더러, 있다 해도 단순하고 또 쉽게 파악할 수 있다. 다만 주의해야 할 점은, (연방정부는) 어떤 특정 주가 이미 과세 대상으로 정하고 있는 물품을 피하는 것이며, 그렇게 하면 연방정부와 주 정부 모두 세입 체계를 확립하는 데는 어려움이 없을 것이다. 어느 주가 어떤 물건에 과세하고 있는지를 알려고 하면 언제든지 각 주 출신의 의원들이나 각 주의 관계 법령을 통해서 알 수 있을 것이다.

부동산, 즉 주택이나 토지에 대해 연방 과세권이 적용되는 경우, 이에 대한 반대는 언뜻 보아 더 타당성이 있어 보이나, 이 반대론 역시 면밀한 검토까지는 필요하지 않다. 토지세는 두 가지 방법에 의해 추정될 수 있는데 하나는 영구적 혹은 주기적인 평가에 따른 실제 가격에 의한 것이고, 다른 하나는 비정기적 평가에 의한 추정가격이다. 이러한 토지세 추정은 그 임무를 수행하는 관리의 재량이나 혹은 최선의 판단으로 이루어진다. 어느 경우에서나 이러한 평가는 그 지방의 세부적 사정이 요구되기 때문에 선거에 의해 선출되거나 혹은 지방정부에서 임명한 사람들에 의해 신중하게 이루어져야 한다. 담당자의 임명은 법률로 규정되어야 하고, 선거에 의한 경우 선거의 방식, 선출될 사람의 수와 자격, 그리고 그들의 권한과 임무 등도 역시 법률에 의해 정해져야 한다. 이 모든 경우에 있어 연방입법부가 주 입법부만큼 잘 수행하지 못할 이유가 과연 있겠는가? 어느 경우든 일반적인 원칙을 따르면 되는 것이다. 즉, 지방정부의 세부 사항은, 이미 고찰했듯이, 과세 계획을 집행할 사람들에게 맡겨야 한다는 것이다.

또한 이 문제는 다음과 같은 간단한 관점에 의해 만족스럽게 해결될 수 있다. 즉, 직접세를 부과하고 징수하는 각 주의 방법을 연방정부의 의회가 그대로 채택해서 이용할 수 있다는 점이다.

이러한 과세, 즉 직접세의 할당은 연방정부 의회의 재량에 맡겨지는 것이 아니고 제안된 헌법 제1조 2절에 기술된 바와 같이 각 주의 인구에 의해 결정된다는 것을 상기하도록 하자.[2] 실제 인구조사에는 불공평이나 직권 남용을 효과적으로 막아줄 규칙이 제공될 것이다. 그리고 과세권의 남용에 대해서는 주도면밀한 경계 조치가 마련되어 있는 것으로 보인다. 이러한 예방조치에 더해 "모든 관세, 수입세 및 소비세는 합중국 전역에서 균일해야 한다"[3] 라는

---

[2] 헌법 제1조 2절 3항에서 과세의 할당은 각 주의 인구에 의해 결정된다고 했으나, 인구 산정에 있어 인디언을 제외한 그 밖의 인구(흑인 노예) 1명은 백인의 5분의 3으로 산정했다. 당시 흑인 노예의 90% 이상이 남부에 있었고 남부 인구의 약 30%를 차지하고 있었다. 남부 주들은 인구 비례로 배정하는 연방하원에서의 의석수를 늘리기 위해 인구에 노예를 포함하기를 원했다. 북부 주들은 여기에 반대했으나 연방정부에 내는 세금도 인구 비례를 원칙으로 했기 때문에 남부 주들의 세금 할당을 늘리기 위해 노예를 인구에 포함시키는 데 결국 합의했다. 결국 흑인 노예 1명을 백인의 5분의 3으로 산정해 인구에 포함시키는 것은 북부 주들과 남부 주들의 서로의 각기 다른 이해타산에 의한 것이다. 인구 비례에 의한 과세 할당은 1913년 헌법 수정 제16조에 의해 수정되었다.

조항이 마련되어 있다.

제안된 헌법에 대해 논의하고 저술하는 사람들은 다음과 같은 적절한 의견을 제시한다. 만일 연방의 내국세에 관한 권한의 행사가 충분한 고려와 실험에 의해 현실적으로 불편을 야기하고 폐해가 있다고 판단되면, 연방정부는 그 권한을 보류하고 그 대신 징발에 의존해야 한다. 여기에 대한 답변으로서 반대파들은, 처음부터 그렇게 애매한 권한을 생략하고 후자에 맡겨 두는 게 낫지 않느냐고 의기양양하게 주장해 왔다. 여기에 대해 다시 두 개의 확실한 답변이 있을 수 있다. 첫 번째는, 만일 연방의 과세권 행사가 편리하다면 그것이 징발 방식보다 더욱 효과적이기 때문에 선호될 것이고, 또한 그 권한이 유효하게 행사될 수 없다는 것은 이론적이나 그 밖의 방법으로도 증명할 수 없으므로, 실제로 그 반대의 결과가 될 가능성이 크다고 생각된다. 두 번째는, 헌법에 연방의 과세권이 존재하는 것은 징발의 효율성에도 강력한 영향을 미칠 것이기 때문이다. 연방이 주 정부를 통하지 않고 자체적으로 필요를 충족시킬 수 있다는 것을 각 주가 알게 되면, 연방정부가 주들에 영향력을 발휘할 강력한 동기가 될 것이다.

연방 세입법과 주들의 세입법 간의 상호 간섭에 있어서는 아무런 권한의 충돌이나 모순도 없음을 이미 살펴보았다. 법적인 의미에서 이들 법률이 서로를 간섭할 수 없게 만들어져 있고, 나아가 연방정부와 주 정부들이 각기 다른 종류의 정책을 취하는 데서 오는 충돌도 결코 피할 수 없는 것만은 아니다. 연방정부와 주 정부 간의 간섭과 충돌을 피하기 위한 효과적인 방책은, 상대방이 먼저 확보한 세입의 대상을 단념하는 것이다. 어느 쪽도 상대방을 규제할 수 없으므로 이러한 상호 자제에 분명하고 분별 있는 관심을 가지게 될 것이고, 직접적인 공동 이익에 대해서도 상호 자제가 안전하게 이루어질 것이라고 기대할 수 있다. 독립전쟁으로 인한 각 주의 개별적인 부채가 해결되고 지

---

3) 헌법 제1조 8절 1항.

출이 무리 없는 범위에 한정되게 되면 간섭의 가능성은 거의 사라질 것이다. 작은 액수의 토지세로 충분히 그 주의 지출을 충당할 수 있을 것이고 그것은 동시에 가장 단순하고 적절한 재원이 될 것이다.

내국세 과세에 대한 권한으로 인해 사람들의 두려움을 자극하는 많은 망령들이 나타났다. 하나의 징세 대상에 이중의 세무 공무원, 이중과세에 의한 국민 부담의 배가, 그리고 혐오스럽고 가혹한 인두세라는 교묘한 정치적 속임수가 자행되어 왔다.

이중의 세무 관리들이 존재할 수 없는 두 가지 경우가 있는데, 하나는 세금 부과권이 오직 연방에 있는 경우이고 이는 수입에 대한 관세에 적용된다. 다른 하나는, 과세 대상 물품이 아직 주 정부의 규정이나 규제에 해당되지 않고 있는 경우인데, 이는 다양한 물품에 적용될 수 있다. 그리고 기타 경우에 있어서는, 지방의 용도를 위해 이미 정해진 과세 대상을 연방이 완전히 포기하거나, 또는 추가적인 세금의 징수를 위해 주의 공무원과 규정을 이용하는 것이다. 이것이 세입의 관점에 있어 가장 적합한 답변이 될 수 있는데, 왜냐하면 세금을 징수하는 데 드는 비용을 줄이고 또한 주 정부와 그 시민들에게 혐오감을 줄 수 있는 동기를 미연에 방지할 수 있기 때문이다. 어떤 경우에도 이것은 그러한 혐오를 피할 수 있는 실질적인 방법이며, 예상되는 폐해가 이 헌법안으로부터 필연적으로 발생하는 것이 아님을 충분히 보여주는 것이다.

영향력이 클 것으로 상상하고 있는 연방정부의 징세 조직에 대한 반대론자들의 주장에 대해서는 그런 영향을 추정해서는 안 된다고 대답하는 것으로 충분하지만, 좀 더 명확한 대답이 필요할 것 같다. 만일 그들의 주장처럼 영향력을 확대하려는 생각이 연방의회에 만연해 있다면, 그 목적 달성에 가장 확실한 방법은 주 정부의 공무원을 되도록 많이 고용하고 보수를 올려 연방에 배속시키는 것이다. 이러한 방법은 연방정부의 영향력을 주 정부로 흐르게 하는 대신 오히려 주 정부의 영향력을 연방정부의 방향으로 그 흐름을 바꾸는 데 도움이 될 것이다. 그러나 이런 종류의 가정은 모두 불쾌할 뿐이며 국민들 앞에서 다루어야 할 중대한 논의 대상에서 사라져야 한다. 그것은 진실을 흐리게 하는 것 외에는 아무 목적도 없는 것이다.

이중과세의 우려에 대한 대답은 명료하다. 연방 재정의 필요는 어떻게든 충족될 것이다. 만일 이것이 연방정부의 권한에 의해서 이루어진다면 주 정부의 권한을 빌릴 필요가 없을 것이다. 어떤 경우든 사회 전체에 의해 지불되어야 할 세액은 같아질 것이다. 만약에 연방이 징세 규정을 만들게 되면 다음의 이점이 있다. 가장 편리한 세입의 종류인 통상 관세(수입세)는 주 정부의 규제하에 두는 것보다 연방정부의 규제하에서 훨씬 더 신중하게 증진될 수 있고, 또한 불편한 방법에 덜 의존하게 해 줄 것이다. 내국세 과세에 대한 권한을 행사하는 데 어떤 현실적인 어려운 점이 있다면, 연방정부는 수단을 선택하고 조정하는 데 많은 배려를 할 것이며, 사회의 다수를 차지하는 가난한 계층의 사람들로부터 불만을 유발할 수 있는 세금의 필요성을 줄이기 위해, 부유한 사람들의 사치품에 부과하는 세금이 공공 재정을 풍족하게 하는 데 실질적인 기여를 할 수 있는 정책을 만들 것이다. 정부의 권력을 유지하기 위한 이해관계가 공공 부담의 적당한 분배와 일치하고, 사회의 가장 가난한 계층을 핍박으로부터 보호할 수 있다면 다행스러운 일이 될 것이다.

아주 이른 시기부터 뉴잉글랜드 주들[4]에서 널리 도입되어 온 인두세[5]에 대해 나는 주저 없이 반대한다고 공언한다. 나는 그것이 연방정부에서 도입되어 시행되는 것을 보게 된다면 한탄스러울 것이다. 인두세를 부과할 수 있는 권한이 있다고 해서 그것을 실제로 실행할 것인가? 기존 연합 내의 모든 주가 이러한 종류의 세금을 부과할 수 있는 권한이 있다. 하지만 많은 주에서 인두세가 실제로 실행되고 있다고 알려진 것은 없다. 주 정부가 이러한 권한을

---

4) 뉴잉글랜드는 미국 북동부의 6개 주인 뉴햄프셔, 로드아일랜드, 매사추세츠, 메인, 버몬트, 코네티컷주의 총칭이다.

5) 인두세는 소득이나 재산에 관계없이 일반적으로 모든 성인에 대해 부과되는 고정된 금액의 세금을 말한다.

가졌다고 해서 전제정이라고 비난받고 있는가? 그렇지 않다면, 같은 권한을 연방정부가 갖는다고 해서 그런 비난이 정당화되거나 연방정부가 인두세를 채택하는 데 장애물이 된다고 주장할 수 있는가? 나는 인두세에 전혀 호의적이지는 않지만, 그것을 재원의 수단으로 사용할 권한은 연방정부가 가져야 한다고 굳게 믿는다. 국가에는 정상적인 상황에서는 억제되어야 하는 방편들이 공공복리를 위해서는 필수적으로 취해질 수밖에 없는 비상사태가 생기기 마련이다. 그런 가능성에 대비해 국가는 항상 그러한 방편을 사용할 태세를 갖추어야 한다. 새헌법에서 연방의회의 재량을 축소하지 않는 특별한 이유는 이 나라에서는 세입의 풍부한 원천이 될 수 있는 대상이 심각하게 부족하기 때문이다. 인두세가 더없이 귀중한 자원이 될 수 있는 국가적 위기나 돌발적인 사태가 닥칠 수도 있다. 나는 우리가 살고 있는 곳을 지구상의 다른 지역에서 흔히 일어나는 재앙으로부터 벗어나게 할 수 있는 아무런 방법을 가지고 있지 않기 때문에, 일반적인 방위와 안전에 유용하게 쓸 수 있는 유일한 무기를 연방정부로부터 빼앗으려는 모든 시도에 대해 혐오감을 가지고 있음을 인정한다.

〈지금까지 나는 합중국에 부여되어야 한다고 제안된 권한, 즉 연방정부의 활력과 효율성에 직결될 수 있는 권한에 대해 살펴보았고 거기에 대한 주요 반대의견에 답변하려고 노력했다. 여기서는 생략했지만, 그 외의 권한들도 존재한다. 그것들은 위의 주제에 대한 견해를 더욱 가다듬기 위해 다음 편 이후의 페이퍼에서 다루도록 하겠다. 이미 연방을 향해 내디딘 전진은 미국 사회의 공평하고 분별 있는 사람들을 충분히 만족시키고 있다고 나는 자부한다. 헌법안에 대해 끊임없이 주장되고 있으며 일견 가장 무서운 것으로 간주되는 몇 가지 반대론은 아무런 내용이 없을 뿐 아니라, 만약 그와 같은 반대론이 헌법안 작성에 영향을 미쳤더라면 공공의 행복과 국가의 번영이라는 위대한 목표에 전혀 도움이 되지 않는 헌법안이 만들어졌을 것이다. 또한 이러한 비판적인 검토가 훌륭한 통치를 지지하는 진실하고 객관적인 모든 사람이 헌법안을 추천하는 데 기여하고, 그 채택에 대한 타당성과 유용성에 대한 의문을 불식시킬 것이라고 믿는다. 이렇게 영광스러운 본보기를 인류에게 보여줄 수 있는 지혜와 덕을 가지고 있다면, 우리 자신에게 얼마나 행복한 일이며 인간 본성에 가장 명예스러운 일이 아니겠는가?)6)

푸블리어스

---

6) 페이퍼 36번은 원래 34번으로 신문에 게재되었다. 모든 페이퍼들을 처음으로 책으로 출판한 매클린 에디션은 두 권으로 구성되었는데 원래 34번 페이퍼를 36번으로 번호를 바꾸어 제1권의 마지막 페이퍼로 출판했으며, 괄호 〈 〉 안의 문단을 끝에 추가해 다음 편인 37번과 자연스럽게 연결되도록 했다. 매클린 에디션이 출판된 후 모든 페이퍼의 순서, 즉 페이퍼의 번호는 매클린 에디션에 따르게 되었다.

THE FEDERALIST No. 37

≪데일리 애드버타이저≫, 1788년 1월 11일   제임스 매디슨

뉴욕주 시민들에게

지금까지 우리는 연합규약의 결함을 살펴보았다. 그리고 새헌법에 의해 대중 앞에 제시된 연방정부보다 권한이 약한 정부로써는 그러한 결함을 보완할 길이 없음을 밝혔다. 그리고 새헌법의 중요한 원칙 중 몇 가지에 대해서도 물론 언급했다. 그러나 이 글의 궁극적 목적은 새헌법의 장점과 그 채택의 유용성을 명확하고 완전하게 규정하는 것이기 때문에, 이러한 우리의 계획을 완수하기 위해서는 헌법회의가 노력한 결과를 좀 더 비판적으로 철저하게 검토하고, 모든 부분을 조목조목 비교하며, 가능한 한 모든 효과를 평가하는 과정이 반드시 필요하다.

따라서 정당하고 공정한 결과에 도움이 된다는 생각으로 남은 과제를 수행하기 위해서는 심사숙고하는 자세가 필요하다는 것이 솔직한 의견이다.

공적인 정책이 공익을 촉진하는 성향을 지녔는지 혹은 방해하는 성향을 지녔는지 정확하게 평가하는 데 있어서 중용의 정신이 필수적이지만, 그것이 발휘되는 일이 거의 없다는 것은 인간사에 항상 일어나는 불행한 일이다. 더구나 중용의 정신이 특별하게 요구되는 경우일수록 오히려 그것은 더 약화되기 쉽다는 것 역시 불행한 일이다. 이러한 사실을 경험을 통해 이미 충분히 깨달은 사람들에게는, 헌법회의의 과업이 다양한 시각이나 관계에서 판단되고 또한 수많은 감정과 이해관계를 자극하는 너무나도 많은 변화와 개혁을 제안했기 때문에, 찬성하는 측이나 반대하는 측도 그 과업에 대한 평가를 공정하

게 논의하고 정확히 판단하는 데 있어 비우호적인 성향에 맞닥뜨리거나 그러한 성향을 자극시킬 수 있다는 사실에 별로 놀라워하지 않을 것이다. 새헌법에 대한 어떤 반대자들은 단지 비난하려는 성향을 가지고 있었을 뿐 아니라, 그들의 출판물을 보면 처음부터 이를 비난하려고 작정한 후 그것을 검토했음이 너무나 극명하게 나타난다. 새헌법을 옹호하는 사람들의 경우도 마찬가지이다. 그들의 표현에서도 반대자들과 반대되는 선입관과 편견이 나타나고 있기 때문에, 그들의 의견 역시 객관적인 면에서 어떠한 중요성을 갖지 못한다. 그러나 다른 성격을 띤 이 두 가지 의견의 비중이 같다고 할 때, 그 의도의 순수성이라는 점에서는 본질적인 차이가 없다고는 말하고 싶지 않다. 새헌법을 옹호하는 사람들의 편에서 말하자면, 우리의 상황이 극히 위태로우며 우리 자신의 구제를 위해 어떤 조치가 절실히 요구된다는 것은 널리 인정되고 있다. 따라서 옹호자들이 새헌법을 미리 지지하기로 한 편향성 자체에는 나쁜 측면도 있지만, 이는 이런 위험한 상황을 고려한 것에서 비롯된 것이기도 하다. 이에 반해 새헌법에 반대하기로 작정한 사람들의 동기에는 용납될 수 있는 어떤 여지도 없다. 새헌법의 옹호자들의 의도는 비난받을 수는 있지만 반대로 정당할 수도 있다. 그러나 새헌법의 반대자들의 견해는 옳지도 않고 반드시 비난받아야 한다. 그러나 사실 이 페이퍼는 이들 중 어느 한 편에 치우친 사람들을 겨냥하는 것이 아니라는 것이다. 이 페이퍼는 자기 자신의 나라의 행복을 진심으로 열망하고 그러한 행복을 증진하는 수단을 정당하게 추구하는 오직 그런 사람들의 관심에 호소하는 것이다.

그러한 사람들은 새헌법을 검토하면서 단순히 결함을 찾아내거나 그 결함을 과장하고자 하지는 않을 것이다. 또한 그들은 헌법회의도 인간들의 모임인 이상 그들로부터 아무런 결함 없는 완벽한 계획을 기대하기는 어렵다는 생각도 할 것이다. 그들은 한 단체로서의 헌법회의가 저지를 수 있는 실수를 기꺼이 용납할 것이고, 그들 자신도 단지 인간이기에 다른 사람들의 잘못된 견해들을 지적하는 데 있어서 자신 또한 틀릴 수 있다는 것을 알고 있는 사람들일 것이다.

그들은 또한 이러한 공정성을 권유할 뿐만 아니라, 헌법회의가 떠맡은 과제가 본질적으로 가지고 있는 많은 어려운 점들이 충분히 용인되어야 함을 기꺼이 이해할 것이다.

우리는 헌법회의가 떠맡은 일이 전례가 없는 새로운 것임을 절감하지 않을 수 없다. 기존의 연합은 불합리한 원칙들 위에 기초하고 있기에,[1] 우리는 당연히 이러한 그릇된 기반과 그것에 의존하는 상부구조를 동시에 바꾸어야 한다는 점을 이 글을 통해서 논해 왔다. 선례로서 참조할 수 있는 다른 연합들[2]이 우리와 똑같은 실수투성이의 원칙들에 의해서 타락했으며, 올바른 길로 이끌어주는 것이 아닌 단지 피해야 할 경로를 경고해 주는 등대의 빛 이상의 어떤 것도 제공해 주지 못한다는 점을 살펴보았다. 이러한 상황에서 헌법회의가 할 수 있는 것은 우리 자신만이 아니라 다른 국가들의 지난 경험이 시사해 주는 실수들을 피하고, 미래에 다시 반복될지도 모르는 잘못을 바로잡을 수 있는 적절한 방식을 제공하는 것이었다.

헌법회의가 직면한 어려움 속에서도 특히 중요한 것은 정부에 필수적인 안정성과 활력뿐만 아니라 절대 침해되어서는 안 되는 자유와 공화제를 병행시키는 것이었다. 만약 그들의 과업 중에서 이 부분을 완전하게 달성하지 못했더라면, 그들은 자신들이 임명된 목적과 대중의 기대를 충족시키지 못했을 것이다. 하지만 이 주제에 대한 자신의 무지를 드러내는 것을 원치 않는 사람이라면 누구라도 그 과업은 쉽게 성취되는 것이 아니라는 것을 인정할 것이다. 정치체제의 활력은 외국으로부터의 위험과 국내의 위험에 대한 안전을 보장하고, 좋은 통치에 당연히 필요한 신속하고 유익한 법의 집행에 필수적인 것이다. 정치체제의 안정성은, 시민사회가 제공하는 주된 축복 중 하나인 평

---

1) 페이퍼 15번~22번 참고.

2) 페이퍼 18번~20번 참고.

화와 신뢰감을 국민들 마음속에 불어넣는 것뿐만 아니라, 국민성의 함양과 그에 따르는 혜택을 증진하기 위해서도 필수적이다. 변칙적이고 수시로 바뀌는 변덕스러운 법제는 국민에게 혐오스러울 뿐만 아니라 그 자체가 악이기도 하다. 국민들은 주 정부의 경험을 통해 좋은 정치체제란 어떤 것이어야 하는지에 대해 잘 알고 있다. 또한 국민 대부분이 그러한 정체체제의 구현에 대해 관심을 가지고 있기 때문에, 각 주 정부의 지속되는 변동과 불확실성에 대한 어떤 구체적인 개선책이 강구될 때까지는 결코 만족하지 않을 것이라는 점은 확실하게 주장할 수 있다. 그러나 좋은 정치체제의 이러한 귀중한 요소들을 자유의 필수적인 원칙들과 비교하자면, 우리는 이 두 가지를 적절한 비율로 융합하는 것이 얼마나 어려운지를 곧바로 인정하지 않을 수 없다. 한편으로, 공화적인 자유의 정신은 모든 권력이 국민에게서 나와야 할 뿐만 아니라, 그 권력을 위임받은 사람들은 그 임기를 짧게 한정함으로써 항상 국민에게 의존하도록 되어 있어야 한다.3) 더구나 이 짧은 기간조차도 그 권력의 위임은 소수가 아닌 다수의 손에 맡겨져야 한다는 것이다. 반면에 정치체제의 안정성이라는 면에서 보면 권력을 위임받은 사람들은 자주 바뀌지 않고 그들의 지위를 상당 기간 유지하여야 한다.4) 잦은 선거는 대표들의 빈번한 교체를 초래할 것이고, 대표들의 빈번한 교체는 제도의 빈번한 변화를 야기할 것이다. 그러나 정치체제의 활력이라는 견지에서 보면 권력은 일정 기간 지속되어야 할 뿐만 아니라 그 권력의 행사가 한 사람에 의해 이루어져야 한다.5)

---

3) 매디슨은 하원의 임기를 2년으로 정한 이유를 설명하고 있다.

4) 하원의 짧은 2년의 임기에 반해, 정부의 안정성과 국정의 계속성을 위해서 상원의 임기를 6년으로 정하고 게다가 상원 의석수의 3분의 1만 2년마다 선거 대상으로 정한 이유를 설명하고 있다.

5) 여기서 매디슨은 새헌법이 고안한 행정부의 수반인 대통령(the President)을 암시하고 있다. 새헌법이 제안한 행정부의 수반인 대통령은 미국정치의 독특한 산물이다. 헌법회의에서는 행정부의 지도자를 2인으로 하여 각기 다른 분야의 업무를 맡기거나, 또는 여러 명으로 구성된 위원회의 형태도 제안되었다. 그러나 결국 최종안은 행정부의 수반을 단일 인물로 하고 그 명칭을 the President (대통령)로 하는 것으로 결정되었다. 페이퍼 4번의 각주 5), 페이퍼 16번의 각주 7) 참고.

헌법회의가 이 점에서 어느 정도나 성공했는지는 더욱 엄밀하게 검토해 보면 더 명확히 드러날 것이다. 그것은 대충 살펴보더라도 분명히 어려운 일이었음이 틀림없다.

연방정부의 권한과 주 정부의 권한을 구분하는 합당한 선을 긋는 과제 또한 무척이나 힘든 일이었을 것이다. 그 성격상 광범위하고 복잡한 대상들을 잘 관찰하고 구분하는 데 익숙한 사람들은 누구나 이러한 어려움을 느낄 수 있을 것이다. 가장 예리하고 형이상학적인 철학자들의 온갖 노력에도 불구하고, 인간 정신의 능력은 만족스러울 만큼 구분되거나 정의된 적은 아직 없다. 감각, 인지, 판단, 욕망, 의욕, 기억, 상상 등은 그들 사이의 경계가 너무도 섬세하고 미묘하여 가장 정밀한 연구에 의해서도 구분되기 어려워 여전히 독창적인 논고와 논쟁의 풍부한 근원이 되고 있는 것이다. 자연계의 경계, 넓게는 다양한 지역 사이의 경계와 그 지역들의 세분된 구역의 경계 또한 위와 똑같이 분류하기 어려운 좋은 예일 것이다. 가장 현명하고 근면한 동식물 학자들조차 식물계를 그것과 인접한 무기질의 범주로부터 구분하거나, 식물계가 끝나고 동물계가 시작되는 경계선을 확실하게 밝혀내는 데 성공하지 못했다. 자연의 이러한 거대한 영역들의 각 분야에 존재하는 대상들의 정리와 세분화의 기준이 되는 뚜렷한 특징들의 경계는 훨씬 더 모호하다.

자연에서는 본래 모든 구분이 흠잡을 데 없이 정확하지만, 단지 그 구분들은 그것을 관찰하는 눈이 불완전한 탓에 모호하게 보일 뿐이다. 이러한 자연계로부터 인간이 만든 제도로 눈을 돌리면 그것을 관찰하는 우리의 눈뿐만 아니라 제도 그 자체에도 온갖 모호함이 존재하기 마련이다. 따라서 인간이 만든 제도를 관찰할 때는 우리의 기대와 희망을 훨씬 낮추어야함을 인식해야 한다. 정치학의 그 어떤 전문적 지식으로도 정부의 중요한 세 가지 부분인 입법, 행정, 사법부의 구별과 정의는 물론 심지어는 입법부 내의 여러 기관의 특권과 권력조차도 정확하게 분류하여 정의할 수 없었다는 것을 우리는 경험을 통해 알고 있다. 정치의 실제 운영 과정에서 의문점들은 날마다 새롭게 발생하고 있으며, 이 주제에 대한 모호성이 입증됨으로써 정치학의 위대한 대가들을 당혹스럽게 만들고 있다.

오랜 기간의 경험과 식견이 있는 입법가와 법관들이 끊임없이 함께 노력했음에도 불구하고, 서로 다른 법령이나 다른 법정의 목적과 한계를 분명히 하는 데 성공하지 못하고 있다. 관습법(보통법), 성문법, 해사법, 교회법, 상법 그리고 기타 지방법과 관습의 명확한 범위는 세계 어느 나라보다 이에 대한 정확성을 꾸준하게 추구해 온 영국에서조차 아직 확실하게 최종적으로 결정된 것은 아니다. 일반법원과 지방법원, 보통법 법원, 형평법 법원, 해사법 법원 등 영국의 많은 법원들의 관할권도 그것들의 불명확한 구분으로 인해 이에 못지않은 빈번하고 난해한 논란의 근원이 되고 있다. 모든 새로운 법은, 비록 그것이 아주 기술적으로 쓰이고 신중한 심의를 거쳐 제정된 것이라고 하더라도, 일련의 특정한 논의와 판결에 의해서 그 의미가 정리되어 확정되기 전까지는 다소 모호하고 불분명한 것으로 간주된다. 게다가 대상의 복잡성과 인간 능력의 불완전함에서 연유하는 애매함과 더불어 인간의 생각이 서로에게 전달되는 수단 등에 의해서도 새로운 어려움이 더해진다. 언어를 사용하는 목적은 생각을 전달하기 위해서이다. 따라서 명확성은, 생각이 뚜렷하게 형성되어야 할 뿐만 아니라 그러한 생각들이 언어에 의해서 명확하고 적합하게 표현되는 것에서 비롯된다. 그러나 어떠한 언어도 모든 복잡한 생각에 적합한 단어와 구절을 제공할 만큼 풍부한 어휘를 가지고 있지 않으며, 서로 상이한 여러 생각들을 명확하게 구별해 서술할 수 있을 정도로 정확하지도 않다. 그러므로 아무리 그 대상들 자체가 정확하게 구분되어 있을지라도, 그리고 그 구분이 엄밀하게 고려된다고 할지라도, 표현되는 용어의 부정확성에 의해 대상들의 정의는 결국 부정확할 수밖에 없다. 그리고 이러한 불가피한 부정확성은 정의되는 대상의 복잡성과 독창성에 따라 커지거나 작아질 수 있다. 만일 전능하신 신이 인간에게 친히 인간의 언어로 이야기한다면 본래는 명확해야 할 신의 뜻도 혼탁한 전달수단에 의해서 애매해지고 불확실해질 것이다.

이처럼 모호하고 부정확한 정의에는 세 가지 원인이 있다. 대상의 불명료함, 인지 기관의 불완전성, 그리고 생각을 전달하는 수단의 부적합성이 그것이다. 이 중 어느 하나만으로도 어느 정도의 모호함이 초래될 수 있다. 헌법회의는 연방정부와 주 정부의 관할권 경계를 설정하는 데 있어서 언어의 모호성이 주는 이 세 가지 원인의 영향을 전적으로 경험했음이 틀림없다.

이미 언급한 어려움 외에, 큰 주와 작은 주의 주장이 서로 대립되는 경우가 추가될 수 있을 것이다. 큰 주는 연방정부에서 그들의 우월한 부와 중요성에 전적으로 비례하는 대표의 수를 주장할 것이며, 작은 주는 그들이 현재 누리고 있는 평등을 포기하지 않을 것이 확실하다. 그 어느 편도 상대방에 전적으로 양보하지 않을 것이고, 결과적으로 그러한 갈등은 타협을 통해서만 마무리될 수 있다고 생각해야 할 것이다. 연방의회 내에서 대표의 비율이, 큰 주와 작은 주 사이의 타협으로 조정된 후에도 그 타협을 계기로 큰 주와 작은 주는 새로운 다툼을 시작할 것이다. 즉, 그들은 각각 자신들이 최대한의 영향력을 획득한 원(하원 혹은 상원)6)의 중요성을 증대시킬 수 있는 방향으로 정부를 조직하고, 권한을 분배하려는 경쟁이 바로 그것이다. 새헌법에는 이러한 가정들이 틀리지 않았음을 보여주는 특징들이 잘 드러나고 있다. 이러한 가정 중 어느 하나라도 근거가 충분하다면, 헌법은 적용하기에는 썩 적절하지 않은 고려 사항을 위해 이론적인 타당성을 희생할 수밖에 없었음을 보여준다.7)

---

6) 해밀턴과 매디슨은 'branches'라는 용어를 정부의 부(the branches of the government), 즉 입법부, 사법부, 행정부를 의미할 때뿐만 아니라, 입법부 내 2개의 원(the two branches of the legislature), 즉 상원과 하원을 의미할 때도 사용했다. 이 원문 문장에서의 'branches'는 정부의 3부가 아닌 상원과 하원을 의미하며 페이퍼 34, 39, 51, 52, 53, 58, 66, 69, 74, 81 그리고 84번에서도 'branches'는 이와 같은 의미로 쓰였다. 오늘날 미국정치에서는 입법부의 2원을 the two branches of the legislature라고는 거의 부르지 않고 통상적으로 the two houses of the legislature 혹은 the two chambers of the legislature라고 부른다.

7) 해밀턴은 여기서, 연방의회 구성 시에 큰 주와 작은 주간의 갈등을 해결하기 위해 양자가 타협할 수밖에 없었던 상황을 말하고 있다. 헌법회의에서 뉴욕주라는 큰 주를 대표했던 해밀턴에게는 그

다양한 점에 있어서 서로가 반대 입장에 서게 되는 것은 단지 큰 주와 작은 주 사이의 문제만은 아니다. 지방적인 입장과 정책의 차이에서 기인하는 다른 복합적인 문제들이 헌법회의에 어려움을 더했을 것은 분명하다. 각 주들은 작은 지방들로 나뉘고, 그 주의 시민들은 여러 계층으로 나뉘어 그 결과 서로의 이해관계나 지역적인 경계심을 초래하듯이, 합중국의 다른 지역들은 다양한 상황에 따라 서로 구별되어, 보다 큰 규모에서 비슷한 영향을 미칠 것이다. 그리고 지난 페이퍼[8]에서 충분히 그 근거를 열거했듯이, 비록 이러한 이익의 다양성이 연방정부의 운영에는 바람직한 영향을 미칠 수도 있지만, 정부를 형성하는 과정에서는 그 반대의 영향을 미친다는 것은 누구라도 감지할 수 있고, 이 점은 우리가 이미 경험한 것이다.

이러한 모든 어려움의 압박에도 불구하고, 어느 독창적인 이론가가 이론적인 관점에서 그의 서재나 상상 속에서 헌법을 입안했을 경우 가질 수 있는, 비현실적으로 완벽한 구조와 정확한 균형으로부터 헌법회의가 어느 정도 벗어나야 했다고 해도 크게 놀랄 일은 없을 것이다. 정말 놀라운 것은 너무나도

타협이 이론적 타당성에서 벗어나는 것임이 틀림없었을 것이다. 연방의회에서 큰 주와 작은 주의 대표의 수를 할당하는 데 당연히 갈등이 있었고, 이 갈등을 타협으로 마무리하는 데 헌법회의의 가장 많은 시간이 소요되었다. 큰 주들은 의회를 양원제로 하되 양원의 의석수를 모두 인구비례로 정할 것을 주장한 버지니아 안(Virginia Plan)을 지지했고, 반면 작은 주들은 의회를 단원제로 하되 모든 주가 동등한 의석수를 가질 것을 주장한 뉴저지 안(New Jersey Plan)을 제안했다. 결국 이 두 안을 절충한 코네티컷 안(Connecticut Plan)에 의해 의회는 양원제가 되었다. 즉, 연합규약으로부터 유래하는 작은 주들의 큰 주들에 대한 평등성의 주장을 반영해 상원(the Senate)을 만들어 각 주가 동일하게 2석을 가지고, 하원(the House)은 인구비례에 의해 의석수를 할당하게 되었다. 이 타협은 후에 위대한 타협(The Great Compromise)이라고 불리게 된다. 하지만 이 두 원, 즉 상원과 하원의 원어 명칭, 즉 the Senate과 the House에는 상과 하(위와 아래)의 개념은 포함하지 않으며 상원이 하원보다 더 상위의 개념도 역시 아니다. 1789년 3월 4일 양원제 의회가 처음으로 합중국 연방정부의 첫 수도였던 뉴욕시의 Federal Hall에서 열렸을 때, 인원이 적은 상원은 위층(the upper chamber)을, 인원이 많은 하원은 아래층(the lower chamber)을 차지한 데서 이 용어가 유래되었고, 상원을 the Upper House 그리고 하원을 the Lower House라고 부르기도 한다.

8) 페이퍼 10번 참고.

많은 어려움들이 극복되었으며, 더구나 도저히 예상치 못했던 전례 없는 만장일치에 의해 극복되었다는 것이다. 솔직한 사람이라면 누구나 이러한 상황을 전혀 놀라지 않고 되돌아보는 것은 불가능하다. 또한 신앙심이 깊은 사람이라면, 우리를 독립전쟁의 위급한 국면에서 구원하기 위해 몇 번이고 분명하게 우리에게 와닿았던 전지전능한 신의 손길을 느끼지 않을 수 없었을 것이다.

앞의 페이퍼[9]에서 우리는, 네덜란드 연합이 해롭고 악명 높은 그들의 헌법의 결함을 개정하려고 거듭 시도했으나 실패했던 것을 보았다. 상호 대립된 의견을 조정하고 서로의 경계심을 완화하고 각자의 이해관계를 조정하기 위해 인류가 개최한 대부분의 회담의 역사는 파벌과 논쟁과 실망의 역사이자 인간의 특성인 연약함과 타락을 보여주는 가장 어둡고 더러운 모습으로 분류될 것이다. 간혹 일어나는 사례에서, 좀 더 밝은 면이 보이는 경우가 있다 하더라도 그것은 오직 보편적 진실로써 우리를 일깨워 주기 위한 예외적인 경우이며, 그 밝음으로 인해 오히려 음울함만 더욱 부각될 뿐이다. 이러한 예외적인 경우가 생길 수 있는 원인들에 대해 궁리해 보고, 그 원인들을 우리가 처한 특정한 상황에 적용하는 데 있어서 우리는 필연적으로 두 가지 중요한 결론을 이끌어낼 수 있다. 그 첫 번째 결론은, 헌법회의는 아주 특이하게도 심의기구에서 흔히 볼 수 있는 병폐이며, 그런 기구의 진행을 오염시키는 당파적 적대감의 해로운 영향을 받지 않았다는 것이다. 두 번째 결론은 헌법회의를 구성한 각 주의 대표들은 모두 최종 결의를 만족스럽게 수용했거나, 아니면 사적 의견이나 분파적 이익은 공익을 위해 희생해야 된다는 깊은 신념에서, 또한 새 헌법의 채택을 늦추거나 혹은 전혀 새로운 방안을 검토하게 될 경우 이러한 희생은 무의미해질 수 있다는 절망감에서 최종 결의에 동의하게 된 것이다.

푸블리어스

---

9) 페이퍼 20번 참고.

THE FEDERALIST   No. 38

≪인디펜던트 저널≫, 1788년 1월 12일   제임스 매디슨

뉴욕주 시민들에게

고대 역사에서 협의와 동의를 거쳐 정부가 수립되었다고 전해지는 모든 예에서 볼 수 있듯이, 정부의 틀을 마련하는 과업은 민중의 회의체에 맡겨진 것이 아니라 뛰어난 지혜와 자질을 가진 몇몇 시민에 의해 수행되었다는 것은 그리 놀랄 만한 일이 아니다.

우리는 미노스[1]가 크레타 정부를 최초로 세웠으며, 잘레우쿠스[2]가 로크리인들의 정부를 세운 최초의 인물이라는 것을 알고 있다. 테세우스[3]를 필두로 드라코[4]와 솔론[5]이 그 뒤를 이어서 아테네 정부를 세웠다. 리쿠르고스[6]

---

1) 그리스 신화에서 미노스(Minos)는 제우스와 그의 여러 아내 중 하나인 유로파(Europa)사이의 아들이며 크레타(Crete)의 왕이다.

2) 잘레우쿠스(Zaleucus 663~? B.C.E.)는 그리스의 입법자이며 그리스 최초의 성문법인 로크리안 법(Locrian Code)을 만든 것으로 알려졌다.

3) 테세우스(Theseus)는 헤라클레스와 비견되는 아테네의 최고 영웅이다. 아테네왕인 아이게우스의 핏줄을 물려받았고, 여러 괴물과 악당을 물리친 영웅이 되어 아테네의 왕에 즉위했다. 그가 물리친 대표적 괴물로는 황소의 머리를 가진 반인반수의 괴물인 미노타우루스가 잘 알려져 있다.

4) 드라코(Draco)는 Drako 혹은 드라콘(Drakon)으로도 불리며 아테네의 최초 입법가였다. 기원전 7세기 말 그리스 아테네 성문법의 공포자이다.

5) 솔론(Solon 630?~560? B.C.E.)은 고대 그리스 아테네의 정치가, 입법자, 시인이며 그리스의 일곱 현인 가운데 한 사람이기도 하다. 솔론은 집정관으로서 헌법, 경제, 도덕 분야에서 개혁을 주도했으며 이는 '솔론의 개혁'으로 불린다.

6) 리쿠르고스(Lycurgus 800?~730 B.C.E.)는 스파르타의 전설적인 입법자이다. 페이퍼 18번, 각주

는 스파르타의 입법의 기틀을 제공했고 로물루스는 로마의 기초를 닦았지만, 그 작업을 완수한 것은 그의 뒤를 이은 두 명의 선출된 후임자 누마와 툴루스 호스틸리우스였다.7) 그 후 브루투스8)는 왕정을 폐지하고 집정관 통치로 대체했다. 브루투스는 그 개혁이 이미 툴루스 호스틸리우스 때부터 준비된 개혁안이라고 주장하는 연설을 통해서 원로원과 대중으로부터 동의와 비준을 얻어냈다. 이것은 고대 연합정부에도 적용이 된다. 우리가 듣기로는 암픽티온 연합은 창설자의 이름을 따랐고, 아카이아 연합은 아카이우스로부터 처음 수립되었으며, 두 번째 아카이아 연합9)은 아라투스10)에 의해 탄생했다.

　이처럼 유명한 입법가들이 각자의 정부에서 어느 정도의 권한을 위임받았는지 또는 그들이 대중으로부터 어느 정도의 합법적 권한을 부여받았는지를 모든 면에서 확인할 수는 없다. 그러나 몇몇 경우에는 그 절차가 매우 엄격하고 체계적이었다. 드라코는 아테네 시민들로부터 정부와 법을 개혁할 수 있는 무제한의 권한을 부여받았던 것 같다. 그리고 플루타르크에 의하면, 시민들은 보통선거(보편적 투표)를 통해 헌법 개정의 유일하고도 막강한 권한을 어느 면에서는 솔론에게 떠맡겼다고 할 수 있다. 리쿠르고스의 입법 절차는 다소 체계적이지는 않았다. 그럼에도 정상적인 개혁을 지지하는 사람들의 세

---

17) 참고.

7) 로물루스(Romulus)는 전설에서 로마를 건설하여 그 기반을 다진 것으로 알려져 있는 초대 왕이다. 누마 폼필리우스(Numa Pompilius 753~673 B.C.E.)는 2대 왕으로 그는 로마의 종교의식과 제도를 확립하는 데 기여한 것으로 알려져 있다. 툴루스 호스틸리우스(Tullus Hostilius 673~641 B.C.E.)는 3대 왕으로 그의 가장 큰 업적으로는 알바롱가를 전쟁 끝에 정복하여 종속국으로 만든 것을 들 수 있다.

8) 브루투스(Lucius Junius Brutus 545~509 B.C.E)는 로마의 마지막 왕인 타르퀴니우스(Lucius Tarquinius Priscus)를 축출하여 로마에 공화정 체제를 창시한 인물로 알려져 있다. 로마의 원로원 의원이고 율리우스 카이사르의 암살을 주도한 브루투스(Marcus Junius Brutus 85~42 B.C.E.)와는 다른 인물이다.

9) 두 번째 아카이아 연합은 페이퍼 16번, 각주 3) 참고.

10) 페이퍼 18번, 각주 18) 참고.

력이 우세해지자 그들은 시민 협의기구의 개입에 의한 급진적인 혁신을 일으키는 대신, 유명한 애국자이자 현인인 리쿠르고스라는 한 개인의 시도에 맡기게 되었다.

그리스인들처럼 자유를 그토록 열망한 사람들이 왜 경계심을 포기하고 단 한 사람의 손에 그들의 운명을 맡기게 되었을까? 10명에도 못 미치는 소수의 장군들에 의해 군대가 통솔되는 것을 허용하지도 않았고, 동료 시민 중 한 사람의 찬란한 공적마저도 그들의 자유에 대한 위험으로 간주했으며, 또한 그들이 선출한 시민 협의기구의 심의를 통해 한층 뛰어난 지혜와 더 큰 안전을 기대할 수 있었음에도 불구하고, 아테네 사람들이 자신들과 후손의 운명을 한 명의 뛰어난 시민에게 맡긴 것은 무슨 이유에서였을까? 다수의 대표들 사이의 불화와 분열에 대한 두려움이 한 개인의 배신과 무능에 대한 우려보다 훨씬 컸다고 가정하지 않고서는 이 질문에 제대로 답할 수 없을 것이다. 또한 역사는 이러한 뛰어난 개혁가들이 그 개혁을 위해 사용해야 했던 수단뿐만 아니라 그들이 맞서야 했던 어려움을 전해주고 있다. 좀 더 타협적인 정책을 선호했던 것으로 보이는 솔론은 국민의 행복에 가장 적합한 정부 대신 그들의 편견에 가장 잘 견딜 수 있는 정부를 마련해 줄 수밖에 없었다고 고백했다. 그리고 리쿠르고스는 그의 이런 목적에 더욱 충실했지만 어쩔 수 없이 폭력과 미신의 힘을 적절히 혼합해야 했고, 개혁의 최종적인 성공을 위해 먼저 그의 조국인 스파르타를 포기한 데 이어 그의 생명을 스스로 버려야 했다.[11] 만일 이

---

11) 플루타르크에 의하면 리쿠르고스가 자신의 개혁을 확신하게 되었을 때 그는 델피로 가서 신탁으로부터 신의 예언을 받기로 결심했다. 델피로 떠나기 전에 왕과 그가 만든 심의기관 겸 대법원의 역할을 맡은 장로회인 게루시아를 포함한 모든 스파르타 사람들로부터 그가 돌아올 때까지 그가 만든 법을 지키겠다는 맹세를 받았다. 그는 델피에 가서 신탁을 만났고 그의 법이 매우 훌륭하고 스파르타인들을 유명하게 만들 것이라는 신의 예언을 전해 들었다. 그 후, 그는 역사에서 사라졌다. 어떤 설에 따르면 스파르타 시민들이 그의 법을 그가 돌아올 때까지 지키겠다는 맹세를 영원히 지키도록 하기 위해 그는 스파르타로 돌아가는 대신 굶어 죽는 선택을 했다고 한다. 그는 후에 스파르타인들의 존경을 한 몸에 받았을 뿐만 아니라 그들의 영웅이 되었다.

러한 사실이 우리에게 주는 교훈이 있다면, 그중 하나는 정부의 수립에 적절한 계획을 세우고 준비하는 데 있어 한 뛰어난 개인에 의존하는 고대의 형식을 개선한 데 대해 칭송받아야 한다는 것이고, 다른 하나는 그런 실험에 흔히 뒤따르기 쉬운 위험과 어려움 그리고 그러한 실험을 불필요하게 반복하는 경솔함에 대해서 경고해 주고 있다는 것이다.

헌법회의의 계획에 있을지 모르는 오류라는 것은, 복잡하고 어려운 주제에 대한 검토에 있어 정확성과 주의의 결핍에서 오는 것이 아니라 오히려 이런 문제를 경험해 보지 못한 데서 생긴 것이다. 따라서 현실적인 경험에 의해 그런 오류가 드러나기 전까지는 확인될 수 없을 것이라고 추측하는 것은 비합리적인가? 이러한 추측은 여러 일반적 현상의 고려에 의해서뿐만 아니라 연합규약의 특정한 사례에 의해서 가능하다. 연합규약이 각 주의 비준을 받기 위해 제출되었을 때, 여러 주에 의해 제기된 많은 반론과 수정안 중에서 실제 시행 과정에서 드러난 중대하고 근본적인 하자를 지적한 것은 하나도 없었다. 뛰어난 선견지명으로 내놓았다기보다 지역적인 특수 상황에 의해서 제시한 뉴저지주의 의견[12]을 예외로 친다면, 체제의 수정을 정당화하기에 충분한 요건을 갖춘 제안이 단 하나라도 있었는지 의문이다. 하지만 이러한 반대가 아무리 하찮은 것일지라도, 만약 그들의 의견과 예상되는 이해관계에 대한 집착이 자기 보존이라는 더 중요한 판단으로 인해 억제되지 않았더라면 그들은 매우 위험할 정도로 연합규약에 대한 반대론과 수정안을 완강하게 고집했을 것으로 생각할 이유는 많다. 기억하겠지만, 적이 우리의 바로 앞, 아니 우리 내부에 계속 존재했음에도 불구하고 메릴랜드주는 여러 해 동안 연합규약의 비준을 거부했다.[13] 결국 그 주가 연합규약을 비준한 동기는 공공의 불행이

---

12) 1778년 6월 23일, 뉴저지주 의회의 상원과 하원의 합동위원회는 연합규약의 몇몇 조항에 대한 반대 의견을 연합의회에 제출했다. 이 중 중요한 것은 연합의회가 합중국의 대외 통상에 대한 독점적 규제권을 가져야 한다는 것과 영국 왕실이 소유했던 아메리카의 영토를 합중국에 귀속시켜야 한다는 내용이다.

길어지고, 영국과의 싸움을 더욱 위태롭게 만든 책임을 홀로 질 수도 있다는 두려움 때문이었다. 모든 편견 없는 독자들은 이처럼 중요한 사실에 대해 공정한 생각을 할 수 있을 것이다.

환자는 자신의 병이 날마다 악화되어 가고 있어 그에 대해 효과적인 치료를 더 이상 미룰 경우 심각한 위험에 처하게 될 것을 알게 되면, 자신의 증상과 몇몇 의사들의 평판을 냉철하게 판단한 후에 가장 믿을 수 있는 의사들을 선택해 부를 것이다. 환자의 상태를 정밀하게 진단하고 나서 상담이 진행되고, 의사들은 환자의 증상이 심각하기는 하지만 적절하고 신속한 치료를 하면 아주 절망적이지는 않고 그의 몸을 호전시킬 수 있다는 데 의견의 일치를 본다. 그들은 치료약을 처방하는 데 모두 동의하여 만족스러운 결과를 이루어 낼 것이다. 그러나 그 처방책이 곧 알려진 다음 많은 사람이 개입하게 되고, 그 병의 상태나 위험을 부인하지는 않지만, 환자로 하여금 그 처방이 환자의 체질에는 독이 될 것이라고 확신시켜 죽음과 같은 고통 속에서도 그 약을 사용하지 못하도록 할 수 있다. 그렇다면 그 환자는 이러한 조언을 따르는 모험을 하기 전에 그 조언자들에게 그 약을 대체할 다른 처방을 합당하게 요구할 수 있지 않을까? 그리고 만약 그 조언자들의 의견이 처음의 의사들과 다를 뿐만 아니라 그 조언자들 사이의 의견도 그에 못지않게 서로 다르다는 것을 알아차린다면, 그는 신속한 치료의 필요성을 인정하면서도 일치된 다른 치료법을 제시하지도 못하는 사람들의 말을 듣기보다는 처음에 의사들이 만장일치

---

13) 메릴랜드주를 제외한 다른 12개 주들은 이미 1779년까지 연합규약을 비준했다. 하지만 버지니아주를 비롯한 다른 주들이 서부의 영토(western lands)에 대한 소유권을 주장했고 만일 그 주들이 서부의 영토를 차지하게 되면 그들이 너무 강력해질 것을 염려했기 때문에 메릴랜드주는 연합에 들어가기를 완강하게 거부했다. 당시 서부의 영토란 애팔래치아산맥(Appalachian Mountains)과 미시시피강 사이의 영토를 일컫는 지역이었다. 따라서 메릴랜드주가 이러한 이유로 연합규약을 비준할 가능성은 별로 많지 않아 보였다. 그러나 위에서 언급한 동기에 의해 13개 주 중 마지막으로 1781년 3월 1일에 비로소 연합규약을 비준하게 되었고, 메릴랜드주의 비준으로 연합규약은 1781년 3월 1일부터 즉시 효력을 발생하게 되었다.

로 권했던 치료법을 현명하게 택하지 않겠는가?

이러한 상태에 놓여 있는 환자가 바로 현재의 미국이다. 미국은 현재 자신이 앓고 있는 병을 알고 있다. 미국은 스스로 선택한 사람들로부터 만장일치의 조언을 얻고 있다. 또한 미국은 극도로 치명적인 고통 속에서 이러한 조언에 따르지 말라는 사람들의 경고를 받아왔다. 이러한 경고자들은 미국에 닥친 위험한 현실을 부정하는 것인가? 아니다. 그렇다면 그들은 신속하고 강력한 치료의 필요성을 부정하는 것인가? 역시 그렇지 않다. 그렇다면 그들, 아니면 그들 중 어떤 두 사람이라도 제안된 치료법에 반대하거나 아니면 다른 적당한 것으로 대체되어야 한다고 생각하는가? 그렇다면 이제 그들의 말을 들어보기로 하자. 제안된 헌법을 거부하는 측은 그 헌법은 각 주의 연합이 아니라 국민 개개인까지 통치가 미치는 정부를 수립하는 것이므로 거부해야 한다고 말한다. 다른 측은 어느 정도까지는 정부가 개개인에게 그 통치가 미쳐야 한다는 점은 인정하지만 제안된 정도까지는 결코 아니어야 한다고 말한다. 세 번째 측은 개개인에게 통치가 미치는 정부에 대해서도 그리고 제안된 정도에 대해서도 반대하지는 않지만 권리장전이[14] 없다고 반대한다. 네 번째 측은 권리장전의 절대적 필요성에 동의하지만, 그것은 각자의 개인적 권리가 아니라 정치적 단위로서의 주가 가지는 권리의 선언이어야 한다고 주장한다. 다섯 번째 의견은 어떤 종류의 권리장전도 불필요하고 부적절하며, 그러한 헌법안은 선

---

14) 권리장전(a bill of rights)은 권리법안, 권리의 선언이나 권리헌장으로도 불리며 서구에서 근대화가 진행됨에 따라 천부인권설이 확산되면서 인간의 천부적인 권리 또는 소극적 자연권을 추구하는 과정에서 이를 법제화한 것을 말한다. 1215년 영국의 존 왕이 귀족들의 강요에 의해 왕의 몇 가지 권리를 포기하고, 법적 절차를 존중하며, 왕의 의지가 법에 의해 제한될 수 있음을 서명한 마그나 카르타 혹은 대헌장(Magna Carta 혹은 The Great Charter of Freedoms)이 있었으나 문서 자체에 민주주의적 요소는 없었다. 시민의 기본권을 보장하는 민주주의적인 성격의 권리장전은 1689년 영국에서의 명예혁명으로 채택되었다. 현재 미국의 헌법은 1789년에 채택되었으나 권리장전을 포함하지 않았고, 헌법이 채택된 후 헌법의 수정을 통해 수정 제1조부터 수정 제10조까지 권리장전(The Bill of Rights)을 추가하여 1791년 12월 15일 비준되었다. 영국의 권리장전은 페이퍼 17번, 각주 3) 참고.

거의 시기와 장소를 규제하는 연방의회의 결정적인 권한을 제외하고는 나무랄 데가 없다는 것이다. 큰 주의 헌법 반대자들은 상원에서의 각 주의 동등한 대표 수에 대한 비합리성을 강력히 제기하고 나섰다. 작은 주의 반대자들은 하원에서의 인구비례에 의한 위험스러운 불평등에 대해서 강력히 반대하고 있다. 어떤 측에서는 새로운 정부를 운영하는 사람의 수에 따르는 엄청난 지출에 경악한다. 다른 측에서는, 그리고 때로는 정부의 엄청난 지출에 경악하던 사람들 중 일부도, 연방의회는 (그 구성원의 수가 적어) 이름뿐인 대표에 지나지 않을 것이기 때문에 대표의 수와 그 경비가 두 배로 되면 새 정부에 대한 반대는 훨씬 줄어들 것이라고 외치고 있다. 수입이나 수출을 하지 않는 주의 애국자는 직접세 과세권에 대한 타협하기 어려운 반대를 내세우고 있다. 수출과 수입이 많은 주의 애국적인 반대자들은 세금의 전체적 부담이 소비에 옮겨질지 모른다는 점에서 그에 못지않은 불만을 표출하고 있다. 어떤 정치인은 새 헌법에는 직접적이고 거부할 수 없는 군주제의 경향이 있다고 하고 다른 정치인은 그것은 결국 귀족정치로 끝나게 될 것이라고 확신한다. 또 다른 정치인은 새헌법이 궁극적으로 귀족정치나 군주제 중 어떤 양상을 띠게 될지 말하기는 당혹스럽지만, 둘 중 하나가 될 것이라고 말한다. 반면에 네 번째 견해는 헌법이 군주정과 귀족정 중 어느 한쪽을 향해 치우치는 경향은 전혀 없지만, 어느 한쪽의 경향이 다른 쪽에 맞서 헌법을 똑바로 그리고 굳건하게 유지하기에는 충분하지 않다고 단언한다. 새헌법에 대한 또 다른 반대자들은 입법부, 행정부, 사법부가 통상적인 정부의 모든 개념과 자유를 지키기 위해 필수적인 모든 예방책과 모순되는 방식으로 뒤섞여 있다고 한다. 새헌법에 대한 이런 반대가 모호하고 개괄적인 표현으로 유포되고 있음에도 불구하고 찬성하는 사람들도 적지 않다. 그럼에도 각자 나서서 자신의 개별적인 설명을 한다면 어느 두 사람도 이 문제에 대해 완전하게 일치하지는 않을 것이다. 어떤 사람의 관점에는 관직의 임명이라는 권한을 행정부의 대통령에게만 위임하는 대신에 입법부의 상원이 함께 책임지도록 한 것은 정부 조직의 불합리한 일면이다.15) 한편 다른 사람들에게는, 관직 임명에 있어서 하원은 그들의 많은 수로만 보아도 부패와 편파성에 대한 안전장치가 될 수 있는데도 그런 권한의 행사에서 하원을 배제한 것이 마찬가지로 불합리한 부분이다. 또 다른 사람의 눈에는, 행정부의 최고행정관의 수중에서 언제든 위험한 수단이 될 것임이 틀림없는 관리임명권을 새헌법에서 대통령이라고 명명한 최고행정관이 공유할 수 있도록 한 것은 공화제적 공리를 위반하는 것으로 보인다. 어떤 사람들에 의하면, 탄핵권은 명백히 사법부에 속하는 권한임에도 불구하고, 때에 따라 입법부의 구성원이기도 하고 또 경우에 따라서는 행정부의 구성원이기도 한 상원16)에 의해 탄핵재판이 이루어지는 것만큼 권력의 분리에 있어서 가장 인정하기 힘든 부분이다.17) 다른 사람들은 대답하기를 "우리는 계획의 이러한 부분에 반대하는 데 완전히 동의한다. 그러나 우리는 탄핵권을 입법부가 아닌 사법부에 위임하는 것이 헌법안의 결함을 바로 잡을 수 있다는 데는 절대로 동의할 수 없다. 정부조직에 대한 우리의 가장 중요한 반대는 사법부에 이미 광범위한 권한이 위임되어 있다는 것이다." 심지어는 탄핵 심판권에 있어 상원 대신 국무 평의회를 열성적으로 지지하는 사람들 사이에서도, 그것을 구성하는 방법에 대해 타협할 수 없는 불화가 이미 발견되었다. 어떤 이는, 국무 평의회는 입법부 중 가장 수가 많은 기구에 의해 임명되는 소수로 구성되어야

---

15) 헌법 제2조 2절 2항에 보면, 대통령은 대사, 그 밖의 외교사절 및 영사, 연방대법원 판사 그리고 그 임명에 관하여 이 헌법에 달리 규정이 없으나, 이후에 법률로써 정해지는 그 밖의 모든 합중국 관리를 지명하여 상원의 조언과 동의를 얻어 임명한다라고 명시되어 있다.

16) 대통령의 관리 임명에 있어 권고와 동의하는 상원의 권한은 입법적 권한이 아니라 행정적 권한에 속한다는 주장이다.

17) 하원은 재직기간 내에 저지른 범죄의 혐의에 대해 고급 공무원을 기소하는 탄핵권을 유일하게 가지며(헌법 제1조 2절 5항), 상원은 탄핵을 받은 고급 공무원에 대한 모든 탄핵심판(탄핵재판)의 권한을 유일하게 가진다고 명시되어 있다(헌법 제1조 3절 6항). 탄핵재판에서 유죄판결을 받으면 공직에서 파면되고, 미래의 모든 공직에 대한 자격 상실까지 포함한다. 군인과 연방의회 의원은 탄핵 대상에서 제외된다.

한다고 주장한다. 또 다른 사람은 더 많은 인원을 선호하는데, 그 구성원은 대통령이 임명한다는 것을 기본적인 조건으로 내세우고 있다.

연방헌법의 계획에 반대하는 자들에게 불쾌감을 주지 않기 위해서 다음과 같이 가정해 보기로 하자. 그 반대자들은, 지난 헌법회의에 참가한 대표들은 그들에게 맡겨진 과업에 역부족이었고 헌법회의에서는 좀 더 현명하고 더 뛰어난 방안이 제시되었을 수도 있고 또 그래야만 했다고 생각하는 사람들 중 가장 열성적이고 현명한 사람들이라고 말이다. 더 나아가, 이 나라가 그 반대자들의 능력을 인정하고 헌법회의에 대한 그들의 비우호적인 의견에 동의해, 제안된 헌법안을 수정하고 재구성하기 위한 모든 권한을 그들에게 부여하고 그들로써 두 번째 헌법회의를 구성한다고 가정해 보자. 비록 상상일지라도 두 번째 헌법회의 개최를 진지하게 검토하는 데는 상당한 노력이 필요할 것이다. 만약 그러한 실험이 진지하게 행해질 경우, 그들 모두 첫 번째 헌법회의의 참가자들에 대해 적대감을 가지고 있지만 정작 그들 자신의 논의에서도 불일치와 혼란이 나타나고 있어 어느 한 점에서라도 첫 번째 헌법안의 경우와 큰 폭으로 달라질 수 있을까? 또 현재 시민 앞에 제시된 헌법이 즉시 채택되어, 새롭게 구성될 연방의회에서 더 나을 수도 있는 다른 헌법이 채택될 때까지 효력을 발생하게 된다면, 그 헌법도, 리쿠르고스가 자신이 개정한 스파르타의 헌법에 자신의 생명을 희생함으로써 불어넣어 준 것과 같은 불멸성[18]을 누릴 상당한 가능성이 있지 않을까?

새헌법에 수많은 반대를 제기한 사람들이 그것이 대체할 연합규약의 결함을 떠올리려 하지 않는 것은 놀랍고 유감스러운 일이다. 새헌법은 결코 완벽하지는 않다. 그러나 연합규약이 보다 더 불완전하다는 것은 확실하다. 사람들은 은이나 금에 다른 물질이 조금 섞였다고 해서 황동을 은이나 금과 바꾸는 것을 거절하지 않을 것이다. 새 건물이 그가 생각했던 것과는 다르게 현

---

18) 이 페이퍼, 각주 11) 참고.

관이 없거나, 혹은 방들이 조금 작거나 크고, 천장이 조금 높거나 낮다고 해서, 낡고 허물어져 가는 집을 떠나 튼튼하고 넓고 편리한 새 건물로 가는 데 반대할 사람은 아무도 없을 것이다. 그러나 이러한 설명을 잠시 보류한다고 해도, 새헌법에 대한 대부분의 주요한 반대는 현재의 연합체제에 대한 반대보다 10배나 더 강하다는 것이 명백하지 않은가? 세금을 거두는 무한한 권한이 연방정부의 손에 있는 것은 위험하지 않을까? 현재의 연합의회는 그들이 원하는 액수만큼 징발을 청구할 수 있고 주들은 헌법상 그것을 제공해야 한다. 덧붙여, 연합의회는 상환할 수 있는 한 신용증권[19]을 발행할 수 있고, 1실링이라도 국내외에서 빌릴 수 있는 한 차입할 수 있다. 군대를 모집할 수 있는 무제한의 권한은 위험하지 않을까? 연합도 의회에 그러한 권한을 역시 부여했으며, 연합의회는 이미 그 권한을 사용하기 시작했다. 정부의 여러 권력을 동일 기구, 즉 연방의회에 혼합하는 것은 부적절하고 불안정한가? 여러 사람으로 구성된 단일 기구인 현재의 연합의회는 모든 연합 권력의 유일한 수탁자이다. 국고의 열쇠와 군통수권을 같은 권력에 맡기는 것이 특히 더 위험하지 않을까? 연합은 이 두 가지 모두를 연합의회에 주고 있다. 권리장전은 자유에 필수적인가? 연합은 권리장전을 가지고 있지 않다. 새헌법에서 상원에 행정부와 공동으로 외국과의 조약을 체결하는 권한을 부여하고 있는 것이 새헌법에 대한 반대 이유가 되는가? 현재의 연합의회는 아무런 통제도 없이 그들이 선언한 조약을 체결할 수 있으며 그 조약을 국가의 최고법이라고 선포할 수 있고, 이를 대부분의 주들이 인정하고 있다. 새헌법에 의해 노예의 수입이 20년간 허용되는 것은 부적절한가?[20] 연합규약은 노예 수입을 영구히 허용하고 있다.

---

19) 신용증권(bills of credit)은 정부가 발행하며 국채의 일종이다. 보유자는 발행자인 정부에 대해 채권자가 된다. 페이퍼 44번의 각주 3), 페이퍼 84번의 각주 11) 참고.

20) 새헌법의 초안에서는 제1조 9절 1항에서 노예 수입을 1808년 이전에는 금지하지 못한다로 표기했으나 '노예(slaves)'라는 단어의 사용이 비난을 받자 '사람(persons)'으로 대체되었다. 노예 수입을 금지하는 연방법은 1807년에 제정되어 1808년 1월 1일부터 효력을 발생했다. 결국 헌법이 허용하

누군가는 이렇게 말할 수 있다. 연합에서 이러한 권력의 혼합이 이론상 아무리 위험하다고 해도 실제로 그러한 것을 실행에 옮기는 수단에 있어서는 주에 의존하기 때문에 해가 없다고 할 수 있을 것이며, 권력의 덩어리가 아무리 거대하다 할지라도 그것은 결국 생명력 없는 덩어리에 불과하다는 것이다. 여기에 대해 나는 우선적으로, 연합은 연합정부의 특정한 권력이 절대 필요하다고 선언하면서도 동시에 그러한 것들을 전적으로 쓸모없는 것으로 만든 훨씬 더 어리석은 일에 대해 비난받아 마땅하다고 말하고 싶다. 다음으로 만약에 연합이 지속되어야 하고 그것을 대신할 더 나은 정부가 없다면, 유효한 권한을 현재의 연합의회에 부여하거나 아니면 연합의회가 가져야 할 것이다. 둘 중 어느 것이든 간에 방금 언급한 새헌법과는 계속 비교될 것이다. 그러나 이것이 전부는 아니다. 이러한 생명력 없는 덩어리로부터 이미 비정상적으로 성장한 권력이 생겨나고 있다. 그것은 연합정부의 잘못된 구조로부터 우려되는 모든 위험들을 현실화할 것 같은 추세다. 서부 영토가 합중국의 거대한 부의 보고라는 것은 더 이상 추측이나 희망 사항이 아니다. 비록 그 서부 영토가 합중국을 현재의 고난으로부터 자유롭게 해주거나 앞으로 한동안 공공 비용을 충당할 정상적인 공급원이 될 성질은 아닐지라도, 적절하게 관리되면 국내 부채의 점진적인 청산과 동시에 일정 기간 연합 국고에 상당한 보탬이 될 수 있을 것이다. 이러한 재원의 꽤 큰 부분이 각 주에 의해서 이미 연합에 양도되어 왔다. 그리고 남아 있는 주들도 그들의 공평함과 관대함을 보이는 데 있어서 주저하지 않을 것이라는 기대는 타당하다. 따라서 우리는 합중국의 거주 면적에 해당하는 비옥하고 부유한 지역들이 곧 국가의 소유가 될 것이라고 예상할 수 있다. 연합의회는 이러한 국유지의 관리를 떠맡아 왔다. 그들은 그것을 생산적으로 만들기 시작했으며 더 많은 일에 착수했다. 그들은 새로운 주들이 수립되도록 추진하고, 새로운 주의 임시정부를 수립해 정부

는 가장 이른 날짜에 노예 수입 금지가 발효된 것이다.

를 위한 관료들을 임명하며, 새로운 주들이 연합에 가입하는 것을 허용하는 조건의 규정 작성에 착수했다.[21] 연합의회는 이러한 모든 것들을 최소한의 헌법적 권한의 근거도 없이 수행했지만 어떤 비난도 들리지 않았고, 어떤 경고도 들을 수 없었다. 거대하고 독립적인 세입 자금이 단일기구인 연합의회에 수중에 들어가고 있으며, 연합의회는 무제한의 병력을 모집하고 그 유지를 위해 자금을 무기한 충당할 수 있다. 그러나 여전히 이러한 광경을 방관만 했을 뿐 아니라 그런 계획을 과시하는 체제를 옹호하면서, 동시에 새 연방체제에 대해서는 우리가 이미 들었던 반대를 외치는 사람들이 있다. 현 연합의회의 무능으로 인한 위험으로부터 합중국을 지키는 것만큼이나, 그와 같은 형태로 구성될 의회[22]가 장차 가지게 될 권력과 재원으로부터 합중국을 지키는 것도 필수적이기 때문에 새헌법에 의한 연방정부를 수립하는 것을 강력하게 주장하는 것이 그들로서도 더 일관성 있는 행동이 아니겠는가?

나는 여기서 연합의회에 의해 추진된 방안들을 비난할 생각은 추호도 없다. 나는 의회가 달리 취할 방도가 없었으리라는 것을 알고 있다. 공공의 이익과 상황적 필요성은 그들에게 헌법적 한계를 뛰어넘는 임무를 부과한 것이다. 이러한 사실이야말로, 정부가 그 목적에 상응하는 정상적인 권한을 가지지 못할 때 야기되는 위험을 경고해 주는 것이 아닐까? 연합의 해체냐, 아니면 권력의 불법 사용이냐 하는 것은 이런 정부가 끊임없이 직면하게 되는 끔찍한 딜레마이다.   푸블리어스

---

21) 연합의회는 1787년 7월 13일 북서부 조례(The Northwest Ordinance)를 통과시켰고, 이는 기존의 주의 영토를 확장하는 연합규약의 기본 원칙에서 나아가 새롭게 수립된 연방정부가 서부에 새로운 주들을 수립할 수 있는 기초가 되었다. 사실상 연합의회의 북서부 조례는 연합의회가 만든 가장 중요한 입법 행위의 하나로 평가되고 있다. 그러나 여기에서 매디슨은 연합의회가 새로운 주들이 연합에 가입하는 것을 허용하려는 시도는 헌법적인 권한에 근거하지 않는다는 것을 비난하고 있다. 페이퍼 43번, 각주 8) 참고.

22) 매디슨은 안티-페더럴리스트들의 주장처럼 13개 주가 서너 개의 독립적인 연합으로 나누어질 경우, 그 연합들의 의회를 가정하고 있다.

THE FEDERALIST No. 39

≪인디펜던트 저널≫, 1788년 1월 16일

제임스 매디슨

뉴욕주 시민들에게

바로 앞의 페이퍼에서 우리는 헌법회의가 제시한 새 정부의 구상에 대한 공정한 검토의 서론에 해당되는 관찰을 마쳤으므로, 이제 그 본격적인 검토에 착수하고자 한다.

첫 번째로 제기되는 문제는, 정부의 전반적인 형태와 양상이 엄밀한 의미에서 과연 공화주의적인가라는 것이다. 공화주의적 형태 이외의 어떤 정치형태도 미국 국민의 기질과 미국 혁명의 근본적인 원리와 조화되지 않으며, 정치적 실험은 인류의 자치 능력을 전제로 해야 한다는 자유의 신봉자들의 고귀한 결단과도 역시 조화될 수 없을 것이다. 그러므로 만일 헌법회의의 구상이 공화주의적 성격에서 벗어나는 것으로 밝혀진다면, 그 지지자들은 그것을 더 이상 옹호할 가치가 없는 것으로서 포기해야만 할 것이다.

그렇다면 공화주의 정체의 두드러진 특성은 무엇인가? 이 질문에 대한 답을 구함에 있어 원칙에 의거하지 않고, 정치학자들이 다른 국가의 통치구조를 설명해 왔던 용어에서 찾는다면 만족스러운 답을 얻기란 결코 불가능할 것이다. 국가 최고권력의 어떠한 부분도 국민들로부터 나오지 않는 네덜란드는 거의 일관되게 공화국의 범주에 속하는 것으로 여겨지고 있다. 마찬가지로 베네치아에도 이와 똑같은 공화국이라는 명칭이 부여돼 있지만 소수의 세습적인 귀족집단이 가장 절대적 방식으로 국민의 대다수에게 절대권력을 행사하고 있다. 폴란드는 귀족정과 군주정의 최악의 혼합체이지만 역시 공화국이라는 호칭으로 위엄을 갖추고 있다. 영국 정부 역시 단 하나의 정치기구, 즉 하원만이 공화적인 성격을 가진 것에 불과하고 나머지는 세습 귀족정 및 군주정으로 이루어져 있지만, 마찬가지로 부적절하게 종종 공화국의 반열에 오르곤 한다. 이러한 예들은 모두 진정한 공화국과는 거리가 멀지만 정치적 문헌에서 사용되어 온 용어의 부정확성을 극단적으로 보여준다.

서로 다른 정부 형태는 서로 다른 원칙에 따라 수립된다는 기준에 따른다면, 모든 권력을 직접 혹은 간접적으로 국민의 다수로부터 부여받으며, 권력을 위임받은 사람들이 그들이 원하는 동안, 혹은 제한된 기간 동안, 혹은 적법행위를 하는 동안 통치하는 정부를 공화정이라고 정의하거나 적어도 공화정이라는 명칭을 부여할 수 있을 것이다. 무엇보다 공화정부에 본질적인 것은 정부의 권력이 소수의 특권층이나 일부 소수가 아닌 그 사회의 다수에 기반을 두어야 한다는 것이다. 그렇지 않다면 몇 안 되는 전제 귀족들이 그들의 권력을 다른 사람에게 위임해 폭정을 행하면서도 자신들은 공화주의자의 반열에 오르기를 바라며, 그들의 압제적인 정부를 공화국이라고 주장할 수도 있을 것이다. 공화정부는 그것을 통치하는 사람들이 직접 혹은 간접으로 국민에 의해 임명되며 정해진 임기 동안 앞에서 서술한 세 가지 중 어느 하나의 조건에 의해 그 직책을 유지하는 것으로 충분하다. 그렇지 않으면 그 조직과 집행이 잘 이루어지고 있는 다른 모든 민주정체뿐만 아니라 합중국 내의 모든 정부가 지닌 공화적 성격이 그 빛을 잃게 될 것이다. 기존 연합의 모든 주의 헌법에 따르면, 일부 정부 관리들은 시민들에 의해 간접적으로 임명되고 있다. 대부분 주에서 행정부의 수반인 최고행정관이 그런 방식으로 임명된다. 어느 한 주의 경우에서는 입법부의 한 원도 이러한 간접적인 방식으로 임명되고 있다. 모든 주들이 헌법에 의하여 최고위직의 임기를 일정 기간으로 한정하고 있으며, 많은 경우 입법부나 행정부의 공직자의 임기도 일정한 기간으로 한정되어 있다. 또한 대부분 헌법의 규정에 의하면 사법부의 구성원들은 적법행위를 하는 동안 종신직을 유지할 수 있다.

헌법회의가 구상한 헌법을 위에서 언급한 공화정의 기준에 비교해 보면, 우리는 그것이 가장 엄격한 의미에서 그 기준에 부합한다는 것을 즉각 알 수 있다. 하원은 모든 주 의회의 최소한 한 원처럼 국민에 의해 직접 선출되며, 상원은 현재의 연합의회와 메릴랜드주의 상원과 마찬가지로 국민으로부터 간접적인 방식으로 임명된다. 대통령 또한 대부분의 주의 사례처럼 간접적으로 선출된다. 새헌법에 의하면 심지어 판사들도 연방의 다른 모든 관리들과 같이, 매우 간접적인 방법이긴 하지만, 여러 주의 경우와 마찬가지로 국민의 선택의 대상이 될 것이다.[1] 관리들의 임기 또한 공화적 기준과 주 헌법들의 사례에도 부합한다. 하원은 현재 모든 주에서 그러하듯 정기적으로 선출되며 사우스캐롤라이나주와 같이 2년의 임기를 갖는다. 상원은 6년의 임기로 선출되는데, 메릴랜드주 상원의 임기보다는 1년이, 뉴욕주와 버지니아주 상원들의 임기보다는 2년이 긴 것이다. 대통령의 임기는 4년이며, 뉴욕주와 델라웨어주의 최고행정관(주지사)의 임기는 3년, 사우스캐롤라이나주에서는 2년의 임기를 갖는다. 다른 주들은 매년 최고행정관을 선출한다. 그러나 일부 주의 헌법에는 최고행정관의 탄핵에 대한 헌법 규정이 없다. 델라웨어주와 버지니아주에서는 최고행정관은 퇴임할 때까지 탄핵의 대상이 되지 않는다. 그러나 합중국의 대통령은 그의 임기 중 어느 때라도 탄핵될 수 있다. 판사들의 임기는 당연히 그래야 하듯이 적법행위 중에는 제한이 없다. 장관직의 임기는 일반적으로 상황에 따라 조정되고, 또한 각 주의 헌법의 사례에 부합하도록 법률에 의해 규정될 것이다.

새헌법에서 제안된 체제의 공화주의적 성격을 증명하기 위한 추가적인 증거가 필요하다고 한다면, 가장 결정적인 것은 연방정부와 주 정부들이 모두 귀족 칭호를 수여하는 것을 절대적으로 금지하고 있다는 것과,[2] 각 주 정부에

---

[1] 연방정부에서 판사들이 매우 간접적으로 국민의 선택의 대상이라는 것에 대해 해밀턴은 구체적인 설명을 하지 않고 있다. 하지만 국민이 간접적으로 선출한 대통령에 의해 연방판사가 임명된다는 의미로 해석하면 어느 정도 설명이 가능하다고도 할 수 있다.

대해 공화정체를 명시적으로 보장하고 있다는 것을 들 수 있을 것이다.[3]

제안된 헌법을 반대하는 사람들은 "헌법회의가 공화정체를 고수하는 것만으로는 그 역할을 충분히 했다고는 볼 수 없다. 헌법회의는 공화정체를 고수하는 것과 같은 정도의 노력을 기울여, 합중국을 주권적 주들의 연합체로 간주하는 연합의 형태로 유지했어야 했는데, 그 대신 합중국을 주들의 통합체로 간주하는 단일국가의 형태로 구성해 버렸다"고 말한다. 그리고 "헌법회의는 도대체 무슨 권한으로 이 대담무쌍하고 급진적인 혁신을 감행했는가?"라고 묻고 있다. 이러한 반론의 논거가 무엇인지 우리는 정확하게 검토할 필요가 있다.

이 반론이 그 논거로 삼고 있는 정체를 정확하게 구별하는 것은 일단 미루고, 이 반론이 진정으로 설득력이 있는지를 공정하게 평가하기 위해서는 첫째, 헌법회의가 제안한 정부의 진정한 성격이 무엇인지를 확인해야 하고; 둘째, 헌법회의가 그런 정체를 제안할 권한을 어느 정도까지 부여받았는지를 검토해야 하며; 셋째, 헌법회의에 참가한 각 주 대표들이 통상적인 권한의 결여로 인해 이룰 수 없는 것을, 국가에 대해 가지는 그들의 의무감으로 얼마나 충족시킬 수 있었는지에 대해 알아볼 필요가 있다.

우선 정부의 진정한 성격을 다음과 같은 측면에서 확인해 볼 필요가 있다: 정부 수립의 기반, 정부의 통상적 권한의 근원, 그러한 권한의 운영과 범위, 그리고 장차 그 정부를 개편할 수 있는 권한이다.

첫 번째 문제인 정부 수립의 기반을 살펴볼 때, 헌법은 한편으로는 헌법 비준이라는 특별한 목적을 위해 선출된 대표들을 통한 합중국 국민의 동의와 비준에 근거하여야 하지만, 다른 한편으로는 이 동의와 비준이 하나의 전체적인 국가를 구성하는 개인으로서가 아닌, 그들 각각이 속한 개별적이고 독립적

---

2) 헌법 제1조 9절 8항.

3) 헌법 제4조 4절.

인 주들을 구성하는 개인들에 의해 이루어져야 할 것으로 보인다. 그것은 국민들 자신의 권위에 기초하는 각 주의 최고 권위로부터의 동의와 비준이어야 한다. 그러므로 헌법을 수립하는 행위는 단일국가적인 성격이 아니라 연합적인[4] 성격이 될 것이다.

반대자들이 이해하는 의미에 따르면, 헌법의 수립은 한 국가를 구성하는 국민으로서의 행위가 아니라 독립적인 주들을 구성하는 국민으로서의 행위이기 때문에 연합적 행위가 될 것이라고 한다. 그 이유는 헌법의 수립에 대한 결정은 국민의 다수에 의해서도 그리고 주들의 다수에 의해서도 이루어져서는 안 된다는 단 하나의 사실만으로도 명백하며, 새헌법에 대한 동의와 비준은 연합의 일원인 모든 주들의 만장일치에 근거해야만 한다고 주장한다.[5] 하지만 이러한 반대자들의 주장에 따르자면, 주들의 동의와 비준이 입법부의 권한에 의해서가 아니라 각 주의 시민 자신의 권한에 의해 표명된다는 점을 제외하면 현재의 연합규약 아래의 다른 일상적인 동의 방식과 아무런 다른 점은 없다. 만약 사람들이 이 헌법 제정 행위를 가리켜 하나의 국가를 형성하는 것이라고 간주한다면, 개별 주에서 다수가 소수를 구속하는 것과 마찬가지로 합중국 전체 국민의 다수 의사가 소수를 구속하게 될 것이다. 그리고 다수의 의사는 개개인의 표를 계산함으로써 결정되거나, 혹은 다수 주의 의사가 합중국 국민의 다수 의사를 표명하는 것으로 결정되어야 한다. 그러나 이제까지 헌법안에서는 이러한 규칙들 중 어느 것도 채택되지 않았으며, 헌법을 비준함에 있어 각 주는 다른 모든 것들로부터 독립적이며, 그 자신의 자발적 행위에 의해서만 구속받는 독립적인 주권체로 간주된다. 만일 새헌법이 수립된다면 바로 이런 점에서 볼 때 그것은 단일국가적인 헌법이 아닌 연합적인 성격을 지

---

4) 원문에서는 'federal'이라고 표기되어 있지만, 여기서 'federal'의 의미는 'confederal', 즉 연합적이라는 의미로 쓰였다.

5) 연합정부의 단점인 이러한 만장일치에 의한 의결 방식 대신 13개주의 3분의 2, 즉 최소 9개 주의 비준을 얻으면 새헌법이 채택되도록 새헌법의 제7조에 명시했다.

닌 헌법이 될 것이다.

두 번째로 관련이 되는 것은 정부의 통상적 권한이 유래되는 근원이다. 연방하원의 권한은 미국 국민들로부터 나오게 될 것이며, 국민들은 각 주의 입법부에서 그들이 대표되는 것과 동일한 비율과 동일한 원칙에 따라 연방하원에서 대표될 것이다. 이 점에서 정부는 연합적인 성격이 아니라 단일국가적인 성격을 띠게 된다. 한편 연방상원은, 현재의 연합의회와 마찬가지로, 정치적 그리고 사회적으로 동등하고 평등한 공동체인 각 주를 대표하게 될 것이다. 이 점에서 새 정부는 단일국가적인 아닌 연합적이다. 행정권은 매우 복합적인 근원으로부터 유래될 것이다. 예를 들면 대통령을 최종 선출하는 것은 정치 단위로서의 각 주이다. 대통령 선출에 있어서 각 주에 할당되는 선거인의 수는, 각 주를 한편으로는 독립적이고 동등한 개별적 정치단체로 간주하는 것과, 다른 한편으로는 각 주를 동일한 사회 내에 있지만 동등하지 않은 구성원으로 간주하는 복잡한 비율에 따른다.6) 만일의 경우, 즉 어느 대통령 후보도 선거인단 투표의 과반수를 얻지 못한 경우에는 최종 선거는 다시 단일국가적인 대표들로 구성된 입법기관인 하원에 의해 행해질 것이다. 그러나 이 특별한 행위에 있어 하원의원은 다수의 독립적이고 동등한 정치체제인 주를 대표하는 성격을 갖게 될 것이다.7) 정부의 이런 측면을 보면 단일국가적인 특징만큼이나 많은 연합적인 특징을 갖는 혼합적인 성격이 될 것으로 보인다.8)

---

6) 새헌법에서 대통령은 선거인단에 의해 선출된다. 선거인단의 구성은 각 주를 대표하는 선거인들로 구성되며, 각 주의 선거인 수는 그 주의 하원과 상원의원을 합한 수만큼 배분된다(헌법 제2조 1절 2항). 따라서 모든 주가 두 명의 상원의원을 가지기 때문에 선거인단 수의 배분에 있어서 각 주는 독립적이고 동등한 구성원인 반면, 하원 의석수는 인구에 비례하기 때문에 주에 따라 크고 작은 차이가 나게 되어 각 주는 동등하지 않은 구성원으로 간주된다고 매디슨은 설명하고 있다.

7) 선거인단 투표에서 어느 대통령 후보도 과반수를 획득하지 못하는 경우 하원에서 대통령이 선출된다(헌법 제2조 1절 3항). 이 경우 각 주는 인구에 관계없이 각 1표씩을 배분받기 때문에 하원의원은 주를 대표하게 되고, 선거는 주 단위로 행해지게 되는 것이다. 이 경우, 하원의 투표에서 전체주의 과반수의 찬성을 얻는 후보가 대통령으로 선출된다.

정부의 운영과 관련하여 연합국가와 단일국가의 차이는 다음과 같은 점에 있다고 생각한다. 연합국가의 권한은 연합을 구성하는 정치단체, 즉 각 주에 행사되지만, 단일국가에서는 국가를 구성하는 개별 시민에 대해 그 권한이 행사된다. 이런 기준으로 헌법을 살펴보면 완전히는 아니지만, 그것이 연합적인 성격이 아니라 단일국가적인 성격을 지니고 있음을 알 수 있다. 몇몇 경우에, 특히 주들이 분쟁의 당사자가 되는 재판의 경우에는 주들은 집합적이고 정치적인 단위로 간주되어 소송의 대상이 된다. 이런 점에서 정부는 약간의 연합적 특성을 띠고 있기 때문에 단일국가적인 면모가 손상되는 것처럼 보일 수 있다. 그러나 아마도 이러한 결점은 모든 정부를 구상할 때 피할 수 없는 점일 것이다. 정부가 그 통상적이고 기본적인 행위에 있어 국민 개개인에 대해 직접 권한을 행사하는 것은 전반적으로 보면 이 새 정치체제가 단일국가적인 정부임을 보여주는 것이라 할 수 있다.[9]

세 번째로, 정부가 그 권한의 행사라는 점에서 단일국가적인 성격을 갖는다 해도 우리가 그 권력의 범위에 관련해 생각할 때는 다시 그 양상은 바뀌게 된다. 단일국가의 개념에는 국민 개인에 대한 직접적인 권한뿐 아니라 합법적인 통치의 대상이 되는 모든 개인들과 사물들에 대한 무제한의 최고권력을 포함한다. 하나의 국가로 결속된 국민들 사이에서 이 최고성은 중앙정부의

---

8) 헌법회의에 참가해 새헌법을 제정한 각 주의 대표들은 새헌법에 의해 새롭게 구성될 정체의 성격이 단일국가적인(national 혹은 unitary) 면과 연합적인(confederal) 면이 혼합되어 있다는 것을 분명히 인지하고 있었음에도 불구하고, 이렇게 혼합적인 정치체제는 유래가 없었기 때문에 거기에 대한 명칭이나 개념을 부여하지는 못했다. 1800년대에 들어서야 이러한 특징적인 정치체제를 연방주의(federalism)라는 새로운 용어로 부르기 시작했고, 그 전의 어떤 기록이나 문헌에서도 연방주의라는 용어를 찾아볼 수 없는 이유가 바로 이 때문이다. 이 페이퍼 39번은 새헌법에 의해 수립될 정부의 혼합적인 특징을 잘 설명해 주고 있으며 비록 연방주의라는 개념을 완성하지는 못했지만, 새헌법에 의해 수립될 정부의 매우 독창적인 성격과 특징을 요약하고 있는 매우 중요한 페이퍼로 평가받고 있다.
9) 매디슨은 여기서 연방체제의 주요 특징, 즉 연방정부의 권한이 개개인에게까지 미치는 것은 단일국가에서의 정부의 권한이 미치는 범위와 매우 유사하다고 설명하고 있다. 페이퍼 16번과 38번 참고.

입법부에 전적으로 부여된다. 특별한 목적을 위해 결합한 자치체들 사이에서 최고권력은, 부분적으로는 중앙정부의 입법부에 그리고 부분적으로는 지방 정부의 입법부에 부여된다. 전자의 경우, 즉 단일국가의 경우에는 모든 지방의 권위체들은 최고 권위체에 종속되어 임의로 통제되고 지시를 받으며 심지 어는 최고 권위에 의해 폐지될 수도 있다. 후자의 경우인 연방의 경우에는 지 방의 권위체들은 부분적으로 독립된 최고권을 보유하게 되고, 중앙의 권위체 가 그 고유의 영역 내에서 지방의 권위체에 종속되지 않듯이, 지방의 권위체 도 그들의 영역 내에서는 중앙의 권위체에 종속되지 않는다. 이런 의미에서 헌법회의가 제안한 정부 형태, 즉 연방은 단일국가적인 것으로 간주될 수 없 다. 왜냐하면 그 권한의 관할권은 헌법에 열거된 특정한 대상에만 미치며, 나 머지 다른 모든 대상들에 대한 불가침적인 주권은 각 주들에 남겨 두기 때문 이다.[10] 두 관할권의 경계에 관한 분쟁에 있어 궁극적으로 그 경계를 최종적 으로 결정할 법원[11]이 중앙정부하에 설립될 것은 사실이다. 그러나 이것이 원칙을 바꿀 수는 없다. 그 결정은 헌법의 규정에 따라 공정히 이루어져야 하 므로 공정성을 확보하기 위해서 일반적이고도 가장 효과적인 예방책들이 취 해질 것이다. 그런 법정은 무력에 호소하는 분쟁이나 협약의 파기를 막는 데 의심할 여지없이 필수적이다. 하지만 그러한 법정이 지방정부 아래가 아니라 중앙정부 아래 세워져야 한다는 것, 아니 보다 정확히 말하면 중앙정부 아래 에서만 안전하게 설립될 수 있을 것이라는 데는 논쟁의 여지가 없다.

　　마지막으로 헌법을 수정하는 권한과 관련하여 살펴보면, 우리는 헌법이 완전히 단일국가적이지도 완전히 연합적이지도 않다는 것을 알 수 있다. 그

---

10) 연방정부의 권한의 범위에 대해서는 헌법 수정 제10조에서, "이 헌법에 의하여 합중국에 위임되지 아니하였거나 각 주에 금지되지 아니한 권한은 각 주나 국민이 보유한다"라고 명시하고 있다. 일 반적으로 헌법에서 주 정부가 가지는 권한은 '유보된 또는 잔여 권한'이라고 불린다. 헌법 수정 제 10조는 권리장전의 일부이며 1791년 12월 15일 비준되었다.

11) 원문에서는 'the tribunal'이며 새헌법에 의해 구성될 연방대법원을 가리킨다.

것이 완전히 단일국가적이라면 최고의 궁극적인 권력은 합중국 국민의 다수에게 존재하며, 이 권력은 모든 국가의 다수가 그러하듯이 어느 때라도 기존 정부를 변경하거나 폐지할 수 있을 것이다. 반대로 그것이 완전히 연합적이라면 모든 주에 대해 구속력을 갖게 될 어떠한 변경을 위해서도 합중국 각 주의 동의가 필수적일 것이다. 헌법회의의 구상에서 제안하고 있는 형식은 이런 원칙들 중 어느 것에도 근거하고 있지 않다. 헌법의 수정을 위해서는 전체 주의 과반수 이상의 동의(4분의 3 이상의 동의)를 필요로 하고, 특히 국민이 아니라 전체 주들 중 동의하는 주들의 비율을 계산하는 경우, 헌법은 단일국가인 성격으로부터 연합적인 성격 쪽으로 기울게 된다. 그러나 전체 주들이 만장일치로 동의하지 않아도 헌법을 수정할 수 있다는 점에서는 그것은 다시 연합적인 성격을 잃고 단일국가적인 성격을 띠게 된다.[12]

그러므로 제안된 헌법은 엄격한 의미에서 단일국가적인 헌법도 연합적인 헌법도 아니며 그 둘이 혼합된 것이라고 할 수 있다. 그 기초에 있어서는 헌법은 연합적이며 단일국가적이지 않다. 정부의 통상적인 권한의 근원을 살펴보면 그 일부는 연합적이며 일부는 단일국가적이다. 이러한 권한의 행사라는 점에서 보면 헌법은 연합적이지 않고 단일국가적이다. 다시 그 권한들의 범위를 살펴보면 헌법은 단일국가적이지 않고 연합적이다. 그리고 마지막으로 헌법을 수정하는 데 있어 주들의 권한 행사 방식을 보면, 헌법은 완전히 연합적이지도 완전히 단일국가적이지도 않다.

푸블리어스

---

12) 헌법 수정에 대한 발의에는 두 가지 방법이 있다. 하나는 연방의회 상원과 하원의원의 재적의원 3분의 2 이상의 투표에 의해 발의할 수 있고, 다른 하나는 전체 주들 중 3분의 2 이상의 주 의회의 요청이 있을 때 수정 발의를 위한 헌법회의를 소집해 발의할 수 있다. 발의된 수정안에 대한 비준은 전체 주들 중 4분의 3 이상의 주 의회에 의하여 비준되거나, 또는 전체 주들 중 4분의 3 이상의 주에서 각각 소집한 헌법회의에 의하여 비준되어 효력을 발생한다.

THE FEDERALIST　　No. 40

≪뉴욕 패킷≫, 1788년 1월 18일　　　　　　　　　　　제임스 매디슨

뉴욕주 시민들에게

두 번째로 검토할 사항은 헌법회의가 앞의 페이퍼에서 언급한 단일국가적인 성격과 연합적 성격이 혼합된 헌법을 입안하고 제안할 권한을 부여받았는가 하는 것이다.

　엄격한 의미에서의 헌법회의의 권한은, 각 주 의회[1]가 그들의 대표들에게 어떤 임무를 부여했는지를 조사해 보면 밝힐 수 있다. 그러나 그 임무는 모두 1786년 9월 아나폴리스 회의[2]나 1787년 2월 연합의회에서 채택된 결의와 관련되기 때문에 이러한 결의들을 다시 검토해 보는 것으로 충분할 것이다.

---

[1]　원문에서는, 각 주에서 헌법회의에 참가할 대표들을 선출한 사람들(their respective constituents) 이 그들에게 부여한 임무라고 표현하고 있다. 각 주에서 그들을 선출한 사람들은 주 의회이다.

[2]　아나폴리스 회의(Annapolis Convention 1786년 9월 11일~14일)는 메릴랜드주 아나폴리스에서 인근 5개 주(뉴저지, 뉴욕, 펜실베이니아, 델라웨어, 버지니아)에서 온 12명의 대표들이 개최하여 만장일치로 헌법회의 소집을 요청한 회의이다. 뉴햄프셔, 매사추세츠, 로드아일랜드, 노스캐롤라이나주는 이 회의에 참석할 대표를 임명했으나 회의 기간 내에 도착하지 못했고, 코네티컷, 메릴랜드, 사우스캐롤라이나, 조지아주는 회의에 대해 아무런 행동도 취하지 않았다. 아나폴리스 회의는 시작부터 성원 미달이었고 또한 실패할 가능성이 매우 높았으나 연합규약의 많은 결함에 오랫동안 불만이었던 뉴욕주의 대표인 알렉산더 해밀턴과 버지니아주의 대표인 제임스 매디슨이 이 회의에서 주도적인 역할을 했고, 그들이 가진 모든 정치적 수단을 동원해 결의안을 도출하는 데 가까스로 성공하게 된다. 그 결의안의 내용은 연합규약의 결함을 수정하기 위한 회의를 소집하도록 연합의회에 청원하는 것이었고 그것은 만장일치로 채택되어 결국 1787년 필라델피아 헌법회의가 열리게 되었다. 그러나 헌법회의에 참가한 대표들은 연합규약을 수정하는 대신 완전히 새로운 헌법을 제정하게 된다.

아나폴리스의 결의는, "연합의 상황을 고려해 그 헌법을 긴박한 요구에 부합되도록 만드는 데 필요하다고 생각되는 추가적 규정을 입안할 위원들을 임명한다. 그리고 그 목적을 위한 결의안을 개회 중인 연합의회에 보고해 동의를 받은 다음, 그 후 각 주 입법부에서 비준되면 헌법의 추가 규정으로서 효력을 갖도록 할 것"을 권고했다.

연합의회의 권고적 결의는 다음과 같이 기술하고 있다. "연합규약에는 연합의회와 각 주 입법부의 동의를 거쳐 수정할 수 있다는 규정이 있다. 또한 현재의 연합에는 결함이 있음이 이미 경험에 의해 입증되었고, 이에 대한 개선책으로서 여러 주, 특히 뉴욕주는 그들의 연합의회 대표들에게 분명한 지시를 통해 아래의 결의안에 명시된 목적으로 헌법회의를 소집할 것을 제안했다. 그렇게 제안된 회의는 합중국에 확고한 중앙정부를 설립하는 데 가장 확실한 수단으로 보인다."[3]

"연합의회의 의견으로는, 연합규약을 수정하여 그 변경 및 추가 규정을 연합의회와 각 주의 의회에 보고하고, 연합의회가 동의하고 각 주가 승인한다면 통치상의 절박한 상황과 합중국의 보존에 적합하게 연합규약을 바꿀 수 있는 그런 유일하고 명백한 목적으로 각 주에서 임명된 대표자들의 회의를 오는 5월 둘째 월요일에 필라델피아에서 개최하는 것이 적절하다고 결의함."[4]

위의 두 결의로부터 다음 사항을 알 수 있다. 첫째, 헌법회의의 목적은 연합에 확고한 중앙정부를 수립하는 것이며,[5] 두 번째로는 이런 정부는 통치상의 위급상황과 연합의 보존에 적합한 것이어야 한다는 것, 세 번째로는 이러한 목적들이 의회의 결의에서 볼 수 있듯이 연합규약의 수정과 규정에 의하거나, 혹은 아나폴리스 결의에서처럼 필요하다고 인정되는 여러 추가적 규정을

---

3) 이 권고적 결의는 1787년 2월 21일 개최된 연합의회 회의록에 포함되어 있다.

4) 이 결의안 역시 1787년 2월 21일 개최된 연합의회에서 채택되었다.

5) 연합에 중앙정부를 수립하려고 했던 헌법회의의 목적은 결국 연합규약을 수정하는 대신 완전히 새로운 헌법을 쓰게 됨으로써 연방체제를 기반으로 하는 중앙정부를 세우게 되었다.

통해 실행될 수 있다는 것, 그리고 네 번째로, 수정과 규정의 추가는 연합의회의 동의와 주들의 승인을 위해 각각에 보고되어야 한다는 것이다.

헌법회의의 권한은 이러한 여러 방식의 표현을 비교하고 공정하게 해석함으로써 추정할 수 있는데, 그것은 바로 통치상의 위급상황 그리고 연합에 적합한 중앙정부를 수립하고 이 목적을 달성하는 데 필요한 형태로 연합규약을 바꾸는 것이었다.

해석에는 두 가지 원칙이 있는데, 그것들은 법률적 공리에 부합할 뿐 아니라 명료한 논리에 근거한다. 첫 번째 원칙은, 표현의 각 부분이 가능한 한 어떤 의미를 가지고 어떠한 공통의 목적을 위해 서로 작용하여야 한다는 것이며, 두 번째는, 많은 규정들이 조화를 이룰 수 없는 경우에는 더 중요한 부분이 그렇지 않은 부분에 우선한다는 것, 즉 목적이 수단에 희생되기보다는 수단이 목적에 희생되어야 한다는 것이다.

그렇다면 헌법회의의 권한을 정의하는 표현들이 양립할 수 없을 정도로 서로 일치하지 않는다고 가정해 보자. 즉, 효율적인 중앙정부가 실현될 가능성이 없다고 헌법회의가 판단한다면, 헌법회의의 권한에 대한 정의 중 어떤 부분이 유지되고 또 어떤 부분이 버려져야 할 것인가? 또 어떤 부분이 더 중요하고 어떤 부분이 덜 중요한가? 어떤 것이 목적이고 어떤 것이 수단인가? 헌법회의가 위임받은 권한에 대해 가장 신중한 해석을 내리는 자와 헌법안에 대해 가장 완강한 반대자의 관점에서 이 질문들에 대답해 보자. 연합규약을 무시하고 적합한 정부를 제시해 합중국을 보존하는 것과 적합한 정부를 배제하고 연합규약을 보존하는 것 중 어느 것이 미국 국민의 행복에 가장 중요한지 그들에게 밝히도록 하자. 이 연합규약의 보존이 목적이고 그 보존을 위한 수단으로써 정부의 개혁이 이루어져야 하는지, 혹은 국민의 행복에 적합한 정부 수립이 목적이고 연합규약도 이 목적을 추구했었지만 이제 그것은 불충분한 수단이므로 희생되어야 할 것인지 그들로 하여금 규명하도록 해보자.

그러나 이 표현들이 절대적으로 서로 모순되며 연합규약의 수정이나 규정의 추가에도 불구하고 적합한 중앙정부, 즉 헌법회의에서 제안한 것과 같은 정부를 만들 수 없다고 가정할 필요가 있는가?

이 경우 명칭에는 아무런 중요성이 없다고 생각되며, 명칭을 변경한다고 해도 그것이 승인되지 않은 권한의 행사라고 간주할 수는 결코 없을 것이고, 연합규약의 내용을 수정하는 것은 명확히 허용되어 있다. 또한 추가 규정을 삽입할 권한도 부여되어 있다. 그렇다면 그 명칭을 변경하고, 추가 조항을 삽입하고, 원래의 조항을 수정할 권한이 있는 것이다. 원래 조항의 일부가 남아 있는데도 불구하고 이 권한을 위반했다고 보는 것이 옳은가? 이것이 여전히 권한의 위반이라고 고집하는 자들은 적어도 주어진 권한 내의 혁신과 권력남용적 혁신 사이의 경계, 그리고 연합규약의 수정과 규정의 추가라는 범위를 벗어나지 않는 정도의 변화와, 정부체제를 변형시키는 정도의 변화 사이의 경계를 분명히 할 필요가 있다. 연합규약의 수정은 가능하지만 연합의 본질을 건드리지 않았어야 했다고 말할 것인가? 만일 어떠한 실질적 개혁이 고려되지 않는 경우였다면 각 주는 결코 헌법회의의 대표를 그렇게 진지하게 임명하지도 않았을 것이고, 또한 헌법회의의 목적을 그 정도로 광범위하게 인정하지도 않았을 것이다. 연합의 근본 원칙들은 헌법회의의 권한을 벗어난 것이기에 변경되어서는 안 된다고 말할 것인가? 그렇다면 그런 원칙들은 도대체 무엇인가? 이들 원칙은 헌법 제정에 있어서 각 주가 서로 별개의 독립적인 주권을 갖는 것으로 간주되어야 한다는 것을 요구하는가? 제안된 헌법에서는 그렇게 간주하고 있다. 연방정부 입법부의 대표들은 각 주의 주민들이 아니라 각 주의 입법부에 의해서 임명되어야 한다는 것인가? 새로운 정부의 한 부문인 상원은 주들의 입법부에 의해서 임명될 것이다.[6] 그리고 현재 연합회의의 주 대표는 각 주의 주민들이 직접 임명할 수 있도록 되어 있지만 실제로는 2

---

6) 원문에서는 임명을 의미하는 'appoint'라고 표현하고 있으나 실제로 연방 상원의원은 주 의회에서 지명되어 선출된 다음 임명된다.

개 주[7])만이 그렇게 하고 있다. 연방정부의 권한은 국민 개개인에 대해 직접 행사되는 것이 아니라 각 주에 대하여 행사되어야 하는가? 몇몇 경우에 있어 새로운 정부의 권한은 집합적 특성을 가진 각 주에 대하여 행사될 것이다. 또한 몇몇 경우에 있어서 기존 연합정부의 권한도 국민 개개인에게 직접 행사되고 있다. 예를 들면, 지상 및 해상에서의 포획, 해적행위, 우편, 주화의 귀금속의 함량 규제, 도량형의 기준 설정, 인디언과의 교역, 다른 주들에서 교부받은 토지에 관한 분쟁, 그리고 무엇보다 배심원단이나 민사재판관의 중재 없이 사형에 처할 수 있는 육군 및 해군 군법회의의 재판과 같은 모든 경우들에 있어서 현 연합의 권한은 시민 개개인의 신체와 이해관계에 대해 직접 행사된다. 이러한 기본 원칙들은 특히, 주라는 중간 대행자를 거치지 않으면 어떤 과세도 할 수 없다고 요구하고 있는가? 기존의 연합 자체는 어느 정도까지는 우편국에 대하여 직접 과세하는 권한을 부여하고 있다. 화폐 주조도 그 원천은 직접세를 부과할 수 있는 권한에서 비롯되는 것으로 연합의회는 해석해 왔다. 그러나 이러한 경우들을 묻지 않고 덮어둔다고 하더라도, 무역에 대한 규제를 중앙정부에 맡겨 일반세입의 직접적인 원천으로 만드는 것이 모두가 인정한 헌법회의의 목적이며 국민의 보편적 기대가 아니겠는가? 연합의회도 이러한 조치가 현 연합의 기본 원칙과 모순되지 않는다고 되풀이하여 권고해 오지 않았는가? 지금까지 한 개의 주[8])를 제외한 모든 주들이, 특히 뉴욕주조차도 의회의 계획에 동조하고 혁신의 원칙을 인정하지 않았는가? 마지막으로, 이러한 근본 원칙이라는 것은 명백히 연방정부의 권한에는 범위가 설정되어야 하

7) 코네티컷주와 로드아일랜드주.

8) 로드아일랜드주를 말한다. 연합의회는 영국과의 전쟁에서 비롯된 부채 상환을 해결하고자 재력가인 로버트 모리스(Robert Morris)를 재무장관에 해당하는 연합 재정의 관리관으로 임명했다(연합 체제에는 행정부가 없었다). 그는 1781년 수입품에 대한 5%의 과세권을 연합의회에 부여하는 제안을 했다. 그러나 연합규약하에서는 과세에 대한 규정을 제정하는 데 있어 13개 주의 만장일치를 원칙으로 했기 때문에, 13개 주 중 12개 주의 동의에도 불구하고 로드아일랜드주의 거부로 이 제안은 무산되었다.

며, 그 범위 밖에서는 각 주의 주권과 독립성이 계속 유지되어야 한다는 것을 요구하는가? 우리는 현재의 연합체제와 마찬가지로 연방정부에서도 보편적 권한은 제한될 것이며, 또한 각 주는 연방정부의 권한이라고 열거되지 않은 모든 경우에 그들의 주권과 독립적 관할권을 그대로 유지할 수 있음을 알고 있다.

사실 헌법회의가 제안한 헌법의 주된 원칙들은 연합규약에서 볼 수 있는 원칙들이 확장된 것일 뿐 그 이상의 새로운 것은 아니다. 연합규약의 원칙들은 너무 약하고 제한된 성격이어서 비효율적이라는 비판을 피할 수 없었다. 따라서 새로운 헌법이 지금의 이러한 형태를 전면적으로 바꾸기 위해서는 그 원칙의 확장이 필요하다고 할 수 있다.

한 가지 사항에 있어서, 헌법회의는 그들 임무의 본래의 취지에서 벗어났다는 것은 인정할 수 있다. 모든 주의 입법부의 승인을 필요로 하는 계획 대신 그들은 국민에 의해 승인되고 9개 주의 비준으로만 효력을 발생할 수 있는 계획을 보고했던 것이다.[9] 특기할 만한 점은 헌법회의에 반대하는 수많은 출판물에서 이에 대한 반대는 거의 보이지 않는다는 것이다. 이러한 반대의 자제는 12개 주의 운명이 13번째 주의 부당함과 부패에 의해 좌우될 수 있다는 부당함에 대한 확신에서만 나올 수 있다. 전체 인구의 60분의 59에 해당하는 12개 주에서 승인하고 요구한 정책을 전체 인구의 60분의 1에 지나지 않는 주[10]의 다수파가 반대함으로써 무산된 예는 국가의 명예와 번영이 손상되었다고 느끼는 모든 국민들의 기억에 여전히 생생하다. 헌법회의의 권한을 비판해 온 사람들도 어떤 면에서 이 점에 대한 반대를 자제하고 있는 이상, 나 또한

---

9) 연합규약 13조에 따르면 연합규약은 13개 주 의회의 만장일치 동의에 의해서만 수정될 수 있었다. 이에 비해 헌법회의는 제안된 헌법을 각 주의 시민들에 의해 특별히 선출된 비준회의에서 그 비준 여부를 결정하도록 요구했다. 또한 헌법회의는 당시 13개 주의 만장일치가 아닌 그들의 3분의 2인 9개 주의 비준만으로도 새헌법이 채택될 수 있도록 했다.

10) 로드아일랜드주. 이 페이퍼, 각주 8) 참고.

그것을 더 이상 고려하지는 않겠다. 세 번째로 검토하여야 할 사항은, 공인된 권한만으로는 부족한 점들을 헌법회의는 그런 상황 자체에서 발생하는 의무감으로 얼마나 보완할 수 있느냐 하는 문제이다.

앞의 탐구에서는, 마치 헌법회의가 합중국 헌법을 수립하는 실질적이고 최종적인 권한을 가졌다고 가정하고 엄격하게, 또 그런 원칙에 따라, 그 권한을 분석하고 검토했다. 이제 그런 가정에 근거한 어떠한 검토에서도 그 권한들에 문제가 없음을 확인했다. 헌법회의의 권한이란 단지 자문적 권고의 권한에 지나지 않았고, 각 주에 의해서도 그러한 의미에서 받아들여졌으며, 헌법회의 또한 그와 같이 이해하고 헌법을 입안하여 제안했다. 그러나 그것이 승인을 받지 못한다면 그것은 종잇조각에 불과하다는 것을 상기할 때가 되었다. 이런 점에서 보면, 문제는 전혀 다른 관점에서 보일 것이고 헌법회의가 택해왔던 과정의 타당성을 판단할 수 있도록 해줄 것이다.

헌법회의의 입장을 그들의 시각에서 살펴보기로 하자. 그 회의록으로부터 그들의 입장을 정리해 보면 다음과 같다. 헌법회의에 참석한 대표들은 그들의 나라를 위기에 처하도록 만든 위기의 심각성을 깊이 그리고 한결같이 느껴, 기존 제도의 결함을 고치기 위해 유례없이 엄숙한 실험을 하는 것에 의견이 거의 일치되었고, 그들은 또한 자신들이 제안한 개혁안이 자신들이 임명된 목적을 달성하기 위해서 절대적으로 필요하다는 것도 역시 한결같이 확신하고 있었다. 그들은 합중국이라는 거대한 제국에 사는 대부분의 시민들의 희망과 기대가 간절하게 그들에게 향하고 있음을 모를 리 없었다.[11] 그들에게

---

11) 이 부분은 매디슨에 의해 다소 과장되어 있다. 그 당시 합중국 인구 약 400만 명 중 16만 명이 선출한 대표 55명이 헌법을 입안했다. 그리고 뉴욕시처럼 여러 종류의 신문이 발행되지 않는 농업 지역에 사는 대부분의 합중국 시민들은 헌법이 새롭게 만들어지고 있다는 사실조차 모르고 있었다. 1787년 5월 25일부터 9월 17일 사이에 필라델피아에서 열린 헌법회의에 로드아일랜드주를 제외한 12개 주에서 74명의 대표가 모였으나, 그들 중 19명은 헌법회의에 단 한 번도 참석하지 않을 정도로 새헌법에 관심이 없었고 매일 참가한 사람은 약 30명에 불과했다. 이 회의에 참석한 55명은 나중에 미국의 국부(The Founding Fathers)로 불리게 된다.

는 이와 반대되는 감정이 합중국의 자유와 번영을 바라지 않는 외부와 내부 적대자들의 마음을 선동하고 있다고 믿을 여러 가지 이유가 있었다. 그들은 그 실험의 과정에서 단 하나의 주(버지니아주)가 제시한 연합규약의 부분적 수정 제안이 신속하게 관심과 주의를 끌며 추진되는 것을 보았다.[12] 그들은 소수의 주로부터의 아주 소수의 대표들이 아나폴리스에 모여 매우 크고 중대한 문제에 대해 권고할 권한을 자신들에게 스스로 부여하는 것을 보았다. 그들이 권고한 사항은 그들 본연의 임무와는 완전히 다른 것이었지만 여론의 지지를 받았을 뿐 아니라 13개 주 가운데 12개 주에서 실제로 실행되었다.[13] 헌법회의에 참가한 대표들은 다양한 경우에서, 연합의회도 그런 권고적 권한뿐만 아니라 실행적 권한을 가졌었고, 또한 그것이 대중의 판단에 의해 정당화되는 것도 보았다. 그러나 이러한 권한은 헌법회의의 행위를 좌우했던 동기와 목표[14]에 비한다면 훨씬 덜 절박한 목표를 위해 행사된 것이었을 뿐이다. 그들은 분명히 기존 정부를 훌륭하게 변화시키는 과정에서 형식보다는 본질이 우선되어야 한다고 생각했음이 틀림없다. 형식에 완고하게 집착하는 것은 "국민의 안전과 행복을 위해 그 정부를 폐지하거나 변경"[15]할 수 있는 국민의 탁월하고 귀중한 권리를 명목뿐인 무가치한 것으로 만들 것임을 알았음이 틀림

---

12) 매디슨은 1786년 9월 아나폴리스 회의에서 버지니아주가 일률적인 상업 규제를 제안했던 것을 언급하고 있다.

13) 아나폴리스 회의는 원래 주들에 대한 일률적인 상업규제의 방안을 찾기 위해 열렸으나 연합규약을 수정하기 위한 회의, 즉 헌법회의를 개최하기로 하는 결의를 하게 되었고, 그 결과 로드아일랜드주를 제외한 12개 주가 실제로 참가하게 된 것을 말하고 있다.

14) 헌법회의의 행위를 좌우한 동기와 목표란, 연합규약을 수정하는 대신 완전히 새로운 헌법을 제정하는 것을 의미한다.

15) **독립선언문. _푸블리어스**
매디슨은 여기서 독립선언문의 일부분을 인용했다: "어떤 형태의 정부이든 이러한 목적을 파기할 때는 언제든지 정부를 개혁하거나 폐지하여 국민의 안전과 행복을 가장 효과적으로 가져다줄 수 있는, 그러한 원칙에 기초를 두고 그러한 형태의 기구를 갖춘 새로운 정부를 조직하는 것은 국민의 권리인 것이다."

없다. 국민이 자신들의 목표를 향해 자발적이고 보편적으로 일제히 움직이는 것은 불가능하기 때문에, 이러한 변혁은 일부 애국적이고 존경할 만한 어떤 시민이나 혹은 다수의 시민들의 비형식적이며 비공식적인 제안에 의해 시작되어야 한다고 생각했을 것이다. 헌법회의의 대표들은 또한 그들의 과거 정부, 즉 영국의 위협에 대항하여 주들이 처음 단결했던 것도, 그리고 국민의 안전과 행복을 위해 새헌법을 제안한 것도 이러한 변칙적이고 억측된 권리에 의한 것임을 상기했을 것이다.[16] 그들은 영국의 식민지 수탈에 맞서는 자신들의 노력을 집결하고 권리를 방어하기 위해 여러 위원회와 회의가 구성되었으며, 현재 자신들을 통치하고 있는 연합규약이라는 헌법을 제정하기 위한 회의들이 각 주에서 선거를 통해 구성되었던 사실을 떠올렸음에 틀림없다. 그들은, 논쟁의 핵심인 새헌법에 대한 은밀한 반감을 즐기고자 했던 사람들 외에는, 그것을 제정하는 데 요구되는 통상적인 형식에 대해 과도하게 얽매이거나, 아직은 적당한 때가 아니라고 망설이던 사람들은 아무도 없었다는 것을 결코 잊을 수 없을 것이다. 헌법회의의 대표들은 또한 분명히 마음속으로 앞으로 그들이 기초하고 제안할 헌법안이 국민에게 직접 제시될 것이므로 이 최고의 권위가 인정하지 않을 경우 그 계획 자체가 영원히 폐기될 것이며, 국민이 인정한다면 이전의 실수나 결함이 모두 용서될 수 있음을 예상했을 것이다. 그들은, 반대자들의 트집 잡으려는 경향이 일단 가라앉으면, 자신들에게 원래 부여된 권한을 소홀히 하더라도 그리고 더 나아가 인가받지 않은 다른 어떤 조치를 권고하더라도, 그러한 권고가 국가 위급상황에 부합한다면 비난

---

16) 매디슨의 주장은, 새헌법은 그것을 제안하게 된 권한에 대한 한낱 절차적인 문제보다도 새헌법의 가치, 장점, 그리고 그것이 가져올 혜택에 의해 평가되어야 한다는 것이다. 매디슨은 이어서, 과거의 식민지 시대에 영국에 대항하기 위해 주들이 단결한 것도 절차적이고 정상적인 권한에 의한 것이 아니었고, 헌법회의가 완전히 새로운 정부를 수립하는 권한을 명시적으로 부여받지도 않았던 것도 인정하고 있다. 그런데도 그는 독립선언문의 내용을 인용하면서 국민의 안전과 행복을 위해 정부를 개혁하기 위해서는 가장 적절한 시기를 놓치거나 형식에 집착해서는 안 된다는 것을 역설하고 있다.

에 직면하지 않을 것이라는 생각까지도 염두에 두었을지 모른다.

　이러한 점들을 모두 고려하여, 헌법회의가 그들의 국가에 대한 굳건한 신뢰를 실천하는 대신, 또한 국민의 행복을 보장할 수 있다고 판단되는 제도를 제시하는 대신, 국민의 열렬한 기대를 저버리고 본질을 형식에 희생시키며 국가의 가장 중요한 이익을 불확실성과 위험에 내맡기는 결의안을 제시했다고 가정해 보자. 만일 그렇다면 공정한 세상이, 인류의 친구들이, 그리고 덕망 있는 모든 시민들이 과연 이 헌법회의의 행위와 성격에 어떤 심판을 내렸을지 이성적인 애국자들에게 물어보도록 하자. 혹은 만약 비난의 감정을 억제하지 못하는 사람이 있다면, 나는 그들 주의 헌법에서는 전혀 볼 수 없는 기구인 헌법회의에 대표를 보냄으로써 권력을 남용한 12개 주에 대해, 또한 마찬가지로 연합체제에서도 전혀 생소한 이 기구의 구성을 권고한 연합의회에 대해, 그리고 이런 비공인된 모임을 최초로 요구하고 이에 동의한 뉴욕주에 대해서는 뭐라고 말할 것인가 묻고 싶다.[17]

　그러나 반대자들의 반감을 누그러뜨리기 위해서, 헌법회의가 공인된 것도 아니며 국가를 위해 헌법을 제안하도록 정당화된 것이 아니라는 것을 인정해 보도록 하자. 그렇다면 그 이유만으로 헌법안은 거부되어야 하는가? 훌륭한 교훈에 따르면 좋은 충고는 적에게서라도 받아들이는 것이 합리적인데, 우리는 친구가 제의한 충고마저도 거부하는 수치스러운 본보기를 보여줘야만 하는가? 어느 경우라도 누가 충고를 했는지보다는 그 충고가 좋은 것인가를 따져보는 것이 신중한 처사일 것이다.

　지금까지 주장되고 입증된 바를 요약하면, 헌법회의가 그들의 권한을 남용했다는 비난은 반대자들이 거의 주장하지 않은 한 가지 사항[18]을 제외하고는

---

17) 1782년 7월 뉴욕주 의회에서 연합규약의 수정을 위한 회의를 요청하는 청원서가 채택되어 연합의회에 보내졌던 사실을 언급하고 있다.

18) 기존의 연합규약의 비준이 13개 주의 만장일치에 의한 방식이었던 반면, 헌법회의는 제안된 새헌법의 비준 방식을 전체 주, 즉 13개 주의 3분의 2인 9개 주의 비준만으로도 채택될 수 있도록 한 것

아무런 근거가 없는 것이다. 만일 헌법회의의 대표들이 그들의 권한을 넘어섰더라도, 그것은 국가의 충실한 공복으로서 그들이 처한 상황에서 정당화되었을 뿐만 아니라 필요했다는 점, 또 마지막으로 그들이 헌법을 제안하는 데 그들의 권한과 의무를 모두 위반했다고 하더라도, 만일 그것이 미국 국민의 목표와 행복을 달성하기 위한 것이었다면 이는 용인되어야 할 것이다. 새헌법이 어느 정도까지 이런 특성에 부합하는지가 앞으로 연구하려는 주제이다.

푸블리어스

을 말한다. 이 페이퍼, 각주 9) 참고

THE FEDERALIST   No. 41

≪인디펜던트 저널≫, 1788년 1월 19일   제임스 매디슨

뉴욕주 시민들에게

헌법회의가 제안한 헌법은 두 가지 일반적인 관점에서 생각해 볼 수 있다. 첫째는 연방정부에 부여하는 권한의 총량 혹은 총계이며, 이 권한에는 각 주에 부과되는 제약도 포함된다. 둘째는 정부의 구체적 구성 및 정부의 각 부문 사이의 권한의 배분에 관한 것이다.

첫 번째 관점에서는 다음과 같은 두 가지 중요한 문제점이 제기된다. 첫째, 연방정부에 양도된 권한 가운데 어떤 불필요한 것이나 부적절한 것이 있는가? 둘째, 그러한 권한이 주들의 관할로 남은 권한에 위협이 되는가?

연방정부에 적절한 정도의 권한보다 더 많은 권한이 부여되었는가? 이것이 첫 번째 질문이다. 정부의 광범위한 권한에 반대해 온 사람들은 그런 권한들이 정부의 필요한 목표를 달성하는 데 얼마나 필수적인 수단인지 별로 고려하지 않는 것 같다. 반대자들의 주장에도 공정하게 주의를 기울인 사람들이라면 누구나 이런 사실을 분명 알아차릴 수 있을 것이다. 그와 같은 고려보다는, 반대자들은 오히려 모든 정치적 이익에 필연적으로 수반되는 폐해와 권력에 부수되는 남용의 가능성만을 강조하는 쪽을 택해왔다. 이런 식으로 지금 문제가 되는 것을 다루는 것은 미국인의 양식에 호소할 수 없다. 그것은 글을 쓴 사람의 교묘함을 드러내는 것일 수도 있으며, 수사학이나 웅변의 장황함이 될 수도 있으며, 또한 생각 없는 사람들의 감정에 불을 붙일 수도 있고, 오해의 편견에 확신을 더해줄 수도 있다. 그러나 냉철하고 정직한 사람들은 인간

의 가장 순수한 축복 중에도 반드시 불순한 것이 포함되어 있다는 것을 곧 알 아차릴 수 있다. 우리의 선택이란 적어도 완벽한 선이 아닐지라도 좀 더 큰 선 을 택해야 한다는 것을 인정할 수밖에 없고, 모든 정치제도에 있어서 공공의 행복을 증진해야 할 권력이 오용되거나 남용될 소지가 있다는 것도 즉시 알아 차릴 것이다. 그러므로 권한이 부여되는 모든 경우에, 맨 처음 결정해야 할 것 은 그러한 권한이 공익에 필요한 것인가 하는 것이다. 이에 대한 긍정적인 판 단이 내려질 경우 다음으로 결정해야 하는 것은 그런 권한이 공익을 손상시키 지 못하도록 가능한 한 효율적으로 감시하는 것이다.

우리가 이 주제에 관해 올바른 판단을 내리기 위해서는 연방정부에 부여 된 몇 가지 권한을 검토해 보는 것이 좋을 것이다. 그리고 이 검토를 더 편리 하게 하기 위해 그 권한들을 다음과 같이 몇 가지 부류로 나누어볼 수 있다.

1. 외세의 위험으로부터의 안전
2. 외국과의 교류에 관한 규제
3. 주들 간의 화합 및 적절한 교류의 유지
4. 기타 일반적인 목표
5. 주들의 불법행위에 관한 제지
6. 이러한 모든 권한에 정당한 효력을 주는 조치

첫 번째 부류에 속하는 권한들로는 전쟁선포 및 나포인허장[1] 발부, 군대 모집 및 함대의 구축, 민병의 통제 및 소집, 세금징수와 차관 도입의 권한 등 을 들 수 있다.

외세의 위험으로부터의 안전은 시민사회의 근본적인 목표의 하나로서 아 메리카 합중국의 공공연하고 필수적인 목표이다. 안보의 유지에 필요한 권한

---

1) 페이퍼 6번, 각주 22) 참고.

은 연방의회에 적절히 위임되어야 한다.

전쟁선포권이 필요한가? 누구도 이 질문에 부정적으로 답하지 않을 것이다. 그러므로 이를 증명할 필요는 없을 것 같다. 기존의 연합은 이 권한을 최대한 충분히 확립하고 있다.

군대를 모집하고 함대를 갖추기 위한 권한이 필요한가? 이것은 전술한 권한에 포함되는 것으로 자위권에 포함된다고 할 수 있다.

그러나 전시뿐 아니라 평시에 군대를 모집하고 함대를 준비하며 이들을 유지할 무제한의 권한을 부여할 필요가 있었는가?

이러한 질문들에 대한 대답은 다른 곳[2]에서 이미 심도 있게 다루었기 때문에 여기서 더 논의할 필요는 없을 것 같다. 하지만 실제로, 그에 대한 대답은 너무도 명백하고 결정적인 것이어서 재론의 여지가 거의 없는 듯하다. 공격해 오는 적군을 제지할 수 없는 자들이 어떤 타당성으로 방어에 필요한 병력을 제한할 수 있겠는가? 만일 어떤 연방헌법이 모든 다른 나라들의 야심을 속박할 수 있거나 힘의 행사를 제한할 수 있다면, 그런 경우야말로 그 헌법은 연방정부의 자유재량권을 신중하게 제한하고 연방의 안전을 위한 권한 행사에 제약을 가해도 좋을 것이다.

마찬가지로 우리가 모든 적대적인 국가들의 전쟁 준비와 상비군을 금지할 수 없다면, 평시에 전쟁을 준비하는 것을 금지해도 되는가? 안전 보장에 대한 수단은 적국의 공격 수단 및 공격의 위험에 의해 좌우된다. 사실 안전을 보장하는 수단은 바로 이 원칙에 따라서만 결정될 것이다. 자기 보존의 충동을 헌법적 방벽으로 막으려는 것은 헛된 일이다. 사실 그것은 헛된 일이라기보다 더 해로운 일이다. 왜냐하면, 그런 헌법적 방벽은 필연적으로 헌법 자체에 권력이 불법적으로 사용될 수 있는 기회를 만들어 주기 때문이다. 그런 권력의 불법적인 사용은 선례를 남기게 되고, 그러한 선례는 다시 불필요하고 수

---

2) 페이퍼 8번과 24번 참고.

많은 권력 남용이 반복되는 것을 가능하게 해주기 때문이다. 만일 어떤 나라가 야심이나 보복을 위해 꾸준히 훈련된 군대를 유지한다면, 그 나라의 군사적 행위의 범위 안에 있는 평화적인 국가들도 그에 대응할 준비를 하지 않을 수 없다. 15세기는 평시에도 군사적 대비를 해야만 했던 불행한 시기였다. 그것은 프랑스의 샤를 7세[3]에 의해 시작되어 유럽 전역은 그 예를 따르거나 혹은 따라야만 했다. 그 예를 따르지 않았다면 유럽 전체는 오래전에 단일 왕국이 되었을 것이다. 지금도 프랑스를 제외한 모든 국가가 상비군 체제를 해제한다면 같은 사태가 벌어질지 모른다. 과거 역전의 로마 군대는 다른 모든 나라의 오합지졸을 제압했고, 로마를 세계의 지배자로 만들었다.

하지만 로마의 자유는 로마의 군사적 위업의 궁극적 희생물이 되었던 반면, 유럽의 자유는 그것이 존재했던 한에서는 거의 예외 없이 상비군을 유지한 데 따른 보상이었다는 것 또한 그에 못지않은 사실이다. 따라서 상비군은 위험하지만 동시에 필요한 대비책일 수도 있는 것이다. 상비군의 규모가 너무 작으면 불리할 수 있고, 그 규모가 너무 크면 그 결과가 치명적일 수 있다. 여하튼 어떤 규모이든 상비군이라는 것은 상당한 신중함과 경계를 필요로 하는 대상이다. 현명한 국가라면 이 모든 점들을 고려하여 안전에 필수적인 수단이 될 수 있는 상비군이라는 수단을 경솔하게 배제하지 않으면서, 한편으로는 자유에 해가 될지도 모르는 상비군의 필요성과 위험을 동시에 줄여갈 방도를 신중하게 모색해야 한다.

이러한 신중함의 가장 명백한 증거가 현재 제안된 헌법에 나타나 있다. 새헌법에 의해 굳건하고 안전하게 될 합중국의 존재 그 자체가 스스로를 위

---

3) 샤를 7세(Charles VII 1403~1461)는 프랑스의 왕이며 백년전쟁의 와중에 왕좌를 물려받았으나 당시는 대관식을 거행하지 못할 정도로 치열했던 전쟁으로 인해 혼란스러운 시기였다. 샤를은 오를레앙에 머무르며 잉글랜드군과 대치 중이었고 결국 포위당했으나 포위망을 뚫고 나와 1429년 정식으로 대관식을 치루었다. 그 후 잉글랜드군을 무찔러 프랑스 영토를 다시 회복하고 전쟁을 끝냈다. 그는 귀족의 반란을 평정했고, 특히 군대의 개혁을 통해 이를 왕권을 확립하는 기반으로 삼았다.

험에 빠지게 할 수 있는 상비군 체제의 구축을 위한 온갖 구실을 자체적으로 제거하고 있는 것이다. 전쟁에 대비하고 있는 수십만의 훈련된 군인들을 가졌지만 분열된 미국보다, 소수의 군대 혹은 단 한 명의 병사도 없지만 단결되어 있는 미국이 야심을 가진 외세에 훨씬 단호하게 보일 것이다. 상비군 체제의 구축을 위한 구실을 주지 않음으로써 유럽에서 한 나라의 자유를 구할 수 있었던 사례는 앞서 언급되었다.4) 섬나라로서의 지리적 위치와 인접국의 군대보다 막강한 해군력을 지닌 대영제국의 지배자들은 실제 혹은 가공의 위협을 빌미로 대규모의 평시 상비체제를 갖출 수 있도록 국민을 기만할 수 없었다. 세계의 강대국들로부터 동떨어진 합중국의 위치 또한 천혜의 안전장치를 제공해 준다. 단결된 국가를 유지하는 한, 위험한 군사체제는 결코 필요하지도 않고 합리적이지도 않다. 그러나 이러한 이점이 현재의 합중국 체제로부터 오는 것을 잊어서는 안 된다. 그것이 붕괴하는 순간 새로운 질서가 탄생할 것이다. 합중국이 분열되는 경우, 약한 주들의 두려움이나 강한 주들 혹은 몇 개의 연합들의 야심은 구세계의 샤를 7세가 했던 것과 동일한 예를 아메리카에 남길 것이다. 결국 구세계의 모든 나라가 상비체제를 모방했던 바로 그 동기에 의해 분열된 합중국도 그 선례를 따르게 될 것이다. 영국이 자신에게 주어진 환경으로부터 얻어낸 귀중한 이점을 우리의 상황으로부터 이끌어내지 못한다면, 아메리카의 모습은 유럽의 예를 그대로 따를 수밖에 없을 것이며, 상비군과 끊임없는 세금 사이에서 자유는 산산조각이 날 것이다. 분열된 아메리카의 운명은 유럽의 운명보다도 훨씬 더 비참하게 될 것이다. 유럽에서 해악의 근원은 유럽의 범위 내에만 국한되어 있다. 지구상의 다른 부분에 있는 어떠한 강대국도 유럽 내 경쟁국들 사이에서 계략을 꾸미거나, 상호 간의 적대감을 조장하거나, 그들을 유럽 외부 세력의 야심, 경계, 복수 등의 수단으로 만들 수는 없다. 아메리카에서 내부적 경계심, 분쟁, 전쟁으로 인해 발생하

---

4) 페이퍼 8번 참고.

는 비극은 그 운명의 일부에 지나지 않을 것이다. 더 많은 추가적 해악이 유럽과 지구상의 이 지역, 즉 아메리카의 관계에서 나타날 수는 있지만, 지구상의 다른 어느 지역도 유럽과 그러한 관계를 가지고 있지 않다. 분열의 결과에서 오는 이런 모습은 아무리 과장해도 지나치지 않고 아무리 반복해도 충분치 않다. 평화와 조국, 자유를 사랑하는 모든 사람들은 합중국에 대해 당연한 애착을 그들 가슴 속에 간직해야 하며 그것을 보존하기 위한 합당한 가치를 부여해야 할 것이다.

새헌법에 근거한 연방정부를 효과적으로 수립한 이후 상비군의 존재로부터 발생하는 위험에 대한 최선의 대책은 상비군 지원을 위한 세출 승인기간을 한정하는 것이다.[5] 새헌법에서는 이러한 대비책을 신중하게 강구해 놓았으며[6] 여기서 나는 공정하고 만족스러운 견해를 가지고 살펴보았다고 자부하기에 이 주제에 관해 다시 언급하지는 않겠다. 그러나 대영제국의 정책과 관행을 바탕으로 새헌법의 이 부분에 반대하는 주장에 주목해 보는 것도 부적절하지는 않을 것 같다. 영국에서 육군의 존속을 위해서는 1년마다 입법부의 표결이 요구되는 반면, 새헌법은 그 기간을 2년으로 연장시키고 있다. 일반 대중에게는 이런 식의 비교로 두 경우가 설명되고 있는데, 그것이 올바른 형식인가? 그것이 공정한 비교인가? 영국 헌법이 의회의 재량권을 1년으로 제한하고 있는 것인가? 미국 헌법은 의회에 2년 기한으로 세출을 승인하는가? 사실은 그와 반대이다. 영국 헌법은 입법부의 재량에 대해 어떠한 제한도 두지 않으며, 미국 헌법은 수용 가능한 최대 기간을 2년으로 설정하여 입법부를 묶어놓고 있다는 사실을, 이를 오도하고 있는 자들이 절대 모를 리가 없다.

위의 영국의 예가 사실대로 논의되었더라면 그 내용은 다음과 같아야 된다. 군대의 상비체제에 예산이 충당되는 기간은 영국 헌법상 아무 제한이 없

---

5) 제1조 8절 12항.
6) 페이퍼 26번 참고.

지만, 그럼에도 불구하고 실제로는 의회의 재량에 의해 1년으로 제한되어 왔다. 그런데 하원의원은 7년 임기로 선출되고, 하원의원 대다수가 매우 소수의 사람들에 의해 선출된다. 선거인들은 그들의 의원들에 의해 부패되고, 의원들은 또 왕권에 의해 부패되는 영국에서도 의회는 군대에 대한 세출 승인기간을 무기한으로 할 수 있는 권한을 가지지만, 그 기간을 1년 이상으로 연장할 생각도 없고 또 감히 그렇게 하지도 않는다. 그런데 2년마다 국민 전체에 의해 자유롭게 선출되는 연방 하원의원들에게 2년이라는 짧은 기간으로 명백히 제한되어 있는 세출 승인의 권한을 안전하게 맡길 수 없다는 구실을 내세우는 것은 정말 부끄러운 일이 아닐 수 없다.

불순한 동기는 스스로 드러나게 마련이며, 연방정부에 반대하는 술책이 바로 이런 진리에 언제나 들어맞는 예이다. 그러나 이런 반대가 저지른 모든 실책 중 가장 충격적인 것은 상비군에 대해 품고 있는 국민의 경계심에 편승하려는 시도이다. 이러한 시도는 이 중대한 문제에 대한 대중의 관심을 불러일으켰고 조사가 이루어지게 되었다. 그러나 이 조사는 다음과 같은 철저하고도 보편적인 확신으로 귀결되었다. 새헌법은 상비군의 존재 그 자체로부터 발생하는 위험에 대한 가장 효과적인 보호 장치를 제공하고 있을 뿐만 아니라, 국가의 방어와 합중국의 보존에 가장 적합하다는 것이다. 또한 새헌법은 합중국이 여러 주나 혹은 몇 개의 연합으로 분열될 경우 불가피하게 될 각각의 상비군으로부터 위험과, 국민들에 재정적 부담이 되고 자유에 장해가 되는 군비의 점진적인 증강으로부터 합중국을 구할 수 있다는 것을 보여준다. 단결되고 효율적인 정부하에서도 군대는 필요할 수 있지만 그것은 국민들이 재정적으로 감당할 수 있고 또 그들의 자유에 해가 되지 않아야 한다.

해군을 창설하고 유지할 필요성은 너무도 명백하여 헌법의 거의 모든 면을 신랄하게 비판했던 자들도 이 부분에 대해서는 반론이 없다. 참으로 연방이야말로 해군을 설립하고 유지할 수 있는 유일한 기반이 될 것이며, 그것이 외부의 위협으로부터 미국을 지켜줄 주된 원천이 될 것이라는 것은 미국의 가장 큰 축복 중에 하나이다. 이런 점에서 우리의 상황은 섬나라로서 영국이 지니는 이점과 비슷한 면이 있다고 할 수 있다. 해군의 함포는 우리의 안전을 위협하는 외국의 위협을 격퇴하는 데 가장 효과적이지만, 다행히 불순한 정부에 의해 우리의 자유를 조준할 일은 결코 없을 것이다.

대서양 연안의 주민들은 모두 해군의 방위체제에 대한 규정에 지대한 관심을 가지고 있다. 그들이 지금까지 평온하게 잠자리에 들 수 있었다면, 그들의 재산이 무법자들의 약탈로부터 안전하게 지켜져 왔다면, 그들이 지금까지 무모하고 급작스러운 침략자들의 강요에 굴복하지 않았다면, 그리고 바다에 인접한 마을이 약탈과 큰 화재의 공포를 피할 수 있었다면, 이런 행운은 그들을 보호하고 그들로부터 충성을 요구하는 현 정부의 능력에서 기인하는 것이 아니라, 일시적이고 알 수 없는 원인들에 기인하는 것이다. 동부 변경이 특히 취약한 버지니아주와 메릴랜드주를 제외하면 합중국의 어느 지역도 뉴욕주만큼 이 문제에 대해 불안해하지 않을 것이다. 뉴욕주의 해안은 광대하며 주의 매우 중요한 지역은 하나의 섬[7]이다. 항해 가능한 길이가 50리그[8]가 넘는 큰 강[9]이 뉴욕주를 내륙으로 관통하고 있다. 뉴욕주의 부의 저장소, 즉 상업의 중심지는 때를 가리지 않고 일어날 수 있는 불가항력적인 사건, 사고들에 의해 노출되어 있고, 외적의 위협이나 심지어는 해적이나 야만인의 약탈적인 요구에 대해 굴욕적으로 순종할 수밖에 없는 인질이나 마찬가지인 셈이다. 만일 유럽의 불확실한 상황으로부터 전쟁이 일어나거나, 그리고 그에 따르는 걷잡을 수 없는 충동이 대서양을 건너올 경우, 기적이 일어나지 않는 한 대서양 연안뿐만 아니라 그것을 접하고 있는 모든 지역이 공격과 약탈에서 벗어나

---

7) 뉴욕시의 일부인 맨해튼(Manhattan)을 의미한다.
8) 1 리그(league)는 약 3.4 해리(nautical miles)이며 이는 약 5.5km에 해당하는 거리이다.
9) 뉴욕주를 내륙으로 관통하는 강은 허드슨강이며 최초로 이 강을 탐험한 영국인 헨리 허드슨(Henry Hudson)의 이름에서 유래했다. 항해가 가능하지 않은 길이와 뉴저지주에 속하는 길이를 합하면 약 507km에 달한다.

지 못할 것이다. 현재의 미국이 처한 상태에서 이러한 재앙에 더 직접 노출되어 있는 주들은, 실체도 없고 이름뿐인 기존의 정부에 걸 수 있는 아무런 희망도 없다. 만일 그들의 개별적인 재원으로 가까스로 그들 자신을 위험으로부터 방어해야 한다면, 보호해야 할 대상인 그들의 재산은 그것을 보호해 줄 수단, 즉 군사비용으로 소진되어 버릴 것이다.

민병대를 통제하고 소집하는 권한에 대해서는 이미 충분히 설명한 바 있다.10)

국방에 지출될 경비를 징수하거나 차입하는 권한은 과세권과 같은 범주에 넣는 것이 적절하다. 이 권한에 대해서도 이미 많은 관심을 가지고 살펴본 바 있으며,11) 그 권한은 헌법에 의해 부여된 범위와 형태에 있어서 모두 필요하다는 것이 분명히 밝혀졌다고 믿는다. 여기서 나는 다만 그 권한이 국외세, 즉 외국으로부터 수입되는 물품에 대한 수입세로 제한되어야 한다고 주장하는 사람들에게 한 가지를 더 상기시켜 주고자 한다. 물론 수입세는 항상 소중한 세입원이 될 것은 물론이고, 앞으로 상당 기간 주된 세입원이 될 것이며, 그리고 그것이 현재도 필수적 세입원이라는 데는 의심의 여지가 없다. 하지만 외국과의 상거래에 의한 세입의 양은 수입품의 양과 종류에 따라 달라지며, 이러한 변동이 대중 수요의 일반적인 척도가 되는 인구 증가와 일치하지 않는다는 것을 계산에 넣지 않으면, 우리는 이 문제에 대해 매우 잘못된 생각을 하고 있는 것이다. 농업에 노동력이 집약되고 있는 동안에는 제조품의 수입은 소비자가 증가함에 따라 늘어날 것이다. 농업에 필요하지 않은 노동력에 의해 국내의 제조업이 시작되면 인구가 증가하더라도 제조품 수입은 감소할 것이다. 먼 훗날에는 수입품의 대부분은 수출품의 제조에 사용될 원자재가 될 것이다. 따라서 수입을 억제하기 위한 수입 관세를 부과하기보다는 오

---

10) 페이퍼 29번 참고.
11) 페이퍼 30~36번 참고.

히려 보조금으로 수입을 장려하는 것이 필요하게 될 것이다. 앞으로 영속되어야 할 정부체제는 이러한 큰 변화를 고려하고 수용할 수 있어야 할 것이다.

　과세권 자체의 필요성은 부정하지 않지만, 과세권을 규정한 용어를 문제 삼아 새헌법에 대해 맹렬한 공격을 퍼붓는 이들이 있다. 그들은 "합중국의 채무를 지불하고, 공동 방위와 일반 복지를 위하여 조세, 관세, 수입세 및 소비세를 부과, 징수"[12]하는 권한은 결국 공동 방위 및 일반 복지를 위해 필요하다고 주장할 수 있는 모든 권한을 무제한으로 행사하게 될 것이라고 거듭 주장해 왔다. 창피를 무릅쓰면서까지 그릇된 해석에 집착하는 것이야말로, 그런 글을 쓰는 사람들이 새헌법의 반대를 위해 얼마나 기를 쓰고 있는지를 보여주는 가장 강력한 증거라 할 수 있다.

　새헌법이 모든 가능한 경우에 대한 입법권을 일일이 기술하는 매우 어색한 방식을 선택하지는 않았지만, 방금 인용한 포괄적인 표현 외에 의회의 권한에 대한 다른 어떠한 구체적인 열거사항 또는 명확한 정의가 새헌법에 명시되어 있지 않다면, 반대자들은 그럴듯한 반대의 구실을 찾을 수도 있을 것이다. 예를 들면, "일반 복지를 위해 세금을 징수한다"라는 어구가 출판의 자유 및 배심원에 의한 재판의 권리를 폐지하는, 혹은 심지어 상속이나 양도의 형태를 규제할 수 있는 권한을 포함한다면, 그것은 매우 기이한 구절임이 틀림없을 것이다.

　그러나 과세에 관한 규정에서 이러한 일반적인 용어가 시사하는 대상들의 세목이 바로 이어지고, 더군다나 그것들이 단지 세미콜론으로만 구분되어 있을 정도로 그 규정이 구체적이라면, 반대자들은 어떤 반대의 구실을 가질 수 있을까? 만일 하나의 문서를 해석할 때 그 문서의 모든 다른 부분에 의미를 부여하는 그런 식으로 해석해야 한다면, 한 문장의 어떤 부분이 의미를 갖지도 못하고 제외되어야 하는가? 또한, 한층 의심스럽고 불명확한 용어는 그 의

---

12) 헌법 제1조 8절 1항.

미가 완전히 보존되는 반면, 정작 명백하고 정확한 표현의 중요한 의미는 부정되어야 하는 것인가? 만일 특정한 모든 권한들이 앞에 나오는 일반적인 권한에 모두 포함된다면 무엇 때문에 특정한 권한들의 열거가 삽입되었겠는가? 처음에는 일반적인 문구를 우선 사용하고 이어서 구체적인 사항을 설명함으로써 앞의 일반적 문구를 설명하고 한정하는 것은 극히 자연스러운 것이다. 그러나 구체적인 사항들의 열거가 일반적 의미를 설명하거나 한정하기는커녕 그 의미를 혼동시키고 오도한다는 생각은 어리석은 것이다. 헌법의 반대자들 혹은 헌법의 입안자들 중 어느 한쪽이 이런 어리석음에 대해 비난받아야만 하는 처지에 몰렸지만, 우리는 실례를 무릅쓰고 이런 어리석음이 헌법의 입안자들로부터 비롯된 것은 아니라고 생각하지 않을 수 없다.

헌법회의가 사용하는 용어는 연합규약에서 가져온 것이기 때문에 이러한 반대는 더욱 더 이상한 일이다. 연합규약 제3조에서 기술하고 있는 합중국의 목적은 "공동 방위 또는 일반 복지"이다. 제8조는 다시 이를 확인하는 것이며 "공동 방위 또는 일반 복지를 위해 발생될 그리고 연합의회에서 합중국에 의해 승인될 모든 전쟁 비용 및 모든 기타 비용은 공동 자금에서 지불되어야 한다"라고 되어 있다. 제9조에 보면 유사한 문구가 다시 나오는데, 새헌법에 대한 반대자들의 해석을 정당화하는 원칙에 의해 연합규약의 이런 조항 중 어느 것을 해석해도 모든 경우에 대해서 입법할 권한을 연합의회에 부여한 것이 된다. 그러나 만일 이러한 일반적인 표현을 고집하여, 그 의미를 확정하고 한정하는 구체적인 규정을 무시하면서 공동 방위와 일반 복지를 위한 무제한의 권한을 행사했다면 연합의회는 어떻게 평가되었을까? 나는 반대자들에게, 지금 헌법회의에 반대하는 데 사용하는 논리를 연합의회를 정당화하는 데 그대로 사용할 것이냐고 묻고 싶다. 일단 저지른 오류에 대해 비난을 면하기는 참으로 어려운 일이다.

푸블리어스

THE FEDERALIST No. 42

≪뉴욕 패킷≫, 1788년 1월 22일   제임스 매디슨

뉴욕주 시민들에게

중앙정부에 주어질 권한의 두 번째 부류는 외국과의 교류에 대한 규제이다.
예를 들면 조약 체결, 대사, 그 밖의 외교사절 및 영사의 파견 및 접수,[1] 공해
상에서 행해진 해적 행위 및 중죄 그리고 국제법에 위배되는 범죄에 대한 정
의와 처벌, 외국과의 통상을 규제하는 권한,[2] 1808년 이후 노예 수입을 금지
하고, 그때까지는 그런 수입을 억제하기 위해 수입 노예 1인당 10달러의 입국
세를 부과하는 권한[3] 등이 그에 포함된다.

　　이 종류의 권한은 연방의 행정에 있어서 명백하고 필수적인 부분이다. 만
일 우리가 어떤 의미에서든 한 국가가 되고자 한다면, 다른 국가와의 관계에
서도 분명히 한 국가가 되어야 한다.

　　조약을 체결하고 대사를 파견하고 접수하는 연방정부의 권한의 타당성은
자명하다. 이 두 가지 권한 모두 연합규약에도 포함되어 있으나, 새헌법과는
다음과 같은 차이점이 있다. 첫째, 새헌법에서는 각 주의 규정이 조약을 사실
상 무효화할 수 있다는 예외를 인정한 구절이 삭제되었다. 두 번째는, "그 밖
의 외교사절 및 영사"를 임명하고 접수할 권한이 명시적으로 그리고 매우 적
절하게 추가되어 있다는 것이다. 엄밀히 말하면 연합규약 제2조에서 규정하

---

1)　헌법 제2조 2절.

2)　헌법 제1조 8절.

3)　헌법 제1조 9절 1항.

고 있는 대사라는 용어에는 공적인 외교사절 중 최고위급만을 포함하고, 재외공관이 필요한 경우에 그곳의 임무에 가장 적합하다고 판단될 수 있는 하위 직급은 제외되어 있다. 그리고 이 조항을 아무리 넓게 해석해도 대사라는 용어는 영사를 포함하지 않는다. 하지만 현재의 연합의회는 하위 직급의 외교 공무원을 고용하고 영사를 임명하고 접수하는 것이 편리하다는 것을 알게 되었고, 이는 연합의회의 관행이 되고 있다.

통상조약이 통상업무의 역할을 맡을 영사의 상호 임명을 규정하고 있는 경우, 외국의 영사를 받아들이는 것은 통상조약을 체결할 권한에 포함될 것이다. 그와 같은 조약이 존재하지 않는 경우에는, 외국으로 파견되는 미국 영사의 임무는 연합규약이 제9조에서 부여하고 있는 합중국의 일반적 업무를 관장하는 공무원 임명권에 포함될 수 있는 것이 사실이다. 그러나 이전의 어떤 조약에서도 명기된 바 없는 합중국으로 파견되는 영사를 받아들이는 권한은 어느 곳에서도 규정되어 있지 않는 것으로 보인다. 누락된 이 규정을 보충한 것은 헌법회의가 연합규약에 비해 개선된 하나의 작은 예에 불과하지만, 점진적이고 눈에 띄지 않는 권력남용에 대한 당위성이나 구실을 사전에 방지하기 위해서는 가장 세세한 조항들도 중요하게 될 것이다. 연합규약의 결함으로 말미암아 연합의회가 그동안 자신에게 부여된 권한을 위반할 수밖에 없었던 사례들의 목록을 보게 된다면 이 문제에 전혀 주의를 기울이지 않았던 사람들은 적지 않게 놀랄 것이다. 또한 새헌법은 연합규약의 명백한 결함에 대해서도 주의를 기울인 만큼이나 그다지 중요하지 않은 결함에 대해서도 세심하게 대비하고 있으므로, 이는 새헌법을 지지하는 중요한 논거가 될 것이다.

공해상에서의 해적행위와 중죄, 국제법 위반행위를 정의하고 처벌할 권한이 중앙정부에 속하는 것은 앞에서의 다른 권한과 마찬가지로 타당하며, 이 역시 연합규약에 비해 더 많이 개선되었다. 연합규약에는 국제법 위반행위에 대한 규정이 없었고, 따라서 무분별한 어떤 주라도 국제법을 위반함으로써 연합을 외국과의 분쟁에 휘말리게 할 수도 있었다. 해적행위 및 중죄에 관한 연합규약의 조항은 이러한 위반행위를 재판할 법원의 설치까지만 언급하고 있다. 해적행위에 대한 정의는 대부분의 지방정부의 법규에서 볼 수 있지만, 국제법에 맡기는 것이 편리할 것이다. 공해상에서의 중죄에 관한 정의 또한 없어서는 안 될 부분으로서, 중죄란 영국의 관습법에서도 그 의미가 명확하지 않으며 다만 영국의 성문법에서 여러 가지 의미로 사용되고 있을 뿐이다. 그러나 입법에 의해 우리 자신의 기준을 먼저 세우지 않는 한, 영국 또는 어떤 국가의 관습법 및 성문법도 중죄에 대한 법적 절차의 기준이 될 수 없다. 영국에서의 중죄에 대한 정의가 모호하고 또한 정당한 지표가 될 수 없듯이, 각 주의 법전에서 볼 수 있는 중죄에 대한 정의도 그에 못지않게 비현실적이다. 주마다 서로 다른 정의를 내리고 있으며 형법이 개정될 때마다 그 정의가 변하기 때문이다. 그러므로 확실성과 획일성을 위해서 공해상의 중죄를 정의하는 연방의 권한은 필요하고도 타당한 것이라 할 수 있다.

외국과의 통상 규제는 여기서 다루고 있는 여러 관점에 포함되고 또 이미 자세히 논의했으므로 연방행정의 관할에 맡기는 것이 적절하다고 생각된다.

노예수입을 금지하는 권한이 1808년까지 연기될 것이 아니라 즉시 행사되는 것이 바람직하다는 것에는 의심할 여지가 없었다. 하지만 중앙정부에 왜 이 제약을 부과했으며, 이 조항 전체를 왜 이런 방식으로 표현했는지에 대해 설명하기는 어렵지 않다.[4] 앞으로 20년 후에 현대의 야만적 정책이라고 그토록 오랫동안 공공연히 비난받아 온 거래를 영원히 종식시킬 것이라는 것, 또한 그 기간 안에도 노예 수입과 거래는 연방정부로부터 상당한 억제를 받게 되고, 비인도적 거래를 계속하는 소수의 주들도 결국 대다수 주들의 금지 사례에 따를 경우 그것이 완전히 폐지되리라는 점은 인권의 측면에서 커다란 진보

---

4) 중앙정부, 즉 연방정부에 부과된 제약은 헌법 제1조 9절 1항에 명백히 표현되어 있다: 연방의회는 기존의 주들 중 어느 주가, 그 허용이 적당하다고 인정하는 사람들의 이주 또는 입국을 1808년 이전에는 금지하지 못한다. 다만, 이러한 사람들의 입국에 대하여 1인당 10달러를 초과하지 아니하는 한도 내에서 입국세를 부과할 수 있다. 페이퍼 38번, 각주 20) 참고.

로 생각되어야 한다. 만일 우리처럼 그들도 유럽인들의 억압으로부터 벗어날 가능성을 볼 수 있다면, 불행한 아프리카인들에게 얼마나 행복한 일이겠는가!

일부에서는 이 조항을 한편으로는 불법적 관행을 묵인하는 형사적인 관용으로, 그리고 다른 한편에서는 유럽에서 아메리카로의 자발적이고 유익한 이민을 막기 위해 계산된 것으로 오도함으로써 헌법에 반대하려는 시도가 이루어지고 있다. 내가 이 조항에 대한 이처럼 그릇된 해석을 언급하는 이유는 그것에 답하려는 의도가 아니라, 답할 가치도 없기 때문이고, 제안된 새 정부에 대해 반대하는 사람들이 적절하다고 생각했던 반대의 방식과 태도가 어떠했었는지 그 견본을 보여주고 싶어서이다.

세 번째 부류에 포함된 권한들은 주 간의 조화와 적절한 교류를 규정하고 있다.

여기에는 주들의 권한에 대한 특정한 제한 및 사법부의 일정한 권한 등이 포함되어 있다. 그러나 전자는 별개의 종류로 따로 검토할 것이고, 후자는 나중에 정부의 구조 및 조직을 다룰 때 자세히 검토하기로 하겠다. 따라서 여기서는 세 번째 부류에 포함되는 나머지 권한들을 대충 살펴보는 데 그치고자 한다. 이들을 나열하면, 주 간의 통상 및 인디언 부족들과의 교역을 규제하는 권한, 화폐주조권과 화폐가치의 규제권 및 외국 화폐가치의 규제권, 합중국의 통화와 유가증권의 위조에 대한 처벌권, 도량형의 기준을 정하는 권한, 시민권 부여에 대한 일률적 규정 및 파산에 대한 일률적 법률 제정의 권한, 그리고 각 주의 공법, 기록, 및 사법절차가 확정되는 방식을 규정하고 그것들이 다른 주에서 가지는 효력을 규정하는 권한, 우편국과 우편도로를 건설하는 권한 등이다.

기존의 연합체제에서 주 간의 교역을 규제하는 권한의 결함은 경험에 의해 이미 명백히 지적된 결함 중 하나이다. 또한 이 문제에 대해 지금까지의 페이퍼들에서 행한 검토 및 증거[5]에 덧붙이고 싶은 점은, 외국과의 통상을 규제하는 중대하고도 필수적인 권한도 이러한 보충 규정이 없으면 불완전하고 무력한 것이 되었을 수 있다는 점이다. 이 권한의 실질적 목적은 다른 주를 통해 수출입을 하는 주들이 다른 주들이 부과하는 부당한 과세로부터 벗어날 수 있게 하는 것이다. 이들 주가 주 간의 교역을 멋대로 통제한다면, 그들의 관할 지역을 통과하는 수출입품에 대해 세금을 부과하는 방법을 찾아낼 것이고, 결국 이런 세금은 수출품 제조자와 수입품의 소비자가 떠맡게 될 것이다. 과거의 경험으로 볼 때 그러한 제도는 주들의 장래 세입 수단으로 등장할 것이며, 결국 인간사의 상식적인 면에서 볼 때 이러한 문제는 주들 간에 끊임없는 적대감을 조장하고 공공의 평안을 심각하게 침해할 수 있음을 명심해야 한다. 어떤 감정이나 이해관계에 얽매이지 않고 이 문제를 바라보는 사람들이라면 어떠한 형태든 상업을 하는 주들이 그들의 상업과 관련되지 않은 인접 주들로부터 간접적인 세입을 징수하려는 욕심은 불공평하고 무분별하게 보일 것이다. 왜냐하면 그것은 손해를 입은 측으로 하여금, 이해관계에서뿐만 아니라 반감 때문에도, 외국과의 무역에서 불편을 감수해야 하는 항로를 이용하도록 자극할 수 있기 때문이다. 그러나 장기적이고 넓은 안목에서 생각하는 온건하고 이성적인 목소리는, 즉각적이고 터무니없는 이득을 추구하는 조급하고 탐욕적인 외침 속에 개인이나 공공의 눈앞에서 묻혀버리고 마는 것이 현실이다.

　　연방체제에서 주 간의 교역을 감독하는 권한의 필요성은 우리의 경우뿐만 아니라 다른 나라의 사례를 통해서도 알 수 있다. 매우 느슨한 연합체제를 가진 스위스의 경우 개별 주들은 자신들의 관할을 통과하는 다른 주들의 물품에 대해 통행료를 부과하지 못하게 되어 있다. 독일에서는 제국법에 의해 황제와 의회의 동의 없이는 군주들이나 개별 주가 교량, 하천, 통행로 등에 통행료 및 관세를 부과할 수 없다. 그러나 이미 다른 곳에서 다루었듯이 독일 연합의 다른 많은 경우에서처럼 이 점에 있어서도 법률은 무시되었고, 지금 이 페이퍼에서 예상하고 있는 것 같은 폐해가 발생된 듯하다.[6] 네덜란드 연합 내

---

5)　페이퍼 11번과 12번 참고.

의 각 구성원에 적용되는 제약 중에는 연합 전체의 승인이 없이는 인접 주들에 불이익을 주는 과세를 설정할 수 없도록 하고 있다.

새헌법의 인디언 부족들과의 교역에 대한 규정은, 연합규약의 규정을 모호하고 모순적으로 만든 두 가지 제한을 아주 적절하게 해제했다. 연합규약에 따르면, 연합의 통상에 관한 권한은 어떠한 주의 구성원도 아닌 인디언들에게만 한정되지만, 그 권한은 (인디언들이 거주하는) 주들이 그들의 경계 내에서 갖는 입법권을 위반하거나 침해하지 않는 것을 조건으로 한다.[7] 어떤 인디언들이 한 주의 구성원으로 간주될 것인가 하는 문제는 아직 해결되지 않았으며 연합의회에서 빈번히 혼란과 논쟁의 대상이 되고 있다. 어느 주의 구성원은 아니지만 그 주의 입법 관할권 안에 거주하고 있는 인디언들과의 교역을, 그 주의 입법권을 침해하지 않고 연합의 권위로 규제한다는 것은 절대 이해할 수 없는 일이다. 이는 연합이 주에 대해 가지는 부분적 주권을 주들의 내부에서 완전하게 행사하려는 시도이고, 이는 연합규약이 무모하게 달성하려고 시도했던 여러 불가능한 것들 중 하나에 불과하다. 이는 일부분을 제거하면서 동시에 전체를 유지하려는 것과 같이 수학적 공리에 모순되는 시도라고 할 수 있다.

화폐의 주조, 그 가치의 규제, 그리고 외국 화폐의 가치를 규제하는 권한에 있어 주의를 요하는 점은 새헌법이 마지막 경우, 즉 외국 화폐의 가치를 규정하는 권한을 추가함으로써 연합규약에 사실상 빠져 있는 부분을 보완하고 있다는 것이다. 기존 연합의회의 권한은 자신의 권한에 의해 주조된 화폐 및 각 주의 화폐를 규제하는 것으로 한정되어 있다. 만일 외국 화폐의 가치를 각

---

6) 독일 연합에서는 주권국들 사이의 질서를 유지하고 정의를 실현하는 일이 불가능해졌다. 페이퍼 19번 참고.

7) 연합규약 제9조는 "연합의회는 어떤 주의 구성원도 아닌 인디언과의 교역을 규제하고 인디언과의 모든 문제를 관리하는 독점적인 권한을 갖는다. 단, 어떤 주의 입법권도 그 주의 경계 내에서 침해되거나 침범되어서는 안 된다는 것을 조건으로 한다"라고 규정하고 있다.

주의 서로 다른 규정에 맡기게 되면, 새헌법에서 추가된 외국 화폐의 가치를 규제하는 권한이 의도하는 통화가치의 통일성이 파괴되고 말 것이라는 것을 바로 알 수 있다.

유가증권 및 화폐의 위조에 대한 처벌권은 그것들의 가치를 보호하기 위한 권한에 속하는 것이다.

도량형에 대한 규제는 연합규약에서 그대로 가져온 것인데, 앞서 언급한 화폐에 대한 규제권과 같은 이유에 근거한다.

각 주의 시민권 부여 규정의 차이점은 오래 전부터 기존 체제의 결함으로 지적되어 왔으며 복잡하고 미묘한 문제점들의 근거가 되어 왔다. 연합규약 제4조에 의하면 "빈민, 부랑자, 도망자들을 제외한 각 주의 자유 거주민은, 여러 주에서 자유 시민이 가지는 모든 기본권 및 면제권을 부여받게 되며, 각 주의 주민들은 다른 주에서도 거래와 통상에 관한 기본권을 누린다"고 되어 있다. 여기에서 주목할 만한 어휘상의 혼돈이 발견되는데, 조항의 일부에서는 '자유 거주민'이라는 용어가, 다른 일부에서는 '자유 시민', '국민'이라는 용어로 사용되고 있는가 하면 '자유 시민의 모든 기본권 및 면제권', '거래와 통상의 특권'이라는 구절을 덧붙이기도 하여 쉽게 그 의미를 파악할 수 없다. 그러나 한 주의 '자유 거주민'이라는 용어로 명명되는 사람들은 그 주의 시민이 아닐지라도 다른 모든 주에서 그 주의 '자유 시민'으로서의 기본권을 부여받는다는 해석도 불가피해 보인다. 다시 말해서 본래의 주에서는 시민이 아닐지라도 다른 주에서 더 큰 기본권을 부여받을 수 있을지 모른다. 따라서 어떤 주, 아니 모든 주는 다른 주 내에서 시민권을 인정받은 사람들뿐만 아니라, 그 주의 관할권 내의 거주민으로 인정된 사람들에 대해서도 시민권을 부여하는 권한을 가져야만 한다는 것이다.8) 그러나 규정된 기본권은 시민들에게만 국

---

8) 미국 혁명 이후, 각 주는 외국에서 태어나 아메리카로 온 사람들에 대한 자신들만의 귀화(naturali-
    zation) 규정, 즉 시민권(the rights of citizenship) 부여 규정을 만들었다. 따라서 당시의 시민권은
    합중국 전역에서 유효한 것이 아니라 그것을 부여받은 주에서만 유효했다. 그러나 연합규약 제4조

한되고 거주민은 시민에 포함되지 않는다는 해석이 받아들여진다 해도, 문제가 작아질지는 모르지만 없어지는 것은 아니다. 각 주는 다른 모든 주의 외국인 체류자에게 시민권을 부여할 수 있는 매우 부적절한 권한을 여전히 갖게 되는 것이다. 어떤 주에서는 단기간의 거주자에게도 시민권이 부여되지만, 다른 주에서는 자격요건이 더 까다로운 경우도 있다. 후자의 경우 일부 법적 권리를 인정받지 못하는 외국인 체류자가 시민권이 쉽게 부여되는 전자의 주에서 거주했던 것으로 자신의 무자격 문제를 해결할 수 있을 것이다. 그러므로 한 주의 법률이 다른 주의 관할 내에서 그 주의 법률보다도 우월하게 되는 불합리한 결과가 도출되는 것이다. 지금까지 이 문제로 인해 아주 곤란한 상황을 피할 수 있었던 것은 순전히 우연의 덕분이라고밖에 할 수 없다. 각 주의 법에 따르면, 바람직하지 않고 불쾌한 외국인 체류자들을 시민권뿐만 아니라 거주권에도 부합하지 않는 금지 대상으로 규정하고 있다. 만일 그러한 사람들이 거주 또는 다른 이유로 다른 주 법에 의해 시민권을 취득하고 난 후, 그들의 권리를 박탈한 주에 거주할 권리와 시민권을 주장한다면 그 결과는 어떻게 되는 것일까? 법적 결론과는 관계없이 대처하기 어려운 아주 심각한 결과가 나타날 것이다. 새헌법은 합중국 전역에 걸쳐 시민권 부여에 관한 획일적인 규정을 확립할 권한을 새 정부에 부여함으로써 이런 문제를 포함해 연합규약의 결함으로 발생하는 다른 모든 사항에 대비한 것은 매우 적절하다고 할 수 있다.

합중국 전역에 걸쳐 일률적인 파산 법률을 제정하는 권한은 통상에 관한

는 "각 주의 자유 거주민은, 여러 주에서 자유 시민이 가지는 모든 기본권 및 면제권을 부여받는다"라고 규정하고 있다. 따라서 예를 들자면, 시민권을 부여받는 데 조건이 까다롭지 않은 펜실베이니아주에서 시민권을 획득한 사람들은 좋은 일자리를 찾아 가까운 버지니아주로 이동이나 이주할 경우, 시민권 획득 조건이 매우 까다로운 버지니아주의 시민권을 어렵지 않게 부여받을 수 있었다. 매디슨은 이 페이퍼에서 이러한 주들의 불합리하고 획일적이지 않은 시민권 부여에 대한 권한이 새헌법에서는 연방정부의 관할로 되어 합리적이고 획일적으로 될 것이라고 설명하고 있다.

규제와 밀접하게 연관되어 있다. 그런 권한은 파산 당사자들 혹은 그들의 재산이 해당 주에 그대로 있든 또는 다른 주로 옮겨가든 상관없이 매우 많은 사기 행위를 방지하게 될 것이기 때문에, 그 유용성은 의심할 여지가 없다.[9]

일반법에 따라 각 주의 공법, 기록, 사법절차가 확정되는 방식을 규정하고 그것들이 다른 주에서 가지는 효력을 규정하는 권한은, 이 문제에 관한 연합규약의 조항에 추가된 명백하고도 중요한 개선이다. 연합규약의 같은 조항은 그 의미가 극히 모호해 어떤 방식으로 해석해도 별 중요성이 없다. 반면, 새헌법에서 설정된 권한은 매우 편리한 정의의 도구가 될 수 있다. 특히 인접 주와의 접경 지역에서 많은 이점이 있을 수 있는데, 왜냐하면 그런 지역에서는 재판의 대상이 되는 자산이 소송 절차의 단계에서 갑자기 그리고 비밀리에 관할권이 미치지 않는 곳으로 옮겨질 수 있기 때문이다.

우편도로의 설립에 관한 권한은 어떤 면에서 봐도 무해한 권한이며, 아마도 적절히 관리한다면 공공의 편의에 큰 도움이 될 것이다. 주 간의 교류를 촉진하는 것은 그 어떤 것도 공적인 배려의 가치가 있기 때문이다.

푸블리어스

---

[9] 헌법 제1조 8절 4항 참고.

THE FEDERALIST

No. 43

≪인디펜던트 저널≫, 1788년 1월 23일

제임스 매디슨

뉴욕주 시민들에게

새로운 연방정부에 주어질 권한의 네 번째 부류는 다음과 같이 구성되어 있다.

1. "저작자와 발명자에게 그들 각각의 저술과 발명에 대한 독점권인 권리를 일정 기간 보장해 줌으로써 과학과 유용한 기술의 발달을 촉진"하는 권한.[1]

이 권한의 유용성은 거의 의심할 바가 없다. 영국에서는 저작권을 보통법상의 권리로 엄격하게 인정하고 있으며, 유용한 발명품들에 대한 권리도 마찬가지 이유로 발명자에게 속하는 것으로 간주한다. 두 경우 모두에서 공익은 개인의 권리 청구권과 완전히 일치하고 있음을 알 수 있다. 주들이 독자적으로는 이 두 경우에 대해 효과적으로 대비할 수 없으므로, 대부분의 주들은 연합의회에서 통과된 법률에 의해 이런 요지의 결정이 내려지기를 기대해 왔었다.

2. "특정 주가 합중국에 양도하고, 연방의회가 이를 받아들임으로써 합중국 정부의 소재지가 되는 지역(10제곱마일을 초과하지 못함)에 대하여 어떠한 사항에 관해서도 독점적인 입법권을 행사할" 권한, 그리고 "요새, 무기고, 조병창, 조선소 및 기타 필요한 건조물의 건설을 위해 각 주 의회의 동의에 의해 구입한 토지에 대해서도 이와 동일한 권한을 행사할" 권한.[2]

---

1) 헌법 제1조 8절 8항.
2) 헌법 제1조 8절 17항.

정부의 소재지에 대한 연방정부의 절대적 권한의 필요성은 자명하다. 그것은 현재 연합의 모든 주의 입법부뿐만 아니라 세계의 모든 정부의 입법부에서 행사하고 있는 권한이다. 그 권한 없이는 공권은 침해될 수 있고, 공권의 행사를 방해해도 아무런 처벌도 받지 않게 될 것이다. 연방정부의 관리가 그 직무 집행 중의 보호를 연방정부의 소재지가 위치한 주에 의존해야 한다면, 그것은 연방의회의 위신과 영향력에 불명예스러운 일인 동시에 연방의 구성원인 다른 주들에게도 매우 불만스러운 일이 될 것이다. 정부의 영구 소재지에서 공공시설이 점차 늘어남에 따라 연방정부가 소재하는 어느 한 주의 수중에 너무나 큰 공적 권한을 맡기게 될 뿐 아니라, 정부의 소재지를 이전하기 어렵게 하는 장애물이 너무 많이 늘어나게 되어 정부의 독립성이 더욱 축소될 수 있기 때문이다.[3] 연방 직할지역의 넓이는 반대자들의 경계심을 누그러뜨릴 만큼 충분히 제한되어 있다. 연방 직할지역은 그것은 양도하는 주의 동의를 받아 연방정부의 사용에 할양될 것이며, 계약을 통해 그곳 거주민들의 권리와 동의를 보장할 것이다. 또한 거주민들은 자발적인 계약의 당사자가 된다는 점에서 충분한 이점을 가지게 될 것이다. 연방 직할지역의 거주민들은 자신들을 통치할 권한을 행사할 정부를 구성하는 데 있어서 선거를 통해 자신들의 목소리를 낼 것이며, 지방적 목적을 위한 주민 자신들의 선거에 의한 자치적인 입법부를 만드는 것도 당연히 허용될 것이다. 또한 해당 주의 입법부와 그곳 거주민의 양도 동의권도 궁극적으로는 새헌법의 채택을 통해 그 주의 전체 주민들로부터 유래하게 될 것이므로, 이 문제에 대해 예상할 수 있는 모든 반대를 방지할 수 있을 것으로 보인다.

---

3) 이러한 이유로, 즉 어느 주에 혜택을 주거나 어느 주로부터 영향을 받지 않는 연방정부의 영구 소재지를 만드는 법인 'The Residence Act'를 1790년 7월 1일 연방의회가 통과시켰다. 초대 대통령인 조지 워싱턴은 많은 생각 끝에 북부에도 그리고 남부에도 속하지 않는 중간 지역인 지금의 워싱턴 시를 선택했다. 워싱턴이라는 시의 명칭은 조지 워싱턴의 이름을 따서 지어졌고, 컬럼비아 특별자치구(District of Columbia)의 컬럼비아는 컬럼버스(Christopher Columbus)의 이름을 땄다.

연방정부가 건설하는 요새, 무기고 등에 대해서도 비슷한 권한, 즉 연방정부의 절대적인 권한이 필요하다는 것 또한 명백하다. 그러한 장소에 지출되는 공공 자금과 그곳에 비축될 공공 자산은 특정 주의 권한하에 두어서는 안 된다. 연방 전체의 안전이 걸린 장소들이 특정주에 의해 조금이라도 좌우되는 것은 적절하지 않을 것이다. 그러한 시설들을 건설하는 데 관련된 반대와 이의는 관련 주들의 동의를 받음으로써 해소될 수 있을 것이다.

3. "연방의회는 반역죄의 형벌을 선고하는 권한을 가진다. 다만 반역죄로 인한 사권박탈 선고는 그 선고를 받은 자의 생존 기간을 제외하고 혈통오손[4]이나 재산몰수를 초래하지 아니한다."[5]

합중국에 대해 반역이 행해질 수 있기 때문에 합중국의 권한은 이를 처벌할 수 있어야 할 것이다. 그러나 자유정부의 당연한 부산물인 과격한 당파들이 서로에게 번갈아가며 악의적으로 보복하는 수단으로 반역죄를 덮어씌우고 있기 때문에, 헌법회의는 반역죄에 대한 헌법적 정의를 삽입하고, 이를 유죄로 결정하기 위해 필요한 증거를 확정하고, 의회가 반역죄를 처벌함에 있어 그 죄의 결과가 당사자 이외에까지 확대되지 못하게 함으로써 이러한 특유한 위험에 대해 장벽을 설치한 것이다.

4. "연방의회는 새로운 주를 연방에 가입시킬 수 있다. 다만 어떠한 주의 관할 구역에서도 새로운 주를 형성하거나 세울 수 없다. 또 관련된 각 주의 주의회와 연방의회의 동의 없이는 2개 또는 그 이상의 주나 주의 일부를 합병하여 새로운 주를 형성할 수 없다."[6]

연합규약에서는 이 중요한 사항에 대한 아무런 규정도 찾아볼 수 없다.

---

4) 혈통오손(corruption of blood): 중범죄인이 개인의 사적 권리의 박탈로 인해 토지 또는 토지에 대한 권리의 상속, 보유 그리고 유언에 의하여 유산의 전부 또는 일부를 물려주는 것을 금지당함을 말한다.
5) 헌법 제3조 3절 2항.
6) 헌법 제4조 3절 1항.

연합규약에 따르면, 캐나다는 합중국의 일부로 가입하는 것이 인정되었고, 영국의 식민지를 명백하게 의미하는 기타 식민지들의 합중국 가입은 9개 주의 동의가 필요하다.[7] 연합규약의 입안자들은 새로운 주가 수립될 수 있는 가능성을 간과했던 것 같다. 우리는 이런 가능성이 연합규약에서 누락된 데 대한 불편함을 겪어왔다. 오히려 그 결함으로부터 연합의회가 누리는 권력을 우리는 목격하고 있는 것이다.[8] 따라서 새로운 체제가 이 결함을 보완하고 있는 것은 매우 적절한 것이다. 연방정부와 관련 주들의 동의 없이는 어떠한 새로운 주도 형성될 수 없다는 전반적인 신중함은 이런 종류의 업무를 결정하는 원칙에 상응하는 것이다. 해당주의 동의 없이 주를 분할하여 새로운 주를 수립하지 못하도록 한 특별한 신중함은 큰 주들의 우려를 덜어줄 것이며, 마찬가지로 관련 주들의 동의 없이 주들의 병합을 금지한 것은 작은 주들의 우려도 없애줄 것이다.

5. "연방의회는 합중국에 속하는 영토나 그 밖의 재산을 처분하는 권한 및 이에 관한 모든 필요한 규칙 및 규정을 제정하는 권한을 가진다. 다만 이 헌법의 어떠한 조항도 합중국 또는 어느 특정 주의 권리를 훼손하는 것으로 해석되어서는 안 된다."[9]

이것은 매우 중요한 권한으로서 바로 앞에서 언급한 권한의 타당성과 비슷한 이유로 필요한 권한이다. 부가된 단서 조항은 그 자체로 타당할 뿐만 아니라 아마도 일반 대중들에게 잘 알려진 서부 영토에 관한 의혹과 의문들에

---

7) 연합규약 제11조.
8) 매디슨은 페이퍼 38번에서 연합의회를 다음과 같이 비난했다. "(연합의회는) 새로운 주들이 연합에 가입하는 것을 허용하는 조건의 규정 작성에 착수했다. 연합의회는 이러한 모든 것들을 최소한의 헌법적 권한의 구실도 없이 수행했지만 어떤 비난도 들리지 않았고, 어떤 경고도 들을 수 없었다." 따라서 연합의회가 새로운 주가 수립될 수 있는 가능성을 간과했다는 매디슨의 주장은 근거가 약하다. 페이퍼 38번에서 연합의회에 대한 매디슨의 비난은, 새로운 주들이 연합에 가입하는 것을 허용하려는 연합의회의 시도는 헌법적인 권한에 근거하지 않는다는 것이었다.
9) 헌법 제4조 3절 2항.

비추어 볼 때 절대적으로 필요했을 것이다.

6. "합중국은 이 연방 내의 모든 주에 공화정체를 보장하며, 각 주를 침략으로부터 보호하며, 또 각 주의 주 의회 또는 행정부(주 의회를 소집할 수 없을 때)의 요구가 있을 때에는 주 내의 폭동으로부터 각 주를 보호한다."[10]

공화정의 원리에 기초해 수립되고 공화정의 주들을 구성원들로 하는 연방에서 감독의 지위에 있는 연방정부가 귀족정 또는 혹은 군주정으로의 변혁에 대항하여 그 체제를 방어할 권한을 분명하게 소유해야만 한다. 연방의 성격이 더 강할수록 구성원들은 서로의 정치제도에 더 큰 관심을 갖게 되며, 그들이 계약을 맺어 이룬 정부의 공화체제가 본질적으로 유지되어야 함을 주장할 권리도 더 커진다. 하지만 권리는 예방책을 의미하는데, 헌법에 의해 그런 구제책이 위탁된 연방정부 외에 어떤 다른 곳에 그것을 맡길 수 있겠는가? 원칙과 형태가 서로 다른 정부들은 그것들이 서로 비슷한 정부들보다 어떠한 종류의 연합체제에도 훨씬 덜 적합하다고 알려져 왔다. 몽테스키외는 "서로 다른 군주들의 지배를 받는 자유도시들과 작은 국가들로 이루어진 독일 연합공화국은 경험상으로 보아 네덜란드나 스위스 연합공화국보다 더 불완전하다"고 말한다. 그는 "마케도니아의 왕이 암픽티온 연합[11]의 일원이 되자마자 그리스는 파멸했다"고 덧붙인다. 다시 말해서, 새로 연합에 가입한 마케도니아의 군주제적 형태뿐만 아니라 다른 구성원들보다 압도적으로 강한 힘이 그리스 파멸에 큰 영향을 미쳤음이 분명하다. 그렇다면 그와 같은 예방책이 왜 필요하며, 또한 그것이 연방이 주들의 동의 없이 그들의 정체를 바꾸어버릴 수 있는 구실이 되지 않겠느냐는 질문이 제기될 수 있다. 이 질문에는 바로 답할 수 있다. 만일 연방정부가 개입할 필요가 없게 된다 해도, 그런 경우에 대비하는 헌법의 규정은 다소 지나칠 수는 있지만 전혀 해가 될 일은 없다. 그러나

---

10) 헌법 제4조 4절.

11) 페이퍼 18번, 각주 2) 참고.

특정 주의 변덕이라든지, 모험적인 지도자들의 야망에 의해서든지, 혹은 외세의 음모와 영향력에 의해 공화정에서 벗어나려는 어떤 시도가 일어날지는 누구도 단언할 수 없지 않은가? 두 번째 질문에는 다음과 같이 대답할 수 있다. 만일 연방정부가 헌법상의 권한에 의해 개입해야 할 경우에는 연방정부는 당연히 그 권한을 추진해야 할 의무가 있다고 할 수 있다. 그러나 그 권한은 공화정체를 보장하는 선에서 그쳐야 하며, 그 보장이란 것은 기존의 공화정체를 의미한다. 따라서 주들이 기존의 공화정체를 유지하는 한, 그 체제는 연방헌법에 의해 보장된다. 주들이 그들의 정체를 다른 형태의 공화적 체제로 바꾸기를 원한다면 언제라도 그렇게 할 권리가 있고 거기에 대한 연방의 보증을 요구할 권리를 갖는다. 그들에게 가해지는 유일한 제약은 공화적 헌법을 반공화적 헌법으로 대체해서는 안 된다는 것인데, 이는 결코 불만거리로 여겨지지는 않을 것이다.

한 사회가 그것을 구성하는 모든 부분을 외부의 침략으로부터 보호해야 하는 것은 당연한 일이다. 여기서 말하는 보호의 범위는 외국의 적대행위만이 아니라, 인접하고 있는 강력한 주들의 야심적 혹은 보복적인 행위로부터 각 주를 보호하는 것까지 포함한다. 고대 및 근대의 연합체제들의 역사를 보면 합중국의 약한 구성원들이 새헌법의 바로 이 조항에 민감할 수밖에 없음을 증명해 주고 있다.

주 내의 폭동으로부터의 보호도 이와 같은 타당성에서 새헌법에 추가되었다. 실제로 하나의 정부하에 있다고 할 수 없는 스위스의 주들 사이에서 조차도 이런 목적을 위한 규정을 두고 있다는 것은 이미 지적한 바 있다.[12] 스위스 연합의 역사는 우리에게 가장 민주적인 주들이거나 그렇지 않은 주들도 상호 원조를 자주 요청하고 또 제공하고 있다는 것을 일깨워 준다. 최근에 일어난 잘 알려진 사건[13]은 비슷한 성격의 긴급사태에 대비하여야 함을 우리에

---

12) 페이퍼 19번 참고.

게 경고하고 있다.

다수파라도 정부를 전복할 권리가 없다는 가정, 소수파라도 정부를 전복할 힘을 가질 수 있으리라는 가정, 결과적으로 연방의 개입은 타당하지 않는 경우를 제외하고는 결코 필요하지 않을 것이라는 가정은 얼핏 보기에 공화정의 이론과는 맞지 않는 것처럼 보일지 모른다. 그러나 대부분의 경우와 마찬가지로 이 경우에도 이론적인 추론은 실제의 교훈에 의해 타당성이 인정되어야 한다. 폭동을 목적으로 하는 불법 집단들이 어느 주의 한 카운티 혹은 한 지역의 다수파에 의해 결성되듯이, 어느 주, 특히 작은 주의 다수파에 의해 결성되지 않는다고 어떻게 말할 수 있는가? 그리고 한 카운티나 지역의 경우에 그 주의 권력이 그 지방의 행정당국을 보호해야 한다면, 주의 차원에서 결성되는 폭동의 경우에는 연방의 권력이 주의 권력을 지원해야 하는 것이 아닌가? 그뿐만 아니라, 각 주 헌법의 어떤 부분은 연방헌법과 밀접하게 연계되어 있어서 어느 한쪽에 큰 타격이 주어질 경우 다른 쪽에도 심각한 손상을 입히지 않을 수 없다. 한 주 내의 반란은 그에 가담한 사람들의 수가 그 주 정부를 지지하는 세력의 수를 능가하지 않는 한 연방의 개입을 초래하지는 않을 것이다. 그런 경우 즉, 어느 주의 반란 세력이 수적으로 우세해 불굴의 항쟁으로 그들의 명분을 고집하는 경우, 권력의 감독자, 즉 연방의 권력에 의해 폭력을 진압하는 것이 훨씬 나을 것이다. 개입할 권한이 존재한다는 것은 일반적으로 권한의 존재 자체가 개입이 실제로 행사되는 것을 막아 주기 때문이다.

공화정부에서 힘은 정의의 편에 선다는 것이 과연 사실인가? 소수파가 재정적 자원이나 군사적 능력 및 경험, 외국의 은밀한 지원 등에서 우위를 차지하게 되면 무력에 호소하기 위한 유리한 조건을 가지게 되지 않겠는가? 힘의 조직이 탄탄하고 유리한 입장에 있는 소수파가 그 힘을 신속하고 조직적으로 행사하기 어려운 상황에 있는 다수파보다 더 우세해지지 않겠는가? 그러나

---

13) 셰이즈의 반란. 페이퍼 6번, 각주 14) 참고.

실제로 행사할 수 있는 무력이 시험되는 상황에서, 주민들의 인구조사에 적용되는 규칙, 혹은 선거의 당선 결과를 결정하는 규칙들에 따라 승리를 산정할 수 있으리라고 생각하는 것보다 터무니없는 일은 없을 것이다. 외국인 거주자들, 혹은 그 주의 헌법상 참정권이 없는 사람들이나 우연히 단합한 협잡꾼들이 시민의 소수파에 가담함으로써 결국 다수파가 되는 일이 일어나지나 않을까? 나는 몇몇 주에서, 정부가 안정된 시기에는 인간 이하로 취급받다가, 시민폭동의 격렬한 현장에서는 인간의 모습으로 나타나 그들이 지지하는 집단을 우세하게 만드는 많은 불행한 인간들[14]에 대해서는 언급하고 싶지 않다.

무력에 호소하여 한 주를 분열시키는 두 개의 파괴적 당파들 중 어느 쪽이 옳은지 의심스러울 경우, 지역적인 감정에 얽매이지 않는 연방을 구성하는 각 주의 대표들, 즉 연방의회보다 더 나은 심판자는 없을 것이다. 그들의 공정한 판결에 의해 두 당파는 우정의 유대를 맺게 될 것이다. 모든 자유정부가 자신의 결함에 대한 개선책을 가질 수 있다면, 그리고 인류의 보편적 평화를 위해 이와 같은 효율적인 계획이 수립될 수 있다면 얼마나 행복한 일인가!

모든 주에 퍼진 반란이, 헌법상의 권리는 없지만, 우세한 세력을 갖게 된다면 그에 대한 대책은 무엇인가라는 질문을 한다면, 그 대답은 다음과 같을 것이다. 그러한 경우는 인간이 강구할 수 있는 구제책의 테두리를 넘어서는 것이고, 또 그런 일이 일어날 가능성은 인간이 생각할 수 있는 범위 밖의 일이다. 이러한 이유에서 어떤 헌법보다도 이러한 재앙의 위험을 최소화할 수 있는 연방헌법을 충분한 이유를 들어 추천하고 있는 것이다. 몽테스키외가 열거한 연합공화국의 장점들 가운데 중요한 것은 "연합의 한 주에서 대중 반란이 일어나면, 다른 주들이 그것을 진압할 수 있다. 폐해가 한 지역을 잠식해도 그것은 남아 있는 다른 안전한 지역들에 의해 바로잡아질 수 있다"는 것이다.[15]

---

14) 매디슨은 여기서 일부 흑인 노예들을 암시하고 있다.

15) Montesquieu, *Spirit of Laws*, Vol. I, Book IX, Chap. I. 페이퍼 9) 참고.

7. "이 헌법이 채택되기 전에 계약된 모든 채무와 체결된 모든 계약은 이 헌법하에서도 연합규약하에서와 마찬가지로 합중국에 대하여 효력을 가진다."16)

이것은 선언적 명제로서만 생각될 수 있다. 이 조항이 삽입된 이유는 다른 이유보다도 합중국에 대한 외국 채권자들을 안심시키기 위함이었을 것이다. 왜냐하면 외국 채권자들은, 시민사회의 정치체제의 변화는 도덕적 의무마저 없애버리는 마술 같은 효과를 갖는다는 잘못된 믿음을 잘 알고 있음이 분명하기 때문이다.

헌법에 대한 사소한 비난 가운데에는 체결된 계약의 유효성이 합중국의 이익에 불리한 외국에 대한 채무뿐만 아니라, 합중국에 유리한 합중국 국민의 채권에 대해서도 확실하게 삽입되었어야 했다는 주장이 있었다. 사소한 비판들이 대개 그러하듯이 반대자들은 그러한 조항의 누락을 국가 권리에 반하는 음모로 변형하고 확대해 왔다. 이런 사소한 것들을 발견한 사람들에게 다른 사람들은 이미 알고 있는 것을 말해주자면, 계약이란 상호적 성격을 갖기 때문에 한편에 대한 유효성의 주장은 필연적으로 다른 편에 대해 유효하게 되며, 또한 그 조항은 단지 선언적인 것일 뿐이므로 한 사례에 대한 원칙이 세워지면 다른 경우에도 충분히 타당하다는 것이다. 더 나아가 모든 헌법의 예방조치는 가상의 것이 아닌 실제적인 위험에 대해서만 국한되어야 하며, 이러한 헌법적 선언이 있든 없든 간에, 연방정부가 여기서 책망받는 구실을 내세워 국민에게 당연히 지불해야 하는 부채를 면제받으려고 시도할 위험은 전혀 없다는 것을 알아야 할 것이다.

8. "두 예외의 경우17)를 제외하고 주들의 4분의 3의 비준에 의한 헌법을

---

16) 헌법 제6조 1항.

17) 헌법을 수정하지 못하는 두 예외 중 첫째는 헌법 제5조이다: "어느 주도 그 주의 동의 없이는 상원에서의 동등한 투표권을 박탈당하지 아니한다." 둘째는 헌법 제1조 9절 1항이다: "연방의회는 기존의 주들 중 어느 주가, 그 허용이 적당하다고 인정하는 사람들의 이주 또는 수입을 1808년 이전에

수정할" 권한.[18]

미처 예견하지 못한 결함에 대해 유용한 수정안들이 제안될 것이 충분히 예상되므로, 수정안이 발의되는 형식을 규정하는 것이 반드시 필요하다. 헌법회의가 선택한 방식은 어느 모로 보나 타당한 것 같다. 헌법을 바꾸는 방식이 너무 쉬워 자주 헌법을 수정하는 것에 대해서, 그리고 바꾸는 방식이 너무 어려워 헌법상의 결함이 발견되었음에도 영구히 그대로 둘 수밖에 없는 경우에 대해서도 마찬가지로 경계하고 있기 때문이다. 게다가 새헌법에서는 연방 정부와 주 정부들 중 어느 한편이나, 혹은 다른 편의 경험에 의해서도 헌법상의 결함이 드러날 수 있으므로 양쪽이 평등하게 수정안을 발의할 수 있도록 하고 있다. 상원에서 주의 동등한 투표권을 보장하는 단서 규정은 헌법 수정의 두 예외 중 하나이며, 이는 상원에서의 대표권의 원칙에 의해 함축되고 보장되어 있는, 주에 남겨진 권한을 보호하려는 의도에서 비롯되었다고 볼 수 있다. 이는 특히 주들의 평등한 권리에 집착하는 주들이 주장했을 것이다. 두 번째 예외, 즉 1808년까지만 노예 수입을 인정한 조항도 주에 남겨진 권한에 의해 보호되는 특권이 만들어지게 된 것과 같은 이유에서 인정된 것이 틀림없다.

9. "이 헌법이 확정되는 데는 9개 주의 헌법회의의 비준으로 충분하다."[19]

이 조항은 자명하다. 국민들의 명백한 권위만이 헌법에 정당한 효력을 부여할 수 있기 때문이다. 13개 주의 만장일치에 의한 비준이 요구되었다면 전체의 필수 불가결한 이익이 어느 한 개 주의 변덕이나 부패에 좌우되어야만 했을 것이다. 그리고 만약 만장일치의 비준이 요구되었더라면 그것은 헌법회의의 통찰력의 결여로 볼 수 있었을 것이고, 우리 자신의 경험으로 보아 용서할 수 없는 일이다.[20]

는 금지하지 못한다"라고 명시해, 향후 20년 동안만 노예 수입을 인정한 조항의 수정을 금지한 것이다. 페이퍼 38번, 각주 20) 참고.

18) 헌법 제5조.

19) 헌법 제7조.

이 경우 아주 미묘한 두 가지 질문이 제기된다. 1. 어떤 원칙에서 주 간의 계약이라는 엄숙한 형식으로 설립된 현재의 연합을 당사자들의 만장일치의 동의 없이 연방으로 대체할 수 있는가? 그리고 2. 헌법을 비준하는 9개 혹은 그 이상의 주들과 그 비준에 동참하지 않은 나머지 몇 개 주들 사이에 어떤 관계가 잔존할 것인가?

첫 번째 질문에 대한 답은 전체 연방체제의 절대적 필요성, 다시 말해서 자기 보존의 대원칙이며, 사회의 안전과 행복은 모든 정치제도가 목표로 삼는 대상이며 모든 정치제도는 그 목표를 위해 희생해야 한다는 자연과 자연의 신의 초월적인 법을 상기함으로써 대신할 수 있다. 또한 계약의 원칙 그 자체에서 아마도 그 답을 구할 수 있을 것이다. 연합은 여러 주에서 단지 입법부의 비준 그 이상의 승인을 받은 적이 없다는 점이 그 결점 중 하나라고 지적되어 왔다. 따라서 상호성의 원칙에 입각하면, 연합의 의무는 다른 주들, 즉 연합을 입법부의 비준 그 이상으로 승인한 주들에 대해서도 같은 정도의 수준에 그쳐야 할 것이다.[21] 입법부의 통상적 결의에 의한 독립 주권국들 사이의 계약은 체결 당사자들 간의 연맹이나 조약 이상의 효력을 가지는 것으로 볼 수 없다. 조약에 관해 확립된 원칙에 따르면, 조약에 있어서 모든 조항은 서로의 상호 조건으로 작용하므로 어느 한 조항의 위반은 조약 전체의 위반이 되며, 어느 한 계약 당사자가 조항을 위반할 경우, 다른 당사자들은 그 조항을 준수할 의무가 면제되며, 그들이 원하는 경우 조약이 파기되었으므로 무효라고 선언할 수 있는 권리를 갖게 된다. 만일 불행히도, 특정 주들의 동의를 받지 않고 연

---

20) 매디슨은 연합규약의 비준과 수정의 비합리성을 지적하고 있다. 연합규약의 효력 발생은 13개주 모두의 비준을 필요로 했고, 그 수정 역시 13개 주 만장일치의 동의가 필요했다.

21) 매디슨이 주장하고 있는 상호성의 원칙에는 아무런 오류가 없다. 하지만 사실 연합규약의 비준은 모든 13개 주에서 단지 입법부 차원의 승인에 의해서만 이루어졌고, 어느 주도 그 이상의 승인 방식, 예를 들면 주의 전체 시민의 투표에 의해 연합규약을 비준한 주는 없었다. 따라서 애초부터 연합의 의무는 모든 13개 주의 입법부에만 동일한 기준으로 적용되기 때문에 상호성의 원칙을 적용해야만 하는 이유는 존재하지도 않는다고 보아야 한다.

합 조약의 파기를 정당화할 목적으로 이렇게 민감한 문제에 호소해야 한다면, 불만을 가진 측들은 자신들이 직면하게 될 다양하고도 심각한 연합규약에 대한 위반 행위들에 대해 해명해야만 하는 어려운 과제를 갖게 되지 않을까? 이 단락에서 내보여진 생각을 우리 모두 감추어야만 했던 시기가 있었다. 이제 상황은 달라졌고 동기는 여전히 같지만, 우리에게 다른 역할을 요구하고 있다.

두 번째 문제 역시 민감한 것으로서 단순한 가정에 근거한 예상이기 때문에 너무 자세한 논의를 할 필요가 없을 것이다. 그것은 사태의 추이에 따라 주들 스스로가 대비하도록 맡겨둬야 할 그런 문제 중 하나라고 할 수 있다. 일반적으로 새헌법에 동의하는 주들과 반대하는 주들 사이에는 어떠한 정치적 관계는 존재할 수 없지만 도덕적 관계는 여전히 남을 것이라는 것을 알 수 있다. 양측 모두에 대해 공정함이 적용되고 실행될 것이며, 모든 경우에 있어서 인간의 모든 권리는 상호적으로 그리고 정당하게 존중될 것이다. 바라건대, 공동의 이익에 대한 고려와 무엇보다도 친밀했던 과거의 소중한 기억, 재결합에 대한 장애를 신속하게 극복하려는 기대는, 한쪽에는 절제를 그리고 다른 쪽에는 신중함을 촉구하게 될 것이며, 이는 결코 헛되지 않으리라 기대된다.

푸블리어스

THE FEDERALIST No. 44

≪뉴욕 패킷≫, 1788년 1월 25일

제임스 매디슨

뉴욕주 시민들에게

연방의 권한에 유리한 다섯 번째 부류의 규정은 다음과 같은 주 정부들의 권한에 대한 제한으로 구성되어 있다.

　1. "어느 주라도 조약, 동맹 또는 연합을 체결하거나, 나포인허장을 수여하거나, 화폐를 주조하거나, 신용증권을 발행하거나, 금화 및 은화 이외의 것으로써 채무 변제의 법정 수단으로 삼거나, 사권박탈법, 소급처벌법 또는 계약상의 채권채무를 해치는 법률 등을 제정하거나, 또는 귀족의 칭호를 수여할 수 없다."[1]

　주들의 조약, 동맹 그리고 연합을 금지하는 것은 기존 연합규약의 일부로, 아무런 설명이 필요 없는 사항이기 때문에 새헌법에 그대로 채택되었다. 나포인허장을 금지하는 것도 연합규약에 이미 포함되어 있었지만, 새헌법에서 다소 확대되었다. 연합규약에 따르면 나포인허장은 전쟁선포 후에 주 정부가 교부할 수 있었으나, 새헌법에 따르면 전쟁 중이나 전쟁선포 전에도 합중국 정부로부터 취득하여야 한다. 이러한 변경은 외국의 세력과 관련된 모든 사안에서 일관성을 지킬 수 있다는 이점과, 주들의 행위에 대해 국가가 책임져야 할 모든 것을 직접 책임질 수 있다는 이점에 의해 충분히 정당화된다.

　연합규약하에서 화폐주조권은 연합의회와 주들이 공동으로 가지는 권한

---

1)　헌법 제1조 10절 1항.

으로, 화폐의 순도(합금의 비율)와 가치의 규제에 있어서는 연합의회의 독점적 권한을 인정한다는 예외 규정이 있었다. 그러나 주조권은 새헌법에 의해 연방정부가 독점적으로 가지게 된다.[2] 이 경우에서도 새헌법은 연합규약에 비해 개선된 것이다. 순도 및 가치가 연방정부의 권한에 의해 좌우되는 한, 주들의 주조권은 비용이 많이 드는 조폐소를 늘리고, 유통되는 주화의 형태와 무게를 다양화하는 것 외에는 아무런 취지도 없게 된다. 주화의 형태의 다양성과 무게의 불일치라는 불편함을 없애기 위해 그 권한을 연합에 부여했지만 결국 그 의도는 좌절되었던 것이다. 새헌법에 의해 연방정부의 권한으로 조폐국이 지방의 곳곳에 세워져 주화의 재주조를 위한 금과 은을 중앙 조폐국에 보내야 하는 불편을 없앨 수 있다면, 그런 목적 역시 연방정부하에 지방 조폐국을 설립함으로써 충분히 달성될 수 있을 것이다.

주에 대한 금지를 신용증권[3]에까지 확대한 것에 대해서는 모든 시민이 더욱더 기뻐할 것임이 틀림없다. 그들이 정의를 사랑할수록, 그리고 공공 번영의 진정한 원천을 이해할수록 그 기쁨은 더욱 커질 것이다. 영국과의 강화조약(평화조약) 이래 사람들 사이에 필요한 신용, 공공의회에 대해 필요한 신용, 국민의 근면성과 도덕, 그리고 공화정부의 평판에 신용증권은 치명적인 해를 입혔다. 신용증권이라는 무분별한 수단을 남발한 주들은 그로 말미암아 막대한 부채를 안고 있고, 그에 대한 채무는 장기간에 걸쳐 만족스럽게는 상환되지 못할 것이 틀림없다. 주들은 그러한 결과를 초래한 권력을 자발적으로 정의의 제단 위에 바치는 것 외에는 속죄할 방법이 없을 것이다. 이러한 설

---

2) 페이퍼 12번, 각주 2) 참고.

3) 신용증권(bills of credit)은 정부가 발행하고 그 보유자에 대한 부채를 의미하는 국채의 일종이다. 신용증권은 일반적으로 통화 또는 통화 대용으로 유통되며 종이로 만들어져 지폐(Paper money) 라고 불리기도 했으나, 엄밀히 말해 지폐와는 그 성격에 있어 같지는 않다. 연합규약하에서 주 정부들이 신용증권을 남발하여 화폐가치가 폭락하게 되고 극심한 인플레이션을 경험했다. 이러한 경험으로 인해 새헌법에서는 주 정부의 신용증권 발행을 제1조 10절 1항에 의해 금지했다. 페이퍼 38번의 각주 19), 페이퍼 84번의 각주 11) 참고.

득력 있는 고려에 덧붙일 것은, 주 정부에 화폐규제권을 주지 않아야 한다는 것과 같은 이유에서 주들이 자유롭게 주화를 지폐로 대체할 수 있어서는 안 된다는 것이다. 모든 주가 주화의 가치를 규제할 권한을 소유한다면, 주 정부의 숫자만큼이나 많은 통화가 존재하게 되어 주간의 유통은 방해를 받을 것이다. 또한 통화 가치를 소급해 변동하는 일이 생기게 되고, 이는 다른 주의 시민들에게도 피해가 될 것이며, 그 결과 주들 사이에 적대감을 자극하게 될 것이다. 또한 다른 나라의 국민도 똑같은 원인에 의해 피해를 입게 될지 모르기 때문에, 합중국은 단 한 개 주의 무분별한 행위에 의해서도 신용을 잃게 되고 분쟁에 휩싸이게 될 것이다. 주들의 금화나 은화를 주조하는 권한에서 나오는 폐단 못지않게 주의 지폐 발행권[4]에서도 폐단이 발생한다. 지폐 발행권을 금지한 것과 같은 원리에 의해 금화나 은화[5] 이외의 것을 채무 지불을 위한 법정 수단으로 삼을 수 있는 권한도 주 정부들로부터 회수되었다.

사권박탈법,[6] 소급처벌법 그리고 계약상의 채무에 해를 주는 법들은 사회계약의 제1원칙과 공정한 입법원칙 모두에 어긋난다. 이들 중 첫째와 둘째 법은, 몇몇 주 정부의 헌법 전문에 의해 명백히 금지되어 있다. 그리고 이 세 종류의 법은 이러한 기본헌장, 즉 헌법의 정신과 권한에 의해 금지되어 있다. 그런데도 우리의 경험은, 이러한 위험에 대비한 추가적인 방벽을 세우는 것을

---

4) 1690년 The Massachusetts Bay Colony가 아메리카 식민지 중 처음 지폐를 발행했다. 그 지폐는 윌리엄왕 전쟁(King William's War) 당시 전쟁의 비용을 충당하기 위한 공채 형식이었다. 연방정부에서의 첫 지폐는 1861년 남북전쟁 당시 발행되었으나 이것은 국채와 비슷했고 'demand notes'라고 불렸다. 다음 해인 1862년 연방의회는 이 'demand notes'를 회수하고 최초의 명목화폐(fiat money)이자 법화(legal tender)인 현재의 공식 지폐를 발행했다. 그 후 미국은 한 번도 화폐개혁을 하지 않았다. 1862년 이전의 모든 지폐는 근대적 의미의 진정한 명목화폐라기보다는 전쟁의 비용을 충당하기 위해 발행된 국채 혹은 공채라고 볼 수 있다.

5) 당시 미국이나 유럽에서는 명목화폐 보다는 화폐 그 자체로서 가치를 가지는 금화나 은화 같은 상품화폐(commodity money)가 화폐로서 역할에 적합했고, 또한 그 가치에 대한 신뢰가 높았다.

6) 사권박탈법(Bill of Attainder, Act of Attainder, 혹은 Writ of Attainder)은 입법부(의회)가 개인이나 집단에 재판 없이 유죄를 선언하고 처벌하는 행위를 말한다.

결코 잊어서는 안 된다고 가르치고 있다. 따라서 헌법회의는 아주 적절하게 개인의 안전과 사적 권리를 위해서 헌법적인 방벽을 추가했던 것이다. 그리고 만약 그 과정에서 그들이 자신들의 선거구민들의 확실한 이익과 진실한 의향을 충실하게 참고하지 않았다면 나는 무척 실망하게 될 것이다. 아메리카의 건실한 국민은 공공의회를 끌고 왔던 일관성 없는 정책에 지쳐 있다. 그들은 개인의 권리에 영향을 미치는 사안들에 대한 갑작스러운 변경과 입법부의 개입이 투기꾼들에게는 부당한 이익이 되지만, 근면하지만 정보에 어두운 지역사회의 시민에게는 올가미가 되는 것을 보아왔고, 이에 대해 한탄하고 분개했다. 또한 그들은, 하나의 입법적 개입이 지속적으로 거듭되는 연결 고리의 첫 부분이며, 다음의 모든 개입은 앞의 개입의 결과로 자연스럽게 만들어진다는 것을 깨달았다. 그러므로 그들이, 공공 조치에 있어서 투기를 추방하고, 전반적인 신중함과 근면성을 고취하며, 일반 사회의 업무가 정상적으로 이루어질 수 있도록 하는 철저한 개혁이 필요하다는 결론을 내린 것은 매우 옳은 일이다.

2. "어느 주라도 연방의회의 동의 없이는 수입품 또는 수출품에 대하여 검사법의 시행상 절대적으로 필요한 경우를 제외하고는 어떠한 수입세 또는 관세를 부과하지 못한다. 주가 수입품 또는 수출품에 부과하는 모든 관세나 수입세의 순수입은 합중국 국고의 용도에 귀속되어야 한다. 또한 그러한 법은 모두 연방의회의 수정 및 통제를 받아야 한다.[7] 어떠한 주도 연방의회의 동의 없이 선박에 톤세(용적세)를 부과할 수 없고, 평화 시에 군대나 군함을 보유할 수 없으며, 다른 주나 외국과 협정이나 협약을 체결할 수 없고, 실제로 침공당하거나 지체할 수 없을 만큼 급박한 위험에 처하지 아니하고는 교전할 수 없다."[8]

---

7) 헌법 제1조 10절 2항.
8) 헌법 제1조 10절 3항.

연방의회가 반드시 무역에 대한 규제권을 가져야 함을 입증하는 모든 주장에 근거해, 주 정부의 수출입에 대한 권한 제한이 강화되었다. 그러므로 그 제한을 하는 방식이, 주들의 수출입에 대한 편리를 도모할 수 있는 합리적인 자유재량권을 보장하고, 또한 이러한 자유재량의 남용에 대한 합리적 견제 수단을 합중국에 보장하는 방식으로 적합하게 설계되었다는 것 외에는 이 문제에 대해 더 이상 언급할 것이 없어 보인다. 또한 이러한 조항에 대한 나머지 세부 사항도 아주 명확하고 충분히 논의되었기 때문에 더 이상의 언급 없이 넘어가도록 하겠다.

여섯 번째이며 마지막 부류는, 모든 나머지 권한에 효력을 주는 여러 권한과 규정으로 이루어져 있다.

1. 이 중 첫째는 "위에 기술한 권한들과 이 헌법이 합중국 정부 또는 합중국 정부의 모든 부처와 그 부처의 관리들에게 부여한 모든 기타 권한을 행사하는 데 필요하고 적절한 모든 법률을 제정"[9]할 권한이다.

헌법에서 이것보다 더 혹독하게 공격받은 부분은 없다. 하지만 이 조항을 공정하게 검토해 보면, 헌법에서 이보다 더 반박하기 어려운 부분도 없다. 이러한 권한의 실체가 없다면 헌법 전체는 죽은 글자에 불과하다. 그러므로 이 조항을 헌법의 일부분으로서 받아들이기를 반대하는 사람은 다만 그 규정의 표현 방식[10]이 적절하지 않다고 말하는 것에 지나지 않는다. 그러나 그들이 이보다 더 나은 표현 방식이 있는지 생각해 보았겠는가?

헌법회의가 이 주제에 대해 네 가지 다른 방법을 취할 수도 있었을 것이다. 첫째, 그들은 명백히 위임되지 않은 어떤 권한의 행사도 금지하는 현행 연합규약의 제2조를 그대로 채택했을지도 모른다.[11] 둘째, 그들은 "필요하고

---

9) 헌법 제1조 8절 18항.

10) "필요하고 적절한"이란 표현은 그 표현의 모호함으로 인해 신축적 혹은 탄력적인 조항이라는 의미의 "elastic clause"라는 별칭을 가지고 있다. 자세한 설명은 페이퍼 29번, 각주 3) 참고.

11) 연합규약 제2조는 "각 주는 합중국 연합의회에 명백하게 위임되지 않은, 각 주의 주권, 자유와 독

적절한"이라는 용어에 포함된 권한들을 확실하게 열거하려고 시도했을지 모른다. 셋째, 그들은 또한 일반적인 정의에서 제외된 권한들을 상세히 밝힘으로써 필요하지 않거나 적절하지 않은 권한들을 열거하려고 했을 수도 있다. 넷째, 이 주제에 대해서 완전히 침묵을 지키면서 필요하고 적절한 권한을 해석과 추론에 맡겨두었을지도 모른다.

헌법회의가 연합규약의 제2조를 그대로 채택하는 첫 번째 방법을 택했다면, 연방의회는 연합의회와 마찬가지로, '명백하게'라는 용어를 해석하는 데 있어 다음 중 한 가지를 택해야 하는 문제에 끊임없이 부딪혀야 할 것이다. '명백하게'라는 용어를 정부의 모든 실질적인 권한을 빼앗아 버릴 만큼 엄격하게 해석해야 하는지, 또는 아주 폭넓게 해석해 정부의 권한에 대한 제한을 완전히 무력하게 만들어야 하는지가 그것이다. 연합규약에 의해 위임된 어떤 중요한 권한도 '명백하게'라는 용어 또는 그 함축된 의미에 다소라도 의지하지 않고서는 집행되지 못했거나 집행할 수 없다는 것은 손쉽게 입증할 수 있다. 새 체제하에서 위임된 권한은 좀 더 광범위하기 때문에, 그것을 집행할 정부는 아무것도 하지 않음으로써 공공의 이익을 저버려야 하는지, 아니면 반드시 필요하고 적절함에도 불구하고 명백하게 승인되지 않은 권한을 행사함으로써 헌법을 침해하든지의 양자택일에 당면하게 되어 훨씬 더 곤란한 상황에 처할 것이다.

만약 헌법회의가 다른 권한을 집행하는 데 필요하고 적절한 권한을 확실하게 열거하는 두 번째 방법을 택했더라면, 헌법과 관련된 모든 대상에 관련된 법률들을 완전하게 요약해 현재의 상황뿐만 아니라 미래에 일어날 수 있는 변화까지도 수용할 수 있게끔 헌법에 모두 포함시켜야 했을 것이다. 모든 포괄적인 권한을 새롭게 적용하는 데 있어서, 포괄적 권한의 목적을 달성하는 수단인 특정 권한은 반드시 그 목적에 따라 항상 필연적으로 변경되어야 하

립, 그리고 모든 권한, 관할권과 권리를 보유한다."라고 규정하고 있다.

며, 목적이 동일한 경우에도 종종 적절하게 변경해야 하는 경우도 있기 때문이다.

만약 그들이 포괄적인 권한을 집행하는 데 필요하지 않거나 적절하지 않은 개별적 권한이나 수단을 열거하는 세 번째 방법을 택했더라면, 그것 또한 완전히 비현실적이었을 것이다. 왜냐하면 열거되지 않은 모든 권한은 긍정적으로 인정된 것이나 다름없다는 의미가 되어 더 심한 반대를 불러일으킬 수 있기 때문이다. 이러한 결과를 피하기 위해서는 몇몇 예외적인 권한들을 부분적으로 열거하고 그 나머지를 '필요하지 않거나 적절하지 않은'이라는 일반적인 용어로 표현해야만 할 것이다. 그러나 이러한 예외적인 권한들에는 당연히 일반적인 정의에 포함되지 않은 가장 필요하지 않고 적절하지 않은 권한들이 들어갈 것이 틀림없기 때문에 이런 방법이 받아들여지거나 용인되기는 어려울 것이다. 그리고 나머지 범주에 포함될 불필요하고 부적절한 권한은 그것이 부분적으로 열거되어 있지 않다면, 좀 더 어렵지 않게 제외될 수 있을 것이다.[12]

만약 헌법이 네 번째 방법을 택해 이 문제에 대해 침묵했더라면, 포괄적인 권한의 행사에 필수적인 수단이 되는 모든 개별적 권한들은 불가피하게 결국 정부에 귀속되리라는 데는 의심의 여지가 없다. 필요한 목적이 있다면 그에 대한 수단은 인정되고, 어떤 일을 하는 데 있어서 포괄적인 권한이 주어지면, 그것을 수행하는 데 필요한 개별 권한도 포함된다는 것보다 법이나 논리에 있

---

12) 매디슨의 논리는, '필요하고 적절한 권한'을 모두 열거하는 것은 불가능하고, '필요하지 않거나 적절하지 않은 권한'과 '불필요하고 부적절한 권한'을 열거하는 것은 '필요하고 적절한 권한'의 정의를 혼란스럽게 만든다는 것이다. 즉, 그 외의 권한이 모두 '필요하고 적절한 권한'이 될 수 있어 연방정부의 권한 남용을 방지하기가 매우 힘들게 되기 때문이다. 반면, 그런 권한이 열거 되지 않는다면 좀 더 어렵지 않게 '불필요하고 부적절한 권한'을 제외시킬 수 있다는 것이다. 그의 논리처럼 헌법회의는 네 번째 표현 방식인 '필요하고 적절한 권한'이 무엇인지에 대해 침묵하는 것을 선택했고, 결과적으로 연방정부는 그 권한의 범위를 넓힐 수 있게 되어 상황의 변화에 적절히 대응할 수 있는 능력을 부여받을 수 있게 되었다.

어서 더 분명한 공리는 없다. 그러므로 이 마지막 방법을 헌법회의가 채택했다면, 그 조항에 대해 제기되는 모든 반대는 여전히 그럴 만한 이유를 아직도 가지고 있을 것이라고 보아야 할 것이다. 나아가 헌법회의의 이 마지막 방법의 선택은 결정적인 위기상황에서 정부의 필수적인 권한에 의문을 제기할 수 있는 구실을 남기게 됨으로써 현실적인 문제가 야기될 것이다.

연방의회가 헌법의 이 부분을 잘못 해석해 헌법의 진정한 의미에 의해 보장되지 않는 권한을 행사하는 경우 어떤 결과가 발생할 수 있느냐고 물을 수 있다. 그렇다면 나는, 연방의회에 부여된 다른 어떤 권한을 잘못 해석하거나 혹은 확대해석하는 경우, 그리고 보편적 권한을 특정한 권한으로 그 범위를 한정함으로써 권한을 위반하는 경우들과 같은 결과가 될 것이라고 답할 수 있다. 이는 간단히 말해서, 주 입법부가 그들 각자의 헌법적 권한을 위반했을 경우와 마찬가지 경우이다. 우선 먼저, 연방의회가 권력 찬탈에 성공하려면, 그것이 제정한 법률에 효력을 부여하는 행정부와 그 법률을 해석하는 사법부에 의존해야만 할 것이다. 따라서 이것은 연방의회의 권력 찬탈을 억제하는 첫 번째 수단이 될 것이고, 최종적인 억제수단은 더욱 신뢰할 수 있는 의회의 대표를 선출할 수 있는 국민으로부터 나와야 한다. 이러한 궁극적 해결책은 주 의회의 위헌적 행위보다는 연방의회의 위헌적 행위를 막는 데 있어 더욱 신뢰할 수 있는 방식인 것은 사실이다. 그 이유는 이러한 연방의회의 모든 불법적인 행위는 결국 주 의회의 권한에 대한 침해이므로, 주 의회는 그에 따르는 변화를 알아차리고, 시민들에게 경종을 울리며, 자신들의 지역적인 영향력을 발휘해 연방의원들을 교체할 준비가 항상 되어 있기 때문이다. 주 의회와 시민들 사이에는 주 의회의 행동을 감시할 수 있는 어떤 중간기구가 없으므로, 주 헌법의 위반은 더 드러나기 어렵고 따라서 시정되지 않은 채 지속될 가능성이 높다.

2. "이 헌법, 이 헌법에 준거하여 제정되는 합중국의 법률, 그리고 합중국의 권한에 의하여 체결되거나 체결될 모든 조약은 이 나라의 최고법이다. 어

떤 주의 헌법이나 법률 중에 이에 배치되는 규정이 있을지라도, 모든 주의 법
관은 이 최고법을 따라야 한다."13)

헌법에 반대하는 자들은 무분별한 열의로 다음 부분에 대해서도 공격을
한다. 이 부분이 없으면 헌법은 분명히 그리고 근본적으로 불완전해지는데,
이것을 충분히 이해하기 위해서 우리는 주들에 유리한 유보 조항에 의해 그들
헌법의 최고성이 완전하게 지켜지고 있다고 잠시 가정해 보자.

첫째, 이러한 주 헌법들은 현행 연합규약의 규정에 의해 제외되지 않는 모
든 경우에 주 의회에 절대적인 주권을 부여하고 있다. 따라서 제안된 헌법에
포함된 모든 권한도 연합규약에 열거된 권한들을 초과하는 한 효력을 잃을 것
이고, 결국 새로운 연방의회는 연합의회와 같은 무능력한 상황에 놓이게 되었
을 것이다.

다음으로, 몇몇 주의 헌법은 현재의 연합의 권한을 명백히 그리고 완전히
인정하지 않고 있다. 따라서 그러한 주들에서 주 헌법의 최고성이 명시적으
로 유지된다면 새헌법에 포함된 모든 권한이 문제가 될 것이다.

셋째, 주들의 헌법은 서로 매우 다르기 때문에 어쩌면 모든 주에 동등하게
중요한 조약이나 국가 법률이 어떤 주의 헌법과는 충돌하고 또 어떤 주의 헌
법과는 그렇지 않을 수 있다. 그 결과 조약이나 국가 법률이 일부 주에서는 유
효하지만 다른 주에서는 아무런 효력이 없는 경우도 생길 수 있다.

끝으로, 모든 정부의 근본적인 원칙과는 반대되는 토대에 세워진 정부체
제가 이 세상에 처음으로 그 모습을 보이게 될 것이다. 이 체제는 사회 전체의
권위가 모든 곳에서 그 사회 부분들의 권위에 종속되는 것으로 머리가 신체의
다른 부분의 지시에 따르는 괴물과 같을 것이다.

3. "상원의원 및 하원의원, 각 주 의회의 의원, 합중국 및 각 주의 모든 행
정관 및 사법관은 선서 또는 확약에 의하여 이 헌법을 지지할 의무가 있다."14)

---

13) 헌법 제6조 2항.

그렇다면, 왜 주의 행정관은 연방헌법을 지지해야 할 의무가 있고, 합중국의 관리에게는 주 헌법에 대한 동일한 서약의 의무가 없는지에 대해 질문이 제기될 것이다.

이러한 차이에는 여러 가지 이유가 있겠지만, 그중에서 나는 분명하고 결정적인 것 하나로 만족할 수 있다. 연방정부의 구성원은 주 헌법 시행에 대해 아무런 영향을 가지고 있지 않는 반면, 주 정부의 구성원과 관리들은 연방헌법의 시행에 있어 필수적인 기능을 가지고 있다. 대통령과 상원의원의 선거는 모두 각 주의 입법부에 의존하게 될 것이다. 그리고 연방 하원의원의 선거도 처음에는 각 주의 입법부에 의존하게 될 것이고, 아마도 그것은 영원히 주 정부의 관리와 주 정부의 법률에 따라서 행해질 것이다.

4. 연방의 권한에 효력을 부여하는 규정 중에는 행정부와 사법부에 속하는 권한이 추가될 수 있을 것이다. 그러나 이에 대해서는 다른 곳에서[15] 별도로 검토할 예정이므로 여기서는 언급하지 않겠다.

우리는 지금까지 새헌법에 의해 연방정부에 위임된 권한의 전부 또는 많은 부분을 구성하는 모든 조항을 자세히 검토해 보았다. 그리고 그 권한 중 어떤 것도 합중국의 필수적인 목적을 성취하기 위해서 불필요하거나 부적절하지 않다는 부인할 수 없는 결론에 이르렀다. 그러므로 이 정도 규모의 권한이 허용되어야 하느냐는 질문은 이제, 합중국의 급박한 상황에 부응할 수 있는 정부가 수립되어야 하는가, 즉 합중국 그 자체가 보존되어야 하는가라는 질문으로 바뀌어야 할 것이다.

푸블리어스

---

14) 헌법 제6조 3항.
15) 페이퍼 65~85번 참고.

THE FEDERALIST

No. 45

≪인디펜던트 저널≫, 1788년 1월 26일

제임스 매디슨

뉴욕주 시민들에게

연방정부에 양도된 권한의 어느 하나도 불필요하거나 부적절하지 않다는 것을 보여주었으므로, 이제 우리가 고려해야 할 다음 문제는 연방정부의 그런 권한들이 개별 주에 남겨진 권한에 위험이 될 것인지의 여부이다.

헌법회의의 구상에 반대하는 자들은 연방정부의 목적에 어느 정도의 권한이 필요한 것인가를 우선적으로 고려하는 대신에, 제안된 정도의 연방정부의 권한이 개별 주 정부에 미칠 수 있는 결과를 조사하는 데만 힘을 소모하고 있다. 그러나 지금까지 설명해 온 것처럼, 외세의 위험에 대한 미국 국민의 안전에 연방이 필수적이며, 주들 사이에서 일어날 수 있는 분쟁이나 전쟁에 대한 안전에 필수적이고, 자유의 축복을 해치는 폭력적이고 위압적인 요소들과 자유의 원천을 서서히 오염시키는 군 상비체제로부터 미국 국민을 보호하는 데 필수적이며, 또한 미국 국민의 행복에도 필수적이라고 한다면, 그런 연방의 목적을 이루기 위해서는 없어서는 안 될 정부에 반대하기 위해 그 정부가 개별 주 정부의 중요성을 훼손할 수 있다고 주장하는 것은 터무니없지 않은가? 미국 국민의 평화와 자유 그리고 안전을 위해서가 아니라, 개별 주 정부와 개별 자치단체가 그들의 권한을 누리고 주권의 존엄과 상징으로 한껏 치장하기 위해 미국 혁명을 수행하고 연합을 형성했으며, 수천 명이 값진 피를 흘리고 수백만 명이 힘들게 모은 재산을 소모했다는 것인가? 국민을 위해 왕이 존재하는 것이 아니라 왕을 위해 국민이 존재한다는 구세계의 사악한 논리를 우리는 들어왔다. 다른 형태의 정치제도, 즉 분열된 주들에 국민의 확고한 행복이 희생된다면, 그것은 위와 같은 구세계의 논리가 신세계에서 새로운 모습으로 되살아나는 것이 아닌가? 공익과 국민의 진정한 복지야말로 우리가 추구해야 할 최고의 목표라는 점과, 어떤 형태의 정부도 이러한 목적 달성에 적합하지 않으면 가치가 없다는 사실을 우리가 망각했다고 정치인들이 생각한다면 그것은 시기상조이다. 헌법회의의 계획이 공공의 행복에 역행하는 것이라면 나는 그 헌법안을 거부하라고 외칠 것이다. 합중국 자체가 공공의 행복과 모순된다면 합중국도 폐지하라고 똑같이 외칠 것이다. 같은 식으로, 주의 주권이 국민의 행복과 조화되지 않는다면, 모든 선한 시민들은 그 주권을 국민의 행복을 위해 희생시키라고 외쳐야 할 것이다. 지금까지 어느 정도의 희생이 필요한지를 설명했다. 따라서 우리 앞에 놓인 문제는 희생되지 않고 남겨진 주의 권한이 어느 정도 연방의 권한에 의해 위험에 처할 것인가 하는 점이다.

　이 페이퍼들을 통하여, 연방정부의 운용이 서서히 주 정부에 치명적인 영향을 미칠 것이라는 가정을 반박하는 데 몇 가지 중요한 사항을 다루었다. 그러나 이 문제를 자꾸 되새길수록 나의 견해는, 주 정부가 더 우세해지면서 그 균형이 깨질 것 같다는 쪽으로 기울게 된다.

　고대와 근대의 모든 연합의 예를 보면, 연합의 구성원들은 중앙정부의 권위를 훼손하려는 강한 경향을 드러내 보였고, 그러한 침해에 대한 중앙정부의 방어 능력은 매우 비효율적이었음을 보았다. 이러한 예의 대부분이 우리가 고려 중인 체제와는 많이 다르므로, 그런 사례의 운명을 통해 미국 연방의 운명을 추론하는 것은 그 근거가 매우 약할 수 있다. 하지만 주 정부들은 제안된 헌법하에서 실질적인 주권의 많은 부분을 보유하기 때문에 그 추론을 전적으로 무시할 수는 없을 것이다. 아카이아 연합에서 중앙정부는 그 권력의 종류와 정도에 있어서 헌법회의에 의해 제안된 새 정부와 비슷했다고 보인다. 리키아 연합[1])에 대해 전해지는 원리와 형태에 의하면 그것은 헌법회의에서 제안된 새 정부와 훨씬 더 가까웠음이 틀림없어 보인다. 그러나 역사는, 그들 중 어느 것도 연합의 의도에서 벗어나 하나의 통합된 정부로 변질되었거나 혹은 그런 경향을 보였던 적이 없다는 것을 말해주고 있다. 그와는 반대로 우리가 알고 있는 것은, 그들 중 하나는 연합 권위의 무능력으로 인해 구성원들의 불화를 막지 못했고, 결국 해체에 이르게 되었다는 것이다. 이 두 가지 예에서 보면, 이들은 구성원들을 압박하는 외부의 원인이 우리의 경우보다 더 많고 강했기 때문에 상대적으로 약한 내부 유대로도 구성원들을 지도부와 상호 간에 결속하기에 충분했다는 점에 우리가 주의를 기울일 가치가 있다.

봉건체제에서도 우리는 앞의 예와 유사한 경향을 살펴보았다. 어떤 경우에도 지방 영주와 주민 사이의 적절한 공감대는 찾아보기 힘들었고, 포괄적 주권을 가진 중앙의 군주와 국민들 사이에는 어떤 경우에는 공감대가 형성되기도 했었지만, 중앙의 군주와 지방 영주들 간의 권리침해에 대한 경쟁에서 대개 지방 영주가 우세했다. 만일 외부의 위험이 국가 전체의 내부의 화합과 복종을 강요하지 않았더라면, 특히 지방 주권체들이 주민들의 애착을 얻었더라면, 오늘날 유럽의 위대한 왕국들은 중세의 봉건 귀족들의 수만큼이나 많은 독립적인 군주들로 구성되어 있을 것이다.

주 정부와 연방정부 상호 간의 직접적인 의존 관계, 양쪽 정부의 인적 영향력의 크기, 양쪽 정부들에 각각 부여된 권한, 국민들의 예상되는 지지와 선호, 서로의 행위에 대해 반대하고 방해하려는 성향과 능력 등과 같은 점에 있어서 어느 것을 비교하더라도 주 정부가 연방정부보다 유리한 입장에 서게 될 것이다.

연방정부가 주 정부 조직이나 운영에 필수적이지 않은 반면에, 주 정부는 연방정부의 구성에 필수적인 부분이 될 것이다. 주 의회의 개입이 없이는 미국의 대통령은 절대로 선출될 수 없다. 주 의회는 모든 경우에 대통령의 선출

---

1) 페이퍼 9번, 각주 8) 참고.

에 큰 역할을 하며, 대부분의 경우 그들이 선출을 결정할 것이다.[2] 상원은 절대적으로 오직 주 의회에 의해서만 선출될 것이다.[3] 심지어 하원도 비록 직접 국민으로부터 선출되긴 하지만, 시민들에 대한 영향력을 기반으로 주 의회의 의원으로 선출되는 사람들의 영향을 받을 것이다. 따라서 연방정부의 주요 부문의 존속은 어느 정도 주 정부들의 선호에 의해 좌우되기 때문에, 결과적으로 그들에 의존하게 될 것이다.[4] 따라서 연방정부는 주 정부들에 대해 고압적이기보다는 오히려 지나치게 순종적인 성향을 갖게 될 가능성이 많다. 반면, 주 정부의 어떤 구성 부분, 즉 주지사 및 주 의회 의원의 임명은 어떤 경우에도 연방정부의 직접적인 영향을 받는 경우는 거의 없으며, 만약 있다고

---

2) 헌법 제2조 1절 2항은 "각 주는 그 주의 주 의회가 정하는 바에 따라, 그 주가 연방의회에 보낼 수 있는 상원의원과 하원의원의 총수와 같은 수의 (대통령) 선거인을 임명한다. 다만 상원의원이나 하원의원 또는 합중국에서 위임에 의한 관직이나 유급의 관직에 있는 자는 선거인이 될 수 없다"라고 규정하고 있다.

3) 헌법 제1조 3절 1항은 "합중국의 상원은 각 주의 의회에서 선출한 6년 임기의 상원의원 2명씩으로 구성되며 각 상원의원은 1표의 투표권을 가진다"라고 규정했다. 그러나 이러한 연방 상원의원 선출 방식은 1913년 수정 17조에 의해 각 주의 주민들이 직접 선출하도록 변경되었다.

4) 새헌법에, 대통령이 각 주에서 임명된 선거인들(Electors)에 의해 선출된다고 명시되어 있기 때문에, 매디슨은 대통령과 행정부의 존속은 주들의 선호에 의존하게 될 거라고 말하고 있다. 그러나 1800년대에 들어서부터 현재까지 개별 주들(워싱턴시 포함)은 유권자가 직접 대통령과 부통령 후보에 대해 투표하고, 유권자 투표의 결과에 의해 각 주(워싱턴시 포함)에 할당된 선거인들(메인주와 네브라스카주를 제외하고는)이 득표를 많이 한 대통령과 부통령 후보에게 그들 모두의 표를 몰아주는 방식, 즉 승자독식방식(winner-take-all)으로 법을 제정했다. 따라서 매디슨이 이 페이퍼를 썼던 시기와는 다르게 대통령과 부통령의 선출은 주 정부들보다는 합중국 시민들의 선호에 더 의존하게 되었다. 개별 주들에서 선거인을 직접 선출하는 유권자 투표에 대한 기록은 1824년 선거부터 존재한다. 1845년 이전까지는 당시 선거인단이 대통령을 선출하는 날이었던 12월 첫째 수요일 전까지의 34일 이내에서 각 주가 임의로 유권자 투표를 실시하면 되었다. 하지만 1845년 의회가 유권자 투표에 의해 선거인을 선출하는 날을 통일하는 법을 제정하여 지금의 선거일인 11월 첫째 월요일 다음 화요일이 되었다. 이날을 흔히 대통령 선거일이라고 말한다. 각 주에서 선거인을 임명하는 방식은 연방헌법에 명시되어 있지 않기 때문에 선거인을 임명하는 방식을 정하거나 변경하는 것은 개별 주들에 유보된 또는 잔여 권한에 속한다. 따라서 대통령 선거인을 주별로 선출 혹은 임명하는 방식은 헌법의 수정 없이도 개별 주 정부들이 임의로 변경할 수 있다.

하더라도 그것은 연방정부 구성원들의 지역적이고 미미한 영향에 불과할 것이다.

합중국 헌법하에서 고용되는 사람의 수는 개별 주들에 고용될 사람의 수보다 훨씬 적을 것이고, 따라서 인적인 영향력에 있어서 개별 주들보다는 연방정부가 더 약할 것이다. 13개 주와 미래에 더 추가될 주들의 입법부, 행정부, 사법부의 구성원들, 그리고 300만 이상의 사람들을 위해 근무하게 될 민병대 장교, 치안 판사와 하급 직원, 모든 카운티와 타운의 관리들은 서로 얽혀 있고 국민의 모든 부류 및 집단들과 특별한 친분 관계에 있다. 따라서 연방정부의 운영을 위해 고용될 모든 부류의 사람들보다 그 수와 영향력에 있어 우세해질 것이다. 사법부의 치안판사를 제외하고 13개 주 3부의 구성원들과 연방정부의 3부의 구성원들을 비교해 보자. 그리고 300만 국민의 민병대 장교들의 수를 앞으로 구성될 가능성이 큰 상비군에 속할 육군과 해군 장교들의 수와 비교해 보자. 이러한 관측만으로도 주들이 연방정부에 대해 결정적으로 우세하다고 단언할 수 있을 것이다. 만약 연방정부가 세입 징수관을 가지게 된다면, 주 정부 역시 그런 징수관을 가지게 될 것이다. 연방정부의 징수관이 주로 해안지역에 국한되어 그 수가 많지 않을 것에 비해, 주 정부들의 징수관들은 이 나라 전역에 퍼져 있어 그 수가 아주 많아질 것이다. 이러한 견지에서 볼 때도 역시 강점은 주 정부들 측에 있다. 연방이 모든 주에 걸쳐 국내세뿐만 아니라 국외세까지 징수할 권한을 소유하고 행사할 수 있는 것은 사실이다. 그러나 세입의 보충이라는 목적을 제외하고 이러한 권한은 사용되지 않을 것이다. 주들에는 이미 징수해 놓은 세금으로 할당금을 지불할 수 있는 선택권이 주어질 것이다. 그리고 연방이 직접적인 권한을 갖기는 하지만, 주들의 궁극적인 징세는 개별 주들이 임명하는 관리들에 의해 그리고 개별 주들의 규정에 따라 이루어질 것이다. 다른 예를 보면, 특히 주 사법부의 권한을 구성하는 데 있어서, 각 주의 관료들은 그 직무에 상응하는 연방의 권한을 부여받게 될 것이 확실하다. 혹 연방정부가 내국세만을 위한 징세관을 별도로 임명한다고 해도, 연방 징세관 전체 인원의 영향력은 주들의 수많은 징세관의 영향력과는 비교될 수 없을 것이다. 주의 징세관이 배치될 모든 행정구역 내에는 30이나 40명 이상, 혹은 그보다 많은 수의 각기 다른 부류의 관리들이 있을 것이고, 지위와 역량을 가진 그런 관리들 중 많은 수는 주의 편에 그들의 영향력을 실어줄 것이다.

제안된 헌법에 의해 연방정부에 위임된 권한은 그 수가 적으며 명시적이다. 주 정부에 남겨진 권한은 많으면서 분명하게 규정되어 있지 않다. 연방정부의 권력은 주로 전쟁, 평화, 협상, 그리고 대외 교역과 같은 대외적인 목적에 사용되며, 연방의 과세권 대부분도 대외 무역과 관련된 것이다. 개별 주들이 가지는 권한은 통상적인 경우 생명, 자유, 시민의 재산, 그리고 주의 내부 질서, 개발, 번영과 관련된 모든 대상에 미칠 것이다.

연방정부의 역할과 기능은 전쟁과 위험의 시기에 가장 광범위해지고 중요하게 되며, 주 정부의 역할은 평화와 안정의 시기에 그럴 것이다. 전쟁과 위험의 기간이 평화와 안정의 기간에 비해 작은 부분을 차지할 것이기에 이러한 면에서 주 정부는 연방정부에 대해 또 다른 강점을 가질 것이다. 따라서 연방정부의 권한이 국가 방위에 더 적합하게 쓰일수록 개별 주 정부들보다 연방정부가 우위에 서게 되는 위험한 상황은 줄어들 것이다.

만약에 새헌법을 정확하고 공정하게 검토한다면, 그것이 제안하고 있는 변화가 연방정부에 새로운 권한을 추가하기보다는 연합규약의 원래의 권한에 활력을 주는 것임을 알 수 있을 것이다. 통상에 대한 규제는 새로운 권한이라는 것이 사실이다. 그러나 그것은 거의 반대도 없으며 아무런 위험도 없는 추가적 권한일 뿐이다. 전쟁과 평화, 육군과 해군, 조약과 재정에 관련된 권한은 기존의 연합규약에 의해 이미 연합의회에 위임되어 있는 것들이다. 새헌법에 의해 제안된 변화는 이러한 권한을 확대하는 것이 아니고, 단지 그러한 권한을 보다 효과적으로 실행할 수 있는 방법으로 대체하고 있을 뿐이다. 과세와 관련된 변화는 가장 중요한 것으로 보일지 모르지만, 기존의 연합의회가 공동 방위와 일반 복리를 위해 주들에게 무제한적인 자금의 제공을 요구할 수 있는 완전한 권한을 가지고 있듯이, 미래의 연방의회는 그러한 요구를 국민 개인들에게 할 수 있을 것이다. 그리고 개별 주들이 그들에게 부과된 할당 금액을 기존의 연합에 지불해야 하는 의무를 지고 있듯이, 개인들도 그 정도의 의무를 연방정부에 대해 지게 될 것이다. 주들이 연합규약을 정확히 준수했다면, 혹은 개인들에 대해서도 성공적으로 이용될 수 있는 평화적 수단에 의해 주들의 연합규약에 대한 이행이 구현되었다면, 새헌법 아래에서 주 정부들이 헌법적 권한을 상실하게 되어 점차 연방정부에 의해 통합되리라는 견해는 우리의 과거의 경험에 비추어 결코 용인될 수 없다. 그러한 경우가 있을 수 있다고 주장하는 것은, 주 정부의 존재는 합중국의 필수적 목표를 달성하는 어떤 제도와도 양립할 수 없다고 말하는 것과 같다.

푸블리어스

THE FEDERALIST　　No. 46

≪뉴욕 패킷≫, 1788년 1월 29일　　　　　　　　　　　제임스 매디슨

뉴욕주 시민들에게

앞의 페이퍼 주제를 다시 시작하면서, 나는 국민들의 선호와 지지의 측면에서 연방정부 혹은 주 정부 중 어느 쪽이 더 유리한 위치에 놓이게 될 것인지 검토해 보도록 하겠다. 임명되는 방식의 차이에도 불구하고 두 정부 모두 실질적으로 합중국의 다수의 국민에게 의존하고 있다는 점을 고려해야 한다. 나는 이 점은 틀림없는 사실이라고 생각하면서 거기에 대한 증명은 다른 부분에서 따로 다루도록 하겠다.[1] 연방정부 및 주 정부들은 실제로 서로 다른 권한들로 구성되며, 서로 다른 목적을 위해 설립된 국민의 대리인이자 수탁자이다. 헌법의 반대자들은 이 문제에 관한 그들의 생각에서 국민이란 존재를 전적으로 도외시했던 것으로 보인다. 또한, 이 서로 다른 두 정부를 상호 경쟁자이자 적으로 여기고 있을 뿐만 아니라, 그들 서로의 권한을 빼앗으려는 시도에 대해 어떠한 공동의 상급 권위도 그들을 통제할 수 없는 것으로 생각했던 것 같다. 헌법의 반대자들은 이 점에서 자신들의 실수를 인정해야만 할 것 같다. 설령 권한이 어느 쪽으로 어떻게 나뉘더라도 궁극적 권력은 오직 국민에게 있다는 것을 그들은 알아야 한다. 그들은 또한 두 정부 중 어느 한쪽이 상대편을 희생시켜 권한의 관할 범위를 확대하는 것은 상대적인 야망이나 교묘한 수완

---

[1]　연방정부는 실질적으로 다수의 국민에게 의존한다는 증명은 페이퍼 52번부터 85번까지 연방정부의 세 부문을 논의하는 과정에서 다루어지고 있다. 매디슨은 특히 페이퍼 52번~61번의 연방하원을 다루는 부분에서 이 점에 대해 상세하게 설명하고 있다.

에 의해 좌우되는 것이 아니라는 점에도 귀를 기울여야 할 것이다. 권한의 위임은 어떠한 경우에도 두 정부 공통의 선거구민인 국민의 견해와 승인에 의해 좌우된다는 것은 타당하며 진실이기 때문이다.

앞서 제시한 것들[2] 외에 다른 많은 것들을 고려하면, 국민들은 가장 우선적으로 그리고 자연스럽게 각각의 주 정부에 애착을 가지리라는 것을 의심할 여지가 없다. 주 정부의 행정에는 연방정부보다 훨씬 많은 사람이 진출할 것이며, 이런 주 정부의 장점에서 더욱 많은 수의 관직과 보수가 제공될 것이다. 국민의 사적이고 개인적인 이익은 주 정부의 감독과 보살핌에 의해 조정되거나 지원될 것이며, 이런 일들을 통해서 국민은 주 정부의 업무를 더욱 친숙하고 자세하게 알게 될 것이고, 많은 사람이 주 정부의 구성원들과 개인적 친분과 우의로 맺어지고 가족이나 당파적인 면에서도 유대 관계를 가지게 될 것이다. 이러한 측면에서 대중들의 애착이 강하게 주 정부 쪽으로 기울 거라는 것을 충분히 예상할 수 있다.

경험에 비추어 보아도 이 같은 사실을 알 수 있다. 비록 더 나은 체제하에서 기대할 수 있는 것과 비교할 때 결함이 매우 많기는 했지만, 지금까지 연합정부는 전쟁 중에, 특히 독자적으로 발행한 신용증권에 대해 지급 능력이 있었던 동안에는 충분한 활동력과 중요성을 가지고 있었고 또 장래의 어떤 상황에서도 그럴 수 있을 것처럼 보였다. 연합정부는 또한 귀중한 모든 것을 보호하고 국민 전체에게 바람직한 모든 것을 확보하기 위해 일련의 조치를 취했다. 그럼에도 불구하고 초기 연합의회에 대한 일시적인 열정이 식어버리자 국민의 관심과 애착은 다시금 그들 자신의 주 정부로 돌아섰다는 것을 알 수 있다. 연합의회는 한 번도 국민의 사랑을 받는 우상이 된 적은 없었고, 심지어 동료 시민들의 호감을 얻어 정치적 기반을 구축하기를 원하는 사람들은 대체로 연합의회의 권한과 중요성이 확대되는 것에 반대하는 입장을 취했다.

---

2) 페이퍼 17번.

따라서 다른 곳3)에서 이미 지적했듯이, 국민이 장차 연방정부를 주 정부들보다 더 선호하게 된다면 그런 변화는 오직 연방정부가 주 정부보다 더 잘 운영되고 있다는 명백하고 반박할 수 없는 증거를 보여줌으로써 국민이 이전에 가지고 있던 편견을 극복할 수 있을 때만 가능할 것이다. 또한 그런 경우라도, 국민이 그들이 가장 적합하다고 생각하는 것에 신뢰를 주는 데 있어 어떠한 방해도 받지 않아야 할 것이다. 그러나 그런 경우에도 주 정부들은 전혀 염려할 필요는 없다. 왜냐하면, 연방은 불가피하게 오직 특정 영역 내에서만 그 권한을 더 효과적으로 집행할 수 있기 때문이다.

　　내가 연방정부와 주 정부들을 비교하도록 제안하는 나머지 사항은 서로의 조치를 반대하고 좌절시키려는 각자가 가진 성향과 능력에 관한 것이다.

　　주 정부 관리들의 연방정부 관리들에 대한 의존도보다, 연방정부 관리들의 주 정부 관리들에 대한 의존도가 훨씬 더 높을 것이라는 사실은 이미 증명된 바 있다. 또한 두 정부가 모두 의존하게 될 국민들의 애착도 연방정부보다는 주 정부 쪽으로 기울게 될 것임을 보았다.4) 각자가 상대편에 대해 갖는 성향이 이런 이유에 의해 영향을 받는 한, 주 정부가 확실히 유리한 위치에 있다는 것은 분명하다.5) 하지만 좀 더 명백하고 중요하다고 생각되는 다른 관점에서 보더라도, 유리한 것은 역시 주 정부이다. 연방의회의 의원들은 일반적으로 주에 호의적일 것인데 반해, 주 의회 의원들이 연방정부에 호의적인 편향을 가지고 주 의회에 들어가는 일은 흔치 않을 것이다. 개별 주의 입법부에서 국가적인 의식이 우세해지는 것보다는, 연방의회에서 지역 정신이 훨씬 우세할 것이다. 우리는 모든 주 의회가 저지르는 실책의 대부분이 그 주의 포괄적이고 영구적인 이익을 자기가 속한 카운티나 지역의 특수하고 개별적인 이

---

3)　페이퍼 27번.

4)　페이퍼 17번.

5)　이 점에 대해서는 많은 페이퍼들에서 설명되었지만, 특히 페이퍼 17번에서 집중적으로 다루어지고 있다.

익을 위해 희생시키려는 구성원들의 성향에 기인한다는 것을 알고 있다. 만일 그들이 자신들 주의 집단적인 번영을 포괄할 정도로 정책을 충분히 확장하지 않는다면 연방 전체의 번영, 그리고 연방정부의 위엄과 존엄을 위해 애착을 가지고 협의할 것이라고 어떻게 기대할 수 있겠는가? 주 의회 의원들이 국가적인 문제에 대해 충분한 애착을 가질 것 같지 않은 바로 그 이유에서, 연방의회 의원들은 지역적 문제에 대해 지나칠 정도로 애착을 가지게 될 것이다. 주와 연방의회의 관계는, 카운티나 타운과 주 의회의 관계와 같을 것이다. 연방의 정책은 국가적인 번영과 행복을 위해서가 아니라 개별 주의 정부와 주민들의 편견과 이해관계, 그리고 목표를 위해 결정되는 경우가 많을 것이다. 기존 연합의회의 심의 과정을 일반적으로 특징지어 온 정신은 무엇인가? 그 회의록을 자세히 읽어보면, 그리고 연합의회의 의원들이 솔직하게 인정한 바에 의하면, 의원들은 공동이익의 공정한 수호자라기보다는 그들의 출신 주 이익의 후원자라는 특징을 자주 보여주고 있음을 알 수 있다. 연합정부의 권한의 강화를 위해 지역적 이익이 희생되는 일이 어쩌다 한번 있었다고 한다면, 부당한 지역적 편견, 이익 그리고 목적으로 인해 국가적 차원의 이익은 백번 정도는 희생되었을 것이다. 내가 전달하고자 하는 요지는, 새 연방정부가 기존의 연합정부가 추구했었을 것보다 더 확대된 정책 구상을 포용하지 않을 것이라는 의미가 아니며, 새 연방정부의 목적이 주 입법부의 목적만큼이나 제한적일 것이라는 것도 역시 아니다. 연합정부와 개별 주들 간의 특성, 즉 서로의 권한과 특권을 침해하지 않으려는 특성을 새 연방정부도 충분히 고려하게 될 것이라는 의미이다. 연방정부의 권한을 유용함으로써 자신들의 특권을 확대하려는 주 정부 측의 동기는, 연방정부 공무원들 사이에는 그에 대응하려는 성향이 없으므로 억제되지 않을 것이다.

그러나 연방정부도 주 정부와 마찬가지로 정해진 한계를 넘어 그 권한을 확대하려는 의도를 가질 수 있을 것이다. 하지만 이를 인정한다고 하더라도 주 정부는 연방정부의 그러한 권리침해를 물리치는 수단에 있어 역시 유리한 상황에 있다. 어떤 주의 법률이 연방정부에 비우호적인 것이라 할지라도 그것이 그 주 내부에서 일반적으로 인기를 얻고 있고, 주 관리들의 공직자 선서와 크게 어긋나는 것이 아니라면, 그 법률은 주의 권한만으로도 즉시 집행되는 데 아무런 어려움을 겪지 않을 것이다. 연방정부가 반대하거나 연방 관리들이 간섭한다면 그 주의 모든 당사자들의 격한 감정만 더 고조시킬 뿐이며, 그 경우 연방정부는 내키지 않지만 난처한 수단에 호소하지 않고서는 해당 주의 폐해를 막거나 바로잡을 수 없을 것이다. 한편 연방정부의 조치가 법적으로 보장되지도 않을뿐더러 개별 주들에 인기가 없는 경우(거의 항상 그렇겠지만), 혹은 연방정부의 조치가 법적으로 보장됨에도 불구하고 인기가 없는 경우(가끔은 그렇겠지만), 그에 대하여 주들은 즉각 강력하고 용이한 반대의 수단을 갖게 된다. 국민의 동요, 연방의 관리들에 협조하는 것에 대한 강한 반감과 거부, 주의 최고행정관(주지사)의 불만, 그리고 그런 경우 종종 수반되는 입법적 책략으로 꾸며지는 방해 등은 어느 주에서나 연방정부에는 무시할 수 없는 어려움으로 대두될 것이다. 큰 주들은 연방정부에 대해 매우 심각한 장애가 될 것이고, 더 나아가 몇몇 인접 주들이 뜻을 같이 할 경우에는 연방정부가 대응하기조차 꺼리게 될 커다란 저항으로 나타나게 될 것이다.

주 정부의 권한에 대한 연방정부의 야심적인 침해는, 어느 한 주나 몇 개 주들의 반대를 자극하는 데 그치지 않고 전반적 경고의 신호가 되어 모든 주 정부들이 공동의 목적 아래 모이게 될 것이다. 상호 연락망이 열리게 되고 저항을 위한 협력이 이루어질 것이다. 하나로 단합된 기운이 전체를 고무하고 지휘하게 될 것이다. 간단히 말하면, 외세의 속박에 대한 공포로 인해 연합이 형성되었듯이, 연방정부가 야심적인 계획을 스스로 포기하지 않는다면 결국 주들은 무력의 결집에 호소할 것이다. 그러나 과연 어느 정도의 광기가 연방 정부를 그토록 극단적인 상황으로 몰고 갈 수 있겠는가? 영국과의 전쟁 중, 우리 아메리카 제국의 일부는 다른 일부에 대해 권한을 침해했다. 수적으로 많은 쪽이 적은 쪽의 권리를 침해했던 것이다.[6] 그것은 부당하고 현명하지 못했지만 전혀 생각할 수 없는 일은 아니었다. 그러나 우리가 가정하고 있는 경우의 싸움은 어떤 것이 될 것이며, 그 당사자는 누가 될 것인가? 아마도 소수의 국민대표들이 국민 자체와 싸우게 될 것이다. 혹은 연방의회의 대표들이 13개 주 의회의 대표들과 맞서 싸우게 되고, 양쪽의 공통 선거구민인 국민은 후자의 편에 서게 될 것이다.

주 정부의 몰락을 예언하는 사람들에게 오직 하나 남은 구실은 연방정부가 야심 찬 계획을 위해 미리 군사력을 비축할 것이라는 공상적인 추측이다. 만일 이 시점에서 이런 위험이 실제로 일어나지 않을 것이라는 반증을 꼭 해야 한다면, 이 페이퍼들에 실린 논리적 추론들은 정말 거의 쓸모가 없었음이 틀림없다. 그들의 이런 공상적 추측이라는 것은, 국민과 주들이 오랜 시간 동안 그들 모두를 배신할 사람들을 연속적으로 선출할 것이고, 그리고 그 기간에 반역자들은 일관되게 조직적으로 군비를 확장하기 위한 확고한 계획을 추진할 것이며, 주 정부들과 국민들은 조용히 참을성 있게 폭풍이 몰려오는 것을 지켜보며 그것이 자신들의 머리 위에서 터질 준비가 될 때까지 자원을 계속 제공하리라는 것이다. 모든 사람에게 이러한 공상은 진정한 애국심에서 우러나온 진지한 우려라기보다는 광적인 경계심에서 나오는 앞뒤가 맞지 않는 부질없는 몽상이거나 가장된 열정에서 나온 잘못된 과장으로 보일 것이 틀림없다. 그러한 가정이 터무니없는 것이든 어쨌든 한번 마음대로 상상하게 해보자. 이 나라의 자원에 상응한 정규군이 조직되고 그것이 전적으로 연방정부에 충성한다고 가정해 보자. 그래도 주 정부들이 그들 편에 있는 국민과 함께 이런 위험을 물리칠 수 있다는 것은 결코 과장이 아니다. 가장 정확한 계

---

6) 영국과의 전쟁이 시작된 직후 13개 주의 아메리카 식민지는 영국으로부터의 독립을 원하는 북부와 중부의 주들과, 식민지의 권한이 보장되는 한 식민지로 남기를 원하는 남부 주들로 나뉘었다. 그러나 1776년 제2차 대륙회의(The Second Continental Congress)에서 독립선언문을 작성하고 채택하는 데 있어, 다수인 북부와 중부 주들은 독립을 반대하는 남부 주들의 의견을 무시하고 독립선언문의 채택을 강행했다.

산법에 따르면, 어느 나라이건 상비군의 최대 규모는 전체 인구의 100분의 1을 넘지 못하거나 전투 가능한 인구의 25분의 1을 초과하지 않는다. 이 비율로 계산하면 합중국의 군대는 2만 5000명 내지 3만 명을 넘지 못할 것이다. 이들에 대항해 50만에 가까운 시민들로 구성된 민병대가 무기를 들고 그들 중에서 임명된 장교들의 지휘하에, 공동의 자유를 위해 싸우며 자신들의 애정과 신뢰를 받는 정부에 의해 결속되고 통솔될 것이다. 그러한 민병대가 위에서 언급된 규모의 정규군에 의해 진압될 수 있을지는 심히 의심스러운 일이다. 영국 군대에 대한 미국의 성공적 대항을 잘 알고 있는 사람들은 그 가능성을 부인할 것이다. 대부분의 다른 나라 국민들이 가지지 못한 무기 소지의 장점 이외에 국민들의 애착을 받으며, 민병대 장교들을 임명하는 주 정부들의 존재는 야심 찬 음모를 막아내는 데 있어 어떤 형태의 단일정부도 능가할 수 없는 견고한 장벽이다. 일부 유럽의 왕국들은 공공 재원이 허용하는 한도에서 최대의 군 상비체제를 가지고 있음에도 불구하고 무장한 국민을 신뢰하지 못한다. 그리고 국민이 무기의 도움만으로 자신들의 속박에서 벗어날 수 있을지도 확실하지 않다. 그러나 만일 국민들이 자신들이 선택한 (주와 지방) 정부라는 이점을 가지고, 또 그 정부가 국민의 의지를 결집할 수 있으며, 전국적인 민병을 지휘하는 장교들이 그들 정부에서 임명되고, 또 그 장교들은 그들 정부와 민병에 속한다는 추가적인 이점을 갖는다면, 단언컨대 유럽의 모든 전제정은 그들을 호위하는 군대에도 불구하고 순식간에 전복될 것임을 확신할 수 있을 것이다. 이러한 조건이 주어지면, 전횡적 권력하의 비천한 시민들도 압제자들의 손에서 자신들의 권리를 찾을 수 있을 것인데, 실제로 소유하고 있는 권리조차 잘 수호하지 못할 것이라는 의심으로 자유롭고 용감한 미국 시민을 모욕하지 말자. 또한 계속되는 교활한 수단에 맹목적이고 무기력하게 복종함으로써 필연적인 실험의 대상으로 전략해 자신의 권리를 지켜내지 못할 것이라는 가정으로 미국 시민을 모욕하는 일은 이제 그만두자.

지금과 같은 주제의 논쟁은 확실하게 그리고 매우 간결하게 정리될 수 있다. 새로운 연방정부는 그것이 구성되는 방식에 따라 국민에 충분히 의존적으로 될 수도 있고, 그렇지 않을 수도 있다. 연방정부가 국민에 의존적이 된다면, 그러한 의존으로 인해 그 정부는 자신의 선거구민들에게 해가 되는 계획을 구상할 수 없을 것이고, 국민에 의존적으로 되지 않는다면 연방정부는 국민들의 신뢰를 얻지 못할 것이며, 연방정부의 권력 탈취 계획은 국민의 지지를 받는 주 정부들에 의해 쉽게 타파될 것이다.

이 페이퍼와 바로 앞의 페이퍼에서 언급한 사항들을 간추리면, 연방정부에 주어질 권한은 연방의 목표를 달성하기 위해 반드시 필요할 뿐만 아니라, 개별 주에 유보되거나 남겨질 권한들에 전혀 위협이 되지 않는다는 것이다. 주 정부들이 새로운 체제에 의해 의도적으로 또는 궁극적으로 소멸될 수 있다는 모든 경고의 목소리는, 최대한 호의적으로 해석해도 그런 주장을 꾸며낸 사람들의 비현실적인 두려움에서 나온 것임이 틀림없다.

푸블리어스

THE FEDERALIST

No. 47

≪인디펜던트 저널≫, 1788년 1월 30일

제임스 매디슨

뉴욕주 시민들에게

제안된 정부의 일반적인 형태와 그 정부에 주어진 권력 전반에 대해 살펴보았으므로, 나는 이제 이 정부의 세부적인 구조와 전체적인 권력이 구성 부분 사이에 어떻게 배분되어 있는지 고찰하고자 한다.

　새헌법의 반대자들 중에 보다 존경할 만한 사람들이 계속 제기하는 주요한 사항 중 하나는 이 헌법이 입법부, 행정부, 사법부가 서로 분리되고 구분되어야 한다는 정치적 원칙을 위반할 수 있다는 것이다. 연방정부의 구성은 이러한 자유를 위한 필수적인 경고에 별로 주의를 기울이지 않은 듯하다고 그들은 지적한다. 정부 각 부문에 대한 권력의 배분이나 배합은 모든 균형과 장점이 파괴될 수 있는 방식으로 이루어져 있으며, 나아가 그 핵심 부분 중 일부가 다른 부분의 불균형적으로 과도한 영향력에 의해 억눌릴 위험성을 보이고 있다고 주장한다.

　이러한 반대의 근거가 되고 있는 정치적 진리, 즉 권력분립론은 어떠한 정치적 진리보다도 더 큰 본질적 가치를 지니며, 자유를 지지하는 계몽된 자들의 권위로써 보증되고 있다. 입법부, 행정부, 사법부의 모든 권력이 한 사람, 소수 혹은 다수에 의해서건, 그리고 세습받았거나 스스로 임명되었던 혹은 선출되었든지에 상관없이 동일한 사람이나 집단에 집중되는 것은 모두 전제정치 그 자체라고 해도 무방할 것이다. 따라서 연방헌법의 권력이 세 부분 중 한 부문에 불균형적으로 치우쳐 있거나, 그러한 위험성을 가진 권력이 혼합되어 있다는 비판을 정말 받을 만하다면, 어떤 추가적 논쟁 없이도 그 체제에 대한 만인의 비난을 일깨우기에 충분할 것이다. 그러나 그러한 비난은 입증될 수 없는 것이며, 그 비난이 근거하는 원칙은 전적으로 오해이고 잘못되었다는 것이 명백히 드러날 것이라고 나는 확신한다. 이 중요한 문제를 똑바로 이해하기 위해서는, 자유를 보존하기 위해서 권력의 세 부문이 분리되고 구분되어야 한다는 사실의 의미를 고찰하는 것이 합당할 것이다.

이 문제에 대해 우리가 항상 참고하고 인용하는 현인은 그 유명한 몽테스키외이다. 만일 그가 이 귀중한 정치적 원칙의 창시자가 아니라 하더라도, 그는 최소한 그것을 효과적으로 제시하고 권고하여 인류가 관심을 가지게끔 만든 공적을 이루었다. 우선 이 점에 대한 그의 취지를 확인해 보기로 하자.

영국 헌법과 몽테스키외와의 관계는 호머(호메로스)와 서사시를 강의하는 작가들과의 관계와도 같다. 서사시 작가들이 이 불멸의 시인의 작품을 서사예술의 원리와 규칙을 도출하고 모든 유사한 작품을 평가할 수 있는 기준이 되는 완벽한 모델로 생각한 것처럼, 이 위대한 정치적 비평가는 영국 헌법을, 그 자신의 표현을 빌리자면, 정치적 자유를 비추는 거울로 평가했으며, 그 특정 체제의 몇몇 특유한 원칙을 기초적인 사실의 형식으로 전하고 있다. 그렇다면 이 경우에서 그가 의미하는 바를 오해하지 않기 위해 그 원칙이 나오게 된 근원으로 되돌아가 보기로 하자.

영국 헌법을 언뜻 보면 입법, 행정 그리고 사법부가 서로 명확히 분리되고 구분되어 있지는 않다는 것을 알 수 있다. 최고행정관인 국왕은 입법부의 필수적인 한 부분을 겸한다. 최고행정관만이 외국과 조약을 맺을 수 있는 특권을 가지며, 그 조약은 체결되었을 경우에 특정한 제약하에 입법부가 제정한 법률로서 효력을 갖는다. 국왕은 사법부의 모든 구성원을 임명하고, 또한 의회 양원의 요청에 의해 그들을 해임할 수 있다. 국왕이 사법부의 구성원들의 자문이 필요할 때는 사법부는 헌법 자문위원회의 하나가 된다. 한편 입법부의 한 원인 상원은 최고행정관의 헌법 자문위원회를 구성하는데, 더구나 탄핵재판에 있어서는 사법권을 전유하며 다른 모든 소송에 있어 최고상소심의 관할권을 갖는다. 또한 사법부의 판사들은 표결에는 참여할 수 없지만, 의회의 입법 심의에 자주 참여하기 때문에 입법부와도 결부되어 있다.

몽테스키외의 지침이 되었던 이러한 사실로부터 다음과 같은 명백한 추론을 얻어낼 수 있다. "입법권과 행정권이 동일인, 또는 행정 기관에 집결되는 경우 또는 사법권이 입법권과 행정권으로부터 분리되지 않는 경우, 자유는 존재하지 않는다." 그러나 여기에서 그는 입법, 행정, 사법부가 서로 다른 부문의 행위에 있어 부분적인 역할을 하지 않아야 한다거나 또는 다른 부문의 행위를 통제할 수 없다는 것을 의미하지는 않았다. 자신의 언급에도 내포되었듯이, 그리고 더욱더 결정적으로는 그의 눈에 비친 사례에 의해 예시되었듯이, 그가 의도하는 바는 다름 아니라 한 부의 모든 권한이 다른 부의 모든 권한을 장악한 세력에 의해 행사된다면, 자유 헌법의 기본 원칙은 파괴된다는 것이다. 만약 유일한 최고행정관인 국왕이 동시에 완전한 입법권 또는 최고 사법권을 장악한다거나, 또는 입법부 전체가 최고 사법권 또는 최고 행정권을 장악하고 있다면 자유는 존재하지 않는다는 그의 말이 들어맞았을 것이다. 그러나 영국 헌법은 이런 권력 집중의 결함은 가지고 있지 않다. 모든 행정권을 장악하고 있는 최고행정관은 비록 모든 법에 거부권을 행사할 수는 있으나 그 자신이 법을 만들 수 없을 뿐더러, 그는 재판관들을 임명하기는 해도 그 자신이 직접 재판을 할 수는 없다. 재판관들은 비록 행정부에 의해 임명되었어도 행정권을 행사하지는 못하며, 그들은 의회에 조언을 줄 수는 있지만 어떤 입법적인 기능도 행할 수 없다. 입법부는 양원의 합동 결의로 재판관을 해임할 수도 있고, 그중의 한 원인 상원은 최종심으로서의 사법권을 가지지만, 전체 입법부가 사법 행위를 할 수는 없다. 또한 입법부의 한원, 즉 하원은 최고 행정기관(내각)을 구성하고, 다른 한 원, 즉 상원은 행정부의 모든 하위 관료를 출석 의원 3분의 1의 표결로 탄핵한 후 재판하여 판결할 수 있지만, 입법부 전체적으로는 어떠한 행정권을 행사할 수는 없다.

몽테스키외의 원칙의 근거가 된 이유들을 살펴보면 그가 의도하는 것을 더 잘 이해할 수 있다. "입법권과 행정권이 동일한 사람이나 조직에 통합되면 자유는 있을 수 없다. 왜냐하면 군주나 혹은 상원이 전제적인 방법으로 그러한 권력들을 집행할 수 있는 전제적인 법을 제정하지나 않을까 하는 불안과 염려가 발생하기 때문이다"라고 몽테스키외는 말하고 있다. 또한 "만약 사법권이 입법권과 결합된다면 국민의 생명과 자유는 전제적인 통제에 무방비 상태로 놓이게 될 것이다. 왜냐하면 재판관이 곧 입법자가 되기 때문이다. 또한 사법권이 행정권과 결합하게 되면, 재판관은 압제자의 모든 폭력을 행사할 수도 있을 것이다." 이러한 이유 중 몇 개는 다른 부분에서 더욱 자세하게 설명되어 있다. 비록 3권이 분리되어야 하는 이유들이 여기에서는 간략하게 언급되었지만, 이 훌륭한 저자의 뛰어난 원칙이 주는 의미는 충분히 입증되었다고 할 수 있다.

다음으로 합중국의 몇 개 주의 헌법을 살펴보면, 위에서 설명된 원칙을 단호하게, 어떤 경우에는 절대적이라고 서술하고 있음에도 불구하고 각 부의 권력이 완전히 분리되고 구분되어 있는 경우는 단 하나도 없다는 것을 알 수 있다. 가장 최근에 헌법을 제정한 뉴햄프셔주[1])는 어떤 부들의 권력이 어떠한 형태로든 혼합되는 것을 방지하기란 불가능하며 또한 부적당하다는 것을 충분히 인식하고 있었던 것 같고, "자유 정부의 본질에 어긋나지 않는 한, 혹은 전체의 통치 구조를 확고한 통일성과 조화로 결속하고 있는 연계적 구성에 모순되지 않는 한, 입법, 행정, 사법권은 서로 독립적으로 분리되어 유지되어야 한다"라고 선언함으로써 이 권력분립의 원칙을 완화했다. 따라서 뉴햄프셔주의 헌법은 몇 가지 측면에서 3부의 권력을 혼합시키고 있다. 입법부의 한 부서인 상원은 탄핵재판을 하는 사법재판소이기도 하다. 행정부의 수반인 주지

---

1) 뉴햄프셔주의 헌법은 1783년 10월 31일 제정되어 1784년 6월 2일부터 효력을 발생했다. 헌법은 권리장전과 정부 형태의 두 부분으로 구성되어 있으며, 그 후 여러 차례 수정을 거쳐 현재까지도 뉴햄프셔주의 헌법으로 남아 있다.

사는 상원의 의장을 겸하고 있으며, 모든 경우에 다른 의원과 같이 한 표를 가질 뿐만 아니라 찬반 동수일 경우에는 결정 투표권을 갖는다. 행정부의 수반은 해마다 입법부에 의해서 선출되며, 그의 평의회는 해마다 입법부의 구성원들에 의해 구성원 중에서 선출된다. 주의 여러 관리들 역시 입법부에 의해서 임명된다. 그리고 사법부의 구성원들은 행정부에 의해서 임명된다.

　매사추세츠주의 헌법[2]은 자유를 위한 이 기본적 조항을 표현하는 데 있어 그다지 명확하지는 않다고 할지라도 충분한 주의를 기울이고 있으며 다음과 같이 선언하고 있다. "입법부는 행정권 및 사법권, 혹은 그중 어느 하나도 행사할 수 없다. 행정부 또한 입법권 및 사법권, 혹은 그중 어느 하나도 행사할 수 없다. 사법부 역시 행정권 및 입법권, 혹은 그중 어느 하나도 행사할 수 없다." 이러한 선언은 이미 설명한 바와 같이 몽테스키외의 원칙과 정확히 부합하며, 또한 새헌법은 어떤 면에서도 이 원칙에 위배되지 않는다. 그것은 정부의 3부 중 어떤 부도 다른 부의 권력을 행사하지 못하도록 하는 것과 다를 바가 없다. 그러나 이 선언에 뒤이어 나오는 매사추세츠주의 실제 헌법에서는 각 부의 권한이 부분적으로 혼합되는 것이 허용되어 있다. 최고행정관인 주지사는 입법부에 대해서 제한적 거부권을 행사할 수 있으며, 입법부의 한 부분인 상원은 행정부와 사법부의 구성원들에 대한 탄핵법원이기도 하다. 사법부의 구성원들은 행정부에서 임명하고, 입법부 양원의 요청으로 행정부에 의해 해임될 수 있다. 마지막으로 다수의 정부 관리들이 매년 입법부에 의해서 임명된다. 관직의 임명, 특히 행정부 관직의 임명은 그 성격상 행정부의 기능이기 때문에 매사추세츠주 헌법의 제정자들은 적어도 이 점에 있어서 그들 자신이 세운 원칙을 스스로 위반하고 있다고 볼 수 있다.

　로드아일랜드주와 코네티컷주의 헌법은 여기서 다루지 않겠다. 왜냐하면

---

[2]　매사추세츠주의 헌법은 1779년 10월 30일 제정되어 1780년 10월 25일 비준되었다.

두 주의 헌법은 미국 혁명(독립전쟁) 이전에 제정되었고, 우리가 검토하고 있는 원칙이 정치적 주목을 받기 이전에 만들어졌기 때문이다.

뉴욕주의 헌법에서는 이러한 권력분립의 원칙에 대한 어떤 선언도 볼 수 없지만, 서로 다른 부를 부당하게 혼합시키는 것에 대한 위험을 분명하게 인지하고 만든 것으로 보인다. 그럼에도 불구하고 뉴욕주의 헌법은 최고행정관인 주지사에게 입법부에 대한 부분적 통제권을 부여하고 있고, 더 나아가 그와 같은 권한을 사법부에까지 부여하고 있으며, 심지어는 입법부에 대한 이러한 감독권의 행사에는 행정부와 사법부가 관여하고 있다. 뉴욕주 헌법에서는, 입법부의 구성원들로 구성된 관리임명위원회는 행정부와 사법부의 관리들을 임명하는 데 있어서 행정부와 협력하여 이를 수행하도록 되어 있다. 탄핵재판소와 오심정정재판소[3])는 입법부의 한 원인 상원과 사법부의 주요 구성원들로 이루어진다.

뉴저지주의 헌법[4])은 앞에 소개된 다른 어느 주보다도 정부 각 부문의 권한을 혼합하고 있다. 최고행정관인 주지사는 입법부에 의해서 임명되지만, 형평법 법원장이며, 유언검인 판사이자 대법원의 구성원이고, 입법부의 한 원인 상원의 의장이면서 결정 투표권을 가진다. 상원은 주지사의 행정평의회의 기능을 가지며 주지사와 더불어 고등법원을 구성한다. 사법부의 구성원들은 입법부에 의해서 임명되고, 입법부의 한 원에 의해 탄핵 소추되고 다른 원에 의해 해임될 수 있다.

펜실베이니아주의 헌법[5])에 따르면, 행정부의 수반인 주지사는 매년 입법

---

3) 오심정정재판소(The Court for Correction of Errors)는 잘못된 판결을 다시 바로잡는 재판소이며 사실상 항소재판소의 역할을 하는 재판소이다. 오심정정재판소는 뉴욕주 헌법에 따라 1846년 폐지되었고, 그 관할권은 뉴욕주의 고등법원으로 이전되었다. 하지만 탄핵재판소는 아직도 뉴욕주의 상원과 고등법원의 판사들로 구성되어 있다.

4) 뉴저지주의 헌법은 뉴저지주가 독립선언문을 비준하기 이틀 전인 1776년 7월 2일 채택되었다. 그후 두 번째 헌법은 1844년, 그리고 현재의 세 번째 헌법은 1947년 채택되어 여러 번 수정되었다.

5) 펜실베이니아주의 첫 헌법은 1776년에 채택되었고, 그후 네 개의 다른 헌법이 채택되었다. 매디

부가 지배적인 영향력을 행사하는 투표에 의해 선출된다. 주지사는 행정평의회와 협력하여 사법부의 구성원들을 임명할 수 있고, 행정부뿐만 아니라 사법부의 모든 관리들에 대한 탄핵재판소를 구성할 수 있다. 대법원 판사들과 치안판사들은 입법부에 의해서 해임될 수 있으며, 입법부는 특정한 경우에 있어서 행정권에 속하는 사면권을 가질 수 있다. 행정평의회의 구성원들은 주 전체에 걸쳐서 당연직 치안판사가 된다.

델라웨어주의 헌법6)을 보면 최고행정관인 주지사는 매년 입법부에 의해 선출된다. 입법부 양원의 의장들은 행정부 내에서 부지사를 겸한다. 최고행정관은 입법부 양원에서 각각 3명씩 임명된 6명과 더불어 대법원을 구성하며, 그는 또 입법부와 함께 다른 법관들을 임명한다. 주 전체에 걸쳐서 입법부의 구성원들은 동시에 치안판사직을 겸하는 것으로 보이며, 입법부의 한 원의 구성원들은 당연직 치안판사이자 행정평의회의 구성원이다. 행정부의 주요 관리들은 입법부에 의해 임명되고, 입법부의 한 원이 탄핵재판소가 된다. 모든 관료들은 입법부의 요청에 의해 해임될 수 있다.

메릴랜드주의 헌법7)은 가장 철저한 권력분립의 원칙을 채택하고 있는데, 정부의 입법, 행정, 사법권은 영구히 분리되고 구분되어야 한다고 선언하고 있다. 그럼에도 불구하고 메릴랜드주 헌법은 최고행정관이 입법부에 의해 임명되게 했고, 사법부의 구성원들은 행정부에 의해 임명되게 했다.

버지니아주의 헌법8)은 이러한 원칙에 더욱 분명한 입장을 취하고 있다.

슨이 이 페이퍼에서 언급하고 있는 펜실베이니아주 헌법은 1776년의 첫 번째 헌법이다. 현재의 헌법은 1968년 채택되어 그동안 수많은 수정을 거쳤다.

6) 델라웨어주의 헌법은 1776년 9월 20일 채택되었고 그 후 1792년 새로운 헌법에 의해 대체되었다. 매디슨이 이 페이퍼에서 언급하고 있는 델라웨어주의 헌법은 1776년 채택된 헌법이다.

7) 메릴랜드주의 첫 헌법은 1776년 채택되었고 그 후 세 차례에 걸쳐 헌법이 바뀌었다. 매디슨이 이 페이퍼에서 다루고 있는 메릴랜드주 헌법은 1776년 채택된 헌법이다.

8) 버지니아주의 헌법은 비교적 이른 1776년 6월 29일 채택되었다. 버지니아주 헌법은 당시 합중국의 다른 주들과 외국의 헌법에도 큰 영향을 주었다.

"입법부, 행정부, 사법부는 서로 다른 부처에 속한 권한을 행사하지 못하게 분리되고 구분되어야 한다. 그 누구도 동시에 입법, 행정, 사법권 중 하나 이상을 행사할 수 없다. 단, 카운티 법원의 판사가 입법부의 양원 중 한 원의 의원이 될 수 있는 피선거권을 갖는 것은 예외로 한다"라고 선언하고 있다. 그러나우리는 하위 법원의 판사에 관한 이와 같은 예외뿐만 아니라 최고행정관과 그의 행정평의회가 입법부에 의해서 임명될 수 있다는 사실을 알 수 있으며, 행정평의회 구성원 2명은 3년마다 입법부의 의사에 따라 교체되어야 하고, 행정부와 사법부의 모든 주요 관리들이 입법부에 의해서 임명된다는 것을 알 수있다. 사면에 관한 행정적 특권 역시 하나의 특정한 경우에서는 입법부에 부여되어 있다.

노스캐롤라이나주의 헌법[9]은 "정부의 입법, 행정 그리고 최고사법권은서로 영구히 분리되고 구분되어야 한다"고 선언하고 있으며, 이와 동시에 최고행정관뿐만 아니라 행정부와 사법부의 모든 주요 관리들의 임명권을 입법부에 부여하고 있다.

사우스캐롤라이나주 헌법[10]의 경우, 최고행정관은 입법부에 의해 임명된다. 입법부는 치안판사와 보안관을 포함한 사법부의 구성원에 대한 임명권뿐만 아니라, 육군과 해군의 대위까지도 포함한 행정부의 관리들에 대한 임명권도 가지고 있다.

조지아주의 헌법[11]에서는 "입법부, 행정부, 사법부는 각각 다른 부에 속

---

9) 노스캐롤라이나주의 첫 헌법은 독립선언문이 채택된 직후 1776년 채택되었고 몇 차례의 수정을 거쳤다. 현재의 헌법은 1971년에 비준되었다.

10) 사우스캐롤라이나주의 첫 헌법은 1669년에 제정되었고 그 후 1776년, 1778년, 1790년, 1865년과 1868년, 그리고 마지막으로 1895년에 새롭게 제정되었다. 매디슨이 이 페이퍼에서 언급하고 있는 사우스캐롤라이나주 헌법은 1776년 채택된 헌법이다. 1895년에 채택된 헌법이 현재의 헌법이다.

11) 형식을 갖춘 공식적인 헌법이 채택되기 바로 전 조지아주는 1776년 "식민지 조지아의 규칙과 규정 (Rules and Regulations of the Colony of Georgia)"이라고 불리는 문서를 채택했고, 다음 해인 1777년 형식을 갖춘 첫 헌법이 채택되었다. 매디슨이 이 페이퍼에서 언급하고 있는 조지아주 헌법

해 있는 권한을 행사하지 못하도록 분리되고 구분되어야 한다"고 선언했다. 그러나 행정부는 의회의 임명으로 충원하도록 되어 있으며, 또 사면권도 최종적으로는 입법부가 행사하도록 되어 있으며, 심지어 치안판사들도 입법부에 의해서 임명되는 것을 볼 수 있다.

입법부, 행정부, 사법부가 전적으로 분리되고 구분되어 있지는 않다는 사례들을 인용함으로써, 나는 그것이 여러 주 정부의 특정한 조직 형태를 옹호하는 것으로 간주되지 않기를 바란다. 위에서 예증된 훌륭한 원칙들 중에는 이들 헌법이 제정될 당시 시간과 경험의 부족을 보여주는 뚜렷한 흔적이 남아 있는 것이 충분히 인정된다. 몇몇 경우에서는 우리가 심사숙고하고 있는 기본적인 원칙이 다른 권력들의 지나친 혼합과 심지어는 실질적인 통합에 의해 위반되고 있고, 모든 경우에 있어서 이 글에서 기술한 권력의 분리를 실질적으로 유지할 수 있게 해주는 효과적인 규정이 마련되어 있지 않다는 것도 지극히 명백하다. 내가 분명히 밝히고자 하는 점은, 제안된 헌법이 자유 정부의 신성한 원칙을 위반했다는 비난은, 그 원칙의 진실한 취지에서나 지금까지 미국에서 이해되어 온 의미에 비추어 볼 때 합당하지 않다는 것이다. 이 흥미로운 주제는 다음 페이퍼에서 계속될 것이다.

푸블리어스

은 1777년에 채택된 헌법이다. 그 후 조지아주는 1790년, 1798년, 1861년, 1865년, 1868년, 1877년, 1945년, 1976년에 새롭게 헌법을 제정했고 1983년에 현재의 헌법이 제정되어 채택되었다.

THE FEDERALIST · No. 48

≪뉴욕 패킷≫, 1788년 2월 1일 · 제임스 매디슨

뉴욕주 시민들에게

앞의 페이퍼에서 검토한 바와 같이, 몽테스키외의 정치적 원리는 입법부, 행정부, 사법부 간의 완전한 분리를 의미하지는 않는다는 것을 보여주었다. 다음으로 나는 이 3부가 다른 부들에 대한 헌법적인 억제를 행사할 수 있도록 서로 연결되고 혼합되어 있지 않으면 자유 정부에 필수적인 권력의 분리가 실제로는 적절한 정도로 유지되지 못할 것임을 제시하고자 한다.

3부 중 한 부에만 당연히 속해야 하는 권한을 다른 어떤 부가 직접적이고 완전하게 행사해서는 안 된다는 것은 모두가 동의하는 점이다. 마찬가지로 명백한 것은 그 어떤 부도 각각의 권한을 행사하는 데 있어서 직접적이든 간접적이든 다른 부에 대한 지배적인 영향력을 가져서는 안 된다는 것이다. 권력은 침해하는 속성을 가지고 있으며, 따라서 권력은 그것에 주어진 한계를 넘지 못하도록 효과적으로 억제되어야 한다는 것은 부인할 수 없는 사실이다. 그러므로 먼저 이론적으로 여러 권력을 입법, 행정, 혹은 사법의 세 부류로 구분한 후, 다음에 이어지는 가장 어려운 과제는 각 부에, 다른 부로부터의 권력 침해에 대한 실질적인 안전장치를 마련해 주는 것이다. 이러한 안전장치가 무엇이 되어야 하느냐가 우리가 풀어야 할 중요한 문제이다.

정부의 구성에서 각 부의 권한의 경계를 정확하게 규정한 다음, 서로 간의 권력 침해의 의도를 종이에 적은 방벽, 즉 헌법상의 규정에 믿고 맡기는 것으로 과연 충분할 것인가? 이것이 미국 대부분 주들의 헌법을 제정한 사람들이

주로 의지해 온 안전장치이다. 그러나 경험이 우리에게 말해주는 것은 이러한 규정의 효력을 지나치게 과대평가해 왔다는 것이고, 정부 내의 상대적으로 연약한 부들이 강력한 부들에 맞서기 위한 뭔가 더 적절한 방비책이 꼭 필요하다는 것이다. 실제로 입법부는 어디에서나 그 활동 영역을 확장해 가고 있으며 모든 권력을 자신의 격렬한 소용돌이 속으로 끌어들이고 있다.

우리 공화국들(13개 주)의 설립자들은 우리에게 매우 엄청난 지혜의 혜택을 주었으므로 그들이 저지른 실수를 지적해야 한다는 것은 참으로 내키지 않는 일이다. 그러나 무릇 진리를 존중하는 마음에서 다음과 같은 지적을 하지 않을 수 없다. 그들은 세습적인 입법부에 의해 지지되고 강화된 세습적인 군주의 탐욕적인 권력이 초래하는 자유에 대한 위험으로부터 잠시도 감시의 눈을 떼지 않았던 것 같다. 하지만 그들은 모든 권력을 한 곳으로 집중시킴으로써 나타나는 행정부의 권력 침탈에 의한 전제와 마찬가지로 입법부의 권력 침탈에서 오는 위험에 대해서는 생각하지 못했던 것 같다.

수많은 그리고 광범위한 특권이 세습군주의 수중에 있는 정부의 행정부는 분명 위험의 근원으로 봐야 하고, 자유에 대한 열정에서 당연히 우러나와야 할 경계의 눈으로 감시되어야 한다. 직접민주주의에서는 다수의 사람들이 직접 입법 기능을 행사하지만, 그들은 규칙에 따라 올바르게 심의할 능력과 공동 협의의 능력이 결여되어 최고행정관들의 야심 찬 음모에 무방비 상태에 놓이게 된다. 따라서 직접민주주의에서는 압제에 유리한 어떤 위급한 상황이 닥칠 경우, 전제정이 시작될 우려가 충분히 있다. 그러나 대의제 공화국의 경우에 있어서는 최고행정관의 권력의 범위와 기간이 신중하게 제한된다. 반면, 입법권을 행사하는 의회는 대중에 대한 영향력을 가지고 있다는 생각과 자신들의 능력에 대한 자신감으로 고취되어 있다. 의회는 군중을 움직이는 욕구를 감지할 수 있을 만큼 충분히 많은 수로 구성되지만, 그럼에도 의회는 그 욕구의 목표를 이성적인 수단에 의해 추구하기 어려울 정도로 그 수가 너무 많은 것도 아니다. 그러므로 대의제 공화국에서는 바로 이런 입법부야말로 국민이 모든 경계와 예방조치를 강구해야 할 대상이다.

　각 주의 정부에서는 이 밖의 다른 상황으로 인해 입법부가 우위를 차지하고 있다. 헌법상 입법부의 권력은 우선 더 광범위하기도 하고 엄격한 한계를 정하기도 쉽지 않기 때문에 입법부는 복잡하고 간접적인 방법을 통해 다른 대등한 2부, 즉 행정부와 사법부에 대한 권한의 침해를 아주 쉽게 은폐할 수 있다. 어떤 특정한 조치의 시행이 입법부의 관할을 벗어났는지에 관한 것은 자주 제기되는 미묘한 문제이다. 이에 반해 행정부의 권한은 더 좁은 범위로 제한되어 있을 뿐만 아니라 그 성격상 더 단순하며, 사법부의 권한은 더욱 명확한 경계선으로 규정되어 있다. 따라서 행정부와 사법부의 다른 2부에 대한 권한 침해의 시도는 즉시 폭로되어 좌절될 것이다. 그뿐만 아니라 입법부만이 국민들의 돈지갑에 접근할 수 있고, 모든 주의 헌법에서 다른 부들에 속한 공직자들의 보수에 대해 지배적인 영향력을 가지고 있고, 심지어 몇몇 주의 헌법에서는 절대적인 재량권을 가진다. 따라서 다른 2부는 입법부에 의존하게 되고 그 결과 입법부의 권한 침해를 더욱 용이하게 해준다.

　입법부의 우위라는 주제에 관한 진실을 입증하기 위해 나는 우리 자신의 경험에 호소해 왔다. 만약 어떤 증거들로 이런 경험을 입증할 필요가 있다면 그 예는 끝없이 늘어날 것이다. 공공 행정에 참여하고 있고 또 그것을 주목하고 있는 모든 시민 가운데 증인들을 찾을 수도 있고, 또한 합중국 모든 주의 기록과 기록보관실로부터 증거들을 풍부하게 수집할 수도 있다. 그러나 더 간명하고도 동시에 만족스러운 증거로서 두 명의 뛰어난 권위자가 증명한 버지니아주와 펜실베이니아주의 사례를 참고하고자 한다.

　첫 번째 예는 버지니아주로, 우리가 앞에서 보았듯이 이 주의 헌법은 세 개의 부가 서로 혼합되어서는 안 된다고 명백히 선언하고 있다. 이를 지지한 사람은 제퍼슨으로 그가 버지니아주 정부의 운용을 논평하는 데 있어 여러 면에서 적합하다는 점을 차치하더라도, 그 자신이 바로 이 주의 최고행정관인 주지사였다.[1] 이 주제에 대해 그가 경험을 통해 인식하는 것을 충분히 전달하기 위해서 그의 흥미로운 저서 『버지니아주에 관한 비망록』(p.195)으로부터 꽤 긴 문단을 인용하고자 한다.

"정부의 모든 권력 즉 입법부, 행정부, 사법부의 권력은 결국 입법부로 귀속된다. 이 권력을 동일 수중에 집중시키는 것은 정확히 전제정부를 의미한다. 그런 경우 이 권력의 행사가 한 명이 아닌 여럿에 의해 행사된다고 해서 전제적 성격이 완화되는 것은 아니다. 173명의 독재자는 한 사람의 독재자와 마찬가지로 분명 압제적일 것이다. 그것을 의심하는 사람들은 베네치아 공화국[2])을 보도록 하라. 입법부의 구성원들이 우리에 의해 선출된다는 것이 별 도움이 되지 않을지도 모른다. 선출된 독재 역시 우리가 추구하는 정부가 아니었다. 우리가 추구하는 정부는 자유로운 원칙들에 기초하여야 할 뿐만 아니라, 정부의 권한은 여러 부문에 분산되고 균형을 이루어야 한다. 그리하여 각 부문의 권한이 다른 부문에 의해 효과적으로 견제되고 제약되어 법적 한계를 초월하지 못하도록 구성되어야 한다. 이런 이유로 버지니아주 정부의 법령을 통과시켰던 회의[3])는 입법부, 행정부, 사법부는 반드시 분리되고, 또한 뚜렷이 구분되어야 하고 어느 부도 그중 하나 이상의 권한을 동시에 행사해서는 안 된다는 원칙 위에 정부의 토대를 구성했다. 그러나 3부의 권한 사이에는 어떠한 명확한 장벽도 마련되어 있지 않았다. 한 예를 들면 사법부와 행정부의 구성원들은 그들 공직의 존립성과, 일부는 공직의 지속성을 입법부에 맡

---

1) 토머스 제퍼슨(Thomas Jefferson)은 제3대 미국 대통령(1801~1809)을 지내기 전에, 1779년부터 1781년까지 버지니아주의 제2대 주지사를 지냈다.

2) 베네치아 공화국(Republic of Venice 697~1797)에서는 소수의 세습적인 귀족 집단과 부를 장악한 상인들이 가장 절대적 방식으로 국민의 대다수에게 절대권력을 행사했다. 페이퍼 39번 참고.

3) 버지니아주는 식민지 정부를 대체하기 위해 1774년 8월, 1775년 3월, 1775년 7월, 그리고 1775년 12월에 네 번의 혁명회의(Revolutionary Convention)를 개최했다. 제퍼슨이 언급한 회의는 1775년 12월의 네 번째 혁명회의이고 여기서 버지니아주는 '어떠한 형태의 독재로부터도 자신을 방어할 준비가 되어 있다'라는 선언과 함께 3부의 권한을 분리하고 구분하는 법령을 통과시켰다. 그 후 다음 해인 1776년 첫 버지니아주의 헌법이 채택되었다.

기지 않으면 안 되게 되어 있었다. 그러므로 만약 입법부가 행정부와 사법부의 권한을 침해한다고 해도 어떤 반대도 있을 것 같지도 않으며, 설사 반대가 있더라도 효과적이지 못할 것이다. 왜냐하면 그런 경우에 입법부는 다른 두 부문을 구속할 수 있는 내용을 법률의 형태를 빌어 입법할 수 있기 때문이다. 따라서 그들은 많은 경우에서 사법부에 맡겨져야 할 분쟁과 행정부의 지시에 맡겨져야 할 권리들을 결정해 왔다. 이러한 행위는 그들의 회기 내내 행해졌으며 상습적이고 일상적으로 되어가고 있다."[4]

또 다른 예는 펜실베이니아주이다. 그리고 이를 입증할 조직은 1783년과 1784년에 소집된 감찰위원회[5]이다. 주 헌법에 명시된 이 조직의 의무 중 하나는 다음과 같다. "헌법이 모든 부분에 있어 침해당하지 않고 준수되고 있는지, 또한 입법부와 행정부가 시민들의 수호자로서 그들의 의무를 수행하고 있는지, 혹은 그들이 헌법으로부터 부여받은 권한 이외의 권한이나 부여받지 않은 다른 권한을 행사하지는 않았는지를 감찰한다" 이 위원회는 이러한 임무를 수행하는 데 있어서 입법부와 행정부의 실제 행위를 각각의 헌법상 규정된 권한과 당연히 비교하게 되었다. 그 결과, 열거된 사실과 위원회의 양측이 대부분 동의한 증거에 비추어 봐서도, 입법부가 여러 중요한 사례에서 헌법을 노골적으로 침해하고 있는 것으로 드러났다.

입법부의 헌법 침해의 예를 들자면, 모든 공개 법안은 국민들이 검토할 수 있게 배려하여 사전에 공표되어야 한다는 원칙을 특별한 이유도 없이 위반하면서 수많은 법률을 통과시켰다. 이 원칙은 입법부의 부적절한 행위를 방지

---

4) Thomas Jefferson, *Notes on the State of Virginia*(1785). 이 책의 제목은 『버지니아주에 관한 비망록』으로 번역할 수 있으며 제퍼슨이 쓴 유일한 책이다. 1781년에 집필을 마쳤으나 1782년과 1783년에 수정되고 보강되었다. 이 책은 그가 프랑스 파리에서 미국의 무역 대표로 근무하던 1785년 익명으로 처음 출판되었고, 다음 해 프랑스어로 번역되어 출판되었다.

5) 감찰위원회(The Council of Censors)는 1776년에 채택된 펜실베이니아주 헌법에 의해 설립되었다. 각 카운티로부터 2명의 대표로 구성되어 7년마다 개최되어 행정부와 입법부의 활동이 헌법에 위배되는지를 감찰했다. 이 위원회는 1783~1784년 사이의 겨울과 1784년 여름에 개최되었다.

하기 위한 경계 조치로서 헌법에 규정되어 있었다.

　배심원에 의한 재판이라는 헌법상 규정도 지켜지지 않았고, 헌법에 의해 위임되지 않은 권한들을 입법부는 행사하고 있었다. 행정부의 권한 또한 입법부에 의해 침해되었다. 판사들의 봉급은 고정되어야 하는 것으로 헌법이 명백히 규정하고 있었음에도 불구하고 그것은 종종 바뀌었다. 사법부의 관할에 속하는 분쟁도 입법부의 심리와 결정에 맡겨지는 일이 자주 일어났다.

　이들 각각의 항목에 속하는 여러 구체적인 사항을 살펴보려면 출판되어 있는 위원회의 회의록을 살펴보면 될 것이다. 입법부가 헌법을 위반한 사항들 중에는 영국과의 독립전쟁에 따른 특수한 상황에 그 책임을 돌릴 수 있는 것도 있을 것이다. 그러나 그 대부분은 미비한 정부 구성의 문제로부터 부지불식간에 발생한 것으로 생각할 수 있다.

　행정부 역시 헌법의 잦은 위반과 무관하지 않았던 것처럼 보인다. 여기에는 세 가지의 사례가 있다. 첫 번째로, 그런 사례의 대부분은 전쟁으로 인한 필요성에서 직접적으로 기인했거나, 연합의회나 최고사령관에 의해 권고되었다는 것이다. 두 번째, 그 밖의 다른 대부분의 사례에서 행정부는 입법부의 의견이라고 알려지거나 또는 입법부가 공식으로 선언한 의견에 따랐던 것이었다. 세 번째, 펜실베이니아주의 행정부는 그것을 구성하는 사람들의 수에서 다른 주들과는 구별된다.[6] 이러한 점에서 행정부는 행정평의회나 입법부와도 유사성이 있다. 이러한 구성상의 특징으로 인해 행정부 전체의 행위에 대한 개별적인 책임이라는 제약에서 벗어날 수 있었다. 또한 복수의 행정부는 다른 한쪽이 만든 선례와 공동의 영향력으로부터 나오는 자신감으로부터 한 명이나 소수에 의해 운영되는 행정부보다 헌법상 허용되지 않은 조치를 더

---

6)　1776년 채택된 펜실베이니아주 헌법은 복수의 행정부를 구성하고 있었다. 하나는 최고행정관인 주지사이고, 다른 하나는 최고행정평의회(The Supreme Executive Council)이다. 최고행정평의회는 필라델피아시의 대표 1명과 각 카운티의 대표 1명씩으로 구성되었다. 행정부를 복수로 구성한 이유는 최고행정관에 의한 행정부 권한의 독점을 견제하기 위한 목적이었다.

욱 거침없이 감행할 수 있었을 것이다.

　이러한 근거들로부터 내가 정당하게 결론지을 수 있는 것은 다음과 같다. 정부 3부의 헌법상 권한의 경계선을 종이 위에 표시하는, 즉 헌법에 나열하는 것만으로는 서로의 권한 침해에 대한 유효적절한 방어를 보장할 수 없다. 그리고 그러한 권한 침해를 막지 못한다면 정부의 모든 권한이 동일한 수중에 전제적으로 집중되는 결과를 초래할 것이다.

푸블리어스

THE FEDERALIST No. 49

≪인디펜던트 저널≫, 1788년 2월 2일   제임스 매디슨

뉴욕주 시민들에게

앞의 페이퍼에 인용된 『버지니아 주에 관한 비망록』을 쓴 제퍼슨은 그 소중한 글 끝에 헌법 초안을 추가했다. 이 헌법안은 버지니아주의 헌법을 제정하기 위해 1783년에 소집하기로 예정된 헌법회의에 제출하기 위해 준비된 것이었다. 이 헌법안은 그가 쓴 다른 모든 글과 마찬가지로 그의 새로운 사고를 보여주고 있으며, 독창적이고 포괄적이며 용의주도하다. 그것은 공화정체에 대한 강렬한 애착과 공화정체가 경계해야 할 위험한 성향에 대한 정통한 시각을 보여주고 있다는 점에서 주목을 받을 만하다. 더 강한 권력을 가진 부문이 약한 부문을 침해하는 것을 막기 위한 수단으로써 그가 궁극적으로 의존하고 있다고 생각되는 것이 있다. 그것은 전적으로 그의 독창적인 제안인 듯한데, 지금 우리가 검토하고 있는 문제와 직접적인 관련이 있는 만큼 간과할 수 없는 것이다.

그의 제안은 다음과 같다. 정부의 3부 가운데 어느 2부가 각각 전체 구성원의 3분의 2의 동의로 헌법을 개정하기 위해, 또는 헌법의 침해를 바로잡기 위해 헌법회의의 소집이 필요하다는 데 의견 일치를 본 경우에는 헌법회의가 이 목적을 위해 소집되어야 한다.

국민만이 권력의 유일한 합법적 원천이고, 또한 정부의 각 부가 그 권한을 유지하는 근거가 되는 헌법이 바로 국민으로부터 비롯되는 것이다. 그러므로 정부의 권한을 확대, 축소 또는 새로 조정하는 것이 필요할 뿐만 아니라, 정부

의 어느 한 부가 다른 부의 헌법상 인가된 권한을 침해할 때도 바로 권력의 주체인 국민에게 호소하는 것이 공화주의 이론과 전적으로 일치하는 것으로 보인다. 각 부는 그들의 공동 임무에 있어서 완전히 대등하므로, 분명한 것은 어느 부도 그들 각각의 권한의 한계를 설정하는 데 있어서 독점적이거나 혹은 우월적인 권리를 감히 주장할 수 없다는 사실이다. 그리고 임무를 부여한 국민만이 유일하게 그 임무의 진정한 의미를 밝힐 수 있고, 그 임무를 따르도록 강제할 수 있다. 따라서 국민에게 직접 호소하지 않고서 더 강한 부의 침해를 어떻게 방지할 것이며, 더 약한 부에 가해진 부당한 조치를 어떻게 바로 잡을 수 있겠는가?

이러한 논리에는 분명 강한 설득력이 있다. 이 논리에 의하면, 어떤 중대하고 이례적인 사안에 대해 국민이 결정할 수 있는 헌법상의 수단이 명기되고 열려 있는 것이 입증되어야 한다는 것이다. 그러나 단지 정부의 각 부를 헌법이 정한 권한의 한계 내에 묶어 두기 위한 방법으로써 앞에 제시한 모든 사안에 대해 국민에게 의지하자는 의견에는 강한 반대가 있어 보인다.

우선 이 방책은 정부의 3부 중 어느 2개의 부가 공동으로 나머지 한 개 부를 침해하는 경우에 대해서는 해당되지 않는다. 만일 다른 부의 동기를 좌우하는 수많은 수단을 가지고 있는 입법부가 자신의 이익을 위해 다른 2부 가운데 어느 한 부 혹은 어느 한 부의 구성원 중 3분의 1만이라도 지지를 얻을 수 있게 된다면 남은 부는 이 구제책으로부터 어떤 혜택도 받지 못할 것이다. 그러나 나는 이러한 반론에 대해 더는 자세히 언급하지 않겠다. 왜냐하면 그것은 국민에 대한 호소라는 원칙 그 자체에 대한 비판이 아니라, 그 원칙이 변형된 것에 대한 비판으로 여겨질 수 있기 때문이다.

다음으로, 그러한 사안에 대해 국민에 호소할 때마다 정부 자체에 어떤 결함이 있음을 암시하는 것이 되므로, 호소가 너무 잦아지면 시간이 흐르면서 정부가 그동안 모든 면에서 쌓아온 국민으로부터의 존경심을 잃게 될 것이고, 존경심을 잃어버린다면, 아마도 가장 현명하고 자유로운 정부에게 필수적인 안정성도 같이 잃게 될 것이다. 만일 모든 정부가 국민의 의견에 의존한다는 것이 사실이라면, 각 개인의 의견이 지니는 힘과 그것이 실질적으로 자신의 행동에 미치는 영향은, 자신과 같은 의견을 가지고 있을 것으로 추정하는 사람들이 얼마나 많으냐에 따라 크게 좌우된다는 것 또한 사실일 것이다. 인간의 이성이라는 것은, 인간 그 자체처럼 홀로 남겨져 있을 때 소심하고 조심스럽지만, 그에 동조하는 사람이 많아질수록 확고함과 자신감이 커지게 된다. 매우 다양하고 오래된 사례들에 의해 어떤 의견이 뒷받침되는 경우, 그 효과는 두 배가 되는 것으로 알려져 있다. 철학자들로 가득 찬 나라에서는 이러한 고려는 필요가 없을 것이다. 법에 대한 경의는 현명한 이성의 목소리로 충분히 깨우쳐질 수 있다. 그러나 철학자들의 나라는 플라톤이 바랐던 철학자 왕[1]만큼이나 가능성이 없는 이야기다. 그리고 모든 국가 중 절반 정도에서는, 가장 이성적인 정부라 할지라도 그 사회의 의견을 자기편에 두는 것을 불필요하다고 생각하지 않을 것이다.

헌법상의 문제를 너무 자주 사회 전체의 결정에 맡기는 데 반대하는 좀 더 중요한 이유는, 대중의 감정을 너무 강하게 자극해 공공의 평온을 흔들어 놓을 수 있는 위험 때문이다. 우리가 식민지 시대의 정치 형태를 기존의 연합체제로 바꾸는 데 성공하여 미국 국민의 덕성과 지성을 크게 명예롭게 한 것은 사실이지만, 그런데도 이 실험을 불필요하게 여러 번 반복하는 것은 너무 위험할 수 있다는 것을 고백하지 않을 수 없다. 현재의 모든 주의 헌법은, 독립전쟁의 와중에서 질서와 화합에 해로운 감정을 억제하는 위기 상황에서 제정된 것임을 기억해 주기 바란다. 또한, 국민들의 애국적인 지도자들에 대한 열광적인 신뢰가 국가적 문제에 대해 통상 일어날 수 있는 의견의 불일치를 억제하는 분위기에서 제정된 것이다. 더욱이, 영국 지배하의 케케묵은 정부에

---

1) 플라톤이 말하는 철학자 왕(philosopher king), 혹은 철인왕은 지혜에 대한 사랑, 지능, 신뢰성을 가진 그리고 소박한 생활을 추구하는 통치자를 의미한다.

대한 전국적인 증오와 분노로 인해 야기된, 과거와는 다른 새로운 정부 형태에 대한 보편적인 열망 속에서 제정된 것이기도 했다. 나쁜 폐단을 개선하는 이런 과업에 어떤 당파적인 성향도 개입되지 않았음에도, 우리가 미래에 당연히 처할 상황에서 우려되는 위험에 대한 안전장치로서 지금 말해온 것과 같은, 즉 국민에 직접 호소하는 것에 버금가는 안전장치는 전혀 제시되어 있지 않다.

그러나 이러한 안전장치에 대한 가장 큰 반대 이유는, 국민에 대한 호소로부터 나오게 될 결정이 정부의 헌법적인 균형을 유지하려는 목적에 부응하지 못하리라는 것이다. 우리는 공화주의 정부에서 다른 부들을 희생함으로써 입법부가 강화되는 경향을 보아 왔다.[2] 그러므로 국민에 대한 호소는 주로 입법부를 상대로 행정부나 사법부에 의해 이루어질 것이다. 그러나 그들 중 어느 쪽에 의해 입법부를 상대로 호소가 이루어지더라도 그 심리 과정[3]에서 그들이 입법부와 동등한 입장에 설 수 있을까? 여기서, 그들이 처할 서로 다른 입장을 검토해 보자. 행정부와 사법부는 그 구성원의 수가 적고 국민 중에 극히 일부만이 개인적으로 그 구성원들을 알고 있다. 사법부는 그들의 임명 방식, 종신직의 임기 그리고 관직의 특성 때문에 국민들의 편애를 받기에는 너무나 동떨어져 있다. 행정부는 일반적으로 경계의 대상이고 그들의 행정은 언제나 부패하기 일쑤이기 때문에 인기가 없기 마련이다. 반면 입법부의 구성원들은 수가 많다. 그들은 전체 국민들 속에 분산되어 살고 있다. 그들과 혈연관계, 친구관계, 지인관계로 연결되어 있는 사람들은 사회의 가장 영향력

---

2) 페이퍼 48번 참고.

3) 매디슨은 정부의 3부 즉, 입법부, 행정부, 사법부 사이에서 서로에 대한 권리침해가 있을 경우, 권리침해 행위를 심리하고 바로잡는 한 방책으로 헌법회의(constitutional convention)를 구성할 수 있다고 설명하고 있다. 그러나 그러한 권리침해가 있을 때마다 헌법회의에서 헌법을 수정하여 권한의 한계를 바로잡는 방법은 최선의 방법도 아니고 현명한 방법도 아니라고 주장하고 있다. 이 헌법회의는 새헌법을 제정한 필라델피아의 헌법회의와는 별개의 헌법회의이다.

있는 분야에서 상당한 비중을 차지하고 있다. (선거를 통한) 대중 권력의 수탁자라는 특성상 입법부의 구성원들은 국민들 사이에 개인적인 영향력을 가지고 있으며, 그들은 더 직접적으로 국민들의 권리와 자유를 지켜주는 믿을 만한 수호자들이라고 여겨지고 있다. 이러한 이점들을 가지고 있는 이상 상대편들, 즉 행정부와 사법부가 입법부의 권력이 불균형적으로 강화되는 것을 바로잡는 데 있어서 자신들에게 유리한 결과를 얻을 수 있는 대등한 기회를 가질 수 있을 것이라고 생각하기는 어렵다.

그러나 입법부는 국민에게 그들의 입장을 가장 성공적으로 호소할 수 있을 뿐만 아니라, 아마도 자신들의 문제에 있어서 스스로가 재판관이 될 것이다. 그들은 선거를 통해 입법부에 선출될 수 있었던 바로 그 영향력으로 헌법회의[4]에서 의석을 차지할 수 있을 것이다. 모든 의원이 이 경우에 해당되지 않더라도 많은 경우에 가능할 것이며, 그중에서도 그러한 기구를 좌지우지하는 주도적인 인물들의 경우에는 그 가능성이 매우 높다고 할 수 있다. 한마디로 그 헌법회의는 자신들의 행위에 대해 소환당한 바로 그 부, 즉 입법부의 과거 구성원이었거나 현재의 구성원, 또는 미래에 구성원이 되고자 하는 사람들로 주로 구성이 된다. 그들은 결과적으로 자신들이 판정해야 할 문제 자체의 당사자가 될 것이다.

하지만 가끔은 행정부나 사법부가 다소 유리한 상황에서 국민에 대한 호소가 이루어질 수도 있는데, 그것은 입법부의 다른 2부에 대한 권리침해가 그럴듯하게 위장할 여지가 없을 정도로 너무도 노골적이고 급작스럽게 이루어지는 경우일 것이다. 또한 입법부 내의 강력한 당파가 다른 2부의 편을 들 수도 있다. 특히 국민이 선호하는 인물이 행정부를 주도하고 있을 경우에는, 공공의 결정이 입법부에 유리하게 좌우되는 일이 훨씬 적을 것이다. 그러나 이런 경우에도 역시 그 결정이 문제에 대한 진정한 시비를 가려줄 것을 기대할

---

4) 앞의 각주 3) 참고.

수는 없을 것이다. 그 결정은 이전부터 존재하고 있는 당파심이나 혹은 문제의 직접적인 당사자들의 생각과 불가피하게 관련되어 있고, 사회에서 두드러진 인물들과 광범위한 영향력을 끼치는 사람들과 관련되기 때문이다. 또한 그런 결정은 그것과 관련된 조치에 앞장섰거나 반대한 바로 그 사람들에 의해 선언될 수도 있다. 따라서 공중의 이성이 아닌 감성이 그 결정을 판단할 것이다. 그러나 정부를 통제하고 규제하는 것은 공중의 이성이어야 하고, 감성은 정부에 의해 통제받고 규제되어야 한다.

우리는 앞의 페이퍼에서 성문헌법에 명시된 단순한 선언만으로는 정부 각 부를 법적 권한의 한계 내에 묶어두기에는 충분하지 않다는 것을 알았다. 또한 그 목적을 위해 국민에게 때때로 호소하는 것이 적절하지도 효과적이지도 않은 방책이라는 것도 이 페이퍼에서 밝혀졌다. 앞서 인용한 제퍼슨의 헌법안에 담긴 다른 방안들이 얼마나 적절할지에 대해 고찰하지는 않겠다. 그 중 일부는 의심의 여지없이 건전한 정치적 원칙에 입각하고 있으며, 그 모두가 뛰어난 독창성과 정확성을 갖추고 있다.

푸블리어스

THE FEDERALIST No. 50

≪뉴욕 패킷≫, 1788년 2월 5일　　　　　　　제임스 매디슨(알렉산더 해밀턴)[1]

뉴욕주 시민들에게

헌법의 침해를 방지하고 바로잡는 수단으로써 사사건건 국민에게 호소하는
데는 반대가 있을 수 있기 때문에, 정기적으로 국민의 심판에 호소하는 것이
야말로 헌법의 침해를 방지하고 바로잡는 타당하고 적당한 방법일 것이다.

　　이 정기적인 헌법회의라는 수단을 검토하는 데 있어, 나는 그것을 딱히 헌
법의 개정을 위한 수단으로 보지 않고, 정부 각 부의 권한을 그들의 정당한 범
위 내에 제한함으로써 헌법을 집행해 나가는 데 그 수단이 얼마나 적합한 것
인지에 대해서만 고려하고자 한다. 먼저, 일정한 기간마다 국민에게 호소하
는 것은 사안이 발생할 때마다 국민에게 호소하는 것만큼이나 부적절한 것으
로 보인다. 그 기간의 간격이 짧으면 검토하고 수정해야 하는 문제들은 최근
의 것이 될 것이고, 그 결과 때때로 시정된 결과를 손상시키고 왜곡할 수 있는
모든 상황의 영향을 받게 될 것이다. 만일 그 기간의 간격이 길다고 하더라도
최근의 문제들이 우선적으로 다루어질 것이며, 시간이 경과한 사안들에 대해
서는 감정에 좌우되지 않고 냉철하게 검토할 수 있는 이점은 있으나, 그에 비
례해 다음과 같은 다른 불편함이 따르기 마련이므로 이러한 이점의 효과를 상
쇄하게 된다. 첫째, 먼 장래에나 가능할 수 있는 공공의 문책은 현재의 동기에
의해 유발될 수 있는 월권에 대해 극히 약한 억제력을 가질 수밖에 없다. 100

---

1)　페이퍼 50번의 저자는 해밀턴일 수도 있다는 주장이 있다.

명 또는 200명으로 구성되어 있고, 그들이 선호하는 목적을 추구하기 위해 헌법상 권한의 경계를 침범하는 입법부가 10년, 15년 또는 20년 후에야 가능한 그들의 행위에 대한 비판적 심의를 염려해 그러한 행위를 자제할 것이라고 상상할 수 있는가? 다음으로, 권력의 남용은 그에 대한 시정 조치가 취해지기도 전에 그 악영향이 완전히 퍼지곤 한다. 그리고 마지막으로, 권력남용의 악영향이 완전히 미치지 않았더라도 그 여파는 오래 지속되고 깊이 뿌리를 내리고 있어 쉽게 제거하기는 어려울 것이다.

최근 다른 목적과 더불어 헌법의 침해를 바로잡기 위해 헌법을 수정하는 계획이 실제로 어느 한 주에서 시도되었다. 1783년과 1784년에 펜실베이니아주에서 열린 감찰위원회의 취지 중 하나는 우리가 앞에서 본 바와 같이 "헌법이 침해를 받았는지, 그리고 입법부와 행정부가 서로의 권리를 침해했는지의 여부"를 조사하는 것이었다.[2] 정치적인 가치에서 볼 때 이 중요하고도 새로운 실험은 여러 관점에서 특별한 주목을 받을 만하다. 어떤 관점에서 보면, 그 감찰 중 몇 가지 경우는 다소 특수한 상황에서 실시된 유일한 실험이기에 절대적으로 확실한 것은 아니라고 볼 수 있다. 그러나 현재 고려되고 있는 문제에 적용할 경우, 내가 말했던 논리를 완벽하고 만족스럽게 입증해 줄 수 있는 사실들을 포함하고 있다고 과감하게 주장하고 싶다.

첫째, 위의 위원회를 구성하는 사람들의 이름을 보면 위원회의 가장 적극적이고 주도적인 구성원 중 적어도 몇 명은 전에 펜실베이니아주의 입법부 및 행정부에서 활동적이고 영향력 있었던 사람들이었던 것으로 보인다.

둘째, 이 위원회의 적극적이고 주도적인 바로 그 구성원들이 헌법 심사의 대상이었던 조치들을 지지하거나 또는 반대하던 사람들이었던 걸로 보인다. 위원회의 구성원 중 두 명은 그 주의 부지사를 지냈고, 그 외 다수는 지난 7년 동안 행정위원회의 구성원들이었다. 구성원 중 한 명은 주 입법부의 의장이

---

2) 페이퍼 48번, 각주 5) 참고.

었고, 그중 다수가 같은 기간 입법부의 저명한 의원들이었다.

셋째, 이러한 모든 배경이 그 심의 분위기를 좌우하고 있는 것이 회의록의 모든 페이지에 나타나 있는 것을 볼 수 있다. 감찰위원회는 심의 내내 확고하고 격렬한 두 개의 당파로 나뉘었다. 이는 자신들도 인정하고 안타까워하는 사실이다. 이 일이 아니었더라면 그들의 회의록은 외관상 만족스러운 증거를 보여주고 있다. 그 자체로는 사소하거나 서로 무관할지도 모르는 모든 문제에 대해 항상 같은 인물들이 서로 다른 편에서 맞서고 있음을 볼 수 있다. 공평한 관찰자라면 누구라도 확실하게 그리고 동시에, 어느 당파나 혹은 어느 당파의 어떤 인물에 특히 비판적이 아니더라도, 위원들이 내린 결정은 불행하게도 이성이 아닌 감정에 의해 지배되고 있었다고 결론지을 수 있다. 여러 가지 개별적인 문제에 대해 냉정하고 자유롭게 이성을 행사할 때, 사람들은 불가피하게 그 문제 중 일부에 대해서는 다른 의견들을 가지게 된다. 공통적인 감정에 지배되고 있는 경우에는, 그들의 의견들은 서로 다른 의견으로 불릴지 모르지만, 결국은 같은 의견일 것이다.

넷째, 이 위원회의 결정이 여러 경우에 있어서 입법부 및 행정부를 헌법에 규정된 권한 내에 제한하는 대신, 헌법상에 규정된 그들 2부의 권한의 한계를 잘못 해석하는 일은 없었는지가 적어도 문제가 된다.

다섯째, 나는 헌법적인 문제에 대한 위원회의 결정이 옳았던 틀렸던, 위원회가 헌법적 해석에 근거해 수정한 입법부의 권한에 어떤 효과가 있었는지는 잘 모르겠지만, 내가 틀린 게 아니라면 어느 한 경우에 있어, 당시 입법부는 위원회의 해석을 부정했고 사실상의 승리는 입법부로 돌아간 것으로 보인다.

그러므로 이 감찰 기구는 일련의 조사를 통해 헌법 위반이라는 병폐를 입증하기는 하지만, 그 실례를 들여다보면 헌법 위반에 대한 구제책의 비효율성을 동시에 보여주고 있다.

이 실험이 실시된 주가 당시 위기 상태에 있었고, 그 전에 오랜 기간 당파의 열병으로 인해 과열되고 어지러웠다고 변명한다고 해서 이 결과를 무효로 할 수는 없다. 그렇다면 미래의 7년 주기의 어떤 시점에는 이 주가 당파로부터 자유롭게 되리라고 가정할 수 있는가? 다른 어떤 주라도 같은 7년이라는 기간 내에, 또는 법률로 정해진 다른 기간 내에 당파로부터 자유롭게 되리라고 가정할 수 있는가? 그런 일은 가정할 수도 없고 바람직하지도 않다. 왜냐하면 당파가 없어진다는 것은 공공의 안전에 대한 전반적인 경고를 의미하거나 자유의 완전한 소멸을 의미하기 때문이다.

지난 정부의 운영을 바로잡기 위해서 국민에 의해 선출되는 회의체로부터, 일정 기간 정부의 업무와 관련이 있었던 사람들을 모두 배제하는 예방 조치를 취한다고 하더라도 이런 문제는 없어지지 않을 것이다. 만일 그런 예방 조치가 가능하다고 해도, 능력이 떨어지고 다른 면에서도 합당한 자격이 없는 사람들에게 이 중요한 일이 맡겨질 것이다. 그들이 개인적으로 정부의 운영에 관련이 없으며 따라서 검토되어야 할 조치들과 직접적인 관계가 없을지는 모르지만, 그들은 그 조치와 관련된 당파들과 연루되어 있을 것이고, 그런 당파들의 비호하에 선출되었을 것이기 때문이다.

푸블리어스

THE FEDERALIST No. 51

≪인디펜던트 저널≫, 1788년 2월 6일 제임스 매디슨

뉴욕주 시민들에게

헌법의 규정에 따라 정부의 각 부문 사이에 필요한 권력의 분리를 실제로 유지하기 위해 우리는 마지막으로 어떤 방편에 의존해야 하는가? 여기에 대한 유일한 대답은 다음과 같다. 즉 이러한 모든 표면상의 규정들만으로는 불충분하므로, 정부를 구성하는 여러 부문이 그들의 상호관계에 의해 서로 그 합당한 영역에서 벗어나지 못하도록 정부의 내부 구조를 구성함으로써 그 결함을 보완해야 한다는 것이다. 나는 이 중요한 발상을 완벽하게 발전시키겠다고 할 수는 없지만, 헌법회의가 입안한 정부의 원칙과 구조를 더 명확하게 이해할 수 있도록 해주고, 또 더 정확하게 판단하는 데 도움이 될 수 있는 몇 가지 일반적인 견해를 과감하게 검토해 보기로 하겠다.

정부의 상이한 권력들이 분리되어 개별적으로 행사되어야 하는 것이 자유의 보존을 위해 필수적이라는 것은 모두가 어느 정도는 인정하는 바이다. 이에 대한 타당한 토대를 만들기 위해서는 각 부가 독자적인 의지를 가져야 하며, 각 부의 구성원이 다른 부의 구성원의 임명에 있어서 가능한 한 영향력을 행사할 수 없도록 구성되어야 한다. 이러한 원칙이 엄격하게 지켜지려면 행정부, 입법부, 사법부의 최고위직의 임명은 서로 간에 어떤 의사소통도 허용되지 않는 방식으로 국가권위의 공통된 원천인 국민에 의해 이루어져야 한다.[1] 아마도 정부의 각 부를 이러한 방식으로 구성하는 것은 생각만큼 어렵지 않을 수도 있다. 그러나 그 실행에서는 몇 가지 어려움과 추가 비용이 수반

될 수 있기 때문에 국민에 의한 임명이라는 원칙에서 어느 정도 벗어나는 것은 허용되어야 한다. 특히 사법부의 구성에서 이 원칙만을 고집하는 것은 적절하지 못하다. 그 첫 번째 이유로는, 사법부의 경우 그 구성원들에게는 특별한 자격이 필수적이기 때문에 이러한 자격이 가장 잘 보장될 수 있는 방법을 택해야 한다는 것이 가장 중요한 고려사항이기 때문이다. 두 번째는, 사법부 구성원의 임기를 종신으로 함으로써 그들을 임명한 권위에 대한 의존성을 배제해야 하기 때문이다.

각 부의 구성원들은 그들 직위에 대한 보수에 대하여 가능한 한 다른 부의 구성원들에 의존하지 않아야 한다는 것 또한 명백하다. 만약 최고행정관, 즉 대통령이나 판사들이 이 문제에 있어 입법부로부터 독립적이지 못하다면 다른 모든 분야에서의 독립성은 단지 명목적인 것에 불과할 것이다.

그러나 동일한 부에 여러 종류의 권력이 점점 집중되는 것을 방지하는 가장 확실한 방법은, 각 부를 지휘하고 운영하는 자들에게 다른 부문의 권리침해에 맞서는 데 필요한 헌법적 수단과 개인적 동기를 부여하는 것이다. 다른 모든 경우와 같이 이러한 경우에도, 방어를 위한 대책은 공격의 위험에 상응하는 것이 되어야 한다. 야심에는 야심으로 대항해야 한다. 개인의 이익은 직위가 갖는 헌법상 권한과 연결되어 있어야 한다. 정부의 권력남용을 억제하기 위해 이러한 제도적 장치들이 필요한 것은 인간의 본성에 대한 불신에서 비롯되는 것이다. 그러나 애당초 정부란 무엇인가? 인간성에 대한 가장 큰 불신의 표출이 아니면 무엇이겠는가? 만약 인간이 천사라면 어떤 정부도 필요 없을 것이다. 또한 천사가 인간을 다스린다면 정부에 대한 외부적인 그리고 내부적인 통제도 필요 없을 것이다. 인간이 인간을 통치하는 정부를 구성하는 데 가장 큰 어려움은 바로 여기에 있다. 우선 정부가 피치자들을 통제할 수

---

1) 페이퍼 39번에서 매디슨은, 공화정에서는 모든 권력을 직접적 혹은 간접적으로 국민의 다수로부터 부여받는다고 언급한 바 있다.

있도록 해야 하고, 그다음으로는 정부가 그 자체를 통제할 수 있도록 해야 한다. 정부에 대한 가장 근본적인 통제는, 정부를 국민에게 종속시키고 의존하게 하는 것이 틀림없지만, 인류는 경험을 통해 보조적인 예방책이 필요함을 깨달아 왔다.

상반되고 경쟁적인 이해관계를 통해 더 나은 동기의 결여를 보충하는 방책은 공적·사적인 분야를 불문하고 인간사의 모든 체계에서 찾아볼 수 있다. 그 방책은 특히 모든 하위 기구의 권한을 배분하는 데서 나타나고 있는 것을 볼 수 있다. 이 과정에서 한결같은 목표는 각 부문들이 서로를 견제할 수 있고, 모든 개인의 사적인 이익이 공적 권한을 감시할 수 있는 파수꾼이 될 수 있는 방식으로 직무를 배분하고 조정하는 것이다. 이러한 신중한 장치들은 국가의 최고 권력을 배분하는 데도 역시 필요한 것이다.

그러나 각 부에 동등하게 자기방어를 위한 힘을 부여한다는 것은 실제로는 불가능하다. 공화정부에서는 입법부의 권력이 필연적으로 우위에 서게 된다. 이 폐단을 시정하는 방법은 입법부를 두 개의 원으로 나누어 서로 다른 선출 방식과 운영 원칙을 부여함으로써 입법기관으로서의 공통된 기능 및 사회에 대한 공통적인 의존성이 허용하는 한도 내에서 서로 연결되지 않도록 만드는 것이다. 하지만 이뿐 아니라, 입법부의 위험한 권리침해를 방지하기 위해서는 한층 더 신중한 경계 조치가 필요할지도 모른다. 입법부가 그 강력함 때문에 양원으로 분할되어야 하는 반면, 행정부는 그것이 지니는 취약함으로 인해 오히려 강화되어야 한다. 언뜻 보면 입법부에 대한 절대적인 거부권은 최고행정관인 대통령이 가져야 할 자연적인 방어 수단처럼 보일 수 있다. 그러나 그것만으로는 전적으로 안전하다고 할 수 없고, 또 충분하지도 않을 것이다. 통상적인 경우에 거부권은 필요한 만큼 단호하게 행사되지 않을 수 있고, 특별한 상황에서는 불성실하게 남용될 소지도 있다. 절대적인 거부권의 이런 결함은, 행정부가 입법부의 양원 중 취약한 원과 조건부의 연계를 구성해, 그 원이 입법부의 권한으로부터 크게 벗어나지 않으면서 행정부의 헌법적 권한을 지지하는 방식을 통해 보완될 수 있지 않을까?

이런 고찰들의 기초가 된 원칙들이 내가 믿는 것처럼 옳다고 한다면, 그 원칙을 각 주의 헌법과 연방헌법에도 적용했을 때 다음과 같은 사실을 알 수 있을 것이다. 연방헌법이 그러한 원칙들에 완전히 부합하지 않는다면, 주 헌법들은 더욱 그러한 검증을 감당할 수 없다는 것이다.

또한 특별히 미국의 연방체제에만 적용되는 두 가지 고려사항이 있는데 그것들에 의하면 연방체제는 상당히 흥미로운 것임을 알 수 있다.

첫째, 단일 공화국에서는 국민이 양도한 모든 권력은 단일정부에 속하게 된다. 그리고 권력의 남용은 정부를 개별적이고 독립적인 부들로 나눔으로써 견제된다. 미국과 같은 복합적인 공화국의 경우, 국민이 양도한 권력은 우선 두 개의 다른 정부인 연방정부와 주 정부에 분할된다. 그런 다음 각 정부로 분할된 권력은 두 정부하의 명확하게 구분되고 분리된 여러 부들로 다시 분할된다. 그리하여 국민의 권리에 대한 이중의 안전장치[2]가 마련된다. 각기 다른 두 정부는 서로를 통제하고 동시에 각 정부는 스스로에 의해 통제되는 것이다.

둘째, 공화국에서는 통치자의 억압으로부터 사회를 보호하는 것뿐만 아니라 사회의 일부분에 의한 침해로부터 다른 부분을 보호하는 것도 매우 중요하다. 시민들 사이에 다른 계층이 존재한다면 필연적으로 상이한 이해관계 또한 존재할 수밖에 없다. 만약 다수가 그들의 공동 이익을 위해 결속한다면 소수의 권리는 위태로워진다. 그러나 이러한 해악을 방지하는 데는 오직 두 가지 방법만이 존재한다. 그 하나는 다수에 의존하지 않는, 즉 사회 그 자체의 구속을 받지 않는 권력[3]을 만들어내는 것이고, 다른 하나는 매우 많은 종류의

---

2) 새헌법의 이중의 안전장치(double security)는 삼권분립, 즉 입법부, 행정부, 사법부의 권한의 분리와 연방정부와 주 정부 사이의 권한의 분리를 의미한다. 이 이중의 안전장치는 19세기에 들어 미국 정치제도를 정의하는 연방주의(federalism)라는 용어가 생기면서 연방주의를 구성하는 가장 중요한 특징이 된다.

시민들을 사회 내에 포함함으로써 다수의 부당한 결합을 불가능하지는 않더라도 어렵게 만드는 것이다. 첫 번째 방법은 세습 또는 스스로 부여한 권위를 갖는 모든 정부에서 흔히 사용하는 것이다. 그러나 이것은 기껏해야 불확실한 예방책에 불과하다. 왜냐하면 사회의 구속을 받지 않는 권력[4]이라는 것은 소수의 정당한 이익뿐 아니라 다수의 부당한 목적도 지지할 수 있으며, 또한 경우에 따라서는 양측 모두에 등을 돌릴 수도 있기 때문이다. 두 번째 방법에 대해서는 합중국의 연방공화국이 그 좋은 예가 될 것이다. 합중국의 모든 권위는 사회로부터 나오고 또한 사회에 종속되지만, 사회 그 자체는 다양한 부분들로, 이해관계로 그리고 여러 계급으로 나뉘기 때문에 개인 또는 소수의 권리가 이해관계에 근거하여 결합된 다수에 의해 위험해질 가능성은 거의 없다. 자유로운 정부에서 시민의 권리에 대한 보장은 종교적 권리에 대한 보장과 같아야 한다. 전자는 이익의 다양성에 의해, 후자는 종파의 다양성에 의해 보장받는다. 이들 두 경우에 보장의 정도는 이해관계와 종파의 수에 달려 있다. 그리고 아마도 이것은 하나의 정부에 속하는 영토의 범위와 국민의 수에 달려 있을 것이다. 문제를 이러한 관점에서 볼 때, 공화정부를 지지하는 모든 진지하고 신중한 사람들에게 적절한 연방체제를 특히 권유하는 것은 어쩌면 당연할 것이다. 왜냐하면 합중국의 영토가 하나의 연방이 아니라 좁은 몇 개의 연합들이나 또는 주들로 구성된다면, 그에 정확히 비례해 이익의 다양성이 줄어들고 그 결과 압제적인 다수의 결합이 쉬워질 것이기 때문이다.[5] 그렇게

---

3) 원문에서는 'a will'이며, 매디슨은 이 단어를 소수파의 안전을 보장하는 권력, 힘, 혹은 수단이라는 'agency' 또는 'agencies'의 의미로 쓰고 있는데, 예를 들면 절대 권력을 가진 법률, 제도, 혹은 구속력 등을 말하는 것이다. 매디슨은 공화국에서 이런 종류의 권력이나 수단의 사용은 최대한 절제되어야 한다고 주장하고 있다. 이 페이퍼, 각주 4) 참고.

4) 원문에서는 'a power'이며 매디슨은 이 페이퍼의 바로 앞부분에서 사용한 'a will'과 같은 의미로 이 단어를 쓰고 있다. 이 페이퍼, 각주 3) 참고.

5) 페이퍼 10번에서 매디슨이 소개한 '큰 공화국 이론'을 다시 설명하고 있다. 페이퍼 10번, 각주 5) 참고.

되면 공화정체하에서의 모든 계층의 시민의 권리에 대한 최선의 보장책은 상실될 것이다. 그러므로 이때 오직 남아 있는 유일한 안전장치인 사회로부터 독립된 권력을 가진 정부의 일부 구성원들의 안전과 독립성은 이에 비례해서 증대될 수밖에 없다. 정의는 정부의 목표이다. 그리고 그것은 시민사회의 목표이기도 하다. 정의는, 그것이 획득되기 전까지, 혹은 그것을 추구하는 과정에서 자유를 상실하게 될 때까지 항상 추구되어 왔으며, 앞으로도 항상 추구될 것이다. 강한 당파들이 쉽게 결합하여 약한 당파들을 억압할 수 있는 형태의 사회는, 약자들이 강자들의 폭력으로부터 보호되지 못하는 자연 상태에서처럼 무정부주의가 실제로 지배한다고 할 수 있다. 그리고 자연 상태에서는 강자라고 해도 그들 상황의 불확실함 때문에 자신뿐만 아니라 약자까지도 보호할 수 있는 정부에 복종하게 된다. 또한 앞서 언급한 사회에서도 같은 이유로 인해 강력한 당파 또는 분파들이 그들뿐만 아니라 약한 당파들도 보호해 줄 강력한 정부를 차츰 더 원하게 될 것이다. 만약 로드아일랜드주가 연합에서 탈퇴하여 독립적으로 존재하게 된다고 가정해 보자. 로드아일랜드주와 같은 좁은 영역에서 구성되는 민주정체하에서는 앞서 언급한 당파적 다수의 억압으로 권리의 보장이 어려울 것이라는 점은 의심할 여지가 없으며, 그리고 이 다수의 당파는 오래지 않아 국민과는 완전히 무관한 압제에 필요한 권력을 요구할 것이다.

이에 반하여 합중국이라는 광대한 공화국 내에서는, 그리고 그것이 포함하는 매우 다양한 이해관계, 당파, 분파 사이에서는 정의와 보편적 선의 원칙 이외의 다른 어떤 원칙에 의해 전체 사회의 다수가 연대하는 경우는 거의 없을 것이므로, 다수파의 의지에 의해 소수파에 가해지는 위험이 줄어들 것이다. 따라서 다수파에 의존하지 않는, 다시 말하면 사회 그 자체의 구속을 받지 않는 권력을 소수파의 안전 보장을 위해 정부 내에 도입할 구실 또한 줄어들게 될 것이다. 그간의 반대의견에도 불구하고, 만일 그것이 실행 가능한 범위 내에 있다면, 사회가 크면 클수록 자치가 더욱 가능해진다는 것은 중요하고도 확실한 사실이다. 그리고 공화주의 명분을 위해서는 다행스럽게도 연방의 원리를 신중하게 수정하고 혼합함으로써, 통치의 실행 가능한 범위를 매우 넓은 범위까지 확대할 수 있다는 것이다.

푸블리어스

THE FEDERALIST No. 52

≪뉴욕 패킷≫, 1788년 2월 8일 　　　　　　　　　　　　　제임스 매디슨[1]

뉴욕주 시민들에게

앞의 네 개의 페이퍼에서 살펴본 일반적인 사항들로부터 연방정부의 각 부에 대해 더욱 상세한 검토로 넘어가기로 한다. 먼저 연방하원에서부터 시작해 보자.

연방정부의 이 부분[2]에 관해 첫 번째로 언급할 내용은 의원들의 선출에서 선거인과 피선거인의 자격에 관한 것이다.

선거인의 자격은, 주 입법부 중 인원이 가장 많은 원인 하원의 선거인의 자격과 동일하다.[3] 선거권에 대한 정의는 공화정부의 기본적 사항으로 간주되므로 헌법에 이 권리를 규정하고, 확립하는 것은 헌법회의의 의무였다고 할 수 있다. 그것을 연방의회가 수시로 규정하게끔 맡기는 것은 방금 언급한 이유에서 부적절했을 것이다. 주 입법부의 재량에 맡기는 것도 같은 이유로 부

---

1) 페이퍼 52번의 저자는 매디슨이 아니라 해밀턴이라는 주장이 끊임없이 대두되어 왔지만 매디슨이 썼다는 전문가들의 의견이 더 우세하다. 53번, 55번, 56번, 57번, 58번, 62번, 63번도 매디슨이 단독 저자인지 아니면 해밀턴과 공동 저자인지에 대해 엇갈린 주장들이 많다.

2) 페더럴리스트 52번~61번은 연방입법부의 2원, 즉 상원과 하원 중 하원만을 다루고 있다. 따라서 52번~61번에서 연방의회 또는 연방입법부라고 일컫는 것은 대부분의 경우 하원만을 의미한다.

3) 새헌법에서 연방 상원의원은 주 입법부, 즉 각 주의 의회에서 선출되고, 연방의원 중 하원의원만 일반 선거인(유권자)에 의해 선출된다. 선거인의 자격은, 주 의회의 의원 수가 가장 많은 원(하원)의 선거인의 자격과 동일하다(헌법 제1조 2절 1항). 연방 상원의원 선출 방식은 1913년 헌법 수정 제17조에 의해 각 주의 주민들이 직접 선출하도록 변경되었다. 페이퍼 27번, 각주 1) 참고.

적절했을 것이며, 또한 국민에게만 의존해야 할 연방정부의 입법부가 주 정부에 지나치게 의존한다는 우려를 낳을 수도 있다. 각 주의 서로 다른 자격 요건들을 하나의 획일적인 규칙으로 정하는 것도 헌법회의에 어려움을 주었을 뿐 아니라 일부 주들의 불만을 불러일으켰을 것이다.[4] 따라서 헌법회의가 제정한 규정은 주어진 여건하에서 최선의 것이라고 할 수 있다. 그것은 각 주들이 이미 확립한 그리고 앞으로 확립하려는 기준에 부합하기 때문에 모든 주가 만족할 것임이 틀림없다. 또한 이 규정은, 각 주의 헌법에 명시되어 각 주 정부가 이를 변경할 수 없고, 각 주의 주민들이 연방헌법에 의해 그들에게 부여된 권리를 축소하면서까지 그들 주 헌법의 선거권에 관한 부분을 변경하지는 않을 것이기 때문에 합중국 차원에서도 안전한 것이라 할 수 있다.

피선거인의 자격은 각 주의 헌법에 그다지 자세하고 적절하게 규정되지 않아 연방헌법에서 획일적으로 규정하기가 좀 더 쉽기 때문에, 헌법회의는 이를 매우 적절하게 고려하고 규정했다. 합중국의 하원의원은 25세 이상으로 합중국 시민이 된 지 7년이 지나야 하며, 선거 당시 그가 대표하는 주의 주민이어야 하고 또한 임기 중에는 합중국의 어떤 다른 공직도 가질 수 없다.[5] 이러한 합리적인 제한하에서 연방하원은 미국 태생인 사람과 귀화한 사람을 가리지 않으며, 그리고 나이, 재산, 직업, 종교적 신념과 관계없이 모든 사람에게 열려 있다.

하원에 관해 두 번째로 살펴볼 것은 선출된 의원의 임기이다. 이 조항의 적절성 여부를 결정하려면 두 가지 문제를 고려해야 하는데, 첫째는 2년마다 치르는 선거가 안전한가 하는 것, 둘째는 그러한 선거가 필요하고 유용한가 하는 것이다.

---

4) 각 주의 헌법에 맡겨진 선거인의 자격은 결국 연방헌법 수정 제14조에 의해 1868년 21세 이상의 남성으로 획일화되었고, 다시 1971년 헌법 수정 제26조에 의해 18세 이상의 모든 합중국 시민으로 변경되었다.
5) 헌법 제1조 6절 2항.

첫째, 일반적으로 정부가 국민과 공통의 이해관계를 가져야 한다는 것은 국민의 자유에 필수적 조건이므로, 하원이 국민에게 직접적으로 의존하고 밀접한 공감을 갖는 것이 특히 필요하다. 빈번한 선거는 두말할 필요도 없이 이러한 의존과 공감 형성을 확실하게 보장할 수 있는 유일한 방법이다. 그러나 구체적으로 어느 정도의 간격이 그러한 목적에 절대적으로 필요한가 하는 점은 정확히 계산해 낼 수 없으므로 그와 관련된 다양한 상황에 맞도록 결정하여야 한다. 이에 우리가 따라야 할 지침을 경험에 비추어 찾아보고자 한다.

시민의 전체적인 모임에 대한 대체물로서 고안된 대표제라는 것은 고대 도시국가에서는 기껏해야 불완전한 형태에 지나지 않기 때문에, 우리에게 도움을 줄 만한 역사적 사례는 근대에서나 찾아볼 수 있다. 또 근대라고 해도 너무 막연하거나 지나치게 광범위한 조사를 피하기 위해, 우리에게 잘 알려지고 우리와 가장 유사한 몇몇 사례만을 조사해 보는 것이 타당할 것이다. 이러한 성격에 부합되는 첫 번째의 실례는 영국의 하원이다. 대헌장[6] 시대 이전의 영국 하원의 역사는 불명료하여 참고로 할 수 없으며 그것의 존재 자체가 고대 정치에 정통한 사람들 사이에서도 문제가 되고 있을 정도이다. 이후에 등장한 기록들은 영국 의회가 매년 한 번씩 개최되었다는 것을 보여주지만 매년 선거가 실시되었다는 것은 아니다. 그리고 이러한 연례회기는 군주의 재량에 의해 결정되는 경우가 많아서 그의 편의에 따라 여러 가지 핑계로 매우 오랫동안 휴회되곤 했다. 이러한 불만을 해소하기 위해 찰스 2세의 통치기간 (1660~1685) 중 휴회기간은 3년을 경과해서는 안 된다는 것이 성문화되었다. 명예혁명이 일어나면서 윌리엄 3세[7]가 왕위를 계승할 때도 의회의 기간에 대한 문제가 심각하게 재개되어 의회의 '빈번한' 개최가 국민의 기본권 중 하나로 천명되었다. 윌리엄 3세하에서 몇 년 후 또 다른 법령이 통과되었는데 이

---

6) 페이퍼 38번, 각주 14) 참고.

7) 페이퍼 17번, 각주 3) 참고.

에 따라 찰스 2세하에서 3년 주기 개최를 암시했던 '빈번히'라는 용어는 3년이라는 정확한 의미를 부여받게 되었고, 새 의회는 전 의회 폐회 후 3년 이내에 소집되어야 한다고 명확하게 규정되었다. 최종적으로 주기가 3년에서 7년으로 변한 것은 하노버가의 왕위 계승[8]에 대한 불안감으로 인해 금세기초에 일어난 일로서 잘 알려진 바이다. 이러한 사실들을 통해서 볼 때, 영국에서는 대표들을 그들의 선거구민에게 묶어두는 데 필요하다고 생각한 선거의 최대 빈도는 3년에 한 번을 넘지 않는 것 같다. 그리고 7년 주기의 선거하에서도, 또 영국 의회체제 내의 다른 모든 악질적인 요인 속에서도 유지될 수 있었던 자유의 정도를 따져 보면, 7년에서 3년으로 선거의 주기를 단축하는 것은 대표들에 대한 국민의 영향력을 확장할 수 있다는 데는 의심할 여지가 없다. 이런 사례로부터 우리가 안심할 수 있는 것은, 연방체제에서 2년 주기의 선거가 선거구민에 대한 하원의 필수적 의존을 약화할 만큼 위험하지는 않으리라는 것이다.

최근까지 아일랜드의 선거는 전적으로 왕의 자유재량에 의해 규제되고 있으며, 새로운 군주의 왕위계승이나 다른 우발적인 상황을 제외하고는 선거가 거의 실시되지 않았다. 의회는 조지 2세[9] 때 설립되어 그의 재위 기간인 약 35년 동안 계속 존재했다. 대표들을 국민에게 의존하게 만드는 것은 가끔씩 의석에 빈자리가 생겼을 때 새로운 의원을 선출할 수 있는 국민의 권리 때문이거나 새로운 총선거를 야기할 만한 어떠한 사태가 발생하는 경우뿐이었다. 아일랜드 의회가 선거구민의 권리를 유지하려는 의향이 있었다고 해도 그 심의 안건에 대한 국왕의 통제로 인해 의회의 능력은 극히 제한되었다. 이

---

8) 1714년 하노버가에서 첫 영국의 국왕을 계승했고 그는 조지 1세다. 조지 1세는 대영제국과 아일랜드의 국왕(King of Great Britain and Ireland)을 겸했으며 그의 재위기간(1714~1727) 동안 왕권은 축소되었고, 영국은 수상이 이끄는 근대적인 내각 위주의 정부 체제의 성격을 띠게 되었다.

9) 조지 2세는 하노버가의 출신의 두 번째 영국 국왕으로 조지 1세의 아들이다. 그의 공식 직함도 역시 대영제국과 아일랜드 국왕으로 재위 기간은 1727년~1760년이다.

러한 속박은 최근 제거되었을 뿐만 아니라 8년 임기의 의회가 수립되었다. 이러한 부분적 개혁들이 어떤 결과를 가져올지는 그 추이를 지켜봐야 할 것이다. 이러한 관점에서 볼 때 아일랜드의 실례는 우리의 문제를 설명하는 데 별 도움이 되지 않는다. 그러나 이 실례에서는 다음과 같은 결론을 끌어낼 수 있다. 그 나라의 국민이 이러한 모든 불리한 여건하에서도 어느 정도의 자유를 유지할 수 있었다면, 2년 주기의 선거를 채택할 경우 대표들과의 적절한 연결 관계에서 비롯될 충분한 자유를 그 국민에게 보장할 것이 확실하다는 것이다.

좀 더 가까운 우리의 경우를 검토해 보자. 영국의 식민 지배하에서의 주들의 사례는 너무 잘 알려져 있어 별로 언급할 필요도 없지만, 그럼에도 특별히 관심을 가질 만은 하다. 적어도 입법부의 한 원에서는 대표제의 원칙이 모든 주에서 확립되어 있었고 선거의 주기는 1년에서 7년으로 다양했다. 혁명 이전 국민의 대표들이 보여준 정신과 그들의 행동으로 볼 때 2년제 선거가 공공의 자유에 위험하다고 판단될 이유가 있을까? 독립 투쟁의 초기에 모든 곳에서 나타나 독립에 대한 장애를 극복하게 한 정신은, 자유의 가치에 대한 인식과 자유의 확대에 대한 열정을 고취할 만한 충분한 자유를 모든 곳에서 누리고 있었다는 가장 좋은 증거일 것이다. 이는 선거를 치루는 일이 가장 적었던 식민지에서도 선거가 가장 빈번했던 식민지에서도 모두 마찬가지였다. 버지니아주는 영국 의회의 권리침해에 최초로 맞선 식민지였으며 또한 공법에 의해 독립결의안을 채택한 최초의 식민지였다. 그럼에도 내가 잘못 알고 있는 것이 아니라면, 버지니아주에서 선거는 7년 간격으로 행해졌다. 이 특정 사례는 그것이 어떤 고유한 가치를 지닌다는 증명으로서 여기에서 인용하고 있는 것은 아니다. 여러 경우에 버지니아주가 앞장섰던 것은 아마도 우연이었을 수도 있고, 7년 주기의 선거가 어떤 장점을 가진다는 것은 더욱 아니다. 왜냐하면 더 빈번한 선거와 비교할 때 그것은 장점이라고 인정하기 어렵기 때문이다. 2년마다 실시되는 선거가 국민의 자유에 어떠한 위험도 될 수 없다는 것을 증명하기 위해 버지니아주의 사례를 인용한 것에 지나지 않으며, 또 나는 이것이 아주 실질적인 증거라고 생각한다.

이러한 실례로부터 얻을 수 있는 결론은 다음과 같은 세 가지 사항들을 상기하면 그 의미가 더욱 강화될 것이다. 첫째, 영국 의회에 전면적으로 부여되어 있던 최고입법권과 비교해, 그리고 극히 소수의 예외는 있으나 식민지 의회 및 아일랜드 입법부에 의해 행사되었던 입법적 권한에 비교해, 연방입법부는 단지 그런 권한의 일부만을 가지게 될 것이라는 점이다. 다른 주변 상황이 영향을 미치지 않으면 권력이 클수록 그 지속 기간은 짧다는 것, 그리고 반대로 권력이란 그 크기가 작을수록 그 지속 기간이 안전하게 늘어난다는 것은 보편적이며 근거 있는 좌우명이다. 둘째, 앞의 페이퍼[10]에서도 보았듯이, 연방입법부는 각 주의 입법부와 마찬가지로 국민에 대한 의존으로 인해 제약을 받을 뿐만 아니라, 더 나아가 각 주의 입법부에 의해서도 감시되고 제어된다는 것을 알 수 있다. 셋째, 만일 임기가 더 긴 연방정부의 다른 부들이 연방하원으로 하여금 국민에 대한 의무를 저버리도록 유혹하고자 할 경우에 그들이 가지게 될 수단은, 주 정부의 다른 부들이 주의 하원에 대해 가지는 영향력의 수단과는 비교할 수 없을 정도로 강력할 것이다. 따라서 한편으로는 연방 하원의원은 남용할 수 있는 권력이 적기 때문에 유혹을 덜 받을 것이고, 다른 한편으로는 국민과 각 주의 입법부에 의해 이중으로 감시될 것이다.

푸블리어스

---

10) 페이퍼 46번.

THE FEDERALIST   No. 53

≪인디펜던트 저널≫, 1788년 2월 9일   제임스 매디슨[1]

뉴욕주 시민들에게

나는 여기서 아마도 "매년 치러지던 선거가 폐지되는 곳에서 전제정이 시작된다"는 일반적으로 통용되고 있는 의견을 상기해야 할지 모른다. 흔히들 말하는 것처럼 널리 알려진 이런 말들이 보통 어떤 이치에 근거하고 있다는 것이 사실이라 하더라도, 그런 말들이 일단 격언으로 자리잡게 되면 그 이치에서 벗어난 사례에까지 종종 적용되곤 한다는 것 또한 그에 못지않게 사실이다. 그에 대한 증거는 우리 앞에 제시된 사례로 충분할 것이라고 생각한다. 이러한 격언적인 생각은 어떠한 논리에 근거하는가? 어느 누구도 인간의 도덕성이 권력의 유혹을 버틸 수 있는 기간과 태양 또는 계절 사이에 어떤 자연적인 연관성이 존재한다는 어리석은 생각을 하지는 않을 것이다. 다행히도 인류에게 자유라는 것은 어느 한 시점에 한정된 것이 아니라, 양극단의 넓은 범위에 걸쳐 있어 시민사회의 다양한 상황과 환경이 요구하는 모든 변화를 수용할 수 있다. 최고행정관의 선출은 몇몇 예에서 실제로 그랬듯이 필요한 경우 매일, 매주, 혹은 매월이나 매년 이루어질 수도 있겠지만, 만약 상황에 의해 규칙이 변경되어야 한다면 다른 방식으로 변경할 수 있지 않을까? 다시 각 주에서 결정된 주 하원의 선거 주기를 살펴보면, 다른 공직 선거의 경우보다 그

---

1) 페이퍼 53번의 원저자가 매디슨인지 해밀턴인지에 대해 지금까지도 논란이 있지만, 매디슨이 썼다는 의견이 더 우세하다.

주기가 훨씬 다양하다는 것을 알 수 있다. 코네티컷주와 로드아일랜드주에서 하원 선거의 주기는 6개월이나, 사우스캐롤라이나주를 제외한 다른 주들에서는 1년이다. 사우스캐롤라이나주에서는 새헌법이 연방정부의 하원 선거에 제안한 바와 같은 2년이다. 즉, 가장 긴 주기와 가장 짧은 주기 사이에는 4 : 1의 차이가 있지만, 선거가 더 빈번한 코네티컷주와 로드아일랜드주가 선거 주기가 긴 사우스캐롤라이나주보다 더 잘 통치가 되고 있다거나 합리적 자유를 더 많이 누리고 있다는 것을 입증하기는 쉽지 않다. 또한 이러한 이유로 인해, 선거 주기가 가장 짧거나 혹은 가장 긴 주가 그 밖의 다른 선거 주기를 가지고 있는 주들보다 통치와 자유에 있어 월등하게 차이를 보인다고 말하기도 역시 쉽지 않다.

1년 주기의 선거가 필요하다는 신조에 대한 근거를 찾는 과정에서 나는 단 하나의 근거를 찾기는 했지만, 그것은 우리의 경우와는 전혀 맞지 않는 것이다. 국민에 의해 제정되지만 정부가 임의로 변경할 수 없는 헌법과, 정부에 의해 제정되어 정부가 변경할 수 있는 법률 사이에는 중요한 차이가 있다. 이러한 차이가 미국에서는 잘 이해되고 있지만 다른 나라에서는 잘 이해되지도 않고 지켜지지도 않는다는 것이다. 즉, 다른 나라에서는 최고의 입법권이 있는 곳에 언제든지 정부의 형태를 변경할 수 있는 모든 권한도 마찬가지로 존재하는 것으로 여겨져 오고 있다. 정치적·시민적 자유의 원리가 가장 빈번히 논의되어 왔으며 우리에게 헌법상 대부분의 권한에 대해 가르침을 주는 대영제국에서조차, 의회의 권한은 통상적인 입법의 대상에 대해서와 같이 헌법과 관련해서도 초월적이고 무제한적이라는 입장이 유지되고 있다. 실제로 여러 경우에서 의회는 입법 행위를 통해 정부의 가장 근본적인 조항을 일부 변경했다. 그들은 특히 여러 차례에 걸쳐 선거의 주기를 변경했고, 마지막으로 3년 주기의 선거 대신 7년 주기의 선거를 채택했을 뿐 아니라, 동일한 법률에 의해 자신들의 임기를 4년 더 연장하기도 했다. 이러한 위험한 관행들은 빈번한 선거를 기반으로 하는 자유 정부의 신봉자들 사이에 당연한 경계심을 불러일으켰으며, 그들은 그러한 위험으로부터 자유를 지키기 위한 어떤 안전장치를 추구하게 되었다. 정부보다 우위에 있는 헌법이 존재하지 않거나 그런 헌법을 확보할 수 없는 다른 국가에서는 합중국에서 확립된 것과 유사한 헌법적인 보장은 시도될 수 없었기에 다른 안전책이 필요하게 되었다. 변화의 위험을 확인하게 해주는 기준으로서, 또한 국민적 의견을 결정하게 해주고 애국적인 노력을 결합하기 위한 기준으로서, 선거 주기라는 단순하고 익숙한 기준을 선택해 이에 호소하는 것보다 더 나은 안전책이 과연 있겠는가? 이러한 문제에 적용할 수 있는 가장 단순하고 익숙한 시간의 길이는 1년이었다. 따라서 무제한적인 권한을 가진 정부가 점차 전제정으로 타락하는 데 대한 대비책을 세우고자 하는 훌륭한 열의에 의해서 고취된 믿음은, 1년 주기의 고정된 선거 시점에서 다음 선거까지의 시간적 간격에 따라 정부가 전제정으로 바뀌는 정도를 측정할 수 있다는 것이다. 그러나 곧 수립될 연방정부와 같이 최고의 헌법의 권위에 의해 제한될 정부에 대해 이러한 방책을 적용할 필요가 있는가? 또는 이러한 헌법에 따라 변경할 수 없게 규정된 2년 주기의 선거하에서 미국 국민의 자유가, 매년 혹은 그보다 더 자주 선거가 치러짐에도 불구하고 정부의 통상적인 권한으로 언제든지 변경될 수 있는 다른 어떤 나라 국민의 자유에 비해 안전하지 못할 것이라고 누가 감히 말하겠는가?

바로 앞의 페이퍼에서 두 번째로 제시된 질문은 격년제의 선거가 필요하고 유용한가 하는 것이었다. 이 질문에 대한 긍정적인 대답의 타당성은 몇 가지 매우 명백한 고찰로부터 밝혀질 수 있다.

공정한 의도와 훌륭한 판단력, 그와 더불어 입법할 사항에 대하여 어느 정도의 지식을 갖추지 못한다면 누구도 유능한 입법가가 될 수 없다. 이러한 지식의 일부는 공적인 그리고 사적인 입장에서 관계하고 있는 범위 내의 정보수단에 의해 얻어질 수 있으나, 다른 일부는 오로지 그러한 정보의 사용을 필요로 하는 곳에서의 실제적인 경험에 의해서만 획득될 수 있다. 그러므로 이런 모든 경우에 있어, 임기는 적합한 직무 수행에 요구되는 실질적 지식의 정도와 어떤 비례관계가 있어야 한다. 대부분의 주 입법부의 경우, 하원의원의 임기는 우리가 이미 알고 있듯이 일반적으로 1년이다. 그렇다면 문제는 다음과 같이 간단해진다. 주의 입법에 필요한 지식을 위해서 1년이라는 임기가 필요하다면 연방의 입법에 필요한 지식에 비례해 봤을 때 2년이라는 기간이 결코 길다고 할 수 있는가? 이런 형식의 질문은 바로 그 자체가 그에 대한 답을 제시하기 마련이다.

어느 한 주에서 필요한 지식은 그 주 내에서 전반적으로 일정하며 또한 모든 시민들이 어느 정도 알고 있는 기존 법률들에 관한 것이다. 그리고 그것은 좁은 범위 내에 국한되어 그리 다양하지 않고, 모든 계층의 주민들의 관심과 화제의 대부분을 차지하는 그 주의 일반적인 문제에 관한 것이다. 그러나 합중국이라는 광대한 지역에서는 그 사정이 사뭇 다르다. 법률은 획일적인 것과는 거리가 멀고 주마다 서로 다르다. 합중국의 공적 업무는 매우 광범위한 지역에 걸쳐 퍼져 있고 그와 관련된 지역적인 사정들로 인해 극도로 복잡하게 된다. 따라서 합중국의 모든 지역의 대표들이 각 지역의 정보를 가지고 모이는 연방의회가 아니라면 다른 어떤 곳에서도 이런 문제들을 정확히 파악하기 힘들다. 또한 각 주에서 모인 대표자들 즉, 연방 하원의원들은 모든 주의 사안과 심지어 법률에 대한 지식을 어느 정도는 가지고 있어야 한다. 각 주의 서로 다른 상업, 항구, 관습 및 규정들을 알지 못하고 어떻게 획일적 법률로써 외국과의 무역을 적절히 규제할 것인가? 이러한 점이나 또한 다른 문제에서 각 주 간의 서로 다른 상대적인 상황에 대한 어느 정도의 지식 없이 주 간의 통상을 어떻게 적절히 통제할 수 있겠는가? 각 주의 과세 대상에 관한 서로 다른 법률 및 지역적 상황을 수용하고 조정하지 못한다면 어떻게 세금을 공정하게 부과하고 효율적으로 징수할 수 있겠는가? 각 주의 특징적인 수많은 내부 상황에 대해 이와 비슷한 지식이 없다면 어떻게 민병대에 대한 획일적인 규칙을 적절하게 마련할 수 있겠는가? 바로 이러한 것들이 연방 입법의 주요 대상이며 대표자들이 가장 시급히 광범위한 정보를 습득해야 함을 강력히 시사하는 것이다. 그 밖의 보다 중요성이 적은 입법 대상들에 대해서도 그에 상응하는 정도의 관련 정보를 필요로 할 것이다.

이런 모든 어려움이 점차 크게 줄어들 것임은 명백하지만 이 중 가장 어려운 문제는 정부의 적절한 출범과 연방 법률의 초기 구성일 것이다. 첫 번째 원안이 만들어지면 그 수정은 해마다 쉬워질 것이고, 수정을 필요로 하는 부분도 줄어들 것이다. 이전 정부의 회의록은 새 정부의 의원들에게 얻기 쉽고 정확한 정보를 제공해 줄 수 있을 것이며, 연방의 사안은 점차 국민 전반의 관심을 끌고 화제가 될 것이다. 그리고 각 주의 주민들 간의 교류 증가는 그들의 문제에 대한 상호 이해의 폭을 넓히는 데 적지 않게 기여할 것이고 이는 다시 그들의 생활 관습과 법률의 동화에 기여할 것이다. 그러나 이러한 어려움이 줄어들기는 하겠지만, 연방의회의 업무는 새로운 사안이나 그 어려움에서 단일 주의 입법 업무에 비해 끊임없이 더 많아질 것이 분명하고, 이는 그런 업무를 수행하는 사람들, 즉 연방의원들에게 주 의원들보다 더 긴 임기를 부여하는 것을 정당화시킬 것이다.

지금까지 언급되지는 않았지만 연방 하원의원들이 습득해야 할 지식의 또 다른 분야는 외교 문제이다. 미국의 통상에 관한 법률을 제정하려면 미국과 다른 나라들 사이의 조약에 대해 잘 알고 있어야 할 뿐 아니라 다른 나라의 통상 정책 및 법률도 숙지하고 있어야 한다. 또한 그들은 국제법에 대해서도 어느 정도의 지식을 갖추어야만 한다. 그 이유는 그것이 국내법의 적절한 입법대상이 되는 한, 연방정부에서 고려해야 할 사항이 되기 때문이다. 비록 하원이 외국과의 협상이나 조약 체결에 직접적으로 참여하지는 않는다고 해도 그런 특정 분야에 대해서도 종종 관심을 가져야 한다. 왜냐하면 정부 각 부문의 업무는 필연적으로 연계되어 있고, 때로는 특별입법조치에 의한 연방하원의 재가나 협조를 필요로 할 것이기 때문이다. 이러한 지식은 물론 개인적으로 어느 정도 습득할 수 있고 또한 공적인 정보에 의해서도 얻을 수 있을 것이다. 하지만 그런 모든 지식은 입법부에서 실제로 일하고 있는 동안 그 주제에 대한 실천적 관심을 통해 가장 효과적으로 습득할 수 있을 것이다.

이외에, 그 중요성이 덜할지 모르지만 살펴볼 가치가 있는 몇 가지 사항들이 있다. 연방 하원의원 중 많은 사람들이 여행해야 할 거리와 그 상황에서 필요한 다양한 준비는, 임기가 1년으로 제한될 경우 2년으로 연장될 경우와 비교해 의원직에 적합한 사람들의 심각한 반대에 부딪힐 수 있다. 기존 연합의회 대표자들의 경우를 상기할 때 이 문제는 논란의 여지가 없다. 그들이 매년 선출되는 것은 사실이나 그들의 재선은 주 의회들에 의해 당연한 것으로 여겨진다.[2] 국민에 의한 연방 하원의원의 선거는 이와 같은 원칙에 지배되지는 않을 것이다.

어느 곳에서나 그렇듯이 몇몇 의원들은 남들보다 우수한 재능을 가지고 있을 것이며, 자주 재선됨으로써 오랜 기간 의원직에 머무르게 되어 맡은 업무에 완전히 통달하게 되고 급기야는 그들의 위치를 이용하여 이득을 취하는 것을 꺼리지 않게 될 수도 있다. 새로 당선된 신참 의원들의 비율이 높을수록, 의원들 대부분이 가진 정보의 양이 적을수록, 오랜 기간 의원직에 머무른 의원들은 자신들 앞에 놓인 유혹에 빠지기 쉬울 것이다. 이러한 견해는 장차 하원과 상원 간의 관계에도 마찬가지로 적용될 수 있을 것이다.

선거가 빈번하게 이루어지는 이점에도 불구하고 거기에 따르는 폐단도 존재한다. 주의 규모가 크고 의회가 1년에 단 한 번 회기를 갖는 곳에서는 부정 선거에 대한 조사와 그에 따른 무효 결정이 정당한 효력을 발생할 수 있는 기간 내에 이루어질 수 없다는 것이다. 부정직한 대표자는 어떤 비합법적인 수단을 동원해서라도 당선이 되면, 그의 목적을 달성할 충분한 시간 동안 그 자리를 지킬 수 있을 것이 확실하다. 그러므로 부정한 당선을 위해서 부정한 수단을 쓸 매우 유해한 동기 부여가 이루어지고 있는 셈이 된다. 연방입법부의 선거가 매년 실시된다면 이러한 관행은 특히 멀리 떨어진 주들에서 더욱

---

2)　연합규약 제5조에 따르면, 연합의회 각 주의 대표는 주 의회의 규정에 따라 매년 임명된다.

심각하게 남용될 수 있을 것이다. 연방의회의 각 원이 그 의원의 선거, 자격, 당선을 심판하는 것은 당연한 일이다. 더구나 논란이 되는 선거에 대한 조사과정을 간소화하고 촉진하기 위한 어떠한 개선책이 경험을 통해 제시된다 해도 부정한 의원의 의석을 박탈하는 데는 거의 1년이 걸릴 것이므로, 의석을 얻기 위한 불공정하고 불법적인 수단을 견제하는 데 별 도움이 되지 못할 것이다.

이러한 점들을 모두 고려할 때, 앞서 보았듯이 격년제 선거가 국민의 자유에 안전할 뿐만 아니라 공적인 업무에도 유용하다는 우리의 주장을 확증해 주고 있다.

푸블리어스

THE FEDERALIST　No. 54

≪뉴욕 패킷≫, 1788년 2월 12일　　　　　　　　　　제임스 매디슨

뉴욕주 시민들에게

연방하원에 대해 다음으로 살펴볼 것은 각 주별 의원 수 할당에 관한 것이다. 이는 각 주에 직접세를 할당하는 것과 같은 규칙에 의해 결정된다.[1]

　　각 주의 주민 수가 그들을 대표할 사람들의 비율을 정하는 기준이 되어야 한다는 주장에는 반론의 여지가 없다. 세금 할당에 대해서도 같은 규칙을 정한다면, 이 방식 자체는 같은 원칙에 근거하는 것은 아니지만, 그것에도 역시 반론이 거의 없을 것이다. 의원 수 할당의 경우 그 규칙은 자연적이고 보편적인 국민 개인의 권리와 관련되어 있는 것으로 이해된다. 세금 할당에 있어서 그 규칙은 부의 비율에 관련되어 있지만 결코 명확한 기준이 없으며 통상적인 경우 매우 부적합한 척도이다. 그러나 그 규칙은, 주들의 상대적 부와 분담금 결정에 적용하기에는 불완전하다는 사실에도 불구하고 실행 가능한 방식 중에서는 가장 반대가 적은 것임이 분명하며, 아주 최근에 아메리카에서 일반적 승인을 받기는 했지만 헌법회의가 특별히 선호하여 채택한 것은 아니다.

　　이 모든 것을 인정한다고 하더라도, 아마 다음과 같은 주장이 제기될 것이

---

1)　헌법 제1조 2절 3항에 "하원의원의 수와 직접세는 연방에 가입하는 각 주의 인구수에 비례하여 각 주에 할당한다. 각 주 인구수는 연기 계약 노무자를 포함한 자유인의 총수에, 과세 대상이 아닌 인디언을 제외하고, 그 밖의 인구(흑인 노예) 총수의 5분의 3을 가산하여 결정한다." 그러나 이 조항은 1866년 헌법 수정 제14조 2절에 의해 다음과 같이 변경되었다. "하원의원은 각 주의 인구수에 비례하여 각 주에 할당한다. 각 주의 인구수는 과세 대상이 아닌 인디언을 제외한 각 주의 총 인구수이다." 즉, 수정 제14조는 각 주의 총 인구수를 계산할 때 흑인 노예 1명을 백인 1명의 5분의 3으로 산정하는 조항을 무효화한 것이다.

다. 인구수를 하원의 대표 수 계산의 기준으로 삼고 자유시민과 노예를 합산한 수를 과세의 비율로 정할 것을 승인했다고 해서 노예가 대표 수 할당의 규칙에 포함되어야 한다고 말할 수 있는가? 노예는 사람이 아니라 재산으로 간주된다. 따라서 그들은 재산에 기초해 부과되는 세금을 추산할 때는 포함되지만 인구조사에 따라 대표의 수를 정할 때는 제외되어야 한다. 내 생각으로는 바로 이것이 강력히 제기되고 있는 대표 수 할당 규칙에 대한 반대의 이유다. 그렇다면 나는 여기서 이것과는 정반대의 논리를 솔직하게 펴나가기로 하겠다.

우리의 남부 형제들 중 아마도 누군가는 다음과 같이 주장할 것이다.[2] "대표권은 보다 직접적으로 인간과 관계되는 것이며, 과세는 보다 직접적으로 재산에 관계된 것이라는 점에서 우리는 이 원칙을 받아들이고 있다. 이러한 구분을 우리의 노예의 경우에 적용해야 한다고 생각한다. 그러나 노예를 단지 재산으로만 생각하고 어떤 점에서도 인간으로 간주되지 않는다는 사실을 받아들일 수 없다. 실상을 말하자면 노예는 이들 두 가지 특성을 모두 지닌다는 것이다. 즉 우리 법률에 의하면 어떤 측면에서는 인간으로, 그리고 또 다른 측면에서는 재산으로 간주되고 있다. 자신을 위해서가 아니라 주인을 위해 노동을 강요받으며, 한 주인에 의해 다른 주인에게로 팔려나가고, 타인의 변덕에 의해 항상 자유를 구속받고 체벌을 받을 수 있다는 점에서 노예는 인간보다 하위에 위치하며 법적인 재산의 범주에 드는 이성이 없는 동물과 같은 것으로 분류되는 것처럼 보인다. 반면 그의 노동과 자유를 지배하는 주인을 포함한 다른 모든 이들의 폭력으로부터 생명과 육체를 보호받으며, 다른 사람

---

2) 매디슨은, 하원의원 수 할당의 기준인 인구수에 노예가 제외되어야 한다는 북부 주들의 주장에 대해 남부 주들이 내세울 수 있는 반대 논리를 이 문단을 포함하여 연속적으로 이어지는 여섯 개의 문단으로 아주 길게 소개하고 있다. 하지만 실제로 이 여섯 개의 문단은 인구수에서 노예를 제외하느냐 혹은 포함하느냐에 대해 실제로 당시에 제기되었던 양측, 즉 북부 주들과 남부 주들의 대립되는 주장과 논리를 남부 주들의 입장을 빌려서 전개하고 있다. 따라서 이 여섯 개의 문단 안에 포함된 내용에는 북부 주들과 남부 주들의 주장과 이론이 섞여 있어 양측의 논리를 가끔 명백하게 구별하기 어려울 수도 있다.

에게 저지른 폭력에 대해 그 자신이 처벌을 받는다는 점에서 노예는 분명 이성이 없는 동물이 아니라 법에 따라 명백히 사회의 일원으로 간주되므로, 단순한 재산의 한 품목이 아니라 도덕적 인간으로 간주되고 있는 것이다. 그러므로 연방헌법이 노예를 인간과 재산이라는 혼합된 특성을 가진 것으로 본 것은 아주 타당한 판단이라고 할 만하다. 사실 이것이 노예의 진정한 특성이다. 이것이야말로 그들이 살고 있는 곳의 법률이 그들에게 부여한 특성이며 적절한 판단의 기준이라는 점은 부인할 수 없다. 비노예 주들은 (연방하원의) 대표 수 할당의 기준인 인구에 노예를 포함시키는 것을 반대하고 있다. 노예들은 법적인 소유의 대상이라는 것이 바로 그 평계이다. 따라서 만일 흑인들의 박탈당한 권리가 법률에 의해 회복된다면, 그들도 다른 주민들과 마찬가지로 동등한 대표의 지분을 거부당하지 않을 거라는 점도 인정되어야 한다.

"이 문제를 다른 측면에서 볼 수도 있다. 인구수가 대표 수 할당의 유일하고 적절한 기준인 것처럼, 그것이 부와 과세의 최선의 기준이라는 것은 모든 측면에서 인정된다. 만일 헌법회의가 대표의 수를 계산할 때는 노예를 주민의 일부로는 인정하지 않으면서, 주별 분담금의 적용에는 포함시켰다면 과연 그것은 공평하고 일관된 것이라고 할 수 있을까? 인구수를 기준으로 분담금을 부담하는 경우에는 노예를 어느 정도 인간으로 인정하지만, 반대로 이익이 주어질 경우, 즉 의회의 대표수 할당의 경우에는 노예를 같은 관점에서 간주하기를 거부하는 체제에 대해 남부 주들이 동의하리라고 합리적으로 기대할 수 있을까? 동료 인간을 재산으로 간주하는 야만적 정책을 펴고 있다고 남부 주들을 비난하는 바로 그 사람들이, 모든 주의 집합체인 연방정부에 대해서는 그들이 비난하고 있는 남부의 법률보다 더욱 철저하게 이 불운한 인종을 재산이라는 잔혹한 관점에서 취급해야 한다고 주장한다면 놀라운 일이 아니겠는가?

"이에 대해 비노예 주들은 아마도 다음과 같은 대답을 할 것이다. 즉, 노예를 소유하는 어느 주에서도 노예를 주 의회의 대표 수를 할당하는 인구수에 포함하지 않고 있다. 그들은 투표하지도 못하며 그들 주인의 투표권을 늘려

주지도 않는다. 그렇다면 어떤 원칙에 의거해 연방의 대표 수를 산정하는 데 그들을 포함시켜야 하는가? 노예를 전면적으로 인구에서 제외하기로 했다면, 헌법은 이 점에 있어서 남부 주들이 적절한 지침으로 삼았던 바로 그들의 법률을 따랐을 것이다.

"이 같은 반대론은 다음의 한마디로 일축될 수 있다. 각 주에 할당된 대표의 총수는 주민의 수를 기준으로 한 연방규칙에 의해 결정되지만, 이러한 각 주의 대표를 선택할 권리, 즉 선거권은 각 주가 정한 자격에 부합하는 주민에 의해 행사되어야 한다는 것이 제안된 헌법의 근본 원리이다. 선거권의 자격요건은 주마다 다를 수 있다. 어떤 주에서는 그 차이가 매우 상당하다. 모든 주에서 일정한 비율의 주민이 그 주의 법에 의해 이 권리를 박탈당하고 있는데 연방헌법은 이들을 대표 수를 할당하기 위한 인구조사에는 포함시킬 것이다.[3] 이에 대해 남부 주들은 다음과 같이 주장할 수 있다. 즉, 헌법회의가 정한 원칙이 요구하는 것은 개별 주들이 그들의 주민에게 취하는 정책에 간섭해서는 안 된다는 것이다. 따라서 남부 이외의 다른 주의 정책에 따라 시민의 권리가 인정되지는 않지만, 하원 대표의 할당을 위한 인구조사에는 포함되는 사람들(연기 계약 노무자)과 마찬가지로 노예도 주민으로서 (그들 총수의 5분의 3이 아닌) 그들의 인원수 그대로 인구조사에 포함되어야 한다는 것이다. 그러나 이러한 원칙에 의해 하원 대표 수 할당에서 이득을 얻게 될 노예 소유주들은 정작 이 원칙이 엄격하게 적용되지 않기를 바라고 있다. 즉, 그들이 원하는 것은 그들의 반대론자 측에서도 같은 정도의 절제를 보임으로써 서로 타협하자

---

3) 모든 주에서 일정한 비율의 주민이 선거권을 가지지 못하지만 하원의 대표수를 할당하는 인구에는 포함된다는 사람들은 이 페이퍼, 각주 1)의 헌법 제1조 2절 3항에서 언급하는 연기 계약 노무자를 의미하며, 그들은 주로 일정 기간 계약을 맺고 유럽에서 미국으로 건너와 하인으로 고용된 사람들을 말한다. 이들은 다른 말로 연기 계약 고용인(indentured servants)이라고도 불렸으며 종신 동안 주인에게 귀속되는 노예와는 다른 사람들이다. 그들은 각기 인구조사에서 주민과 같은 1인으로 계산되었지만 흑인 노예들은 그들 총수의 5분의 3을 인구에 가산했다.

는 것이다. 노예의 경우가 바로 그 하나의 예가 될 수 있다. 다시 말해서, 헌법의 타협적 편의성을 상호 간에 수용하여 노예를 주민으로 간주하기는 하지만, 그들을 자유로운 주민의 표준보다 5분의 2가 박탈된 존재로 떨어뜨려 결국 인구수 계산에서 자유주민의 5분의 3으로 계산하자는 것이다.[4]

　"헌법의 이 조항을 좀 더 확고하게 옹호할 수 있는 다른 근거를 마련할 수는 없었는가? 우리는 지금까지 대표제는 오직 사람하고만 관련될 뿐 재산과는 전혀 관련이 없다는 전제하에서 논의를 진행해 왔다. 그렇지만 그것이 과연 옳은 생각일까? 정부는 개인의 보호 못지않게 그들의 재산도 보호할 목적으로 설립되었다. 그러므로 정부의 운영을 위임받은 사람들에 의해 개인뿐만 아니라 재산도 대표된다고 간주할 수 있다. 이 원칙에 근거해 몇몇 주들, 그중에서도 뉴욕주 의회는 특히 재산 보호를 목적으로 하며, 주 정부의 이러한 목적에 가장 관심이 있는 사회의 구성원들에 의해 선출되고 있다. 연방헌법에서는 이러한 지침이 받아들여지지 않았다. 재산권은 개인적 권리와 함께 연방하원에 위탁된다. 따라서 그러한 사람들을 선출하는 데 있어서 재산에 대해 어느 정도의 배려가 주어져야 한다.

　"각 주의 주민들에게 할당되는 연방입법부의 투표수, 즉 의석수는 각 주의 상대적 부와 어느 정도 비례해야만 하는 또 다른 이유가 있다. 주들은 개인들처럼 부의 우위를 이용해 서로에게 영향력을 미치지는 못한다. 법률은 부유한 시민에게도 자신의 대표를 선출할 때 단 한 표만을 허락한다. 하지만 부유한 시민은 자신의 부로 인해 얻는 존경과 영향력을 이용해 다른 사람들로

---

4)　헌법회의에서, 노예제도를 허용하는 남부의 6개 주는 각 주별 하원의원 수 할당의 기준인 인구수에 노예를 포함시키려 했고, 북부 주들은 그 점에 있어 노예를 포함시키는 것에 반대했다. 반면에 북부주들은 연방정부에 내는 각 주의 세금 분담 비율을 인구수에 의해 정하는 경우에는 노예를 포함시키길 원했다. 이 문제 역시 결국 타협을 보게 되었는데, 노예를 인구에 포함하되 그들 총수의 5분의 3을 인구에 가산하기로 결정하게 된다. 다시 말해, 노예 1명은 자유시민 혹은 연기 계약 노무자 1명에 대해 5분의 3명으로 산정하기로 한 것이다. 이것은 헌법의 타협적 편의성을 상호 간에 수용한 것이다. 하지만 과세 대상이 아닌 인디언들은 아예 인구수에서 제외되었다.

하여금 자신이 선호하는 대상에게 투표하도록 유도할 것이다. 이러한 눈에 띄지 않는 경로를 통해 재산권은 공적 대표들에게까지 연결되게 된다. 그러나 주는 다른 주들에게 그와 같은 영향력을 행사할 수는 없다. 연방 내의 가장 부유한 주가 다른 주의 대표 선거에 있어 단 하나의 경우라도 영향을 행사한다는 것은 불가능하다. 또한 더 크고 부유한 주의 대표들이 다른 주의 대표들에 비해 그 수가 많다는 점 이외에는 연방입법부에서 어떤 이점을 갖지도 않을 것이다. 따라서 우월한 부와 비중에 따라 그들이 어떤 이점을 가질 수 있다면 그것은 할당되는 대표 수를 더 많이 가지는 것에 한정되어야 한다. 새헌법은 이런 점에서 네덜란드 연합 그리고 다른 유사한 연합의 헌법뿐만 아니라 현재의 연합과도 실질적으로 다르다고 할 수 있다. 현재 연합의 경우 결의의 효력은 연합을 구성하고 있는 각 주의 자발적인 후속 결의에 의존하고 있다. 그러므로 주들은 연합의회에서 동등한 투표권을 갖고 있다고는 해도, 뒤에 있을 각 주의 자발적 결의의 중요도 혹은 비중이 동등하지 않기 때문에 실질적으로 그 영향력은 동등하다고 볼 수 없다. 반면, 제안된 헌법에서 연방의 결의는 개별 주들의 영향을 받지 않고, 즉 개별 주들의 후속 비준이 없이도 효력을 갖는다. 이 결의의 효력은 오직 연방입법부의 다수의 투표에 의존하므로 주의 크기와 관계없이, 그리고 주의 부유함과 강력함에 관계없이 모든 주의 표는 동등한 비중과 효력을 갖게 된다. 그것은 마치 주 의회에서 동등하지 않은 카운티나 다른 선거구의 대표가 행사하는 투표의 가치와 효력과 같은 것이다. 이 경우에 어떤 차이점이 있다면 그것은 대표들의 선거구의 규모에서 비롯되는 것이 아니라 대표들의 개인의 특징의 차이에서 비롯되는 것이다."

앞의 여섯 개 문단의 내용이, 연방하원의 대표 수 할당에 대해 남부의 이익을 옹호하는 사람들이 적용할 수 있는 논리이다. 비록 어떤 점에서는 다소 무리한 점이 있어 보이지만, 전체적으로 볼 때 그것은 나로 하여금 헌법회의가 결정한 대표의 비율을 전적으로 따를 수밖에 없게 만든다는 사실을 인정해야 할 듯하다.[5]

대표와 과세에 대한 공통적인 기준의 수립은 어떤 측면에서는 매우 유익한 효과를 가져올 것이다. 즉, 연방의회가 인구조사의 정확한 결과를 얻기 위해서는 필수적으로 어느 정도는 각 주의 협조 또는 재량에 의존하게 될 것이기 때문에, 각 주들이 그들의 인구수를 부풀리거나 줄이려는 성향이 되도록 없어야 하는 것이 매우 중요하다.[6] 대표 수의 할당이 인구수에 의해서만 좌우된다면 그들은 주민의 수를 과장하려 할 것이다. 반면 인구수가 과세의 지분만을 결정한다면 주민의 수를 축소하려는 유혹이 우세해질 것이다. 그 규칙을 두 가지 목적 모두에 확대함으로써 주들은 서로 통제하고 균형을 이루는 상반된 이해관계를 갖게 되어 적절한 공정성이 형성될 것이다.

푸블리어스

---

5) 매디슨은 당시 13개주 중 자유인의 수와 노예의 수가 가장 많은 버지니아주의 대표로 헌법회의에 참석했다. 버지니아주는 노예를 인구수에 포함시키지 않아도 이미 13개 주들 중 가장 많은 하원의원 수를 할당 받을 수 있었기 때문에 매디슨은 다른 남부 주들의 입장보다는 북부 주들의 입장, 즉 각 주의 자유인의 인구수에만 기초한 하원의원 수 할당을 제안한 바 있다. 그러나 다른 남부 주들과 북부 주들의 상반된 이해관계의 타협 과정에서 하원의원 수 할당은, 각 주의 모든 자유인의 총수에 노예 인구 총수의 5분의 3을 가산한 인구수에 비례하는 것으로 결정되었다. 그 결과 버지니아주는 의석수로 인한 이점보다 연방정부에 내는 세금(분담금)으로 인한 부담만 더 커질 수밖에 없었다. 이에 매디슨은 이 결정에 마지못해 따라야 하는 그의 불편한 심기를 여기서 보여주고 있다.

6) 인구수의 산정은 최초의 합중국 의회를 개최한 후 3년 이내에 행하며, 그 후는 10년마다 법률이 정하는 바에 따라 행한다고 연방헌법 제1조 2절 3항에서 명시하고 있다. 최초의 인구조사는 1790년에 행해졌으며 2020년에 가장 최근의 인구조사가 있었다. 10년마다의 인구조사 결과 하원의원 총의석수인 435석은 모든 주, 즉 50개 주에 인구에 관계없이 1석씩 일단 배정되고 나머지 385석은 각 주의 인구수에 비례하여 재할당(reapportionment)된다. 재할당된 의석수에 의해 각 주는 인구 분포에 따라 주내의 하원 선거구를 재획정(redistricting)하게 된다. 인구조사의 결과 재할당된 의석수는 인구조사가 행해진 2년 후의 하원 선거부터 반영되고, 다음 인구조사가 행해지는 연도의 하원 선거까지 적용된다. 따라서 2020년 인구조사의 결과는 2022년 하원 선거부터 주별 의석수 재할당에 적용되고, 재할당된 의석수는 2030년 선거까지 유효하다. 1902년에는 좀 더 정확하고 체계적인 인구조사를 위해 미국 상무부(The United States Department of Commerce) 산하에 인구조사국(The Bureau of the Census)이 설립되었다.

THE FEDERALIST No. 55

≪인디펜던트 저널≫, 1788년 2월 13일   제임스 매디슨[1])

뉴욕주 시민들에게

연방입법부의 하원을 고찰하는 데 있어, 그것을 구성하는 인원수는 또 하나의
매우 흥미로운 견해를 제시한다. 하원의 인원수에 대한 조항[2])은 그것을 비난
하는 사람들의 그럴듯한 설득력이나 영향력으로 미루어 볼 때, 헌법의 모든
내용 중 이보다 더 관심을 끄는 조항은 별로 없는 것 같다. 이 조항에 대한 반
대를 살펴보면 다음과 같다. 첫째, 대표의 수가 너무 적으면 공공의 이익을 맡
기기에 불안하다는 것이고, 둘째, 그들이 수많은 선거구민의 지역적 상황에
대해 잘 알지 못하리라는 것이며, 셋째, 그들이 대중과 공감대가 부족한 계층
출신일 것이므로, 다수를 억압해 소수의 영구적 신분 상승을 꾀하게 될 가능
성이 매우 크며, 네 번째는 대표의 수가 처음부터도 너무 적은 결점이 있지만,
인구가 증가함에 따라 그에 상응하는 대표의 증가를 가로막을 장애물 때문에
결국 대표의 수는 인구수에 비해 점점 더 불균형적으로 되리라는 것이다.

이 문제에 대해 일반적으로 말할 수 있는 것은, 대의제 의회의 의원 수와
관련된 문제만큼 명확한 해답을 찾기 어려운 정치적 문제는 없으며, 또 주 의

---

1) 페이퍼 55번의 원저자에 대해서도 지금까지도 논란이 있다. 하지만 55번도 해밀턴보다는 매디슨
    이 썼다는 의견이 지배적이다.

2) 헌법 제1조 2절 3항에서는, 하원의원의 수는 인구 3만 명당 1인의 비율을 초과하지 못한다. 다만
    각 주는 적어도 1명의 하원의원을 가져야 한다고 명시하고 있다. 그 결과 새헌법에 의한 연방하원
    은 총 65명으로 출발했다. 인구를 근거로 당시 각 주에 할당된 의석수는 헌법의 같은 조항 참고.

회들을 직접 서로 비교하든, 혹은 선거구민의 수에 대한 각 주 대표의 비율을 고려하든, 여러 주의 정책이 이보다 더 가지각색인 경우는 없다는 것이다. 주 하원이 21명의 대표로 구성되는 델라웨어 같은 가장 작은 주와, 대표가 300~400명에 이르는 매사추세츠같이 가장 큰 주 사이의 차이점은 말할 것도 없고 인구 면에서 거의 비슷한 주들 사이에도 상당한 정도의 차이가 있음을 알 수 있다. 펜실베이니아주의 대표 수는 매사추세츠주의 5분의 1에 채 미치지 못하며, 뉴욕주는 사우스캐롤라이나주에 비해 인구 비율로는 6대 5인데, 대표의 수를 보면 사우스캐롤라이나주의 3분의 1에 불과하다. 조지아주와 델라웨어주 혹은 로드아일랜드주 사이에도 역시 상당한 차이가 있다. 펜실베이니아주의 대표 수는 선거구민 4000~5000명에 1명의 비율을 넘지 못하지만, 로드아일랜드주는 인구 1000명당 적어도 1명꼴이다. 조지아주의 헌법에 의하면 그 비율은 각 선거구민 10명씩에 1명꼴인데, 이는 다른 어떤 주의 비율보다 훨씬 높은 것이다.

또 한 가지 일반적으로 말할 수 있는 것은, 대표와 주민의 비율은 주민이 매우 많은 곳과 매우 적은 곳이 같을 수 없다는 것이다. 로드아일랜드주의 기준에 의해 버지니아주의 대표의 수를 정한다면 현재로는 400에서 500명 사이에 이르게 되며 20~30년 후면 1000명이 될 것이다. 한편 펜실베이니아주의 비율을 델라웨어주에 적용하면 델라웨어주의 대표의 수는 7명 또는 8명으로 줄어들 것이다. 의원 수에 대한 정치적 산정을 산술적 원칙에 두는 것보다 잘못된 일은 없다. 일정한 정도의 권력을 맡기는 데는 6~7명보다 60~70명이 더 적합할 것이다. 그러나 대표의 수가 600~700명이 되면 그 수에 비례하는 만큼 더욱 나은 권력의 수탁자가 될 것이라고는 말할 수 없다. 그리고 대표의 수를 6000~7000명까지 늘린다고 가정해 본다면 그 결과는 오히려 반대가 될 것이다. 사실은 모든 경우에 있어, 자유로운 협의와 토론의 이점을 보장하고 부적절한 목적을 위한 의원들의 야합이 너무 쉽게 이루어지는 것을 막기 위해서는 적어도 일정한 수의 인원이 필요하다. 그러나 다른 한편으로, 다수에 의한 혼돈과 무절제를 피하기 위해서는 대표의 수는 일정 한도 이내로 유지되어야 한다. 어떤 인물들로 구성되든 간에, 매우 다수의 인원이 모인 집회에서는 감정이 항상 이성을 지배하기 마련이다. 아테네 시민이 모두 소크라테스 같은 인물이었다 하더라도, 그들 모두가 모인 집회 역시 무질서한 폭도에 지나지 않았을 것이다.

여기에서 다시, 2년마다 치러지는 선거의 사례에서 살펴보았던[3] 몇 가지 점들을 상기할 필요가 있다. 연방의회의 제한된 권한과 여러 주 의회의 감시와 제어라는 이유로 인해 공공의 안전을 위해 필요한 정도보다 덜 잦은 선거가 정당화되었다.[4] 이와 같은 이유에서, 연방의회 의원들이 입법의 전권을 가지고 다른 주 입법부의 통상적인 제한 이외에는 어떤 제한도 받지 않는다면, 그 수는 더 적어도 무난할 것이다.

이러한 일반적인 점들을 염두에 두고서 제안된 하원의원의 수에 대한 반대의견들을 검토해 보자. 그 첫째는 우선 그렇게 적은 수에 그토록 많은 권력을 맡기기에는 안전하지 못하다는 것이다.

연방정부 출범 시에 하원을 구성하게 될 의원 수는 65명이다. 3년 이내에 인구조사가 행해지게 되면 그 수는 3만 명당 한 명꼴로 증가할 것이다. 또한 10년마다 인구조사가 반복되면 앞에서 말한 한도 내에서 의원 수는 계속 증가할 것이다. 3만 명당 한 명의 비율이라면 첫 번째 인구조사 결과 대표의 수가 최소한 100명에 이를 것이라는 추측은 과장된 것이라고 보이지 않는다. 5분의 3의 비율로 흑인을 추산하면, 아직은 그 수에 이르지 않았더라도, 첫 번째 인구조사 때까지 합중국의 인구가 300만 명에 달하리라는 것은 거의 의심

---

3) 페이퍼 52번.

4) 페이퍼 52번에서 매디슨은 연방입법부 즉, 연방의회의 권한은 제한적일 뿐만 아니라 각 주의 입법부에 의해서도 감시되고 제어된다고 주장하고 있다. 이런 이유로 연방의회 중 하원은 1년 주기의 선거가 아닌 2년 주기의 선거로 선출되고 그 수가 적어도 공공의 안전을 침해하지 않을 것이라는 점을 강조하고 있다.

의 여지가 없다. 계산된 증가율에 따르면 25년 이후의 대표 수는 200명에 이르게 되며, 50년 후에는 400명이 된다. 추측건대, 이 정도면 의회의 크기가 작다는 데서 오는 모든 우려를 잠재울 수 있을 것이다.[5] 대표의 수가 헌법이 규정한 방식에 따라 때때로 증가하리라는 것도 네 번째 반대의견에 대해 답하는 곳[6]에서 같이 다루도록 하겠다. 그러나 만약 반대로 의원 수가 증가하지 않는다면, 의회의 크기가 너무 작다는 반대론은 상당한 중요성을 갖는다고 인정해야 할 것이다.

그렇다면 이제 정말로 판단해야 할 진정한 문제는, 잠정적 규정으로서 의원 수가 적다는 것이 공공의 자유에 과연 위험한지의 여부이다. 몇 년 동안은 65명이, 그리고 그 후 몇 년 동안은 100~200명이 될 연방 하원의원들에게 제한되고 충분히 감시될 합중국 입법권을 안전하게 위임할 수 있는가? 나는 우선 현재 미국 국민의 비범함, 주 입법부를 움직이는 정신, 모든 계층의 시민들의 정치적 특성과 어우러진 신념들에 관해서 내가 가지고 있는 믿음을 완전히 떨쳐버리지 않고서는 이 질문에 부정적으로 답할 수 없다고 생각한다. 나는 미국인들의 현재 기질에서도, 또는 급격하게 일어날 수 있는 어떠한 상황에서도 그들이 전제적 지배나 반역을 도모할 소지가 있는 65명 또는 100명의 사람들을 선출하고 2년마다 그러한 선택을 반복하리라고는 도저히 생각할 수 없

---

5) 그러나 실제로는 인구가 계속 늘어감에 따라 하원의 의석수가 계속 늘어나게 되었다. 1900년 인구조사의 결과 1902~1910년 하원의석수는 394로, 1910년 인구조사의 결과 하원의석수는 435로 다시 늘게 되었다. 그러나 1920년 인구조사의 결과 1922~1930년 하원의 의석수는 435로 변함이 없게 되었고, 마침내 1929년 연방의회는 하원 의석수 영구 할당법(The Permanent Apportionment Act)을 제정해 하원의석수를 435로 영구 고정했다. 그러나 1959년 알래스카와 하와이가 각각 49번째와 50번째 주로 합중국에 편입되면서 제86차와 제87차 의회(1959~1963)에서 알래스카주와 하와이주는 각각 하원 1석을 임시로 배정받아 하원의원 총수는 437명으로 역대 최대가 되었다. 그러나 1960년에 치러진 18번째 인구조사의 결과가 1962년 11월 하원 선거에 반영되어 선거구가 재획정되면서 1963년 1월에 출발한 제88차 의회에서는 하원의원 의석수는 435개로 다시 원래대로 조정되었다.

6) 페이퍼 58번.

다. 나는 또한 연방의회를 감시하려는 동기와 그에 대한 수많은 대응 수단을 가진 주 의회들이 그들 공동의 선거구민의 자유에 반하는 연방의회의 음모를 감지하지 못하거나, 또는 물리치지 못할 거라고 생각할 수조차 없다. 또한 그들에게 맡겨진 엄숙한 신뢰를 2년이라는 짧은 시간 안에 감히 저버릴 의도를 가지고서 국민 전체의 선택 앞에 자신들을 후보로 내세울 수 있는 65명 또는 100명의 사람들이 지금 현재, 또는 가까운 미래에도 존재할 수 있을 것이라고는 생각하지 않는다. 우리의 주변 상황과 시간, 그리고 인구의 증가가 장차 어떤 변화를 가져올지는 예언자적 통찰이 필요하지만 나에게 그런 통찰력이 있다고는 자부할 수 없다. 그러나 현재 우리 앞에 놓인 상황과, 어느 정도 시간이 흐름에 따라 그런 상황으로부터 초래될 수도 있는 사정으로 미루어 본다면, 연방헌법이 제시한 의원 수로 인해 미국의 자유가 불안하게 되지는 않을 것이라고 나는 단언할 수밖에 없다.

그렇다면 어떤 부분에서 위험이 시작될 수 있을까? 우리는 외국의 금전적 유혹을 두려워하는가? 외국의 돈이 우리의 연방 지도자들을 그렇게 쉽게 부패시키고, 그들의 유권자를 함정에 빠뜨리고 배신하도록 만들 수 있다면, 지금 우리가 자유롭고 독립적인 국가를 유지하고 있는 것이 가능했을까? 혁명 기간을 통해 우리를 지휘했던 연합의회는 수적인 면에서 그 뒤를 이을 연방의회보다 적었으며, 국민에 의해 선출되지도 않았고, 그들 전체에 대한 책임을 지지도 않았다. 그들은 매년 임명되었고 임의로 해임될 수도 있었지만, 일반적으로 3년 동안 계속 임기를 유지했고, 연합규약이 비준되기 전에는 더욱 오랜 기간 재임하기도 했었다. 연합의회에서 협의는 언제나 비공개로 진행되었고, 외교 문제는 단독으로 처리되었다. 전쟁 기간 내내, 그들은 우리의 미래의 대표들(연방의회 의원들)에게 바라는 것보다 훨씬 더 큰 폭으로 국가의 운명을 자신들의 손에 쥐고 있었다. 전쟁에 걸린 엄청난 전리품, 즉 막대한 이득과 그것을 빼앗긴 측이 필사적으로 버틴 것을 미루어 보면, 연합의회의 대표들은 무력 이외의 어떤 수단도 주저 없이 사용할 수 있었다는 것을 생각해 볼 수 있다. 그러나 우리는 다행히도 그들이 국민의 신뢰를 저버리지 않았으며, 연합의회의 순수성에 대해 중상하고 비방하는 소문조차도 없었음을 알고 있다.

그렇다면 우리가 걱정하는 위험은 연방정부의 다른 부문에서 비롯되는가? 하지만 대통령이나 상원 혹은 양자 모두가 어디서 그런 위험한 수단을 찾을 수 있겠는가? 그들의 봉급은 일상적 용도와는 매우 다른 (부정한) 용도에 사용할 만큼 충분하지 않을 것이며, 더구나 그들의 봉급을 결정하는 하원이 먼저 부패하지 않고서는 절대 그렇지 못할 것이다. 그들은 반드시 미국 시민이어야 하기 때문에 그들의 개인 재산이 위험의 근원이 될 리도 없다. 그렇다면 그들이 가질 수 있는 유일한 수단은 관직 임명권일 것이다. 이것이 바로 우리가 의심하는 바로 그것인가? 때때로 우리는 대통령이 상원의 도덕성을 훼손하는 데 부패한 자금을 모두 쓰게 될 것이라는 이야기를 듣기도 한다. 그런 경우에는 하원의 신뢰성도 희생될 것이다. 그러나 공화주의 원칙에 따라 서로 다른 기반 위에 근거하고, 그들이 속한 사회에 대해 책임져야 하는 정부의 많은 구성원이 돈 때문에 배신적 결탁을 할 가능성은 거의 없으므로 더 이상 우리는 불안해하지 않아도 될 것이다. 그리고 다행스럽게도, 헌법은 이에 다른 안전장치를 규정하고 있다.[7] 즉 의회의 구성원들은 그들의 재임기간 중에 신설되거나 봉급이 인상된 어떠한 합중국의 공직에도 임명될 수 없다는 것이다. 그러므로 통상적 사고나 사임으로 공석이 된 경우를 제외하고는 현직 의원들은 어떠한 공직에도 임명될 수 없다. 이러한 규정에도 불구하고 국민 자신들에 의해 선출된 그들의 수호자를 충분히 매수할 수 있다고 생각하는 것은, 일상의 기준이 되는 모든 원칙을 부정하고 무분별하고 종잡을 수 없는 경계심으로 대체하는 일이 될 것이다. 무절제한 열정에 자신을 바치는 자유의 신봉자들은 자신들이 스스로의 대의명분을 손상시키고 있다는 것을 깨닫지 못한다. 인간에게는 어느 정도의 타락적인 측면이 있기에 어느 정도의 경계

---

7) 헌법 제1조 6절 2항.

와 불신이 요구되는 것처럼, 인간에게는 어느 정도의 존경과 신뢰를 정당화하는 또 다른 특질들도 있다. 공화정체는 다른 어떤 정치 형태보다 훨씬 높은 차원의 이런 특질을 전제로 하고 있다. 만일 우리 가운데 일부가 정치적 의심으로 그려낸 인간의 모습이 바로 인간의 본성을 잘 반영하는 것이라면, 인간에게는 자치를 위해 필요한 충분한 덕성이 없으며, 전제적 지배의 사슬만이 인간 사이의 파괴와 약탈을 막을 수 있다는 결론을 내릴 수밖에 없을 것이다.

푸블리어스

THE FEDERALIST　　　No. 56

≪인디펜던트 저널≫, 1788년 2월 16일　　　제임스 매디슨

뉴욕주 시민들에게

연방하원에 대한 두 번째 비판은, 그 규모가 너무 작아 그들이 당연히 알아야 할 선거구민의 이해관계를 잘 알기 힘들다는 것이다.

이러한 비판은 제안된 하원의원의 수를 합중국의 광대함, 주민 수, 이해관계의 다양성을 제안된 의원 수와 비교하고 있을 뿐, 연방의회와 여러 주의 입법부 간의 상황의 차이는 고려하지 않고 있다. 따라서 연방의회의 여러 가지 특수성을 간략히 설명하면 그 비판에 대한 가장 좋은 답변이 될 것이다.

하원의원이 그의 선거구민의 이해관계와 그들이 처한 상황에 정통해야 한다는 것은 타당하고 중요한 원칙이다. 그러나 이 원칙은 대표의 권한과 그가 배려할 사항에 관계되는 상황이나 이해관계에 국한되는 것이지 그 범위를 넘어서 적용될 수는 없다. 입법 범위 내에 들지 않는 여러 가지 세세하고 특정한 문제들에 대해 잘 모른다고 하더라도 입법 의무를 수행하는 데는 아무런 걸림돌이 되지 않는다. 그러므로 특정한 권한을 행사하는 데 필요한 정보의 범위를 정할 때는 그 권한의 범위 내에 있는 대상이 무엇인지 파악해야 한다.

그렇다면 연방 입법의 대상은 무엇인가? 가장 중요하고, 또한 지역적인 정보를 가장 필요로 하는 것은 통상과 과세, 그리고 민병대에 관한 사항이다.

다른 곳에서 이미 언급했듯이[1], 적절한 통상 규제를 위해서는 많은 정보

---

[1]　페더럴리스트 53번.

가 필요하다. 그러나 이러한 정보가 각 주의 법률과 지역적 상황에 관한 것인 한, 그러한 정보를 연방의회에 전달할 수 있는 데는 극소수의 대표들로도 충분할 것이다.

연방 과세의 대부분은 통상의 규제와 관련된 관세(국외세)로 이루어질 것이다. 따라서 바로 앞서 언급한 내용은 통상에도 해당된다. 국내세 징수의 경우에는 개별 주의 상황에 대한 광범위한 지식이 필요하다.[2] 그러나 이 또한 주의 넓은 범위에서 선출된 소수의 총명한 사람들이 그러한 지식을 충분히 가지고 있지 않을까? 가장 큰 주를 10개에서 12개의 선거구로 나누면, 각 선거구의 대표는 자신의 선거구 내의 독특한 이해관계를 잘 알게 될 수밖에 없다. 이러한 정보의 출처 이외에, 주내 각 지역의 대표들인 주 의회 의원들이 만든 그 주의 법률은 그 자체로 과세에 대한 충분한 지침이 될 것이다. 모든 주에는 이미 이러한 사안에 대한 규정이 이미 있고 또 계속 만들어질 것이기 때문에, 대부분의 경우 연방입법부는 서로 다른 주들의 법을 검토하고 하나의 전국적인 입법으로 정리하는 것 이외에 할 일은 거의 없을 것이다. 유능한 사람이라면 어떤 구두에 의한 정보 없이도 자신의 서재에서 이러한 각지의 법률을 가지고 전 합중국에서 통용될 수 있는 과세에 대한 법전을 편찬할 수 있을지 모른다. 또한 내국세가 필요할 때, 특히 모든 주에 걸친 통일성이 요구될 경우, 보다 단순한 과세 대상이 선호될 것으로 생각된다. 각 주의 법률이 이 분야의 연방 입법에 주는 편리함을 충분히 깨닫기 위해서 우리는 뉴욕주뿐만 아니라 다른 주들이 많은 지역들로 나뉘어 있고, 각 지역은 입법권을 자체적으로 행사하고 있다는 것을 잠시 가정해 볼 필요가 있다. 즉, 어느 정도의 현지 실정에 대한 정보와 준비 작업을 여러 회의록에서 보게 될 수 있을 것이므로 연방 입법부는 많은 수고를 덜 수 있고, 훨씬 적은 수의 의원으로 그 일을 해나갈 수 있다는 것이 명백하지 않은가?

---

2) 국내세와 국외세에 대한 설명은 페이퍼 30번 참고.

연방의회는 또 다른 상황적 조건에서 매우 큰 이점을 가질 수 있다. 각 주의 대표자들은 자신의 주의 법률에 대해 상당한 지식과 그들 각각의 선거구의 현지 정보를 가지고 있을 뿐 아니라, 아마 대부분의 경우 그 주의 지역적 정보와 이해관계가 집결되는 주 의회의 의원을 지냈거나, 연방의원에 선출될 당시 주 의회 의원일 수도 있다. 따라서 각 주로부터의 그러한 정보와 이해관계는 소수의 사람들에 의해서 연방입법부에 쉽게 전달될 수 있을 것이다.

과세의 문제에 관련해 살펴보고 내린 이런 판단을 민병대의 경우에 적용해 보면 한층 더 무게가 실린다. 그들의 규율에 관한 규정이 주마다 다를지라도 각 주 내에서는 동일하며, 설사 같은 주의 다른 지역에서 환경의 차이로부터 규정이 약간 다를 수 있다고 하더라도 그 차이는 극히 작을 것이다.

주의 깊은 독자라면 여기서 사용한 논리, 즉 적당한 수의 연방의회 대표로도 충분히 자신들이 대표하는 지역에 관한 정보의 습득이 가능하다는 논리가, 대표들이 알고 있어야 할 광범위한 정보 및 그것을 습득하는 데 필요한 시간에 관해 다른 곳에서[3] 주장한 논리와 어느 면에서도 모순되지 않음을 알 수 있을 것이다. 그런 정보가 필요하고 또 습득이 어렵다는 것은, 그것이 지역적 대상에 관한 정보일 경우, 서로 다른 주들 사이의 법률이나 지방 사정이 다르기 때문이지, 단일 주 내의 법률이나 사정이 다르기 때문은 아니다. 각각의 주를 하나하나 살펴보면 내부적으로는 법률이 동일하며 이해관계 또한 별로 다르지 않음을 알 수 있다. 따라서 소수의 사람이라도 출신 주를 대표하는 데 필요한 모든 지식을 갖추는 것이 가능하다. 개별 주 내의 이해관계나 사정이 매우 단순하고 획일적이라면 그 주 내의 한 지역에 대해 앎으로써 다른 모든 지역, 그리고 그 주 전체에 대해서도 알 수 있을 것이므로, 그 주의 어느 지역 출신이든 한 명의 하원의원으로도 전체 주를 효율적으로 대표할 수도 있을 것이다. 다른 여러 주들을 일괄적으로 비교해 보면, 연방의 입법 대상에 관련된 그

---

3) 페이퍼 53번.

들 각각의 법률과 여러 가지 상황들이 커다란 차이를 보이고 있기 때문에 연방 대표들은 이 모든 것에 대해 어느 정도 숙지하고 있어야만 한다. 각 주에서 온 소수의 대표들이 자신들의 주에 대한 충분한 정보를 가지고 올 것이지만, 연방의회의 모든 대표는 다른 주들에 관해 습득해야 할 정보 또한 많다고 할 수 있다. 앞에서 언급했듯이[4] 시간이 흐름에 따라 주들의 상대적인 상황은 서로 비슷해질 것이지만, 각 주의 내부 사정은 이와는 반대 현상으로 나타날 것이다. 현재 일부 주들은 농부들로 이루어진 사회에 지나지 않는다. 여러 주 중 국가의 업무에 다양성과 복잡성을 줄 수 있는 산업의 분야에서 큰 발전을 보이고 있는 주는 별로 없다. 그러나 시간이 흐르면 이 모든 주에서 인구가 점점 증가할 것이고, 각 주는 인구에 충분히 부합하는 대표의 수를 요구할 것이다. 헌법회의는 이러한 것을 내다보고 인구 증가에 따라 정부의 대의 기구인 연방의회의 규모도 적절히 커지도록 배려했다.[5]

인류에게 대영제국의 경험은 경계해야 할 것과 본보기가 될 만한 것을 포함한 많은 정치적 교훈을 주고 있으며, 또 지금까지 이 페이퍼를 쓰는 과정에서도 자주 참고가 되었는데, 이는 또한 바로 앞에서 우리가 고찰을 통해 내린 결론을 확증해 준다. 잉글랜드와 스코틀랜드 두 왕국의 주민 수는 적어도 800만 명이다. 이 800만 명을 영국 하원에서 대표하는 의원들의 수는 558명에 달한다. 이들 중 9분의 1(62명)은 364명에 의해 선출되며, 2분의 1(279명)은 5,723명에 의해 선출된다.[6][7] 그렇게 선출된 대표 558명 중 2분의 1은 심지어 주민들 사이에 거주하지도 않는데, 정부에 맞서 주민들의 안전에 대해 어떤

---

4) 페이퍼 53번.

5) 페이퍼 55번, 각주 5) 참고.

6) James Burgh, *Political Disquisitions: or, an Enquiry into Public Errors, Defects and Abuses* (London, 1774), 1: 45, 1: 48.

7) 원문에는 언급되지 않았지만, 대표 558명 중 나머지 217명은 일반 국민에 의해 선출되었다. 그러나 당시 영국에서는 21세 미만에게는 투표권이 없었고 전체 인구의 5% 미만에만 투표권이 주어졌다. 또한 대부분의 새로 생긴 도시와 타운은 그들을 대표하는 하원의원을 선출할 수도 없었다.

기여를 하거나, 혹은 그들의 상황이나 이해관계에 대한 정보를 의회에 전달할 수 있을 거라고는 생각하기 힘들다. 오히려 그들은 민권의 수호자나 옹호자로서보다 최고행정관, 즉 국왕의 이익의 대변자이고 도구가 되고 있다는 것은 주지의 사실이다. 따라서 그들은 진정한 국민의 대표라고 생각될 수 없고 오히려 국민의 진정한 대표의 수에서 제외되어야 함이 타당하지만, 우리는 그들을 단지 제외되어야 마땅하다는 관점에서만 고려하기로 한다. 그러나 주민들 사이에 거주하지도 않고 그들과 거의 접촉이 없으며, 그들의 사정에 대해 거의 알지도 못하지만 위에 언급한 대표들과는 성격을 달리하는 상당수의 다른 대표들은 국민의 대표라고 간주하기로 하자. 이러한 점을 모두 받아들인다면, 그 수는 279명이며 그들만이 800만 명의 안전과 이익, 그리고 행복의 수탁자인 것이 된다. 다시 말하면, 행정부의 막강한 영향 아래에 놓여 있고, 최고도로 다양화되고 복잡한 국가의 모든 입법 대상에 대해 권한을 행사하는 의회에서, 단 1명의 대표가 28,670명의 선거구민의 권리를 지키고 그들의 상황을 의회에서 설명하는 셈이 되는 것이다. 그러나 이러한 상황하에서도 상당한 정도의 자유가 보전되어 왔을 뿐만 아니라, 국민의 사정에 대한 의회의 무지는 영국 법률의 아주 작은 부분의 결함 탓으로 치부되고 마는 것도 주지의 사실이다. 이런 영국의 사례를 염두에 두면서 영국 하원을 연방하원과 비교하면, 주민 3만 명당 한 명의 연방 하원의원이 그에게 맡겨진 여러 이익의 안전하고 유능한 보호자가 될 수 있다는 것은 확실하다.

푸블리어스

THE FEDERALIST　　　　No. 57

≪뉴욕 패킷≫, 1788년 2월 19일　　　　제임스 매디슨

뉴욕주 시민들에게

연방하원에 대한 세 번째 비판은, 대중과의 공감이 가장 적은 시민 계층에서 대표들이 선출될 것이기 때문에 소수의 세력 확대를 위해 다수를 과감히 희생시킬 가능성이 아주 크다는 것이다.

　　연방헌법을 모함하는 모든 반대의견 가운데 아마 이것이 가장 터무니없는 것일 것이다. 이 반대론 자체는 분명 과두정치를 염두에 두고 있지만, 그 원리는 공화정부의 근간을 공격하고 있다.

　　모든 정치체제의 목표는 우선 그 사회의 공익이 무엇인가를 판단할 최고의 지혜와 그것을 추구할 최고의 덕성을 지닌 사람들을 통치자로 확보하는 것이다. 다음으로는 그들이 대중의 신뢰를 받고 있는 동안 그러한 덕성을 유지할 수 있도록 가장 효과적인 예방 조치를 강구하는 것이다. 선거를 통해 통치자를 결정하는 방법은 공화정부의 특징적인 제도이다. 이러한 형태의 정부에서 그들의 타락을 막기 위해 사용하고 있는 수단은 매우 많고 종류도 다양하지만, 그중 가장 효과적인 것은 국민에 대해 적절한 책임감을 유지시켜 줄 임기의 제한이다.

　　이제 나는 하원의 구성에서 어떤 점이 공화정부의 원칙을 훼손하고 다수의 희생 위에 소수의 상승을 유리하게 할 수 있는지 묻고자 한다. 또한 그것과 반대로 모든 점에 있어서 하원의 구성이 공화정부의 원칙에 엄격히 부합하지는 않는지, 그리고 모든 계층의 권리와 요구에 대해 철저하게 공평하지 않은

지도 묻고 싶다.

누가 연방의 대표들을 뽑아야 하는가? 가난한 자들보다 부자들, 무식한 사람들보다 학식 있는 사람들, 그리고 미천하고 불운한 사람들의 자손들보다 명문가의 도도한 상속자들이 선거인이 되어야 하는 것은 아니다. 대표를 뽑는 사람들은 합중국 시민 전체이고, 그들은 바로 각 주에서 주 입법부의 하원 선출권을 행사하는 바로 그 사람들이다.

누가 대중의 선택 대상이 되는가? 자신이 지닌 역량으로 지역에서 존경과 신뢰를 받을 수 있는 모든 시민이다. 부, 출생, 종교, 직업과 같은 자격의 제한이 국민의 판단을 제약하거나 그들의 선호를 좌절시키는 것이 허용되어서는 안 된다.

동료 시민들의 자유로운 투표를 통해 대표로서 신임을 부여받은 사람들의 조건을 생각해 보면, 우리는 선거구민에 대한 그들의 충실성을 보장하기 위해 고안될 수 있으며 바랄 수 있는 모든 안전장치가 존재함을 알 수 있다.

우선 그들은 동료 시민들의 선택을 받을 만큼 뛰어난 인물일 것이지만, 일반적으로 그들이 선택받을 만한 자질에서, 그리고 선거구민과 맺은 계약의 본질에 대해 진지함과 세심함을 공약할 수 있는 자질에서 어느 정도 뛰어난 사람들이라고 생각할 수 있다.

둘째, 그들은 적어도 당분간은 선거구민에 대한 애착을 가질 수밖에 없는 상태에서 공직에 임하게 될 것이다. 모든 사람들의 마음속에는 명예와 호의, 존경과 신뢰를 느낄 수 있는 감수성이 자리 잡고 있다. 이런 감수성으로 인해 대표로 선출된 사람들은 이해관계를 떠나 선거구민에 대해 감사하는 그리고 호의적인 보답을 약속하게 된다. 배은망덕은 인간 본성을 비난할 때 흔히 거론되는 것인데 불행히도 그러한 배은망덕의 예는 공적 생활 그리고 사생활에서도 매우 빈번하고 또한 극악무도한 것을 볼 수 있다. 그러나 그것이 그토록 보편적이면서 극심한 분노를 자아내는 것 자체가 바로 배은망덕을 용납하지 않는 정서가 강하고 널리 퍼져 있다는 것을 보여주는 증거이다.

셋째로 의원과 선거구민을 연결하는 유대는 보다 이기적인 동기에 의해 강화된다. 그의 자긍심과 허영심은 자신의 야심을 실현하는 데 유리하며, 명예와 명성을 공유할 수 있는 통치 형태에 애착을 갖게 된다. 소수의 야심에 불탄 사람들이 어떤 기대나 계획을 꾀한다 해도, 국민에 대한 영향력으로부터 그들의 지위를 쌓아 올린 대부분의 사람들의 경우는 국민의 권한을 훼손하는 변혁보다는 국민의 지지를 계속 유지하는 쪽에 더 많은 희망을 거는 것이 일반적일 것이다.

그러나 이러한 보장들도 빈번한 선거라는 구속 수단이 없다면 매우 불충분한 것들에 불과하다. 넷째로, 하원은 그들이 국민에 의존하고 있다는 것을 끊임없이 상기할 수 있도록 구성되어 있다. 즉, 선거에 의해 높은 지위에 올랐을 때 마음속에 품었던 각오가 권력을 휘두르면서 사라지기 전에, 그들은 그들의 권력이 정지되고, 그 행사가 평가되어 신분이 상승되기 이전의 위치로 내려가야만 하는 순간을 예상할 수밖에 없게 된다. 그리고 그들에게 맡겨진 의무를 충실히 이행해 의원 신분을 다시 취득하지 않는 한, 그 자리에 계속 머무를 수는 없는 것이다.

하원이 국민에 대한 억압적인 법을 결코 만들 수 없는 다섯 번째 입장을 덧붙인다면, 그 법은 사회의 대부분뿐만 아니라 의원들 자신들과 그들의 편에 선 모두에 대해서 완전한 효력을 갖기 때문이다. 이것이 바로 인간의 지혜로써 통치자와 국민을 하나로 연결해 주는 강력한 유대의 하나이며, 이로 인해 서로 이해관계를 공유하며 감정의 공감을 불러일으킨다. 그런 실례를 보여준 정부가 극히 드물긴 하지만, 이런 조건이 만약 없다면 어떤 정부라 할지라도 전제정으로 전락하게 될 것이다. 그들 자신과 사회의 특정 계층에 유리한 법을 만들지 못하도록 하원을 제약할 수 있는 것이 무엇이냐고 물으면, 나는 사회 전체의 우수성, 정당하고 공정한 법률의 특성, 그리고 무엇보다 미국 국민을 움직이는 주의 깊고 용기 있는 정신, 자유를 증진시키고 다시 그 자유의 대가로 풍요롭게 되는 정신이라고 대답할 것이다.

만일 이러한 정신이 국민은 물론 입법부에도 강제력이 없는 그런 법률을 용인할 정도로 변질되어 버린다면, 국민은 자유 이외의 모든 것을 용인해야만 할 각오를 해야 할 것이다.

이것이 바로 연방하원과 선거구민의 관계라고 볼 수 있다. 의무, 감사의 마음, 이해관계 그리고 야망 그 자체가 하원의원들을 국민의 대다수에 충실하게 만들고 공감하게 만드는 연결 고리인 것이다. 이런 것들 전부로도 인간의 변덕과 사악함을 통제하기에는 불충분하다고 말할 수 있겠지만, 그런 것들이 정부가 수용하려 하고 인간의 분별력이 생각해 낼 수 있는 전부가 아니겠는가? 그것들은 또한 공화정부가 국민의 자유와 행복을 위해 제공하는 진정하고도 특징적인 수단이 아닌가? 합중국의 모든 주 정부들이 이 중요한 목적을 달성하기 위해 의존하는 바로 그 수단과 같은 것이 아닌가? 그렇다면 우리가 이 페이퍼에서 반박해 온 반대론을 도대체 어떻게 이해해야 하는가? 우리는 공화정부에 대해 불타는 열정을 가지고 있으면서도 그것의 근본원리를 대담하게 비난하는 사람들에 대해 뭐라고 말할 것인가? 통치자를 선택할 국민의 권리와 능력을 옹호하는 척하면서도, 자신들에 위임된 신뢰를 즉각 그리고 확실하게 배신할 사람만을 국민이 선택하리라고 우기는 사람들에게 우리는 뭐라고 말해야 할 것인가?

헌법에 규정하고 있는 연방의 대표 선출 방식을 접해보지 못한 사람이 이 반대론을 읽는다면, 선거권에 재산이라는 불합리한 자격 요건이 요구되거나, 혹은 피선거권이 특정 가문이나 재산가에게만 제한되어 있거나, 아니면 적어도 주 헌법들이 규정하는 방식과 이런 면 혹은 저런 면에서 매우 다르다고 생각할 것이다. 우리는 앞서 선거권과 피선거권에 대한 추측이 얼마나 잘못된 것인지 살펴보았다. 그리고 사실 주 헌법의 규정이 다를 거라는 두 번째 추측도 마찬가지로 잘못된 것이다. 연방헌법과 주 헌법 사이의 유일한 차이는 합중국의 각 대표는 5000~6000명의 시민에 의해 선출될 것인 반면, 각 주에서는 대표 1명이 대략 500~600명에 의해 선출된다는 것이다. 단지 이런 차이로 주 정부에는 애착을 가지면서도 연방정부를 혐오하는 것을 정당화하기에 충분하다고 꾸며댈 수 있을까? 만일 이것이 반대의견의 요점이라면 마땅히 검토되어야 할 것이다.

도대체 이런 반론은 과연 이성에 따른 합리적인 생각인가? 5000~6000명의 시민들이 500~600명의 시민보다 적절한 대표 한 명을 선출하는 능력에서 뒤떨어진다거나 또는 한 명의 부적합한 대표에 의해 좀 더 쉽게 타락할 수 있다고 주장하지 않고서는 그렇게 말할 수 없을 것이다. 그와는 반대로 더 큰 집단에서 적합한 대표를 찾아낼 가능성이 커지듯이, 야심가의 음모나 부유한 사람의 뇌물 때문에 유권자가 적절한 대표를 외면하게 될 가능성은 작아질 것이다.

이러한 반대론자의 논리에서 나오는 결론이 과연 타당한가? 만일 한 선거구에서 선거권을 함께 행사할 수 있는 시민의 수가 500~600명에 불과하다고 한다면, 500~600명의 시민당 한 명 이상의 대표가 정부 운영에 필요하지 않은 경우에는 시민들로부터 대표를 선출할 권리를 박탈해야 하는가?

이러한 논리를 사실들로써 증명할 수 있는가? 영국 하원에서 국민의 진정한 대표자 수가 약 3만 명의 주민당 한 명의 비율을 약간 넘는다는 것은 바로 앞 페이퍼의 마지막 문단에서 살펴보았다. 미국에는 존재하지 않는, 계층과 재산에 유리한 여러 강력한 원인 외에도, 영국에서는 연간 600파운드의 확실한 가치가 있는 부동산을 소유하지 않고서는 한 카운티의 대표 자격을 얻지 못하며, 시 혹은 버러[1]의 대표는 그 절반에 해당하는 부동산을 소유해야 한다. 카운티의 대표들의 이러한 자격 요건뿐 아니라 카운티 선거인들의 자격에서도 조건이 있는데, 현재의 화폐가치로 연간 20파운드 이상인 자유보유권 부동산을 가진 사람에게만 선거권이 주어진다. 이와 같이 불리한 상황과 여

---

1) 버러(borough)는 일반적으로 시(city)의 하급 자치 단위이다. 예를 들면 런던(London)은 32개
    boroughs로 이루어져 있다.

러 가지 불평등한 법률들에도 불구하고 영국의 대표자들이 다수를 희생시켜 소수의 지위를 높이고 있다고는 말할 수 없다.

그러나 우리가 이 문제에 관해 외국의 경험에 의지할 필요는 없다. 명백하고 결정적인 우리 자신의 경험이 있기 때문이다. 주 상원의원을 주민들이 직접 선출하는 뉴햄프셔주의 선거구들은 연방 하원의원을 선출하게 될 선거구만큼 크다. 매사추세츠주의 주 상원의원의 선거구도 연방 하원의원을 선출하게 될 선거구보다 더 크며, 뉴욕주의 경우는 더욱 그러하다. 뉴욕주의 뉴욕시와 올버니시의 시 의회와 카운티 의회의 의원들은 연방 하원의원 한 명을 선출할 수 있는 수와 거의 같은 수의 선거민에 의해 선출되고 있는데, 연방하원의 의원 수를 65명으로만 계산해도 그렇다. 이 주들의 상원의원을 선출하는 선거구와 카운티에서는 각각의 선거인이 여러 명의 대표에 대해 동시에 투표해도 무방하다. 동일한 선거인이 동시에 4, 5명의 대표를 선출할 수 있다면, 한 명의 대표는 반드시 뽑을 수 있을 것이다. 펜실베이니아주는 또 다른 예이다. 주 의회 대표를 뽑는 몇몇 카운티의 크기는 연방 하원의원을 선출하는 선거구들의 크기와 거의 비슷하다. 필라델피아시는 인구가 5만에서 6만 명으로 추정된다. 따라서 연방대표를 선출하는 선거구는 두 개 정도로 구성될 것이다. 그러나 필라델피아시는 각 유권자가 자신의 대표에게 투표하는 주 의회에서는 하나의 카운티를 이룬다. 그리고 우리의 논점에 좀 더 직접적으로 연관되어 있는 것으로 보이는 것은, 도시 전체에서 실제로 주 정부의 집행위원회[2]에 보낼 단 한 명의 위원만이 선출되고 있다는 것이다. 이점은 펜실베이니아주의 다른 카운티에서도 마찬가지이다.

이런 사실들이 우리가 논하고 있는 연방의회에 관한 반대의견의 오류를 확실히 증명하지 않는가? 뉴햄프셔주, 매사추세츠주, 뉴욕주의 주 상원의원

---

2) executive council은 주 정부의 집행위원회 또는 주지사 위원회라고 번역할 수 있으며, 주지사에게 조언하고 주지사의 권한을 견제하는 기구이다. 각 주마다 집행위원을 선출하는 방식도 다르고 그들의 업무의 영역에도 많은 차이가 있다.

들이나 펜실베이니아주의 집행위원회, 그리고 뉴욕주와 펜실베이니아주의 주 의원이 소수를 위해 다수를 희생하려 하는 어떤 성향을 드러낸 적이 있는가? 아니면 그들이 어떤 면에서든 매우 소규모의 주민들에 의해 선출된 다른 주들의 대표들이나 행정관들보다 자격이 떨어지는가?

그러나 내가 지금까지 인용한 것들보다 훨씬 복잡한 방식의 사례들이 있기는 하다. 코네티컷주 입법부 중 한 원의 모든 의원들은 주 전체에 의해 선출되도록 구성되어 있다. 매사추세츠주, 뉴욕주와 뉴햄프셔주 지사도 그렇게 선출된다. 이러한 시도들의 결과 어느 하나라도, 넓은 범위에서 국민의 대표를 선출하는 방식이 배신자들을 높은 지위에 앉히고 공공의 자유를 위태롭게 한다는 의혹을 뒷받침한다고 할 수 있는지, 그 판단은 모두에게 맡기기로 한다.

푸블리어스

THE FEDERALIST No. 58

≪인디펜던트 저널≫, 1788년 2월 20일   제임스 매디슨

뉴욕주 시민들에게

연방하원에 대한 비판 중 아직 검토하지 않은 것은, 인구가 늘어남에 따라 그에 필요한 만큼의 의원 수의 증가가 제대로 이루어지지 않을 것이라는 가정에 근거하고 있다.

만일 이 반론이 충분한 지지를 받는다면 상당한 중요성을 갖게 되리라는 것을 인정한다. 그러나 다음의 검토를 통해 보면, 헌법에 대한 다른 대부분의 반론과 마찬가지로 이 반론 역시도 이 주제에 대한 편파적인 견해에서, 혹은 보이는 모든 대상을 변색하고 변형하는 불신에서 비롯되었음을 보여주고 있다.

1. 반대를 주장하는 사람들은, 연방헌법이 그 대표 수의 점진적인 증가를 보장하는 데 있어서 주 헌법과 비교할 때 결코 뒤지지 않는다는 것을 깨닫지 못하는 것 같다. 우선 처음에 정해진 의원 수는 잠정적인 것이라고 공표되었고, 그 기간도 처음 3년이라는 단기간으로 한정되어 있다. 그리고 그 후에는 10년마다 인구조사가 실시된다. 이러한 규정의 명백한 목적은 첫째, 주별 의원 수의 할당을 수시로 주민 수에 비례해 조정하는 것이다. 유일한 예외는 각 주는 주민 수에 관계없이 적어도 한 명의 하원의원을 갖는다는 것이다.[1]

둘째, 하원의원의 총수는 인구 3만 명당 1명의 비율을 초과하지 못한다는

---

[1] 헌법 제1조 2절 3항은 산술적으로 총 인구가 하원 1명의 평균 선거구의 크기보다 적은 주도 하원 의석 1석을 배정받는다고 규정하고 있다. 2022년 현재 하원 의석이 단 1석인 주는 다음의 7개 주이다: 알래스카, 와이오밍, 몬태나, 노스다코타, 사우스다코타, 버몬트, 델라웨어주이다.

제한하에 하원의원의 수를 같은 기간, 즉 10년마다 늘릴 수 있도록 하는 것이다. 각 주의 헌법을 살펴보면, 몇몇 주는 이러한 점에 대해 아무런 명확한 규정을 가지고 있지 않으며, 다른 주들은 이 점에서 연방헌법과 대부분 일치하지만, 그 헌법들이 가지고 있는 가장 구속력이 있는 보증마저도 단순한 지시적 규정에 그치고 있음을 발견하게 된다.

2. 이 문제에 대한 경험에 의하면, 주 정부 헌법하에서 대표의 수는 적어도 선거구민의 증가에 따라 점진적으로 증가했다. 그리고 선거구민이 대표 수의 증가를 요구하면 대표들은 기꺼이 동의한 것처럼 보인다.

3. 연방헌법에는 국민뿐만 아니라 그들의 대표도 헌법에 따른 의원 수의 증가를 주의 깊게 지켜보도록 하는 특징을 가지고 있다. 이 특징은, 입법부의 한 원인 하원은 시민들을 대표하고, 다른 한 원인 상원은 주를 대표하게 되므로, 하원에서는 큰 주들이 가장 큰 영향력을 가질 것이고, 상원에서는 작은 주들이 더 유리하게 될 것이라는 데서 나타난다.[2] 이러한 상황에서 큰 주는 그들의 영향력이 압도적인 하원에서 하원의원의 수와 하원의 중요성을 증대시키기 위해 부단한 노력을 할 것이라는 점을 확실히 유추할 수 있다. 의도대로 된다면 가장 큰 4개 주만으로도 하원의 표결에서 다수인 과반수를 차지하게 된다.[3] 그러므로 큰 주들의 합당한 대표수 증원에 대해 작은 주 출신의 하원

---

[2] 하원 의석수는 인구에 비례하여 각 주에 할당되기 때문에 하원에서는 인구가 많은, 즉 큰 주들의 영향력이 더 크고, 상원 의석수는 인구에 관계없이 각 주에 2석씩 할당되므로 인구가 작은 주들은 인구에 비해 상원에서 과다 대표되어 상대적으로 유리하다는 것을 설명하고 있다.

[3] 헌법이 비준된 후 제1차 의회(the 1st Congress)의 하원은 인구비례에 의해 선출된 65명의 의원으로 구성되었으나, 2년 동안 의원 수는 59명에서 65명 사이에 변화가 있었다. 하원 의석수가 많은 순서대로: 버지니아주 10명, 매사추세츠주 8명, 펜실베이니아주 8명, 뉴욕주 6명, 메릴랜드주 6명, 코네티컷주 5명, 노스캐롤라이나주 5명, 사우스캐롤라이나주 5명, 뉴저지주 4명, 뉴햄프셔주 3명, 조지아주 3명, 델라웨어주 1명, 로드아일랜드주 1명으로 총 65명이다. 만일 공석이 없는 경우, 즉 65명이 전원 표결에 참석하는 경우에는 가장 큰 4개 주들의 의석수를 합해도 32표에 지나지 않아 매디슨의 주장처럼 하원 표결의 과반을 차지할 수 없지만, 의석수가 적은 주의 의원들이 표결에 불참하게 되는 경우는 가능하다.

의원이나 시민들이 어느 때고 반대한다고 해도, 아주 소수의 큰 주들이 연대하여 그 반대를 충분히 저지할 수 있다. 평상시에는 경쟁 의식과 지역적 편견으로 말미암아 큰 주들 사이에 그런 연대가 쉽지 않겠지만, 공통의 이익에 의해 촉구될 뿐만 아니라 형평성과 헌법의 원칙에 의해서도 정당화 될 경우에는 그런 연대가 반드시 이루어질 것이다.

아마도 상원에서도 비슷한 동기에 의해 이와 반대되는 연대가 촉발될 수 있을 것이다. 법을 제정하는 데 있어서 상원의 동의가 필수적이기 때문에 하원의 정당하고 합헌적인 견해가 좌절될 수도 있다. 이것은 많은 수로 구성된 단원제 의회를 열렬히 지지하는 사람들이 가장 심각하게 걱정해온 곤란한 문제일 것이다.[4] 다행히도 이 문제는 외견상의 문제여서 면밀하고 정확하게 검토할 경우 곧 사라지는 그런 어려움 중의 하나이다. 내가 틀리지 않는다면, 이 점에 있어서 다음의 의견은 확실하고 만족스러운 것으로 받아들여질 것이다.

상원과 하원은 세입 징수에 관한 법안을 제외하고[5] 모든 입법 문제에 대해 동등한 권한을 가진다. 그럼에도 불구하고, 더 많은 구성원으로 이루어진 하원이 강력한 주들의 지지를 받아 국민 다수가 잘 알고 있는 문제에 대해 그들의 결연한 의향을 대변할 때, 양원 중 어느 편의 의지가 더 확고한가에 따라 좌우될 문제에서 하원이 적지 않은 이점을 가질 거라는 데에는 의심의 여지가 없다.

대표의 증원에 대한 그들의 요구가 권리, 이성, 그리고 헌법에 의해 지지되고 있다는 것을 하원은 인식할 것이고, 이런 중대하고 설득력 있는 힘에 맞

---

4) 의회를 단원제로 구성하자는 의견은 헌법회의 초기부터 있었다. 그들의 주장에 의하면 입법부의 대표수는 각 주의 인구수에 비례하여 할당되어야 하는 것을 원칙으로 하며, 이러한 인구비례에 의해 대표수를 정하는 단원제 입법부에서는 법의 제정 과정에서 양원제의 경우에서 일어날 수 있는 다른 한 원의 견제나 동의, 혹은 반대가 있을 수 없기 때문에 한 원의 결정으로 법을 제정할 수 있는 이점이 있다는 것이다.

5) 헌법 제1조 7절 1항: 세입 징수에 관한 모든 법률안은 하원에서 먼저 발의되어야 한다.

선다는 것을 상원도 분명 인식할 것이다. 이런 상반된 인식에서 결국은 하원의 이점이 증대될 것이 분명하다.

더욱이, 가장 작은 주와 가장 큰 주 사이에 있는 주들 가운데, 일반적으로 보면 작은 주에 속할 것처럼 보이지만 그 크기와 인구에 있어서 큰 주와 별로 차이가 없는 여러 주들이 있는데, 그런 주들은 큰 주들의 정당하고 합법적인 주장에 반대하는 작은 주들에 동의하지는 않을 것이다. 따라서 상원의 표결에서조차 과반수가 하원의원의 수를 적절하게 늘리는 데 대해 결코 비우호적이지는 않을 것이다. 즉, 대표수를 늘리려는 하원의 입장에 상원도 우호적일 수도 있다는 것을 염두에 두어야 한다.

장차 연방에 새로 가입하게 될 모든 주 출신의 상원의원들은, 소홀히 여길 수 없는 다음과 같은 분명한 이유 때문에 하원의 정당한 시각에 동조하게 되리라는 것도 덧붙이지 않을 수 없는데, 이는 결코 너무 멀리 내다본 말은 아니다. 오랫동안 이들 새로운 주들의 인구는 매우 빠르게 증가할 것이고, 새로운 주들의 상원의원들은 이러한 급격한 인구 변화에 따라 각 주의 하원의석수가 자주 재할당되는 데 관심을 갖게 될 것이기 때문이다. 그러므로 하원에서 우세하게 될 큰 주들은 의석수 재할당과 증원을 서로 분리할 수 없는 조건으로 만들기만 하면 될 것이고, 인구가 가장 크게 증가하고 있는 주 출신의 상원의원들은 자신들의 주가 하원의 의석수 재할당에서 얻을 이익을 고려한다면 증원을 주장할 수밖에 없을 것이다.

이러한 점들을 고려해 볼 때, 하원의원 수의 증원은 충분히 보장되는 것 같고, 이와 관련된 의혹과 우려도 해소될 것임이 틀림없다. 비록 이것들이 작은 주들의 부당한 방책이나 그들의 상원에서의 상대적으로 우세한 영향력[6]을 약화시키기에는 불충분하다고 해도, 큰 주들에게는 아직 헌법상의 확실한 수단이 남아 있기 때문에 언제든지 정당한 목적을 달성할 수 있다. 하원은 정

---

6) 이 페이퍼, 각주 2) 참고.

부 유지에 필요한 경비의 지출을 거부할 수 있을 뿐만 아니라, 오직 그들만이 세입 징수에 대한 법안을 발의 할 수 있다.[7] 한마디로 그들은 돈지갑을 움켜쥐고 있는 것이다. 영국 헌정사에서 보듯이, 약소하고 변변치 않던 국민의 대표인 하원이 이 막강한 수단에 의해 점차 그들의 활동 범위와 지위를 확대해 나갔고, 마침내 그들이 원했던 정도까지 다른 정부 부처들의 비대해진 권한을 약화시켰다. 돈지갑에 대한 권한은 실제로, 어떤 헌법에서나 모든 부당함을 바로잡고 정당하고 유익한 조치를 실행할 수 있게 국민이 직접 뽑은 대표를 무장시킬 수 있는 가장 완벽하고 효과적인 무기로 여겨지고 있다.

그러나 하원도 상원만큼 정부가 그 기능을 적절히 유지하는 것에 관심을 갖지 않을까? 따라서 정부의 존속이나 명성이 훼손되는 것을 무릅쓰면서까지 상원을 순종시키기 위한 힘겨루기를 기꺼이 계속하겠는가? 그리고 양원이 각각 단호한 입장을 견지해 그로 인한 대립이 위태로운 수준까지 이르게 되면, 아마도 한쪽이 먼저 다른 쪽에 양보하지 않을까? 모든 경우에 있어서, 권력을 가진 사람들의 수가 더 적고 그 지위가 더 영속적이고 두드러질수록 정부에 관련된 모든 문제에 대해 개인적으로 더 강력한 이해관계를 가질 것이라는 점을 상기해 보면, 이러한 질문들은 별로 어렵지 않다. 외국에 대해 자국의 존엄성을 대표하는 사람들은, 공공의 위험이나 공무의 불명예스러운 부진함이 예상되는 경우에 대해 특별히 민감할 것이다. 영국 하원이 재정 법안이라는 수단을 써서 정부의 다른 부들에 대해 계속 승리를 할 수 있었던 것은 이러한 이유 때문이다. 영국 정부의 다른 부들이 하원에 대해 절대 양보하지 않았더라면 영국 정부의 모든 부문이 전면적 혼란에 휘말렸을 것이 틀림없었겠지만, 그런 일이 우려되거나 일어난 적도 없었다. 연방상원과 대통령이 보여줄 수 있는 최고의 단호함도 헌법상의 그리고 애국적인 원칙에 입각한 저항 그 이상을 넘어서지는 못할 것이다.

---

7) 이 페이퍼, 각주 5) 참고.

하원에 관련된 헌법을 검토하면서 경제 여건을 언급하지 않았다. 현재의 경제 여건은 하원의원의 잠정적인 수를 줄이는 데 영향을 미쳤을지 모른다. 경제 여건을 무시해 버렸다면 그것은 아마도, 제안된 하원의원의 수가 적은 것에 대해 비난을 받은 것만큼이나 헌법에 대한 무성한 비난거리가 되었을 수도 있었을 것이다. 현재의 경제 여건에서 나는 또한 국민이 선출할 그 많은 인원을 연방의 직책에 고용할 경우 생길 수 있는 어려움에 대해서는 언급하지 않겠다. 그러나 매우 심각한 주의를 요하는 한 가지 의견이 있는데, 그것은 모든 입법 기구의 경우에서 그것을 구성하는 숫자가 많을수록 그 의사를 사실상 주도하는 사람은 더 적어진다는 것이다. 첫째, 의회가 어떤 사람으로 구성되든지, 그것을 구성하는 사람들이 많을수록, 이성보다 감정에 치우친 사람들이 더 많다는 것이다. 둘째, 그 수가 많을수록 정보와 능력이 부족한 구성원들의 비율도 높아질 것이다. 소수의 웅변과 연설이 강한 힘을 발휘하는 것은 바로 이를 말해주고 있다. 모든 국민이 직접 참가했던 고대 공화국에서는, 한 명의 웅변 혹은 술책에 능한 정치가가 마치 그의 손에 왕권을 쥔 것처럼 완전한 지배권을 가지고 통치하곤 했다. 같은 원칙에 근거하여, 대의제 의회가 더 많은 인원으로 구성될수록, 집단적인 모임에 따른 결함은 더 많아질 것이다. 무지는 교활함에 속기 쉽고, 감정은 궤변과 열변의 노예가 될 것이다. 국민들이 그들의 대표의 수를 일정 한도 이상으로 증가시켜 소수의 지배에 대한 방벽을 강화시킬 수 있다고 생각한다면 그보다 더 잘못된 생각은 없을 것이다. 오히려 반대로, 국민들의 안전, 지역 정보, 그리고 전체 사회에 대한 넓은 공감이라는 목적을 위해 충분한 수의 대표를 확보한 후에는, 대표의 수가 증가할수록 그들의 그런 목적은 더욱 좌절될 것이라는 것을 경험이 오랫동안 경고하고 있기 때문이다. 정부의 모양새는 더 민주화되겠지만, 정부를 움직이는 정신은 더 과두화될 것이다. 정부 기구는 확대되겠지만, 그 기구는 더욱 더 소수에 의해 그리고 종종 더 비밀스럽게 움직이게 될 것이다.

하원의원의 수에 대한 반대론과 관련해서, 입법 업무에 필요한 의원의 적절한 수, 즉 정족수에 대한 반대의견에는 어떤 것이 있는지 여기에서 거론하는 것이 적절할 것 같다. 정족수로서 과반수 이상이 필요하며, 모든 경우에 그런 것은 아니더라도 특별한 경우에는 의결 정족수로서 과반수 이상이 필요하다는 주장이 대두되어 왔다.[8] 그런 경계 조치에는 몇몇 이점이 있음을 부인할 수 없다. 그것은 일반적으로 어떤 특정한 이익을 막아주는 추가적인 방패가 될 것이며, 경솔하고 불공정한 조치에 대한 또 다른 장벽이 될 것이다. 그러나 이러한 배려는 그 반대의 경우보다 훨씬 많은 폐해를 초래할 수 있다. 정의 또는 일반적인 선을 실현하기 위해 새로운 법의 통과나 적극적인 조처가 요구되는 모든 경우에 있어서, 자유정부의 근본적인 원칙은 뒤집히게 될 것이다. 통치는 더 이상 다수에 의한 것이 아니게 되고 권력은 소수에게로 넘어갈 것이다. 방어적 권리가 특정 경우에만 한정된다고 할지라도, 이해관계가 있는 소수는 보편적 복리를 위해 공평한 희생을 치르는 것에서 벗어나거나, 혹은 긴급 상황에서 부정한 이득을 갈취하기 위해서 이러한 권리를 이용할 수도 있다. 마지막으로, 그것은 의결에 단지 과반수만을 필요로 했던 주들에서조차 이미 나타난 적이 있으며, (합중국으로부터의) 분리, 탈퇴라고 하는 유해한 수단을 촉진하고 조장할 것이다. 그러한 행위는 모든 질서의 원칙과 정부를 파괴하는 것이며, 우리가 보았던 어떤 것보다도 한층 더 직접적으로 민중을 동요시키고 민주정부의 파괴를 유발하는 직접적인 원인이다.

푸블리어스

---

8) 매디슨이 비난하고 있는 과반수 이상의 의결 정족수는 3분의 2, 혹은 4분의 3과 같은 비율의 super majority, 즉 과반수(simple majority)를 훨씬 초과하는 다수를 의미한다.

THE FEDERALIST No. 59

《뉴욕 패킷》, 1788년 2월 22일   알렉산더 해밀턴

뉴욕주 시민들에게

 주제의 자연스러운 순서에 따라 여기에서는, 그 자체 구성원의 선거를 규제하는 최종적 권한을 연방입법부에 부여하고 있는 헌법 규정에 대해 고찰하기로 한다.

 그 규정은 다음과 같다. "상원의원과 하원의원을 선거할 시기, 장소 및 방법은 각 주에서 그 주 의회가 정한다. 그러나 연방의회는 언제든지 법률에 의하여 그러한 규정을 제정 또는 개정할 수 있다.[1] 다만 상원의원의 선거 장소에 관하여는 예외로 한다."[2] 이 조항은 헌법을 총체적으로 비난하는 사람들뿐만 아니라 그 비난의 범위가 좁고 또 그 수위를 절제해 온 사람들로부터도

---

1) 이 규정에 명시된 연방의회의 권한에 의해, 연방의회는 1842년 The Apportionment Act(할당 법)를 제정했다. 그 내용은 모든 주의 하원 선거는 1개의 선거구에서 1명을 선출하는 소선거구제로 정하고, 선거일도 11월 첫째 월요일 다음 화요일로 획일화시켰다. 이 선거일은 아직까지도 미국 전역에서 동일하다. 한편 연방의회는 대통령 선거인단을 선출하는 투표일은 1845년 Presidential Election Day Act(대통령 선거일 법)에 의해 하원의원 선거일과 같은 11월 첫째 월요일 다음 화요일로 정했다. 대통령 선거인단을 선출하는 날은 일반 유권자가 투표하는 날을 의미한다. 또한 각 주의 의회에서 선출하던 상원의원도 1913년에 비준된 헌법 수정 제17조에 의해 주민이 직접 선출하게 되었고, 그 선거일도 대통령 선거인단과 하원의원을 선출하는 11월 첫째 월요일 다음 화요일로 정해졌다. 단 임기가 2년인 하원의원은 매 2년마다 총선거로 선출하고, 임기가 6년인 상원의원은 전체 의원의 3분의 1을 2년마다 윤번으로 선출하며, 임기가 4년인 대통령의 선출은 매 4년마다 4로 나누어떨어지는 해에 실시된다.

2) 헌법 제1조 4절 1항. _푸블리어스

비판을 받아왔다. 그리고 어떤 경우에는, 헌법안의 다른 모든 부분을 지지한 다고 자처하는 사람들마저도 이 부분은 비난의 여지가 있다고 주장했다.

그런데도, 이 헌법안의 모든 규정 중에서 이 규정보다 훨씬 더욱 전적으로 옹호할 수 있는 것이 하나라도 있다면, 나의 생각이 크게 잘못된 것이다. 이 규정의 타당성은, 모든 정부는 자체적으로 스스로를 보존하기 위한 수단을 가지고 있어야 한다는 단순한 명제에 근거하고 있다. 공정한 추론을 하는 사람이라면 누구라도 헌법회의의 결과물이 이 원칙을 따르고 있음을 첫눈에 인정할 것이다. 그는 또, 헌법에 포함시킬 필요가 있어 보이지 않는, 그리고 그 원칙에 엄격하게 부합하지도 않는 어떤 특수한 요소도 허용하지 않을 것이다. 하지만 특수한 요소의 필요성을 받아들인다 해도, 그는 이 근본적인 원칙에서 벗어나는 것은 장래의 취약성과 어쩌면 무정부 상태를 초래할 수도 있는 체제 내 결함의 일부라는 생각과 아쉬움을 떨치기 힘들 것이다.

국가의 모든 가능한 상황 변화에 적용될 수 있는 선거법을 만들어 헌법에 포함시킬 수 있었다고 주장하기는 어려울 것이다. 그러므로 선거에 대한 임의의 재량권이 어딘가에는 존재해야 한다는 사실은 부인할 수 없다. 이런 권한이 합리적으로 조정되고 관리될 수 있는 방법이 다음 세 가지뿐이라는 것은 쉽게 인정될 것으로 생각된다: 그 권한이 전적으로 연방입법부에 위임되든지, 전적으로 각 주의 입법부에 위임되든지, 또는 각 주의 입법부에 일차적으로 위임되지만 궁극적으로는 연방입법부에 위임되는 것이 그것이다. 헌법회의는 당연한 이유로 인해 마지막 방법을 택했다. 그들은 연방정부의 선거에 관한 규제권을 일차적으로는 주 정부에 부여했다. 이 방법은 일반적인 경우에, 그리고 부적절한 견해가 우세하지 않을 때는 더욱 편리하고 만족스러울 것이다. 그러나 헌법회의는 이례적인 상황으로 인해 연방의 안전을 위해 개입이 필요하다고 간주될 경우에는 언제든 그렇게 할 수 있는 권한을 연방정부에 남겨 두었다.

연방정부의 선거를 규제하는 독점적인 권한을 주 입법부에 부여한다면 연방의 존립을 전적으로 주 입법부의 손에 맡기게 될 것임은 명백하다. 주 입법부는 연방정부의 업무를 관장할 연방의원을 뽑는 선거를 실시하지 않음으로써 언제라도 연방정부를 무력화할 수 있다. 이런 식의 소홀함이나 태만이 실제로 일어나지 않을 것이라고는 감히 말할 수 없다. 어떤 일이 헌법적으로 가능하지만 일어날 우려가 없다는 것은 무책임한 반론일 뿐이다. 그리고 어느 누구도 그러한 위험을 무릅써야 하는 합당한 이유를 아직 제시한 바 없다. 주 입법부의 병적인 경계심에서 나오는 연방정부의 권력남용에 대한 추측은 아무리 그럴듯하게 꾸며도 결국은 터무니없는 억측일 뿐이다. 만일 우리가 권력남용을 단지 가정해 보는 것이라면, 연방정부에 대해서와 마찬가지로 주 정부의 권력남용도 가정하는 것이 공정하다. 그리고 연방의 존속에 대한 배려는 연방 자체에 일임하는 것이 다른 수중에 맡기는 것보다 공정한 이론에 더 부합하기 때문에, 만일 이곳에서든 저곳에서든 권력남용의 위험을 무릅써야 한다면, 권력이 억지로 맡겨진 곳보다는 권력이 당연히 맡겨져야 할 곳에서 그런 위험을 무릅쓰는 것이 그나마 더 합리적일 것이다.[3]

개별 주의 선거를 규제할 권한을 연방에 부여하는 조항이 헌법에 도입된다고 가정하면, 그것은 권력의 소재를 부당하게 바꾸는 것이며 주 정부를 파괴하기 위해 미리 계획된 수단이라고 비난하기를 어느 누가 주저하겠는가? 이런 경우, 이것이 원칙의 위반이라는 데에는 어떤 설명도 필요없을 것이다. 그리고 비슷한 관점에서, 공정한 관찰자라면 중앙정부의 존립을 주 정부의 뜻에 맡기는 것도 역시 명백한 원칙의 위반이라고 생각할 것이다. 이 문제를 편견 없이 바라 본다면, 각자는 가능한 한 자신의 보존을 스스로에 의존해야 한다는 확신이 들 수밖에 없다.

이러한 입장에 대한 반론으로, 연방의 선거에 대한 주 입법부의 독점적인 권한으로 인해 연방상원의 구성도 위험해질 수 있다고 말할 수 있다. 또한 상

---

3) 헌법은 주 정부에 연방정부의 선거를 규제하는 권한을 부여하고 있다. 때문에 연방정부의 선거에서 권력남용이 발생한다면, 그 선거에 대한 권한이 정상적으로 위탁된 주 정부에서 발생하는 것이 연방정부 차원에서 발생하는 것보다 그 규모나 정도에 있어서 덜 위험하다는 의미이다.

원의원의 임명을 거부함으로써 주 입법부는 어느 때라도 합중국에 치명타를 줄 수 있다.[4] 이 사실로부터 추론할 수 있는 것은, 연방의 존립은 그렇게 본질적으로 주 입법부에, 즉 주 의회에 의존하고 있으므로, 고려 중인 특정 사안, 즉 하원의원의 선거에서 주 입법부에 연방선거의 규제에 관한 권한을 맡기는 데에는 반대할 이유가 없다는 주장이 있을 수 있다. 이에 덧붙여, 연방정부의 의회에서 자신들의 대표를 계속 유지하려는 각 주의 이해관계는 위임된 권한의 남용에 대한 완벽한 안전책이 될 것이라고 주장할 수도 있다.

이 주장은 그럴듯하지만 검토해 보면 타당성이 없다. 각 주의 입법부가 상원의원을 임명하지 않음으로써 연방정부를 파멸시킬 수 있다는 것은 분명한 사실이다. 그러나 이것은 그들이 연방상원 선거에서 그렇게 할 수 있는 권한을 가졌다고 해서 연방하원 선거에서도 당연히 그런 권한을 가진다는 의미는 아니다. 그러나 상원의 구성과 관련해 헌법회의가 지향했던 행위에는 주들의 연방 참여를 종용하기 위한 설득력 있는 동기가 있었지만, 그런 설득력 있는 동기조차 없이 구성된 주 입법부가 훨씬 더 결정적으로 해로운 영향을 미칠 수 있는 경우가 하원 선거이다. 주 입법부의 선거 규제권을 도입한 헌법 구조로 인해 연방이 주 입법부로부터 침해를 당할 가능성이 있다면 그것은 해악이다. 그러나 그 해악은 연방조직에서 주의 정치적 권한, 즉 선거 규제권을 전면적으로 배제하지 않는 한 피할 수 없었을 것이다. 만일 주를 완전히 배제했더라면 그것은 틀림없이 연방의 원칙에 대한 전면적인 포기로 해석되었을 것이고, 또한 주 정부들로부터 이 연방의 원칙 아래에서 그들이 누릴 절대적이고 안전한 보장을 빼앗는 것이 될 것이다. 그러나 필요한 이점이나 더 큰 선을 확보하기 위해 그러한 해악을 감수한 것은 현명했을지 모른다. 하지만 그

---

4) 실제로 지명 절차에서 문제와 갈등이 많이 생겨 주 입법부, 즉 주 의회에서 상원의원이 선출되고 또 임명되지 못하는 경우가 자주 발생했으나 이러한 문제는 연방정부와의 갈등이 아닌 각 주 내의 문제에서 주로 초래되었다. 이러한 이유에서 결국 연방 상원의원 선출 방식은 1913년 수정 17조에 의해 각 주의 주민들이 직접 선출하도록 변경되었다. 페이퍼 27번, 각주 1) 참고.

런 사실로부터, 필요성이 절실하지도 않고 더 큰 선을 기대할 수 없는 곳에 해악이 누적되어도 무방하다는 논리를 도출해서는 안 된다.

덧붙여, 주 입법부의 연방하원의 선거에 대한 권한이, 주 입법부의 연방상원의원의 지명에 대한 권한보다 연방정부에 더 큰 위험이 되리라는 것은 쉽게 알 수 있다. 상원의원들은 6년의 임기를 가지며 상원 의석의 3분의 1은 2년마다 공석이 되고 다시 채워진다.[5] 그리고 각 주는 2명 이상의 상원의원을 가질 권리가 없으며, 상원의 정족수는 16명으로 되어 있다. 이러한 여러 상황을 종합해 보면, 몇몇 주들이 상원의원의 지명과 그에 따른 선출을 중단시키기 위해 일시적으로 결탁한다고 해도 상원의 효력을 없애거나 활동을 방해할수는 없을 것이다. 그러므로 이런 전반적이고 영구적인 주들의 결탁에 대해우리는 아무것도 두려워할 것이 없다. 두려워할 것이 있다면 그 첫째는 몇 개의 주 입법부의 주도적인 구성원들이 가지는 사악한 음모에 의한 주들의 결탁에서 연유할 수 있다. 마지막으로 두려운 것은 국민 대다수의 견고하고 뿌리깊은 불만에서 비롯될 수 있다. 그러나 이러한 경우는 앞으로 전혀 존재하지않거나 만일 일어난다 해도 연방정부가 무능해서 국민의 행복을 도모하지 못한 경우에 한할 것이다. 그런 일이 일어난다면 선량한 시민이라면 누구도 연방정부의 존속을 바라지 않을 것이다.

그러나 연방하원에서는 2년에 한 번 의원 전원에 대한 총선을 실시하도록되어 있다. 만일 주 입법부가 이 선거를 규제하는 독점적인 권한을 가진다면선거가 있을 때마다 국가 전체가 민감한 위기 상태가 될 것이며, 만일 가장 중요한 몇 개 주의 지도자들이 선거를 사전에 막기 위해 앞서 언급한 그런 음모

---

5)　상원의원의 3분의 1을 2년마다 교체하기 위해 제1차 의회(1789년 3월 4일~1791년 3월 4일)에서는 상원의원 26명을 3 그룹(Class 1, Class 2, Class 3)으로 나누어 Class 1에 속하는 상원의원의 임기는 2년, Class 2에 속하는 상원의원의 임기는 4년, Class 3에 속하는 상원의원의 임기는 6년으로 정했다. 그리고 첫 2년 후부터 선출된 모든 상원의원의 임기는 헌법에 규정된 6년을 유지했고, 그중 3분의 1은 2년마다 다시 선출되고 있다.

를 꾸민다면 연방이 해체되는 결과를 가져올지도 모른다.

　연방의회에서 대표될 각 주의 이해관계가 연방 선거에 대한 주 입법부의 권한 남용을 막는 안전책이 될 것이라는 관측에는 어느 정도 설득력이 있다는 사실을 부인하지 않는다. 그러나 공공의 행복에 대한 국민의 이해관계와 지방의 공직이 부여하는 권력과 영향력을 가진 통치자들의 이해관계 사이에 명백한 차이가 있음을 주목하는 사람들은 이 안전책이 완전하다고는 생각하지 않을 것이다. 개별 주의 특정 지도자들이 타고난 권력 경쟁심과 개인적인 지위 상승의 욕망으로 자극되고, 더불어 각 주의 강력한 당파에 의해 지지를 받아 연방정부에 정면으로 대립하는 성향을 가질 경우, 미국 국민은 연방정부에 열렬한 애착을 가질 수 있다. 대다수의 국민과 그들의 주 의회에서 막대한 영향력을 가지고 있는 개인들 사이에 나타나는 이러한 감정의 차이는 현재 거론되고 있는 문제를 둘러싸고 몇 개의 주에서 실제로 나타나고 있다. 합중국을 여러 개의 연합으로 분할하는 계획은 그들의 야망을 실현할 수 있는 많은 기회를 제공할 것이기 때문에 공공의 복리보다는 자신들의 봉급이나 승진을 더 선호하는 주 정부의 영향력 있는 인물들에게 확실한 유혹이 될 것이다. 이러한 유혹을 가장 강하게 느낄 몇몇의 영향력 있는 주에서 연방정부의 선거를 규제하는 독점적인 권한이라는 효과적인 무기를 가진 소수의 사람들이 결탁하여 국민이 가진 불만의 기회를 포착하고(어쩌면 그들 자신이 선동했을지도 모르는) 연방 하원의원 선출을 중단시킴으로써 연방을 파멸로 이끌 수도 있다. 효율적인 정부하에서의 군건한 연방은 아마도 유럽의 어느 한 나라가 아니라 여러 나라에서 점점 더 질시의 대상이 될 것이라는 사실을 결코 잊어서는 안 된다. 그리고 국가를 전복시키려는 계획들은 때로는 여러 나라의 음모에서 비롯되고 그들 일부는 그런 계획을 후원하고 선동할 것임이 틀림없다. 그러므로 어떠한 경우에도 연방의 보존은, 위임된 권한을 충실하고 주의 깊게 수행하는 데 직접적인 이해관계를 일관되게 갖게 될 그런 사람들에게만 맡겨져야 한다.

푸블리어스

THE FEDERALIST   No. 60

≪인디펜던트 저널≫, 1788년 2월 23일   알렉산더 해밀턴

뉴욕주 시민들에게

연방정부의 선거, 즉 연방의회의 선거에 관한 무제한의 권한을 주 입법부에 위임하는 것에는 위험이 따를 수밖에 없다는 것을 살펴보았다. 그럼 이제 반대 경우의 위험, 즉 연방의회의 선거에 관한 궁극적인 권한을 연방 자체에 위임할 때 나타날 수 있는 위험은 무엇인지에 대해 살펴보기로 하자. 이 권한이 어떤 주를 그 대표권의 할당에서 제외하기 위해 행사될 것이라는 주장은 결코 아니다. 이러한 관점에서 모두의 관심은 적어도 모든 사람의 참정권의 안전한 보장일 것이다. 그러나 이 권한이 선거 장소를 특정 지역으로 한정해 일반 시민의 선거 참여를 불가능하게 만듦으로써, 일부 선호하는 특정 계층의 선출을 조장함과 동시에 다른 사람들이 선출되는 것을 막는 데 악용될지도 모른다는 주장이 있는데, 이것은 모든 터무니없는 억측 중에서 가장 터무니없어 보인다. 한편으로 아무리 이성적으로 가능성을 따져본다 해도 그처럼 극단적이고 어처구니없는 행위를 저지를 성향의 인물이 연방의회까지 진출하리라고 보기는 힘들 것이다. 다른 한편에서 보면, 그처럼 부적절한 의도를 가진 사람이 어쩌다가 연방의회에 들어온다면, 그는 선거에 대한 규제권을 전혀 다르고 훨씬 더 심각한 방식으로 남용하게 될 것이다.

그러한 시도는 주 정부의 주도와 지휘하에 많은 사람들의 즉각적인 항거를 초래하지 않고서는 결코 이루어질 수 없을 것이다. 이 한 가지 경우만 생각해 보아도 그러한 시도가 얼마나 실현 불가능한지를 충분히 생각할 수 있다.

혼란스럽고 파벌들이 대립하는 시기에, 승리감에 도취한 압도적인 다수가 특정 시민계층을 대상으로 자유의 전형적인 권리인 참정권을 침해할 수 있다고 생각하는 것은 그다지 어려운 일은 아니다. 그러나 미국과 같은 이런 계몽된 국가에서 대중의 혁명을 야기하지 않으면서, 정부의 의도적인 수단에 의해 그렇게 기본적 권리를 침해해 국민 다수에 피해를 줄 것이라고는 전혀 생각할 수도, 믿을 수도 없는 일이다.

위와 같은 일반적인 고찰과 더불어 이 문제에 대한 일체의 우려를 없애주는 보다 명쾌한 근거가 있다. 연방정부는 다양한 사람들로 구성될 것이고, 더 나아가 그들이 연방정부의 여러 부문에 들어오는 방식의 상이함은 선거에 있어 어떤 편파적인 음모가 의견의 일치를 이루는 데 강력한 걸림돌이 될 것이다. 합중국의 각기 다른 지역의 국민 사이에는 재산의 정도, 재능, 태도, 관습 등에서 충분한 다양성이 존재한다. 이로 인해 형성되는 사회의 서로 다른 계층 및 지위에 대한 대표들의 대응 방식과 성향에도 명백한 차이가 생길 것이다. 그리고 비록 같은 정부 내의 구성원들 사이의 긴밀한 교류로 인해 그러한 차이점의 일부는 서서히 동화되겠지만, 그럼에도 불구하고, 이 특이한 성향과 취향을, 정도의 차이는 있어도, 영구적으로 지속시켜 주는 물리적 그리고 도덕적 요인들이 존재한다. 그러나 이 문제에 있어서 가장 큰 영향력을 행사하게 될 요소는 정부의 여러 부문이 서로 다른 방식에 의해 구성된다는 것이다. 하원은 국민에 의해 직접 선출되고, 상원은 주 입법부에 의해, 그리고 대통령은 국민들이 선택한 선거인단에 의해 선출된다. 따라서 특정 계층의 선거인의 이익을 위해 이런 정부의 다른 부문들을 결속시킬 공통의 이해관계가 존재할 가능성은 거의 없다.

상원에 대해 말하자면, 상원의원 선거의 '시기 및 방법'만을 연방정부의 규정에 따르도록 되어 있지만,[1] 이 규정이 상원의원을 선출할 주 의회가 그

---

1)　헌법 제1조 4절 1항은 "상원의원과 하원의원을 선거할 시기, 장소, 및 방법은 각 주에서 그 주 의회

구성원들의 선택을 주도하는 데 어떤 영향을 미칠 수 있다는 것은 불가능하다. 주 입법부의 집단의식은 이런 종류의 외적 조건에 영향을 받는 일은 결코 없다. 이 점 하나만을 고려해도 우리는 우려해 왔던 선거의 장소에 관한 차별은 결코 시도되지 않을 것이라고 안심할 수 있다. 상원이 그 자신과는 무관한 하원의원의 선거 장소에 관한 편파적인 규정에 동의하게 되는 동기는 무엇 때문이겠는가? 혹은 연방의회의 한 원에 관한 선거규정이 다른 원에까지 적용되지 못한다면 도대체 무슨 목적으로 그런 규정이 제정된 것일까? 설사 상원의 구성원들이 그런 규정에 어긋나는 움직임을 보이더라도 하원의 구성원에 의해 저지될 것이다. 그리고 주 입법부들이 동시에 상원의원의 편파적인 선출에 자발적으로 협조할 것이라고 가정할 수 없는 한, 상원의원의 임명까지도 편파적으로 이루어질 것이라고는 도저히 생각할 수 없다. 만약 주 입법부가 자발적으로 협조할 거라고 가정한다면, 지금 문제 삼고 있는 권한, 즉 연방의회의 선거에 관한 궁극적인 권한을 주 입법부의 수중에 둘지 혹은 연방정부의 수중에 둘지는 대수롭지 않은 문제가 된다.

그런데 연방의회 내에서 이처럼 불합리한 편파성이 있다면 도대체 그 목적은 무엇인가? 그것은 서로 다른 산업의 부문, 서로 다른 재산의 유형, 또는 서로 다른 재산의 정도 사이에 차별을 두기 위해서인가? 그러한 편파성은 토지, 금융, 상업 또는 제조업 등의 여러 이해관계 중 어느 쪽으로 기울게 될까? 아니면 헌법의 반대자들이 쓰는 번지르르한 표현을 빌리자면, 편파성은 사회의 모든 나머지 사람들을 배제하고 천시함으로써 "부유하고 명문가에서 태어난 자들"이 높은 지위에 오르는 것을 용이하게 해주는 것인가?

만일 이런 편파성이 특정 산업이나 재산에 관련된 사람들에게 유리하게 행사된다면, 그런 편파적인 혜택을 위한 경쟁은 토지소유자와 상인들 사이에

가 정한다. 그러나 연방의회는 언제든지 법률에 의하여 그러한 규정을 제정 또는 개정할 수 있다. 다만 상원의원의 선거 장소에 관하여는 예외로 한다"라고 규정하고 있다. 따라서 이 규정에 따르면 각 주뿐만 아니라 연방의회도 연방의원 선거에 관한 권한을 갖는다고 보는 것이 옳다.

벌어질 것임을 금방 알 수 있다. 그리고 둘 중 어느 한쪽이 우위를 차지할 가능성은, 주 의회에서보다는 연방의회에서 훨씬 낮을 것이라고 주저 없이 확언할 수 있다. 또한 어느 한 편에 부당한 특혜가 주어질 것이 우려된다면, 그 가능성은 주 의회에서보다 연방의회에서 훨씬 낮을 거라고 추론할 수 있다.

각 주는 정도의 차이는 있지만 농업과 상업에 전념하고 있다. 전부는 아니더라도 대부분의 주에서는 농업이 지배적이다. 그러나 소수 주의 경우에는 상업이 지배력을 나누어 갖고 있으며, 거의 어느 주에서나 상당한 영향력을 가지고 있다. 이 두 가지 산업 가운데 어느 것이 얼마나 우세한지에 따라 그 영향력이 연방 대표에게 전달될 것이다. 그러나 그 영향력은 훨씬 더 다양한 이익과 다양한 부분에서 나온다는 바로 그 이유에서 연방의 대표가 뚜렷한 편파성을 갖고서 어느 한쪽의 이익을 지지할 가능성은 단일 주의 대표보다 훨씬 낮을 것이다.

토지경작 인구가 대다수를 차지하고 평등한 대표의 원칙이 존재하는 국가에서는, 토지소유자의 이익이 정부 내에서 우위를 차지할 것이 분명하다. 토지소유자의 이익이 대부분의 주에서 우세한 한, 일반적으로 주 입법부의 다수파를 충실히 반영하는 연방상원에서도 이에 상응하는 우위가 유지될 것이 틀림없다. 그러므로 토지소유 계층을 상인 계층에 희생하는 것이 연방상원이 결코 선호하는 목표가 되리라고는 생각할 수 없다. 합중국의 현재 상황이 암시해주고 있는 일반적인 전망을 특히 상원에 적용해 보면, 주의 권한을 고지식하게 신뢰하는 사람들은 주 입법부가 외부의 영향력으로 인해 그 의무를 저버릴 것이라고는, 그들 자신의 원칙에 근거해 보아도, 의심할 수 없을 것이라고 나는 확신한다. 더욱이 현실적으로도 이와 동일한 환경이 연방하원의 최초 구성에 동일한 영향을 미칠 것이 틀림없으므로, 상인 계층에 대한 부적절한 편애는 연방상원에서와 마찬가지로 하원에서도 거의 예상하기 힘들다.

그래도 어떻게든 새헌법에 대한 반대론을 두둔하기 위해 다음과 같이 묻는 사람도 있을지 모른다. 토지소유 계층의 독점을 보장하도록 해주려는 정

반대되는 편향의 위험이 연방정부에 존재하지 않는가? 이러한 편파적인 가정은 그런 위험으로 인해 직접적인 피해를 입을 상인계층에 어떤 두려움도 줄 가능성이 별로 없으므로 다음과 같은 답변으로 충분할 것 같다. 첫째, 다른 곳에서 언급한 바 있지만,[2] 어떤 명백한 편향성이 연방의회를 지배할 가능성은 합중국 어떤 주의 의회에서 그럴 가능성보다 낮을 것이다. 둘째, 토지소유 계층에 유리하도록 헌법을 침해하려는 시도는 없을 것이다. 왜냐하면 이 계층은 시간이 지남에 따라 자연스럽게 그들이 원하는 만큼의 충분한 우월성을 누리게 될 것이기 때문이다. 셋째, 공공 번영의 원천을 좀 더 넓은 시각에서 찾는 데 익숙한 사람들이라면 상업의 유용성이 중요하다는 것을 너무도 잘 알고 있고, 그 이익을 가장 잘 이해하는 사람들을 정부의 운영에서 제외함으로써 공공의 이익에 큰 손해를 끼치는 일을 굳이 하려고 하지 않을 것이기 때문이다. 단순히 세입이라는 측면에서만 보아도 상업은 매우 중요하다. 따라서 상업에 대한 편향적인 후원으로 인해 계속해서 압박을 받게 될 토지소유 집단의 반대에도 불구하고, 상업은 절박한 공공의 필요에 의해 충분히 보호받을 것이다.

나는 차라리 다른 종류의 산업 및 재산 사이에 있을 수 있는 편파성의 가능성에 대해서 간략히 언급하고자 한다. 그 이유는, 반대하는 이들의 의도를 추측하건대, 그들이 전혀 다른 종류의 차별을 염두에 두고 있기 때문이다. 그들의 의견에 따르면 특혜의 대상이라는 것은, "부유하고, 명문가에서 태어난 사람들"이라고 지정하고 있다. 이들은 나머지 평범한 국민에게 혐오스러울 만큼 우월한 지위를 가지고 있는 것처럼 보인다. 그런 반대론에 따르면, 어떤 경우에는 그들이 높은 지위에 오르는 것은 대표의 규모가 작은 데서 비롯된 당연한 결과이며, 다른 경우에는 대다수 국민이 대표를 선출하는 투표권의 행사 기회를 박탈당하기 때문이라는 것이다.

그러나 의도된 특혜의 목적을 달성하려면 도대체 어떤 원칙에 따라 선거

---

2) 페이퍼 35번.

장소의 배치를 결정할 수 있을까? 소위 부유하고 명문가 출신의 사람들은 그들만의 어떤 공동 지역에서만 살고 있는가? 그들은 비범한 본능이나 예지력으로 각 주에서 그들만의 공동 주거지를 구축했는가? 그들은 타운이나 도시에서만 볼 수 있는가? 또는 그와 반대로 탐욕이나 기회에 의해 그들 자신이나 그들 선조의 운명이 우연히 결정되었던 것처럼, 그들도 나라 여기저기에 곳곳에 흩어져 있는 것인가? 만일 후자의 경우라면(모든 현명한 사람들이 그렇다고 알고 있듯이[3]) 선거 장소를 특정 지역으로 한정하는 정책은, 다른 모든 면에서도 타당하지 않은 것은 물론, 그 자체의 목적을 망치게 될 것이 분명하지 않은가? 사실 선거인이나 피선거인에게 재산에 근거한 자격을 규정하는 것 이외에는, 반대론자들이 우려하는 부자에 대한 특혜를 보장해 주는 방법은 없다. 그러나 이것은 연방정부에 주어진 어떠한 권한에도 포함되지 않는다. 그 권한은 선거의 시기, 장소 및 방법에 대해서만 명백하게 한정되어 있다.[4] 다른 곳에서[5] 설명한 바와 같이, 선거인 및 피선거인의 자격은 헌법에서 규정해 확정하고 있어 입법부가 변경할 수 없다.

　　그러나 논의를 위한 것이긴 하지만, 만일 반대론자들이 시사하는 바와 같은 그런 편법이 성공적일 수도 있다는 것을 인정해 보자. 그리고 동시에, 국가를 통치하는 사람들의 가슴속에서 의무감 혹은 그런 시도의 위험에 대한 우려에서 나오는 망설임이 없어져 버린다고 치자. 그렇다 하더라도, 여전히 국민 대다수의 저항을 진압하기에 충분한 군사력의 도움 없이 이런 계획을 수행한다는 것은 있을 수 없는 일이다. 이런 목적을 감당할 수 있는 무력이 존재할 가능성이 없다는 사실은 다른 페이퍼들[6]에서 논의되고 입증되었다. 반대론이 무의미하다는 것은 이미 명백해 보일 수 있지만 그러한 무력이 존재할지도

---

3)　특히 남부의 주들과 뉴욕주에서 그렇다. _푸블리어스

4)　이 페이퍼, 각주 1) 참고.

5)　페이퍼 59번.

6)　페이퍼 24번~29번.

모른다고 잠시 인정하고, 또한 중앙정부가 그 힘을 실제로 소유하고 있다고 가정한다면 어떤 결론이 날 것인가? 사회의 기본적 권리를 침해할 의도를 가지고 그 의도를 충족시킬 수단을 가지고 있다면, 그들이 편애하는 계층의 특혜를 보장하기 위한 선거법을 조작하는 터무니없는 일을 할 수 있다고 가정할 수 있을까? 오히려 자신들의 직접적인 권력의 확장에 더 적합한 행동을 선호하지는 않을까? 온갖 주의를 기울인다 해도 결국 주도자들을 해임, 불명예, 파멸로 이끌 수 있는 위험한 수단에 의존하기보다는, 차라리 단 한 번의 결정적인 권력 찬탈로 그들의 지위를 영구화하려는 대담한 결심을 하지 않겠는가? 그들은, 자신들의 권리를 인식하고 지키려는 시민들이 가장 외딴곳으로부터 선거 장소로 몰려와 독재자들을 내쫓고, 침해당한 그들의 주권에 대해 복수해 줄 수 있는 사람들로 교체하려는 것을 두려워하지 않겠는가?

푸블리어스

THE FEDERALIST No. 61

≪뉴욕 패킷≫, 1788년 2월 26일   알렉산더 해밀턴

뉴욕주 시민들에게

헌법회의에 포함된 선거와 관련된 규정에 좀 더 솔직하게 반대하는 사람들은, 논쟁에서 궁지에 몰리면 때로는 그 조항의 타당성을 인정하면서도, 다음의 조건을 전제로 한다. 즉, 모든 선거는 선거인이 거주하는 카운티에서 행해져야 한다는 문구가 규정에 포함되어야 한다는 것이다. 그들에 의하면 이 문구는 권력의 남용을 방지하기 위한 필수불가결한 예방책이라는 것이다. 물론 이런 조건은 우려를 잠재운다는 측면에서는 해가 되지 않을 것이다. 그러나 사실상 이는 우려되는 위험에 대해 추가적인 안전보장이 되지 않을 뿐만 아니라, 공정하고 신중한 사람은 이 문구가 없다는 것을 결코 새헌법의 극복할 수 없는 결함으로 여기지는 않을 것이다. 이 문제에 관해 앞의 두 페이퍼에서 다루어진 두 가지의 다른 견해는, 만일 공공의 자유가 국가 통치자들의 야망에 희생되는 일이 있다고 해도 적어도 지금 검토 중인 이 선거 규제의 권한 때문은 아니라는 것을 공정하고 분별력 있는 사람들은 충분히 이해할 것이다.

불신에 빠진 사람들이 여러 주의 헌법을 주의 깊게 관찰한다면, 선거에 있어서 그 헌법들이 허용하는 재량의 범위에도 연방정부가 허용하는 범위와 마찬가지로 불안과 경계심의 여지가 있다는 것을 알게 될 것이다. 이 특정 문제에 대해 여러 주의 특수한 상황을 검토해 보면, 선거에 관련해 좋지 않은 어떠한 의구심도 현저하게 불식시킬 수 있을 것이다. 그러나 이 문제를 세부적으로 다루는 것은 장황하고 지루해지기 때문에, 뉴욕주 하나만을 예를 들어 설

명하려고 한다. 뉴욕주의 헌법은 주 하원의 구성원들이 카운티에서 선출되어야 한다는 것 말고는 선거 장소의 규정에 관한 조항은 없다. 뉴욕주의 상원 선거를 보면, 주는 네 개의 상원 선거구로 나뉘는데 한 선거구는 두 개에서 여섯 개의 카운티를 포함한다.[1] 뉴욕주 입법부가 투표장소를 특정 지역으로 국한함으로써 뉴욕주 시민의 투표권 행사를 방해하는 것은, 이와 같은 편법으로 연방입법부가 합중국 시민의 투표권 행사를 방해하는 것보다 더 어렵지 않으리라는 것은 쉽게 짐작할 수 있는 일이다. 예를 들어 뉴욕주의 올버니시가 하원 선출을 위한 카운티[2]와 상원 선거구의 유일한 투표장소로 지정될 경우, 오직 올버니 시민만이 뉴욕주의 하원의원과 상원의원을 선출할 수 있지 않겠는가? 올버니, 사라토가, 케임브리지 등의 카운티 내의 외딴 지역 혹은 몽고메리 카운티 전역의 주민들이 장차 연방 하원의원 선거를 위해 뉴욕시까지 가지는 않더라도, 뉴욕주의 하원의원, 상원의원의 선거를 위해 올버니시까지 가는 수고는 무릅쓰리라고 생각하는가? 투표에 모든 편의를 제공하고 있는 현행법 아래에서도, 그토록 귀중한 선거권이라는 기본권의 행사에 대한 충격적인 무관심으로부터 이 문제에 대한 답을 바로 찾을 수 있다. 그리고 경험으로 미루어 보건대 선거 장소가 유권자로부터 불편한 거리에 있을 때, 그 거리가 20마일이든 2만 마일이든 유권자의 행동에 미치는 영향은 마찬가지일 것임을 주저하지 않고 인정할 수 있다. 그래서 선거규제에 대한 연방 권한의 특정 내용에 대한 반대는, 실질적으로 뉴욕주의 동일한 권한에 대해서도 같은 정도의 반대에 부딪히게 될 것이다. 이런 이유 때문에, 어느 한쪽을 관대히 봐주고 다른 쪽을 비난하는 것이 불가능하게 된다. 대부분의 다른 주의 헌법에 대해서도 이와 비슷한 비교를 하면 같은 결론에 도달할 것이다.

---

1) 여기서 상원 선거구는 뉴욕주 의회의 상원을 선출하는 선거구이다. 새헌법에서 연방 상원의원은, 헌법 수정 제17조(1913년 4월 8일 비준)에 의해 주민에 의해 직접 선출되기 전까지는 주 의회에서 선출되기 때문에 여기서 말하는 주의 상원 선거구와는 무관하다.

2) 카운티(county)는 시보다 큰 행정 단위이다. 페이퍼 10번, 각주 11) 참고.

주 헌법의 결함이 새헌법에서 발견되는 결함의 어떤 구실도 될 수 없다는 주장이 있다면 다음과 같이 나는 답할 수 있다. 자유의 보장에 관해, 새헌법에만 집중되고 있는 비난은 주 헌법에도 똑같이 적용될 수 있는 비난임에도 불구하고, 지금까지 어떤 경우에도 주 헌법은 자유의 보장에 무관심한 데 대해 비난의 대상이 아니었다는 것이다. 따라서 새헌법에 대한 비난은 공정한 진리 탐구에 근거한 결론이라기보다는 오히려 의도적인 반대를 그럴듯하게 뒷받침하기 위한 하찮은 비난이라고밖에 생각할 수 없다. 새헌법에서는 도저히 용서받을 수 없는 결점으로 여기던 것을 주 헌법에서는 단순히 누락된 것이라고 생각하는 사람들에게는 새삼 할 말이 없다. 그럼에도 불구하고 대응해야 한다면 그들에게 단일 주의 대표들이 합중국 전체의 대표들보다 권력욕이나 다른 사악한 동기에 더 흔들리지 않을 거라는 확고한 근거가 과연 있기라도 한지 제시해 보라고 할 수 있을 뿐이다. 만약 근거를 제시할 수 없다면, 새헌법을 비난하는 자들은 적어도 우리에게, 자신들의 저항을 이끌어 줄 지방정부라는 이점을 가진 300만 국민의 자유를 전복하는 것이, 그런 이점도 없는 20만 명[3]의 자유를 전복하는 것보다 쉽다는 것을 입증해야 할 것이다. 또한 여기에 추가해서 검토할 사항이 있는데, 어느 한 주의 우세한 파벌이 그 우위를 유지하기 위해 특정 유권자들의 이익에 편향적으로 치우칠 가능성이, 넓은 지역에 흩어져 있고 지역적 환경, 편견, 이해의 다양성에 따라 서로 구별되는 13개 주의 대표자들이 비슷한 의도에 사로잡혀 국민의 자유를 침해할 가능성보다 더 낮다는 것을 우리에게 입증해 보여야 할 것이다.

지금까지 나는 이론적 타당성, 선거규제의 권한을 다른 곳에 맡길 경우의 위험성, 그리고 새헌법에서 제안된 방식에 따른 권한 부여의 안전성을 근거로 문제가 된 규정을 옹호하는 데만 초점을 맞추어왔다. 그러나 나는 아직 이러

---

3) 1780년대 뉴욕주의 인구는 약 21만 명으로 추정된다. 따라서 여기서 해밀턴은 뉴욕주를 예로 들었다고 볼 수 있다.

한 권한에서 초래되는 긍정적인 이점에 대해 아직 언급하지 않았는데, 그것은 다른 어떤 조치에서도 얻을 수 없는 것이다. 즉, 내가 말하고자 하는 것은 연방하원 선거 시기를 모든 주에 걸쳐 획일화하는 것이다.[4] 이 획일성은, 하원 내에 해로운 성향이 오래 지속되는 것에 대한 안전장치로서, 또한 파벌의 병폐에 대한 치유제로서 공공복리에 매우 중요하게 될 것임이 경험에 의해 확실하게 드러날 것이기 때문이다. 각 주가 각자의 선거 시기를 결정하게 된다면 적어도 1년의 개월 수만큼이나 많은 선거 기간이 여러 주에 걸쳐 존재할 것이다. 각 주의 지역적 사정에 따른 기존의 선거 시기는 3월에서 11월에 이르기까지 다양하다. 각 주에서 연방하원 선거 시기도 이렇게 다양해지면 일시에 연방하원을 전면 교체하거나 혁신하는 것이 결코 가능할 수 없을 것이다. 만일 어떤 부적절한 성향이 연방하원에서 지배적이 된다면, 그런 성향은 아직 임기가 남은 의원들에 의해 새롭게 선출되어 뒤이어 들어오는 의원들에게도 주입될 것이다. 이리하여 의원 집단은 그릇된 성향의 확산에 지속적으로 동화되면서 언제까지나 거의 같은 상태에 머무르게 될 것이고, 결국 이러한 전염병같이 퍼지는 부적절한 성향에 저항할 수 있는 정신력을 가진 사람은 거의 없게 될 것이다. 따라서 나는 하원을 전면적으로 해체한다는 조건으로 하원의원의 임기를 세 배로 늘리는 것이, 점진적으로 그리고 순서에 따라 교체하는 조건으로 임기를 3분의 1로 줄이는 것보다 자유에 덜 위협이 될 것이라고 생각한다.

　　선거 시기의 획일성은 연방 상원의원을 정기적으로 교체하기 위해, 그리고 매년 일정한 시기에 의회를 편리하게 소집하기 위해서도 필요할 듯하다.

　　그렇다면 왜 새헌법에서 선거 시기를 고정해 놓을 수 없었는지에 관한 질문이 있을 수 있다. 뉴욕주에서 새헌법에 대해 가장 맹렬히 반대하는 사람들은 일반적으로 그에 못지않게 뉴욕주의 헌법에 대한 열렬한 숭배자들이므로

---

4)　선거일의 획일화에 대해서는 페이퍼 59번, 각주 1) 참고.

위의 질문을 다음과 같이 되받아쳐 그들에게 물을 수 있다: 왜 뉴욕주의 헌법에서는 같은 목적을 위해 선거의 시기를 고정하지 않았는가? 이 질문에는, 선거 시기의 결정은 주 입법부의 재량에 맡겨도 안전한 사항이고, 일정한 시기로 고정되어 있었다면 다른 시기보다 불편한 경우도 있을 수 있었으리라는 것이 그들의 최선의 답변일 것이다. 다른 쪽, 즉 연방헌법에 제기되는 질문에도 그들은 같은 답을 할 것이며, 또한 그에 대해 다음과 같은 점을 추가할지도 모른다. 즉, 앞서 언급한 점진적인 교체에 대해 추정할 수 있는 위험은 단지 추측일 뿐이며, 그런 추측에 근거하여 그들의 주 정부의 선거와 연방정부의 선거를 같은 시기에 실시할 수 있는 편의를 빼앗아 버리는 것을 기본적인 사항, 즉 헌법의 조항으로 정하는 것은 결코 바람직하지 않을 거라는 점이다.[5]

푸블리어스

---

[5] 주 정부의 선거와 연방정부의 선거를 같은 시기에 실시할 수 있는 편의를 빼앗아 버린다는 의미는, 예를 들어 어느 주의 주 의회 선거가 3월이지만 만일 새헌법의 조항에 모든 주의 연방하원 선거를 11월에 일률적으로 실시한다는 조항이 들어갔다면, 그 주는 3월에 주 의회의 선거와 연방하원의 선거를 같이 실시할 수 있는 편의를 누릴 수 없게 된다는 것이다. 하지만 연방의회는 1842년 The Apportionment Act(할당 법)를 제정해 모든 주의 연방의원 선거일을 11월 첫째 월요일 다음 화요일로 획일화시켰다. 페이퍼 59번, 각주 1) 참고.

THE FEDERALIST No. 62

≪인디펜던트 저널≫, 1788년 2월 27일 제임스 매디슨[1]

뉴욕주 시민들에게

연방하원의 구성에 대한 검토와 더불어 주목할 만한 반대론에 답했으니, 이제 다음으로 연방상원에 대해 검토하고자 한다. 상원에 대해 고찰할 항목은 다음과 같다.

1. 상원의원의 자격
2. 주 의회에 의한 상원의원의 임명[2]
3. 상원에서의 대표의 평등성
4. 상원의원의 수 및 임기
5. 상원에 부여되는 권한

I. 상원의원의 자격은 하원의원의 자격에 비해 연령이 더 높고 시민권 보유 기간이 더 긴 점이 다르다. 상원의원은 적어도 30세가 되어야 하며, 하원의원은 25세 이상이면 된다. 또한 상원의원은 시민권을 취득하고 9년 이상이 지난 자여야 하며, 하원의원은 7년이 지나야 한다. 이런 차이를 두는 이유는 상원의원의 직무의 성격에 의해 설명될 수 있다. 즉, 상원의원의 직무는 좀 더

---

[1] 페이퍼 62번의 저자는 매디슨이라는 의견이 압도적이지만, 해밀턴이 저자일 가능성도 없지는 않다.

[2] 상원의원은 각 주의 의회에서 지명(nominate)된 다음 선출(elect)되어 임명(appoint)된다. 페이퍼 27번, 각주 1) 참고.

광범위한 지식과 안정된 인품이 요구되며, 이러한 이점을 갖추게 될 연령이 요구되는 것이다. 또한 상원의원은 외국과의 업무에 직접 참여하게 되므로 외국에서 태어났거나 외국에서 교육받은 것에 따른 편견이나 관습에서 완전히 벗어난 사람이 아니면 이 직무를 수행할 수 없을 것이다. 9년이라는 기간은, 훌륭함과 재능을 갖춘 귀화 시민들을 공중에 대한 신임을 위임받는 것으로부터 완전히 배제하는 것과, 외국의 영향력이 의회에 유입되는 통로가 될 수도 있는 그들에게 차별 없이 곧바로 그런 신임을 허용하는 것 사이에서 신중하게 고려된 중간 정도의 시간으로 보인다.

II. 주 의회의 상원의원 임명에 대해 상세히 설명할 필요는 없다.[3] 연방정부의 상원을 구성하는 여러 가지 방법이 있지만 헌법회의가 제시한 방법이 아마도 대중의 의견과 가장 잘 맞는 것 같다. 주 의회의 상원의원의 임명은 선출에 의한 임명이라는 이점과, 연방정부의 구성에서 주 정부에 대리 권한을 부여해 두 체제 사이에 편리한 연계를 형성할 수 있다는 두 가지 이점이 있다.

III. 상원에서의 대표의 동등성은 명백히 큰 주와 작은 주 사이의 상반되는 주장에 대한 타협의 결과이므로 많은 논의가 필요하지는 않다.[4] 하나의 정부로 통합된 국민들 사이에서는 모든 선거구는 그 인구에 비례하는 몫, 즉 의석을 가져야 하고, 단순한 연합에 의해 결속된 독립적이며 주권적인 주들은

---

3) 주 의회의 상원의원 지명과 선출은 각 주의 규정에 따라 차이가 있기 때문이다.
4) 새헌법을 제정할 당시 의회를 2개의 원으로 만들 의도는 없었다. 인구가 많은 주는 인구 비례에 의해 의회의 의석수를 정하는 앤버지니아안(Virginia Plan)을 제안했고, 이에 맞서 인구가 적은 주는 모든 주가 동등한 의석수를 가져야 한다는 앤뉴저지안(New Jersey Plan)을 제안했다. 이 두 개의 의안은 충돌할 수밖에 없었고 합의에 도달하지 못했다. 그러나 5주가 지난 후 의회를 2개의 원으로 만들어 한 원은 인구 비례에 의해, 다른 한 원은 모든 주에 동등하게 2명의 대표를 할당하자는 앤코네티컷안(Connecticut Plan)이 제안되었고 인구가 많은 큰 주들과 인구가 적은 작은 주들 간에 타협이 이루어져 결국 이 안이 선택되었다. 이 타협을 후에 역사가들은 위대한 타협(The Great Compromise)이라고 부르게 된다. 페이퍼 62번부터 66번은, 헌법회의의 원래 의도에는 없었지만 입법부의 두 번째 원으로 고안된 상원이 연방정부 나아가 합중국 국민에게 기여하게 될 이점에 대해 설명하고 있다.

그 크기와 인구와 관계없이 공동의회에서 동등한 의석을 가져야 하는 것이 옳다면, 단일국가적 성격과 연합적 성격을 모두 가지고 있는 복합공화국은 비례대표의 원칙과 동등대표의 원칙이 혼합된 정부가 수립되어야 한다.[5] 그러나 이론적인 관점에서 헌법의 이 조항[6]을 평가하는 것은 불필요한 일이다. 왜냐하면 이 조항은, 이론의 산물이 아니라, 합중국 정치 상황의 특수성으로 인해 반드시 필요할 수밖에 없었던 상호 존중과 양보, 그리고 우호적인 정신의 산물이라는 데 모두가 동의하기 때문이다. 목적에 부합하는 권한을 가진 하나의 공동의 정부야말로 미국의 일반 여론이 요구하고 있는 것이며, 나아가 미국의 정치적 상황은 한층 더 큰 목소리로 그러한 정부를 요구하고 있다. 큰 주들의 필요에 더 부합하는 원칙에 입각한 정부는 작은 주들의 지지를 받기는 어렵다. 그러므로 큰 주들의 유일한 선택은 새헌법에 의해 제안된 정부와 그보다 더 불만족스러운 정부, 즉 기존 연합정부의 중간 형태가 될 것이다. 이 양자택일에서 신중하게 권고하자면 폐해가 더 적은 쪽을 채택해야 한다는 것이다. 또한 어떤 폐해가 따를 것이라는 쓸데없는 상상에 빠지는 대신에 희생할 만한 가치가 있는 유익한 결과에 대해서 생각해 봐야 할 것이다.

이런 면에서 각 주에 동등한 투표권을 부여한다는 것은 곧 각 주에 남겨질 주권의 일부에 대한 헌법적 인정이며 잔여 주권을 보존하는 수단이 될 것이다. 동등성은 작은 주와 마찬가지로 큰 주에게도 충족되어야 한다. 왜냐하면 큰 주들도 작은 주들과 마찬가지로, 그들이 하나의 단일 공화국으로 통합되는

---

5) 이 책의 서문에서도 설명하고 있듯이, 새헌법에 의해 수립된 정부의 정치제도는 단일국가적인 성격과 연합적인 성격이 혼합된 형태였으나 당시에는 이러한 형태의 정치제도를 부르는 용어가 없었다. 1800년대에 이르러서야 이 두 성격이 혼합된 형태의 정치제도를 의미하는 'federalism', 즉 연방주의라는 용어가 만들어졌다. 따라서 'federalism'이라는 용어는 "페더럴리스트 페이퍼스"가 신문에 게재되던 1787년~1788년 사이에는 존재하지도 않았기 때문에, 페이퍼 1번부터 85번 전체에 걸쳐 어디에서도 'federalism'이라는 단어는 찾아볼 수 없다. 따라서 적어도 연방주의(federalism)라는 용어가 등장하기 전의 'federalist'를 연방주의자라고 부르는 것은 매우 잘못된 호칭이다.

6) 하원과 상원의 의석수를 규정하는 조항.

것을 모든 가능한 수단을 통해 경계하고 있기 때문이다.

상원의 구성에 있어 각 주의 동등한 대표가 가져다줄 또 다른 이점은 부당한 입법행위에 대한 추가적 방벽이 된다는 것이다. 우선 어떤 법이나 결의도 국민 다수의 동의 없이 또한 다수 주들의 동의 없이 통과될 수 없다. 이러한 복잡한 입법행위에 대한 견제에는 유익한 면이 있지만 반면 해로운 점도 있다는 것을 인정하여야 한다. 작은 주들에게 유리한 동등한 대표의 원칙은, 만일 그것이 없다면 다른 주들의 이익과 구분되는 작은 주들의 공통의 이익이 위험에 처한 경우에는 더 합리적일 수 있을 것이다. 그러나 큰 주들은 예산을 집행하는 권한[7]을 이용해 작은 주들이 동등한 대표의 원칙이라는 특권을 부당하게 행사하는 것을 언제든지 좌절시킬 수 있다. 또한 법 제정의 용이함과 과도함은 우리 정부의 가장 취약한 병폐처럼 보이기 때문에 헌법의 이 부분은 많은 사람들이 예상하는 것보다 실제로 훨씬 적절할 수 있다.

IV. 다음으로 살펴볼 것은 상원의원의 수와 그들의 임기이다. 이 두 가지 점을 정확히 판단하기 위해서는 상원의 목적에 대해 알아보는 것이 적절할 것 같다. 이 목적을 밝히기 위해서는 상원이라는 기구가 없을 때 겪게 될 어려움에 대해 생각해 보아야 한다.

첫째, 정부를 운영하는 사람들이 그 선거구민에 대한 의무를 잊어버리거나 중요한 의무에 대해 불충실해질 수 있는 것은, 다른 형태의 정부보다 그 정도가 덜하다고는 하지만 공화정부에서도 볼 수 있는 불행한 일이다. 이런 면에서 볼 때, 첫 번째 원인 하원과 구별되어 권력을 나누어 갖는 상원은 입법부의 두 번째 원으로서 모든 경우에 정부에 대한 유익한 견제 수단이 될 것이 분명하다. 의회가 국민에 대해 권력 탈취나 배신의 음모를 시도할 경우에, 서로 구별되는 두 원의 의견일치가 반드시 필요하도록 만듦으로써 국민의 안전을

---

7) 세입 징수에 관한 모든 법률안은 하원에서 발의되고, 예산 집행에서도 하원이 더 큰 영향력을 가지고 있다. 따라서, 하원에서 더 많은 의석수를 가지는 큰 주들은 세입 징수와 예산의 집행에서 작은 주들을 견제할 수 있다.

배가시킨다. 그렇지 않다면 양원 중 한 원의 야망이나 부패만으로도 그런 시도는 충분히 가능할 수 있을 것이다. 이것은 매우 명료한 원칙에 입각한 예방책이며, 주 입법부의 양원제 경험을 통해 이제는 합중국에서 충분히 이해되고 있으므로 거기에 대해 부연하는 것은 불필요하다고 본다. 나는 다만, 상원과 하원이 사악한 공모를 시도할 가능성은 이 두 집단의 성향이 비슷할수록 높아지기 때문에, 모든 상황에서 충분히 조화를 이루면서도 공화정부의 진정한 원칙에 부합하는 모든 조건에 따라 양원을 서로 구별 짓는 것이 현명하다는 것을 덧붙이고자 한다.

둘째, 많은 수의 의원으로 구성된 모든 단원제 의회는 급작스럽고 격렬한 감정의 충동을 이기지 못하고, 당파적인 지도자의 부추김에 의해 무절제하고 유해한 결의에 이르는 성향을 가지고 있다. 이는 첫 번째 이유만큼이나 상원의 필요성을 부각해 준다. 이런 예는 다른 국가들의 역사에서뿐만 아니라 합중국 주 의회들의 회의록에서도 수없이 많이 인용할 수 있다. 그러나 반박되지 않을 입장이란 증명해 보일 필요도 없으므로 여기서 꼭 언급해야 할 것은 연방상원은 그런 결점이 없어야 하며 그 인원수가 많으면 안 된다는 것이다. 게다가 연방상원은 매우 확고부동해야 하며 상당히 긴 임기에 걸쳐 그 권위를 유지해야 한다.

셋째, 상원은 단원제 의회의 또 다른 결함인 입법의 목적과 원칙에 대한 충분한 지식의 부족을 보완하게 될 것이다. 사적인 성질의 이익을 추구하다가 모인 사람들이 대부분이고, 짧은 임기를 가지며, 재임 기간 동안 자기 나라의 법률과 사건들, 그리고 전반적인 이해관계를 공부하는 데 전념할 항구적인 동기가 결여된 사람들이 모여 단원제로 의회가 구성된다면, 입법 의무의 수행 과정에서 여러 종류의 중대한 실수를 범하지 않을 거라는 것은 불가능한 일일 것이다. 현재 미국이 처한 어려움 중 상당 부분이 정부의 실책 때문이라고 할 수 있으며, 그런 실책은 정책을 만든 사람들의 악의보다는 지혜의 부족에서 비롯된 것이다. 우리의 두꺼운 법전을 가득 채우고 또한 그것을 수치스럽게까지 만들고 있는 법률의 폐지, 해석, 수정에 관한 모든 것들이 지혜의 부족을 보여주는 징표이며, 새 회기의 의회가 전 회기 의회에 대해 쏟아 낼 수많은 문책이 그런 징표가 아니면 무엇이겠는가? 이런 이유로, 앞으로 잘 구성된 연방 상원으로부터 기대할 수 있는 가치 있는 조언이 국민에게 많은 도움을 주지 않겠는가?

좋은 정부에는 다음의 두 가지가 필요한데, 첫째는 국민의 행복이라는 정부의 목적을 충실히 이행하는 것이며, 둘째는 그 목적을 가장 잘 달성할 수 있는 수단에 대한 지식을 갖추어야 한다는 것이다. 어떤 정부는 이 두 가지 점이 모두 부족하고, 대부분의 정부는 첫 번째 요건이 부족하다. 나는 아메리카의 정부들, 즉 주 정부들과 연합정부는 두 번째 요건에 너무 무관심했다고 거리낌 없이 주장할 수 있다. 새헌법은 이런 잘못을 예방하고 있으며, 첫 번째 요건에 대한 보장을 확대함으로써 두 번째 요건을 확실히 갖추고 있다는 점을 특별히 주시할 필요가 있다.

넷째, 공공의회의 안정성이 부족한 것은, 아무리 자격을 갖추고 있다고 하더라도 의원들이 자주 교체되기 때문이다. 이는 보다 안정된 기구가 정부 내에 필요하다는 것을 강력하게 시사해 준다. 각 주에서는 선거가 실시될 때마다 의원의 절반이 교체되며, 의원이 교체된다는 것은 의회의 의견에 변화가 생긴다는 것이고, 의견이 변화한다는 것은 곧 정책의 변화를 의미하게 된다. 아무리 좋은 정책이라도 끊임없이 바뀌게 되면 신중함을 잃게 되고 성공의 가능성도 낮아진다. 이것은 개인의 삶에서도 증명되는 것이지만 국정의 수행에 있어서는 더 중요하고 타당할 것이다.

불안정한 정부가 초래하게 되는 해로운 결과를 찾아본다면 책 한 권을 거뜬히 채울 것이다. 여기서 나는 단지 수많은 폐해의 원인이라고 생각될 몇 가지 예만 들도록 하겠다.

첫 번째로, 다른 국가로부터의 존경과 신뢰, 그리고 국가의 평판과 관련된 모든 이점을 잃게 된다는 것이다. 자신의 계획에 일관성이 없거나 아무 계획 없이 무턱대고 일을 추진하는 사람들은 신중한 사람들이 보기에는 불안정함과 무지에 의해 곧 희생될 사람으로 간주될 것이다. 좀 더 우호적인 이웃은 그를 동정할지도 모르지만, 다른 사람들은 자신들의 운명이 그와 얽히는 것을 원치 않을 것이다. 그리고 적지 않은 사람들이 그를 이용해 물질적 이득을 챙기려고도 할 것이다. 국가 간의 관계도 개인 간의 관계와 같으나, 만일 다른 점이 있다면, 국가 간의 관계에서는 개인 간의 관계에서 볼 수 있는 관대함이 별로 없어 상대방의 경솔함으로부터 부당한 이득을 취하는 것에 크게 구애를 받지 않는다는 것이다. 결국 지혜나 안정성이 결여된 국가는 보다 체계적인 정책을 가진 현명한 이웃 국가에 의해 항상 손실만을 입게 된다. 그러나 불행하게도 이러한 문제에 관해 미국에 가장 좋은 교훈을 주는 것은 바로 그 자신이 처한 상황이다. 미국은 우방으로부터 존경받지도 못하고 오히려 그들의 조롱거리가 되고 있으며, 갈팡질팡하는 의회와 혼란스러운 문제들로부터 이익을 챙기는 데 관심이 있는 모든 나라의 희생양이 되고 있다.

불안정한 정책이 국내에 미치는 영향은 한층 더 참혹하여 자유 그 자체가 주는 축복마저도 해치고 있다. 국민이 선택한 사람들이 법을 제정했지만 법이 너무 방대해 읽을 수 없거나, 일관성이 없어 이해할 수 없거나, 공표되기도 전에 법이 폐지되거나 개정되고 끊임없이 변경되어 오늘의 법이 내일이면 어떻게 변할지 짐작할 수조차 없다면 그러한 법은 아무 쓸모가 없을 것이다. 법이란 행위의 규칙으로 정의된다. 그러나 공표되어 널리 알려지지도 않고 가변적인 법이 어떻게 행위의 규칙이 될 수 있겠는가?

정책의 불안정이 가져올 또 다른 문제는, 근면하고 무지한 대중보다도 기민하고 진취적이며 돈이 많은 소수에게 부당한 이득을 안겨 준다는 것이다. 상업이나 세입 혹은 다른 재산의 가치에 어떤 형태로든지 영향을 미치는 새로운 규제들은 그러한 변화를 주목하고 그 결과를 내다볼 수 있는 사람들에게 새로운 이익을 가져다준다. 그 이익은 그들 자신의 노력이 아닌 동료 시민들의 노고와 배려의 대가인 것이다. 그래서 법은 다수가 아닌 소수를 위해 만들어진다고 말하는 것이 상당한 진실성을 가지는 것이다.

다른 관점에서 보면, 막대한 피해는 불안정한 정부로부터 초래된다. 공공의회에 대한 신뢰가 떨어지게 되면, 기존 정책이 지속되느냐에 따라 그 성공과 이익이 좌우되는 모든 유용한 사업이 중단될 수 있다. 사업을 실행에 옮기기도 전에 그것이 불법이 될 수도 있다는 것을 알게 된다면 어떤 신중한 상인이 위험을 무릅쓰고 새로운 통상 분야에 자신의 재산을 걸겠는가? 자신의 사전 준비와 선불금이 불안정한 정부 때문에 희생되지 않을 거라는 보장이 없다면, 어떤 농부나 제조업자가 특정 농작물의 경작이나 사업에 전념할 수 있겠는가? 한마디로 말해, 정부의 확고한 정책의 보장과 보호 없이는 어떤 위대한 개발이나 훌륭한 사업도 진척될 수 없는 것이다.

그러나 가장 통탄할 결과는, 우리의 정치체제가 너무도 많은 허약한 면을 드러내고 많은 사람의 부푼 희망을 좌절시켰기 때문에 그들의 마음속에 있던 애착과 존경심마저 시들어 버렸다는 것이다. 개인과 마찬가지로 어떤 정부도 진정으로 존경할 만하지 않으면 오랫동안 존경받을 수 없고, 일정한 질서와 안정성 없이는 진정으로 존경할 만한 가치가 없을 것이다.

푸블리어스

THE FEDERALIST　　　　　No. 63

≪인디펜던트 저널≫, 1788년 3월 1일　　　　　제임스 매디슨[1]

뉴욕주 시민들에게

상원의 유용성을 설명하는 데 있어 다섯 번째로 중요한 것은, 미국은 국가의 평판에 대한 충분한 인식이 부족하다는 것이다. 엄선되고 신분이 안정된 정부의 구성원이 없다면, 앞서 설명된 이유에서 초래되는 몰지각하고 변덕스러운 정책으로 인해 외국의 존경을 잃게 될 뿐만 아니라, 연방의회는 세계의 여론에 민감하게 대처하는 능력을 갖추지 못할 것이다. 이러한 국제적인 감각이야말로 외국의 존경과 신뢰를 얻을 뿐 아니라 그러한 자격을 갖추는 데도 역시 필요한 것이다.

　　모든 정부가 다른 국가들의 판단에 주의를 기울여야 하는 데는 두 가지 중요한 이유가 있다. 첫째는 우리의 어떤 특정한 정책이나 조치가 가지는 장점과는 별도로, 그것들이 현명하고 훌륭한 정책에서 나온 것이라고 다른 나라의 눈에 비치는 것이 여러 면에서 바람직하다는 것이다. 둘째는, 어떻게 결정하는 것이 좋을지 의심스러울 경우, 특히 연방의회의 판단이 어떤 강한 충동이나 일시적 이해관계에 의해 왜곡되는 경우, 다른 나라들의 편견없는 의견은 연방정부가 따를 수 있는 최선의 지침이 될 수 있기 때문이다. 외국과의 관계에서 미국의 좋지 못한 평판으로 인해 잃은 것은 없는가? 또한 모든 경우에서,

---

[1]　페이퍼 62번의 경우와 마찬가지로, 63번의 저자는 매디슨이라는 의견이 우세하지만, 해밀턴일 가능성도 없지는 않다.

미국이 어떤 조치를 취하기 전에 그 정당성과 적절성을 편견없는 사람들의 관점에서 미리 검토했더라면 수많은 실책과 무모함을 피할 수 있지 않았을까?

국가의 평판에 대한 의식이 아무리 필요한 것일지라도 구성원 수가 너무 많고 자주 교체되는 기구는 결코 그런 의식을 충분히 가질 수 없다. 그런 의식은 어떤 공적인 조치에 대한 대중의 호평과 비난의 정도를 각 구성원과 연관지을 수 있을 만큼 인원이 적은 집단이나, 또는 그 구성원들의 긍지와 자부심이 사회의 평판이나 발전과 분명하게 일체가 될 정도로 공적 권한이 확고하게 위임된 상원 같은 집단에서만 찾아볼 수 있다. 반년 임기의 로드아일랜드주의 대표들은 부정한 조치들을 심의하면서 다른 나라들이나 심지어 주변의 다른 주들이 이를 어떻게 바라볼지에 대해 거의 영향을 받지 않았을 것이 분명하다.[2] 반면에 그들에게 엄선되고 안정된 기구의 동의가 필요했더라면, 국가의 평판에 대한 고려와 배려만으로도 지금 주민들이 겪고 있는 재앙을 막을 수 있었으리라는 것을 의심치 않는다.

상원이 없을 경우의 여섯 번째 결점은, 잦은 선거로 인해 일부 중요한 사안에 대하여 정부가 국민에 대해 마땅히 가져야 할 책임감이 결여된다는 것이다. 그러나 선거의 간격이 훨씬 긴 경우에는 이런 책임감이 생길 수 있다. 이런 견해는 아마 생소할 뿐만 아니라 역설적일지도 모른다. 그러나 자세한 설명을 덧붙인다면 중요하고 또한 부인할 수 없는 사실로 인정될 것이다.

책임이라는 것은 책임이 있는 당사자의 권한 내에 있는 대상에 한정되어야만 합리적이며, 효과적으로 책임을 다할 수 있기 위해서는 선거구민이 언제든 적절하다고 판단을 내릴 수 있는 권한의 운영에 관한 것이어야 한다. 입법 행위는 대체로 두 종류의 방식으로 나타날 수 있다. 하나는 단독적이고 즉각적이며 뚜렷이 느낄 수 있는 조치에 의존하는 것이며, 다른 하나는 뚜렷이 드

---

2) 로드아일랜드주는 영국과의 전쟁으로 인해 경제가 어려워지자 채무자들이 빚을 상환하는 데 유리하도록 지폐를 과잉 발행하여 인근 주들까지도 피해를 주는 불합리한 조치를 취한 바 있다. 페이퍼 7번, 각주 8) 참고.

러나지 않고 점진적이며 정선되고 서로 연결된 일련의 조치들에 의존하는 것이다.[3] 두 번째 방법이 모든 국가의 집단적이고 항구적인 복지에 대해 중요하다는 것은 설명할 필요도 없다. 그러나 너무 짧은 임기로 선출되었기 때문에 공공복지를 좌우할 일련의 필수적인 조치 중 기껏해야 한두 개의 조치밖에는 마련할 수 없는 의회에 그 최종 결과에 대한 책임을 물을 수 없다는 것은 명백하다. 이것은 1년만 계약한 집사나 소작인에게 6년 이내에는 도저히 달성할 수 없는 일에 대한 책임을 지도록 하는 것과 다를 바가 없다. 또한 여러 해에 걸친 다양하고 혼합된 조치들로부터 초래된 일들에 대해 매년 바뀌는 의회가 각각 어느 정도의 영향을 미쳤는지 국민이 측정하기란 불가능하다. 수많은 인원으로 구성된 기구에서는 직접적이고, 다른 정책과 확연히 분리되며, 또한 확연히 드러나는 조치에 대해서도 그 구성원들이 선거구민에 대해 개인적으로 계속 책임을 진다는 것은 무척이나 어려운 일이다.

이러한 결함에 대한 적절한 해결책은, 지속적인 주의와 연속성 있는 조치가 요구되는 목표에 대비할 수 있을 만큼 임기가 충분한 입법기구를 추가로 두는 것이다.

이제까지 나는 국민의 대표와 관련된 한도 내에서 잘 구성된 상원의 필요성에 대해 검토해 보았다. 이 글을 읽는 사람들처럼 편견에 눈멀지 않고 아첨에 의해 타락하지도 않은 사람들에게, 상원과 같은 기구는 일시적인 잘못이나 착각으로부터 사람들을 보호해 주는 수단으로써 때때로 필요하다고 주저 없이 덧붙이고 싶다. 모든 정부, 사실상 모든 자유정부에서는 냉철하고 신중한 사회의 의식이 궁극적으로 그들의 통치자의 견해보다 우세하게 된다. 그래서 비정상적인 욕구와 불법적인 이득에 의해 자극되고, 혹은 이해가 얽힌 사람들의 교활한 거짓말에 속아 국민들은 결국 그들 스스로 후회하고 자책하게 될

---

3) 매디슨은, 입법부 중 하원의 특정에 맞는 입법 방식과 상원의 특정에 맞는 입법 방식을 비교해 설명하고 있다.

그런 수단에 호소하게 되는 경우도 있다. 그런 위기의 순간에 이성, 정의, 진실에 대한 확신이 공공의 마음속에 다시 자리 잡을 때까지, 잘못된 사태의 진행을 막고 국민들이 자신들에게 입힐 타격을 막기 위해 절제되고 존경받는 시민의 집단이 나서준다면 얼마나 유익하겠는가? 만약 아테네 정부가 시민 자신의 격정에서 비롯된 전제에 대해 방어할 준비가 되어 있었다면, 아테네 시민들은 대개의 경우 극심한 고통을 피할 수 있지 않았을까? 그랬다면 대중의 선택은, 동료 시민에게 하루는 독약을 주고 다음 날엔 그의 조각상을 세워주는 식의 지울 수 없는 불명예를 피할 수 있지 않았을까?[4]

광범위한 지역에 퍼져 있는 국민은 좁은 지역에 밀집해 살고 있는 주민들처럼 격렬한 감정에 물들거나 부당한 수단을 추구하기 위해 결탁할 위험이 없다고 말할지도 모른다. 나도 여기에 중요한 차이가 있다는 것을 결코 부인하지는 않는다. 오히려 나는 앞의 페이퍼[5]에서도 그것이 연방공화국의 중요한 장점 중의 하나라는 것을 밝히려고 노력했다. 그러나 동시에 이런 장점이 있다고 해서 상원과 같은 보조적인 예방 수단이 필요 없다고 생각해서는 안 된다. 미국 국민은 영토의 광대함으로 인해 작은 공화국에 따르는 위험을 면할

---

4)   매디슨은 여기서 기원전 399년에 있었던 도시 국가 아테네의 소크라테스에 대한 재판과 사형을 예로 들고 있다. 이 문장 안의 '대중의 선택'이라는 표현은 원문에서는 'popular liberty'이다. 하지만 매디슨은 정족수가 6000명이 되어야 하는 아테네 같은 도시 국가의 직접민주주의 집회에서는 대중은 항상 선동가의 격정(그것이 옳든 그르든)에 희생될 수 있다고 생각했고, 소크라테스의 죽음도 군중이 사태를 장악한 폭민정치(mob rule)의 산물로 여겼다. 따라서 원문에서 매디슨은 'liberty'를 자유라는 의미보다는 오히려 선택, 결정, 혹은 자유재량을 암시한 것 같고, 또 '자유'보다는 문맥에 맞는다고 생각해 'liberty'의 동의어 중 하나인 'choice', 즉 '선택'으로 번역했다. 매디슨의 직접민주주의, 특히 아테네에 대한 이러한 우려와 공포는 아테네 시민들의 집회를 언급한 페이퍼 55번의 다음 문장에 잘 드러나고 있다. "아테네 시민이 모두 소크라테스 같은 인물이었다 하더라도, 그들 모두가 모인 집회 역시 무질서한 폭도에 지나지 않았을 것이다." 매디슨의 아테네의 직접민주주의와 그에 따르는 군중의 위험성에 대해서는 Jeffrey Rosen, "Madison vs. the Mob," *The Atlantic* (Oct., 2018): 88~90 참고.

5)   페이퍼 10번.

수는 있지만, 반면에 그런 광대함은 불리한 점으로 작용할 수도 있다. 그 이유는 불순한 이해관계를 같이하는 사람들이 결탁해 허위 사실을 성공적으로 퍼뜨리게 될 경우, 국민들은 더 오랜 시간 동안 그 해로운 영향 아래 놓이게 될 것이기 때문이다.

역사를 돌이켜 볼 때, 상원이 없는 어떤 공화국도 오랫동안 존속하지 못했다는 것을 상기하면 우리가 고려한 점들이 한층 더 중요성을 가지게 된다. 사실 스파르타, 로마, 카르타고만이 이런 특징을 가진 국가들이다. 이 세 국가 중 스파르타와 로마에는 종신직 원로원[6]이 존재했다. 카르타고의 원로원이 어떻게 구성되었는지는 위의 다른 두 사례보다는 덜 알려졌지만, 상황적인 증거로 보면 아마도 스파르타와 로마의 원로원과 특별히 다르지 않았음을 알 수 있다. 그것은 적어도 대중의 동요를 안정시켜 주는 몇몇 특성을 가지고 있었다는 점은 확실하다. 또한 원로원에서 선출된 좀더 규모가 작은 회의는 종신직으로 임명되고 결원이 생길 경우 자신들이 직접 결원을 보충했다. 이런 사례들은 아메리카의 정신에는 맞지 않아 모방하기에 부적절하지만, 그럼에도 다른 고대 공화국들이 오래 지속되지 못하고 또한 불안정하게 존재했던 것과 비교해 보면, 안정과 자유를 조화시켜 줄 어떤 제도가 필요함을 교훈적으로 증명해 준다. 나는 미국을 고대나 현대의 다른 민주정부와 구별해 주는 상황을 모르는 것은 아니지만, 한 사례로부터 다른 사례를 유추해 내는 데는 극도의 주의가 필요하다. 하지만 이런 점들을 충분히 인정하고 검토해 보더라도, 앞의 사례들에는 여전히 우리가 주의를 기울일 만한 유사점이 많은 것이 사실이다. 우리가 이미 고찰했듯이 국민에 의해 빈번하게 선출되는 다수로 구성된 의회와 국민 자신들에게 공통적으로 존재하는 결함들 대부분은 상원이라는 제도에 의해서만 보완될 수 있다. 특히 다수로 구성되는 의회는 상원과 같

---

6) 헌법이 제안한 상원, 즉 Senate는 고대 로마에서 기원한다. 로마의 언어였던 라틴어로는 Senatus 이며, 고령자로 구성된 입법부를 의미하기 때문에 원로원이라고 번역되고 있다.

은 제도의 통제가 필요한 다른 결함들도 가지고 있다. 국민들은 자신의 이익을 자발적으로 배신하지는 않겠지만 그들의 대표는 그럴 수 있다는 점이 바로 그 이유이다. 모든 입법 행위가 한 기구에 송두리째 맡겨지게 되는 경우, 서로 분리되고 대조되는 다른 기구의 동의가 필요한 경우보다 대표들이 배신할 위험이 훨씬 커질 것은 명백하다.

아메리카의 공화국들과 다른 공화국들 사이의 가장 확실한 차이점은 대표제의 원칙에 있다. 이 원칙은 아메리카의 공화국들이 작동하는 중심축이지만, 다른 공화국들 또는 적어도 고대 공화국들에는 잘 알려지지 않았던 것이다. 앞의 페이퍼들[7]의 논증을 뒷받침하는 데도 이러한 차이점을 인용했는데, 그것은 내가 이 차이의 존재를 부정하는 것도, 그 중요성을 과소평가하는 것도 아니라는 것을 보여준다. 따라서 고대 공화국들의 대표제에 대해 무지했다는 것이 일반적인 입장이지만, 그것은 명확한 사실이 아니라는 것을 어느 정도 자신 있게 설명하고자 한다. 여기에 대한 더 자세한 논의는 이 부분에서 불필요하다고 생각하기에 나의 의견을 뒷받침하기 위한 몇 개의 알려진 사실만을 언급하겠다.

고대 그리스의 가장 순수한 민주주의에서는, 많은 행정적인 기능은 시민 자신들에 의해서가 아니라 시민들에 의해 선출되고 또한 행정 집행권에 있어 시민을 대표하는 관리들에 의해 수행되었다.

솔론이 개혁[8]을 단행하기 전에 아테네는 9명의 집정관[9]이 통치했으며 그들은 매년 시민 전체에 의해 선출되었다. 그들에게 부여된 권한이 어느 정도였는지는 분명하지 않다. 그 이후의 시대에는 처음에는 400명, 그 후에는 600명으로 구성된 의회가 있었고 역시 매년 시민에 의해 선출되었지만 입법권에서는 시민을 부분적으로 대표했다. 그 이유는 입법과정에는 시민과 공동

---

7) 페이퍼 10번, 14번.

8) 페이퍼 38번, 가주 5) 참고.

9) 원문에서는 아르콘(Archons)이며 그리스 도시국가들의 최고행정관이다.

으로 참여했을 뿐만 아니라 그들은 시민에 대하여 입법안을 발의하는 독점적인 권한을 가졌기 때문이다. 카르타고의 원로원 또한 그 권한이나 임기를 떠나서 시민의 투표에 의해 선출되었던 것으로 보인다. 이와 비슷한 사례는 전부는 아니더라도 대부분의 고대 민중정부에서 찾아낼 수 있을지도 모른다.

끝으로 스파르타에는 민선 집행관들[10]이 로마에는 호민관[11]이 있었는데 두 기구는 모두 구성원의 수는 적었지만 매년 시민 전체에 의해 선출되었고, 거의 전권이라고 해도 좋을 정도의 권한을 위임받은 시민들의 대표자로 간주되었다. 크레타의 코스미[12] 또한 매년 시민에 의해 선출되었고 몇몇 학자들은 코스미를 앞서 언급한 스파르타나 로마의 기구와 유사한 것으로 생각하고 있으며, 다만 차이가 있다면 코스미를 선출하는 투표권은 전체 시민이 아닌 일부 시민에게만 주어졌다는 점이다.

다른 예들도 많이 추가할 수 있지만 이런 사실들에만 비추어 보아도, 대표성의 원칙이 고대인들에게 알려지지 않았던 것도 아니고, 또 그들의 정치체제에서 완전히 간과되지 않았다는 것은 명백하다. 그 공화국들과 아메리카의 정부들의 진정한 차이점은, 아메리카에서는 정부의 운영에서 집단적 권능으로서의 국민의 참여가 전적으로 배제되는 것에 있는 것이지, 고대 공화국들의 정부의 운영에서 시민의 대표가 전면적으로 배제되었다는 데 있는 것이 아니다. 하지만 이러한 특정한 구별이 합중국에 유리한 우월성을 가져다준다는 것을 인정해야 한다. 그러나 이러한 이점의 효과를 최대한 보장하기 위해서는

---

10) 원문에서는 '에포라이(Ephori)'이며 집행관(Ephors)의 복수이다. 5명의 민선 집행관들이 2명의 왕과 권력을 나누었으며 동시에 그들을 견제했다. 집행관들은 또한 스파르타와 그 식민지의 지도자이기도 했다.

11) 호민관(Tribunes)은 고대 로마의 선출직 관리들을 일컫는데 가장 대표적인 것은 평민들(plebians)에게 개방되어 있는 Tribunes of the plebs와 군사업무를 담당하는 Military Tribunes이다. 대부분의 로마 역사에서 호민관은 원로원과 매년 선출되는 집행관을 견제하는 세력이었다.

12) 코스미(Cosmi)는 고대 크레타 혹은 크레테(Crete)의 민선 집행관들이며 10명으로 구성되었다. 그들의 역할은 스파르타의 민선 집행관들인 에포라이와 유사했다고 전해진다.

영토의 광대함이라는 우리의 또 다른 이점과 결합시켜 서로 분리되지 않도록 주의해야 한다. 왜냐하면 어떤 형태의 대의 정체도 고대 그리스의 민주 정체들이 차지하고 있던 협소한 영토에서는 성공할 수 없었다고 믿어지기 때문이다.

논리적으로 제시되고 사례에 의해 증명되고, 또한 우리 자신의 경험에 의해 강조된 이 모든 주장에 대해 헌법을 경계하는 적대 세력들은, 시민에 의해 직접 선출되지 않은 6년이라는 긴 임기를 가진 연방 상원의원은 점차 정부에서 위협적인 우월성을 차지하게 되고, 결국 정부를 전제적인 귀족정으로 변모시킬 것이 틀림없다는 반론을 되풀이하면서 아마도 자기만족에 빠질 것이다.

이 일반적인 대응에 대해서는 다음과 같은 일반적인 논박으로 충분할 것 같다. 자유는 권력의 남용뿐만 아니라 자유의 남용 때문에도 위험해질 수 있고, 권력의 남용과 마찬가지로 자유의 남용의 실례도 수없이 많으며, 합중국의 경우는 권력의 남용보다 자유의 남용이 가장 염려될 것이라고 말이다. 하지만 그 반론에 다음과 같이 더 자세하게 대응할 수도 있다.

공화정을 전제적인 귀족정으로 변모시키려는 혁명을 시도하기 전에 상원은 먼저 그 자체를 부패시키고 다음에는 주 의회를, 다음에는 연방하원을, 그리고 마지막에는 국민 전체를 부패시켜야 할 것이다. 상원이 전제정을 수립하기 위한 시도를 하기 전에 상원 자신이 먼저 부패해야 함은 명백하다. 또한 상원은 주 의회를 부패시키지 않고서는 그런 시도를 추진할 수 없다. 왜냐하면 주 의회는 정기적인 상원의원 선출을 통해 상원을 재구성해 버릴 수 있기 때문이다. 같은 맥락에서, 하원을 부패시키기 위한 수단이 성공적으로 실행되지 못한다면 상원과 대등한 입법부의 한 원인 하원의 반대로 그 시도는 필연적으로 좌절되고 말 것이다. 그리고 국민들을 부패시키지 않고서는 국민들에 의해 선출된 새로운 하원의원들이 신속하게 모든 것을 원래의 상태로 돌려놓을 것이다. 새헌법에서 제안하고 있는 상원이, 인간이 사용할 수 있는 모든 가능한 수단을 이용해 장애물을 제치고 무법적인 야망을 이룰 수 있으리라고 진지하게 확신하는 사람이 과연 있겠는가?

그런 의심이 논리적으로 잘못된 것이라고 판단된다면, 경험에 의해서도 역시 같은 결론을 내릴 수 있다. 그 가장 적절한 예가 메릴랜드주의 헌법이다. 그 주의 상원은, 연방상원이 앞으로 그럴 것처럼, 간접선거에 의해 선출되지만, 그 임기는 연방상원보다 1년이 짧다. 그러나 연방상원과 구별되는 것은, 임기 내에 발생한 자체의 결원을 충원하는 특권을 가진다는 것이며, 연방상원의 경우처럼 구성원을 윤번으로 교체하는 규정도 없다. 그러나 몇 가지 작은 차이가 있는데, 연방상원에는 적용되지 않지만, 메릴랜드주의 상원은 전제적 권력남용을 할 수 있다는 그럴듯한 반대에 마주칠 수 있다는 것이다. 그러므로 그렇게 요란하게 주장되어 온 위험성을 연방상원이 가지게 된다면 메릴랜드주 상원에서 이미 비슷한 위험의 징조가 지금쯤은 감지되었어야 했지만, 실제로 그런 일이 일어난 적은 없다. 오히려 연방헌법의 상원에 대해 경계하던 사람들과 같은 부류의 사람들이 처음에는 메릴랜드주의 상원에 대해서도 같은 경각심을 가졌지만 경험이 쌓이면서 그런 경각심은 점차 사라져버리게 되었다. 또한 메릴랜드주의 헌법은 상원에 관한 부분이 유익하게 운용됨으로써 합중국의 어느 주도 따라올 수 없는 명성을 쌓아가고 있다.

그러나 이 문제에 대한 우려를 잠재울 수 있는 어떤 것이 있다면 그것은 바로 영국의 사례일 것이다. 영국의 상원은 6년마다 선출되거나 특정 가문이나 부의 정도에 제한을 받지도 않는 부유한 귀족들의 세습적 집단이다. 하원의원도 2년마다 국민 전체에 의해 선출되는 것이 아니라 대부분의 의원들이 7년마다 국민의 매우 작은 일부에 의해 선출된다. 바로 이 점에서 의심할 여지없이 장차 합중국에서도 나타날 수 있는 귀족의 강탈과 전제의 모습이 영국의 상원에서 훤히 드러났어야 했다. 그러나 헌법안의 반대자들에게는 유감이지만, 영국의 역사가 우리에게 알려주는 바에 따르면, 세습 귀족들로 구성된 영국의 상원은 하원의 지속적인 잠식으로부터 자신을 방어하지 못했음을 보여주며, 왕의 지지를 잃자마자 실제로 하원의 힘에 압도당하고 말았다.

고대의 역사가 이 문제에 관해 우리에게 교훈을 줄 수 있다면, 그 사례들은 우리가 제시하는 논리를 뒷받침해 줄 것이다. 스파르타에서는 매년 선출되는 집행관들이 종신직의 원로원보다 우월했으며, 계속 권한을 늘려가 결국은 모든 권력을 그들의 수중에 넣게 되었다. 시민의 대표자였던 로마의 호민관은 이미 잘 알려졌듯이 종신직인 원로원과의 모든 경쟁에서 이겼고 결국은 완벽한 승리를 쟁취했다. 더욱 놀랄 만한 것은 호민관의 수가 10명으로 늘어난 뒤에도 모든 결정은 만장일치제에 의해 이루어졌다는 것이다. 그것은 자유정부에서 시민들의 편에 서 있는 대표들의 집단이 감히 저항할 수 없는 힘을 가졌다는 것을 보여주는 것이다. 또 다른 예인 카르타고의 경우, 폴리비우스[13])의 증언에 따르면 제2차 포에니 전쟁[14])이 발발할 때 카르타고의 원로원은 모든 권력을 장악하지 못해 원래 가지고 있던 권력마저 잃고 말았다.

이런 여러 사실로부터 얻을 수 있는 결정적인 증거는, 연방상원이 점진적인 권력 찬탈에 의해 스스로를 독립적이고 귀족적인 집단으로 변질시킬 가능성은 전혀 없지만, 설령 인간의 예지능력으로는 막을 수 없는 원인에 의해 그런 일이 발생한다고 할지라도 국민을 자신의 편에 둔 하원이 언제라도 헌법을 원래의 형태와 원칙으로 되돌려 놓을 수 있음을 확실하게 믿을 수 있다는 것이다. 국민을 직접 대표하는 이런 하원의 힘에 대해, 국민 전체의 애정과 지지를 하원과 함께 나눌 현명한 정책과 공공복지에 대한 애착을 보여주지 않고서는 상원은 그 헌법상의 권한조차 유지할 수 없을 것이다.

푸블리어스

---

13) 폴리비우스(Polybius 200?~118? B.C.E.)는 그리스의 역사가이다. 페이퍼 16번, 각주 3) 참고.
14) 페이퍼 6번, 각주 15) 참고.

THE FEDERALIST No. 64

≪인디펜던트 저널≫, 1788년 3월 5일   존 제이

뉴욕주 시민들에게

어떤 개인에 적대적이거나 혹은 특정 법안에 반대하는 사람들의 대부분이, 반대할 만한 사안이 아닌 것까지 싸잡아 비난하는 것은 올바른 인식이며 또 그리 새로운 일은 아니다. 이런 이치에 따르지 않고서는 헌법의 반대자들이 제안된 헌법을 총체적으로 비난하거나 나무랄 데 없이 훌륭한 조항까지도 혹독하게 취급하는 것을 설명하기가 무척이나 곤란해질 것이다.

헌법 제2조 2절 2항은 대통령에게 "상원의 출석 의원 3분의 2 이상의 찬성을 조건으로 상원의 조언과 동의를 얻어 조약을 체결하는" 권한을 부여하고 있다.

조약을 체결하는 권한은 중요한 것으로서, 특히 전쟁, 평화, 통상에 관한 경우에 더욱 그러하다. 또한 조약은 공익에 가장 이바지할 수 있고, 가장 안전한 방식으로, 그 목적에 가장 적격인 사람에 의해 행사되어야 한다. 헌법회의는 이 두 가지 점 모두에 대해 세심한 주의를 기울였다고 보여진다. 그 결과 헌법회의는 이러한 명확한 목적을 국민으로부터 위임받은 선거인단[1]으로 하

---

1) 대통령을 선출하는 선거인단의 권한은 국민으로부터 위임받았다고 하기 어렵다. 각 주는 주 의회가 정하는 바에 따라 연방의회에 보낼 수 있는 상원의원과 하원의원의 총수와 동수의 선거인을 임명하고, 그렇게 주별로 임명된 선거인들이 대통령을 선출하는 선거인단을 구성하게 된다. 그렇기 때문에 선거인단은 국민으로부터 대통령 선출에 대한 권한을 위임받은 것이 아니라 국민을 대신해서 대통령을 선출했다. 1820년 이전의 대통령 선거에서는 대부분의 주에서 일반 유권자가 대통

여금 대통령을 선출하도록 했고, 또한 상원의원의 임명을 주 입법부에 맡긴 것이다. 이런 방식은 국민 전체에 의한 선출 방식에 비해 커다란 이점을 가지고 있다. 그 이유는 집합적 자격으로서의 국민에 의한 직접 선출 방식에서는, 경솔하고 타산적인 자들의 태만과 무지, 그리고 희망과 두려움이라는 약점을 이용한 당파적 욕망을 통해 유권자의 일부인 소수의 표로써 관직을 차지하는 경우가 많기 때문이다.

상원을 선출하는 주 입법부뿐만 아니라 대통령을 선출하는 선거인단은 일반적으로 가장 현명하고 존경받는 시민들로 구성될 것이기 때문에, 그들의 관심과 표는 능력과 덕으로써 명성을 얻고 시민들이 생각하기에 신뢰할 만한 타당한 근거가 있는 후보들에게 집중되리라 판단된다. 헌법은 이 점에 특별한 주의를 기울이고 있다. 35세 미만인 자는 대통령직에서 배제하고, 30세 미만인 자는 상원의원직에서 배제함으로써, 국민이 그 후보들에 대해 판단할 수 있는 시간만큼의 연륜을 갖춘 사람, 그리고 스쳐 가는 유성이 우리를 때때로 오도하고 현혹하듯이 그럴싸하게 빛나는 재능과 애국심으로 국민을 쉽게 기만하지 않을 사람에게 유권자의 선택, 즉 피선거권을 한정하고 있다. 현명한 왕은 언제나 유능한 대신들을 등용해 그들의 보좌를 받으리라는 것이 사실이라면, 집단으로서의 선거인단은 아무래도 그들이 선출할 인물과 그 인품에 대해 왕보다는 훨씬 광범위하고 정확한 정보를 가질 것이므로, 그들의 선택은 적어도 현명한 왕의 선택에 버금가는 신중함과 분별력을 가질 것이다. 이러한 점들을 고려하면 다음과 같은 결론이 나올 수 있다. 선거인단과 주 입법부에서 각기 선출된 대통령과 상원의원들은 각 주와의 관계나 외국과의 관계에서 고려해야 할 우리의 국익을 가장 잘 이해하고 증진할 수 있으며, 또한 그들의 청렴함에 대한 평판으로 인해 국민의 신뢰와 신임을 받을 만한 인물들일

령을 선출하게 될 선거인을 투표로 선출하지 않았다. 일반 유권자가 각 주에서 그들의 선거인을 선출하는 직접투표는 1824년부터 연방헌법이 아닌 각 주의 법률에 의해 실시되기 시작되었고, 이렇게 각 주에서 선출된 선거인의 집단인 선거인단이 궁극적으로 대통령을 선출하게 되었다.

것이다. 그런 사람들에게는 조약체결권을 맡겨도 안전할 것이다.

어떤 일이든 그 일을 수행하는 데는 조직이 절대적으로 필요하다는 것은 보편적으로 알려져 있고 또 인식되어 온 사실이지만, 국가적인 사업에 있어서 그 중요성은 아직 대중들이 충분히 인식하지 못하고 있는 듯하다. 계속해서 자주 구성원들이 교체되는 하원에 지금 우리가 검토 중인 조약체결권을 맡기기를 원하는 자들은, 그렇게 중대한 목적을 달성하기에는 그 조직이 당연히 부적합할 수밖에 없다는 것을 생각하지 못하는 듯하다. 조약 체결을 위해서는 모든 협약 관계와 조건에 대해 지속적이고 안정된 고려가 필요하고, 조약의 협상과 실행에 있어 능력은 물론 정확한 정보와 많은 시간을 요구하는 조치들이 필요하기 때문이다. 따라서 헌법회의는 현명하게도 조약체결권을 유능하고 성실한 사람들에게 위임하기로 했을 뿐만 아니라, 그들이 완벽하게 국가의 관심사에 정통하고 국사를 수행할 체계를 도입하고 구성하기에 충분한 시간 동안 재임하도록 한 것이다. 이렇게 규정된 임기는 상원의원들에게 정치적인 지식을 크게 넓힐 수 있는 기회를 주고 국가에 더 유리한 경험을 쌓을 기회를 줄 것이다. 또한 헌법회의는 상원선거를 2년마다 빈번하게 실시하면서도[2] 중대한 사안을 새로 선출된 상원의원들에게 전면적으로 인계해야 하는 불편함을 사전에 방지할 수 있는 방법을 마련했다는 점에서도 역시 매우 신중했음을 알 수 있다. 상당수의 기존 구성원, 즉 3분의 2를 상원의석에 남겨 둠으로써 공적인 정보가 끊임없이 지속적으로 인계되고 일관성과 질서가 보전되도록 한 것이다.

무역과 항해에 관한 업무는, 신중하게 구성되고 또 그 업무를 안정되게 추진할 수 있는 조직에 의해 관리되어야 하며, 우리의 조약과 법률이 그런 조직과 조화되고 또한 그 조직을 촉진할 수 있도록 만들어져야 한다는 것을 대부

---

[2] 상원의원은 임기가 6년이지만 전체 의원의 3분의 1을 2년마다 윤번으로 선출한다. 페이퍼 59번의 각주 1), 각주 5) 참고.

분의 사람들은 인정할 것이다. 이런 조화와 일치는 주의 깊게 유지되어야 하며, 이에 대한 타당성을 인정하는 사람들은 조약과 법률에 모두 상원의 동의가 필요하도록 만듦으로써 헌법안이 그 타당성을 잘 인지하고 있음을 시인할 것이다.

그것이 어떤 성격이든, 조약의 협상 과정에서는 완전한 기밀과 신속한 대처가 가끔 필요하지 않은 경우는 드물다. 때로는 가장 도움이 되는 정보는 그것을 가진 사람의 신분 노출의 우려가 없을 때 얻을 수 있는 경우가 있다. 그런 우려는 금전적인 동기나 혹은 우호적인 동기에 의해 움직이는 사람들 모두에게 해당될 것이다. 어느 경우든 그들의 대부분은 대통령이 비밀을 지키리라는 것은 신뢰하겠지만, 상원의 비밀 유지는 믿지 않을 것이고, 다수의 대중적인 하원은 더욱 믿지 않을 것이다. 따라서 헌법회의가 조약의 체결에 대한 권한을 결정하면서, 비록 상원의 조언과 동의를 얻어야 하지만, 정보를 다루는 업무에 있어서는 신중한 방법을 취하도록 한 것은 아주 현명하게 대처한 것이다.

인간사를 주의해서 보면 마치 썰물과 밀물 같은 성쇠가 있다는 것을 알게 된다. 그 조류는 지속성, 강도, 그리고 방향이 일정치 않으며 똑같은 식으로나 크기로 반복되는 경우는 거의 없다. 국가 간의 일에 있어 이러한 조류의 흐름을 파악하여 자국에 이익을 가져다주는 것이 바로 국정을 맡은 사람들의 일이다. 그리고 이런 일에 경험이 많은 사람들은 며칠, 아니 몇 시간이 결정적으로 중요한 경우가 흔히 있다고 우리에게 알려준다. 전투에서의 패배, 군주의 사망, 각료의 해임, 혹은 다른 상황이 불쑥 개입해 현재의 입장과 국면을 변화시킴으로써, 가장 유리한 조류의 방향을 우리가 원치 않는 쪽으로 돌려버릴 수도 있다. 전장에서 그리고 역시 내각에서도 놓치지 않아야 할 중요한 순간이 있다. 어느 경우든 지도적인 위치에 있는 자들에게는 이러한 순간을 포착해 이용할 수 있는 권한이 주어져야 한다. 이제까지 우리는 기밀 유지와 신속함의 결여로 인해 여러 차례 심각한 고통을 겪었으며, 만약 헌법안이 이런 문제에 전혀 주의를 기울이지 않았다면 변명의 여지가 없는 결점투성이가 되었을 것이다. 보통 협상에서 기밀 유지와 신속한 조치를 필요로 하는 사항이라는 것은 예비적이고 보조적인 수단이다. 하지만 협상의 목적 달성에 도움이 될 수 있기에 국가적 견지에서 볼 때는 중요하지 않을 수 없다. 대통령은 그런 필요한 조치들을 어렵지 않게 강구할 수 있을 것이며, 상원의 조언과 동의가 필요한 경우가 발생하면 언제든 상원을 소집할 수 있다. 따라서 우리는 헌법안이 조약 체결을 위한 협상에 있어서 한편으로는 능력, 정보, 일관성 그리고 신중한 조사로부터 얻을 수 있는 이점과, 또 다른 한편으로는 기밀 유지와 신속함으로부터 얻을 수 있는 이점을 두루 가질 수 있게 배려된 것을 볼 수 있다.

그러나 헌법안의 대부분의 경우에서처럼 이 조약체결권에 대해서도 억지스러운 반대론이 꾸며져 주장되고 있다.

몇몇 사람들이 이 안에 불만을 갖는 것은, 그것의 어떤 오류나 결함 때문이 아니라 조약이 체결되면 법적인 효력을 갖게 되므로, 입법권을 부여받은 사람들에 의해서만 체결되어야 한다는 이유에서다. 그런 사람들은 법원의 판결과 주지사의 합헌적인 명령이 입법부를 통과한 법률만큼이나 유효하며 관련된 모든 사람에게 구속력을 갖는다는 것을 생각하지 못하는 것 같다. 모든 합헌적인 권력 행위는 그것이 행정부의 행위이든 사법부의 행위이든 간에 입법부를 통과한 법률 못지않은 법적 효력과 구속력을 가진다. 따라서 조약체결권에 어떠한 명칭이 주어지거나 체결된 조약이 어떤 구속력을 갖든, 국민이 적절하게 입법부, 행정부 혹은 사법부와는 별개의 기구인 대통령과 상원에게 그 권한을 줄 수 있는 것은 확실하다. 입법부에 법을 만들 수 있는 권한을 부여하고 있다고 해서 국민이 구속받고 영향을 받을 다른 모든 주권적 행위에 대한 권한도 입법부에 주어야 한다는 것은 결코 아니다.

다른 사람들은, 제안된 방식으로 조약이 체결되는 것에는 만족하지만 조약이 국가 최고의 법이 되는 것에는 반대한다. 그들은 조약도 의회가 제정한 법률처럼 마음대로 폐지될 수 있어야 한다는 것을 고집하며 또 그래야만 한다는 신념을 공언하고 있다. 이런 생각은 미국에는 새롭고 독특한 것으로 보이지만, 흔히 그렇듯 그런 생각들로부터는 진리뿐만 아니라 새로운 오류가 드러나기도 한다. 이렇게 주장하는 사람들은 조약이라는 것은 단지 거래의 다른 이름에 불과하다는 것, 그리고 상대방에 대해서는 절대적인 구속력을 갖는 반면, 우리에 대해서는 우리가 적절하다고 판단하는 기간과 한도 내에서만 구속력을 갖는 그런 거래를 맺으려는 국가를 찾기는 불가능하다는 것을 상기해야 할 것이다. 물론 법을 만드는 사람들은 법을 수정하거나 폐지할 수도 있으며, 조약을 체결하는 사람들도 그것을 변경하거나 취소할 수 있다는 데는 이의가 없을 것이다. 그러나 조약은 당사자인 양국에 의해 체결된 것으로 어느 한 나라에 의해서만 만들어지는 것이 아니라는 것을 잊어서는 안 된다. 그래서 조약의 체결에는 양국의 동의가 필수적이듯이, 나중에 조약을 수정하거나 폐지할 때도 그 원칙이 지켜져야 한다는 것이다. 따라서 제안된 헌법은 조금도 조약의 의무를 확대한 것은 아니다. 조약은 현재뿐만 아니라 미래의 어떤 시기의 어떤 형태의 정부하에서도 같은 구속력을 가지며, 또한 현재의 의회 제정 법률이 적법하게 미치는 범위를 넘어서는 구속력을 가지는 것이다.

권력에 대한 경계심이 공화국에서 아무리 유용하더라도, 신체의 담즙과 같이 그것이 정체에 너무 넘쳐나게 되면, 인간의 눈과 정체의 눈은 모두 그 병폐로 인해 주위에 나타나는 환영에 현혹되기 일쑤다. 아마도 이런 이유에서 대통령과 상원이 모든 주의 이해관계를 동등하게 고려하지 않고 조약을 체결할지 모른다는 두려움과 불안이 발생하는지도 모른다. 또 다른 사람들은 상원의원 3분의 2가 나머지 3분의 1의 의견을 억압할 것이라 의심하고, 또한 상원의원들이 그들의 행위에 대해 충분히 책임질 수 있는지, 혹은 그들이 부정한 행동을 했을 경우 처벌할 수 있는지, 또한 불리한 조약을 체결했을 경우 우리가 그 조약을 폐지할 수 있는지에 대한 여부를 물으려 할 것이다.

모든 주는 상원에서 동등하게 대표되고 있으며, 또한 자신의 선거구민의 이익을 가장 유능하고 가장 적극적으로 증진할 수 있는 사람에 의해 대표될 것이다. 특히 모든 주가 선거구민의 이익을 위해 가장 적절한 인물을 지명하여 상원의원으로 선출하고 그들로 하여금 성실하게 상원의 의정에 참여하도록 할 때는 더욱 그럴 것이다. 합중국이 국가적인 형태를 갖추어나가고 국가적인 특징을 띠게 됨에 따라, 전체의 복리라는 문제가 점점 더 관심의 대상이 될 것이지만, 만약 전체의 복리는 전체를 이루는 각 부분이나 구성원의 복리가 증진되지 않으면 이룰 수 없다는 것을 정부가 망각한다면 연방정부는 정말로 약한 존재가 되어버릴 것이 틀림없다. 대통령과 상원의원에게는, 그들과 그들의 가족 및 재산이 사회의 다른 구성원들과 동등하게 적용받지 않는 어떤 조약도 체결할 권한이 없다. 또한 대통령과 상원의원은 국민의 이익과 구별되는 사적인 이익을 가지고 있지 않기에, 국민의 이익을 소홀히 할 어떤 유혹도 받지 않을 것이다.

부패에 대한 경우는 상상할 수도 없다. 대통령과 상원의원의 3분의 2가 부패행위를 할 수도 있다는 것이 가능하다고 생각하는 사람은 세상일을 겪으면서 매우 불운했거나, 혹은 대통령과 상원의 3분의 2가 그런 가치 없는 행위를 저지를 수 있다는 느낌을 예민하게 받아들이는 사람임이 틀림없다. 그런 생각은 너무 역겹고 불쾌해서 생각해 볼 가치가 없다. 그러나 만약 그러한 경우가 생긴다면, 그런 부패한 수단에 의해 체결된 조약은 다른 사기에 의한 계약과 마찬가지로 국제법에 따라 법률상으로 무효화될 것이다.

대통령과 상원의원의 책임성에 관련해서는, 어떻게 하면 책임을 무겁게 할 수 있을지 생각해 내기란 쉽지 않다. 명예, 선서, 평판, 양심, 애국심 그리고 가족에 대한 애정과 애착 같은 인간의 마음에 영향을 미치는 모든 고려 사항들이 그들의 성실성에 대한 보장이 될 것이다. 간략하게 말하자면, 헌법은 재능과 고결함을 갖춘 인물이 대통령과 상원의원이 되도록 최대한의 주의를 기울이고 있다. 따라서 그들이 체결할 조약은 모든 상황을 고려해서 우리에게 가장 유리하게 체결될 것이라고 납득할 만한 이유가 있다. 그리고 처벌과 불명예에 대한 두려움이 존재하는 한, 탄핵의 대상에 관한 헌법 조항은 적법 행위의 충분한 동기가 될 것이다.

푸블리어스

THE FEDERALIST No. 65

≪뉴욕 패킷≫, 1788년 3월 7일   알렉산더 해밀턴

뉴욕주 시민들에게

입법권과는 별개의 역할로서, 헌법회의의 안이 상원에 할당한 나머지 권한은 행정부와 더불어 공직 임명에 참여하는 것과 탄핵심판을 위한 재판소로서의 사법적인 권한을 가진다는 것이다. 임명이라는 업무는 행정부의 우선 소관 업무이며, 임명에 관련된 규정은 행정부에 대한 논의[1]에서 상세히 다루게 될 것이다. 그러므로 여기서는 상원의 사법적인 성격에 대해 살펴보기로 한다.

　　탄핵심판을 위해 잘 구성된 법원을 갖는다는 것은 전적으로 선거로 선출되는 정부에서는 비록 바람직한 것이라 해도 달성하기 어려운 목표이다. 이 탄핵재판소의 관할 대상은 공직자의 불법행위에서 연유하는 범죄, 즉 국민이 위임한 권한을 남용하거나 위반함으로써 발생하는 범죄이다. 이러한 범죄는 주로 사회 그 자체에 대한 직접적 침해에 관계되는 것이므로 정치적이라고 불러야 마땅한 성격의 것이다. 그런 범죄에 대한 기소,[2] 즉 탄핵은 사회 전체의 감정을 부추기지 않는 경우가 거의 없으며, 따라서 피고에 대한 다소 우호적인 사람들과 적대적인 사람들로 편이 나뉜다. 많은 경우에 탄핵은 기존의 파벌들과 결부될 수밖에 없고, 어느 쪽이든 모든 적대감, 편견, 영향력, 그리고

---

1)　페이퍼 67번~77번.

2)　신분이 보장되어 있는 공직자의 위법행위에 대해 기소하는 것을 탄핵이라고 하고, 탄핵을 당하거나 탄핵소추를 받았다고 직위를 박탈당하는 것이 아니라 탄핵된 후에 탄핵재판에서 유죄판결을 받아야 직위에서 해제된다.

이해관계를 동원할 것이다. 그런 경우, 탄핵에 대한 판결이 유무죄의 진실한 입증에 의해서가 아닌 파벌들의 상대적인 세력에 의해 좌우될 수 있는 심각한 위험이 항상 존재하게 될 것이다.

공직을 맡고 있는 모든 사람의 정치적 평판과 정치적 생명과 깊이 관련된 탄핵재판권의 위임이 얼마나 민감하고 중대한 것인가는 그 자체로 명백하다. 전적으로 정기적인 선거에 기초하는 정부의 조직 내에 올바르게 이 권한을 위임하기란 매우 어려운 일이다. 정부 내에서 가장 저명한 인물들은 대체로 가장 노련하고 능수능란하거나, 다수인 당파의 지도자들이거나 혹은 그 당파가 앞세운 사람들일 것이다. 따라서 그런 인물들로부터 탄핵의 대상이 된 사람에 대해 요구되는 엄중한 중립성을 거의 기대할 수 없다는 것이다.

헌법회의는 이런 중요한 권한을 맡기기에 상원이 가장 적합하다고 생각한 것으로 보인다. 이 일이 갖고 있는 본질적인 어려움을 가장 잘 이해할 수 있는 사람들이라면 헌법회의의 견해를 성급히 비난하는 데 매우 신중할 뿐만 아니라, 이 조항의 토대가 되었다고 생각되는 논거가 매우 중요하다는 것을 당연히 인정하려 할 것이다.

그렇다면 이 탄핵이라는 제도의 진정한 의도가 무엇인지 물을 수 있을 것이다. 이 제도는 공직자의 행위에 대해 국민심판의 한 방법으로 고안된 것이 아닌가? 탄핵이 그렇게 의도된 거라면, 국민을 대신하는 심판관으로 국민의 대표들보다 더 적합한 사람들이 있겠는가? 심판을 발의하는 권한, 다시 말해서 탄핵을 발의하는 권한은 반드시 입법부의 한 원인 하원에 맡겨져야 한다는 데는 이의가 없다. 그러나 이 방식이 타당하다고 여기는 이유 그 자체에서 입법부의 다른 원인 상원도 이 심판에 참여해야 한다는 강력한 주장이 나오게 되는 것은 아닐까? 헌법회의는 이런 제도의 발상을 영국에서 빌려 왔다. 영국에서는 탄핵을 제기하는 것은 하원의 소관이고, 그것에 대한 판결은 상원에서 이루어진다. 몇몇 주의 헌법이 영국의 예를 따르고 있다. 영국의 방식을 따르고 있는 주들도 탄핵 제도를 행정부의 공직자에 대해 입법부가 쥐고 있는 고

삐로 생각하고 있는 듯하다. 이것이 바로 탄핵을 보는 올바른 시각이 아닐까?

상원보다 더 충분한 위엄과 더 많은 독립성을 갖춘 법원이 어디에 또 있겠는가? 상원이 아닌 다른 어떤 기관이 고소된 개인과 고소인인 국민의 대표 사이에서 아무런 두려움 없이, 어떤 영향도 받지 않고, 필수적인 공평성을 스스로 유지할 만큼 충분한 자신감을 가질 수 있을까?

탄핵의 이러한 특징에 대한 해답으로 연방대법원은 신뢰할 수 있을까? 연방대법원의 구성원들, 즉 대법관들이 이런 어려운 과제를 수행하는 데 필요한 불굴의 용기를 항상 갖추고 있는지는 매우 의심스럽다. 또한 국민의 직접적인 대표, 즉 하원의 기소와 정면으로 충돌하는 판결을 내릴 경우, 그 판결을 국민에게 납득시키기에 충분한 신뢰와 권위를 대법관들이 가지고 있을지는 더욱더 의문이다. 불굴의 용기가 부족하면 죄가 없는 피고에게는 치명적일 것이며, 신뢰와 권위의 부족은 공공의 안녕에 위험이 될 것이다. 이와 같은 두 가지 위험을 피할 수 있는 방법은, 만일 피할 수 있다면, 예산을 최대로 고려해 연방대법원을 훨씬 더 많은 수로 구성하는 것뿐이다. 탄핵재판을 위해 더 많은 수로 구성된 대법원이 필요하다는 것은 탄핵 절차의 특성을 봐도 역시 알 수 있다. 일반 재판의 경우 법정의 재량권은 개인의 권리를 보호하기 위해 제한되지만, 탄핵재판의 경우는 범죄에 관한 기소인들[3]의 서술과 그것에 대한 재판관의 해석에 있어서 일반 재판의 경우와 같은 엄격한 규칙으로 결코 제한될 수 없다. 탄핵재판에는 법률에 따라 판결을 내리는 재판관과 판결을 받고 벌을 받아야 하는 당사자 사이에 배심원이란 존재하지 않는다. 사회에서 가장 신뢰받고 가장 저명한 인물들에 대해 명예롭거나 불명예스러운 판결을 결정하는 탄핵법정이 필연적으로 가질 어마어마한 재량권을 염두에 두면

---

3) 하원에서 출석 의원 과반수 이상의 동의에 의해 탄핵결의안이 통과되면 상원에서 열리는 탄핵재판에 참여해 검사의 역할을 맡을 기소인들을 선출한다. 그 인원은 정해져 있지는 않지만 일반적으로 대통령의 탄핵재판의 경우 7~9명으로 구성되며, 그들을 하원 탄핵관리자(the House impeachment managers)라고 부른다.

소수의 사람에게 그 권한을 위임한다는 것은 용납하기 어렵다.

이런 점만을 고려해도 연방대법원이 탄핵재판소로서 상원을 대체하기에는 부적합할 것이라는 결론을 정당화하기에 충분하다고 생각되지만, 이 결론을 더욱 강력하게 뒷받침해 주는 또 다른 고려 사항들이 있다. 탄핵재판에서의 유죄판결만으로 위법 행위자에 대한 모든 처벌이 완전히 끝나지는 않는다는 것이다. 탄핵을 당한 자는 판결에 의해 그의 나라로부터의 존경, 신뢰, 명예 그리고 보수로부터 영원히 배척될 것을 선고 받은 후에도, 여전히 통상적인 사법 절차에 의해 기소되고 처벌을 받을 수 있다. 한 쪽 재판에서 이미 자신의 명예와 가장 중요한 시민으로서의 권리를 잃은 사람이, 다른 재판에서 같은 죄목으로 자신의 생명과 재산을 잃게 된다면 그것은 과연 적절한 것일까? 첫 번째 판결에서의 오판이 곧 두 번째 판결에서의 오판을 낳게 될 수 있다는 우려는 일리가 있지 않은가? 첫 번째 판결로 인한 강력한 편견에 의해 두 번째 판결의 결과를 바꿀 수도 있는 새로운 사실이 밝혀지더라도, 그 효과가 무력해질 우려도 있지 않겠는가? 인간의 본성에 대해 조금이라도 알고 있는 사람이라면 이 질문들에 그렇다고 대답하기를 주저하지 않을 것이며, 두 번의 재판에서 같은 사람들이 재판관이 된다면 탄핵소추의 대상이 된 사람은 복심제에 의해 의도된 이중의 안전보장을 심하게 박탈당한다는 점을 곧 깨닫게 될 것이다. 그 용어에 있어서 현직에서의 해임과 미래의 직위에 대한 자격의 박탈이라는 판결은 실질적으로는 생명과 재산의 박탈까지도 종종 포함한다. 두 번째 재판에서는 배심원이 개입하기 때문에 이러한 위험을 방지할 수 있다고 말할지도 모른다. 그러나 배심원은 자주 재판관의 의견에 영향을 받게 마련이다. 배심원은 때때로 유무죄에 대한 평결보다는 주된 문제를 법정의 결정에 맡김으로써 재판관이 원하는 판결을 내릴 수 있게 특별평결[4])을 종용받기

---

4) 일반평결(general verdict)은 유무죄에 대한 배심원단의 평결이지만, 특별평결(special verdict)은 배심원단이 유무죄를 평결하지 않고, 해당 소송에 있어서 법정이 배심원단에게 요구하는 특정 사실 문제에 대한 결과만을 제시한다.

도 한다. 이미 자신의 유죄판결을 결심한 재판관의 영향 아래 놓인 배심원의 평결에 누가 기꺼이 자신의 생명과 재산을 맡기겠는가?

대법원과 상원을 합쳐 탄핵재판소를 구성했다면 더 나은 헌법안이 되었을까? 물론 이 합동 재판소는 분명 여러 가지 장점을 가질 수 있다. 그러나 위법자의 입장에서는 이중으로 기소되고 또 같은 재판관에 의한 재판에 임할 수밖에 없다는 결함으로 인해 장점보다는 오히려 더 큰 결함을 가지게 될 것이다. 이런 합동의 이점은, 어느 정도 헌법회의에서 제안되었듯이 연방대법원장이 탄핵법정의 의장직을 맡으면서 얻어질 수 있을 것이다.[5] 또한 대법원 전체를 탄핵법정에 포함하는 데서 오는 문제들을 실질적으로 방지할 수 있을 것이다. 이것은 아마도 신중한 중용적 타협에서 비롯되었을 것이다. 만일 헌법안이 탄핵심판권을 연방대법원에 부여했더라면 그것은 사법부의 권한을 엄청나게 증대시켰을 거라는 또 다른 반대의견을 만들게 되었을 것이며, 그에 대해서는 여기서 언급하지 않도록 하겠다.

탄핵재판을 담당하는 법원을 정부의 다른 부로부터 완전히 독립된 사람들로 구성하는 것이 바람직할 것인가? 이 계획에 관해서는 찬성만큼이나 반대의 의견이 많이 나올 것이다. 정치 기구를 더욱 복잡하게 만들고 그 효과도 의심스러운 새로운 권력 기관을 정부에 추가하게 되는 것은 몇몇 사람들에게는 상당한 반대 이유가 될 수 있다. 그러나 주목할 만한 가치가 없다고는 누구도 생각하지 않을 반론이 있다. 즉 이러한 계획에 의해 구성될 탄핵재판소는 상당한 비용을 수반할 것이고 사실상 여러 가지 피해와 불편이 따를 수밖에

---

5) 상원의 탄핵재판에서 합중국 대통령을 심판할 경우에는 연방대법원장을 의장으로 한다(제1조 3절 6항). 부통령이 상원의장을 겸하지만, 대통령의 탄핵재판에서는 부통령에게 탄핵재판의 의장직을 맡기지 않는다. 그 이유는 그 재판의 결과에 가장 많은 이해관계가 부통령에게 걸려 있기 때문이다. 다시 말해서 부통령이 의장직을 맡을 경우에 생길 수도 있는 어떤 형태의 영향력으로 인해 현직 대통령이 유죄판결을 받는 경우, 부통령이 바로 대통령직을 승계하기 때문에 부통령을 탄핵재판에서 배제하는 것이다. 대통령에 대한 탄핵재판이 아닌 경우 통상적으로 상원의장을 겸하는 부통령이 탄핵재판의 의장을 맡는다.

없기 때문에, 탄핵재판소는 정부에 상근하면서 당연히 법률로 정해진 정규적인 보수를 받는 공직자들로 구성되어야 하거나 아니면 탄핵재판이 열릴 때마다 주 정부의 특정한 관리들이 소집되어 구성되어야 한다는 것이다. 이외에 우리가 합리적으로 제안할 수 있는 제3의 방식을 찾기란 쉽지 않을 것이다. 이미 제시된 이유로 탄핵재판소는 많은 인원으로 구성되어야 하기 때문에 대중이 필요로 하는 정도의 규모와 그 필요를 충족시키는 수단을 비교할 수 있는 사람들이라면 첫 번째 방식을 거부할 것이다. 두 번째 방식은 다음과 같은 점을 심각하게 고려하는 사람들이라면 지지하기가 조심스러울 것이다. 즉 미국 전역에 흩어져 있는 사람들을 소집하는 어려움; 기소된 혐의에 대한 판결의 지연으로 인해 무고한 사람이 입을 피해; 판결의 지연으로 인해 초래될 음모와 매수의 기회로부터 위법자가 챙길 수 있는 이점; 그리고 어떤 경우에는 확고하고 신념 있게 자신의 의무를 충실히 이행하는 공직자들이, 하원의 무절제하고 교활한 다수파들에 의해 탄핵소추를 당함으로써 그들의 의무를 계속 수행하지 못하게 되어 결국 국가가 입을 피해 등이다. 비록 마지막의 예는 좀 심하다고 생각할 수도 있고 실제로 증명할 수도 없다고 생각하겠지만, 파벌이라는 악령이 어떤 시대에는 많은 수로 이루어진 모든 인간 집단을 지배하게 되리라는 것을 잊어서는 안 된다.

지금까지 검토해 본 몇 가지 대안, 또는 새로 고안될 수 있는 대안들이 헌법회의가 제안한 방식보다 더 바람직하다고 생각될 수 있다 하더라도, 헌법안이 그런 이유로 거부되어야 한다는 것은 아니다. 만약 인류가, 정부의 모든 부분이 완벽한 기준에 정확하게 부합하지 않는 한 어떠한 형태의 정치제도에도 합의할 수 없다면, 사회는 곧 전반적인 무정부 상태가 될 것이며 세상은 폐허가 되고 말 것이다. 도대체 완벽함의 기준은 어디에서 찾을 수 있는가? 누가 사회 전체의 제각기 다른 의견을 일치되게 만들 것이며, 자부심이 강한 사람에게 그의 완벽한 기준을 버리고 더더욱 자부심이 강한 이웃의 잘못된 기준에 따르라고 설득할 수 있단 말인가? 헌법에 반대하는 자들이 그들의 목적을 이루고자 한다면, 헌법의 특정 조항 몇 가지가 그들이 생각할 수 있는 최선이 아니라고 증명하기보다는, 헌법안 전체가 잘못된 것이고 해로운 것이라는 것을 증명해야 할 것이다.

푸블리어스

THE FEDERALIST No. 66

≪인디펜던트 저널≫, 1788년 3월 8일   알렉산더 해밀턴

뉴욕주 시민들에게

헌법회의가 제안한 탄핵재판소에 대한 주요 반대론을 검토해 봄으로써 이 문제에 대해 아직 남아 있을지 모르는 부정적인 생각들을 십중팔구 불식시킬 수 있을 것이다.

그런 반대 이유 중 첫 번째는, 문제가 되고 있는 탄핵재판에 대한 규정은 입법권과 사법권을 하나의 기관, 즉 상원 안에 혼합시킴으로써 권력분립이라는 중요하고도 확고부동한 원칙을 위반한다는 것이다. 이 원칙의 진정한 의미는 다른 곳1)에서 논의되고 규명한 바 있는데, 정부의 각 부는 일반적으로 서로 구별되고 독립성을 유지하지만, 특별한 목적을 위해 각 부의 권한이 부분적으로 혼합되는 것은 이 원칙에 전적으로 부합된다는 것이다. 심지어 어떤 경우에는 이런 부분적인 혼합이 적절할 뿐만 아니라 정부의 각 구성원들 간의 서로에 대한 상호 방어를 위해 필요한 것이기도 하다. 입법부가 만든 법률에 대한 행정부의 절대적 또는 제한적 거부권은 최고의 정치학자들에 의해 후자에 대한 전자의 침해를 막는 데 필수적인 장벽으로 인정되고 있다. 그리고 아마도 같은 이유에서, 탄핵과 관련된 권한은 이미 시사했듯이 행정부의 침해에 대해 입법부가 가지는 필수적인 견제 수단이라고 주장할 수 있을 것이다. 탄핵권에 있어서, 그 기소권을 하원에 그리고 재판권을 상원에 맡기는 것

---

1) 정부의 다른 부 사이의 권력분립의 원칙은 페이퍼 47번~52번을 참고.

은 동일한 사람들이 기소인과 재판관이 될 경우 생길 수 있는 폐해를 막기 위한 것이며, 양원 중 어느 쪽의 당파성의 만연으로 인한 횡포의 위험에 대비하기 위한 것이다. 유죄판결에는 상원의원 3분의 2의 동의가 필요하기 때문에, 이 추가적인 조건2)에 의해 무고한 사람이 최대한 보호받을 수 있을 것이다.

　뉴욕주의 헌법을 무조건 찬양하는 사람들이, 우리가 여기서 주목하는 원칙에 입각한 헌법안의 탄핵에 관한 규정을 그렇게 맹렬하게 비난하는 것을 보면 참으로 터무니없다. 뉴욕주의 헌법을 보면 상원이 형평법 법원장3) 및 주 대법원의 판사들과 함께 탄핵재판소를 구성할 뿐만 아니라 모든 민사와 형사 소송사건에서 주의 최고법원이 되기 때문이다.4) 이 최고재판소의 구성에서 상원의원의 수에 비해 형평법 법원장을 포함한 대법관들의 수가 무척 적기 때문에 뉴욕주의 사법권은 결국 상원에 속한다고 할 수 있다. 이런 점에서 만약 헌법회의의 안이 이제까지 종종 언급된 그 주목할 만한 원칙에서 벗어났다고 비난을 받아야 한다면 뉴욕주의 헌법은 얼마나 더 많은 비난을 받아야 할 것인가?5)

---

2)　일반적인 입법과정에서 법안이 상원을 통과하기 위해서는 출석 의원 과반수의 찬성이 필요하지만, 탄핵재판에서의 유죄판결은 출석 의원 3분의 2 이상의 동의가 필요하므로 이를 추가적인 조건이라고 말하고 있다.

3)　형평법 법원장(Chancellor)은 뉴욕주 형평법 법원(The New York Court of Chancery)의 법원장이다. 이 법원은 1701년 8월 28일 영국의 아메리카 식민지 통치 기간에 설립되어 뉴욕주 식민지 총독이 형평법 법원장을 겸했고, 형평성 사건, 즉 형평 소송 관할권을 가진 법원이었다. 그러나 영국과의 전쟁 중 아메리카 식민지가 1776년 독립을 선언한 후 1777년 뉴욕주 헌법이 제정되었고, 그 결과 뉴욕주 형평법 법원은 1777년부터 1847년까지 형평 소송의 심사뿐만 아니라 뉴욕주 대법원에서 판결한 사건을 재심하는 항소 법원의 역할도 하였다. 형평법 법원장은 뉴욕주 정부에서 임명되었고 뉴욕주에서 가장 높은 사법관이었으나 1847년 뉴욕주의 사법제도가 개정됨에 따라 형평법 법원은 폐원되었다.

4)　당시 뉴욕주의 대법원은 바로 앞의 각주 3)에서 언급했듯이 주의 최고법원이 아니었고 현재도 최고법원이 아니다. 1847년부터는 형평 소송의 관할은 뉴욕주 대법원이 맡게 되었고, 항소법원(The New York Court of Appeals)이 최고법원이 되었다. 거의 모든 주에서 대법원은 주의 최고법원이지만 뉴욕주의 대법원은 매우 예외적으로 1심 법원이다.

상원이 탄핵재판소가 되는 것을 반대하는 두 번째 이유는, 상원에 과도하게 권력이 집중되어 자칫 연방정부가 귀족적인 색채를 띠게 될지도 모른다는 것이다. 이미 고찰했듯이 상원은 조약의 체결이나 관리의 임명에 있어서 행정부와 동등한 권한을 갖고 있으므로, 반대자들은 이런 특권 외에 모든 탄핵소송을 판결하는 권한까지 추가되면 상원의 영향력이 두드러지게 우세해질 거라는 것이다. 불명확한 반대 이유에는 명확한 대답을 해주기가 쉽지 않다. 상원에 영향력을 너무 많거나 너무 적게, 혹은 적당하게 주게 될 거라고 판단할 근거가 되는 척도나 기준은 도대체 어디에 있는가? 오히려 그런 모호하고 불확실한 계산을 그만두고, 각 권한 자체를 검토해서 일반적인 원칙에 의해 그런 권한을 어디에 맡기는 것이 가장 유리하고 동시에 가장 덜 불편할지를 결정하는 것이 한층 더 간단하고 안전하지 않을까?

이런 방식을 채택한다면 더 확실한 결과는 아닐지 모르지만 한층 더 현명한 결과를 가져다줄 것이다. 헌법회의에서 정해진 조약체결권의 배정은, 내가 실수하지 않았다면, 앞의 페이퍼[6]에서의 검토와 그리고 우리의 다음 주제인 행정부에 대해 검토하게 될 다른 페이퍼들[7]에서도 그 타당성이 충분히 검증될 것이다. 상원과 행정부가 연계되어 행사하게 될 공직 임명권[8]의 유리한 점도 행정부를 다룰 페이퍼들에서 상당히 만족할 정도로 밝혀질 것으로 믿는다. 탄핵을 판결하는 권한을 맡길 곳으로서 헌법안은 상원을 선택했는데, 그보다 더 적합한 곳을 발견하기란 비록 가능하다고 해도 쉽지 않았을 것이다. 나는 앞의 페이퍼에서의 고찰이 이러한 점을 증명하는 데 상당한 도움이 되었

---

5) 뉴저지주의 헌법에서도 최종 사법권이 입법부의 한 원에 있다. 뉴햄프셔, 매사추세츠 그리고 사우스캐롤라이나주에서는 입법부의 한 원이 탄핵재판소이다. _푸블리어스

6) 페이퍼 64번.

7) 페이퍼 68번과 75번.

8) 헌법 제2조 2절 2항: 대통령은 대사, 그 밖의 외교사절 및 영사, 연방대법원 판사 그리고 그 임명에 관하여 이 헌법에 달리 규정이 없으나, 이후에 법률로써 정해지는 그 밖의 모든 합중국 관리를 지명하여 상원의 조언과 동의를 얻어 임명한다.

을 것이라고 자부한다. 만약 이것이 옳다면, 상원의 권한이 너무 커질 것이라는 가상적인 두려움에 대해 더 이상 생각할 필요가 없어질 것이다.

그러나 상원이 과도한 권력을 가질 것이라는 가정은 상원의원들의 임기에 관해 다루었던 부분에서 이미 논박을 당한 적이 있다.9) 역사적인 실례뿐만 아니라 그 일관성에서 볼 수 있듯이, 공화적 성격을 가진 모든 정부에서 가장 대중적인 부문, 예를 들면 하원이 바로 국민에게 가장 인기 있는 부문이기 때문에, 정부의 다른 부문들을 압도할 정도는 아닐지 모르지만, 대체로 대등한 상대는 될 것이다.10)

이런 현실적이고 효력 있는 이론과는 별도로, 헌법회의는 연방하원의 상원에 대한 힘의 균형을 보장하기 위해 상원이 가지는 추가적 권한에 대해 하원에 유리한 몇 가지 중요한 대항책을 마련했다. 즉, 예산에 관한 법안을 발의하는 독점적 특권과 탄핵을 발의하는 권한을 단독으로 갖게 될 것이다. 이것은 상원의 탄핵재판권과 완전한 균형을 이루는 것이 아니겠는가? 하원은 대통령선거에서 대통령 선거인단 투표의 과반수를 얻는 후보가 없을 경우 대통령을 선출하는 권한을 가진다. 이런 경우가 자주 있지는 않겠지만 때로는 생길 수 있으리라는 것은 의심할 여지가 없다.11) 그런 가능성이야말로 하원이

---

9) 페이퍼 63번 참고.

10) 페이퍼 63번 참고.

11) 1824년 대통령 선거에서 앤드류 잭슨(Andrew Jackson) 후보가 존 퀸시 아담스(John Quincy Adams)보다 유권자 투표에서 훨씬 많은 표를 득표하고 선거인단 투표에서도 더 많은 표를 얻었지만 선거인단 투표의 과반수를 얻지 못했다. 그 결과 헌법 제2조 1절 3항에 의하여 하원에서 대통령을 선출하게 되었고, 존 퀸시 아담스가 당선되었다. 미국 대통령 선거 사상 유권자 투표와 선거인단 투표에서 이겼으나 결과적으로 대통령에 당선되지 못한 유일한 경우이며, 이는 위에서 본문에서 언급한 하원 권한의 막중함을 보여주는 좋은 예이다. 그런데 1824년과 경우가 다르긴 하지만 1800년에도 하원에서 대통령이 선출되었다. 당시 선거인단 138명의 투표 중 민주공화당(Democratic Republican Party)의 대통령 후보 토머스 제퍼슨(Thomas Jefferson)이 73표, 그리고 같은 당의 부통령 후보인 애런 버(Aaron Burr)도 역시 73표를 얻어 두 후보가 모두 선거인단 과반수의 득표를 차지했을 뿐만 아니라 득표수도 같았다. 이 경우는 선거인단 투표에서 대통령 후보와 부통령

영향력을 갖는 데 중요한 근거가 된다. 이런 점을 생각할수록 합중국의 가장 걸출한 시민들 간의 대통령직에 대한 경쟁을 결정하는, 비록 조건부이기는 하지만, 최종적인 권한이 더욱 중요하게 여겨지는 것이다. 하원이 가지는 이 권한을 영향력을 미치는 하나의 수단으로 보면, 상원의 모든 특권적 속성을 능가할 수 있을 거라는 예상은 성급한 것은 아니라고 본다.

상원이 탄핵재판소가 되는 것을 반대하는 세 번째 이유는, 정부의 공직 임명에서의 상원의 역할에서 비롯된다. 반대자들은, 상원의 동의에 의해 임명된 공직자들이 탄핵재판의 대상이 되는 경우, 상원이 그들에 대해 지나치게 관대할 것이라고 가정한다. 이 반대론이 옳다면, 비록 우리가 잘 알고 있는 모든 정부 형태에서는 아닐지라도, 모든 주 정부에서 볼 수 있는 관행을 비난하는 것이라고 할 수 있다. 즉, 임기가 정해지지 않은 공직에 있는 사람들은 임명자가 원할 때까지 그 직에 재임할 수 있다는 원칙을 말하는 것이다. 마찬가지로 임명자의 비호가 언제든 공직자의 위법 행위에 대한 피난처가 될 것이라는 추정을 해보는 것도 타당할 수 있다. 그러나 모든 주 정부에서 볼 수 있다는 관행은 반대론자의 주장과는 사뭇 다른 추정으로부터 비롯된다. 즉, 임명권자는 그들이 선택한 인물들의 적합성과 능력에 대한 책임과 그들의 성공적인 업무의 수행에 대해 관심을 갖기 때문에, 신뢰받을 자격이 없다고 입증되는 인물들을 언제라도 해고할 수 있는 충분한 동기를 갖게 될 거라는 것이다.

후보를 구분해 투표해야 한다는 규정이 헌법 제2조 1절 3항에는 없었기 때문에 두 후보가 사실상 대통령 후보로서 동수를 득표하게 되어 생긴 결과였다. 이 경우에도 하원에서 대통령을 선출한다는 헌법의 같은 규정에 따라 토머스 제퍼슨이 대통령에, 그리고 차순위 득표자인 애런 버가 부통령에 선출되었다. 이러한 결함으로 인해 대통령 선출 방식의 일부가 1804년 헌법 수정 제12조에 의해 변경되었고, 2명 이상의 후보가 선거인단 과반수의 투표를 차지하면서 득표수가 동수가 될 경우는 없어졌다. 그러나 앞으로도, 어느 대통령 후보도 선거인단 투표의 과반수를 획득하지 못하는 경우에는, 특히 대통령 후보가 3인 이상일 때, 1824년 선거와 같은 사례가 또 생길 수 있다. 덧붙여, 헌법 수정 제12조에서는 부통령 후보가 선거인단 투표의 과반수를 득표하지 못한 경우에는 부통령이 상원의장을 겸하기 때문에 상원에서 부통령을 선출한다고 규정하고 있다.

이런 추정이 항상 현실과 부합되는 것은 아닐지라도 그것이 대체로 맞는다면, 상원의 탄핵재판권에 대한 세 번째 반대의 이유, 즉 공직 임명에 있어 단순히 행정부의 선택을 승인할 뿐인 상원이, 하원이 기소할 만큼의 엄청난 유죄 증거에 대해서도 눈을 감아 줄 정도로 그들을 비호할 거라는 생각은 잘못된 것임을 알게 될 것이다.

이런 편견이 일어날 수 없는 것을 증명하기 위해 추가적 설명이 필요하다면, 관리의 임명 과정에서 상원의 역할에 대한 성격을 살펴보면 가능할 것이다.

공직자, 즉 관리를 '지명'하고, 상원의 조언과 동의를 얻어 '임명'하는 것은 대통령의 직무이다. 물론 상원은 관리를 선택할 권한이 없다. 상원은 대통령의 선택을 거부하고 다른 선택을 요구할 수는 있지만, 상원은 스스로 선택할 수는 없으며 단지 대통령의 선택을 인준하거나 거부할 수만 있을 뿐이다. 물론 상원은 지명된 사람의 임명에 동의하면서도 다른 사람을 선호할 수는 있다. 하지만 대통령의 선택에 대해 뚜렷이 반대할 이유가 없을 수도 있고, 그들이 동의를 보류한다 해도 상원이 선호하는 사람이 그다음에 지명될지 혹은 다시 지명된 사람이 이미 그들이 거부한 사람보다 더 자질이 있을지를 확신하기란 어렵다. 그러므로 상원의 다수파가 임명 대상에 대해 느낄 수 있는 것은 지명자의 장점이 드러나면 어느 정도 만족하겠지만, 장점이 없으면 그 만족감마저 사라져 버리는 그 이상 혹은 그 이하도 아니게 될 것이다.

상원이 탄핵재판소가 되는 것을 반대하는 네 번째 이유는, 상원이 행정부와 함께 조약체결권을 가진다는 데 있다. 반대론자들은 조약체결권의 집행에서 생기는 부패행위 또는 배신행위에 대한 탄핵재판에서 상원이 그들 자신의 재판관이 될 것이라고 주장하고 있다. 그들은 다음과 같이 묻고 있다. 상원이 행정부와 결탁하여 국가에 이익에 해가 되는 조약을 체결해 국익을 배신했을 경우, 자신들이 저지른 반역죄에 대해 상원 스스로가 탄핵 판결을 하게 된다면 과연 그들이 처벌받을 수 있을까?

이런 반대는 헌법안의 이 부분에 대해 제기된 다른 어떤 반대론보다 더 진지하고 그럴듯한 이유를 가지고 유포되고 있다. 하지만 이 반대는 잘못된 근거에 기초하고 있다.

조약을 체결하는 과정에서 발생할 수뢰와 배신 행위를 방지하기 위해 헌법안에서 기본적으로 의도하고 있는 안전장치는 조약체결권에 관련된 당사자의 수와 성격을 보면 알 수 있다. 조약의 체결을 합중국의 최고행정관인 대통령과 각 주의 입법부가 지혜를 모아 선출한 기구, 즉 연방상원 구성원의 3분의 2의 공동 권한으로 한 것은, 특히 이 경우에 있어 연방의회의 신뢰성을 보장받을 수 있게끔 의도된 것이다. 헌법회의는 대통령이 상원의 지시를 어기거나 그에게 맡겨진 협상에 성실하게 임하지 않는 것에 대한 처벌에 대해 고려했을지도 모른다. 또한 상원의 소수의 지도급 의원들이 그들의 영향력을 이용해 외국으로부터 뇌물을 받는 경우에 대한 처벌도 염두에 두었을지도 모른다. 그러나 헌법회의는 다른 입법부, 즉 하원의 대다수가 유해하고 위헌적인 법에 동의했다고 하여 처벌할 수 없는 것처럼, 부적합한 조약에 동의한다는 이유로 상원의 3분의 2를 탄핵하고 처벌하는 것을 타당성을 가지고 고려할 수는 없었다. 또한 나는 그와 같은 원칙은 어떤 정부에서도 찾아볼 수가 없다고 생각한다. 사실상 하원의원의 대다수가 어떻게 자신들에 대해 탄핵을 결의할 수 있겠는가? 상원의원의 3분의 2도 마찬가지이다. 그렇다면 3분의 2 이상의 상원의원이 외국과의 부당한 조약 체결을 했음에도 처벌받지 않듯이, 부당하고 전제적인 입법행위로 사회의 이익에 손상을 입힌 하원의원들의 대다수가 처벌을 받지 않는 이유는 무엇인가? 그 이유는 사실 다음과 같다. 집단으로서 행한 행위에 대해 연방입법부가 처벌을 면제받아야 한다는 것은 그 기구의 심의의 자유와 독립성에 필수적이기 때문이다. 그리고 사회의 안전은, 적절한 사람의 손에 그 임무가 맡겨져야 하고, 그 임무를 성실하게 수행하는 것이 그들 자신에게도 이익이 되도록 하며, 그들이 공익에 반하는 어떤 이해관계와 얽히는 것을 가능한 한 어렵게 하도록 주의를 기울이는 데 달려 있다는 것이다.

행정부가 상원의 지침을 곡해하거나 상원의 견해와 충돌하는 비행을 저지를 우려가 있을 수 있다. 하지만 이렇게 상원의 신뢰를 악용한 행정부를 처벌하거나, 그 침해에 대해 자신의 권한을 방어하려는 의지가 상원에 부족할 거라고 걱정할 필요는 없다. 비록 상원의원들의 덕성을 믿지 못하더라도, 지금까지는 그들의 자부심에는 의존할 수 있기 때문이다. 그리고 그들의 술책과 영향력을 이용해 대다수 상원의원을 사회가 혐오하는 행위로 끌어들일 수 있는 지도급 의원들의 부패가 우려될 경우, 그런 부패의 증거가 역력히 드러난다면 인간 본성의 일반적 성향으로 미루어 볼 때 다음과 같은 결론을 보장할 수 있다. 즉, 자신들의 실정과 불명예의 원인을 만든 자들을 기꺼이 희생시킴으로써 공공의 분노를 다른 곳으로 돌리려고 하는 성향이 그 기구, 즉 상원 내에 결코 부족할 리는 없다는 것이다.

푸블리어스

THE FEDERALIST No. 67

≪뉴욕 패킷≫, 1788년 3월 11일 　　　　　　　　　　　　　　　　알렉산더 해밀턴

뉴욕주 시민들에게

다음으로 우리가 주목할 것은 제안된 정부의 행정부에 대한 구성이다.

　　행정부를 어떻게 편성하느냐 하는 것만큼 어려운 부분은 없었으며, 아마
도 이토록 부당하게 그리고 신중한 판단 없이 비판받고 있는 부분도 없는 것
같다.

　　헌법에 반대하는 글을 쓰는 사람들은 자신들이 얼마나 진실을 잘 왜곡할
수 있는지 보여주기 위해 꽤 애를 쓴 듯이 보인다. 군주제에 대한 사람들의 혐
오감을 이용하여, 마치 대통령제가 단지 혐오스러운 군주제의 태아가 아닌 완
전히 성숙한 자손이나 되는 것처럼 왜곡하면서, 합중국의 대통령제를 반대하
기 위해 모든 경계심과 우려를 동원하는 데 애쓰고 있다. 그럴듯한 거짓 유사
성을 내세우기 위해 허구로 날조된 계략도 주저하지 않았다. 대통령의 권한
은 뉴욕주 지사의 권한보다 큰 경우는 극히 드물고, 어떤 경우에는 그보다 작
은데도 국왕의 대권보다도 더 큰 것으로 과장하고 있다. 대통령은 영국의 왕
보다 한층 더 높은 위엄과 영광의 상징들로 장식되고 있으며, 빛나는 왕관을
머리에 쓰고 황제의 의상인 자주색 옷자락을 길게 끌고 다니는 모습으로 보여
주고 있다. 그는 거만하게 위엄을 부리며 총신들과 첩들에 둘러싸인 채 왕좌
에 앉아 외국의 군주가 보낸 특사의 알현을 받는다. 이 과장된 묘사는 아시아
적인 전제정치나 향락적인 분위기에 비해 부족함이 없다. 반대파들은 우리에
게, 대통령의 적을 살해하는 친위대[1]의 소름끼치는 얼굴을 보며 두려움에 떨

어야 하고, 머지않아 규방[2]에서 전개될 후궁들의 비사에 얼굴을 붉히게 될 거라고 귀띔해 준다.

이런 과도한 비판은 대통령직을 왜곡하기보다는 심지어 아예 변형시켜 버렸다고 할 수 있다. 따라서 대통령은 전제 군주와 별로 다를 바 없다고 그토록 교활하고 끈질기게 유포되어 온 허위의 오류를 밝히고 그 음흉함을 폭로하기 위해서는 대통령직 원래의 진정한 모습과 특징을 정확히 확인해 볼 필요가 있다.

이런 과제를 수행하는 데 있어서, 대통령직에 대한 공공의 관점을 왜곡시키기 위해 의도된 사악함 못지않게 어설프기까지 한 책략을 절제된 시각으로 진지하게 대하기는 매우 힘들다는 것을 누구나 알게 될 것이다. 그러한 책략은 정당화될 수는 없지만, 흔한 당파적 계략의 수준을 넘어서고 있어 아무리 솔직하고 너그러운 기질의 사람들조차도 그들의 정적들을 관대하게 이해하려는 감정에 앞서 본능적이고 억제되지 않는 분노를 느끼게 될 것이다. 합중국 대통령으로 특징지어진 최고행정관과 영국의 국왕 사이에 유사성이 있다는 과장된 주장은 의도적인 기만과 속임수라고밖에 말할 수 없다. 자신들이 기도한 책략을 성공시키기 위해 이용한 무분별하고 뻔뻔한 수법들을 보면 그러한 비난을 참고 억누르기란 불가능하다.

여기서 그들의 전반적인 의도를 보여주는 예를 하나 들면, 헌법안에서 각 주의 주지사에게 명시적으로 주어진 권한을 미국의 대통령에게 속하는 것으로 돌리고 있다. 여기서 그 권한이란 연방 상원의원의 예기치 않은 결원을 충원하는 권한을 의미한다.[3]

---

1) 원문에서의 표현은 janizaries(제니자리스)이며, janissaries(제니사리스)로도 불린다. 그들은 오스만제국의 최정에 친위대이다. 1300년대부터 존재해 1826년에 해체되었다.

2) 원문에서는 seraglio(세랄료)이다. 이는 오스만제국의 궁전이나 가정에서 아내와 첩이 사용하는 격리된 숙소를 말하며 무슬림 가정의 하렘(harem)과 거의 같은 의미이다.

3) 헌법 제1조 3절 2항에서 "상원의원의 결원이 생길 때에는 그 주의 주지사는 다음 회기의 주 의회가

동료 시민의 분별력을 시험해 보는 이 대담한 시도는 자신의 당파에서 상당한 갈채를 받고 있는 작가[4](그 작가의 진가가 무엇이든 간에)에 의해 감행되었으며, 그 작가는 자신의 그릇되고 근거 없는 의견에 기초해 역시 그릇되고 근거 없는 일련의 논리를 만들어 내고 있다. 이제는 그에게 사실의 증거를 들이대고, 그가 만약 할 수 있다면, 그가 보여준 무모한 행위를 진실과 공정한 행위의 규칙에 따라 정당화 할 것인지 변명할 것인지 결정하게 하자.

헌법 제2조 2절의 두 번째 구절(2항)은 합중국 대통령에게, "대사, 그 밖의 외교사절 및 영사, 연방대법원 판사 그리고 그 임명에 관하여 이 헌법에 달리 규정이 없으나, 이후에 법률로써 정해지는 그 밖의 모든 합중국 관리를 지명하여 상원의 조언과 동의를 얻어 임명"할 권한을 부여하고 있다. 이 구절에 바로 뒤이어 다음과 같은 구절(3항)이 계속된다. "대통령은 상원의 휴회 중에 생기는 모든 결원을 위임장을 수여함으로써 충원하는 권한을 가진다. 다만 그 위임장은 다음 회기가 종료될 때 효력을 상실한다." 상원의 결원을 충원하는 권한을 마치 대통령이 갖는 것처럼 추론되는 것이 바로 이 마지막 규정이다. 이 두 구절의 연관성과 사용된 용어들의 명백한 의미에 조금만 주의를 기울인

결원을 보충할 때까지 임시로 상원의원을 임명할 수 있다"라고 규정하고 있다. 그러나 1913년 헌법 수정 제17조에 의해 연방 상원의원이 각 주의 주민들에 의해 직접 선출되게 됨으로써 "주민이 주 의회가 정하는 바에 의한 선거에 의하여 결원을 보충할 때까지, 주 의회는 그 주의 주지사에게 임시로 상원의원을 임명하는 권한을 부여할 수 있다"라고 일부 변경되었다. 페이퍼 27번, 각주 1) 참고.

4) Cato, No. V 참고. _푸블리어스.
    1787년 9월 27일부터 1788년 1월 3일까지 7개의 에세이가 ≪뉴욕저널(The New York Journal)≫과 ≪데일리 페이트리오틱 레지스터(Daily Patriotic Register)≫에 카토(Cato)라는 필명으로 연재되었다. 이 7개의 에세이는 뉴욕주에서 새헌법의 비준에 반대하는 여론을 형성하려는 목적에서 연재되었으며, 따라서 안티-페더럴리스트(anti-federalist)의 성격을 강하게 반영했다. 카토가 누구인지는 아직도 명확하게 확인되지는 않았지만, 당시 새헌법의 강력한 반대자인 뉴욕주 지사인 조지 클린턴(George Clinton 1739~1812)으로 추정되고 있다. 카토 No.5의 내용은 주로 대통령직의 위험성에 대해 경고하는 내용이다. 조지 클린턴은 새헌법이 비준되고 난 후인 1804년 제3대 대통령인 토머스 제퍼슨의 재선에서 그의 러닝메이트로 부통령에 당선되었고, 그 후 1808년에는 아이러니컬하게도 제4대 대통령에 당선된 페더럴리스트 제임스 매디슨의 러닝메이트로 부통령이 되었다.

다면, 그 억지 추론은 전혀 관심을 끌 만한 가치도 없다는 것을 알 수 있다.

위 두 구절 중 첫 번째 구절은 단지 "헌법에 달리 규정이 없으나, 이후에 법률로써 정해지는" 관리를 임명하는 방법을 규정하고 있을 뿐임이 명백하고, 그 임명이 상원의원까지는 해당되지 않는다. 상원의원의 임명은 별도로 헌법[5]에 명시되어 있으며, 상원은 헌법에 의해 이미 설립된 제도이므로 미래의 법률에 의해 설립될 필요가 없다. 이러한 입장에는 반론의 여지가 거의 없을 것이다.

이 두 구절의 마지막 구절을 봐도 역시, 상원의 결원을 충원할 권한을 포함하는 것으로 이해할 수 없다. 그 이유는 첫째, 합중국의 관리를 임명하는 일반적인 방법을 표명한 앞의 구절과 마지막 구절의 연관성을 보면 마지막 구절은 앞의 구절을 보완하는 것에 불과하다. 즉, 일반적인 방법이 부적당한 경우 보조적 방법을 정하는 것에 불과한 것이다. 일반적 임명권은 대통령과 상원이 '공동으로' 가지도록 정해져 있기 때문에 상원의 회기 중에만 그 권한의 행사가 가능하다. 그러나 관리임명을 위해 상원을 상시 개회시켜 두는 것은 적당하지 않을 것이며, 또한 상원의 휴회 중에 결원이 생기면 공공을 위한 업무를 위해 지체없이 결원을 충원할 필요가 생길 수 있기 때문이다. 뒤 구절의 의도는 명백하게 대통령은 상원의 휴회 중에 생기는 결원의 충원에 있어 다음 회기가 종료될 때에 효력을 상실하는 조건부 권한을 부여한다는 것이다. 둘째 이유는, 만약 뒤의 구절이 앞의 구절에 대한 보완으로 간주된다면, 이 구절에서 말하는 결원은 앞의 구절에서 언급한 '관리'에 관한 것으로 해석되어야 하는 것으로, 우리가 이해하는 한 '관리'라는 정의에서 상원의원은 제외된다. 셋째 이유는, 이 권한이 '상원의 휴회 중'에 행사되는 것이며, 그 임명 기간도 상원의 '다음 회기가 종료될 때'까지로 한정되어 있는 것은 그 규정의 의미를 더욱 명백하게 해준다. 만일 그 규정이 상원의원을 포함하는 것으로 의도되

---

5) 제1조 3절 1항. _푸블리어스

었더라면, 당연히 공석을 충원하는 대통령의 임시 권한은 연방상원의 휴회가 아닌 연방 상원의원의 임명권[6]을 가진 주 의회의 휴회로 인한 것임을 명백히 했을 것이다. 또한 그 규정이 상원의원을 포함하는 것으로 의도되었다면, 임시로 임명된 상원의원의 임기를 상원의 다음 회기가 끝날 때까지로 하는 대신, 상원의 결원이 발생한 주 의회의 다음 회기까지로 연장했을 것이다. 임명권을 가진 조직의 사정에 따라 임시 임명에 관한 권한의 형태도 바뀌게 된다. 반대파들이 근거로 삼는 그 구절(제2조 2절 3항)에서는 대통령과 관리임명권을 공유하는 연방상원의 사정, 즉 연방상원의 휴회 중인 사정만 유일하게 언급되고 있기 때문에, 그 구절에서 의미하는 결원이란 관리들의 결원에 관한 것으로밖에 볼 수 없다. 그런데 마지막으로 헌법 제1조 3절의 1항과 2항은 위와 관련된 의혹의 모든 가능성을 배제할 뿐만 아니라 모든 오해의 소지를 완전히 없애 주고 있다. 첫 구절 즉, 1항은 "합중국의 상원은 각 주의 의회에서 선출한 6년 임기의 상원의원 2명씩으로 구성된다"고 규정하고 있으며, 2항에서는 "어떤 주에서든 주 의회의 휴회 중에 사직 또는 그 밖의 원인으로 (연방) 상원의원의 결원이 생길 때에는 그 주의 주지사[7]는 다음 회기의 주 의회가 결원을 충원할 때까지 임시로 상원의원을 임명할 수 있다"고 규정하고 있다. 이 부분을 보면 임시 임명을 통해 연방상원의 일시적 결원을 충원하는 권한이 분명하고 확실한 용어로 주지사에게 부여되고 있다. 이는 앞서 살펴본 그 구절(제2조 2절 3항)이 미국 대통령에게 그런 권한을 부여했다는 추정을 무효화시킬 뿐 아니라 어떤 타당성도 없는 추정으로 국민을 기만하려는 의도에서 시작된 것이 확실함을 증명하고 있다. 그 의도는 궤변으로도 얼버무릴 수 없을 정도로 너무 뻔하고, 위선으로써 변명하기에도 너무 혐오스럽다.

---

6) 원문에서는 permanent appointments이며, 해밀턴은 이 용어를 공석을 메꾸되 어느 특정 기간 동안만 그 직이 유지되는 임시 임명, 혹은 조건부 임명이 아닌 공석의 남은 임기동안 그 직을 유지하는 보궐 임명의 의미로 쓰고 있다.

7) 헌법에는 the Executive이며, 여기서는 주의 최고행정관인 주지사를 의미한다.

나는 국민들의 숙고를 위해 제시된 헌법의 진정한 장점에 대한 공평하고 공정한 판단을 방해하는 부당한 책략에 대한 명확한 증거로 이 사례를 백일하에 내놓기로 했다. 나는 이런 극악한 사례에 대해서는 지금까지 여러 페이퍼에서 보여준 전반적 정신에 어긋나는 거칠고 혹독한 비난도 주저하지 않았다. 또한 나는 미국 시민들을 기만하려는 그처럼 파렴치하고 추잡한 시도를 비난하기에 지나칠 정도로 가혹한 표현이 혹시 있는지, 제안된 정부에 대해 기탄없고 공정하게 반대하는 사람들에게 주저 없이 묻고자 한다.

푸블리어스

THE FEDERALIST   No. 68

≪인디펜던트 저널≫, 1788년 3월 12일   알렉산더 해밀턴

뉴욕주 시민들에게

합중국의 최고행정관인 대통령의 선출 방법은 유일하게 혹독한 비난을 받지 않으면서, 미미하기는 하지만 헌법의 반대자들도 인정하는 눈치를 보이는 유일한 부분이다. 출판된 것 중 가장 그럴듯한 것은 대통령의 선출 방식이 충분한 안전장치로써 규정되어 있다는 인정을 하기도 했다.[1] 나는 좀 더 과감하게, 그 방법이 완전한 것은 아니지만 최소한 뛰어난 것임을 주저 없이 단언할 수 있다. 그 선출 방식은 우리가 바라는 모든 이점을 탁월하게 연결하고 결합했다.

그렇게 매우 중요한 의무를 맡길 수 있는 사람을 선택하는 데 국민의 의향이 반영되어야 한다는 것은 바람직한 일이다. 이런 목적은 이미 설립되어 있는 기구가 아닌 특정한 목적과 변환의 시기에 국민에 의해 선출된 사람들, 즉 선거인단에게 대통령 선출권을 부여함으로써 이루어지게 될 것이다.

마찬가지로, 대통령에게 적합한 자질이 무엇인지를 분석할 수 있고, 심사

---

[1] *Federal Farmer* 참고. _푸블리어스.

Obsevations Leading to a Fair Examination of the System of Government, Proposed by the Late Convention; and to Several Essential and Necessary Alterations in it. In a Number of Letters from the Federal Farmer to the Republican (New York, 1787). 해밀턴은 특히 이 에세이 중 Letter III을 참고했다. Federal Farmer는 필명이며 실제 저자는 명확하게 밝혀지지는 않았지만, 해밀턴은 Federal Farmer를 리처드 헨리 리(Richard Henry Lee)로 지목하고 있다. 리처드 헨리 리는 제안된 헌법에 반대하는 버지니아주의 대표적인 안티-페더럴리스트이다.

숙고하기에 적합한 상황에서 올바른 이성과 동기를 신중하게 결합해 자신들의 선택을 결정할 수 있는 능력을 갖춘 사람들에 의해 직접 선출되는 것이 바람직하다. 동료 시민이 선택한 소수의 사람들은 이러한 복잡한 검토에 반드시 필요한 정보와 판단력을 가지고 있으리라 생각된다.

특히, 대통령의 선출 과정에서 혼란과 무질서의 가능성을 줄이는 것은 매우 중요하다. 이러한 혼란은 연방정부의 운영에 무척 중요한 역할을 맡은 최고행정관인 대통령의 선출에서 특히 우려되는 부분이다. 그러나 검토 중인 새 정부 체제에서 다행히도 타협을 보게 된 예방수단은 이러한 피해에 대한 효과적인 안전을 보장하고 있다. 국민이 원하는 최종 한 사람을 직접 선출하는 것보다, 중간에 선거인단을 구성하는 것은 비정상적이고 폭력적인 운동으로 사회 전체를 뒤흔들 가능성을 크게 줄일 수 있을 것이다. 그리고 각 주에서 선출된 선거인들은 그들이 선출된 주에 모여 투표하게 될 것이며, 이렇게 상호 접촉이 없는 분리된 상황은 각 주의 선거인들이 동시에 같은 장소에 모이는 것보다 국민에게 전달될 수 있는 흥분과 동요를 줄일 수 있을 것이다.

정치적인 음모, 속임수 그리고 부패를 막기 위해 실제로 도움이 될 수 있는 모든 방어 수단이 가장 요망된다. 공화정부에 치명적인 적들이 여러 부분에서 접근해 오리라 예상되지만, 가장 주된 것은 우리 의회 안에 부당한 세력을 확보하려는 외세의 욕망에서 비롯될 것이다. 그들에게 자신들의 앞잡이를 연방의 최고행정관으로 앉히는 것보다 더 만족스러운 방법이 또 있겠는가? 그러나 헌법회의는 가장 조심스럽고 신중한 주의를 기울여 이런 종류의 모든 위험에 대비했다. 헌법회의는 대통령의 선출을 기존의 그 어떤 조직에도 의존하지 않도록 했다. 기존의 조직들은 사전에 매수당해 그들의 표를 팔 수도 있기 때문이다. 그 대신 헌법회의는 우선 대통령 선출이라는 일회적이고 유일한 목적을 갖는 선거인단을 미국 국민이 직접 선택하도록 맡겼다.[2] 그리고

---

2) 페이퍼 64번에서 존 제이도 그랬듯이 이 페이퍼에서 해밀턴도 역시 선거인단이 마치 국민에 의해

헌법회의는 그들 임무의 성격으로 보아 재임 중인 대통령에게 너무 헌신적일 거라고 생각되는 사람들을 선거인의 자격에서 배제했다. 따라서 상원의원이나 하원의원 또는 합중국에서 위임에 의한 관직이나 유급의 관직에 있는 자는 선거인이 될 수 없다.[3] 그러므로 국민 전체가 부패하지 않는 한 대통령을 직접 선출하게 될 사람들은 적어도 어떤 해로운 편견 없이 그 임무에 임하게 될 것이다. 이미 살펴보았듯이 선거인들은 일시적으로만 존재하고 서로 분리된 상황에 놓일 것이기 때문에, 그들의 임무가 끝날 때까지 편견으로부터 계속 자유로울 것이라는 만족스러운 전망을 제시해 준다. 많은 사람을 매수하는 데는 수단뿐만 아니라 시간을 필요로 한다. 13개 주에 흩어져 있는 많은 선거인들을 여러 동기들, 그 동기들을 부패라고 표현하는 것은 합당치 않을지 모르나, 어쨌든 그러한 동기들에 근거한 어떠한 결탁으로 선거인들을 일순간에 끌어들임으로써 그들의 의무를 저버리게 하기는 쉽지 않을 것이다.

또 하나 중요한 것을 바란다면, 대통령은 임기 동안 국민 그 자체를 제외한 모든 것으로부터 독립적이어야 한다는 것이다. 그렇지 않으면 그는 자신의 공적 영향력을 지속하는 데 있어 후원이 필요한 사람들의 환심을 사기 위해 자신의 의무를 희생하려는 유혹에 빠질 수 있다. 그러나 대통령의 독립성이라는 장점은, 단 하나의 중요한 목적을 위해 사회로부터 대리권을 위임받은 특별한 집단, 즉 선거인단에 의해 그의 재선을 결정하도록 맡김으로써 보장될 수 있다.

이런 모든 장점은 헌법회의의 안에 모두 포함될 것이다. 즉, 각 주의 주민들은 그 주의 연방 상원의원과 하원의원의 총수와 동수의 선거인을 선출하고, 선출된 선거인들은 그 주 안에 모여 대통령으로 적합한 사람에게 투표하게 된다. 그 다음 선거인들의 투표는 연방정부의 소재지로 옮겨져 과반수의 득표

선출되어 국민의 권한을 위임 받는다고 설명하고 있지만 이 논리는 잘 못된 것이다. 페이퍼 64번, 각주 1) 참고.

3) 헌법 제2조 1절 2항.

자가 대통령이 될 것이다. 그러나 과반수의 표가 항상 1인의 후보에게 집중되지 않을 수도 있고, 또한 득표수가 과반수에 미달한 최다 득표자를 대통령으로 결정하는 것은 안전하지 않을 수도 있기 때문에, 그런 만일의 경우에는 하원은 가장 많은 표를 획득한 5명의 후보 중에서 그들이 판단하기에 가장 대통령직에 적합한 후보를 선택하게 된다.

대통령 선출의 이러한 과정은, 필요한 자격을 탁월하게 갖추지 못한 사람이 대통령직을 운 좋게 차지하는 일이 없도록 공정하게 보장해 주고 있다. 저급한 음모를 꾸미는 재능, 대중의 인기를 끄는 술책이 어느 한 주의 주지사직에 오를 수 있기에는 충분한 자질일지는 몰라도 연방 전체 혹은 연방의 상당 부분의 존경과 신뢰를 받기 위해서는 추가적인 재능과 위에서 언급한 것과는 구별되는 종류의 자질이 요구된다. 그런 점이 바로 위엄 있는 미국의 대통령이라는 직책의 성공적인 후보자가 되는 데 필요한 자격인 것이다. 대통령직은 항상 뛰어난 능력과 덕을 겸비한 인물들에 의해 채워질 가능성이 있다고 이야기해도 지나치지 않을 것이다. 어떤 정부가 과연 잘, 혹은 잘못 운영되고 있는지를 좌우하는 데 있어 최고행정관이 필연적으로 차지하는 역할을 평가할 수 있는 사람이라면, 위에 언급한 내용이야말로 헌법안의 매우 중요한 장점이라고 생각할 것이다. 어느 시인이 말하기를:

"정부의 형태에 대해서는 바보들끼리 다투게 하라.
가장 잘 운영되는 정부가 가장 좋은 정부이거늘."[4]

이 시인의 비정통적인 정치적 주장을 따를 수는 없지만, 좋은 정부의 진정한 구별 방법은 훌륭한 운영을 가능하게 해주는 정부의 능력과 성향이라고 확

---

[4] Alexander Pope, *An Eaasy on Man* (London, 1733-1734). 알렉산더 포프의 시집이며, 우리말로 『인간론』이라고 번역되고 있다.

실하게 말할 수 있다.

부통령도 대통령과 같은 방식으로 선출되지만, 차이점이 있다면, 과반수의 투표를 얻은 후보가 없을 경우 하원에서 대통령을 선출하지만, 부통령의 경우 상원에서 선출한다는 것이다.[5]

부통령과 같은 특별한 사람의 임명은 해롭지는 않을지라도 불필요한 것이라고 반대를 받아왔다. 그것은 오히려 그런 직책에 부합하는 공직자는 상원이 상원 자체 내에서 선출하는 것이 더 바람직하다는 의견이 함축되어 있는 것이다.[6] 그러나 이에 대해서는 두 가지 견해가 헌법회의의 의견을 정당화해 주는 것 같다. 그중 하나는 어떠한 경우에도 상원의 투표에서 결정이 이루어질 수 있도록 보장하기 위해 의장은 결정투표권만 행사할 수 있어야 한다는 것이다. 그리고 만일 어떤 주 출신의 상원의원을 상원의 의장으로 임명하게 되는 경우에는 의장은 결정투표권만 가지게 되므로, 그의 출신 주의 입장에서 보면 항상 보장되어야 할 2표의 투표권 중 하나는 조건부 투표권이 되어 버리는 것이다.[7] 두 번째 견해는, 부통령이 경우에 따라 최고행정관으로서 대통령을 대행할 수도 있기 때문에, 대통령 선출 방식에 권고되는 모든 조건이, 똑같은 구속력은 가지지 않더라도 부통령 선출 방식에도 충분하게 적용되어야 한다는 것이다. 다른 대부분의 경우에서와 마찬가지로 이 경우에도 놀라운 것은 여기에 대한 모든 반대는 바로 뉴욕주의 헌법에 대한 반대가 될 수 있다는 것이다. 우리 뉴욕주에서도 주민 전체에 의해 선출된 부지사가 있으며, 그

---

5) 페이퍼 66번, 각주 11) 참고.

6) 헌법 제1조 3절 4항에서 합중국의 부통령은 상원의장이 된다라고 명시하고 있다. 따라서 선거인단 투표에서 대통령을 선출하고 난 후에 최다 득표자가 2인 이상 있을 때에는 부통령은 상원에서 선출해야 한다는 의견을 말하고 있다. 1804년의 헌법 수정 제12조에 의해 대통령 후보와 부통령 후보를 구분했는데, 부통령 후보 중 과반수 득표자가 없을 경우에도 1804년 이전과 마찬가지로 최다 득표자 2인 중 부통령을 상원에서 선출하는 것으로 변경되었다. 헌법 제2조 1절 3항과 헌법 수정 제12조 참고.

7) 상원의 표결에서는 가부 동수일 경우에만 의장에게 투표권이 주어진다.

는 주의 상원의장이 된다. 또한 대통령의 유고시 부통령이 대통령의 권한을 행사하여 그 직무를 수행하도록 하는 것과 마찬가지로 뉴욕주의 부지사는 헌법에 의해 주지사를 대신한다.

푸블리어스

THE FEDERALIST　　　No. 69

≪뉴욕 패킷≫, 1788년 3월 14일　　　　　　　　　　알렉산더 해밀턴

뉴욕주 시민들에게

이제부터 나는 헌법회의에서 제안된 행정부의 실질적인 특성을 검토해 보고
자 한다. 이는 행정부에 대해 제기되었던 주장들의 부당함을 분명하게 밝히
는 데 도움이 될 것이다.

　우리의 주의를 끄는 첫 번째 사항은 거의 예외 없이 행정부의 권한은 1명
의 최고행정관, 즉 대통령에게 부여되고 있다는 점이다. 그렇다고 해서 이 점
이 다른 나라의 경우와 비교할 수 있는 근거가 될 수는 없다. 왜냐하면 한 사
람에게 행정부의 권한이 집중된다는 점에서 영국 국왕과 비슷하다면, 오스만
제국의 술탄, 타타르의 칸, 하산-이 사바흐, 혹은 뉴욕주 지사와도 비슷하다고
할 수밖에 없기 때문이다.[1]

---

1)　원문의 Grand Seignior, or Sultan은 과거의 터키, 즉 오스만제국의 군주이다. 타타르(Tartary)는
　　중세 때 동유럽과 아시아에 걸쳐 존재했던, 혹은 그 지역에 존재했었다고만 추측되는 역사적인 지
　　역의 이름이며 그 영토의 크기와 정확한 위치는 잘 알려져 있지 않다. 해밀턴은 타타르의 군주를
　　당시 아시아의 여러 군주체제에서 군주나 군사 지도자의 의미로 썼던 칸(Khan)으로 부르고 있다.
　　하산-이 사바흐(Hassan-i Sabbah)는 11세기부터 13세기까지 존재했던 이슬람 국가인 니자리 이스
　　마일(Nizari Isma'ili State)을 세우고, 그 체제를 방어하고 유지하기 위한 수단으로 암살자 집단인
　　하샤신(Hashshashin)을 만든 The Man of the Seven Mountains를 말한다. 후에 그는 마르코 폴로
　　에 의해 The Old Man of the Mountain으로 유럽에 알려졌다. 한편, 당시 뉴욕주 지사는 조지 클린
　　턴(George Clinton)으로 헌법안에 격렬하게 반대한 안티-페더럴리스트이다(페이퍼 67번, 각주 4)
　　참고). 해밀턴은 미국의 대통령 제도의 독특한 특징들을 설명하기 위해 대통령과는 비교할 수 없
　　는 세습군주, 혹은 전제적 지도자들, 그리고 새헌법에서 고안된 대통령이라는 직위와 제도에 반대

대통령은 4년마다 선출되며 합중국의 국민이 그를 신뢰할 만하다고 생각하는 한 몇 번이라도 재선될 수 있다.[2] 이런 점에서 왕위가 후손에게 세습되는 영국 국왕과는 완전히 다르다. 그러나 대통령과 뉴욕주 지사 사이에는 상당한 유사점이 있는데, 그것은 뉴욕주 지사는 3년마다 선출되며 임기제한 없이 또 계속해서 재선될 수 있다는 점이다. 하나의 주에서 위험한 세력을 굳히는 데 걸리는 시간에 비해, 합중국 전체에 걸쳐 그러한 세력을 형성하는 데 훨씬 더 많은 시간이 걸린다는 것을 염두에 두면, 연방의 최고행정관인 미국 대통령의 4년이라는 임기는 단일 주의 주지사의 3년이라는 임기에 비해 총 재직기간이 길어지는 데 대한 위험이 훨씬 적다고 볼 수 있다.

영국 국왕은 신성하고 불가침이다. 국왕을 심문하는 헌법상의 법원은 없으며 국가적인 혁명과 같은 위기상황이 아니면 누구도 그를 처벌할 수 없다. 반면, 합중국의 대통령은 탄핵을 받아 재판을 받을 수도 있으며, 반역, 수뢰 혹은 다른 중죄나 비행 등으로 유죄판결을 받으면 면직된다. 그리고 면직된 후에도 통상적인 사법 절차에 의해 기소되어 처벌을 받을 수 있다. 합중국의 대통령의 개인적인 책임이 이렇게 까다롭고 중요하다는 측면에서 보면 뉴욕주 지사보다 그 처지가 나을 것이 없으며, 메릴랜드주나 델라웨어주 지사보다는 더 못한 처지에 있다고 볼 수 있다.

합중국의 대통령은 양원을 모두 통과한 법안을 재심을 위해 환부할 수 있는 권한을 갖는다. 환부되어 재심된 법안이 상원과 하원의원의 3분의 2의 찬성을 얻으면 법률로 통과된다.[3] 영국 국왕은 의회의 양원을 통과한 법안에 대한 절대적인 거부권을 갖고 있다. 오랜 시간 동안 이러한 권한을 쓰지 않았

하는 인물을 예로 들고 있다.

2) 대통령의 임기는 1951년 2월 27일에 비준된 헌법 수정 제22조에 의해 2회로 제한되었다.

3) 대통령이 거부권을 행사한 법안은 양원에서 재심을 할 수 있다. 재심 된 법안이 대통령의 승인 없이 효력을 발생하기 위해서는 각 원에서 의결정족수를 충족시키는 출석 의원 3분의 2의 찬성이 있어야 한다. 하원과 상원의 의결정족수는 과반수이다.

음에도 그 권한은 그대로 남아 있다. 그 권한이 오랫동안 쓰이지 않은 이유는 어느 정도의 국가적 소요를 무릅쓰지 않고서는 거의 행사할 수 없었기 때문이 기도 하고, 국왕이 거부권을 대신할 수 있는 다른 수단을 발견했거나, 혹은 양원 중 어느 한 원에서 다수의 지지를 얻어 내는 묘책을 찾아냈기 때문이다. 대통령의 제한적 거부권은 영국 국왕의 이 같은 절대적 거부권과는 크게 다르며, 또한 이것은 주지사가 구성원이 되는 뉴욕주의 법안수정위원회[4]의 권한과 정확하게 일치한다. 이런 점에서 대통령의 권한은 뉴욕주 지사의 권한을 능가할 수 있는데, 그 이유는 후자가 형평법 법원장[5] 및 판사들과 권한을 공유하는 반면, 전자는 그 권한을 단독으로 가지기 때문이다. 그러나 대통령의 거부권을 보면 매사추세츠주 지사의 거부권과 완전히 똑같은데, 이 조항에 있어서는 헌법안이 매사추세츠주의 헌법을 그대로 따른 것으로 보인다.

대통령은 "합중국 육·해군의 총사령관이 되며, 또한 각 주의 민병이 합중국의 현역에 소집될 경우 그 민병대의 총사령관이 된다.[6] 대통령은 합중국에 대한 범죄에 관하여, 탄핵의 경우를 제외하고, 형의 집행유예 및 사면을 명할 수 있는 권한[7]을 가진다. 또한 필요하고 적절하다고 자신이 판단하

---

4)   뉴욕주의 법안수정위원회 혹은 법안수정평의회(the Council of Revision)는 1777년 뉴욕주의 첫 번째 헌법에 따라 구성된 행정부 내의 기구이며 주지사를 포함한다. 뉴욕주의 헌법에 따르면, 상원과 하원을 통과한 모든 법안은 법률이 되기 전에 개정 및 심의를 위해 법안수정위원회에 제출되어야 한다고 규정하고 있고 제출된 법안이 위헌일 경우 거부권을 행사할 수 있다. 하지만 이 위원회는 1821년 제정된 뉴욕주의 두 번째 헌법에 의해 폐지되어 법안에 대한 거부권은 주지사의 단일 권한으로 압축되었다.

5)   페이퍼 66번, 각주 3) 참고.

6)   하지만 헌법안에 규정된 것처럼 민병대에 대한 대통령의 통제권과 지휘권이 잘 지켜지지 않는 경우가 자주 발생했다. 그 결과 연방의회는 1903년 민병법(The Militia Act of 1903)을 제정해 민병대를 주 방위군(The National Guard)으로 이름을 바꾸고 유사시에 주 방위군에 대한 연방정부의 통제권과 지휘권을 명시화했다. 대통령은 이 법률에 의해 과거 민병대가 존재했던 1903년 이전과 같이 유사시에 주 방위군을 연방 상비군에 배속시켜 그 지휘권을 갖게 되었다. 페이퍼 29번, 각주 7) 참고.

는 법안의 심의를 연방의회에 권고하여야 한다. 긴급 시에 대통령은 상원과 하원 또는 그중 한 원을 소집할 수 있으며, 휴회의 시기에 관하여 양원 간의 의견이 일치되지 아니하는 때에는 적당하다고 인정하는 때까지 양원의 휴회를 명할 수 있다. 대통령은 법률이 충실하게 집행되도록 유의하며, 합중국의 모든 관리들에게 직무를 위임할 권한을 가진다."[8] 대통령의 이런 특정 권한의 대부분은 영국 국왕 및 뉴욕주 지사의 권한과 비슷하지만, 가장 중요한 차이점은 다음과 같다. 첫째, 대통령은 입법부의 규정에 따라 전국의 민병 중에서 합중국의 현역에 복무하도록 소집된 부분에 대한 임시 지휘권만을 갖는다. 영국 국왕과 뉴욕주 지사는 그들 관할권 내의 모든 민병에 대한 전면적 지휘권을 항상 가지고 있다. 따라서 이 점에서, 대통령의 권한은 군주나 주지사에 비해 약하다고 할 수 있다. 둘째, 대통령은 합중국 육·해군의 최고사령관이다. 이 점에서 대통령의 권한은 영국 국왕의 권한과 명목상 동일하지만, 실제로는 그보다 훨씬 약하다. 대통령의 권한은 연방 최고사령관과 최고제독으로서 육군과 해군에 대한 최고의 지휘권에 지나지 않지만, 영국 국왕의 권한은 전쟁을 선포하고 함대와 군대를 징집하고 통할하는 데까지 미친다. 이러한 권한은 검토 중인 헌법에 따르면 모두 입법부에 속하게 된다.[9] 반면에 뉴욕주 지사는 주 헌법에 따라 민병대와 해군의 지휘권만을 갖

---

7) 헌법 제2조 2절 1항.

8) 헌법 제2조 3절.

9) 펜실베이니아의 어느 신문에 타모니(Tamony)라는 이름으로 기고한 어느 필자는, 영국 국왕은 연례 반란법(an annual mutiny bill)에 근거하는 군사 예산 덕분에 총사령관으로서의 특권을 가진다고 주장했다. 그러나 사실은 그 반대이다. 이와 관련된 영국 국왕의 특권은 먼 과거로부터 존재했다. 저명한 영국의 법학자 블랙스톤(William Blackstone)은, 찰스 1세가 소집한 장기 의회(The Long Parliament: 1640~1660)에서 표명되었듯이 이러한 국왕의 특권은 '모든 근거와 선례에 반하는 것'이라고 그의 저서 제1권 262쪽에서 반박했다. 하지만 찰스 2세의 법령 제13의 6장에서는 국왕의 영토와 속령의 민병, 육·해군, 모든 요새 및 거점에 대한 유일한 통치권과 지휘권은 영국 국왕 및 선대의 국왕, 왕위를 계승할 국왕과 여왕의 확고한 권한이고 또 현재도 그러하며, 의회의 양원 혹은 어느 한 원도 그 권한을 주장할 수도 없고 주장해서도 안 된다고 선언했다. _푸블리어스;

고 있다. 그러나 여러 주의 헌법은 주지사를 그 주의 해군뿐만 아니라 육군의 총사령관으로 규정하고 있는데, 이 점에서 뉴햄프셔주와 매사추세츠주의 헌법이 그들 각각의 주지사에게 합중국의 대통령이 차지하는 권한보다 더 큰 권한을 부여하고 있지는 않은가라는 생각이 든다. 셋째, 사면에 관한 한 대통령의 권한은 탄핵의 경우를 제외하고는 모든 경우에 행사될 수 있다. 뉴욕주 지사는 반역죄나 살인죄를 제외하고는, 심지어는 탄핵 사건에 대해서조차 사면권을 행사할 수 있다. 이 조항의 정치적인 결과를 예측해 볼 때, 뉴욕주 지사의 권한이 대통령의 권한보다 더 큰 것은 아닐까? 모든 주 정부에 대한 음모와 계략이 실제로 반역까지는 이어지지 못했다면, 주지사의 사면권에 의해 모든 처벌을 면할 수 있을지도 모른다. 그러므로 만약에 뉴욕주 지사 자신이 이러한 음모의 수반이라면, 그런 계획이 실제 반란으로 발전할 때까지 그는 자신의 공범자와 지지자들을 처벌로부터 완전히 면제해 줄 수 있을 것이다. 반면에 합중국의 대통령은 통상적인 사법 절차에 의해 기소된 반역죄는 사면할 수 있지만, 탄핵과 그에 따른 유죄판결로부터는 누구든 어떤 식으로도 보호해 줄 수 없다. 실제로 무력을 동원한 반역 음모가 최종 단계에서 실패해 사형과 재산몰수에 대한 대통령 사면의 가능성이 거의 없다면, 반역 음모의 모든 사전 준비 행위에 대해 주지사의 사면을 받을 수 있는 뉴욕주 같은 곳에서 공공의 자유에 반하는 음모를 시작하고 지속할 유혹이 훨씬 더 커지지 않을까? 또한 대통령의 사면권의 경우, 대통령 본인이 반역사

타모니(Tamony)의 글은 1788년 1월 9일 The ≪버지니아 인디펜던트 크로니클(Virginia Independent Chronicle)≫에 게재되었고, 1788년 2월 1일에는 ≪필라델피아 인디펜던트 가제티어(The Philadelphia Independent Gazetteer)≫에 다시 게재되었다. 그 대략적인 내용은 다음과 같다. 영국 국왕은 연간 보급품으로 군대를 지원할 수 있는 능력을 얻고, 연례 반란법에 근거한 연간 군사예산에 의해 총사령관의 지위를 가진다. 그러나 미국 대통령은 매 2년마다 상비군 유지에 대한 예산을 보장받으며(헌법 제1조 8절 12항), 그의 상비군 지휘권은 법이나 다른 한계에 의해 제한받지 않기 때문에 비록 왕이라는 마법의 칭호가 주는 위엄을 갖지는 않지만, 그는 최고의 힘을 소유하게 될 것이다.

건에 연루되어 있어 그 사면권이 박탈될 수 있는 가능성도 고려한다면, 대통령의 사면권을 기대하면서 그러한 음모를 기도할 가능성이 과연 있겠는가?[10] 이 문제를 더 잘 판단하기 위해서는 제안된 헌법에서 반역죄의 성립은 "합중국에 대한 반역죄는 합중국에 대하여 전쟁을 일으키거나 또는 적에게 가담하여 원조 및 편의를 제공하는 경우"[11]에 한하며, 뉴욕주의 법률에서도 같은 범위로 한정되어 있다. 넷째, 대통령은 휴회의 시기에 관하여 양원 간의 의견이 일치되지 아니하는 때에만 휴회를 명할 수 있다[12]는 점이다. 영국 국왕은 의회를 휴회시키고, 심지어는 해산할 수도 있다. 뉴욕주 지사도 주 입법부를 일정 기간 휴회시킬 수 있으며, 이 권한은 상황에 따라 매우 중요한 목적으로 이용될 수도 있다.

대통령은 상원의 조언과 동의를 얻어 출석 의원 3분의 2가 찬성하면 조약을 체결하는 권한을 가진다.[13] 영국 국왕은 모든 외국과의 협상에 있어서 국가의 유일하고 절대적인 대표이다. 영국 국왕은 자기 뜻대로 평화, 교역, 동맹 그리고 기타 조약을 체결할 수 있다. 그러나 이와 관련된 영국 국왕의 권한은 절대적인 것이 아니며, 그가 외국과 체결한 조약은 수정될 수도 있고, 또한 의회의 비준을 얻어야만 하는 것처럼 알려져 왔다. 그러나 그런 통설은 대통령의 조약체결권과 관련되어 쟁점으로 떠오르기 전까지는 결코 들어본 적이 없다. 영국의 모든 법학자[14] 그리고 헌법에 정통한 모든 사람들은 조약을 체결

---

10) 연방정부에 대한 반역죄는 대통령의 권한으로 사면될 수 있지만, 연방정부를 대상으로 한 반역이 실행될 가능성이 희박할 뿐만 아니라 대통령의 사면권이 행사될 가능성도 거의 없다. 반면 뉴욕주 지사는 반역죄에 대한 사면권은 없지만, 반역이 실제로 행해지지만 않으면 주지사의 사면이 가능하고 또 사면권이 행사될 가능성이 더 크다. 따라서 반역에 관련된 위법 행위에 있어서 뉴욕주 지사의 사면권이 대통령의 사면권보다 현실적으로 더 큰 권한이라는 것이 해밀턴의 주장이다.

11) 헌법 제3조 3절 1항.

12) 헌법 제2조 3절.

13) 헌법 제2조 2절 2항.

14) Blackstone, *Commentaries*, vol. I, p.257. 참고. _푸블리어스

하는 특권은 전적으로 군주인 국왕에게 있으며, 국왕의 권한으로 맺은 협약은 어떠한 승인을 받지 않아도 완전한 법적 효력과 완전성을 갖는다는 것을 기정사실로 알고 있다. 영국 의회가 경우에 따라 새로운 조약의 조건에 맞추기 위해 기존의 법률을 개정한다는 것은 사실이며, 이 점에서 조약이 구속력을 갖기 위해서는 의회의 협조를 필요로 한다는 착각이 생긴 듯하다. 그러나 이러한 의회의 관여는 다른 이유에 있다. 즉, 매우 비현실적이고 복잡한 세입 및 통상법을 새로운 조약의 시행에 따른 변화에 맞추고, 국가 조직을 혼란에 빠뜨리는 것을 막기 위해, 그리고 새로운 규정과 조치를 새로운 상황에 적합하게 조정하기 위한 필요성이 바로 그것이다. 그러므로 이런 점에서 대통령이 가지게 될 권한과 영국 국왕의 실질적인 권한을 비교할 수는 없다. 대통령이 연방상원의 동의를 얻어야만 할 수 있는 일을 영국 국왕은 혼자서도 얼마든지 실행할 수 있는 것이다. 이 조약체결권에 대해서는 연방정부의 수반인 대통령의 권한이 어떤 주의 주지사의 권한보다 크다는 것을 인정해야 한다. 그러나 이것은 조약과 관련된 국가의 주권에서 자연스럽게 파생되는 것이다. 만약 헌법안에 의해 수립될 연방체제가 후에 해체된다면, 이 민감하고 중요한 조약체결권이 각 주의 행정부의 수반인 주지사에게 단독으로 부여되어야 하는지 혹은 아닌지가 문제가 될 것이다.

대통령은 대사와 그 밖의 외교사절을 접수할 권한을 갖는다.[15] 이 권한에 대해서는 논란이 많지만 실제로는 권한이라기보다는 위엄의 문제이다. 이 문제는 정부의 행정업무 중에서는 그리 중요한 일이 아니며, 전임자를 대신할 외교사절이 도착할 때마다 입법부의 양원 가운데 한 원을 소집하는 것보다는 헌법안에 정해진 방식이 훨씬 더 편리할 것이다.

대통령은 대사, 그 밖의 외교사절 및 영사, 연방대법원 판사 그리고 그 임명에 관하여 이 헌법에 달리 규정이 없으나, 이후에 법률로써 정해지는 그 밖

---

15) 헌법 제2조 3절.

의 모든 합중국 관리를 지명하여 상원의 조언과 동의를 얻어 임명한다.[16] 영국 국왕은 명예의 원천이라고 강조되고 또 실제로 그렇게 불리고 있다. 그는 모든 관리를 임명할 뿐만 아니라 관직을 새로 만들어낼 수도 있다. 그는 임의로 귀족의 작위를 수여할 수도 있으며 엄청난 수의 고위 성직자에 대한 인사권을 갖는다. 이런 점에서 대통령은 영국 국왕에 비해 그 권한이 현저히 적으며, 더구나 만약 뉴욕주 지사가 가지게 된 실제 권한에 의해 뉴욕주 헌법의 의미를 해석한다면 대통령의 권한은 뉴욕주 지사의 권한에도 미치지 못한다. 우리 뉴욕주의 경우, 관리임명권은 주지사와 상원에서 선출된 4명의 의원으로 구성된 임명평의회에 주어진다. 주지사는 지명권을 주장하고, 또한 종종 이를 행사해 왔으며, 임명에 있어 결정투표권을 행사할 수 있는 권한을 갖는다. 만일 주지사가 실질적인 지명권을 갖고 있다면 그는 관리지명권에서는 대통령과 동등한 권한을 가지며, 결정투표권의 조항에서는 대통령의 권한을 능가하게 된다. 연방정부의 경우, 만약 상원이 의견 일치를 보지 못하면 임명이 이루어질 수 없지만, 뉴욕주 정부에서는 임명평의회의 의견이 양분되는 경우에도 지사는 결정투표에 의해 자신이 임명을 확정할 수 있다.[17] 대통령과 상원 전체가 참여하는 임명은 당연히 공개성을 띠게 된다. 반면, 주지사가 4명의 주 상원의원과 함께 그리고, 대개의 경우에는 단 2명과 함께 비밀스러운 장소에 은밀히 모여 행하는 임명은 비공개적일 수밖에 없다. 연방상원을 구성할 다수의 인원에게 영향을 미치는 것보다 소수의 임명평의회에 영향을 미치는 것이 훨씬 더 쉬울 거라는 점을 생각해 보면, 공직 임명에서 뉴욕주 지사의 권한이 합중국의 대통령의 권한보다 실제로 훨씬 더 우월하다고 단언할 수

---

16) 헌법 제2조 2절 2항.

17) 그러나 솔직히 말하자면, 주지사가 임명권을 주장하는 것은 근거가 약하다고 생각한다. 그러나 임명권의 타당성은 헌법적으로 의문이 제기되기 전까지 정부의 관행을 근거로 항상 정당화되고 있다. 또한 이런 주장과는 별도로, 다른 경우들도 고려해 보고 또 그 결과를 추적해 봐도 거의 같은 결론에 이를 것이다. _푸블리어스

있다.

그러므로 조약에 관한 조항에서 대통령이 상원과 공동으로 가지는 권한을 제외하고는, 대통령이 가지는 권한이 뉴욕주 지사의 권한보다 전체적으로 큰지 작은지를 판정하기는 어려운 듯이 보인다. 반면, 대통령과 영국 국왕의 권한을 서로 비교할 수 없다는 것은 의심할 여지없이 명백해졌다. 이 점에 대한 비교와 대조를 더욱 명확하게 하기 위해서, 주요한 차이점들을 서로 좀 더 가까이에 두고 보는 것도 유용할 것 같다.

합중국의 대통령은 4년 임기로 국민에 의해 선출되는 공직자이지만, 영국 국왕은 종신의 세습 군주이다. 대통령은 개인적으로 처벌을 받을 수 있고 명예를 잃을 수 있으나, 영국 국왕은 신성하며 불가침이다. 대통령은 입법부의 법안에 대해 제한적 거부권을 갖지만, 영국 국왕은 절대적인 거부권을 갖는다. 대통령은 합중국 육·해군의 통수권을 갖지만, 영국 국왕은 그 권한 외에 전쟁을 선포할 권한, 자신의 권한으로 함대와 군대를 모집하고 통제하는 권한을 가지고 있다. 또한 전자, 즉 대통령은 조약체결권을 입법부의 한 원인 상원과 공동으로 가지지만, 후자인 영국 국왕은 조약체결권의 유일한 소유자이다. 전자는 관리임명에 대해서도 마찬가지로 공동의 권한을 갖고 있지만, 후자는 단독적으로 모든 임명권을 갖고 있다. 전자는 어떠한 특권도 부여할 수 없지만, 후자는 외국인에게 시민권을 부여하고, 평민을 귀족으로 만들 수도 있고, 법인체에 부수되는 모든 권리를 갖춘 법인을 설립할 수도 있다. 대통령은 합중국의 통상이나 통화와 관련된 어떠한 규칙도 만들 수 없으나, 영국 국왕은 다양한 면에서 통상의 규제자로서, 그리고 그 자격으로 상거래를 위한 크고 작은 시장을 개설할 수도 있으며, 도량형을 규제할 수 있고, 일정 기간 통상금지령을 내릴 수도 있으며, 화폐를 주조할 수도 있고, 또한 외국 화폐의 유통을 허가 또는 금지할 수도 있다. 대통령은 종교에 관한 관할권을 전혀 가지지 않지만, 영국 국왕은 영국 국교회의 최고 수장이며 관리자이다. 이렇게 다른 것을 굳이 닮았다고 우리를 설득하려는 사람들에게 어떤 대답을 해줄 수 있겠는가? 모든 권한이 국민에 의해 주기적으로 선출되는 사람들의 손에 주어진 정부를 귀족정, 군주정 그리고 전제정이라고 우기는 사람들에게도 우리는 같은 식으로 말해 줄 수밖에 없을 것이다.

푸블리어스

THE FEDERALIST   No. 70

≪인디펜던트 저널≫, 1788년 3월 15일   알렉산더 해밀턴

뉴욕주 시민들에게

강력한 행정부는 공화정부의 특질과는 모순된다는 의견이 있으며 이를 옹호
하는 자들도 적지 않다. 공화정에 기대를 거는 계몽된 사람들이라면 적어도
이러한 생각이 근거 없는 것이기를 바랄 것이다. 왜냐하면, 그런 생각이 사실
이라는 것을 인정하는 것은 결국 자신들의 원칙에 대한 비난을 인정하는 것이
되기 때문이다. 행정부의 활력은 좋은 통치를 정의하는 가장 중요한 특징이
다. 그것은 외국의 공격으로부터 우리 사회를 지키는 데 필수적이며, 법의 안
정적인 집행을 위해, 법의 정상적인 집행을 가로막는 불법적이고 강압적인 자
들의 단합에 맞서 재산을 보호하기 위해, 야심과 파벌, 그리고 폭동적인 행위
와 공격에 대항하여 자유를 보호하기 위해서도 역시 필수적인 것이다. 로마
의 역사에 대해 정통하지 않은 사람들일지라도 로마가 왜 독재관[1]이라는 가
공할 만한 이름을 가진 한 사람의 절대적인 권력에 굴복하지 않을 수 없었는
지를 잘 알고 있을 것이다. 즉, 로마는 전제정을 갈망하는 야심가의 음모에 대
항하여, 정부의 존립을 위협하는 사회의 모든 계급들의 선동에 맞서기 위해,
혹은 로마를 정복하고 파괴하겠다고 위협하는 외적의 침입에 대항하기 위해

---

1) 독재관(Dictator)은 고대 에트루리아 문명(Etruscan civilization)과 그 후 공화정 로마에서, 국가의
   비상시에 제한된 시간 동안만 독점적인 권한을 부여받은 집정관이었다. 처음에는 독재관은 원래
   부정적인 의미는 아니었지만 술라(Cornelius Sulla: 138~78 B.C.E.)가 무력으로 공화국의 권력을
   차지해 독재관의 자리를 차지한 후부터 부정적인 의미를 갖게 되었다.

독재관의 절대적 권력에 의지하지 않을 수 없었다.

그러나 여기서 이 문제에 대한 논의와 사례를 상세하게 거론할 필요는 없을 것이다. 행정부의 수장, 즉 최고행정관이 취약하다는 것은 정부 기능이 약하다는 것을 의미하며, 정부의 기능이 약하다는 것은 곧 악정이 이루어지고 있다는 것을 다르게 표현하는 것에 불과할 뿐이다. 또한 잘 운영되지 않는 정부는 어떤 이론으로 정당화한다고 해도 실질적으로 나쁜 정부임이 틀림없다.

그러므로 양식이 있는 사람들이 모두 강력한 최고행정관이 필요하다는 데 당연히 동의한다면, 과연 강력함을 구성하는 요소가 무엇인지, 그러한 구성 요소가 공화적인 의미의 안전을 구성하는 다른 요소들과 모순 없이 결합될 수 있는지, 또 헌법회의가 제시한 안은 어느 정도 이 같은 결합의 특징을 보여주고 있는지가 탐구해야 할 과제로 남는다.

강력한 최고행정관[2]의 요소는 첫째는 단일성이며, 둘째는 지속성, 셋째는 그 직책의 지원을 위한 적절한 보상, 넷째는 충분한 권한이다.

공화제적 의미의 안전을 형성하는 요소는, 첫째, 국민에 대한 적절한 의존, 둘째는 적절한 책임감이다.

올바른 원칙과 공정한 견해로 인해 가장 존경받는 정치인들과 정치가들은 1명의 최고행정관과 다수로 구성된 입법부를 지지한다고 밝힌 바 있다. 그

---

[2] 원문에서는 the Executive이다. 해밀턴은 대통령과 행정부를 다루는 페이퍼 67번부터 77번에서 'the Executive'라는 용어를 행정부라는 의미뿐만 아니라 행정부의 수장인 최고행정관(the chief magistrate)이라는 의미로도 종종 구분 없이 사용하고 있다. 따라서 많은 경우에 이 페이퍼들의 원문에서 'the Executive'라는 용어를 행정부, 최고행정관, 혹은 헌법안에서 연방의 최고행정관에 주어진 새로운 직함인 대통령(the President)으로 번역해도 별 무리는 없다. 한편, 최고행정관의 단일성(unity)이라는 것은 행정부의 수장인 최고행정관, 즉 대통령이 1인이어야 한다는 점뿐만 아니라, 그의 정책 결정에 있어 헌법상 구속력을 가지는, 예를 들면 행정평의회와 같은 그런 어떤 기구도 행정부 내에서 배제하는 것을 의미하기도 한다. 결론적으로, 해밀턴이 주장하는 최고행정관의 단일성이라는 개념은 행정부의 정책이나 그 수행에 대한 책임의 소재를 최고행정관 1인에게 국한한다는 것이다.

들은 최고행정관의 자격요건 중 가장 필요로 하는 것은 강력함이고, 그 강력함은 한 사람의 손에 주어져야 한다고 생각했다. 반면에, 다수로 구성된 입법부는 숙고와 분별에 가장 적합하고, 국민의 신뢰를 얻고 국민의 권리와 이익을 확고히 보장할 수 있어야 한다고 생각했다.

단일성이 강력함을 더한다는 데는 논쟁의 여지가 없을 것이다. 결정, 행동, 비밀, 신속함이라는 특성은 일반적으로 한 사람이 어떤 일을 훨씬 더 효율적으로 처리할 때 적절하며, 그리고 사람 수가 늘어날수록 이런 특성의 이점은 줄어들게 된다.

최고행정관의 단일성은 다음의 두 가지 경우에 훼손될 수 있다. 첫째로 권력을, 같은 정도의 위엄과 권위를 갖는 2명 혹은 2명 이상의 최고행정관에게 부여하는 것이다. 둘째는 권한을 표면적으로는 1인에게 부여하지만, 고문 역할을 하는 타인들의 통제와 협력에 전체적으로 또는 부분적으로 의존하게 하는 것이다. 첫 번째 경우는 로마의 2인 집정관[3]이 그 예가 될 것이며, 두 번째 경우는 몇몇 주의 헌법에서 볼 수 있다. 나의 기억이 맞는다면, 뉴욕주와 뉴저지주는 행정권이 전적으로 한 사람의 손에 주어진 유일한 주들일 것이다.[4] 최고행정관의 단일성을 훼손하는 위의 두 가지 방식을 각각 지지하는 사람들이 있지만, 자문을 위한 평의회를 지지하는 자들이 그 수에 있어서 훨

---

[3] 로마 공화국은 1년 임기로 2명의 집정관(Consuls)을 백부장 의회(the Centuriate Assembly)에서 선출했다. 집정관은 기원전 509년부터 27년까지 로마 공화국의 최고행정관이었다.

[4] **뉴욕주의 경우 관리 임명을 위한 임명평의회(the Council of Appointment) 이외 다른 평의회는 없다. 뉴저지주는 주지사가 자문을 구하는 행정평의회가 있다. 그러나 뉴저지주의 헌법에 규정되어 있는 내용을 보면 그 평의회의 결정은 주지사에게 구속력이 없다. _푸블리어스;**
뉴욕주의 경우 임명평의회 이외에 주의 최고행정관인 주지사의 결정에 구속력을 가지는 적어도 또 하나의 평의회인 법안수정위원회 혹은 법안수정평의회가 있다는 것을 해밀턴은 페이퍼 69번에서 소개했음에도 불구하고, 뉴욕주의 헌법이 그가 주장하는 행정부의 단일성에 부합하거나 혹은 그에 매우 가깝다는 것을 강조하는 그의 주장과 맞지 않기 때문에 법안수정위원회는 그의 각주에서 의도적으로 언급하지 않고 있다. 페이퍼 69번, 각주 4) 참고.

씬 우세하다. 단일성을 훼손하는 두 방식이 똑같지는 않지만, 둘 다 비슷한 결함을 갖고 있기에 많은 점에서 두 방식을 연관 지어 검토해야 할 것이다.

다른 나라들의 경험은 이 문제에 있어서는 별로 교훈을 주지 못하지만 그래도 주는 것이 있다고 하면 그것은 복수의 최고행정관(the Executive)[5] 체제에 매료되어서는 안 된다는 것이다. 우리는 앞의 글에서 아카이아인들이 2인제 집정관 체제를 실험한 후, 그 경험을 바탕으로 결국 1인제를 채택하는 것을 보았다.[6] 로마의 역사를 보면, 집정관 사이의 불화, 그리고 때로는 집정관을 대행했던 여러 군사 호민관[7] 사이의 불화로 인해 공화국이 겪어야 했던 수많은 불행한 사례들이 기록되어 있다. 반면, 로마의 역사에서는 복수의 행정관으로부터 유래하는 어떤 특별한 장점에 관한 사례는 전혀 볼 수 없다. 오히려 복수의 집정관들 사이의 불화가 그다지 많지도 않고, 또 그다지 치명적이지도 않았다는 것이 더 놀라울 뿐이다. 로마 공화국이 거의 항상 처해 있었던 독특한 상황과 그런 상황 아래서 집정관들에 의해 추진된 정부 기능의 분할이라는 현명한 정책에 주목한다면 크게 불화가 많지 않았던 것도 당연하다. 로마의 귀족들은 자신들이 오랫동안 누려왔던 권위와 존엄성을 지키기 위해 평민들과 끊임없이 투쟁해 왔다. 집정관들은 주로 이 귀족층에서 선출되었고 귀족층의 특권을 지키려는 사적인 이해관계로 자주 단결했다. 집정관들을 단결하게 만든 이러한 동기 이외에 그들 사이에 불화가 많지 않았던 다른 이유도 있었다. 그것은 공화국의 군대가 제국의 영토를 상당히 확장한 후에는 집정관들이 스스로 추첨에 의해 행정업무를 나누는 것이 관례화된 것이다. 즉 한 사람은 로마에 남아 로마와 그 주변을 통치하고, 다른 한 사람은 멀리 떨어진 지역을 관리하는 것이다. 집정관들의 충돌과 경쟁으로 인해 이 공화국의 평화가 혼란에 빠졌을 수도 있었겠지만, 이러한 편리한 방식은 그들 간의 충

---

5) 이 페이퍼, 각주 3) 참고.

6) 페이퍼 18번 참고.

7) 페이퍼 63번, 각주 11) 참고.

돌과 경쟁을 막는 데 지대한 영향을 미쳤음이 틀림없다.

여기서 이런 모호한 역사의 탐구를 내려놓고 이제는 순수하게 이성과 양식에 따라 우리의 문제를 생각해 보더라도, 복수의 최고행정관 체제를, 그것이 어떻게 수정된 것이든, 채택하기보다는 거부할 이유가 훨씬 크다는 것을 발견하게 될 것이다.

둘 혹은 그 이상의 사람들이 공동으로 어떤 사업이나 계획에 관여되는 경우 항상 의견의 차이가 생길 위험성이 있게 된다. 만약 그것이 동등한 권위와 위엄을 부여받은 공공 신탁이나 공직이라면, 개인적인 경쟁심이나 심지어는 적대감 같은 특이한 위험이 나타날 수 있다. 그중 하나, 혹은 둘 다의 이유로 심각한 불화가 일어나기 쉽다. 이런 불화가 일어날 때마다 그들은 존경심을 잃게 되고, 권위가 약화되며, 그들이 나누어 맡았던 계획과 운영은 혼란스럽게 된다. 만약 불행하게도 한 국가의 복수로 구성된 최고행정관직이 이러한 불화에 휩싸이게 되면 가장 결정적인 국가의 위기 상황에서 정부의 가장 중요한 대책이 지체되거나 좌절되게 된다. 그리고 더욱 나쁜 것은, 그들의 불화로 인해 사회는 화해하기 어려운 폭력적인 파벌로 분열되어 그 파벌들이 각기 다른 최고행정관을 지지하게 될 수도 있다는 것이다.

사람들은 종종 어떤 일에 대해 반대하는데, 그 이유는 단순히 그 계획에 참여하지 않았거나 혹은 그들이 싫어하는 사람에 의해 계획된 일이기 때문인 경우가 많다. 어떤 계획에 조언은 했음에도 그 계획에 찬성하지는 않았다면, 그 일에 반대하는 것이 자신의 자존심이 걸린 필수적 의무라고 생각하게 된다. 또한 반대자들은 체면상 자신의 잘못은 전혀 없다는 확고한 이유를 가지고, 자신들의 뜻에 반하여 결정된 일이 성공하는 것을 꼭 막아야 한다고 스스로 생각하는 것처럼 보인다. 이와 같은 성향이 때로는 너무나 끔찍하게 오랫동안 지속되는 것을 보면서, 또한 자신들의 열정과 개성으로 사람들의 마음을 사로잡을 수 있을 만큼 충분한 신뢰를 받는 사람들의 허영과 자만심 그리고 고집 때문에 사회의 막대한 이익이 빈번하게 희생되는 것을 보면서, 올바르고 선량한 사람들은 지나칠 정도로 자주 공포를 느끼곤 했다. 지금 대중 앞에 제시되고 있는 이 헌법의 비준이라는 문제는, 아마도 그 결과에 있어서, 인간성의 경멸스러운 나약함, 아니 그보다는 혐오스러운 인간의 악덕이 초래할 결과가 얼마나 비참할지를 보여줄 수 있다.

자유로운 정부의 원칙에서는, 앞서 언급한 복수로 이루어진 구성 체제에서 오는 불편함은 입법부의 구성에 있어서는 당연히 감수해야 하는 것이다. 그러나 그런 불편함을 행정부의 구성에까지 끌고 가는 것은 불필요하고 또 어리석은 일이다. 복수제가 가장 해로울 곳은 바로 행정부이다. 입법부의 경우 결정을 신속하게 하는 것은 이득이 되기보다는 해가 되는 것이다. 입법부에서의 의견의 차이나 당파의 충돌은 때때로 유익한 계획에 장애가 되기도 하지만, 어떤 문제에 대해 심사숙고하고 주변 상황을 고려할 수 있게 하며 다수의 무절제를 억제하는 데 도움이 될 때가 많다. 그러나 결의안이 일단 채택되면 반대는 끝이 날 것이다. 그 결의는 법이고 그 결정에 대한 저항은 처벌을 받기 때문이다. 그러나 행정부 내에서 이러한 불화의 피해를 완화하거나 보상하는 데 도움이 되는 상황은 없다. 행정부에는 그러한 불화로부터의 완전하고 분명한 피해만 존재할 뿐이며 그러한 불화는 결코 사라지지 않을 것이다. 그리고 어떤 계획에 불화가 생기게 되면 첫 단계부터 최종 단계까지 그 집행을 방해하거나 무력하게 만들 뿐 그것을 보상할 만한 어떤 장점도 가져다주지 않는다.

특히 행정부의 강력함이 국가 안보의 보루가 되는 전쟁 수행의 경우에는, 모든 우려는 복수의 행정관 체제로부터 초래될 것이다.

이상의 고찰은, 지지하는 사람이 많지 않을 것 같은 첫 번째 경우, 즉 동일한 위엄과 권위를 갖는 복수의 최고행정관 체제에 주로 해당된다고 할 수 있다. 그러나 이 고찰은 첫 번째 경우와 동일한 정도라고는 할 수 없으나, 두 번째 경우인 행정평의회 체제에도 상당한 정도로 해당된다. 왜냐하면 이 체제에서는 표면상으로는 한 명의 최고행정관이 있지만, 그의 행정 운영에는 평의회의 동의가 헌법상 필수적이기 때문이다. 평의회 내의 교활한 파벌은 행정부의 전체적인 체계를 어지럽히고 무기력하게 만들 수 있다. 그런 파벌이 존재하지 않는다고 해도 견해와 의견 차이가 많은 것만으로도 행정권의 행사가 상습적으로 취약해지고 지체될 것이다.

그러나 복수의 최고행정관 체제를 반대하는 가장 중대한 이유는, 그것이 실책을 은폐하고 책임의 소재를 불분명하게 만든다는 것이다. 책임에는 두 종류가 있는데, 불신임과 처벌이 그것이다. 둘 중에서 처음 것이 더욱 중요한데, 특히 선출직일 경우에 더욱 그러하다. 공직자는 법적 처벌을 받는 행위를 저지르기보다는, 차라리 더 이상 신뢰받지 못할 행위를 하는 경우가 더 많을 것이다. 그러나 최고행정관의 수가 늘어나면 두 경우 모두에서, 즉 불신임과 법적 처벌에서 책임의 소재를 분간하기 어려워진다. 상호 비난이 난무하는 와중에서 누구를 비난해야 할지, 그리고 하나의 혹은 일련의 유해한 조치에 대해 누구를 처벌해야 할지 결정하기가 종종 불가능해진다. 유해한 결정에 대한 책임은 한 사람에서 다른 사람에게 교묘하게 전가되고, 그런 상황에서 진정한 책임이 누구에게 있는지에 대한 대중들의 의견도 불확실한 상태로 남게 된다. 국가적 실책과 불행을 초래할지도 모르는 상황은 때로는 너무나 복잡하게 얽혀 있어, 어떤 정책에 있어 다수의 사람이 각기 다른 수준이나 종류의 역할을 맡았을 경우, 전체적으로는 실책이 있었던 것은 명백하지만, 그 폐해가 누구에 의해 초래되었는지 판단하기는 사실상 불가능하다.

"내 결정은 평의회에 의해 뒤집혔다. 평의회의 의견이 너무 나누어져 그 문제에 대해 더 좋은 결정을 내리는 것이 불가능했다." 이런 말이나 이와 비슷한 핑계들은, 그것이 사실이든 거짓이든, 책임 회피를 위해 둘러댈 수 있도록 언제든 준비된 것들이다. 게다가, 누가 남의 증오를 사면서까지 업무의 비밀스러운 밑바닥까지 샅샅이 파헤치는 귀찮은 일을 하겠는가? 혹시라도 별로 성과를 기대하기 어려운 그런 일을 맡을 만한 열성적인 시민을 찾을 수 있다고 가정해 보자. 그렇더라도, 관련 당사자들이 결탁해 상황을 모호하게 덮어

버리고, 그들 중 누가 도대체 구체적으로 무엇을 했는지 알 수 없게 만들어버리기란 매우 쉬운 일이다.

뉴욕주 지사가 평의회와 함께 하는 유일한 업무가 관리의 임명인데, 여기에서도 지금 검토 중인 측면에서의 평의회의 폐해를 볼 수 있다. 중요한 관직의 임명에 많은 추문이 있었는데, 어떤 경우는 너무 터무니없어서 그 임명의 부당함에 모든 당사자들이 의견을 같이했을 정도이다. 이 사건에 대한 조사가 이루어지자 주지사는 임명평의회 위원들의 책임이라고 그들을 비난했다. 그 반면에 주민들은, 누구의 영향력으로 그토록 명백하게 자격도 없고 부적당한 사람의 손에 자신들의 이익이 맡겨지게 되었는지 전혀 알 도리가 없었다.

이러한 고찰에서 명백히 드러났듯이, 복수의 최고행정관 체제는 행정부에 맡겨진 권력이 충실하게 행사되는 것을 보장하는 두 가지 안전장치를 국민으로부터 빼앗기 쉽다는 것이다. 그 두 가지 안전장치 중 첫째는 여론이라는 억제 수단이다. 잘못된 정책에 대한 불신임이 다수에 분산되면 도대체 누가 불신임의 대상이 되어야 할지가 불분명해지므로 여론의 억제력은 그 효력을 잃게 된다. 두 번째 안전장치는 국민이 권력을 위임한 인물들의 실책을 쉽고 명백하게 발견하여 그들을 직위에서 해임하거나 또는 필요한 경우 실제로 처벌할 수 있는 기회이다.

영국의 경우, 국왕은 종신직 최고행정관이다. 국왕은 자신의 행정에 대해 책임을 지지 않으며, 그의 존재의 신성함은 공공의 안전을 위해 확립된 공리로 되어 있다. 그러므로 국왕에 대한 자신들의 조언에 대해 국민에게 책임을 지는 헌법상의 참의회, 즉 내각을 국왕에게 부속시킨 것은 더없이 현명한 일이다. 이것이 없이는 행정부에는 아무런 책임제라는 것이 존재하지 않을 것이다. 그러나 그것은 자유정부에서는 허용될 수 없는 일이다. 하지만 영국의 경우에도 참의회는 자신들의 조언에 대해 책임을 지지만, 국왕은 참의회의 결정에 구속받지 않는다. 국왕은 그의 직무 수행에 있어서 자신의 행위에 관하여 절대적 존재이며, 참의회의 조언에 따르는 것도 그리고 그것을 무시하는 것도 전적으로 그의 자유 의지에 달렸다.

그러나 최고행정관이 자신의 재직 중의 행위에 대하여 전적으로 책임을 지는 공화국에서는, 영국 헌법에서 참의회의 타당성을 필요로 하는 이유가 적용되지 않을 뿐만 아니라 오히려 공화제에는 어긋나는 것이다. 영국과 같은 군주정에서는 참의회는 최고행정관인 국왕의 실책에 대한 책임을 대신하고, 어느 정도 국왕이 비행을 저지르지 않도록 하는 국가적 정의에 대한 보증인인 셈이다. 아메리카 공화국에서 이러한 평의회는 헌법상 의도되고 필요로 하는 최고행정관 자신의 책임성을 없애버리거나 혹은 격감시켜버릴 것이다.

평의회를 최고행정관 아래 둔다는 발상은 주 헌법에서 널리 받아들여져 왔으나, 이는 원래 권력이란 한 사람보다는 여러 사람에게 주어져야 더 안전하다는 공화제의 기본 원칙에서 비롯된 것이다. 만약 그 원칙이 행정부의 경우에도 적용된다는 것이 설령 인정된다고 해도, 그런 측면에서의 이점이 복수의 최고행정관 체제에서 나타나는 많은 결점을 상쇄하지는 못할 것이다. 나는 이 점에 있어서 유명한 주니어스[8])가 "심오하고, 견실하며, 탁월하다"라고 칭송한 어느 작가의 "행정권은 그것이 한 명에게 주어질 때 더욱 쉽게 제한된다"[9])라는 견해에 동의한다. 국민의 경계심과 감시의 대상이 한 명일 때가 더욱 안전하며, 한마디로 행정권자의 수가 많아지면 국민의 자유에 도움이 되기는커녕 더 위험하다는 것이다.

최고행정관의 수를 증가시키는 것에 의해서는 결코 안전이 보장될 수 없다는 것은 조금만 생각해 보아도 알 수 있다. 결탁을 힘들게 하려면 수를 상당히 늘려야 하는 반면, 수가 적다면 안전보다는 공모의 위험이 커질 것이다. 개

---

8) 주니어스(Junius)는 1769년부터 1772년 사이에 런던의 《퍼블릭 애드버타이저(Puble Advertiser)》라는 신문에 국왕과 그의 대신들을 비난하는 69편의 글을 쓴 밝혀지지 않은 작가의 필명이다.

9) De Lolme. _푸블리어스;
    해밀턴이 어느 작가라고 언급한 사람은 장 루이 드 롬, 혹은 델로름(Jean-Louis De Lolme 1740~1806)이다. 그는 제네바 공화국에서 태어나 영국 국민이 된 영국의 정치 이론가이다.

개인이 결합한 경우의 신망과 영향력은 그들 각각이 가지는 신망과 영향력보다 자유에 훨씬 더 가공할 만한 위협이 될 것이다. 따라서 권력이 혼자가 아니라 소수의 손에 쥐어져 어떤 교활한 지도자에 의해 그들의 이해관계나 견해가 공동의 음모로 쉽게 결합될 수 있다면, 권력이 한 사람의 손에 들어가는 것보다 훨씬 남용되기 쉽고, 또 그럴 경우 더 위험해질 것이다. 권력이 한 사람의 손에 주어지게 되면 그는 혼자라는 바로 그 상황 때문에 더욱 엄중한 감시를 받고 또 더 쉽게 의심을 받게 되어 다른 사람들과 협력할 때만큼 큰 영향력을 행사할 수 없을 것이다. 로마의 10인관[10]의 경우, 그 명칭이 그들의 수[11]를 의미하는데, 그들의 국민에 대한 권리침해로 인해 그중 어느 한 사람이 권력을 잡고 있는 경우보다 그들 전체가 훨씬 더 두려움의 대상이었다. 아무도 이 10인관보다 많은 수로 구성되는 최고행정관제를 제안하지는 못할 것이다. 6명에서 12명 사이의 평의회가 제안되고 있는데, 그중 최대한의 수라고 해도 결탁하기에 그렇게 어렵지 않은 수이다. 미국은 개인의 야심보다 그러한 결탁을 더 두려워해야 할 것이다. 자신의 행위에 대해 스스로 책임을 져야 하는 최고행정관에게 부속되는 평의회는 일반적으로 그의 좋은 의도에 대해서는 방해물에 지나지 않고, 종종 그릇된 행위에는 그의 도구나 종범이 되며, 거의 항상 그의 과실에 대한 은폐물이 될 것이다.

나는 여기서 비용의 문제에 대해서는 자세히 설명하지 않으려 한다. 평의회가 그것이 의도했던 주요 목적에 부합할 수 있을 정도로 인원수를 늘린다면, 자신들의 거주지를 연방정부의 소재지로 옮겨야 하는 위원들의 보수는 국고에서 지출될 텐데, 그 효용이 불분명한 목적에 지출되어야 하기에는 너무 고액의 항목이 될 것이다.

---

10) 10인관(Decemvirs)은 고대 로마 공화국에서 기원전 451년 귀족과 평민의 권력 투쟁을 해결하기 위한 법전을 편찬하기 위해 구성되었으나, 결국 공화국의 권력까지 장악하여 10인에 의한 전제 체제를 구축했다.

11) 10명. _푸블리어스

나는 단지 다음의 사실을 덧붙이고자 한다. 새헌법이 발표되기 전까지는, 모든 주의 현명한 사람들 중 어느 누구도, 행정부의 단일성이 뉴욕주 헌법의 특징 가운데 가장 바람직한 것 중 하나라는 것을 경험을 통해 인정하지 않는 경우를 나는 본 적이 없다.

푸블리어스

THE FEDERALIST

No. 71

≪뉴욕 패킷≫, 1788년 3월 18일

알렉산더 해밀턴

뉴욕주 시민들에게

직무의 지속성은 강력한 최고행정관의 권한에 필요한 두 번째 요건으로 지적되었다.[1] 이 요건은 다음 두 가지 점과 관련이 있는데, 그 하나는 헌법적인 권한의 행사에 있어서 최고행정관의 개인적인 결연 함이고, 다른 하나는 그의 주도하에 구성될 행정 조직의 안정성이다. 첫 번째 점에 관련해 이야기하자면, 재임 기간이 길면 길수록 최고행정관에게 너무도 중요한 강력함이라는 이점을 갖추게 될 가능성이 커질 것은 명백하다. 자신이 보유하고 있는 것에 대해서는 그 보유할 기간이 확정되어 있는지, 아니면 불확실한지에 따라 그것에 대한 관심의 정도가 달라지는 것이 인간 본성의 일반적 원칙이다. 즉 장기적이고 확고한 지위를 누리는 것에 비해 일시적이고 불확실한 지위에 대해서는 애착심을 훨씬 덜 가지게 될 것이며, 당연히 후자의 경우보다 전자의 경우를 위해서 더 많은 위험도 무릅쓸 것이다. 이런 본성은 평범한 소유물 못지 않게 정치적인 특권이나 명예, 혹은 공직에도 적용된다고 볼 수 있다. 이로 미루어 볼 때, 어차피 가까운 시일 내에 직책에서 물러나야 한다고 생각하는 최고행정관은 자신의 권한을 독단적으로 행사하거나 혹은 비록 일시적인 것일지라도 사회 전체의 상당 부분이나 의회의 다수파에 만연한 자신에 대한 불만에 맞섬으로써 어떤 중대한 견책을 받거나 곤란에 처할 위험을 무릅쓰려고

---

[1] 페이퍼 70번 참고.

하지 않을 것이다. 만일 그가 국민에 의해 다시 선택되지 않아 그 직책에서 물러나는 것 외에 다른 방도가 없고, 그럼에도 그 직책을 원하고 있다면, 두려움과 열망이 뒤섞여 더욱더 심하게 그의 성실함을 타락시키고 그의 강인함도 무너질 것이다. 따라서 어떤 경우에도 취약함과 우유부단함이 최고행정관이라는 직위의 특징이 되고 말 것이다.

사회나 입법부의 지배적인 추세에 대해 순응하는 것이 가장 바람직한 최고행정관이라고 생각하는 사람들이 있다. 그러나 그런 사람들은 정부가 설립된 의도나 공공의 행복을 촉진하는 진정한 수단에 대해서도 매우 어설픈 개념을 가지고 있다고 할 수 있다. 공화제의 원칙이란, 그 사회의 관리를 위임받은 사람들의 행위가 사회의 신중하게 고려된 의견에 의해 통제되어야 한다는 것이다. 그러나 그것은 국민의 우발적인 감정이나, 자신들의 이익을 위해 사람들의 편견을 교묘하게 이용하는 자들의 술책에 걸려든 국민의 일시적인 충동에 의해서까지 무조건적으로 통제되어야 한다는 말은 아니다. 국민은 일반적으로 공익을 염두에 둔다는 것은 옳은 생각이지만, 종종 자신들이 잘못하고 있는 일까지도 공익을 위한 것으로 생각할 수 있다. 그러나 국민은 분별력이 있기에, 공익을 증진하는 데 있어 항상 자신들의 판단이 옳은 것처럼 행동하는 사람들을 경멸할 것이다. 국민도 그들의 경험으로 미루어 자신들이 가끔 실수를 저지르는 것을 알고 있다. 아첨꾼들의 농간에 의해, 그리고 야심가와 탐욕가와 사기꾼들의 속임수에 의해, 그들에게 걸맞은 정도 이상의 신뢰를 차지하고 있는 자들에 의해, 자신들의 자격 이상으로 신뢰를 탐하는 자들의 책략에 의해 끊임없이 고통받고 있음에도 불구하고 국민이 그다지 큰 잘못을 저지르지 않는다는 것은 놀라울 뿐이다. 국민의 이익이 그들의 의향과 상충되는 상황이 발생했을 때 그들에게 더 냉정하고 차분하게 생각할 시간과 기회를 주기 위해 일시적으로 품을 수 있는 오해를 없애주는 것이 국민 이익의 수호자로서 임명된 자들의 의무이다. 우리는 최고행정관의 이런 행동이 국민 자신들이 저지른 실수의 치명적 결과로부터 그들을 지켜냈던 사례들 그리고 국민의 불만을 각오하면서까지 그들에게 봉사할 만큼 충분한 용기와 도량을 가졌던 인물들이 결국 영원한 감사의 표식을 받게 된 사례들을 찾아볼 수 있다.

최고행정관은 국민이 바라는 바에 무조건 따라야 한다는 것이 우리의 의향이기는 하지만, 그가 마찬가지로 입법부의 의사에도 따라야 한다는 것은 타당하지 않다. 입법부는 때때로 최고행정관과 대립할 수 있고, 또 때로는 입법부와 최고행정관 사이에서 국민은 완전히 중립적일 수도 있다. 어떤 경우든, 최고행정관은 힘차고 결연하게 자신의 견해에 따라 과감히 행동할 수 있는 입장에 있어야 한다는 것은 확실하다.

권력의 여러 부문을 분리시켜 놓는 것이 바람직하다는 원칙은 또한 동시에, 각 부문이 다른 부문에 대해 독립적으로 구성되어야 함을 우리에게 가르쳐주고 있다. 만약 행정부와 사법부가 입법부에 전적으로 헌신하도록 구성되어 있다면 도대체 무슨 목적으로 행정부와 사법부를 입법부에서 분리하겠는가? 그런 분리는 명목상의 분리에 지나지 않으며, 원래 의도된 권력의 분리라는 목적을 달성할 수 없다. 법률에 복종하는 것과 입법부에 대한 종속은 별개의 일이다. 전자의 경우는 좋은 통치의 기본 원칙에 부합하지만, 후자의 경우는 그 기본 원칙에 반하는 것이며, 그 헌법의 형태가 어떤 것이든 간에 모든 권력은 한 곳으로 모이게 된다. 다른 모든 권한을 흡수하는 입법부의 경향은 앞에서 예를 들어 설명했다.[2] 순수한 공화제 정부에서는 이런 경향을 억제하기란 거의 불가능하다. 의회의 대표들은 종종 자신들이 마치 국민 자체라는 착각에 빠져 있는 듯하며, 정부의 다른 부문에서 그들에 반대하는 기미가 조금이라도 보이면 참지 못하고 역겨워한다. 그건 마치 행정부든 사법부든 그들 각각의 권리를 행사하는 것이 의회의 특권을 침해하고 위엄을 모욕하는 것이라고 생각하는 듯하다. 게다가 의회의 대표들은 통상 국민을 자신들의 편으로 삼고 기세등등하게 행동하기 일쑤이기 때문에, 정부의 다른 부문들로서

---

2) 페이퍼 48번, 49번.

는 헌법상의 균형을 유지하기가 여간 어려운 것이 아니다.

입법부가 최고행정관의 임명권이나 해임권을 갖고 있지 않은 한, 그의 임기가 짧을지라도 입법부로부터의 독립성을 유지하는 데는 지장이 없지 않은가라는 의문이 제시될 수 있다. 이에 대한 하나의 대답은 이미 언급한 원리에서 나온다. 즉, 사람들은 일시적으로 잠시 가지는 권한에는 별로 관심을 갖지 않으며, 그것 때문에 큰 불편이나 위험을 무릅쓰지 않는다는 것이다. 결정적이지는 않더라도 좀 더 명확한 또 다른 대답은 입법부의 국민에 대한 영향력에서 찾을 수 있다. 그것은 입법부의 부정한 계획에 당당하게 반대해 그들의 분노를 사서 혐오스러운 존재가 되어버린 최고행정관이 재선되는 것을 막기 위해, 입법부가 국민에 대한 영향력을 악용할 수 있다는 것이다.

더욱이 헌법안이 제안하고 있는 것처럼 최고행정관의 4년 임기가 과연 그 목적에 부합하느냐는 질문이 제기될 수도 있다. 만약 그렇지 못하다면 4년보다 짧은 임기, 즉 그의 야망에 대한 국민의 안전보장 차원에서 최소한으로 권고될 수 있는 짧은 임기가 더 바람직할 수도 있지만, 동시에 그에게 필요한 결연함과 독립성을 고취하기에는 역시 짧은 임기보다는 4년 임기가 더 낫다는 생각이 있을 수 있다.

4년 또는 그 밖의 일정한 임기가 과연 의도된 목적에 완전히 부합하리라고는 확신할 수 없다. 그러나 제한된 임기가 정부의 본질과 성격에 어느 정도는 실질적인 영향을 미친다는 것은 확실하다. 임기가 4년일 경우, 그 시작과 끝 사이에는 항상 상당한 간격이 있다. 임기 종료를 염두에 두기란 아직 멀었기 때문에, 어느 정도의 합리적인 강직함을 가진 인물이라면 그의 행동이 그 때문에 좌우되지도 않을 것이다. 또한 임기가 종료되기 전에, 자신이 추구하려는 정책의 타당성을 사회가 알아주기에는 충분한 시간이 있다고 스스로 합리적인 다짐을 할 수도 있을 것이다. 새로운 선거를 통해 대중들이 그동안 자신의 행보에 관한 생각을 표명해야 할 시간이 다가옴에 따라, 그의 자신감도 또한 그의 결연함도 약해질 수 있다. 하지만 최고행정관의 직책에 있는 동안 그의 선거구민으로부터의 존경과 호의를 확고히 할 기회가 충분히 있었고, 그것이 그의 자신감과 결연함이 다져지는 데 도움이 될 것이다. 따라서 그는 자신이 그동안 보여준 지혜와 성실성의 정도에 따라 그리고 동료 시민들에게서 얻은 존경과 신뢰도에 따라 안전하게 재선의 기회를 가질 수 있을 것이다. 한편으로 4년이라는 임기는 최고행정관의 결연함에 충분히 기여함으로써 그를 정부의 아주 중요한 구성 요소로 만들겠지만, 다른 한편으로는 공공의 자유에 경종을 울릴 만큼 그 기간이 길지도 않다. 영국 의회의 하원은 새로운 세금의 부과에 단순히 찬성하거나 반대하는 극히 미미한 권한으로부터 자신들을 상원과 동등한 위치로 끌어올리고, 왕과 귀족의 특권을 자유정부의 원칙에 어긋나지 않는다고 생각하는 정도까지 매우 빠른 속도로 축소해 버렸다. 영국 하원이 왕권과 귀족정을 동시에 폐지하고, 국가 및 국교회 내의 낡은 질서를 무너뜨릴 수 있었다는 점을 감안하면, 혹은 최근에 하원이 시도했던 개혁[3]에 대한 가능성으로 국왕을 두려움에 떨게 했던 것을 생각하면, 제한된 권한만을 갖는 4년 임기의 선출직인 합중국의 대통령[4]을 두려워할 것이 무엇이 있겠는가? 헌법이 그에게 부여한 임무를 감당할 수 없을지 모른다는 것 외에 두려워 할 것이 무엇이 있겠는가? 만약 (4년이라는) 최고행정관의 임기가 짧아 그의 결연함이 지켜질지 염려된다면, 그런 염려는 (그 기간만큼의 임기 동안) 그의 국민에 대한 권리침해를 염려해야 하는 것과는 모순되는 것임을 덧붙이고 싶다.

푸블리어스

---

[3] 이것은 폭스 의원(Mr. Fox)이 제출한 인도(India) 법안에 관한 것으로 인도 법안은 하원을 통과했으나 상원에서 부결되어, 들리는 바에 의하면, 모든 국민이 만족했다고 한다. _푸블리어스;
인도 법안이란 1783년 영국 하원의원 찰스 제임스 폭스(Charles James Fox)가 인도(India) 정부의 개혁을 위해 민간 기업인 동인도회사(East India Company)의 권한을 제한하는 법안이었다.

[4] 대통령이라는 직함이 이전의 페이퍼들에서도 많이 등장했지만, 헌법안에서 연방정부 행정부의 수장인 최고행정관의 직함의 공식적인 명칭을 합중국의 대통령(a President of the United States)이라고 부르기로 한 것을 처음으로 시사해 주는 부분이다.

THE FEDERALIST No. 72

≪인디펜던트 저널≫, 1788년 3월 19일　　　　　　　　　　　알렉산더 해밀턴

뉴욕주 시민들에게

정부의 운영이란 가장 넓은 의미에서는 정치체의 입법, 행정 혹은 사법의 모든 작용을 포괄한다. 하지만 가장 일반적이고 그리고 아마도 가장 정확한 의미에서의 정부의 운영이란 세부적인 집행에 해당되며, 이는 특히 행정부의 영역에 들어간다. 대외 교섭의 실제적 수행, 재정 예산안의 작성, 입법부의 승인을 받은 공공 자금의 배분과 지출, 육·해군의 배치, 전쟁의 작전지휘나 기타 이와 비슷한 다른 사안들이 가장 고유한 정부 운영에 속하는 것으로 우리는 알고 있다. 그러므로 이러한 다른 여러 사항을 직접 관리하는 사람들은 최고행정관의 보조자이거나 대리인으로 간주된다. 이 점에서 그들은 최고행정관의 임명권 혹은 최소한 지명권에 의해 그 직책을 부여받아야 하며 최고행정관의 감독 아래 있어야 한다. 이러한 견해는 바로 최고행정관인 대통령의 임기와 정부의 운영체계의 안정성 사이에 밀접한 관련성이 있음을 보여준다. 후임자들은 종종 전임자가 해온 일을 번복하고 무효로 하는 것이 자신의 능력과 가치를 가장 잘 증명할 수 있는 방법이라고 생각하곤 한다. 이런 경향에 덧붙여, 국민의 선거 결과에 따라 대통령의 교체가 이루어진다고 하면, 후임자는 당연히 생각하기를, 전임자의 패배는 그가 추진한 정책에 대한 국민들의 반감 때문이며, 그가 전임자와 다를수록 국민들로부터 더 많은 호감을 살 수 있다고 생각할 것이다. 이런 사고방식과 더불어 모든 신임 대통령은 개인적인 신임과 애착을 가진 인물들로 자기 휘하의 직책을 채워버리게 되는 대대적인 변

화를 꾀하기 십상이다. 그리고 이런 모든 원인들에 의해 결국 정부 운영은 불미스럽고 파멸적인 불안함을 초래할 수밖에 없을 것이다.

이러한 문제를 막기 위해, 나는 상당한 기간의 분명한 임기에 재선될 수 있는 자격을 추가하고자 한다.[1] 상당한 기간, 즉 4년 동안의 임기라는 것은 대통령 자신이 그 직책을 잘 수행하고자 하는 마음과 결의를 다지기 위해서, 또한 사회로서는 대통령이 취한 정책의 경향을 파악할 수 있는 시간과 여유를 갖기 위해 필수적이다. 한편 재선의 자격을 주는 것은, 국민이 그의 업무 수행 능력을 인정할 근거를 발견했을 경우 그가 유임할 수 있게 해줌으로써, 계속해서 그의 수완과 덕성을 발휘할 수 있게 해주고, 또한 정부에 대해서는 현명한 운영 체제의 영속성이라는 이점을 보장해 주기 때문에 필요한 것이다.

재선의 자격이라는 점에 대해 몇몇 존경받는 인물들이 지지하는 계획이 있으나, 언뜻 보기에 그럴듯하게 보이지만 면밀하게 검토해 보면 이만큼 근거가 허약한 계획도 없는 것 같다. 그 계획은 바로 최고행정관으로서 일정 기간 재직한 이후에는 그를 한정된 기간 동안 혹은 영구히 그 직위에서 배제한다는 것이다. 일시적이든 영구적이든 이런 배제는 거의 같은 결과를 가져올 것이고, 그 결과란 대부분의 경우 유익하기보다는 오히려 해로울 것이다.

이런 배제의 나쁜 영향 중 하나는 훌륭하게 직책을 수행하려는 동기를 줄여버릴 수 있다는 것이다. 업적을 세움으로써 그 직위를 계속 유지할 수 있다고 기대할 수 있는 경우와 비교할 때, 일정 기간이 지나면 자신의 직무에 따른

---

[1] 해밀턴은 여기서 최고행정관, 즉 대통령의 첫 4년 임기가 끝난 후 재선될 수 있는 자격을 가져야 한다는 것을 의미하고 있으며, 특히 횟수에 제한이 없이 재선될 수 있어야 한다는 점을 그의 나름대로의 논리를 이용해 강조하고 있는데 이는 당시의 헌법회의의 분위기와 무관하지 않다. 즉, 헌법회의는 영국과의 독립전쟁의 영웅인 조지 워싱턴을 초대 대통령으로 염두에 두고 있었으며, 그에게 무제한의 재선 기회를 주어 종신 대통령으로 추대하려는 분위기가 지배적이었기 때문이다. 따라서 대통령의 임기에 제한을 두지 말아야 한다는 당시 해밀턴의 논리에는 분명 문제가 있었고, 그로 인해 1951년 헌법 수정 제22조에 의해 대통령의 임기를 2회로 제한하게 되었다. 페이퍼 69번, 각주 2) 참고.

여러 이점을 포기해야 한다는 것을 의식하는 경우에는 직무 수행에 대한 열의가 식어버리기 마련일 것이다. 보상에 대한 열망이 인간 행위의 가장 강력한 동기 중 하나이며, 인간의 성실성을 가장 잘 보장할 수 있는 것은 그들의 직무 수행에 합당한 이익이 주어지는 것이라는 것을 인정하는 한 이런 견해에는 논쟁의 여지가 없을 것이다. 고결한 사람들의 지배적인 열정인 명예욕은 자신이 시작한 일을 자신이 완성할 수 있다는 전망이 있다고 마음속으로 자신할 수 있다면, 상당한 시간이 소요되더라도 공익을 위한 대규모의 힘든 사업을 입안하고 착수하도록 고취시킬 것이다. 그러나 만약 사업을 완수하기도 전에 그 직책에서 물러나야 하고, 게다가 자기 자신에게 주어져야 할 명성과 함께 그 사업을 그에 걸맞지 않거나 혹은 비우호적인 다른 사람에게 넘겨야 한다고 예상한다면, 그의 명예욕은 그로 하여금 그 사업을 처음부터 떠맡는 것을 그만두게 만들 것이다. 이런 상황에서 대부분의 사람들에게서 기대할 수 있는 것은, 기껏해야 좋은 일을 적극적으로 실행하기보다 나쁜 짓은 하지 않는다는 소극적인 가치관이다.

일정 기간 재직 후 최고행정관을 한정된 기간 동안 혹은 영구히 그 직위에서 배제하는 것으로 인해 생길 수 있는 또 다른 나쁜 영향은 추악한 생각, 즉 공금횡령이나 권력 침탈의 유혹이다. 탐욕스러운 사람이 그 직책을 차지해 자신이 그동안 받아온 혜택을 결국 포기해야 할 시간을 내다보면서, 그런 부류의 사람이라면 뿌리치기 힘든 기회를 관직에 있는 동안 최대한 이용하려는 쪽으로 마음이 기울게 될 것이다. 또한 그는 시간이 별로 많지 않기 때문에 될 수 있으면 최대한의 수확을 올릴 수 있는 가장 추악한 수단을 아무 거리낌 없이 사용하려고 할 것이다. 그러나 비록 같은 사람이라 할지라도 자신 앞에 다른 가능성, 즉 재선의 가능성이 열려 있다면 아마도 그의 지위에서 누릴 수 있는 공식적인 특전에 만족하고, 기회의 남용에 따를 무리한 위험을 무릅쓰지는 않을 것이다. 그의 탐욕, 즉 재선에 대한 욕심은 다른 탐욕을 저지하게 될 것이다. 하지만 같은 사람이 탐욕뿐만 아니라 허영심이나 야심을 가지고 있다면, 그리고 만약 성실한 직무 수행을 통해 자신의 명예를 지속할 수 있으리라 기대할 수 있다면, 그의 명예욕을 이익에 대한 욕망에 희생시키는 것을 망설일지도 모른다. 그럼에도 자신이 불가피하게 물러날 시기가 다가옴을 느끼게 되면, 그의 탐욕이 자신의 신중함, 자만심, 혹은 야망을 지배해 버릴 가능성이 크다.

또한 야심만만한 사람이 국가의 최고로 명예로운 자리에 오르게 된다면, 그리고 그 높은 자리에서 영원히 내려와야만 하는 순간을 바라보면서, 자신의 어떤 가치 있는 노력으로도 달갑지 않은 퇴임을 면치 못할 것이라고 느낄 때, 그는 자신의 의무를 충실히 함으로써 재선에 의한 재임 기간의 연장이라는 가능성을 타진하기보다는 개인적 위험을 무릅쓰고라도 자신의 권력을 연장하고 싶은 강렬한 유혹에 빠지게 될 것이다.

행정부의 수장을 지냈을 정도로 높은 신망을 얻은 무려 여섯 명이나 되는 전직 대통령들이 불만에 가득 찬 유령처럼 사람들 사이를 떠돌며, 재선 횟수의 제한으로 자신들이 더는 차지할 수 없게 된 자리를 쳐다보면서 탄식하게 된다면, 이것은 과연 사회의 평화와 정부의 안정을 증진하는 데 도움이 되겠는가?

배제의 세 번째 나쁜 영향은, 대통령이 재직 중 실무에서 얻은 경험이 주는 혜택을 사회가 받지 못하게 된다는 것이다. 경험은 지혜의 어머니라는 격언은 가장 단순한 사람뿐만 아니라 가장 현명한 사람도 그 진실성을 인정하고 있다. 국가의 통치자에게 이보다 더 바람직하고 필요한 것이 과연 있을까? 이렇게 바람직하고 필수적인 자질의 활용을 헌법에서 금지하는 것이 현명한 일인가? 또 그런 자질을 갖추게 해주고 또 앞으로 그것을 이용할 수 있는데도, 그 자질을 갖추게 된 순간 그 지위를 포기해야 하는 것을 헌법에 명시하는 것이 현명하다고 할 수 있을까? 하지만 바로 이것이, 재임 중의 경험으로 직책을 매우 효율적으로 수행할 수 있게 된 인물들을, 국민의 선택으로 국가에 봉사할 기회로부터 배제하는 그런 모든 규정들이 명확하게 의미하는 바이다.

배제의 네 번째 나쁜 영향은 어떤 국가적 위기가 발생했을 때, 그들의 존재를 공익과 안전에 가장 중요한 기회가 될 수 있는 지위에서 제외시켜 버린다는 것이다. 어떤 국가든 특정인의 역할이 절대적으로 필요했던 상황을 이따금 경험하지 않은 나라는 없었다. 그런 특정인의 역할이 국가의 정치적 존속을 위한 것이라고 말해도 지나친 것은 아닐 것이다. 그러므로 국가가 위기나 다른 위급한 상황에서 그 시민들을 가장 적합한 방식으로 활용하는 것을 금지하는 것과 같은 자기 부정적인 규정은 얼마나 어리석은 일인가! 어떤 특정한 개인이 반드시 필요한 경우가 아니더라도 전쟁의 발발이나 그와 유사한 위기의 와중에서 최고행정관을 비록 동등한 능력을 갖춘 사람으로 교체한다고 해도, 경험이 있는 인물을 경험이 없는 인물로 교체하는 한 이미 안정된 일련의 행정업무를 혼란시키고 불안정하게 만들 것이다.

배제의 다섯 번째 나쁜 영향은 정부 운영의 안정성을 헌법상 저해하는 효과를 가져온다는 것이다. 재선에서의 배제는 국가의 최고 관직에 있는 사람의 교체를 필연적으로 수반함으로써 정책의 변화를 반드시 초래하게 될 것이고, 사람이 바뀌어도 정책은 획일적으로 유지되리라는 것은 일반적으로 기대하기 힘들다. 오히려 그 반대가 일반적인 경우일 것이다. 최고행정관을 교체할 수 있는 선택권이 있는 한, 그 자리가 지나치게 고정적으로 될까 봐 우려할 필요는 없다. 국민이 생각하기에 그들의 신임이 안전한 곳에 맡겨져 있고, 자주 교체되는 의회와 그에 따르는 잦은 정책 변경이라는 치명적인 폐단을 지속적으로 방지할 수 있다고 판단한다면, 국민이 최고행정관에 대한 신임을 연장하지 못하게 할 필요는 없는 것이다.

이제까지 살펴본 것들이 배제의 원칙으로 인해 야기될 수 있는 단점이다. 이런 단점은 영구적 배제, 즉 최고행정관이 일정한 임기가 끝난 후에 그 직에서 영구히 배제되는 제도에서 가장 뚜렷하게 나타날 것이다. 하지만 임기가 끝난 후 연임은 아니라도 미래에 다시 재선이 허용되는 일시적 배제 역시, 그것이 먼 훗날이 될지도 모를 뿐 아니라 불확실하다는 점을 고려하면, 지금까지 검토해 본 영구적 배제 못지않은 단점을 가진다고 볼 수 있다.

이러한 결점을 상쇄해 줄 수 있을 것으로 보이는 배제의 이점은 무엇인가? 첫째, 최고행정관의 보다 큰 독립성이며, 둘째, 국민의 보다 큰 안전이다. 처음의 이점은 배제가 영구적인 경우에만 해당이 된다. 그러나 영구적 배제의 경우에도 자신의 최고행정관으로서의 독립성을 희생하면서 얻고자 할 다른 목적을 가질 수도 있지 않겠는가? 그가 독립성을 희생시킬 수도 있는 친척이나 친구를 가지고 있지는 않을까? 최고행정관은 앞으로 자신이 동등하거나 어쩌면 열등한 입장에서 그에게 원한을 품은 개인적인 적들과 마주칠 수 있는, 아니 반드시 마주칠 수밖에 없는 시간이 곧 닥칠 것임을 생각하면서 임무를 수행할 경우, 단호하게 행동해 개인적인 적을 만들기를 꺼리지 않겠는가? 배제의 원칙에 의해 그의 독립성이 더욱 강화될지 약화될지 판단하기란 쉽지 않은 일이다.

두 번째로 제안된 이점, 즉 국민의 보다 큰 안전이라는 점에 대해서는 의문을 제기하는 더 큰 이유가 있을 수 있다. 만약 배제가 영구적이라면, 국민의 안전에 우려를 불러일으킬 만한 이유를 가진 비정상적으로 야심 찬 인물은, 그동안 자신을 권력과 우월함에 익숙하게 만들어버린 자리를 영원히 떠나야 한다는 것을 억지로 받아들일 수밖에 없을 것이다. 그리고 만약 그가 국민의 호의를 얻을 만큼 운이 좋거나 교활하다면, 그는 국민들이 가장 좋아하는 인물을 재선할 권리를 막고 있는 규정은 국민에 대한 극히 혐오스럽고 부당한 제약이라고 생각하게끔 오도할 것이다. 그로 말미암아 자신들이 좋아하는 인물의 좌절된 야망을 지지하는 국민들의 혐오감이 자유에 위험을 불러일으키는 상황을 생각해 볼 수 있다. 그리고 이런 상황은 헌법상의 권리 행사인 사회의 자발적인 투표에 의한 영구적 재임의 가능성에서 비롯되는 현실적인 두려움보다 오히려 자유에 더 큰 위험이 될 수 있을 것이다.

국민의 인정과 신임을 받을 만한 자격을 갖추었다고 생각되는 사람들에게, 그 지위를 계속 유지할 수 없게 하는 것은 지나치게 미묘한 논리이다. 그리고 그런 배제의 원칙의 이점은 기껏해야 추측에 불과하고 또 애매하며, 배제로 인해 생기는 확실하고 결정적인 단점이 이점보다 훨씬 더 크다.

푸블리어스

≪뉴욕 패킷≫, 1788년 3월 21일

알렉산더 해밀턴

뉴욕주 시민들에게

최고행정관의 권한에 활력을 주는 세 번째 요소는 그의 직무 지원을 위한 적절한 보상이다.[1] 이러한 적절한 배려가 없다면 입법부로부터의 행정부의 분리는 유명무실하고 무의미할 것이다. 입법부가 최고행정관의 급여 및 기타 수당에 대해 자유재량권을 갖는다면 최고행정관을 마음대로 자신들의 의사에 따르게 할 수 있다. 입법부는 대부분의 경우 그를 궁핍하게 만들어 굴복시키거나, 또는 반대로 금품 세례로 그의 판단을 입법부의 의향에 따르도록 유혹할 수도 있다. 이런 표현은 해석하기에 따라 분명 과장되게 보일 수도 있다. 그런 압박이나 유혹에 흔들리지 않거나 자신의 의무를 결코 저버리지 않는 사람들도 있지만, 그런 준엄한 덕을 갖춘 사람은 거의 드물다. 대부분의 경우, 어떤 인물의 생계를 지배하고 있는 힘이 그의 의지를 지배하는 경우가 많다. 이러한 명백한 진리를 사실로 확인할 필요가 있다면, 입법부가 재정적 수단 및 유혹으로 행정부를 압박하거나 유혹한 사례는 이 나라에서만 봐도 얼마든지 있다.

그러므로 제안된 헌법이 이 문제에 신중한 관심을 기울인 것은 매우 칭찬할 만하다. 새헌법에 의하면 "대통령은 그 직무 수행에 대한 대가로 정기적으로 보수를 받으며, 그 보수는 임기 중에 증액 또는 감액되지 아니한다. 대통령

---

1) 페이퍼 70번.

은 그 임기 중에 합중국 또는 어느 주로부터 그 밖의 어떠한 보수도 받지 못한 다"[2]라고 명시되어 있다. 이보다 더 적절한 규정을 생각할 수는 없다. 대통령 의 임기가 시작됨과 동시에 입법부는 그의 임기 중의 직무에 대한 보수를 한 번만 결정하고, 일단 결정하면 새로운 선거에 의해 새 임기가 시작될 때까지 대통령의 보수를 증액하거나 감액함으로써 변경할 권한을 갖지 못한다. 입법 부는 그가 필요로 하는 것의 공급을 통제하여 그를 약화시키거나, 탐욕을 자 극하여 그의 성실성을 타락시킬 수 없다. 또한 합중국이나 합중국의 어느 주 도 첫 번째 규정에 따라 결정된 것 이외의 다른 어떤 보수를 그들의 마음대로 대통령에게 줄 수도 없고 대통령도 마음대로 그것을 받을 수 없다. 이에 따라 당연히 대통령은 헌법이 의도하는 그의 독립성을 훼손하거나 그것을 저버릴 만한 금전적인 유혹을 받지 않을 것이다.

강력한 행정부에 필요한 마지막 요소는 충분한 권한이다.[3] 따라서, 행정 부의 수장인 합중국의 대통령에게 부여하도록 제안된 권한을 검토해 보기로 하겠다.

가장 먼저 우리가 주목할 첫 번째 권한은, 입법부의 양원을 통과한 법안이 나 결의에 대한 대통령의 제한적 거부권이다. 다시 말하면, 대통령이 양원에 서 통과된 모든 법안을 반대 이유와 함께 의회로 환부한 후 입법부를 구성하 는 각 원에서 3분의 2에 의해[4] 다시 통과되지 않는 한 모든 법안이 법률로 되 는 것을 막을 수 있는 권한이다.

다른 부의 권한을 침해하여 흡수하려는 입법부의 경향에 대해서는 이미 언급했으며 반복해서 이야기해 왔다.[5] 각 부의 권한의 경계를 헌법에 설명하

---

2) 헌법 제2조 1절 7항.

3) 페이퍼 70번.

4) 재심된 법안이 대통령의 승인 없이 효력을 발생하기 위해서는 각 원에서 의결정족수를 충족시키는 출석 의원 3분의 2의 찬성이 있어야 한다. 페이퍼 69번, 각주 3) 참고.

5) 페이퍼 48번, 49번, 71번.

는 것만으로는 불충분하다는 점도 이미 지적했으며,[6] 그래서 각 부가 자신을 방어할 수 있도록 헌법적인 무장이 필요하다는 것도 추론해서 입증했다.[7] 대통령이 입법부의 법안에 대해 절대적인 혹은 제한적으로 거부할 수 있는 권한의 타당성은 바로 이런 명백하고 의심할 여지 없는 여러 원칙에서 나오는 것이다. 절대적 혹은 제한적 거부권이 없다면,[8] 대통령은 입법부의 권한침해로부터 자신을 방어할 수 없을 것이다. 대통령은 입법부의 연이은 결의로 인해 자신의 권한을 점차 박탈당하거나, 혹은 단 한 번의 표결로 모든 권한을 잃게 될 수도 있다. 그리고 입법부적 방식에 의하든 행정부적 방식에 의하든, 입법권과 행정권은 급속히 혼합되어 하나의 부에 통합되어 장악될 것이다. 비록 대통령의 권한을 침해하려는 성향이 입법부에서 드러나지 않더라도 올바른 추론과 논리적인 타당성에 근거한 원칙이 가르쳐주는 것은, 행정부가 입법부의 뜻에 좌우되게 내버려 두어서는 안 되며, 행정부는 자신을 방어할 수 있는 헌법적인 그리고 효과적인 권한을 가져야 한다는 것이다.

그러나 논의되고 있는 권한, 즉 거부권은 그 이상의 효용을 가지고 있다. 거부권은 행정부의 방패 역할을 할 뿐만 아니라, 부적절한 법률의 제정을 제지하는 추가적인 안전장치의 역할을 한다. 이 권한은 입법부의 다수파에 영향을 미칠 수도 있는 파벌이나 경솔함 또는 공익에 반하는 충동으로부터 사회를 지키기 위해 입법부에 대한 유용한 견제를 확립하는 것이다.

---

6) 페이퍼 48번.

7) 페이퍼 51번.

8) 절대적 거부권(absolute negative)은 대통령이 거부한 법안에 대해 의회가 다시 재심할 수 없는 거부권을 의미하며 포켓 거부권(pocket veto)에 의해 절대적 거부권이 구성된다. 포켓 거부권은 헌법 제1조 7절 2항에 근거한다. "법안이 대통령에게 이송된 후 10일 이내(일요일은 제외)에 의회로 환부되지 아니할 때에는 그 법안은 대통령이 이에 서명한 경우와 마찬가지로 법률로 확정된다. 다만 연방의회가 휴회하여 법안을 환부할 수 없는 경우에는 법률로 확정되지 아니한다." 즉, 연방의회의 휴회를 이용하여 대통령이 법안을 의도적으로 의회로 돌려보내지 않으면 재심이 불가능해지므로 사실상 의회는 대통령의 거부권을 뒤집어 법안을 통과할 수 없는 것이다.

거부권의 타당성은 때때로 다음과 같은 견해에 의해 반대되어 왔다. 한 사람이 다수보다 더 많은 미덕과 지혜를 가진다고는 전제할 수 없으며, 또한 이 전제가 받아들여지지 않는 한 최고행정관에게 입법부를 억제하는 어떤 유형의 권한을 부여하는 것도 부적절하다는 것이다.

그러나 이런 견해는 잘 살펴보면 확실한 근거가 있다기보다는 겉만 그럴 듯한 것을 알 수 있다. 거부권의 타당성은 대통령이 더 지혜롭고 미덕을 갖추었다는 것을 전제하는 것이 아니라 입법부가 오류를 범할 수도 있다는 전제에 근거한다는 것이다. 즉, 입법부는 권력욕으로 말미암아 때때로 정부의 다른 부의 권한을 침해할 수 있는 성향을 드러낼 수도 있고, 당파심이 입법부의 심의를 그르칠 수도 있고, 나중에 주의 깊게 보면 스스로 책망하게 될 조치를 순간적 기분에 의해 채택할 수도 있다는 것이 그런 전제이다. 문제가 되고 있는 거부권을 최고행정관인 대통령에게 부여하는 첫 번째 동기는 대통령 자신을 방어할 수 있게 하는 것이며, 두 번째 동기는 국민과 사회의 편에 서서 경솔함이나 부주의 혹은 고의에 의한 악법의 통과를 저지하는 기회를 늘리는 것이다. 법안을 여러 번 검토하면 할수록, 법안을 검토하는 사람들은 더 다양한 상황을 접하게 되고, 적절한 숙의의 부족에서 발생할 수 있는 실수나 어떤 공통의 감정이나 이해관계의 악영향으로부터 일어날 수 있는 잘못을 저지를 위험도 줄여줄 것이다. 동일한 목적에 대해 어떤 그릇된 견해가 동시에 정부의 모든 부문을 오염시킬 가능성은, 그런 그릇된 견해가 정부의 각 부문을 차례로 지배해 잘못된 방향으로 이끌어 갈 가능성보다 훨씬 적다.

나쁜 법률을 방지하는 권한은 좋은 법률을 막을 수도 있는 권한을 포함하기에, 두 가지 목적으로 모두 사용될 수 있을 것이다. 그러나 이런 반대는 우리 정부의 성격과 특징에 가장 큰 결함으로 지적되고 있는 법률의 잦은 개정에서 오는 폐단을 정확하게 평가할 수 있는 사람들에게는 별 의미를 갖지 못할 것이다. 그들은 과다한 입법을 억제할 수 있고, 모든 것을 어떤 정해진 시기에 있던 것과 같은 상태로 유지하려는 제도들은 모두 해가 되기보다는 이득이 될 수 있다고 생각할 것이다. 왜냐하면 그것은 입법체계의 보다 확고한 안정성에 유리하기 때문이다. 소수의 좋은 법안을 거부하여 생기는 손해는 다수의 나쁜 법안을 저지하여 생기는 이득으로써 충분히 보상될 수 있을 것이다.

이것이 전부는 아니다. 자유 정부하에서의 입법부의 우월한 영향력, 그리고 입법부에 맞서기 위해 대통령이 겪어야 할 위험을 감안하면, 거부권은 일반적으로 아주 조심스럽게 행사되리라는 충분한 보장을 해준다. 거부권을 자주 행사해 무분별하다는 비난보다는 그것을 자주 행사하지 않아 소심하다는 비난을 받을 가능성이 더 클 것이다. 영국의 국왕은 주권자가 가지는 모든 상징성과 수많은 자원에서 끌어모을 수 있는 모든 영향력을 가지고 있음에도 불구하고, 최근 들어 입법부 양원의 공동결의에 대해 거부권을 행사하는 데 주저하곤 한다. 오히려 국왕은 마음에 들지 않는 법안이 그의 재가를 위해 전달되기 이전에 그의 온갖 영향력을 동원해 무효화하려고 할 것이다. 왜냐하면 그는 그런 법안이 효력을 발생하도록 마지못해 허가할 것인지, 아니면 거부권을 행사해 입법부의 뜻에 반대함으로써 국민의 불만을 감수할 것인지를 결정해야만 하는 딜레마를 피하기 위해서이다. 또한 국왕은 명백하게 타당한 경우나 반드시 필요한 경우를 제외하고는 궁극적으로 자신의 특권을 굳이 행사하지는 않을 것이다. 영국의 모든 분별 있는 사람이라면 이 말의 정당성에 동의할 것이다. 국왕이 마지막으로 거부권을 행사한 지도 상당히 오랜 시간이 지났다.

만약 영국의 국왕처럼 강력한 행정부의 수반도 거부권의 행사를 주저한다면, 완전하고 순수한 공화정부의 행정권을 4년이라는 짧은 기간만 부여받은 합중국 대통령의 경우 거부권 행사에 영국 국왕의 경우보다 훨씬 더 많은 주의를 기울이지 않을까?

합중국의 대통령이 거부권을 자주 또는 너무 많이 사용할 위험보다는 꼭 필요할 때 쓰지 않을 위험이 더 클 것이 명백하다. 바로 이런 이유에서 거부권의 이점에 반대하는 주장이 제기되어 왔고, 또한 이런 점에서 거부권은 외견상으로 불쾌하고 또 실제로도 쓸데없는 권한이라고 지적되어 왔다. 그러나 그 권한이 드물게 행사되리라고 해서 그것이 결코 행사되지 않을 것이라고는 할 수 없다. 어느 정도의 군건함을 가진 대통령이라면 행정부의 헌법상의 권한에 대한 직접적인 침해가 발생하거나, 공익이 분명하고 명백하게 희생된 경우에 헌법상의 방어 수단인 거부권을 사용해 그의 의무와 책임을 다할 것이다. 행정부의 권한이 침해될 경우에는 대통령의 권한에 대한 직접적인 이해관계가 불굴의 용기를 자극할 것이고, 공익이 희생될 경우에는 그의 선거구민, 즉 국민이 거부권 행사를 지지할 가능성에 그는 용기를 얻을 것이다. 판단이 모호한 경우에는 비록 선거구민들은 자연스럽게 입법부의 편으로 기울어지겠지만, 아주 명백한 경우라면 자신들을 속이는 입법부의 불공정함을 견디려고 하지 않을 것이다. 지금 나는 단지 보통 정도의 군건함을 가진 대통령에 관해 이야기하고 있을 뿐이지만, 어떤 상황하에서도 모든 어려움을 무릅쓰고 자신의 의무를 다하는 용기를 가지고 있는 사람들도 존재한다는 사실을 일깨워 주고 싶다.

그러나 헌법회의는 행정부의 수반에게 부여된 권한을 용이하게 하면서 동시에 그 권한의 효력을 입법부의 대다수의 의견에 의존하도록 하는 중도적 방법을 추구해 왔다. 그리하여 이미 언급한 바와 같이 헌법회의는 대통령에게 절대적이 아닌 제한적인 거부권을 부여하도록 제안했다.[9] 이 거부권은 절대적 거부권보다는 훨씬 쉽게 행사할 수 있는 권한이다. 자신의 단독적인 거부권에 의해 법안을 무산시킬 수 있을 경우 거부권 행사를 주저할지도 모르지

---

9) 이 페이퍼의 각주 8)에서 설명했듯이 대통령은 제한적 거부권뿐만 아니라 실제로 절대적 거부권도 가지고 있지만, 해밀턴은 대통령의 권한이 너무 강해 보이는 것을 피하고자 이 사실에 대해서는 의도적으로 언급하지 않고 있다. 절대적 거부권에 해당하는 포켓 거부권(pocket veto)은 제4대 대통령이며 The Federalist Papers 의 저자 중 한 명인 제임스 매디슨(James Madison)에 의해 1812년에 처음 행사되었으며, 제32대 대통령 프랭클린 루즈벨트(Franklin D. Roosevelt)는 그의 재임기간(1933~1945) 중 635번의 거부권을 행사했고, 그중 무려 263번이 절대적 거부권인 포켓 거부권이었다.

만, 각 원의 3분의 1 이상이 그의 반대 이유가 충분하다고 동의하는 경우에만 그 법안이 기각된다는 조건에서라면, 재심을 위해 법안을 돌려보내는 것을 주저하지 않을 것이다. 즉, 대통령은 자신의 반대에 대한 타당성이 부각되어 자신의 입장이 유리해지면 입법부의 상당수의 지지를 받게 될 것이고, 그 자신의 영향력이 그들의 영향력과 합쳐져 여론이 자신의 행위에 대한 타당성을 지지하게 될 것이라는 생각에 더욱 용기를 얻을 것이다. 직접적이고 절대적인 거부권은 그것을 통고받는 사람들에게는 그 반대 이유를 승인해야 하는지 아니면 반대해야 하는지 심사해 달라는 단순한 요청보다 더 거칠고 불쾌한 측면을 가지고 있다. 거부권이란 상대방을 덜 불쾌하게 할수록 행사하기 쉬워질 것이며, 바로 이런 이유로 제한적 거부권이 실제로 더 효과가 있게 될지 모른다. 대통령의 견제적인 영향에도 불구하고 부적절한 견해가 입법부 양원의 3분의 2에 해당하는 비율의 의원을 동시에 지배하는 일이 자주 발생하지 않으리라 생각된다. 이러한 경우가 발생할 가능성은, 부적절한 견해가 가까스로 과반의 결의와 행위를 좌우하는 경우보다 훨씬 적을 것이다. 대통령이 갖는 이러한 종류의 권한은 조용하고 잘 눈에 띠지는 않으나 강력한 작용을 하게 될 것이다. 사람들은 정당성이 없는 목적을 추구할 때, 자신들이 통제할 수 없는 방면으로부터의 반대에 부딪히게 될지도 모른다는 것을 자각하고 있다면, 반대에 대한 단순한 우려만으로도, 그리고 이런 외적 장애물에 대한 두려움이 없었다면 무모하게 저질렀을 일을 종종 억제하게 될 것이다.

다른 곳에서 지적했듯이, 뉴욕주에서 이러한 제한적인 거부권은 주지사 그리고 형평법 법원장과 대법원 판사, 혹은 그들 중 누구든 두 명으로 구성된 위원회에 부여되어 있다.[10] 거부권은 여러 경우에 자유롭게 그리고 많은 경우 성공적으로 행사되어 왔다. 그리고 거부권의 유용성은 너무도 명백해서 헌법을 편찬할 때 헌법을 맹렬하게 반대하던 사람들조차도 경험을 통해 거부

---

10) 뉴욕주의 법안수정위원회를 말한다. 페이퍼 69번의 각주 4), 페이퍼 70번의 각주 4) 참고.

권의 공공연한 신봉자가 되었다.[11]

　나는 다른 페이퍼[12]에서 헌법회의가 지금 이 부분의 구성에 있어 뉴욕주의 헌법 대신 매사추세츠주의 헌법을 따랐다는 것을 지적한 바 있다.[13] 그들이 매사추세츠주의 헌법을 선호한 이유는 뉴욕주 헌법의 거부권에서 비롯될 수 있는 다음과 같은 두 가지 우려 때문이다. 하나는, 법률의 해석자가 되어야 할 판사들이 그들이 내리게 될 판결에서, 법안수정위원회의 구성원의 자격으로 자신들이 이전에 제시했던 의견으로 말미암아 부적절한 편파성을 가지게 될 수도 있다는 것이다. 다른 하나는 판사들이 최고행정관과 자주 회합하게 되어 그의 정치적 견해에 동참하게 되고, 행정부와 사법부 사이에 위험할 정도의 굳은 단합이 형성될지도 모른다는 것이다. 판사를 법률 해석 이외의 모든 업무에서 분리시키는 것은 불가능하지만, 판사를 행정부의 부패나 영향을 받을 수 있는 위치에 두는 것은 특히 위험한 일이다.

푸블리어스

---

11) 새헌법의 맹렬한 반대자인 예이츠 씨(Mr. Abraham Yates)는 거부권의 신봉자 중 한 명이다. _푸블리어스

12) 페이퍼 69번.

13) 매사추세츠주는 주지사에게 유일하게 법안에 대한 거부권을 부여하고 있다. 주지사가 거부권을 행사한 법안은 양원에서 재심의하여 양원의 3분의 2 이상의 찬성으로 가결될 경우 법률로 확정된다.

THE FEDERALIST　　　　No. 74

≪뉴욕 패킷≫, 1788년 3월 25일　　　　알렉산더 해밀턴

뉴욕주 시민들에게

합중국의 대통령은 "합중국 육·해군의 총사령관이 되며, 또한 각 주의 민병이 합중국의 현역에 소집될 경우 그 민병대의 총사령관이 된다."[1] 이 규정의 타당성은 그 자체로서 명백하며 또 동시에 주 헌법들의 전례와도 일치하기 때문에 더 이상의 설명이 필요 없고 새삼 강조할 필요가 없다. 심지어는 행정부의 권한이 최고행정관과 평의회의 공동관할로 되어 있는 주 헌법들도 대부분 군통수권을 최고행정관 한 사람에게 집중하고 있다. 통치에 관한 모든 업무 중에서도 특히 전쟁의 지휘야말로 한 사람에 의한 권한 행사를 최대한 요구하는 특성을 가진다. 전쟁의 지휘는 공동병력의 지휘를 의미하기 때문에 이러한 공동병력을 지휘하고 동원하는 권한은 행정권의 일반적이고 필수적인 부분이다.

"대통령은 행정부 각 부의 장관에게 소관 직무사항에 관하여 문서에 의한 견해를 요구할 수 있다."[2] 이 조항은 헌법안에서 불필요한 것으로 생각되는데, 왜냐하면 이 권한은 대통령의 직무에서 당연히 발생하는 것이기 때문이다.

대통령은 또한 "합중국에 대한 범죄[3]에 관하여, 탄핵의 경우를 제외하고,

---

1)　헌법 제2조 2절 1항.
2)　헌법 제2조 2절 1항.
3)　대통령은 합중국에 대한 범죄, 즉 연방법을 위반한 범죄에 대해서만 사면권이 있고 주에 대한 범

형의 집행유예 및 사면을 명할 수 있는 권한을 가진다."[4] 인도주의와 선한 취지의 정책에 입각한 사면이라는 자비로운 특권은, 최대한 속박되거나 방해받지 않아야 한다는 것이다. 모든 국가의 형법은 매우 무자비한 특징을 가지게 마련이다. 따라서 불운한 유죄판결에 대한 면제가 쉽지 않다면, 정의라는 이름의 법의 집행은 너무 잔인하고 피비린내 나는 모습을 띠게 될 것이다. 책임감이란 항상 책임을 분담한 사람들의 수가 적을수록 강해지기 마련이다. 따라서 사면 결정권자가 한 명일 경우 법률의 가혹함을 덜어주는 것이 쉬워질 것이고, 반면에 법의 응징을 당연히 받아야 할 사람을 보호해 줄 가능성은 작아질 것이다. 한 인간의 운명이 자신의 단독 결정에 달려 있다는 것을 고려하면, 자연스럽게 양심적이고, 주의 깊고, 신중해질 것이다. 그리고 종류는 다르지만, 사면을 해주는 이유가 약하다거나 죄를 묵인하는 것이라는 비난에 대한 두려움도 같은 정도의 신중함을 갖게 해줄 것이다. 반면에 인간은 그 수가 많아질수록 어떤 행동을 하는 데 있어서 자신을 얻기 때문에, 사면을 결정하는 사람이 많을수록 그들은 서로에게 사면 대상자에 대해 냉혹한 결정을 부추길 수도 있고, 무분별하다거나 외부의 영향에 의한 사면이라고 의심받거나 비난받는 것에 대한 우려에 덜 민감하게 될 수도 있다. 이런 이유로 인해 한 사람이 많은 사람보다 정부의 자비를 베푸는 데 더 적격이라고 여겨진다.

사면권을 대통령에게 부여하는 것에 대한 타당성은, 내가 틀리지 않다면, 단지 반역죄와 관련해서만 이의가 제기되고 있는데, 반역죄에 대한 사면은 입법부의 한 원 혹은 양원의 동의를 얻어야 한다는 주장이 그것이다. 나는 반역죄에 대한 사면이 양원 중 하나 혹은 양원 모두의 동의가 필요한 데는 중요한 이유가 있다는 것을 부인하지는 않는다. 반역죄라는 것은 사회의 존속에 직

죄, 즉 주법을 위반한 범죄에 대해서는 사면권을 행사할 수 없다. 주법을 위반한 범죄에 대한 사면권은 해당 주의 주지사 혹은 해당 주 정부의 헌법에 의거한 사면위원회(Pardon Board 혹은 Board of Pardons)가 갖는다.

4) 헌법 제2조 2절 1항.

접적으로 관련된 범죄이기 때문에 법률에 의해 일단 범법자의 유죄가 결정된 이상은 그에 대한 사면이 적합한지를 입법부에 의뢰하는 것이 적절하다고 생각된다. 그리고 최고행정관인 대통령이 반역죄를 묵인한다는 추측을 전적으로 배제할 수 없는 경우에는, 입법부의 동의라는 조건이 필요할 것이다. 그러나 이런 방안에도 강력히 반대하는 의견이 있다. 죄의 사면에 대한 지지와 반대에 대한 미묘한 균형을 맞추는 데는 다수로 이루어진 조직보다는 신중하고 건전한 상식을 가진 한 개인이 더 낫다는 것에는 의심의 여지가 없다는 것이다. 특히 주의를 끄는 것은 최근 매사추세츠주에서 일어난 사건5)처럼, 반역은 종종 사회의 광범위한 부분을 포함하는 소요사태와 연계된다는 사실이다. 그런 모든 경우에 국민의 대표들도 위법행위를 초래한 생각과 같은 생각에 물들어 있을 것으로 예상할 수 있다. 그리고 당파들의 세력이 대등하다면, 유죄 판결을 받은 자의 친구들이나 지지자들이 암암리에 동조해 다른 사람들의 착한 천성과 약점을 이용함으로써 냉엄한 처벌의 본보기가 필요한 경우에도 종종 형벌에 대한 면제를 가능하게 할 수도 있을 것이다. 반면에 다수파의 분노를 자극하는 원인으로 인해 반란이 일어난 경우에는, 정책적으로는 관대함과 용서가 필요함에도 다수파들은 완고하고 냉혹해질 것이다. 그러나 반역죄의 경우에도 최고행정관에게 사면권을 부여해야 한다는 주된 이유는 바로 다음과 같다. 즉 반란과 폭동이 발생하고 있는 시기에는 반란자들에 대한 시의적절한 사면을 제안함으로써 국가의 평온함을 되찾을 수 있는 결정적인 순간이 있기 마련이다. 하지만 그런 순간을 놓쳐 상황을 호전시키지 못한다면 다시는 그런 기회를 얻는 것이 불가능할지도 모른다. 반란에 대한 사면을 위해 입법부의 동의를 얻기 위한 목적으로 양원 혹은 그중 한 원을 소집하는 데 필요한 더딘 절차로 인해 종종 황금 같은 기회를 놓칠 수 있다. 일주일, 하루, 한 시간의 지체가 때로는 치명적이 될 수 있다. 한편, 이런 만일의 사태에 대비하

---

5) 셰이즈의 반란, 페이퍼 6번, 각주 14) 참고.

기 위해 필요한 경우 대통령에게 자유재량권이 부여될 수 있다고 한다면, 여기에 두 가지 반박이 있을 수 있다. 첫째, 권력을 제한하는 헌법에서 그러한 권한을 대통령에게 위임할 수 있는지가 문제될 수 있다는 것이다. 둘째로, 면죄의 가능성을 예상케 하는 조치를 미리 취하는 것은 대체로 현명하지 못하다는 것이다. 따라서 통상적인 사법 절차에서 벗어나는 이런 종류의 조치는 소심함 또는 나약함으로 해석될 수 있으며, 또한 범법행위를 조장하는 경향을 불러일으킬 수 있다는 것이다.

푸블리어스

THE FEDERALIST　　　No. 75

≪인디펜던트 저널≫, 1788년 3월 26일　　　알렉산더 해밀턴

뉴욕주 시민들에게

대통령은 "상원의 조언과 동의를 얻어 조약을 체결할 권한을 가진다. 다만 이 경우에는 상원의 출석 의원 3분의 2 이상의 찬성을 얻어야 한다."[1]

　이 규정은 여러 이유에서 상당히 맹렬하게 비판받아 왔지만, 나는 그것이 헌법안에서 가장 잘 숙고되고 또한 비판할 여지가 없는 부분 가운데 하나라고 주저 없이 말할 수 있다. 반대의 이유 중 하나는 그 규정이 권력의 혼합이라는, 즉 권력의 분리에 어긋난다는 고정 관념적인 우려이다. 어떤 이들은 조약을 체결하는 권한은 대통령이 단독으로 소유해야 한다고 주장하며, 다른 이들은 그 권한은 상원이 독점적으로 가져야 한다고 주장한다. 또 다른 반대는 조약 체결에 관여하는 사람이 소수에 한정되어 있다는 것이다. 이런 반대를 지지하는 사람 중 일부는 조약을 체결하는 데 있어 하원이 관여해야 한다는 의견을 가지고 있으며, 다른 일부는 조약 체결에 대한 동의에는 상원의 출석 의원 3분의 2 대신, 상원의원 전원의 3분의 2가 무엇보다도 필요하다고 주장한다. 견식이 있는 사람이라면, 헌법안의 이 부분에 대해서는 앞의 페이퍼[2]에서의 내용을 살펴보면 긍정적인 견해를 가질 거라는 것을 자신하기에, 여기에서는 지금 언급한 반대론에 초점을 맞추면서 몇 가지 보충적인 의견을 제시하는 데 그치고자 한다.

---

1)　헌법 제2조 2절 2항.
2)　상원의 조언과 동의를 얻어 조약을 체결하는 대통령의 권한은 페이퍼 64번과 69번 참고.

권력의 혼합 문제에서는, 이 반대론이 근거로 삼고 있는 권력분립 원칙의 올바른 의미가 과연 무엇인지에 대해 이미 다른 페이퍼에서 설명한 바에 맡겨 두도록 한다.3) 그 설명으로부터 추론한다면 조약 체결의 규정에서 대통령과 상원의 연대는 그 원칙을 어기는 것이 전혀 아니라는 것이 당연하며, 조약체결권의 특수한 성격은 오히려 권력 혼합의 타당성을 보여준다는 것을 과감히 덧붙이고자 한다. 정부에 관한 이론을 저술한 몇몇 사람들 중에는 조약을 체결하는 권한을 행정권 안에 두는 것을 주장하지만, 이는 명백히 일관성 없는 권한의 배치이다. 왜냐하면, 조약 체결의 권한이 집행되는 과정을 주의 깊게 살펴보면, 비록 둘 중 어느 한쪽의 정의된 권한에 정확하게 맞아떨어진다고는 할 수는 없지만, 그것은 행정적 성격보다는 입법적 성격을 더 많이 가지고 있기 때문이다. 입법부의 본질적인 권한은 법률을 제정하는 것이며, 그것은 다른 말로 하자면, 사회의 규제를 위한 규칙을 정하는 것이다. 반면에 법률의 집행이나 공동의 병력을 사용하는 것은 그것이 법률의 집행 목적이든 공동 방위의 목적이든 최고행정관의 모든 역할에 포함되는 것이라 생각된다. 조약체결권은 명백히 위의 아무 경우에도 해당되지 않는다. 조약의 체결은 현행법의 집행과도 관계가 없으며, 새로운 법률의 제정과도 관계가 없고, 하물며 공동의 병력을 행사하는 것과는 더욱 관계가 없다. 그 권한의 목적은 외국과의 계약이며 법률로서의 구속력은 있지만, 그 구속력은 조약에 대한 충실한 의무 이행에서 유래하는 것이다. 조약은 주권국이 그 국민에 대하여 정한 규칙이 아니라 주권국과 주권국 사이의 협정인 것이다. 그러므로 문제가 되는 권한은 입법부나 그리고 행정부에도 적절하게 속하지 않는 별개의 부문이라고 생각된다. 다른 곳에서4) 자세히 언급한, 외국과의 협상을 수행하는 데 필수적인 특성들을 감안하면 행정부야말로 그러한 업무의 가장 적절한 기관이라고 할 수 있

---

3)　페이퍼 47번, 48번. 특히 47번에서 매디슨은 몽테스키외의 이론을 빌려, 권력에 있어서 입법부, 행정부, 사법부는 서로 간의 완전한 분리를 의미하지는 않는다고 설명하고 있다.

4)　페이퍼 53번과 64번.

다. 반면에 권한위임의 막대한 중요성이나 법률로서의 조약의 실행을 고려하면 입법부의 전체 또는 일부가 조약 체결에 참여할 강력한 이유가 된다.

그러나 행정부의 수반이 세습 군주인 정부에서는 그에게 조약을 체결하는 전적인 권한을 부여하는 것이 적절하고 안전할 수도 있지만, 4년 임기로 선출되는 행정부의 수반에게 그러한 힘을 부여하는 것은 전혀 안전하지도 않고 적절하지도 않을 것이다. 다른 곳5)에서 언급했듯이, 세습 군주는 종종 국민에 대한 압제자가 되기도 하지만, 군주 개인적으로는 정부와 너무나 많은 이해관계로 얽혀 있기 때문에 외세에 의해 매수당해 정부를 심각한 위험에 빠뜨릴 위험은 없다. 그러나 재산도 별로 많지 않은 평범한 시민에서 최고행정관의 자리에까지 오른 사람은, 머지않아 자신의 원래의 신분으로 돌아가야 할 때를 내다보면서 자신의 이익을 위해 최고행정관의 직무를 희생하려는 유혹에 빠질 수도 있을 것이며, 그런 유혹을 물리치기 위해서는 최고의 덕성이 필요하게 될 것이다. 탐욕스러운 사람이라면 자신의 부를 얻기 위해 국가의 이익을 배신하려는 유혹에 넘어갈 수도 있고, 야심이 많은 사람이라면 자신을 선출해 준 국민에 대한 배신의 대가로 외세의 도움을 받아 자신의 권력 확대를 추구할지도 모른다. 세계 여러 나라의 교섭과 관련된 미묘하고 중대한 이익을, 미국 대통령처럼 선출되고 또 그런 조건에 있는 한 명의 행정관의 수중에 맡기는 것이 현명하다고 할 만큼 인간의 덕성을 높이 평가할 수도 있다. 하지만 인간 행위의 역사에 비추어 볼 때, 그런 견해는 결코 보증될 수 없다.

조약 체결의 권한을 상원에 단독으로 위임하게 되면, 외국과 협상에서 대통령의 헌법적 기능의 이점을 살리지 못하게 될 것이다. 이런 경우에 상원은 대통령을 협상에 임하게 할 것인지의 선택권을 갖게 되지만, 상원 단독으로 협상을 추진할 선택권도 역시 가지게 되는데, 아마 적대감이나 혹은 당파심으로 인해 대통령을 대표로 세우는 것보다 후자의 경우를 선택하는 쪽으로 기울

5) 페이퍼 22번.

것이다. 이외에도, 상원의 대리인으로서의 대통령은 외국으로부터 국가의 헌법적 대표와 같은 정도의 신뢰와 존중을 받기를 기대할 수 없고, 당연히 그와 같은 정도의 영향력과 효율성을 가지고 행동할 수도 없을 것이다. 연방은 이런 이유로 대외 관계의 업무에서 상당한 이점을 상실할 것이고, 국민들은 대통령의 협력으로 얻을 수 있는 추가적인 안전성도 상실하게 될 것이다. 이처럼 중대한 책임을 대통령에게 단독으로 맡기는 것은 신중하지 못할 수 있지만, 조약 체결에 대통령이 참여하는 것이 사회의 안전을 크게 증대시키리라는 것은 의심의 여지가 없는 일이다. 지금 검토 중인 조약체결권을 대통령과 상원이 공동으로 갖는 것이, 그중 어느 한쪽만이 이 권한을 가질 경우보다는 국가안전의 전망을 보다 밝게 할 수 있다는 것은 분명하다. 대통령이 선출되는 과정을 신중하게 고려해 본 사람이라면 누구나 지혜뿐만 아니라 도덕성을 갖춘 인물이 그 관직에 앉게 될 가능성이 크다는 것에 만족할 것이고, 그런 자질을 가진 대통령이 조약 체결에 참여하는 것은 매우 바람직하다고 확신하게 될 것이다.

이전의 페이퍼[6]에서도, 또 이 페이퍼의 다른 부분에서도 언급한 내용은 하원이 조약의 체결에 참여하는 것에 대한 결정적인 반론이 될 것이다. 하원의원은 자주 교체되고, 또 장차 증원될 거라는 점을 감안할 때, 다수로 구성된 하원으로부터 조약 체결과 같은 책무를 적절히 수행하는 데 필수적인 자질을 기대하기는 어렵다. 외교정책에 대한 정확하고 포괄적인 지식, 동일한 견해의 안정되고 체계적인 견지, 국가의 대외적 평판에 대한 의원들 간의 균일하고 정확한 감각, 결단력, 비밀 유지, 신속성 등은 변화무쌍하고 구성원의 수가 많은 조직과는 양립할 수 없는 속성이다. 조약 체결에 하원이 참여할 경우 서로 다른 여러 조직의 동의가 필요하게 될 것이고, 이로 인해 초래될 업무의 복잡성은 그 자체만으로도 하원의 참여에 확고한 반대 이유가 될 것이다. 또한

---

6) 페이퍼 64번.

조약의 협상이 진행되는 단계마다 하원의 동의를 얻기 위해 소집하는 횟수가 늘어날 것이고, 소집되더라도 종종 회기의 연장이 필요하게 될 것이며, 이로 인해 늘어날 엄청난 불편과 비용만으로도 조약 체결에 있어 하원의 참여라는 구상은 비난의 대상이 될 것이 틀림없다.

헌법안에서 제시된 조약체결권에 대한 반대론 중 유일하게 아직 검토되지 않은 것은, 조약 체결의 동의에 있어 상원의 출석 의원 3분의 2 대신 상원의원 전원의 3분의 2로 대체해야 한다는 것이다. 우리가 탐구한 것 중 두 번째 항목에서 보았듯이, 결의에 있어 과반 이상의 동의를 필요로 하는 모든 규정은 직접적으로는 정부의 운영을 방해하는 경향을 가지며, 간접적으로는 다수의 의견을 소수의 의견에 종속되게 하는 경향을 갖는다. 이러한 점들을 고려해 볼 때, 공공의회의 결의나 사회의 대다수의 의견에 대한 합리적인 배려와 조화될 수 있는 한, 헌법회의는 조약 체결에서 다수의 이점을 확보하려고 노력했다는 것이다. 만일 상원의원 전원의 3분의 2의 동의가 필요하다면, 많은 경우 일부 의원들의 불참으로 인해 사실상 만장일치의 동의가 필요한 것과 마찬가지가 될 것이다. 이런 원칙을 채택한 모든 정치제도의 역사는 무능과 혼돈 그리고 무질서의 역사였다. 여기에 대한 증거는 아메리카 내의 사례[7]만으로 충분하지 않다면, 로마의 호민관, 폴란드 의회, 네덜란드 연합의회에서도 찾아볼 수 있다.

다수로 구성된 기구의 의사 결정에서, 전체 인원 가운데 고정된 비율의 동

---

7) "페더럴리스트 페이퍼스"가 신문에 연재되던 당시의 헌법인 연합규약의 제9조를 보면, 연합은 전쟁을 선포하고, 평화조약을 체결하며, 백인 인구의 비율에 따라 군대의 징집을 요청할 수 있고, 도량법을 만들 수 있는 등의 권한을 가지고 있었다. 이러한 사항에 대한 결의는 연합규약 제5조에 따라 13개 주 각각의 의회에서 1년 임기로 임명된 2명 이상 7명 이하의 대의원에 의해 단원제로 구성된 연합의회에서 행해졌다. 의회에서의 결의는 주의 대의원 수, 그리고 주의 크기와 관계없이 각 주가 1표씩을 가졌으며 13개 주의 3분의 2인 9개 주 이상의 동의가 필요했기 때문에 결의에 이르기가 매우 힘들었다. 더구나 연합규약의 제13조를 보면 연합규약을 수정하기 위해서는 13개 주 입법부의 만장일치의 비준이 필요했기 때문에 그것을 수정하는 것은 거의 불가능했다. 이런 결의에 대한 규정은 결국 연합규약의 가장 큰 단점 중 하나가 되었다.

의를 요구하는 것은 단지 출석 인원 가운데 일정 비율의 동의를 요구하는 것에 비해 십중팔구 어떤 이점도 가져다주지 않는다. 즉 전자의 경우, 결의를 통과시키는 데 항상 고정된 인원수가 필요해짐으로써 소수파가 반대하는 결의를 어렵게 하므로 매번 출석할 동기가 줄어들게 된다. 그러나 후자의 경우, 즉 출석 의원의 일정비율의 동의를 요구하는 경우에는, 의원 개개인의 참석 또는 불참으로 인해 변동되는 출석률에 상원의 권한 수행 능력이 좌우되기 때문에 전자의 경우, 즉 고정된 비율의 동의를 요구하는 경우와 반대되는 효과를 낳게 된다. 또한 후자의 경우에는 의원들을 매번 출석하도록 유도함으로써 의결을 위한 정족수를 확보하기가 쉬워지므로 전자의 경우만큼이나 많은 수의 의원들에 의해 결정이 이루어지게 될 것이고, 반면에 지체되는 사례는 훨씬 줄어들 것이다. 기존의 연합의회에서는 일반적으로 두 명의 대의원이 한 주를 대표할 수 있고, 또 대체로 그렇게 하고 있어서 연합의 모든 권한을 유일하게 부여받은 연합의회는 새헌법에 따라 구성될 상원보다 인원수가 많은 경우는 거의 없다. 이에 덧붙여, 연합의회 의원들은 주 단위로 투표를 하는데 한 주에서 단 한 명의 대의원만 참석하는 경우 그 주는 투표권을 잃게 되어 있다. 이런 점을 고려하면, 의원들이 개인적으로 투표하게 될 연방상원에서의 유효 투표 수는 기존 연합의회에 비해 결코 적지 않을 것이라고 가정해도 옳을 것이다. 이런 점들과 더불어 조약의 체결 과정에서 대통령의 협력을 고려한다면 미국 국민은 새로운 헌법하에서 조약체결권의 부적절한 행사에 대한 안전 보장을 현재의 연합체제에서누리고 있는 것보다 훨씬 더 많이 갖게 될 것이라고 주저 없이 말할 수 있다. 한 걸음 더 나아가, 새로운 주의 실립으로 연방상원의 구성원 수가 더 많아질 것을 예상한다면, 조약 체결에 관한 권한을 위임받을 기구의 인원수가 충분하다고 믿을 근거가 상당해질 것임을 알 수 있다. 그뿐만 아니라 연방상원보다 더 많은 인원으로 구성된 기구, 즉 연방하원은 조약 체결의 업무를 적절하게 수행하기에는 결코 적합하지 않으리라는 결론에 아마도 이르게 될 것이다.

푸블리어스

THE FEDERALIST   No. 76

≪뉴욕 패킷≫, 1788년 4월 1일   알렉산더 해밀턴

뉴욕주 시민들에게

대통령은 "대사, 그 밖의 외교사절 및 영사, 연방대법원 판사 그리고 그 임명에 관하여 이 헌법에 달리 규정이 없으나, 이후에 법률로써 정해지는 그 밖의 모든 합중국 관리를 지명하여 상원의 조언과 동의를 얻어 임명한다. 다만 연방의회는 적당하다고 인정되는 하급관리 임명권을 법률에 의하여 대통령에게만 또는 법원에 또는 각 부처 장관에게 부여할 수 있다. 대통령은 상원의 휴회 중에 생기는 모든 결원을 위임장을 수여함으로써 충원하는 권한을 가진다. 다만 그 위임장은 다음 회기가 종료될 때 그 효력을 상실한다."[1]

앞의 글[2]에서 "좋은 정부의 진정한 구별 방법은 훌륭한 운영을 가능하게 해주는 정부의 능력과 성향"이라고 말한 바 있다. 만약 이 의견의 타당성이 인정된다면, 앞의 조항에 포함된 합중국 관리의 임명 방식은, 그런 점에서 검토해 본다면 특별히 칭찬받을 만한 것이다. 합중국의 관리를 신중하게 선정하는 데 이보다 더 나은 방안을 찾기란 쉽지 않으며, 합중국을 운영하는 성격이 근본적으로 이 점에 달려 있다는 것은 굳이 증명할 필요도 없을 것이다.

임명권은 보통, 다음 세 가지 방식 중 하나로 한정되어야 한다는 것에는 모두가 동의할 것이다. 즉, 임명권이 한 개인에게 부여되거나, 혹은 적당한 수

---

1)   헌법 제2조 2절 2항과 3항.

2)   페이퍼 68번.

의 선출된 집단에 부여되거나, 혹은 그런 집단의 동의를 받는 조건으로 한 개인에게 부여되는 것이다. 국민 전체에 의한 임명권의 행사가 현실적으로 불가능하다는 것은 모두가 기꺼이 인정할 것이며 그럴 경우, 다른 모든 고려 사항을 접어두더라도, 임명권 행사만으로도 국민들은 다른 일을 할 시간을 갖지 못하게 될 것이다. 그러므로 다음에 이어질 논증에서 어떤 기구나 집단이 거론되면, 그것은 이미 설명했던 상원이라고 이해하면 될 것이다. 국민들은 그 수가 너무 많고 분산되어 있어 조직적인 당파성이나 음모에 의해 직접적으로 통제하기가 불가능한 반면, 선출된 집단의 경우는 그와 사뭇 다르다는 것이 바로 지금 검토 중인 임명권을 상원에 부여하는 것을 반대하는 주된 이유일 것이다.

스스로 이 문제에 대해 생각해 본 사람이라면, 또는 이 페이퍼의 다른 부분에서 고찰한 대통령의 선출에 관해 주의를 기울인 사람이라면, 대통령이라는 관직은 능력이 있거나 아니면, 최소한 존경받는 인물에 의해 채워질 가능성이 크다는 생각에 동의하리라고 믿는다. 이와 같은 전제에서 나는 특정 직무에 적합한 특별한 자질을 분석하고 평가하는 데는, 임명 대상자와 동등하거나 그보다도 더 나은 안목을 가진 사람들의 집단보다는 안목 있는 한 개인, 즉 대통령이 더 적합하다는 것이 하나의 법칙이 되어야 한다는 것을 주장하고자 한다.

한 개인이 단독으로 책임을 지는 경우에는 집단이 책임을 지는 경우보다 한층 더 강한 의무감을 느끼게 되며 평판에도 더욱 진지하게 주의를 기울일 것이다. 이런 이유로 대통령은 더욱 강한 의무감을 가지고 충원할 관직에 요구되는 자질을 신중하게 조사하는 데 더 큰 관심을 기울일 것이며, 그 지위에 최적의 조건을 갖춘 인물을 공정하게 선택하려고 할 것이다. 한 개인이 관직의 임명으로 보답하고 싶은 사적인 친분을 가진 사람의 수는, 한 집단의 구성원들이 각자 같은 정도의 수만큼 그런 친분을 가지는 경우보다 그 수가 훨씬 적을 것이다. 따라서 한 개인에 의한 관직의 임명은 친밀함이나 애착이라는 감정에 의해 선택을 그르치는 일도 훨씬 적을 것이다. 분별력으로 자신만의 훌륭한 방침을 가진 개인이 내린 결정은, 집단의 결정 과정에서 볼 수 있는 잡다한 견해나 감정 그리고 이해관계 등에 의해 혼란되거나 왜곡되지 않을 것이다. 우리 자신에 관련된 것이든 혹은 다른 사람들에 관련된 것이든, 누가 우리의 선택이나 선호의 대상이 될 것인지에 대해 개인적으로 신중히 고려하는 것만큼 인간의 감정을 동요시키는 것은 없다. 그러므로 다수의 집단에 의해 임명권이 행사될 경우에는, 그 집단의 모든 구성원들이 느낄 개인적인 혹은 당파적인 호감과 혐오감, 편파성과 반감, 애착과 적대감이 모두 고스란히 드러나리라는 것은 당연히 예상할 수 있다. 그런 상황에서의 선택은 그것이 언제 이루어지든 간에 당연히 한 당파의 다른 당파에 대한 승리의 결과이거나, 혹은 두 당파 간의 타협에 의한 것일 것이다. 어느 경우이든 임명 후보자가 가진 고유의 장점은 자주 간과될 것이다. 전자의 경우, 즉 한쪽 당파가 승리해 임명되는 경우에는 당파의 표를 결속하는 데 가장 적합한 자격이 직위에 대한 자격보다 더 중요하게 고려될 것이다. 후자의 경우, 즉 당파들의 타협의 결과로 임명되는 경우 이런 당파들의 연대는 통상적으로 어떤 대등한 이익을 교환하게 될 것이다. 즉, "우리가 원하는 사람에게 이 직위를 준다면 당신들이 원하는 사람에게 저 직위를 주겠다"라는 것이다. 이것이 거래의 통상적인 조건이 될 것이기 때문에, 당파의 승리나 당파 간의 타협에서 공익을 증진하는 것이 우선적인 목표가 되는 일은 거의 없다고 볼 수 있다.

헌법회의가 작성한 규정을 비난해 온 사람들 중에서 그나마 총명한 사람들이라면 이 문제에 대해 제시된 원칙이 옳다는 것을 깨달았을 것이다. 그러한 사람들은 연방정부하에서 관리임명권은 대통령에게 단독으로 부여되어야 한다고 주장한다. 그러나 이 조항으로 인해 발생할 모든 이점은 실제로는 대통령에게 부여하도록 제안된 임명권이라기보다는 지명권[3])에서 비롯된다는

---

3) 헌법 제2조 2절 2항은 "대통령은...법률로써 정해지는 그 밖의 모든 합중국 관리를 지명(nominate)

것은 쉽게 알 수 있다. 한편 지명권은 대통령의 수중에 절대적인 임명권이 부여될 경우, 즉 상원의 동의 없이도 임명할 수 있는 권한이 부여될 경우 수반될 수 있는 여러 가지 문제를 사전에 막을 수 있다. 지명권은 대통령의 판단만으로 행사되는 것이다. 상원의 승인을 얻어 직무를 맡게 될 사람을 지명하는 것이 그만의 단독 의무이기 때문에, 대통령은 마치 자신이 최종적인 임명을 하는 것과 마찬가지로 전적인 책임을 져야 한다. 이런 견해에서 보면 지명과 임명 사이에는 차이가 없다. 왜냐하면 대통령은 그의 적절한 임무 수행을 위한 같은 동기에 의해 인물들을 지명하고 또 상원의 동의를 얻어 그들을 임명하기 때문이다. 게다가 대통령의 사전 지명이 없으면 어떤 사람도 임명될 수 없기 때문에, 임명되는 사람은 결국 모두가 대통령이 선택한 사람이 되는 것이다.

그러나 대통령의 지명이 거부될 수 있지 않겠는가? 나는 그럴 수 있다고 인정한다. 그러나 지명이 비록 거부되어도 대통령은 다른 사람을 지명하도록 요구될 뿐이다. 결국 최종적으로 임명되는 사람도 비록 대통령이 최고로 선호하지는 않았겠지만 어쨌든 그가 선택한 대상임이 틀림없다. 또한 대통령의 지명이 거부되는 일은 자주 일어나지 않을 것이다. 상원은 다른 사람을 선호해 대통령이 지명한 사람을 거부할 위험을 무릅쓸 수 없는데, 그 이유는 대통령의 두 번째 지명, 혹은 그 후의 지명에서도 자신들이 원하는 사람이 지명된다는 것을 확신할 수 없기 때문이다. 심지어 상원은 그 후 지명에서 자신들이 어떻게든 더 받아들이기 쉬운 후보가 천거될 것인지에 대해서도 확신할 수 없다. 더구나 자신들의 거부는 임명되지 못한 개인에게는 일종의 오명을 안겨줄 것이고, 대통령의 판단에 대한 질책으로 보일 수 있기 때문에 특별하고 강력한 거부의 이유가 없는 한, 임명에 대한 승인이 거부되는 일이 자주 있지는 않을 것이다.

그렇다면, 어떤 목적으로 상원의 협력이 필요한가? 상원의 동의를 필수

하여 상원의 조언과 동의를 얻어 임명(appoint)한다"라고 명시하고 있다.

요건으로 한 것은 대체로 잘 드러나지는 않지만 강력한 기능을 하고 있다고 답할 수 있다. 그것은 대통령의 정실주의에 대한 훌륭한 견제 수단이며, 출신주에 대한 편견, 혈연관계, 개인적 관계 내지는 인기를 얻기 위한 목적 등에 따른 부적절한 인물의 임명을 막는 데 크게 기여함으로써 행정부의 안정에 효과를 가져다주는 원천이 될 것이다.

한 개인이 어떤 집단의 동의도 필요 없는 절대적인 관리임명권을 가질 경우에는 그의 선택의 타당성을 입법부의 한 원인 별개의 독립적인 집단, 즉 상원의 논의와 결정에 의존해야 하는 경우보다 개인적인 성향이나 이해관계에 좌우될 가능성이 많다는 것은 쉽게 이해할 수 있다. 그러나 상원이 대통령의 지명을 거부할 수 있는 권한을 가질 경우, 그것은 대통령이 지명에 신중을 기하는 강한 동기가 될 것이다. 만약 임명이 거부될 경우 자신의 명예가 손상될 위험이 있으며, 대중에게 강력한 영향력을 행사하는 집단인 입법부의 감시에 의해 자신의 정실주의나 인기의 부적절한 추구가 드러날 경우, 선거에 의해 선출되는 최고행정관은 그의 정치적 생명이 위험해질 수 있다. 따라서 이러한 위험들은 대통령이 관리를 지명할 때 그로 하여금 개인적 성향이나 이해관계에 좌우되는 것을 막아주는 방벽이 될 것이다. 대통령은 자신과 같은 주 출신이거나, 개인적으로 자신에게 동조하는 사람, 혹은 자신을 기쁘게 해줄 아첨꾼에게 필요한 천박함과 순종 외에는 아무런 쓸모도 없는 인물을 가장 뛰어나고 수입이 좋은 직책에 지명하는 것에 대해 수치심과 두려움을 가질 것이다.

이러한 논리에 대해, 대통령은 그의 지명권이라는 영향력을 행사해 상원을 자신의 견해에 순응하도록 만들 수 있다는 반론이 제기되어 왔다. 인간이 보편적으로 부패할 수 있다는 가정은, 인간이 보편적으로 갖고 있는 정직성만큼이나 정치적 추론에 있어서 잘못된 것이다. 권력을 위임하는 제도는, 사람들 중 일부는 어느 정도의 덕과 명예를 갖추고 있다는 것을 함축하고 있으며, 경험은 이 이론을 뒷받침해 준다. 가장 부패한 정부의 가장 부패한 시기에도 그런 사람들은 존재했음을 볼 수 있다. 영국 하원의 부패는 그 나라뿐만 아니라 미국에서도 오랫동안 비난거리가 되어왔으며, 그런 비난에는 상당한 근거가 있다는 것은 의심의 여지가 없다. 그러나 영국 하원의 대부분은 독립적이고 공익의 정신을 지닌 사람들로 구성되었으며, 그들이 영국 의회에 영향력 있는 비중을 차지하고 있다는 사실 역시 의심의 여지가 없다. 그러므로 영국 하원은 관직과 정책에 있어 종종 국왕의 의향을 통제하고 있는 것으로 보인다 (현재의 영국 국왕의 통치하에서도 예외는 아니다). 따라서 대통령이 때로는 상원의 몇몇 의원들에게 영향력을 행사할 수도 있다는 가정이 그럴듯해 보이지만, 그가 상원 전체의 도덕성을 매수할 수 있다는 가정은 억지이며 그럴 가능성은 전혀 없는 것이다. 인간의 덕성이나 악덕을 과장하지 않고 인간의 본성을 있는 그대로 볼 수 있는 사람이라면 대통령이 상원의원 대다수를 매수하거나 타락시키는 것은 불가능할 뿐만 아니라, 관리 임명의 업무에서 상원 협력의 필요성이 대통령의 행위에 대해 상당히 중요하고 유익한 제약이 될 수 있다는 충분한 근거를 상원의 성실성에서 찾아볼 수 있을 것이다. 또한 상원의 고결함만이 유일한 의지가 되는 것은 아니다. 헌법안은 입법부에 대해 행정부가 행사할 수 있는 영향력의 위험에 대비해 몇 가지 중요한 방어책을 규정하고 있다. 헌법은 "상원의원 또는 하원의원은 그 재임기간 중에 신설되거나 봉급이 인상된 어떠한 합중국의 공직에도 임명될 수 없다. 합중국의 어떠한 공직에 있는 자라도 재직 중에 양원 중 어느 원의 의원이 될 수 없다"[4]라고 명시하고 있다.

푸블리어스

---

4)   헌법 제1조 6절 2항.

THE FEDERALIST
No. 77

≪인디펜던트 저널≫, 1788년 4월 2일

알렉산더 해밀턴

뉴욕주 시민들에게

전 페이퍼에서 지적했듯이, 관리의 임명에서 상원의 협력으로부터 기대할 수 있는 이점 가운데 하나는 행정부의 안정에 기여하리라는 것이었는데, 상원의 동의는 임명에서뿐만 아니라 해임[1]의 경우에도 필요할 것이다. 따라서 최고 행정관이 바뀌어도 그가 단독으로 관리 해임권을 가지는 경우, 예상되는 것과 비교해 더 극심하거나 전면적인 정부 관리들의 교체는 일어나지는 않을 것이

---

[1] 합중국 헌법에는 임명된 관리에 대한 대통령의 해임권에 관한 규정이 없다. 따라서 해임에 있어 상원의 동의가 필요하다는 규정도 없다. 1920년 오리건주 소재 우체국(미국의 우체국은 연방정부 관할이다)의 우체국장 프랭크 마이어스(Frank Myers)는 당시 대통령 우드로 윌슨(Woodrow Wilson)에 의해 해임되자 1876년 제정된 연방법을 근거로 연방정부를 상대로 소송(Myers v. United States)을 제기했다. 1876년의 연방법은, 대통령에 의해 임명된 우체국장이 대통령에 의해 해임될 경우 상원의 조언과 동의를 얻어야 한다고 명시하고 있었기 때문이다. 그러나 1926년 이 소송에 대해 연방대법원은, 헌법회의에서 헌법안이 작성될 당시의 기록에 의하면 연방 관리에 대한 해임권은 대통령의 단독 권한이라는 것을 헌법이 암시적으로 인정했기 때문에 1876년의 연방법은 위헌이고 따라서 무효라고 판결했다. 그 후 1935년과 1986년의 판결에서도 마찬가지로 연방대법원은 관리 해임권은 대통령의 단독 권한임을 명백히 밝혔다. 해밀턴은 뉴욕주를 대표하는 대의원으로서 헌법회의에 참가했기 때문에 관리의 해임은 대통령의 단독 권한이고 상원의 동의가 필요하지 않음을 충분히 알고 있었다. 따라서 해밀턴은 대통령의 거부권의 경우에서와 마찬가지로 이 페이퍼에서도 대통령의 권한이 너무 강해 보이는 것을 피하고자 해임에 있어서도 상원의 동의가 필요한 것처럼 오도하고 있다. 해밀턴은 헌법안에서의 대통령 및 연방정부의 권한을 실제보다 축소 소개함으로써 뉴욕주에서의 새헌법의 비준을 용이하게 하려는 의도를 "페더럴리스트 페이퍼스"에서 자주 보여주고 있는데 이러한 사실은 학자들에 의해서도 널리 인정되고 있다.

다. 어떤 관직에 있는 사람이 자신이 그 직책에 적합하다는 것을 충분히 입증해 왔다면, 새로 취임한 대통령이라 할지라도 그 직책을 자신에게 더 적합한 사람으로 교체하는 것을 삼갈 것이다. 왜냐하면, 상원의 거부에 의해 그의 의도가 무산되고, 또 자기 자신에 대한 상당한 불신을 초래할지도 모르기 때문이다. 안정된 행정부의 가치를 가장 잘 평가할 수 있는 사람이라면, 정부의 다른 어느 기구보다도 그 구성상 더 큰 지속성을 가지며 또한 모든 면에서 변화에 좌우될 염려가 적은 상원의 승인 여하에, 공직자의 직위 유지 여부가 결정되도록 한 헌법안의 규정을 높이 평가할 것이다.

관리 임명에 있어서 상원과 대통령의 연계에 대해, 상원에 대해 부당한 영향력을 대통령이 행사할 수 있다는 의견이 제기되어 왔고, 또 그와는 반대되는 경향이 있을 수 있다는 반론도 있었지만, 둘 중 어느 것도 사실이 아니라는 강력한 증거를 제시해 보겠다.

첫 번째 주장을 논리적으로 정리하면 그 자체를 반박하는 것이 된다. 즉, 이 주장의 요지는 다음과 같다: 대통령은 상원에 부당한 영향력을 행사할 것이다. 왜냐하면 상원이 대통령을 억제하는 권한을 가지고 있기 때문이다. 그러나 이것은 터무니없는 주장이다. 만일 대통령이 절대적인 임명권을 갖는다면, 상원에 의해 거부될 수 있는 지명권만을 가질 때보다 상원에 대한 위험한 지배권을 확립하게 될 것이라는 데는 의심의 여지가 없기 때문이다.

이제 "상원은 대통령에게 부당한 영향력을 행사할 것이다"라는 주장을 살펴보기로 하자. 다른 여러 경우[2]에서도 언급했듯이, 모호한 반대에 대해서는 정확한 답변이 불가능하지만, 도대체 대통령에 대한 상원의 영향력은 어떤 방식으로, 그리고 어떠한 목적으로 행사되는가? 여기서 사용되고 있는 의미에서의 한 인물, 즉 대통령에게 영향을 미치는 힘이란 그에게 혜택을 부여할 수 있는 권한을 은연중에 포함하고 있는 것이 틀림없다. 그렇다면 도대체 상원

---

2) 페이퍼 67번~76번.

은 대통령의 지명을 거부하는 권한을 행사함으로써 어떻게 대통령에게 혜택을 부여할 수 있는가? 공적인 동기로 볼 때 다른 선택을 해야 하는 경우에도 상원이 때때로 대통령이 선호하는 사람을 묵인함으로써 그를 흡족하게 해줄 수도 있을 수 있다고 한다면, 나는 다음과 같이 답하겠다. 대통령이 상원의 임명 동의에 대해 개인적으로 관심을 가질 경우는 매우 적기 때문에, 상원이 임명에 순종적으로 동의한다고 해서 실질적으로 대통령에게 영향을 미칠 수 있는 것은 아니다. 관리를 지명하여 명예와 보수를 부여받을 수 있는 계기를 만들어 주는 권한, 즉 지명권은, 그 과정을 단지 방해만 할 수 있는 상원의 권한에 끌려가기보다는 그 권한을 끌어당길 가능성이 더 크다. 만약 대통령에게 영향력을 행사한다는 것이 그를 제어한다는 의미라면, 바로 그것이 정확히 헌법안이 의도하는 바이다. 그리고 그런 제어는, 앞의 페이퍼에서 살펴보았듯이, 대통령이 아무런 통제 없이 단독으로 임명권을 행사할 경우에 기대할 수 있는 유일한 이점을 버리지 않으면서 동시에 유익한 것이 될 것이다. 지명권은 임명권의 모든 장점을 살리면서 절대적 임명권으로 인해 발생할 수 있는 폐해를 크게 방지해 줄 것이다.

제안된 정부의 관리임명 방안을 뉴욕주의 헌법에 규정된 방안과 비교해 보면, 확실하게 전자를 선호할 것이다. 전자의 경우, 지명권은 분명하게 대통령에게 부여되어 있고 개개의 지명은 입법부의 한 원인 상원의 판단에 따라야 한다. 따라서 그런 임명 방식을 비롯해 임명에 수반되는 상황들은 당연히 많은 관심을 끌게 될 것이고, 대중들은 임명 과정에서 어떤 사람이 어떤 역할을 하는지를 판단할 수 있을 것이다. 잘못된 지명에 대한 비난은 대통령 한 사람에게 전적으로 집중될 것이고, 훌륭한 지명을 거부한 것에 대한 비난은 전적으로 상원이 받게 될 것이다. 더구나 대통령의 좋은 의도를 상원이 막았다는 생각은 비난을 더욱 가중시킬 것이다. 만약 임명이 잘못되었을 경우, 대통령은 지명을 잘못했다는 이유로, 상원은 잘못된 지명을 승인했다는 이유로 정도의 차이는 있겠지만 양쪽 모두 치욕과 불명예를 면할 수 없을 것이다.

이 모든 것을 반대로 한 것이 뉴욕주의 임명 방식의 특징이다. 세 명에서 다섯 명으로 임명평의회가 구성되며 주지사는 언제나 여기에 포함된다. 이 소수의 집단이 일반 대중의 눈에 띄지 않는 비밀의 장소에 회합하여 그들에게 주어진 임명 업무를 수행한다.3) 주지사는 뉴욕주 헌법의 애매모호한 표현을 근거로 지명권을 주장한다고 알려져 있지만, 그가 어느 정도로 혹은 어떤 방식으로 그 권한을 행사하는지, 그리고 어떤 경우에 그가 반박과 반대에 부딪히는지는 알려진 바가 없다. 잘못된 임명의 비난은 그 임명의 장본인이 분명하지 않고, 게다가 비난을 받을 확실한 대상이 없기 때문에 통렬하지도 않고 그리 오래 가지도 않는다. 또한 도당과 음모의 가능성이 무한히 열려 있지만, 책임감에 대한 의식은 전혀 없다. 대중들이 알 수 있는 것은 기껏해야 주지사가 지명권을 주장한다는 것이며, 주지사를 제외한 네 명 중 두 명은 종종 어려움 없이 포섭될 수 있다는 것과, 임명평의회 구성원 중 일부가 비타협적일 경우 회의 소집시간을 그들에게 불편하도록 조정함으로써 그들의 반대를 피하는 것이 가능하고, 그리고 그 원인이 무엇이든 관리의 부적절한 임명이 수없이 이루어지고 있다는 것 등이다. 뉴욕주의 지사4)가 주 정부의 이토록 미묘하면서도 중요한 임명이라는 부문에서 그가 가진 권력을 각각의 직위에 가장 적합한 인물을 선택하는 데 행사하는지, 혹은 그의 뜻에 맹목적으로 따르며 혐오스럽고 위험한 주지사의 개인적인 권력 체제를 유지하는 데 가장 쓸모가 있는 사람들을 선택하기 위해 그런 특권을 악용하는지는, 우리의 공동체에 있어서는 불행한 일이지만, 단지 추측할 수밖에 없는 문제이다.

단지 임명만을 다루는 모든 평의회는 어떻게 구성되든 도당과 음모가 판치는 비밀회의가 될 것이다. 회의 비용을 무한정으로 지출해 그 수를 대폭 늘리지 않는 한, 지금의 구성원의 수는 너무 적어 음모를 위한 결탁이 쉽게 이루

---

3) 뉴욕주의 관리 임명에 관해서는 페이퍼 69번 참고.

4) 1788년 당시 뉴욕주 지사는 조지 클린턴(George Clinton)으로 헌법안에 격렬하게 반대한 안티-페더럴리스트이다. 페이퍼 67번의 각주 4), 페이퍼 69번의 각주 1) 참고.

어질 수밖에 없다. 또 구성원 각자는 관직에 욕심이 있는 친지나 연고가 있을 것이므로, 상호 만족을 도모하려는 욕구로 인해 부정한 의도로 표를 서로 교환하거나 관직을 거래하는 일이 생길 것이다. 관직의 임명에 있어 평의회 구성원 한 사람의 사적인 친밀 관계는 쉽게 만족될 수 있으나, 구성원 12명 혹은 20명의 이러한 사적인 친밀 관계까지 전부 만족시키게 되면 정부의 주요 관직을 소수의 가문이 독점하게 될 것이며, 그리하여 다른 어떤 계략보다도 더 직접적으로 귀족정이나 과두정으로 이끄는 원인이 될 것이다. 만약 관직이 특정 소수 가문에 집중되는 것을 막기 위해 평의회의 구성원을 자주 교체해야 한다면, 정부 운영이 불안정해지는 데에 따르는 전면적인 폐해가 초래될 수 있다. 그런 평의회는 상원보다도 최고행정관의 영향력에 더 좌우되기 쉽다. 그 이유는 그들은 상원보다 수가 적어 대중의 직접적인 감시 아래 행동하는 경우가 적기 때문이다. 간단히 말하면, 헌법회의의 계획, 즉 관직의 임명에 대한 상원의 동의를 그런 평의회로 대체한다면, 비용의 증가, 공직의 분배에서 정실주의와 음모로부터 발생하는 폐해의 확산, 정부 운영에 있어서 안정성의 감소, 대통령의 부당한 영향력에 대한 방어력의 약화를 가져올 것이다.

임명 문제에 대한 나의 고찰에 적절한 결론을 내리기 위해서는, 아주 소수이긴 하지만 몇몇 사람들이 주장해 온 계획에 주의를 기울이지 않을 수 없다. 그것은 바로 임명권에 하원을 참여시키는 방안이다. 하지만 이 방안이 사회 구성원 상당수의 지지를 얻을 수 있다고 생각할 수 없기 때문에, 이 방안에 대해서는 자세하게 언급하지는 않겠다. 그렇게 구성원의 변동이 잦고 또 수가 많은 하원이 임명 업무에 적합하다고는 결코 생각할 수 없다. 앞으로 50년이 지나면 하원의원의 수가 300~400명에 이르게 될 거라는 사실을 상기해 보면 임명권에 대한 하원의 부적합성은 누구에게나 명백해질 것이다. 하원을 임명 업무에 참여시킨다면, 대통령과 상원의 안정성에 따른 모든 이점은 사라지게 되고 끝없는 지체와 혼란만이 야기될 것이다. 대부분의 주 헌법에서의 이러한 사례는 우리에게 이러한 구상을 포기할 것을 권장한다.

아직 검토하지 않고 남아 있는 대통령의 권한은, 연방의 상황에 관하여 연방의회에 보고하고, 자신이 적절하다고 판단하는 조치의 심의를 연방의회에 권고하며, 긴급 시에 대통령은 상원과 하원 또는 그중 한 원을 소집할 수 있으며, 휴회의 시기에 관하여 양원 간의 의견이 일치되지 아니하는 때에는 대통령이 적당하다고 인정하는 때까지 양원의 휴회를 명하며, 대사와 그 밖의 외교사절을 접수하고, 법률을 충실하게 집행하며, 또 합중국의 모든 관리들에게 직무를 위임하는 것 등이다.[5]

입법부의 어느 한 원을 소집할 수 있는 권한과 대사를 접수하는 권한에 대한 몇 가지 트집을 제외하고는, 이런 종류의 권한에 대해서는 아무런 반대도 없었고, 또 어떠한 반대의 여지도 없을 것이다. 이미 반대했던 부분에 더해 새로운 반대를 꾸며내기 위해서는 비난에 대한 끝없는 탐욕이 필요했을 것이다. 입법부의 어느 한 원을 소집하는 권한에 관련해서는, 적어도 상원에 경우에는 그럴 만한 이유를 쉽게 찾을 수 있다. 상원은 조약 체결 조항에 있어서 대통령과 공동의 권한을 갖고 있기 때문에, 하원의 소집이 불필요하고 부적절할 때라도, 상원을 소집하는 것은 필요할 수 있다. 대사를 접수하는 권한에 관해서는 앞의 페이퍼[6]에서의 설명이 충분한 답변이 될 것이다.

우리는 이제 행정부의 구조와 권한에 대한 검토를 마무리 지었다. 나는 행정부가, 공화제의 원리가 허용하는 한도 내에서 강력함에 필요한 모든 조건을 갖추고 있다는 것을 보여주기 위해 노력했다. 이제 남아 있는 검토 사항은 다음과 같다. 행정부는 공화주의적인 의미에 있어서의 안전을 위해 필요한 조건을 겸비하고 있는가? 즉, 국민에 대한 적절한 의존과 충분한 책임에 필요한 조건을 가지고 있는가라는 것이다. 이 문제에 대한 대답은 행정부의 다른 특성의 검토에서 예상된 것이기도 하며, 또한 다음과 같은 점에서도 충분히

---

5) 헌법 제2조 3절.
6) 페이퍼 69번.

유추할 수 있다. 그러한 목적을 위해, 대통령의 선출은 4년마다 국민들이 직접 선택한 사람들에 의해 이루어지며, 또한 대통령은 언제든 탄핵, 재판, 면직, 그리고 다른 공직의 자격을 박탈당할 수 있고, 통상적인 사법 절차에 의한 기소에 의해 생명과 재산을 몰수당할 수 있다. 그러나 이런 예방책도 물론 훌륭한 것이지만, 헌법회의는 이런 예방책 외에도 공공의 안전을 위한 다른 방편을 마련해 놓았다. 행정권의 남용이 실질적으로 우려되는 유일한 경우인 임명권의 행사에서 합중국의 대통령은 입법부의 한 원인 상원의 통제하에 있게 된다. 계몽되고 합리적인 국민이라면 더 이상 무엇을 바랄 수 있겠는가?

푸블리어스

THE FEDERALIST No. 78

『매클린 에디션』 제2권,[1] 1788년 5월 28일 　　　　　　　　　　　 알렉산더 해밀턴

뉴욕주 시민들에게

이제부터 우리는 제안된 정부의 사법부에 대한 검토로 넘어가도록 하겠다.

　기존의 연합체제의 결함을 설명할 때,[2] 연방사법부의 유용성과 필요성을 명백하게 지적했다. 연방사법부 설립의 타당성에는 이론적으로 의문의 여지가 없기 때문에 앞의 페이퍼에서의 주장을 여기서 반복할 필요는 없는 것 같다. 다만 필요한 것은 사법부를 구성하는 방법과 그 관할 범위에 관한 것이기 때문에, 우리의 검토도 이러한 점에만 국한될 것이다.

　연방사법부의 구성에는 다음의 문제들이 포함된다. 첫째, 법관[3]을 임명하는 방식, 둘째, 법관의 임기, 셋째, 여러 다른 법원들에 대한 사법권의 분할과 그 상호 관계가 그것이다.

　첫째, 법관을 임명하는 방법은 연방의 다른 관리를 임명하는 방법과 동일하며, 임명에 대해서는 앞의 두 페이퍼에서 충분히 논의했기 때문에 여기서 다시 반복할 필요는 없을 것 같다.

---

1)　1788년 3월 22일, 매클린 출판사(J. & A. McLean)는 페이퍼 1번부터 36번까지를 Vol. I으로 출판한 바 있다. 그리고 다시 1788년 5월 28일에는 페이퍼 37번부터 85번까지를 실은 Vol. II를 출판했는데, 그중 8개의 페이퍼(78번~ 85번)는 당시 신문에 게재되기 전에 Vol. II에 포함되었다. 그 후 이 8개의 페이퍼는 1788년 6월 14일부터 8월 16일에 걸쳐 뉴욕시의 몇몇 신문에 게재되었다.

2)　페이퍼 22번에서 해밀턴은 기존의 연합체제에서 사법부의 부재를 지적한 바 있다.

3)　해밀턴은 사법부에 대한 페이퍼에서 주로 연방대법원 및 그 하급 법원인 연방법원들을 다루고 있으므로 원문에서의 'judge'를 일반적인 의미의 판사와 구별하기 위해 '법관'으로 번역했다.

둘째, 법관의 직위 유지와 주로 관련되는 사항은 재임 기간, 보수의 지급, 책임에 대한 조치이다. 헌법회의에 의하면, 연방정부에 의해 임명될 모든 법관은 적법행위를 하는 동안, 즉 비행을 하지 않는 한 종신 동안 그들의 직을 보유하게 되어 있다. 이는 대부분의 주 헌법이 수용하는 방식과 같은데, 그중에는 뉴욕주도 포함된다. 헌법안을 반대하는 사람들은 이 규정의 타당성을 문제 삼고 있는데, 이는 그들의 상상력과 판단력을 흐리게 하는 반대에서 나오는 분노이며 그 증상이 결코 가볍지 않다. 법관이라는 관직을 유지하는 데 있어 적법행위라는 기준은 정부 운영에 대한 근대적 개선의 가장 으뜸가는 것 중 하나이다. 군주정의 경우, 법관의 종신제는 군주의 전제에 대한 뛰어난 방벽이다. 그에 못지않게 공화정에서도 법관의 종신제는 의회의 권력 찬탈과 압제에 대한 역시 뛰어난 방벽의 역할을 한다. 그리고 그것은 어떤 정부에 있어서도 법의 안정되고 올바르며 불편부당한 운영을 확보할 수 있게 고안해 낼 수 있는 최고의 방편이다.

정부의 각 부분을 주의 깊게 검토해 보는 사람이라면 권력의 분리를 지향하고 있는 정부에서 사법부는 그 기능의 특성상 헌법에서 규정한 다른 부의 정치적 권리에 가장 위험하지 않다고 생각할 것이다. 왜냐하면 사법부는 그런 권리를 방해하거나 침해할 수 있는 힘이 가장 적은 부이기 때문이다. 행정부는 정부의 직책을 배분할 뿐 아니라 사회를 지키는 칼, 즉 강제력이라는 수단을 가지고 있다. 입법부는 돈 지갑을 쥐고 있을 뿐 아니라 시민들의 의무와 권리를 규제하는 규칙을 정할 수 있다. 반면에 사법부는 칼도 돈도 갖고 있지 않으며, 사회의 힘이나 부에도 영향을 미치지 못하고, 어떤 실질적인 결정도 내릴 수 없다. 사법부는 힘도 의지도 없으며, 단지 판단만을 내린다고 하는 것이 사실일 것이다. 또한 심지어는 그런 판단을 유효하게 만들기 위해서는 궁극적으로 행정부의 도움에 의존해야 하는 것이다.

사법부에 대한 이런 간단한 개관은 몇몇 중요한 결과를 시사해 준다. 사법부가 정부의 3부 가운데 힘이 가장 약하다[4]는 것은 논쟁의 여지가 없으며,

사법부가 다른 2부 중 하나를 공격하려 해도 이길 가망은 없으며, 다른 2부의 공격으로부터 스스로를 방어할 수 있기 위해서는 모든 가능한 주의가 필요하다. 또한 개개인에 대한 부당한 권력 행사가 법원에 의해 행해질 수 있다고 해도 국민의 보편적인 자유가 사법부로부터 결코 위협받을 수는 없다. 물론 사법부가 입법부와 행정부로부터 완전히 분리되어 있는 한 그렇다는 뜻이다. 왜냐하면, 나는 "재판권이 입법부와 행정부로부터 분리되지 않으면 자유란 있을 수 없다"[5]라는 말에 동의하기 때문이다. 사법부가 단독으로 자유를 침해할 어떠한 우려도 없으나, 다른 2부 중 하나와 결합한다면 모든 점에서 두려운 존재가 된다. 또한 그러한 결합의 모든 부정적 결과는 명목적이고 표면적인 분리에도 불구하고 실제로는 사법부가 다른 부에 의존함으로써 나타날 것이 틀림없다. 또한 사법부가 가진 본래의 나약함으로 인해 사법부는 동격의 다른 2부에 의해 압도되고 위압당하거나 혹은 영향을 받을 위험에 계속 노출되어 있기 때문에, 법관의 종신임기제만큼 사법부의 확고부동함과 독립성에 기여할 수 있는 것은 없다.[6] 이러한 이유로 종신임기제는 사법부의 구성에 필수불가결한 요소로 인식되어야 할 것이며, 공공의 정의와 안전의 최후의 보루로 간주되어야 할 것이다.

---

4) 몽테스키외는 정부의 세 부문에 대해 다음과 같이 말하고 있다. "위에서 언급된 세 권력 가운데 사법권은 없는 것과 같다" *Spirit of Laws*, Vol. I, p.186. _푸블리어스

5) 몽테스키외, p.181. _푸블리어스

6) 연방법원 법관의 임기는 종신이다. 연방법원은 연방대법원(The Supreme Court), 그리고 하급법원인 연방항소법원(United States Courts of Appeals 혹은 연방 순회법원), 연방지방법원(Federal District Courts), 그리고 국제무역재판소(The Court of International Trade)를 포함한다. 2022년 현재 연방법원 법관의 수는 연방대법원 9명, 연방항소법원 179명, 연방지방법원 673명, 그리고 국제무역재판소의 9명까지 모두 870명에 이른다. 하지만 연방법원 법관의 수는 두 가지 이유로 인해 항상 일정하지는 않다. 첫째, 임기가 종신이므로 고령으로 인한 사망이나 사임으로 인해 공석이 자주 생기기 때문이다. 둘째는 의회가 때때로 연방법원 법관의 수를 인구 변화를 반영하여 변경하기 때문이다. 헌법의 비준 이후 연방의회는 연방대법원 대법관의 수도 6번이나 변경했으며 1869년에 현재의 9명으로 고정되었다. 그러나 연방의회는 언제든 연방대법원 대법관의 수를 변경할 수 있다.

법원의 완전한 독립은 권력을 제한하는 헌법에서는 특히 필수적인 것이다. 권력을 제한하는 헌법이란 입법부로 하여금 사권박탈법이나 소급처벌법을 통과할 수 없게 규정한 헌법을 의미한다. 이런 종류의 권력 제한은 법원이라는 매개를 거치지 않고는 지켜질 수 없다. 헌법의 명백한 취지에 반하는 일체의 입법행위를 무효라고 선언하는 것이 법원의 의무인 것이다. 이것 없이는 국민의 모든 특정한 권리나 기본권도 유지될 수 없을 것이다.

헌법에 위배된다는 이유로 입법부가 제정한 법률을 무효로 판결할 수 있는 법원의 권한에 대해서는 다소간 혼란이 있을 수도 있다. 그 이유는 사법부의 그런 권한이 입법부에 대한 우위를 의미할 수도 있다는 생각 때문이다. 다른 부의 행위를 무효라고 선언할 수 있는 권한은, 무효로 선언될 수도 있는 행위의 주체인 부보다 필연적으로 우월할 수밖에 없다는 것이다. 이러한 원리는 아메리카의 모든 헌법에서 무척이나 중요하기 때문에 그 원리의 기초가 되는 근거에 대해 간단히 논의하는 것은 당연하다고 본다.

위임받은 권한으로 인한 모든 행위가 그 위임의 취지에 반하는 한 무효라는 것만큼 더 명확한 원리는 있을 수 없다. 그러므로 어떠한 입법행위도 헌법에 위반되는 한 유효할 수 없다. 만약 이를 부정한다면 대리인이 당사자보다 우선하게 되며, 하인이 주인보다 우위에 있게 되고, 국민의 대표가 국민 자체보다 우월하고, 주어진 권한에 따라 행동해야 하는 자들이 그 권한이 허용하지 않는 것뿐만 아니라 금지하는 행위까지도 할 수 있다고 주장하는 것과 다를 바 없다.

입법부는 그 스스로가 자신의 헌법상의 권한에 대한 판단을 하고, 다른 부들은 입법부의 권한에 대한 그러한 해석을 최종적인 것으로 받아들여야 한다는 주장을 한다면, 그것은 헌법의 어떤 조항으로부터도 논리적으로 추정해 낼 수 없는 것이라고 답할 수 있다. 국민의 대표인 입법부가 자신들의 선거구민인 국민의 의사를 자신들의 의사로 대체할 수 있다는 것이 헌법이 의도하는 바라고는 생각할 수 없다. 법원은, 다른 어떤 이유보다도, 입법부가 그들이 부여받은 권한의 한계를 넘어서지 못하도록 국민과 입법부의 중간에 위치한 기구로 고안되었다고 보는 편이 오히려 훨씬 더 합리적일 것이다. 법을 해석하는 것이야말로 법원의 적절하고 고유한 영역이다. 헌법은 사실상 근본법이며, 법관들에 의해서도 근본법으로 간주되어야 할 것이다. 그러므로 입법부에서 제정하는 모든 특정 법률의 의미뿐만 아니라 헌법의 의미를 확정하는 것은 법관의 권한에 속하는 것이다. 만약 헌법과 법률 사이에 양립할 수 없는 불일치가 발생한다면 더 상위의 법적 구속력과 효력이 우선해야 함은 당연하다. 다시 말하면, 헌법은 의회가 제정한 법률에 우선해야 하고, 국민의 의사는 그들이 선출한 대리인의 의사에 우선해야 한다.

그러나 이런 결론이 결코 사법부가 입법부보다 우위에 있다는 것을 의미하는 것은 아니다. 단지 국민의 권력이야말로 사법부와 입법부보다 우위에 있다는 것과, 법률의 형태로 표명된 입법부의 의사가 헌법에 공표된 국민의 의사에 반하는 것일 경우, 법관은 전자보다는 후자에 따라야 한다는 것이다. 즉, 법관은 근본적이지 않은 법률에 의해서가 아니라 근본법에 따라 판결을 내려야 하는 것이다.

모순되는 두 개의 법 사이에서 결정을 내려야 하는 경우, 법원이 재량권을 행사하는 것은 잘 알려진 사례에서 예증되고 있다. 전체적으로 또는 부분적으로 서로 모순되는 두 법률이 동시에 존재하는 경우, 둘 중 어느 것에도 다른 것을 폐기하는 조항이나 내용을 포함하고 있지 않은 경우가 흔히 있다. 이런 경우에 그 법률의 의미와 시행을 정리하고 결정하는 것이 바로 법원의 영역이다. 공정한 해석에 의해 두 개의 법률이 서로 조화를 이룰 수 있다면 이성도 그리고 법률도 양자를 조화시킬 수 있도록 힘을 합칠 것이다. 그러나 만약 그것이 불가능하다면 한쪽의 법률을 유효화하고 다른 쪽을 배제하는 것이 당연히 필요할 것이다. 법률의 상대적인 유효성을 결정할 때 법원이 행해왔던 규칙은 시간의 순서에 있어 나중에 제정된 법률이 전에 제정된 법률보다 우선해야 한다는 것이다. 그러나 이 원칙은 어떤 실정법에 근거하는 것이 아니라 일의 성격과 도리에 바탕을 둔 것이다. 이 원칙은 입법적인 조항에 의해 법원에 부과한 규칙이 아니라, 법의 해석자인 자신들의 행동의 지침으로서 진리와 도리에 부합한다고 판단해 법원 스스로가 채택한 원칙이다. 법원은, 동등한 권한에 의해 만들어진 상호 모순된 법률 사이에서는, 가장 최근의 의사가 표명된 법률이 우선권을 가지는 것이 합리적이라고 생각한 것이다.

그러나 우월한 권위와 종속적인 권위가 만든 법률, 그리고 원래의 권한과 파생적인 권한이 만든 법률들이 서로 모순될 때는 일의 성격과 도리에 비추어 보아도 오히려 앞의 원칙과는 반대되는 것이 더 적절하다고 할 수 있다. 즉, 우월한 권위에 근거한 이전의 법률이, 하위의 부수적인 권위에 근거해 그 이후에 만들어진 법률에 우선해야 한다는 것이다. 따라서 어떤 특정 법률이 헌법과 모순될 때에는 헌법을 준수하고 특정 법률을 무시하는 것이 법원의 의무일 것이다.

법원이 법률과 헌법 간의 모순이라는 구실로 입법부의 합헌적인 의사를 그들 자신의 의향, 즉 위헌으로 판결할 수 있다는 주장은 일고의 가치도 없다.[7] 이는 두 개의 모순되는 법률이 존재하는 경우에도 일어날 수 있으며, 단일 법률에 의한 어떤 판결의 경우에도 일어날 수 있다. 법원은 법이 갖고 있는 의미를 선고해야 하며, 만약 판단 대신 의지를 행사하려고 한다면, 그 결과는 입법부의 의지를 단지 자신들의 의지로 바꾸어 판결한 것과 마찬가지가 될 것이다. 이런 견해가 입증하는 그 무엇이 있다면, 그것은 입법부와는 전혀 관련이 없이 독립된 판사는 있을 수 없다는 점일 것이다.

만약 법원을 입법부의 권력 침해에 맞서 헌법을 지키는 방벽으로 생각한다면 법관의 종신임기제를 당연히 지지하게 될 것이다. 왜냐하면 그렇게 어려운 임무를 성실히 수행하는 데 필요한 법관의 독립성에 그것만큼 더 기여하

---

7) 해밀턴은 여기서 연방대법원은 위헌심사권이 없다는 것을 주장하고 있다. 그러나 연방대법원은 1803년 마베리 대 매디슨(Marbury v. Madison) 판결을 통해 스스로 위헌심사권을 가지게 된다. 자세한 내용은 페이퍼 81번, 각주 3) 참고.

는 것은 없을 것이기 때문이다.

　법관의 이런 독립성은, 무엇인가 흉계를 꾸미는 사람들의 술책에 의해, 혹은 특정 위기의 영향에 의해 때때로 사람들 사이에 퍼지는 해로운 풍조의 영향으로부터 헌법과 개인의 권리를 보호하는 데 필수적인 요소이다. 그러한 해로운 영향은 더 믿을 만한 정보와 신중한 생각에 의해 곧 사라지기는 하겠지만, 그때까지 정부에 위험한 변화를 가져오거나 사회의 소수파에 대해 심각한 탄압을 야기할 수도 있다. 공화제 정부의 근본 원리는 기존 헌법이 국민의 행복 추구에 모순되는 것으로 여겨질 때는 국민은 언제라도 헌법을 개정 또는 폐지할 수 있음을 인정하는 것이다. 나는 헌법안의 지지자들이 이 근본 원리에 이의를 제기하는 헌법안의 반대자들[8]에게 동조하지 않을 것이라고 믿는다. 하지만 국민의 다수가 기존 헌법의 규정과 모순되는 일시적인 경향에 사로잡힐 때마다 국민의 대표들이 그것을 근거로 헌법 규정을 어기는 것이 정당화될 수 있다는 것은 결코 아니다. 또 헌법 위반이 입법부 내의 일부 도당의 음모에서 발생한 것과는 달리 국민 다수의 의사에 의해 발생한 때에는 법원은 오히려 이 헌법 위반을 묵인해야 할 의무가 있다는 것도 아니다. 엄숙하면서도 권위에 근거한 조치에 의해 기존의 헌법을 폐지하거나 수정할 때까지 그 헌법은 국민들에 대해 개인적으로뿐만 아니라 집합적으로 구속력을 가진다. 그러나 그러한 정당한 조치 이전에는, 국민의 의사와 헌법이 모순된다는 어떠한 추정만으로 혹은 그에 대한 국민의 의향을 인식하는 것만으로 그들의 대표자들이 기존의 헌법의 틀에서 이탈하는 것은 정당화될 수 없다. 하지만 입법부의 헌법 위반이 사회 다수의 목소리에 의해 부추겨진다면, 법관들이 헌법의 충실한 파수꾼으로서 그 의무를 수행하기 위해서는 상당한 용기를 필요로 할

---

8)　"Protest of the Minority of the Convention of Pennsylvania," Luther Martin의 연설 등을 참고. _푸블리어스
　　루터 마틴(Luther Martin)은 메릴랜드주 대표로 헌법회의에 참가했다. 그는 헌법안의 맹렬한 반대자였으며 결국 헌법안에 서명하지 않았다.

것이라는 점은 쉽게 짐작할 수 있다.

그러나 법관의 독립성이, 사회에 때때로 나타나는 해로운 영향에 대한 필수적인 안전장치가 된다는 것은 헌법의 위반이라는 관점에 국한되는 것은 아니다. 이러한 해로운 영향은 때로는 부당하고 편파적인 법률에 의해 특정 시민 계급의 사적인 권리에 대한 침해까지 확대되기도 한다. 이 경우에도 또한 그러한 법률의 가혹함을 완화하고 그 시행을 제한한다는 면에서 법관의 확고함이 매우 중요해진다. 법관의 확고함은 이미 통과된 법의 직접적인 폐해를 완화하는 데 도움이 될 뿐만 아니라, 장차 입법부로 하여금 그런 법률을 통과시키지 못하도록 하는 억제력으로도 작용한다. 다시 말해 입법부는 부당한 의도를 실행함에 있어 법원이 의구심을 가지고 방해할 것으로 예상되는 경우, 그들의 동기 자체가 부정하다는 것을 깨닫게 됨으로써 그러한 시도를 누그러뜨릴 수밖에 없을 것이다. 이런 상황은 많은 사람들이 인식하고 있는 것보다 더 많은 영향을 우리 정부의 특징에 미칠 것으로 기대된다. 사법부의 고결함과 관용이 얼마나 유익한지는 이미 많은 주에서 실감하고 있다. 사법부의 고결함과 관용은 그로 인해 사악한 기대가 좌절된 자들을 못마땅하게 만들겠지만, 도덕적이고 사심없는 모든 사람들의 존경과 칭찬을 받을 것이 틀림없다. 사려 깊은 사람들은 법정에서의 그런 고결함과 관용이 일깨워지고 공고히 되는 것이라면 무엇이든 귀중하게 여길 것이다. 왜냐하면, 부당한 풍조에 의해 오늘은 이득을 볼 수 있다 해도 내일이면 그 피해자가 되지 않으리라고 누구도 확신할 수 없기 때문이다. 그리고 모든 사람은 그런 부당한 풍조의 추세는 공적인 그리고 사적인 신뢰의 기반을 약화시키고, 그 대신 보편적인 불신과 고통을 가져다줄 것이라는 것을 지금쯤 깨닫고 있을 것이 분명하다.

법원에 필수적인 것으로 생각되는 헌법상의 권리 및 개인의 권리에 대한 확고하고 일관된 견지는 일정 기간의 위임에 의해 그 직을 유지하는 법관으로부터는 기대할 수 없을 것이다. 주기적인 임명은 아무리 잘 규제되어도, 또 누가 하더라도 법관에게 필수적인 독립성에 어떤 식으로든 치명적인 영향을 미칠 것이다. 만약 법관의 임명권이 행정부나 입법부 중 어느 한쪽에 위임될 경우에는 임명권을 갖고 있는 부에 대해 법관들이 부적절하게 순종하게 되는 위험이 따를 것이다. 만일 임명권이 양쪽 모두에게 주어진다면 법관들은 그 어느 쪽의 불만도 무릅쓰려고 하지 않을 것이다. 또한 국민이나 혹은 법관의 임명을 위해 특별히 국민이 선택한 사람들에게 임명권이 주어진다면, 법관들은 대중적인 인기를 염두에 두는 경향이 너무 강해지게 되어, 그 결과 그들이 헌법과 법률의 지침 이외에는 그 어떤 것도 염두에 두지 않는다는 믿음은 더 이상 타당하다고 할 수 없을 것이다.

더욱이 법관의 종신임기제를 주장하는 더욱 중요한 이유가 있는데 이는 법관이 갖추어야 할 자격의 성격에서 유래한다. 자유로운 정부가 갖고 있는 장점에 어쩔 수 없이 따르는 불편 중 하나로 방대한 양의 법전이 종종 지적되는데, 이는 상당히 타당성이 있다. 법원의 자의적이고 독단적인 판결을 피하기 위해서는 법관은 엄밀한 규칙과 판례에 의해 구속되어야 함은 필수적이며, 그런 규칙과 판례는 모든 사건에서 법관의 임무를 확실히 규정하고 지적해 준다. 그리고 인류의 어리석음과 사악함으로 인해 벌어지는 온갖 종류의 논쟁으로부터 쌓인 판례의 기록은 엄청난 분량이 되었고, 그 판례에 대한 충분한 지식을 얻기 위해서는 장기간에 걸친 힘든 공부가 요구될 수밖에 없다는 것은 쉽게 이해할 수 있다. 그래서 법관이라는 관직에 오를 만큼 법률에 정통한 사람은 소수에 불과할 수밖에 없고, 더구나 인간 본성의 일반적인 부패를 적절히 감안한다면 그 관직에 필요한 고결함과 지식을 모두 갖춘 사람의 수는 훨씬 줄어들 것이다. 이렇게 생각해 볼 때, 정부로서는 법관에 적합한 인재에 대한 선택의 여지가 결코 많지 않다는 것을 알 수 있다. 또한 일정 기간에 국한되는 임기는 그러한 적임자들로 하여금 수입이 좋은 변호사직을 그만 두고 법관직을 수락하는 것을 어렵게 만들 것이다. 그 결과, 적합하고 위엄 있게 재판을 수행할 능력과 자격이 모자라는 사람의 손에 재판의 운영이 맡겨지게 될 우려가 생길 것이다. 현재 이 나라의 상황과 그리고 먼 장래를 생각해 볼 때,

이런 점에서의 결함은 얼핏 보이는 것보다 훨씬 심각한 문제가 될 것이다. 하지만 그것은 이 주제의 다른 면에서 발생하고 있는 결함에 비하면 미미한 정도에 불과하다는 것도 인정하지 않을 수 없다.

전체적으로 헌법회의가 법관의 임기와 관련해, 적법행위[9]를 종신임기제의 필수 요건으로 규정한 주들의 헌법들을 모방한 것은 현명한 처사임이 틀림없다. 이 점에서 헌법안은 비난받을 이유가 전혀 없다. 오히려 좋은 통치의 이 중요한 특징이 빠졌더라면 헌법안은 용납할 수 없는 결함을 갖게 되었을 것이다. 영국의 경험은 법관의 종신임기제라는 제도의 장점에 대해 훌륭한 예를 보여준다.

푸블리어스

---

9) 페이퍼 9번, 각주 1) 참고.

THE FEDERALIST　　No. 79

『매클린 에디션』 제2권, 1788년 5월 28일　　　　　　　알렉산더 해밀턴

뉴욕주 시민들에게

종신 임기 다음으로 법관의 독립성을 위해 필요한 것은 그들의 보수에 대한
확고한 규정이다. 대통령과 관련해 서술한 내용[1]은 법관에도 똑같이 적용될
수 있다. 인간 본성의 일반적인 추세를 보면, 한 인간의 생존을 좌우하는 힘은
그 인간의 의지도 좌우하게 된다. 법관을 재정적인 면에서 입법 권력의 수시
교부금에 의존하도록 하는 어떤 제도에서도, 입법권으로부터 사법권의 완전
한 분리를 실제로 실현하는 것은 기대할 수 없다. 어느 주에서든지 훌륭한 통
치를 지지하는 계몽된 사람들은 주 헌법에 이런 문제에 관한 정확하고 명백한
규정이 없는 것을 애석해하고 있었다. 실제로 몇몇 주의 헌법은 법관을 위해
영속적이고 고정된 봉급이 확정되어야 한다고 언명하고 있으나,[2] 실제로는
그런 헌법상의 구절도 법관의 봉급에 대한 입법부의 책임 회피를 막을 수 있
을 만큼 충분히 명확하지 못한 사례를 볼 수 있었다. 따라서 더 적극적이고 분
명한 어떤 표명이 필요하다는 것이 입증되었고, 헌법안에 따르면 합중국의 법
관은 "그 직무에 대하여 정기적으로 보수를 받으며, 그 보수는 재임 중에 감액
되지 아니한다"라고 규정했다.[3]

---

1)　페이퍼 73번.

2)　매사추세츠주 헌법, 제2장 제1조 제13절 참조. _푸블리어스

3)　헌법 제3조 1절.

모든 상황을 고려해 볼 때, 이것이야말로 지금까지 고안된 가장 적합한 규정이다. 화폐의 가치가 변화하고, 사회가 변화하는 상황을 고려하면, 헌법에서 법관의 고정된 보수를 채택하지 않은 것을 쉽게 이해할 수 있다. 현재는 엄청날 수 있는 액수가 반세기가 지나면 부족하고 불충분한 액수가 될 수 있다. 그러므로 상황의 변화에 맞추어 보수에 관한 규정을 변경하는 것을 입법부의 재량에 맡길 필요가 있었다. 하지만 입법부가 법관 개인의 봉급을 더 낮출 수는 없도록 하는 제약도 필요했다. 이런 경우 개인은 자신의 입장에 확신을 가질 것이고, 현재보다도 더 나쁜 처지에 놓이게 될지도 모른다는 우려로 인해 직무 수행에 소홀해지는 일은 전혀 없을 것이다. 앞서 인용한 규정은 두 가지 이점을 모두 가지고 있다. 법관의 봉급은 상황의 필요에 따라 수시로 변경될 수 있지만, 어떤 법관이라도 임용 당시의 봉급을 감액당하는 일은 결코 없다는 것이다. 헌법회의가 대통령과 법관의 보수에 차이를 두었다는 것을 알 수 있는데, 대통령의 보수는 증액되거나 감액될 수 없으나, 법관의 보수는 단지 감액만 될 수 없다. 이런 차이점은 아마도 각 관직의 임기의 차이에서 비롯되었을 것이다. 대통령의 경우는 4년 임기로 선출되므로 임기 시작 당시의 충분했던 보수가 임기가 끝날 시기에는 충분하지 않게 될 경우는 거의 없을 것이다. 그러나 적법행위를 하는 한 종신으로 그 직위가 보장이 되는 법관의 경우, 법관 임용 시에 충분했던 보수가 시간이 지남에 따라 너무 적어지는 일이 얼마든지 생길 수 있고, 정부 출범의 초기 단계에서는 특히 그런 일이 일어날지도 모른다.

법관의 생활 유지를 위한 이 규정은 신중성과 효율성의 모든 특징을 갖추고 있다. 그리고 그 관직의 종신 임기와 더불어 법관에 관련된 각 주의 헌법에서 볼 수 있는 어떠한 것보다 법관의 독립성에 대해 한층 더 나은 전망을 제공해 준다.

법관의 책임에 대한 조치는 탄핵에 관한 조항에 포함되어 있다. 법관은 위법행위를 하는 경우 하원에 의해 탄핵되고, 상원에서 탄핵재판을 받는다.

그리고 만약 유죄판결을 받으면 면직되고 다른 어떠한 관직에 대한 자격도 박탈당한다. 이것이 법관에 필수적인 독립성에 상응하는 책임성에 관한 유일한 규정이며, 또한 뉴욕주의 헌법에서 법관에 대해 언급하고 있는 유일한 규정이기도 하다.

법관의 무능력을 이유로 한 면직 규정이 없다는 것에 대해 사람들은 불만을 가지고 있었다. 그러나 사려 깊은 사람이라면, 그런 규정은 실행될 수 없거나, 비록 의도는 좋더라도 그 목적에 부합하기보다는 오히려 남용될 여지가 많다는 것을 깨닫게 될 것이다. 정신적 능력의 측정은 이미 알려진 과학적 방법으로써는 불가능하다고 나는 알고 있다. 유능과 무능 사이의 경계를 결정하려는 시도는 정의나 공공선에 대한 이익을 증진하기보다는 개인적이고 당파적인 애착과 증오의 여지를 만들어주는 경우가 훨씬 더 많을 것이다. 정신 이상의 경우를 제외하고는 인간의 능력을 판단한다는 것은 대부분 임의적일 것이 틀림없다. 그리고 정신 이상은 어떤 공식적이고 명문화된 규정이 없더라도 법관이 되기에는 사실상의 결격 사항이 될 것이다.

뉴욕주의 헌법은 항상 모호하고 위험한 이런 법관 자격 심사를 피하기 위해 특정 나이를 직무 불능의 판단기준으로 삼고 있다. 나는, '60세 이상인 자는 누구도 법관의 자격이 없다'라는 이 규정에 동의하는 사람은 거의 없다고 믿는다. 이 규정을 법관직에 적용하는 것만큼 부적절한 것은 없다. 인간의 숙고하고 유추하는 능력은 일반적으로 60세가 훨씬 지나서까지 유지된다. 게다가 대부분의 사람은 나이가 들어도 지적 활력을 잃어버리는 경우는 거의 없으며, 그 수가 많든 적든 법관의 상당수가 동시에 지적 활력을 잃게 될 상황에 처할 가능성은 거의 없다. 이런 점들을 고려할 때, 이러한 나이 제한은 권고할 만한 가치가 거의 없다는 결론을 내릴 수 있을 것이다. 풍부한 자산도 없고 따라서 연금의 혜택도 많지 않은 공화국에서, 자신의 조국을 위해 오랫동안 유익한 봉사를 해온 사람을, 생계를 잇기 위해 다른 직업을 찾기에는 너무 늦은 시점에 법관의 직위에서 면직시키기 위해서는, 노령으로 인한 오판이 있을지도 모른다는 상상 속의 위험에서 핑곗거리를 찾기보다는 인도주의에 입각한 더 설득력 있는 이유가 있어야 할 것이다.

푸블리어스

THE FEDERALIST

No. 80

『매클린 에디션』 제2권, 1788년 5월 28일   알렉산더 해밀턴

뉴욕주 시민들에게

연방사법권이 미치는 적정 범위를 정확히 판단하기 위해서는 먼저 그 권한의 적절한 대상에 대해 살펴보아야 할 것이다.

연방사법권이 다음에 열거된 여섯 가지 종류의 사건에까지 확대되어야 한다는 데는 논쟁의 여지가 거의 없을 것 같다. 첫째, 정당하고 헌법상의 권한에 따라 입법부를 통과한 합중국의 법률에서 비롯되는 모든 사건; 둘째, 합중국의 헌법에 명백하게 포함된 규정의 집행과 관련된 모든 사건; 셋째, 합중국이 당사자가 되는 사건; 넷째, 합중국과 외국 사이의 관계든, 주들 간의 관계든 연방의 평화와 관련된 모든 사건; 다섯째, 공해상에서 발생한 모든 소송 및 해사법이나 해상관할권에 관한 사건; 마지막으로, 주의 법원들이 공평하고 편견 없이 재판을 집행할 수 없다고 판단되는 모든 사건이다.

첫 번째 경우는 헌법상의 규정에 효력을 주는 합헌적인 수단이 항상 존재해야 한다는 명백한 생각에 근거한다. 예를 들어, 주 입법부의 권한에 제약을 가할 수 있기 위해서는 그 제약을 강제할 어떤 헌법적 수단이 없다면 무슨 효과가 있겠는가? 헌법안에 따르면 각 주는 합중국의 이익에 반하는 행위와 그리고 기타 공정한 통치의 원칙에 반하는 행위 등이 금지되어 있다. 주 정부의 수입 물품에 대한 관세의 부과와 지폐의 발행은 이러한 행위들에 대한 각각의 예라고 할 수 있다. 이러한 금지사항에 대한 위반을 단속하거나 바로잡는 연방정부의 효과적인 권한이 없더라도 그것이 양심적으로 지켜질 것이라고는

Number 80   *601*

상식이 있는 사람이라면 아무도 믿지 않을 것이다. 주 정부의 그런 위반을 제지할 수 있는 권한은, 주 법률을 직접 금지시키는 연방정부의 권한이거나, 혹은 연방헌법에 명백히 위반되는 것을 무효로 할 수 있는 연방법원의 권한 중 하나일 것이고, 그 밖에 내가 생각할 수 있는 제3의 방안은 없다. 헌법회의는 연방법원의 권한이 더 적당하다고 생각한 것 같으며, 나 또한 두 번째 방법이 주들의 입장에서도 가장 받아들이기 쉽다고 생각한다.

두 번째의 경우는 그 자체로서 명백하기 때문에 어떤 주장이나 설명이 불필요하다. 만약 정치에 자명한 이치라는 것이 있다면, 정부의 사법권이 미치는 범위는 그 정부의 입법권이 미치는 범위만큼 넓어야 한다는 것이 그중 하나일 것이다. 국가의 법은 반드시 일관적으로 해석되어야 한다는 것만으로 이 문제는 해결될 수 있다. 동일한 법률에서 비롯된 동일한 소송사건에 대해 최종 판결권을 가진 13개의 각기 독립적인 법원이 존재한다면, 그것은 정부 내의 모순과 혼란만을 초래하는 히드라[1]가 될 것이다.

세 번째 경우에 대해서도 별로 언급할 것이 없다. 국가와 그 국가를 구성하는 주들, 혹은 국가와 국민 사이의 분쟁은 오직 연방법원의 관할에 두는 것만이 적절하며, 그 외의 어떤 방안도 이론과 선례 및 관습에 어긋날 것이다.

네 번째 경우는, 전체의 평화는 부분에 의해 좌우되어서는 안 된다는 단순한 논리에 근거한다. 합중국은 그 구성원인 주들의 행위에 대해 외국에 책임을 져야 한다는 것에는 의심의 여지가 없다. 또한 침해에 대한 책임은 당연히 그런 침해를 방지할 수 있는 능력을 수반해야 한다. 다른 수단에 의한 경우와 마찬가지로, 법원의 판결에 의한 정의의 부정이나 왜곡은 전쟁의 정당한 원인 중 하나가 되기 때문에 연방사법부는 외국 시민이 관련된 모든 소송사건에 대한 관할권을 가져야 한다. 이것은 공공의 평온을 보장하는 것만큼이나 공적

---

[1] 히드라(hydra)는 신화 속의 머리가 아홉 개인 뱀. 하나의 문제가 해결되면 더 큰 문제가 계속 일어나는 것을 히드라에 비유함.

신뢰의 유지를 위해서도 필수적이다. 국가 간의 조약이나 국제법에 의거한 사건은 국내법에만 근거하는 단순한 사건과 서로 구별된다는 것은 쉽게 생각할 수 있다. 전자와 같은 사건은 연방법원의 관할에 적합하고, 후자와 같은 사건은 각 주의 법원의 관할에 적합하다고 생각할 수 있다. 그러나 외국 시민이 관련된 분쟁 사안도 전적으로 사건 발생지인 주의 법률[2]의 관할이 될 경우, 만일 주의 법원에서 외국인에 대한 부당 판결이 내려지고 그것이 만약 시정되지 않는다면, 조약의 규정이나 국제법에 대한 위반일 뿐만 아니라 그 외국인이 속한 국가에 대한 주권 침해가 되지 않을까? 실제로 그러한 사건이 일어나는 경우, 그것을 연방법원의 관할로 할지 혹은 주 법원의 관할로 할지를 구분하는 것은, 비록 불가능하지는 않겠지만 매우 어렵기 때문에 관할을 구분하는데 역시 큰 반대가 생길 것이다. 따라서 외국인이 관련된 사건의 대부분은 국가적 문제를 수반하기 때문에, 그런 유형의 모든 사건은 연방법원의 관할로 하는 것이 가장 안전하고 편리할 것이다.

두 주 사이의, 한 주와 다른 주의 시민 사이의, 그리고 각기 다른 주의 시민들 사이의 소송사건을 판결하는 권한은 방금 검토한 것들 못지않게 연방의 평화에 필수적이다. 역사는 우리에게 15세기 말에 맥시밀리언 황제에 의해 제국최고재판소[3]가 설립되기 이전에 독일을 혼란에 빠뜨리고 황폐화시킨 분쟁과 사적인 전쟁의 끔찍한 모습을 우리에게 보여준다. 또한 이 제국최고재판소가 무질서를 완화시키고 제국의 평온을 정착시키는 데 얼마나 지대한 영향을 미쳤는지도 우리에게 알려주고 있다. 제국최고재판소는 독일제국 구성원들 사이의 모든 불화를 최종적으로 판결하는 권한을 가진 법원이었다.

지금까지 주들을 연결해 주고 있던 불완전한 연합체제에서도 연합의회의

---

2) 원문에서는 *lex loci*이며, 라틴어로 '사건 발생지의 법'이라는 의미이다.

3) 신성로마제국의 황제인 맥시밀리언 1세(1459~1519)는 1495년부터 제국의 전반적인 개혁을 시작했는데, 그 사례 중 하나가 제국최고재판소(Reichskammergericht)였다. 개혁 이후 이 재판소는 대부분의 경우 황제의 권력으로부터 독립성을 유지했다.

권위로써 주들 사이의 영토분쟁을 해결하는 방법이 실행되지 않았던 것은 아니다. 그러나 주 사이의 경계와 관련된 분쟁 말고도 논쟁이나 적개심이 일어날 수 있는 다른 많은 원인이 존재한다. 우리는 과거의 경험으로부터 그런 분쟁들의 몇 가지 실례를 보아 왔다. 내가 언급하고자 하는 것이 바로 그동안 많은 주에서 통과된 부당한 법률들임을 쉽게 짐작할 수 있을 것이다. 비록 제안된 헌법이 이제까지 나타났던 나쁜 사례들이 반복되지 않도록 특별한 예방 수단들을 강구하고 있음에도 불구하고, 그런 사례를 초래했던 나쁜 풍조가 예측할 수도 없고 특별히 대비할 수도 없는 새로운 형태를 띠고 나타날지도 모른다는 우려는 당연할 것이다. 따라서 각 주간의 조화를 해칠 수 있는 어떠한 행위도 연방의 감시와 통제의 대상이 될 것이다.

"각 주의 시민은 다른 어느 주에서도 그 주의 시민이 향유하는 모든 기본권 및 면책권을 가진다"[4]는 것은 연방의 기초라고 간주할 수 있을 것이다. 그리고 만일 모든 정부는 그 자신의 권위로 자신의 법 규정을 집행할 수단을 가져야 한다는 것이 올바른 원리라면, 연방의 국민이 향유하는 기본권 및 면책권의 평등성을 신성하게 유지하기 위해서는 어떤 주 또는 어떤 주의 시민이 다른 주 또는 다른 주의 시민과 다투는 모든 사건은 연방사법부가 관장해야 한다는 것이다. 어떠한 회피나 핑계에도 불구하고 앞서 인용한 헌법상의 근본적인 규정의 유효성을 충분히 보증하기 위해서는 그에 대한 해석이 반드시 연방법원에 위임되어야 한다. 왜냐하면 연방법원은 어떤 지역과도 연계되어 있지 않아 모든 주와 그들의 시민 사이에서 공정할 수 있으며, 또한 자신의 공적인 존립을 연방에 의존하고 있기 때문에, 연방이 근거하는 기본 원칙에 부적절한 어떤 편견도 갖지 않을 것이다.

다섯 번째 경우도 별로 반대할 게 없다. 아무리 완고하게 주의 권한을 맹목적으로 지지하는 자들이라고 해도 연방사법부의 해사사건 관할권을 부인

---

4) 헌법 제4조 2절 1항.

하려는 기색을 드러낸 적은 없었다. 이런 소송사건은 일반적으로 국제법에 따르는 것이고 게다가 흔히 외국인의 권리에 영향을 미치므로 공공의 평화와 관련된 고려 사항에 포함된다. 해상분쟁 중에서 가장 중요한 부분은 현재의 연합규약하에서도 연합의 관할로 되어 있다.

주 법원이 공평하리라고 판단될 수 없는 사건을 연방법원이 대행하는 것이 합리적이라는 것은 그 자체로 명확하다. 어느 누구도 결코, 자신의 소송사건 또는 조금이라도 자신과 이해관계가 있거나 편견을 가지고 있는 소송사건의 재판관이 되어서는 안 된다. 이 원칙은, 각기 다른 주 및 그 시민들 사이에 발생한 분쟁을 판결하는 적절한 법원으로서 연방법원을 지정하는 데 있어 상당한 타당성을 부여한다. 이 원칙은 또한 같은 주의 시민들 사이의 일부 소송에서도 동일하게 적용되어야 한다. 또한 각기 다른 주에서 교부받은 토지[5]의 경계선에 대한 상반된 주장에서 비롯되는 소유권 분쟁도 이런 종류에 해당된다. 토지를 교부한 주들 중 어느 주의 법원도 편견이 없으리라고 기대할 수는 없다. 심지어 주의 법률은 문제의 심리에 앞서 미리 판결을 결정해 버릴 수도 있고, 그 법원이 속한 주의 교부된 토지에 유리한 판결을 내리도록 주의 법원을 압박할 수도 있다. 그리고 설사 이런 상황이 아니더라도, 법관도 사람이기 때문에 자신이 속한 주 정부의 주장에 대해 강한 편애를 가지는 것이 당연할 것이다.

이상으로 연방사법부의 구성을 규정해야 할 여러 원칙들을 정하고 그에

---

5) 독립을 위한 영국과의 전쟁을 시작으로 합중국 연합과 여러 주는 참전 군인들에게 밀린 봉급이나 기타 급료 대신 토지를 교부하는 경우가 많았으며, 이러한 토지 교부는 1855년까지 계속 이루어졌다. 토지 교부는 특히 합중국 북서부 지역에 많은 사람들이 농업을 위해 정착하는 기회를 만들어 주었으나, 교부받은 토지의 경계, 혹은 소유권 등으로 같은 주의 시민들 사이에 혹은 토지를 교부한 각기 다른 주들 사이에 많은 분쟁을 초래했다. 하지만 사법부가 없었던 연합체제에서는 이러한 분쟁이 연합 차원에서 해결되기 힘들었다. 따라서 이러한 분쟁은 해당 주나 혹은 해당 주들의 법원의 판결에 맡겨져 그 결과가 편파적이고 불공정한 경우가 많았다. 이런 문제를 해결하기 위해 새헌법은 교부된 토지에 관련된 분쟁의 관할을 제3조 2절 1항에 의해 연방법원에 부여한다고 명시했다.

대한 논의를 마쳤다. 이제 그 원칙들에 의해 헌법안에 열거되어 있는 순서에 따라 연방사법부의 세부 권한들을 검토해 보도록 하겠다. "이 헌법과 합중국 법률에 따라 발생할, 그리고 합중국의 권한에 의하여 체결되었거나 체결될 조약에 따라 발생할 모든 보통법 및 형평법상의 사건, 대사와 그 밖의 외교사절 및 영사에 관한 모든 사건, 해사법 및 해상 관할에 관한 모든 사건, 합중국이 당사자 중 하나가 되는 분쟁, 2개의 주 또는 그 이상의 주 사이에 발생하는 분쟁 〈한 주와 다른 주의 시민 사이의 분쟁, 각기 다른 주의 시민 사이의 분쟁, 각기 다른 주로부터 교부받은 토지의 권리에 관하여 같은 주의 시민 사이에 발생하는 분쟁, 그리고 어떤 주나 또는 그 주의 시민과 외국, 외국 시민 또는 신민[6] 사이에 발생하는 분쟁에 미친다.〉[7] 이상이 새헌법이 규정하고 있는 연방사법권 전체를 구성한다. 이제부터 그 자세한 내용을 살펴보기로 하자. 연방사법권이 미치는 사건은 다음과 같다.

첫째, 합중국의 헌법과 합중국 법률에 따라 발생할 모든 보통법 및 형평법 상의 사건: 이는 합중국 사법권의 관할에 적합한 것으로서 앞서 열거한 여섯 가지 사건의 종류 중 맨 앞의 두 부류에 해당되는 것이다. "합중국 법률에 따라 발생하는"사건과 "헌법에 의해 발생하는" 사건들 사이에는 대체 어떤 차이가 있느냐는 의문이 제기되어 왔다. 그 차이는 이미 설명한 바 있다. 주 입법부의 권한에 대한 모든 제한이 그 예이다. 각 주는 지폐를 발행할 수 없지만 그것은 헌법에 의한 금지 조항이며, 합중국의 다른 법률과는 아무런 관계가 없다. 그럼에도 불구하고 만일 지폐가 발행되면, 그와 관련된 분쟁은 통상적 용어의 의미에서는 헌법에 근거해 발생한 사건이 될 것이다. 이 하나의 예가 전체적인 내용을 설명해 줄 수 있을 것이다.

또한 "형평법"이란 단어가 왜 필요한지에 대한 의문도 제기되었다. 합중

---

6) 신민은 군주국에서 왕의 신하와 백성을 아울러 일컫는 말이다.
7) 헌법 제3조 2절 1항. 〈 〉안의 내용은 헌법 수정 제11조에 의해 1795년에 수정되었다.

국의 헌법과 법률에서 어떤 형평법상의 소송사건이 발생할 수 있을까? 개인 간의 소송의 경우, '사기, 우발적 사고, 신용 거래, 가혹한 조건'과 같은 요소가 포함되지 않은 것은 거의 없기 때문에 이런 소송은 보통법보다는 형평법의 소관 사항이 될 것이며, 이미 몇몇 주에서는 이런 구분이 이미 인정되고 또 확립되어 있다. 예를 들어, 가혹한 조건에서 이루어진 거래를 구제하는 것은 형평법 법원의 독특한 영역이다. 그런 거래란, 보통법 법원에서의 경우 무효화될 정도로 충분한 사기나 기만은 없었지만, 한쪽 당사자의 절박한 필요나 불행을 악용한 거래를 말하는데, 형평법 법원은 이를 묵과하지 않는다. 그런 소송에서, 외국인이 어느 한쪽에 관련된 경우에는 보통법은 물론 형평법 관할권이 없이는 연방법원이 올바른 판결을 내리는 것이 불가능할 것이다. 각기 다른 주들의 교부에 근거한 토지의 소유권에 대한 합의도 연방법원의 형평법 관할권의 필요를 보여주는 또 다른 예이다. 뉴욕주에서는 보통법과 형평법[8] 간의 구분이 일상적인 재판에서 판례화되고 있지만 그런 구분이 이루어지지 않고 있는 주들에서는 이런 논리가 분명하게 이해되지 않을 것이다.[9]

연방사법권이 미치는 다른 사건으로는, 둘째, 합중국의 권한에 의하여 체결되었거나 체결될 조약 및 대사와 그 밖의 외교사절 및 영사에 관한 모든 사건: 이는 국가의 평화 유지에 명백히 관련이 있으므로 앞서 열거한 종류의 사건들 가운데 네 번째 부류에 속한다.

셋째, 해사법 및 해상 관할에 관한 모든 사건: 이는 연방법원의 관할에 적당한 것으로 열거한 종류의 사건들 가운데 다섯 번째 부류에 해당한다.

---

8) 원문에는 LAW and EQUITY라고 씌여 있으나 LAW는 여기서 보통법을 그리고 EQUITY는 형평법을 의미한다. 형평법은 해밀턴이 본문에서 설명한 바와 같다. 보통법(common law)은 불문법, 관습법으로 불리기도 하는데, 영국과 영국의 식민지였던 국가들의 법체계를 이루기 때문에 영미법이라고도 한다. 보통법은 판례가 구속력을 가지는 점에서 대륙법(civil law)과 대비되며, 배심에 의한 재판은 보통법 체계의 대표적인 특징이다.

9) 뉴욕주의 형평법 법원에 대해서는 페이퍼 66번과, 같은 페이퍼의 각주 3) 참고.

넷째, 합중국이 당사자 중 하나가 되는 분쟁: 이는 세 번째 부류에 속한다.

다섯째, 2개의 주 또는 그 이상의 주 사이에 발생하는 분쟁과 한 주와 다른 주의 시민 사이의 분쟁, 각기 다른 주의 시민 사이의 분쟁: 이들은 네 번째 부류에 속하며, 마지막 부류의 성격도 어느 정도 띠고 있다.

여섯째, 각기 다른 주로부터 교부받은 토지의 권리에 관하여 같은 주의 시민들 사이에 발생하는 분쟁: 이는 마지막 부류에 속하는데, 헌법안이 같은 주의 시민들 간의 분쟁에 대한 관할권을 직접 고려한 유일한 경우이다.

일곱 번째, 어떤 주나 또는 그 주의 시민과 외국, 외국 시민 또는 신민 사이에 발생하는 분쟁: 이런 분쟁은 이미 설명했듯이 열거된 네 번째 부류에 속하며, 그 특성상 연방사법권의 대상이 되는 것이 적절하다는 것을 입증한 바 있다.

이와 같이 헌법에 명시된 연방법원의 특정한 권한을 살펴보면 이 권한들은 연방사법부를 관장하는 원칙, 또 그 조직의 완성에 필수적인 원칙에 모두 부합하는 것으로 보인다. 만일 연방사법부의 그러한 권한 중 어느 것을 헌법안에 포함시키는 데 있어 부분적으로 불편함이 따르는 경우에는, 연방입법부가 그런 불편을 감소시키거나 제거하는 예외 규정을 마련하거나 조정 규정을 만들 충분한 권한을 가지고 있음을 상기해야 한다. 박식하고 견문이 넓은 사람이라면 어떤 특정한 폐해의 가능성을, 보편적 폐해를 막고 보편적 혜택을 얻을 수 있도록 의도된 보편적 원칙에 대한 반대의 이유로 여기지는 않을 것이다.

푸블리어스

『매클린 에디션』 제2권, 1788년 5월 28일   알렉산더 해밀턴

뉴욕주 시민들에게

이제 서로 다른 법원들 간의 사법권의 배분과 그들 사이의 관계에 대해 살펴보기로 하자.

　"합중국의 사법권은 (헌법회의의 안에 의하면) 하나의 연방대법원에, 그리고 연방의회가 수시로 제정, 설립하는 하급법원들에 속한다."[1]

　최고의 그리고 최종적 관할권을 가지는 단일의 법원이 존재해야 한다는 것에는 논쟁의 여지가 없는 듯하다. 그 이유는 이미 다른 곳[2]에서 설명되었고, 너무 명백하기에 반복할 필요가 없다고 본다. 단지 문제가 될 수 있는 점은 연방대법원이 별개의 기구이어야 하는지 아니면 입법부의 한 부문이어야 하는지에 관한 것이다. 다른 여러 경우에서 지적되어 온 것과 같은 모순을 이 문제에서도 역시 볼 수 있다. 권력의 부적절한 혼합이라는 이유로 상원이 탄핵재판소가 되는 데 반대한 바로 그 사람들이, 모든 소송사건의 최종적 판결권을 입법부 전체 혹은 그 일부에 맡기는 것이 적절하다고, 적어도 암시적으로, 주장하고 있는 것이다.

　이렇게 그들이 주장하기보다는 오히려 제시하고 있다고 할 수 있는 내용의 근거는 다음과 같다. "제안된 합중국의 대법원은 분리되고 독립된 기구로

---

1)　헌법 제3조 1절.

2)　페이퍼 22번.

서, 그 권한은 입법부의 권한보다 우위에 있다. 헌법의 취지에 따라 대법원은 법률을 해석할 수 있는 권한을 이용해 법률의 취지를 자신이 적절하다고 생각하는 방향으로 바꿀 수 있는데, 대법원의 판결은 어떤 방법에 의해서도 입법부에 의한 수정이나 정정의 대상이 되지 않으므로 특히 그러하다. 이는 위험하기도 하고 전례도 없다. 영국에서는 사법권은 최종적으로 입법부의 한 원인 상원에 있다. 그리고 영국 정부의 이런 부분은 일반적으로 합중국 주들의 헌법에서 모방되어 왔다. 영국의 의회와 여러 주의 입법부는, 이의를 제기할 만한 법원의 판결을 언제든지 법률에 의해 바로 잡을 수 있다. 그러나 연방대법원의 오판은 구제할 수도 없고, 또 그 권한의 남용은 통제할 수도 없다." 이 주장을 잘 살펴보면 잘못된 사실에 근거한 전적으로 잘못된 논리라는 것을 알 수 있다.

첫째로, 현재 고려중인 헌법안에는 헌법의 취지에 따라 법률을 해석할 권한을 연방법원에 직접 부여한다는 말은 단 한마디도 없으며,3) 또 이와 관련해 각 주의 법원이 가질 수 있다고 주장할 수 있는 권한보다 더 큰 범위의 권한을 부여한다는 말도 역시 찾아볼 수 없다. 그러나 나는 헌법이 법률 해석의 기준

---

3) 새헌법에는, 헌법의 취지에 따라 법률을 해석할 권한, 즉 위헌심사권을 연방법원(national courts) 에 부여한다는 규정이 없다. 따라서 새헌법을 쓴 국부들은 몽테스키외의 견해처럼 사법부가 가장 약한 정부의 부가 될 것으로 생각했고 다른 2부와의 권력의 균형이 과연 맞을 수 있을까에 대한 우려를 하고 있었다. 하지만 국부들의 우려와는 반대로 연방대법원은 1803년 마베리 대 매디슨 (Marbury v. Madison) 판결로 헌법의 규정에 없는 위헌심사권을 스스로 가지게 되면서 실질적으로 법률과 정책을 만드는 권한을 가지게 되었다. 예를 들면, 1973년 1월 로 대 웨이드(Roe v. Wade) 사건에서 연방대법원은 낙태 금지를 위헌이라고 판결하여 낙태를 금지하는 모든 주의 법률을 무효화시켰고 그 결과 합중국 전역에서 낙태가 합법화되었다. 그러나 다시 2022년 6월, 연방 대법원은 돕스 대 잭슨 여성건강기구(Dobbs v. Jackson Women's Health Organization) 사건의 판결에서 낙태를 금지하는 법이 헌법에 어긋나지 않는다고 판결함으로써 1973년의 로 대 웨이드 사건에서의 연방대법원 판결을 스스로 뒤집어 폐기하였다. 그 결과 낙태권을 보장할지에 대한 결정은 각 주의 정부나 의회의 권한으로 넘어가게 되었다. 연방대법원은 이러한 판결을 통해 헌법에는 규정되어 있지 않지만 실질적으로 법률과 정책을 만들거나 혹은 폐기하는 권한을 갖게 되어 오늘날까지 다른 2부와 대등한 균형을 유지하고 있다고 볼 수 있다.

이 되어야 하며, 법률이 헌법에 명백하게 대립되는 어떤 부분에 있어서도 헌법이 법률보다 우선해야 한다는 것을 인정한다. 그러나 이런 원칙은 헌법회의가 계획한 헌법안의 어떤 특별한 조건에서 도출되는 것이 아니라, 권력을 제한하는 헌법, 즉 제한 헌법의 보편적인 이론에서 비롯된 것이다. 그리고 이 원칙이 옳은 한, 비록 전부는 아닐지라도 대부분의 주 정부에도 똑 같이 적용되어야 할 것이다. 따라서 주들의 사법권에 있어 헌법이 법률에 우선한다는 원칙을 일반적으로 반대하지는 않으면서, 연방사법권에 있어서는 이를 반대한다는 것은 있을 수 없다. 또한 그런 반대는 (사법권의 분리를 통해) 입법부의 권한에 제한을 가하려는 모든 헌법을 비난하는 데 결코 도움이 되지 않을 것이다.

하지만 아마도 그런 반대론이 역점을 두고 있는 것은 연방대법원의 특별한 구성, 즉 영국 정부나 뉴욕주 정부에서 볼 수 있듯이 대법원이 입법부의 한 원이 아니라 판사들로 이루어진 독립된 기구라는 점에 있다고 생각된다. 이 점을 주장하는 것은 곧, 반대론자들이 권력의 분리를 요구하는 공화제의 뛰어난 기본 원칙에 자신들이 그렇게도 열심히 부여하려 했던 의미를 부인하는 것이 될 것이다. 소송에 대한 판결의 최종적 권한을 입법부의 한 부문에 부여한다고 하더라도, 그것은 이 페이퍼들에서 제시된 공화제의 기본 원칙의 해석에 완전히 반하는 것은 아니기 때문에 용인될 수도 있다. 그러나 비록 그런 해석이 이 뛰어난 원칙에 대한 절대적인 위반은 아닐지라도 거의 위반에 버금가는 것이기 때문에, 이 이유 하나만으로도 헌법회의가 채택한 방식보다는 덜 적합한 방식이 될 것이다. 악법을 통과시키는 데 부분적이라도 기여한 입법부로부터 그 악법에 의한 판결에서 자재심을 기대하기는 거의 불가능할 것이다. 이러한 악법 제정의 바탕이 된 정신은 역시 그 해석에서도 드러나기 쉬우며, 입법자의 자격으로 헌법을 위반한 사람들이 후에 법관의 입장에 섰을 때 그 위반을 시정하리라고 기대하기란 더욱 어려울 것이다. 이것이 전부는 아니다. 법관의 임기를 적법행위를 하는 동안 종신으로 제안한 모든 이유는, 제한된 기간 동안 선출된 사람으로 구성되는 기구인 입법부에 최종적인 사법권을 부여하는 데 대한 반대 이유도 된다. 소송사건의 판결을 처음에는 종신직 법관에게 맡기고, 그 최종 판결을 일시적이고 빈번히 교체되는 입법부의 구성원들에게 맡기는 것은 불합리한 일이다. 오랫동안 힘들게 공부하여 얻은 법률지식을 바탕으로 선택된 사람들이 내린 판결을, 그러한 지식이 부족할 수밖에 없는 사람들로 하여금, 최종적으로 수정하고 통제하게 맡긴다는 것은 더욱 더 불합리한 일이다. 입법부의 구성원들은 판사직에 적합한 자격의 여부를 고려해 선출되는 경우는 거의 없을 것이기 때문이다. 이 점에서 지식의 부족에서 비롯되는 부적절한 결과를 우려해야 할 큰 이유가 있고, 당파로 분열되는 입법부의 본질적인 성향으로 말미암아 역병처럼 퍼지는 파벌 정신이 정의의 원천을 오염시킬 것을 두려워해야 할 이유도 그에 못지않게 커질 것이다. 항상 대립적으로 맞서는 이러한 입법부 내의 당파성으로 인해 보통법이나 형평법은 그 존재의 의미를 잃어버리게 될 것이다.

이런 점들을 생각해 보면, 사법권을 궁극적으로 입법부의 일부가 아닌 별개의 독립된 기구에 부여하고 있는 주들의 지혜에 찬사를 보내게 된다. 사법권에 있어서 헌법회의의 안이 획기적이고 전례가 없는 것이라고 주장했던 사람들의 생각과는 달리, 그것은 사실 뉴햄프셔, 매사추세츠, 펜실베이니아, 델라웨어, 메릴랜드, 버지니아, 노스캐롤라이나, 사우스캐롤라이나 그리고 조지아주의 헌법을 모방한 것에 지나지 않지만, 헌법회의가 이런 주들의 모델을 기꺼이 채택했다는 것은 매우 칭찬받을 만하다.

둘째로, 영국의 의회 또는 기존 연합에서의 각 주의 입법부가, 비난의 소지가 있는 법원의 판결을 언제든지 바로 잡을 수 있다는 것이 사실이 아닌 것처럼, 미래의 연방입법부가 그럴 수 있다는 것도 사실이 아니다. 실제로 영국의 헌법 이론이나 주 헌법들의 이론 중 어느 것도 입법 행위에 의해 사법적인 판결을 시정할 수 있는 권한을 인정하지 않으며, 이 두 가지 헌법에서와 마찬가지로 제안된 헌법에서도 그런 권한을 인정하고 있지 않다. 그리고 이 모든 헌법이 공통적으로 보여주는 것은 입법부로 하여금 사법부의 판결을 뒤집는 것을 허용하는 것은 법과 이성의 일반 원칙에 근거해 볼 때 부적절하다는 것이다. 입법부는 미래의 소송사건에 대한 새로운 규칙을 제정할 수 있지만, 특정 소송사건에 대해 한번 내려진 판결을 뒤집을 수 없고, 만일 그러한 행위를 한다면 그것은 입법권의 관할권을 벗어나는 것이다. 이것은 원칙이며, 이 원칙은 현재 검토 중인 연방정부에 적용되는 것처럼 주 정부에도 같은 방법과 같은 정도로 정확히 적용된다. 어떤 견해가 되었든 이 점에 대해 한 치의 오차도 있어서는 안 된다.

　마지막으로, 사법권이 입법권을 침해할 수 있는 위험이 있을 수 있다는 생각은, 여러 번 반복해서 이야기했듯이, 실제로는 환상에 지나지 않는다. 입법부가 제정한 법률의 해석에 있어 개별적인 오해나 반대가 때때로 있을 수 있지만, 그것이 결코 문제가 될 만큼 또는 정치체제의 질서에 위협이 될 정도로 확산될 리는 없다. 이것은 사법권의 일반적인 성질, 사법권이 관여하는 대상, 사법권이 행사되는 방식, 사법권의 상대적인 나약함, 그리고 사법권은 강제력에 의해 입법부의 권한을 침해할 수 있는 능력이 전혀 없다는 점에서 확실히 추론할 수 있다. 그리고 이런 추론은 다음의 중요한 헌법적 억제력을 고려할 때 훨씬 더 힘을 얻는다. 즉, 입법부의 한 원인 하원이 시작하고 다른 원인 상원이 결정하는 탄핵의 권한은, 입법부에 사법부의 구성원에 대한 헌법적 견제를 제공해 준다. 이 하나만으로도 완전한 안전장치가 된다. 입법부가 면직이라는 수단을 통해 법관들의 무례함을 처벌할 수 있는 한, 법관들이 입법부의 권한에 대한 일련의 의도적인 권력 침해를 통해 탄핵권을 가진 입법부의 일치단결된 반감을 무릅쓸 위험은 결코 없을 것이다. 이런 점이 이 주제에 대한 모든 우려를 없애 줄 것이며, 그와 동시에 상원이 탄핵재판소가 되어야 할 설득력 있는 주장이 된다.

　이상의 검토를 통해 별도의 독립된 기구로서의 연방대법원에 대한 반대 의견이 없어졌으리라 믿고, 이제부터는 하급법원을 구성하는 권한[4]의 타당성 및 하급법원과 대법원 사이의 관계에 대해 검토해 보기로 한다.

하급법원을 구성하는 권한은 연방 관할의 모든 사건을 연방대법원이 다루어야 하는 필요성을 줄이기 위한 의도임이 분명하다. 이 권한은 연방정부의 각 주 또는 그보다 넓은 재판구마다 그 지역 내의 연방 관할 소송사건에 대한 판결권을 가진 법원을 설립하거나 인가할 수 있도록 하기 위한 것이다.[5]

그러나 왜 주의 법원을 이용하여 그런 목적을 달성할 수 없는가 하는 의문이 제기된다. 여기에는 여러 가지 다른 답변이 있을 수 있다. 비록 이들 주 법원의 연방 관할 소송을 판결할 수 있는 적격성과 능력이 전적으로 인정되지만, 연방헌법에서 발생하는 소송사건의 관할권을 주 법원에 위임할 수 있는 권한을 연방입법부에 부여한다고 하더라도, 하급법원을 설립하는 권한의 내용은 헌법안의 필수적인 부분으로 여전히 필요하다고 여겨진다. 왜냐하면 연방 관할 소송사건에 대한 재판권을 각 주의 기존 법원에 부여하는 것은 아마도 연방하급법원과 비슷한 권한을 가진 "법원을 구성하는 것"과 마찬가지가

---

4) 이 권한은 어이없게도, 통상적으로 하급법원이라 불리는 여러 주의 모든 카운티의 법원(county courts)을 폐지하려는 의도로 여겨져왔다. 그러나 헌법의 표현에 따르면 "대법원보다 하위에 있는 법원"을 설립하는 것이며, 이 규정의 명백한 의도는 연방대법원의 하위에 있는 연방지방법원을 주 또는 주보다 넓은 지역에 설립할 수 있게 하는 것이다. 카운티 법원이 이 계획에 포함되었다고 생각하는 것은 터무니없다. _푸블리어스

5) "합중국의 사법권은 하나의 연방대법원에, 그리고 의회가 수시로 제정, 설치하는 하급법원들에 속한다"는 헌법 제3조 1절에 따라 1789년 연방의회는 연방법원조직법(An Act to Establish the Judicial Courts of the United States 혹은 The Judiciary Act)을 제정했다. 그 결과 합중국 사법부의 구성은 연방대법원, 연방항소법원(연방순회법원), 그리고 연방지방법원의 3단계로 이루어지게 되었다. 연방대법원의 관할은 주법과 연방법의 합헌성에 관한 소송이고, 연방항소법원은 1심과 항소심을 관할하며, 연방지방법원(District Courts)은 1심 법원으로서 형법, 형평법, 해사법, 해상 관할에 관한 모든 소송, 서로 다른 주의 시민들 간의 분쟁, 연방법, 그리고 연방 범죄와 관련된 사건을 관할한다. 1개의 연방대법원을 제외한 하급법원의 수는 1789년 이후 계속 변화했는데, 2022년 현재 미국 영토를 포함한 미국 전역에는 13개의 연방항소법원, 94개의 연방지방법원이 존재한다. 한편, 연방사법부에 속하는 국제무역재판소(The Court of International Trade)는 1980년에 설립되었다.

될 것이기 때문이다. 그렇다면 주 법원을 위해 좀 더 직접적이고 더 명확한 규정을 만들면 안 되는가? 내가 생각하기로는 그런 규정에 반대할 상당한 이유가 있다. 지역적 의견이나 감정이 어느 정도까지 팽배해져야 주 법원이 연방 소송사건을 맡기에 부적격하다고 판단될지는 가장 분별력 있는 사람일지라도 알 수 없기 때문이다. 하지만 법원이 몇몇 주의 경우처럼 구성된다면 연방의 사법권을 행사하는 수단으로 부적절하다는 것을 누구든지 알 수 있을 것이다. 그들이 원하는 동안, 혹은 1년 단위로 임기를 갱신하는 주들의 판사들은 너무도 독립성이 취약하기 때문에 연방 법률의 일관성 있는 집행을 그들에게 의존할 수 없다. 만약 연방 법률로 발생하는 소송사건의 1심 재판권을 주 법원에 맡길 필요가 있다면, 그에 따라 연방법원에 항소할 수 있는 기회를 되도록 넓게 열어둘 필요가 있다. 하급법원에 대한 신뢰나 불신의 정도에 비례하여 항소가 쉬워지거나 어렵게 되어야 할 것이다. 나는 헌법회의의 계획에 따라 다양한 유형의 소송에 적용될 항소심 관할권의 타당성에 충분히 만족한다. 하지만 실제로 무제한적인 항소 기회를 열어 주는 것은 공적 그리고 사적인 불편함의 근원이라고 생각한다.

확신할 수는 없으나, 모든 주에 하나의 연방법원을 두는 대신 연방을 4개, 5개, 혹은 6개의 사법구로 분할하고 각 구에 하나의 연방법원을 설립하는 것이 매우 편리하고 유용할 것이다.[6] 이 법원의 판사들은 주 판사의 도움을 받아 관할재판구의 여러 곳에서 사건에 대한 순회재판을 열 수 있을 것이다.[7]

---

[6] 해밀턴이 제안한 연방사법구의 분할은 연방정부 출범 후에 그가 제안한 수보다 많은 수로 이루어졌고, 연방의회가 연방법원조직법을 제정한 1789년에 13개 주들 중 2개 주를 제외한 11개 주에 13개의 사법구를 만들었다. 제외된 2개 주는 그때까지 헌법안을 비준하지 않아 연방에 포함되지 않은 노스캐롤라이나주와 로드아일랜드주이다.

[7] 1789년의 연방법원조직법에 따라 3개의 순회법원이 설립되었는데, 법관들은 사법구의 외곽 지역으로 많은 닭고 circuit riding이라고 부르는 길고 힘든 여행을 거쳐, 그 장소에 일정 기간 머무르면서 재판을 관장했다. 이러한 순회법원은 1911년까지 존재했다. 한편, 1981년의 연방법원조직법에 의해 설립된 연방항소법원(United States Courts of Appeals)은 현재 미국 전역에 13개가 있으며

순회재판에 의해 재판은 쉽고 신속하게 이루어질 것이고 항소도 가까운 지역 내에서 이루어질 것이다. 이 계획은 현재로서는 채택될 수 있는 것 가운데 가장 적절한 것으로 보이며, 이를 위해서는 연방하급법원을 설립하는 권한이 헌법안에 반드시 유지될 필요가 있다.

만일 이러한 권한이 빠져 있다면 헌법안의 큰 결함이 되었을 거라는 것을 공정한 사람이라면 충분히 이해할 수 있다고 생각된다. 이제 연방대법원과 하급법원 사이에 사법권이 어떤 방식으로 배분되는지에 대해 살펴보기로 하겠다.

연방대법원은 오직 "대사와 그 밖의 외교사절 및 영사에 관계되는 모든 사건 및 주가 당사자인 모든 사건"에 대해 1심의 재판관할권을 가진다.[8] 모든 외교사절들은 각 주권국의 직접적인 대표자들이다. 그들이 관련된 모든 문제는 공공의 평화와 직접 관련된 것이므로 그들이 대표하는 주권을 존중해서뿐만 아니라 평화를 유지하기 위해서도, 처음부터 국가의 최고법원에 맡기는 것이 적절할 것이다. 영사는 엄밀한 의미에서 외교관의 지위를 갖고 있지는 않지만, 그들이 속한 국가의 공적 대리인이기 때문에 같은 판단이 영사에게도 적용될 수 있다. '주가 소송 당사자들 중 한쪽이 되는 사건을 하급법원에 맡기는 것은 주의 위상에 맞지 않을 것이다.

비록 이 페이퍼의 직접적인 목적에서 벗어나기는 하지만, 이런 기회를 빌려 아주 잘못된 근거로 사람들을 불안하게 만든 경우에 대해 언급하고자 한다. 한 주의 공채를 다른 주의 시민들이 양도받으면, 그 시민들은 공채에 대한 원리금을 받기 위해 공채를 발행한 주를 연방법원에 고소할 수 있도록 하자는 주장이 바로 그 경우인데, 다음과 같은 고려 사항은 이 주장이 근거 없음을 밝힐 것이다.

연방법에 대한 2심 소송을 관할한다. 연방항소법원은 종종 순회법원(Circuit Courts)이라고 불리지만, 1911년까지 존재했던 순회법원과는 전혀 다른 별개의 법원이다.

8) 헌법 제3조 2절 2항.

주권국가가 자신의 동의 없이는 개인의 소송에 응하지 않는다는 것은 주권의 본질에 내재하고 있다. 이것이 인류의 보편적인 관념이자 관행이다. 주권의 속성 중의 하나인 이 면제 특권은 기존 연합의 모든 주 정부가 누리고 있다. 그러므로 헌법회의의 계획에 이런 면제 특권에 대한 포기가 포함되어 있지 않는 한, 각 주는 그 특권을 그대로 유지하게 될 것이고 위에서 언급한 잘못된 근거에 의한 우려는 단지 비현실적인 것에 불과하다. 주가 주권을 양도할 수밖에 없는 상황은 과세 조항의 검토⁹⁾에서 논의했으므로 여기서 반복할 필요는 없다. 그 검토에서 확립된 원칙들을 상기하면, 성실하게 이행할 의무에 구속되는 것 외에는 새헌법의 채택으로 말미암아 주 정부들이 자신들의 채무를 자신들의 방식에 의해 갚을 권리를 빼앗길 일은 조금도 없음을 알 수 있다. 국가와 개인 사이의 계약은 주권자의 양심에만 구속력을 가질 뿐 아무런 강제성을 갖지는 않는다. 이러한 계약은 주권자의 의사와는 무관한 그 어떤 독자적인 소송권을 부여하지 않는다. 그렇다면 어떤 목적이라면 주의 채무에 대한 소송이 허용될 수 있는가? 계약상의 권리 회복, 즉 채무에 대한 회수를 어떻게 집행할 수 있겠는가? 그것은 계약의 당사자인 주와 전쟁을 하지 않고서는 불가능할 것이다. 계약이 권리의 회복을 포함하고 있다는 이유로 주 정부의 기존 권리를 무효화함으로써 빚을 강제로 회수할 수 있는 권한이 연방법원에 있다고 생각한다면 그것은 완전한 억지이고 정당화될 수 없는 것이다.

이제 다시 원래의 주제로 돌아가 보자. 우리는 대법원의 1심 관할권은 그 성격상 거의 발생할 가능성이 없는 두 종류의 사건에 국한된다는 것을 살펴보았다. 다른 모든 연방 관할의 소송에 대해서는 1심 관할권은 하급법원에 속할 것이며, 연방대법원은 "연방의회가 정하는 예외의 경우를 제외하고, 연방의회가 정하는 규정에 따라" 상소심의 재판관할권을 가질 뿐이다.¹⁰⁾

---

9) 해밀턴은 페이퍼 32번에서, 주들이 그들의 주권을 연방정부에 양도해야만 하는 상황은 오직 세 가지 경우에서만 발생할 수 있다고 설명하고 있다.

10) 헌법 제3조 2절 2항.

이런 상소심의 재판관할권의 타당성에 대해, 법률심리에 관해서는 문제가 된 적이 거의 없다. 그러나 그것이 사실심리[11]에까지 미치는 것에 대해서는 강한 반대가 제기되어 왔다. 선량한 의도를 가진 몇몇 사람들은 우리 뉴욕주의 법원에서 사용되는 용어와 재판의 형식에 근거해, 상소심 재판관할권이 뉴욕주의 해사법 법원, 유언검인 법원,[12] 형평법 법원[13]에서 널리 사용되는 민사재판의 형식인 배심재판을 대체하는 것이라고 생각하는 것 같다. '상소'라는 용어는 우리 뉴욕주의 법률 용어에서는 통상적으로 민사재판의 경우 '항소'라는 의미로도 흔히 쓰이고 있다. 그러나 내가 잘못 알고 있지 않다면, 뉴잉글랜드[14] 어느 지역에서도 그 용어는 뉴욕주와 같은 의미로 사용되지 않는다. 뉴잉글랜드에서는 한 배심에서 다른 배심에 상소하는 것은 용어상으로나 실제적으로도 흔한 일이고 사실상 당사자 중 한 쪽에 두 번의 평결이 내려질 때까지 상소하는 것은 당연한 것이다. 그러므로 '상소'라는 용어는 뉴잉글랜드에서는 뉴욕주와는 다른 의미가 되며 그것은 어떤 특정 주의 법체계에서 나오는 기술적인 해석의 부적절함을 보여준다. 이론적으로 말하면, 상소심 관할권이라는 표현은 한 법원이 법률 혹은 사실, 아니면 둘 다에 대해 다른 법원의 판정을 재심하는 권한을 의미할 뿐이다. 그런 재심의 방식은 오래된 관습이나 의회가 정한 규정(새로운 정부는 후자에 의존해야 한다)에 따르거나, 배심의 도움을 받을지 혹은 받지 않을지는 합당한 판단에 따를 수 있을 것이다. 그러므로 일단 배심에 의해 결정된 사실심리를 재심하는 것이 제안된 헌법에서 인정이 된다면,[15] 두 번째 사실심리를 위해 사건을 하급법원에 돌려보내는 방

---

11) 연방사법제도에서 사실심리(matter of fact)는 1심 재판에서 배심원단이 사건의 증거와 정보에 대해 판단하는 것을 의미하며, 판결은 거의 전적으로 배심원단의 평결에 의해 좌우된다. 2심 재판과 최종심 재판에는 배심원단이 없고, 판결은 법관들에 의해 내려진다.

12) 유언검인 법원은 유언의 유효성을 확인하고 집행하는 특별 법원이다. 고인의 유언 사항에 대한 준수 및 조사를 하고 재산 분배를 감독한다.

13) 형평법과 형평법 법원에 대해서는 페이퍼 80번 참고.

14) 뉴잉글랜드는 미국 북동부의 6개 주를 말한다. 페이퍼 36번, 각주 4) 참고.

식에 의하든지, 또는 직접 대법원의 명령에 의해 제2의 배심원에 의해 사실심리가 이루어지도록 규정될 것이다.

그러나 한번 배심에 의해 확인된 사실에 대한 재심이 연방대법원에서 반드시 허용된다는 것은 아니다. 뉴욕주에서 오심 영장, 즉 1심에 대한 재심 청구가 하급법원에서 상급법원으로 제출될 경우, 아주 엄밀한 의미에서 상급법원이 법률심리 및 사실심리에 대한 관할권을 가져야 하는 것이 아닌가? 하지만 상급법원이 사실심리를 다시 할 수는 없고, 1심 재판기록에 의해 사실을 확인하고 그에 따라 법률을 선언, 즉 판결하는 것이다.[16] 이는 실제로 사실과 법률 모두에 대한 관할권을 갖는 것이며, 그 둘을 분리할 수는 없다. 뉴욕주의 보통법 법원이 분쟁 중인 사실을 배심에 의해 확정하기는 해도, 법원은 여전히 사실과 법률 모두에 대한 관할권을 가지고 있다는 것에는 의심할 여지가 없다. 따라서 변론 단계에서 사실에 대한 의견이 일치하면, 사실심리를 배심원단에 맡길 필요 없이 바로 판결로 넘어간다. 따라서 이런 이유에 근거할 때, 법률과 사실 모두에 대한 상소심 재판관할권이라는 것은 하급법원에서 배심에 의해 결정된 사실을 연방대법원에서 재심하는 것을 반드시 의미하지는 않는다고 나는 주장한다.

이 특별한 규정에 관련해 다음의 일련의 생각들이 헌법회의에 영향을 미쳤다고 생각할 수 있다. (지금까지 논의해 온 것과 같이) 연방대법원의 상소심 재판관할권은 보통법에 관련된 사건이나 기타 '민법'에 관련된 사건 등 여러 가

---

15) 헌법이 비준되고 난 후 얼마 지나지 않아, 배심에 의한 사실심리의 재검토는 1791년 12월 15일 비준된 수정 제7조에 의해 금지되었다. 수정 제7조는 "배심에 의하여 심리된 사실은 보통법의 규정에 따르는 것 이외에는 합중국의 어느 법원에서도 재심받지 아니한다."라고 규정하고 있다. 이 수정 조항의 목적은 배심에 의한 재판을 받을 권리를 보장하고, 법원으로 하여금 배심에 의한 평결을 뒤집는 것을 금지함으로써 국민의 기본권에 대한 침해를 막는 것이다. 헌법 수정 제7조는 10개의 수정 조항으로 이루어진 권리장전(The Bill of Rights) 중 하나로 제정되었다.

16) 이 말은 JUS(법)와 DICTO(발언), juris dicto, 또는 법을 말하다 혹은 법을 선언하다라는 합성어이다
_푸블리어스

지 소송에 미치게 될 것이다. 보통법의 경우, 일반적으로 법률의 검토만이 연방대법원이 다루게 될 적당한 범위가 될 것이다. 민사소송의 경우 사실의 재심이 유용할 수 있는데, 예를 들어 나포사건과 같은 소송에서는 사실의 재심이 공공의 평화를 유지하는 데 필수적일 수 있다. 그러므로 상소심 재판관할권은 어떤 소송에서는 가장 넓은 의미에서 사실심리에까지 확대될 필요가 있다. 그러나 이 상소심 재판관할권은 배심에 의해 사실심리가 이루어진 사건을 명확히 제외하는 규정을 두는 것에 대해 언급하지 않고 있다. 그 이유는 몇몇 주의 법원은 모든 소송사건에서 이런 배심제 방식을 택하고 있기 때문이며,[17] 그런 제외는 부적당한 경우뿐만 아니라 합당한 경우에도 사실문제에 대한 검토를 불가능하게 만들기 때문이다. 모든 불편을 피하기 위해 연방대법원은 법률과 사실관계 규명 모두에 대한 상소심 재판관할권을 가지며, 이런 관할권은 연방입법부가 규정할 예외와 규정에 따라야 한다고 개괄적으로 표명하는 것이 가장 무난했을 것이다. 이를 근거로 정부는 공공의 정의와 안전에 가장 잘 부합하는 방식으로 재판관할권을 조정할 수 있을 것이기 때문이다.

이상의 검토의 결과, 상소심 재판관할권이 적용되면 배심에 의한 재판이 폐지될 거라는 주장은 어쨌든 잘못된 것이고 사실이 아니라는 것을 명백히 보여준다. 배심에 의한 1심 재판에서 이루어진 사실심리에 대해서는 연방대법원에 상소할 경우 재심하지 않도록 하는 규정을 만들 권한을 연방입법부는 확실히 가지게 될 것이다. 이러한 규정은 정식으로 인정된 하나의 예외가 되겠지만, 이미 언급된 이유로 이 예외 규정이 너무 광범위하다고 생각된다면, 사실에 대한 재심은 배심제에 의한 심리 방식으로 보통법에 따라 판결해야 하는 소송사건에만 한정적으로 허용될 수 있을 것이다.[18]

---

17) 나는 많은 연방 관할 소송의 경우, 주들이 연방하급법원과 공동 관할권을 갖게 될 것이라고 생각한다. 이에 대해서는 다음 페이퍼에서 설명할 것이다. _푸블리어스

18) 해밀턴의 이러한 견해는 실제로 헌법 수정 제7조에 반영되었다. 이 페이퍼, 각주 15) 참고.

이제까지 사법부의 권한에 대해 검토해 본 내용은 다음과 같다. 사법부의 권한은 연방법원의 재판관할권에 명백하게 적합한 소송사건에 제한되고, 이 권한의 배분에서 연방대법원은 1심 관할권의 극히 일부만을 가지며, 나머지는 하급법원에 배정된다. 또한 연방대법원은 그에 회부된 모든 소송사건에서 법과 사실 모두에 대해 상소심 재판관할권을 갖지만 적절하다고 판단되는 예외와 규정에 따라야 한다. 이 상소심 재판관할권은 어떤 경우에도 배심에 의한 재판을 무효화할 수 없다. 그리고 연방의회의 비범한 신중함과 공평성은, 헌법안에서 제안되고 있는 사법부의 설립에 의해 우리에게 확실한 여러 이점을 보장해 줄 것이며, 그로부터 예견되는 어떤 불편도 겪지 않도록 해 줄 것이다.

푸블리어스

THE FEDERALIST　　　　　No. 82

『매클린 에디션』제2권, 1788년 5월 28일　　　　　알렉산더 해밀턴

뉴욕주 시민들에게

새로운 정부를 수립하는 일은, 아무리 많은 주의를 기울이고 아무리 많은 지혜를 발휘한다고 해도, 복잡하고 미묘한 문제를 발생시키지 않을 수 없다. 더욱이 다수의 개별적인 주권국들의 전면적인 혹은 부분적인 결합에 기초한 정체를 수립할 경우 이런 문제들은 독특한 형태로 나타나리라 예상된다. 오직 시간만이 이러한 복잡한 조직을 충분히 성숙시키고 완성할 수 있으며, 또한 모든 구성 부분의 의미를 명확하게 하고, 그들을 하나의 조화롭고 일관된 전체 안에서 상호 적응하게 만들 수 있을 것이다.

따라서 이런 문제들은 헌법회의에서 제안된 계획에서도 나타나고 있는데, 특히 사법부와 관련된 것들이다. 그중 주요한 것은 연방의 재판관할권에 회부되도록 되어 있는 소송사건에 관한 주 법원의 입장에 관한 것이다. 연방 재판관할권은 독점적인 것인가, 아니면 주 법원들도 연방법원과 공동으로 재판관할권을 가지는 것인가? 만일 공동으로 재판관할권을 갖는다면 주 법원과 연방법원의 관계는 어떻게 되는가? 우리는 종종 분별 있는 사람들로부터 이런 질문을 받으며, 그것은 우리가 주의를 기울일 만한 충분한 가치가 있다.

앞의 페이퍼[1]에서 확립된 원칙이 가르쳐주는 바에 의하면, 연방정부에

---

[1]　페이퍼 32번.

독점적으로 위임되지 않은 기존의 모든 권한은 각 주가 계속 보유한다. 또한 이 독점적 위임이란 다음 세 가지 경우 중 어느 하나에 해당하는 경우이다. 즉, 독점적 권한이 명문에 의해 연방에 부여된 경우, 또는 특정 권한이 연방에 주어지고 그와 비슷한 권한의 행사가 주들에 금지된 경우, 혹은 주들의 비슷한 권한과 전면적으로 모순되는 어떤 권한이 연방에 부여된 경우이다. 이런 원칙들이 입법권에 적용된 정도만큼 엄격하게 사법권에도 적용되지는 않겠지만, 대체로 이 원칙들은 입법권과 마찬가지로 사법권에 대해서도 해당된다고 생각하고 싶다. 이런 의견에서, 주가 가진 재판관할권이 위에서 열거한 세 경우 중 어느 하나의 방식에 의해 연방사법부에 양도되지 않는다면, 주의 법원들은 지금 가지고 있는 재판관할권을 계속 보유하게 될 거라는 것을 하나의 원칙으로 삼고자 한다.

　　제안된 헌법에서 연방 관할 소송사건을 연방법원에 한정하는 것처럼 보이는 유일한 내용은, "합중국의 사법권은 하나의 연방대법원에, 그리고 연방의회가 수시로 제정, 설립하는 하급법원들에 속한다."[2]라는 구절이다. 이 구절은 두 가지 의미로 해석될 수 있다. 첫째는, 연방대법원과 연방하급법원만이 연방사법권이 미치는 소송사건에 대해 재판권을 갖는다는 것이다. 둘째는, 연방사법부의 조직은 하나의 대법원과 연방의회가 적절하다고 생각하는 수의 하급법원으로만 이루어진다는 것인데, 이것을 달리 말하면 합중국은 그에 부여된 사법권을 하나의 대법원과 합중국이 설립할 일정 수의 하급법원을 통해 집행한다는 것이다. 첫 번째 해석은 주 법원의 공동 재판관할권을 배제하며, 둘째 해석은 주의 공동 재판관할권을 인정하는 것이다. 그리고 첫 번째 해석은 주의 권한을 배제하는 것을 의미하기 때문에, 둘째 해석이 가장 적절하고 또 가장 합리적인 해석이라고 생각한다.

　　그러나 이런 공동 재판관할권의 원칙은 주 법원이 지금까지 관할권을 가

---

2)　헌법 제3조 1절.

지고 있던 그런 종류의 소송사건에만 명백히 적용될 수 있다. 앞으로 채택될 헌법으로부터 발생하게 될 소송사건이나 헌법에 관한 소송사건에 대해서도 그 원칙이 적용될 수 있을지는 앞의 경우만큼이나 역시 분명하지 않다. 왜냐 하면, 그런 소송에서 주 법원의 재판관할권을 인정하지 않는다고 해도, 그것을 기존의 권한을 축소하는 것으로 간주할 수 없기 때문이다. 나는, 합중국 관할에 위탁된 사항에 대한 입법조치에 있어서, 설령 그런 조치가 편리하다고 여겨진다고 해도, 특정 규제 조치로 인한 소송사건의 판결이 연방법원에만 맡겨지게 될 거라는 주장을 하는 것은 아니다. 그러나 주 법원은 항소와 관한 것 이외의 1심 관할권에 대한 어떤 것도 박탈당하지 않을 거라는 것이 나의 확고한 생각이다. 또한 연방의회에 의해 장차 제정될 법률에 의해 주 법원이 명시 적으로 배제되지 않는 소송이라면, 주 법원은 그 법률에 의해 제기될 모든 소송에 대한 재판관할권을 당연히 가져야 한다는 의견도 가지고 있다. 이것이 사법권의 본질과 사법체계의 보편적인 정신으로부터 내가 추론하는 바이다. 모든 정부의 사법권은 그 관할 내의 지방적 법규나 지자체의 법률의 범위를 넘어서며, 민사소송의 경우 비록 분쟁의 원인이 지구상의 가장 먼 곳의 법률과 관련되어 있다 해도, 그 관할권 내 당사자들 사이의 모든 소송을 다룬다. 뉴욕주의 법률과 마찬가지로 일본의 법률도 우리 법원의 법률적인 토론의 대상이 될 수도 있다. 그리고 이에 덧붙여 주 정부들과 연방정부가, 그들이 실제로 그러하듯이, 같은 곳에서 유래한 유사한 체제이고 또 그들을 하나의 전체를 이루는 부분들로 볼 때, 주 법원은 연방법으로부터 발생하는 모든 사건에 대해, 명확하게 금지되어 있지 않은 한, 공동 재판관할권을 갖게 되리라는 것은 확실한 추론인 것 같다.

　　여기에서 또 다른 의문이 제기된다. 이런 공동 재판관할권의 경우 연방법원과 주 법원은 어떤 관계를 이루게 될 것인가? 항소는 분명 주 법원에서 연방대법원으로 이루어질 것이라고 답할 수 있다. 헌법은 연방의 관할로 열거된 모든 사건 중 연방대법원이 1심을 갖지 않는 모든 사건에 대한 항소심 관할권을 명시적으로 연방대법원에 부여하고 있으며, 항소권을 연방하급법원으로 한정하는 표현은 한 마디도 없다. 또한 헌법에는 항소를 제기하는 법원이 아니라 항소의 대상이 되는 사건만 언급되어 있을 뿐이다. 이런 정황과 논리로 볼 때 항소권은 주 법원에도 있는 것으로 해석되어야 한다.[3] 이것이 옳은 해석이다. 그렇지 않다면 주 법원들이 국가 관련 사건에 대한 공동 재판관할권에서 배제되어야 하거나, 또는 연방사법권은 모든 원고나 검사의 임의대로 기피될 수 있을 것이다. 어쨌든 명백한 필요가 없다면 이러한 결과에 휘말리는 일은 없어야 한다. 특히 주 법원의 공동 재판관할권을 배제하는 것은 제안된 정부의 가장 중요하고 공약된 여러 목표의 일부를 좌절시키고 정부의 활동을 근본적으로 방해할 것이기 때문에 절대로 용납될 수 없다.[4] 그리고 나는 이러한 가정에 대한 어떠한 근거도 인정하지 않는다. 이미 지적한 바와 같이 연방체제와 주의 체제는 하나의 전체로 간주되어야 한다. 주 법원은 당연히 연방법률을 집행하는 보조기관이 될 것이며, 주 법원으로부터의 항소는 국가적 사법 원칙과 국가적 판결 원칙을 결합하여 일치시키도록 의도된 연방대법원에 대해 이루어지는 것이 당연할 것이다. 헌법회의가 만든 계획의 명백한 목

---

3) 해밀턴의 논리에는 모호한 부분이 있지만, 여기서 항소권이 주 법원에도 있는 것으로 해석되어야 한다는 말은 주의 최고법원의 판결에도 불복하는 경우 그 판결이 헌법 및 연방법 그리고 합중국의 조약과 관련이 있는 경우에만 연방대법원에 항소할 수 있다는 의미이다. 오직 1개 주의 법에 근거하는 소송의 1심 판결에 불복하는 경우 2심과 최종심을 위해 그 주의 상급법원에 항소, 상고할 수 있는 것은 물론 당연하지만, 그 판결이 헌법 및 연방법 그리고 합중국의 조약과 관련이 없다면 어떤 연방법원에도 항소할 수는 없다.

4) 주 법원이 연방법으로부터 발생하는 모든 소송사건에서, 명백히 금지되어 있지 않은 경우, 공동 재판관할권을 갖게 되리라는 해밀턴의 추론은 잘못된 것이거나, 혹은 새헌법에 의해 주 법원의 권한이 축소되는 데 반대하는 사람들의 비난을 피하기 위해 의도된 모호한 논리의 전개일 수도 있다. 주 법원은 원칙적으로 연방법으로부터 발생하는 소송사건에 대한 관할권이 없다. 하지만 헌법 제3조 2절 1항의 일부가 1795년에 헌법 수정 제11조에 의해 수정됨에 따라 한 주와 다른 주의 시민 사이의 분쟁, 각기 다른 주의 시민 사이의 분쟁 등에 대해서만 주 법원은 연방법원과 공동 재판관할권을 가지게 되었다. 또한 합중국 의회는, 예를 들어 상표권 침해(trademark infringement)같은 특정 소송에 있어 주 법원으로 하여금 연방법에 대한 공동 재판관할권을 허용할 수 있다.

표는, 헌법에 명시된 모든 사건은 중요한 공적 이유에서 연방법원에서 1심과 최종심의 판결을 받아야 한다는 것이다. 그러므로 연방대법원에 항소심 재판 관할권을 부여한다는 일반적인 표현을, 주 법원에서 올라오는 항소에까지는 적용하지 않고 연방하급법원으로부터 올라오는 항소에만 국한하는 것으로 본다면, 그것은 용어가 의미하는 범위를 축소하고 또 그 취지를 훼손하여 합리적인 해석의 규칙에 반하는 것이 될 것이다.

그렇다면 주 법원에서 연방하급법원으로 항소할 수 있는가? 이것은 그동안 제기되어 온 또 하나의 문제로 앞의 내용보다 훨씬 어려운 문제이다. 하지만 다음과 같은 사항을 고려하면 긍정적인 답변을 기대할 수 있다. 첫째로, 제안된 헌법은 연방의회에 "연방대법원 아래에 하급법원을 조직할 권한"을 부여하고 있다.[5] 다음으로 "합중국의 사법권은 하나의 연방대법원에, 그리고 연방의회가 수시로 제정, 설립하는 하급법원들에 속한다."[6]라고 규정하고 이 사법권이 미치는 소송의 경우를 열거하고 있다. 그 뒤에는 연방대법원의 관할을 1심과 항소심으로 구분했으나 하급법원의 재판관할권에 대해서는 정의하지 않고 있다.[7] 하급법원에 대한 유일한 내용은 단지 "연방대법원 아래에"라는 표현과 하급법원은 연방사법권의 규정된 한계를 벗어나서는 안 된다는 것이다. 하급법원의 권한이 1심인지, 항소심인지, 둘 다인지에 대해서는 언급이 없다. 이 모든 것은 입법부의 재량에 맡긴 것으로 보인다. 만일 그것이 맞는다면, 주 법원에서 연방하급법원으로 항소하는 것에는 아무런 제한이 없다고 생각한다. 또한 그런 권한에 따른 많은 이점이 있으리라고 생각된다. 그것은 연방법원을 더 많이 설립하는 동기를 줄이고, 연방대법원의 항소심 재판관할권을 축소할 수 있는 조정의 여지를 줄 수 있을 것이다. 그렇게 되면 연방 사건에 대한 더욱 많은 책임이 주 법원에 맡겨지게 될 것이다. 또한 적절하다

---

5) 헌법 제1조 8절 9항.

6) 헌법 제3조 1절.

7) 헌법 제3조 2절 2항.

고 인정되는 대부분의 사건에 대한 항소는 연방대법원으로 가기보다는 주 법원으로부터 연방지방법원에 대해 이루어지게 될 것이다.[8)]

푸블리어스

---

8) 이보다 앞서 이 페이퍼에서 해밀턴은, 항소는 분명 주 법원에서 연방대법원으로 이루어질 것이라고 언급한 바 있다. 그리고 헌법에는 연방하급법원의 권한이 1심인지, 항소심인지, 둘 다인지에 대해서는 언급이 없기 때문에 대부분의 사건에 대한 항소는 연방대법원으로 가기보다는 주 법원에서 연방지방법원에 대해 이루어지게 될 것이라는 해밀턴의 의견은 완전히 틀린 것은 아니다. 그러나 결국 해밀턴의 이 두 주장은 서로 모순된다. 물론 미국의 사법제도에서의 재판관할권은 연방의회의 재량에 의해 언제든 변경될 수는 있지만, 주의 어떤 법원으로부터도, 그것이 1심 법원이든, 2심 법원이든, 혹은 최종심 법원(주의 대법원)이든, 연방지방법원으로의 항소는 인정되지 않는 것이 현행 미국의 사법제도이다. 연방지방법원은 헌법, 연방법, 외국과의 조약, 서로 다른 주의 시민들 간의 분쟁에 관한, 그리고 미합중국이 소송 당사자의 한쪽이 되는 소송의 1심 관할권만을 갖는다.

THE FEDERALIST No. 83

『매클린 에디션』 제2권, 1788년 5월 28일   알렉산더 해밀턴

뉴욕주 시민들에게

뉴욕주에서, 그리고 아마도 다른 여러 주에서도 헌법회의의 안에 대한 반대론 가운데 가장 성공적이었던 것은, 민사소송에 있어서 배심재판에 대한 헌법상의 규정이 없다는 것에 관한 것이다. 이런 반대론에서 볼 수 있는 위선은 번번이 언급되고 폭로되어 왔지만, 지금도 여전히 반대자들은 계속 대담이나 글을 통해 같은 일을 계속하고 있다. 그들은 민사소송에 관한 헌법의 별 의미 없는 침묵을 배심에 의한 재판을 폐지하려는 것으로 받아들이고 있다. 그들은 그런 침묵을 구실로 삼아, 헌법안에 숨겨져 있는 배심재판의 폐지는 완전하고 전면적인 것이므로, 그것은 모든 민사사건뿐만 아니라 형사사건에도 적용된다는 것을 확신하게끔 유도하기 위해 교활하게 계산된 열변을 늘어놓고 있다. 그러나 형사사건에 있어서 배심재판에 관해 논쟁하는 것은 이미 존재하고 있는 것[1]의 존재에 대한 확실한 증거를 찾으려고 하거나, 또는 그 의미의 전달을 위해 적합한 언어를 사용한다면 자체에 포함된 증거만으로도 충분히 확신할 수밖에 없는 명제를 애써 입증하려는 것만큼 헛되고 소용없는 것이 될 것이다.

    민사소송에 있어서 배심제에 관한 규정이 없다는 것은 곧 그것이 폐지된

---

[1] 헌법 제3조 2절 3항을 보면 "탄핵 사건을 제외한 모든 범죄의 재판은 배심제로 한다. 그 재판은 그 범죄가 행하여진 주에서 하여야 한다. 다만 그 범죄자가 어느 주에도 속하지 아니할 경우에는 연방의회가 법률에 의하여 정하는 장소에서 재판한다"라고 명시되어 있다.

것이다라는 억측을 뒷받침하기 위해, 반박할 가치도 없는 교활한 논리가 사용되어 왔다. 분별 있는 사람이라면 누구나 규정에 대한 언급이 없다는 것, 즉 침묵과 폐지 사이의 뚜렷한 차이를 단번에 깨달을 수 있을 것이다. 그러나 이런 잘못을 저지르고 있는 사람들은 법률해석에 대한 원칙의 진정한 의미를 왜곡하여 자신들의 오류를 뒷받침하려고 노력해 왔기 때문에, 그들의 억측이 무엇에 근거하는지를 들여다보는 것도 전혀 쓸모없지는 일은 아닐 것이다.

그들이 근거로 삼고 있는 기본 원칙은 바로 다음과 같은 것이다. "특정 사항을 규정하는 것은 일반적 사항을 배제하는 것이다" 혹은 "한 사항을 명시하는 것은 다른 것을 배제하는 것이다." 따라서, 헌법에서 모든 범죄의 재판, 즉 형사사건의 경우에는 배심에 의한 재판을 규정하고 있지만 민사사건에 대해서는 침묵하고 있으므로, 헌법은 민사사건에 있어서는 배심에 의한 재판을 암묵적으로 금지하는 것이라고 그들은 주장한다.

법률적인 해석의 원칙은 법률의 해석에 있어서 법원에 의해 채택되는 상식의 규칙인 것이다. 그러므로 법률 해석의 원칙이 올바르게 적용되고 있는지의 기준은 그것을 이루는 근원과 일치하는가 하는 것이다. 그렇다면 입법권에 대해 형사사건의 심리를 배심원단에 회부하도록 의무화한 규정을, 다른 사건의 경우에는 이와 같은 재판 방식을 인정하거나 허용하는 입법권의 권한을 박탈하는 것이라고 추정하는 것이 과연 이성 혹은 상식에 부합하는 것인지를 나는 묻고자 한다. 어떤 일을 하라는 명령을, 지금까지 그럴 권한이 있었고 더구나 하도록 명령받은 것에 어긋나지도 않는 사항을 금지하는 것으로 추정하는 것이 과연 당연한 것인가? 그런 가정이 부자연스럽거나 불합리하다고 한다면, 어떤 사건에 대해 배심재판을 하라는 명령은 다른 소송에서의 배심재판을 금지하는 것과 같다는 주장 역시 불합리할 수밖에 없다.

법원을 구성하는 권한이란 재판의 방식을 규정하는 권한이기도 하다. 따라서 만일 헌법에서 배심에 대해 아무런 언급이 없는 경우에는, 배심재판의 방식을 채택하느냐 아니냐는 입법부의 자유재량권에 달린 것이다. 형사사건에 있어서 이 자유재량권은, 모든 형사사건에 배심제를 채택하도록 규정한 명시적인 헌법상의 명령에 의해 제한되지만, 민사사건의 경우 헌법은 배심재판에 대해 완전히 침묵하고 있으므로 배심제의 채택은 당연히 자유재량에 맡겨지게 된다.[2] 모든 형사소송에 있어서 특정한 재판 방식에 대한 규정은 민사소송에도 동일한 재판 방식을 적용해야 하는 의무 혹은 필요를 배제하는 것은 사실이나, 입법부가 만일 적당하다고 판단할 경우에 배심제를 적용하는 권한을 입법부로부터 빼앗는 것은 아니다. 따라서 연방의회가 연방의 재판관할에 속하는 모든 민사사건을 자유롭게 배심원단의 판결에 맡길 수 없게 되리라는 주장은 정당한 근거가 결여된 것이다.

이상의 논의로부터 다음의 결론을 얻을 수 있다. 민사사건에서 배심재판은 폐지되지 않는다. 법률 해석의 기본 원칙을 이런 방식으로 이용한 것은 이성과 상식에 어긋나는 것이므로 받아들일 수 없다. 비록 이런 원칙이, 그것을 이 경우에 적용한 사람들의 생각과 일치하는 정확한 기술적 의미를 가졌다 하더라도, 실제로는 그렇지 않으며, 더구나 통치의 근본법인 헌법에 적용할 수 있는 것은 아니다. 이러한 문제에 있어서는 기술적인 원칙이라는 것에서 벗어난 자연스럽고 분명한 의미가 해석의 올바른 기준이 되는 것이다.

반대론자들이 근거한 법률 해석의 기본 원칙이 별 도움이 되지 않았다는 것을 알았으니, 이제 이러한 기본 원칙의 적절한 활용과 진정한 의미를 확인해 보도록 하겠다. 이런 목적에는 실례를 살펴보는 것이 가장 효과적이다. 헌법회의의 안은 연방의회, 달리 말하면 연방입법부의 권한은 열거된 특정한 사항들에 미친다고 언급하고 있다. 이러한 특정한 사항들의 열거는 분명하지 않은 입법권에 대한 모든 주장을 배제하는 것이다. 왜냐하면 만약 그 권한이

---

2) 헌법이 비준된 후, 국민들의 기본권을 구체적으로 헌법에 포함시키기 위해 1791년 권리장전이 헌법에 10개의 수정 조항으로 추가되었다. 이 중 수정 제7조에 의해 연방 재판관할의 민사소송에서 배심재판을 받을 권리가 명문화되었다. 민사소송에서 배심재판은 강제성은 없지만, 소송 당사자들 중 어느 한쪽이라도 배심재판을 요구하는 경우에는 그 권리가 인정된다.

포괄적인 것을 의도할 경우, 특정 권한을 따로 부여하는 것은 무의미할 뿐만 아니라 불필요하기 때문이다.

마찬가지로, 연방사법부의 사법권도 헌법에 열거된 특정한 사건들에만 미치는 것으로 언급되어 있다. 그런 사건들의 명시는 연방법원의 재판관할권이 그 이상 확대될 수 없도록 명확한 경계를 정하는 것이다. 왜냐하면 그 관할 대상이 열거되어 있는데도 더 광범위한 권한을 갖는다는 견해를 모두 배제하지 않는다면, 그런 구체적인 명시는 무의미한 것이 되기 때문이다.

이런 예들만으로도 앞서 언급된 기본 원칙을 설명하고 또한 그 원칙들이 올바르게 사용되어야 할 방식을 규정해 주는 데 충분할 것이다. 그러나 이 문제에 대해 오해가 없도록 이 기본 원칙의 적절한 사용과 그리고 그것이 오용된 다른 한 예를 들어보겠다.

뉴욕주의 법률에 따르면, 기혼 여성은 자신의 토지를 양도할 수 없게 되어 있는데, 주 입법부에서는 이것을 악법이라고 판단하여 행정관의 입회하에 작성하는 양도 증서에 의해 그 부인의 재산을 양도할 수 있도록 하는 법률을 제정하는 경우를 가정해 보자. 그런 경우에, 법률에 명시된 특정 규정은 그 외의 다른 모든 양도 방식을 허용하지 않는다는 것에는 의심의 여지가 없다. 왜냐하면 그 부인은 자신의 재산을 양도할 다른 방법이 이전에는 없었으며, 특정한 규정에 의해 그녀가 재산을 양도할 수 있는 방식이 한정되기 때문이다. 그러나 이 법률의 다음 부분에, 특정한 가치 이상의 재산은 가장 가까운 친척 3인의 서명에 의한 동의 없이는 양도할 수 없다고 규정된 경우를 가정해 보자. 그렇다면 이 규정으로부터, 기혼 여성이 양도하려는 재산의 가치가 특정한 가치보다 낮은 경우에는 양도 증서에 그녀의 친척들의 동의를 받을 수 없다는 추론이 과연 가능한 것인가? 이런 견해는 너무 터무니없어 반박할 가치도 없다. 그런데 정확히 바로 이것이, 형사사건의 경우에만 배심재판이 규정되어 있어서 민사사건에서는 배심재판이 폐지된다고 주장하는 사람들의 입장이다.

이러한 검토에서, 배심재판은 어떤 경우에도 제안된 헌법에 의해 폐지되는 일은 전혀 없다는 것이 의심의 여지가 없는 사실임이 틀림없다. 또한 대다수의 사람들이 관심을 가질 것 같은 개인들 간의 분쟁, 즉 민사사건에 있어서 배심재판이라는 제도는 주의 헌법이 규정하는 그대로 유지될 것이며, 제안된 헌법이 채택되어도 조금도 변경되거나 영향을 받지 않을 것이다. 이러한 주장의 근거는, 연방사법권은 그런 사건에 대한 관할권이 없다는 것이고, 따라서 종래와 마찬가지로 주 법원에 의해 그리고 주의 헌법과 법률이 규정하는 방식에 의해 판결되는 것이 당연하다는 것이다. 다른 주로부터 교부받은 토지에 대한 분쟁을 제외한 모든 토지에 관한 소송 및 같은 주의 시민들 사이의 모든 분쟁은, 주 입법부가 제정한 법률에 의해 연방헌법이 명백히 침해되지 않는 한, 주 법원의 관할에 전적으로 속하게 될 것이다. 이에 덧붙여, 해사법 및 형평법 관할의 모든 소송사건은 배심원단의 개재 없이 우리 자신의 주인 뉴욕주 정부에 의해 직접 결정될 것이다. 이상의 헌법 규정으로부터 전체적으로 추론해 볼 때, 현재 존재하는 배심제는 제안되고 있는 통치체제의 변경에 의해 그다지 큰 영향을 받지 않을 것이다.

　　새헌법에 대한 지지자와 반대자들은, 다른 점에 있어서는 의견이 같지 않더라도, 적어도 배심재판의 가치에는 동의하고 있다. 만약 그들 사이에 어떤 차이가 있다면, 지지자들은 배심재판을 자유에 대한 귀중한 안전장치로 여기고, 반대자들은 이 제도를 자유정부의 수호신으로 간주하고 있는 것이다. 나의 입장을 말한다면, 이 제도의 역할에 주시할수록 그것을 높이 평가할 더 많은 이유를 발견하게 된다. 이 제도, 즉 배심재판이 대의제 공화국에서 얼마나 유용하고 또 필수적인 것으로 평가될 만한지, 혹은 민주정체에서 국민을 대표하는 행정수장의 전제를 막는 방벽으로서의 가치보다 세습 군주정의 억압에 대한 방어 수단으로서 가치가 얼마나 더 큰지에 대한 면밀한 검토는 전적으로 불필요하다고 생각한다. 배심재판의 유용성과 자유에 대한 바람직한 측면에 대해 모두가 만족하고 있기 때문에, 이런 종류의 토론은 유익하기보다는 호기

심의 대상일 것이다. 그러나 나는 자유의 존립과 민사사건에서의 배심재판은 불가분의 관계라는 것을 언뜻 봐서는 쉽게 알아차릴 수 없다는 것을 인정하지 않을 수 없다. 임의적인 고소, 위법이라고 추정되는 행위에 대한 임의적인 기소 방식, 임의적 판결에 의한 임의적 처벌 등이 이제까지 사법적 독재에 대한 가장 중요한 수단으로 보이며, 그리고 이런 것들은 모두 형사사건의 절차와 관련된다. 따라서 인신보호법[3]의 도움을 받는 형사사건에서의 배심재판만이 사법 독재라는 문제와 연관이 있어 보인다. 그리고 이 두 가지 모두 제안된 헌법에서 충분히 다루어지고 있다.

배심원에 의한 재판은 과세권의 억압적인 행사에 대한 방벽이라고 생각되어 왔기 때문에, 이런 견해에 대해 살펴볼 필요가 있다.

배심재판은 과세액, 과세의 대상, 혹은 세금 할당의 규칙과 관련해 입법부에 어떤 영향력을 행사하지 못하는 것은 명백하다. 그러므로 배심재판이 영향을 미칠 수 있다면, 그것은 징세 방식 및 세입에 관한 법률의 집행을 위임받은 관리들의 행위에 대한 것이다.

뉴욕주의 징세 방법과 관련해서 보면, 대부분의 경우 배심재판은 도움이 되지 않는다. 세금은 보통 임차료의 경우처럼 압류와 경매라는 극히 간단한 절차에 의해 징수된다. 그리고 모든 경우에 그것이 세입법의 효용성에는 필수적이라는 것을 모두가 인정하고 있다. 개인에게 부과된 세금을 환급받기 위해 더딘 재판절차를 따르는 것은 공공의 절박한 사정에 도움이 되지 못할뿐더러 시민의 편의를 향상시키지도 못한다. 이런 재판의 지연은 종종 처음에 부과된 세금보다도 더 큰 비용을 초래하게 될 것이다.

형사소송에서의 배심재판을 지지하는 규정은, 세입관리들의 행위에 대해 배심재판이 의도하는 안전장치를 보장해 줄 것이다. 국민을 억압하는 공권력

---

3) 인신보호법(habeas corpus act)은 신체의 자유를 보장하는 영미법의 한 제도이다. 1679년의 영국 의회에서 제정되었으며, 이유 없이 구금되었을 때 인신보호영장을 신청해 구금에서 풀려날 수 있다. 제안된 헌법 제1조 9절 2항에서도 인신보호영장에 관한 기본권을 명시하고 있다.

의 의도적 남용이나 모든 종류의 공권력을 오용한 재물 취득은 정부에 대한 범죄이며, 그런 범죄에 대해서는 사건의 정황에 따라 기소되어 처벌될 수 있을 것이다.

민사사건에서 배심재판의 가치는 자유의 보존에 있다기보다는, 그것이 부패에 대한 안전장치라는 것이 가장 설득력 있는 견해이다. 필요에 따라 매번 다른 시민들로 구성되는 배심원단보다 상임 조직인 법관들을 매수할 수 있는 시간과 기회가 항상 더 많으므로, 배심원단보다 법관들이 부패의 영향에 더 취약할 수 있다고 생각할 수 있다는 것이다. 그러나 이러한 생각은 다음의 경우를 고려해 보면 그 설득력이 줄어든다. 즉, 일반적인 배심원단을 소집하는 보안관4) 및 특별배심원단5)을 지명하는 법원서기는 모두 상임 관리이고 또한 단독으로 행동하기 때문에, 집합적 조직인 법관들보다 부패의 손길이 닿기가 쉬울 것으로 생각할 수 있다. 소송 당사자의 한쪽에 유리한 배심원을 선택할 권한은 부패한 판사는 물론 부패한 관리의 손에 달려 있음을 예상하기는 어렵지 않다. 다음으로, 정직성과 훌륭한 성품을 인정받아 정부에 의해 선택된 법관들보다는, 대중들로부터 마구잡이로 선택된 몇몇 배심원들을 매수하는 것이 더 쉬울 거라고 생각하는 것도 무리는 없을 것이다. 그러나 이런 점들을 감안한다고 해도, 여전히 배심재판은 매수에 대한 유용한 견제 수단임은 분명하고, 이러한 매수의 성공을 막는 장애물을 증가시킨다. 이런 상황에서 매수가 성공적으로 이루어지기 위해서는 법원과 배심원단 모두를 매수하는 수밖에 없을 것이다. 왜냐하면 배심원단의 평결이 명백하게 잘못되었다면 법원은 일반적으로 새로운 심리를 승인할 것이고, 법원을 매수할 수 없는 한 배심원단만을 매수하는 것은 대부분의 경우 아무런 소용이 없기 때문이다. 따

---

4) 원문에서는 'sheriff'이며, 법원이 발부한 영장과 명령을 집행하고 배심원단을 소환하는 업무 등을 수행하는 사법 보안관이다.

5) 특별배심원단은 제한된 자격을 가진 특별 명단에서 선택된 배심원들로 민사 또는 형사사건에 채택될 수 있지만, 형사사건에서는 명예훼손과 같은 경범죄에만 한정적으로 채택된다.

라서 여기에는 이중의 안전장치가 존재하게 되는 것이다. 이러한 복잡한 구조는 배심원과 법원 모두의 결백성을 유지하는 데 기여할 것임을 쉽게 알 수 있으며, 매수에 대한 억제력을 증가시킴으로써 두 제도, 즉 법원과 배심제의 도덕성에 대한 유혹을 좌절시킬 것이다. 법관들이 독단적으로 모든 소송에 대한 판결권을 가지는 경우에 비해 배심원단의 참여가 필수적일 때, 법관들이 극복해야 할 타락의 유혹이 훨씬 줄어들게 될 것은 확실하다.

그러므로 민사사건의 경우 배심재판이 자유의 보존에 과연 필수적인지에 대해 앞서 표명했던 나의 의구심에도 불구하고, 대부분의 경우에 적당한 규제 하에서 채택된다면, 재산에 관한 분쟁을 결정하는 탁월한 방법이 될 것이라고 나는 인정한다. 그리고 이런 점만을 고려해도, 배심재판을 적용해야 하는 민사사건의 범위를 정할 수 있다면, 이 재판 방식을 지지하는 헌법 규정을 마련할 만큼의 이유가 있다고 인정한다. 그러나 모든 소송사건에 배심재판을 도입하는 데에는 큰 어려움이 있다. 또한 지나친 열의에 의해 눈이 먼 사람이 아니라면, 배심재판에 대한 생각이나 제도가 서로 상당히 다른 여러 집단으로 구성된 연방정부에서 그런 문제가 적지 않은 논쟁거리가 될 것임을 알 수 있을 것이다. 나로서는, 이 문제를 새로운 시각으로 볼 때마다, 우리가 공식적으로 전해 듣고 있는 것처럼 새헌법에 이 규정을 삽입하는 것을 가로막는 장애물들이 현실에 존재한다는 확신을 점점 강하게 갖게 된다.

배심재판의 범위에 있어서 여러 주들 사이에 큰 차이가 있다는 것은 일반적으로 잘 알려져 있지 않다. 이는 배심재판과 관련해 불만의 대상이 되고 있는 헌법 규정의 누락에 대해 우리가 내려야 할 판단에 상당한 영향력을 가질 것이 분명하기 때문에 다음의 설명이 필요하다. 우리 뉴욕주의 사법제도는 다른 어떤 주보다 영국의 제도와 더 유사하다. 뉴욕주에는 보통법 법원, 유언검인 법원(어떤 점에서는 영국의 종교 법원과 유사하다), 해사법 법원, 형평법 법원이 있다. 배심재판은 몇몇 예외를 제외하고는 보통법 법원에서만 널리 행해지는데 일부 예외가 존재한다. 다른 모든 법원에는 배심원단의 도움 없이 한 사람의 판사가 규범 또는 민법의 절차에 따라 재판을 주재하고 진행한다.[6) 뉴저지주에는 뉴욕주와 비슷한 형평법 법원은 있으나, 우리 뉴욕주의 사법 조직과 같은 의미에서의 해사법 법원이나 유언검인 법원은 존재하지 않는다. 뉴욕주에서 해사법 법원과 유언검인 법원이 결정하는 사건을 뉴저지주의 경우에는 보통법 법원이 재판관할권을 가지고 있으며, 당연히 뉴욕주보다 뉴저지주에서 배심재판이 더 널리 행해지고 있다. 펜실베이니아주의 경우는 주에 형평법 법원이 없고 보통법 법원이 그 재판관할권을 갖고 있기 때문에 배심재판이 더욱 더 넓게 행해지고 있다. 펜실베이니아주에는 해사법 법원은 있으나 적어도 우리 뉴욕주의 사법 조직과 같은 방식의 유언검인 법원은 없다. 델라웨어주는 이런 점에서는 펜실베이니아주를 모방하고 있다. 메릴랜드주는 뉴욕주와 더 비슷하다. 버지니아주도 다수의 형평법 판사가 있는 것을 제외하면 뉴욕주와 비슷하다. 노스캐롤라이나주는 펜실베이니아주와 가장 비슷하며, 사우스캐롤라이나주는 버지니아주와 비슷하다. 하지만 내가 알기로는, 별도로 해사법 법원을 가지고 있는 몇몇 주들에서는 제기된 소송사건은 배심원단에 의해 재판할 수 있다. 조지아주는 보통법 법원만이 있고, 상소는 한 배심원단의 평결에서 다른 배심원단으로 제기되는데, 이 다른 배심원단을 특별배심원단이라고 하며 이 배심원단은 특정한 방법에 의해 임명된다. 코네티컷주에서는 형평법 법원이나 해사법 법원 같은 별도의 법원이 없으며, 유언검인 법원은 소송사건에 대한 재판관할권이 없다. 그 대신 보통법 법원이 해사법과 어느 정도의 형평법 관할권을 가지고 있다. 중요한 소송의 경우에는 주의 입법부가 유일한 형평법 법원이 된다. 따라서 코네티컷주의 경우 배심재판은 이제까지 언급한 다른 어떤 주보다 실제로 훨씬 광범위하게 시행되고 있다. 로드아일랜드주는 이 점에서 코네티컷주의 상황과 거의 유사하다고 생각된

---

6) 형평법 법원에서는, 일반적으로 배심원단이 논란이 되고 있는 사실에 대해 심리한다고 잘못 알려져 왔다. 사실 형평법의 재판에 배심원단이 필요한 경우는 유언에 의한 토지의 증여에 관한 분쟁을 제외하고는 거의 없다. _푸블리어스

다. 매사추세츠주와 뉴햄프서주는 보통법, 형평법 그리고 해사법의 재판관할권을 혼합하고 있다는 점에서 그 상황이 비슷하다. 이 네 개의 동부 주들에서는 배심재판이 다른 주보다 더 폭넓게 자리 잡고 있을 뿐만 아니라, 다른 주들에게는 충분히 알려지지 않은 특징을 가지고 있다. 이 특징이란 당연히 상소이며, 한 배심원단에서 다른 배심원단으로 이루어지고, 소송의 당사자들 중 어느 한쪽이 세 번의 평결 중 두 번을 이길 때까지 계속된다.

이상의 개요는 다음 사항을 보여준다. 각 주의 민사사건의 배심제도는 그 제한과 범위에 큰 차이가 있으며, 이런 사실로부터 다음과 같은 확실한 결론을 이끌어 낼 수 있다. 첫째, 헌법회의는 모든 주의 상황에 부합되는 일반적 원칙을 정할 수 없었다. 둘째, 어떤 한 주의 제도를 표준으로 채택하는 것은, 헌법에서 배심재판에 관한 규정을 완전히 생략함으로써 다른 경우처럼 입법부의 규제에 맡기는 것만큼이나 혹은 그 이상의 위험을 무릅썼어야 했을 것이다.

헌법안에서 제외된 규정을 보완하기 위해 그동안 제안되었던 것들은 이 사안의 문제를 없애기보다는 오히려 그런 문제들을 드러내 보여주는 데만 도움이 되었다. 펜실베이니아주의 소수파[7]는 생략된 부분의 보완을 위해 "배심재판은 종전대로 유지된다"라고 표명했는데, 내가 보기에는 이런 표현은 무의미하고 무익한 것이라고 말하고 싶다. 헌법의 모든 일반 규정의 적용 대상은, 결속된 혹은 집합적 단위로서의 합중국이 대상인 것은 당연한 해석이다. 결국, 여러 다양한 제한을 가진 배심재판이 각 주에서 개별적으로는 존재하고 있는 것은 분명하지만, 엄밀한 의미에서 볼 때 주들의 연합인 현재의 합중국 자체에는 배심재판이라는 것은 전혀 존재하지 않는 것이다. 왜냐하면, 현재

---

7) 헌법안을 비준하기 위해 열린 펜실베이니아주의 비준회의(Pennsylvania Ratifying Convention)에서 헌법안의 비준을 반대했던 소수파를 의미한다. 그들의 반대 이유 중 하나가 주의 사법제도를 연방사법부 체제에 포함시키는 헌법안의 방안 때문이었다. 비준회의는 1787년 11월 21일 처음 소집되었고 1787년 12월 12일 헌법안은 46:23으로 비준되었다.

의 연합정부는 어떠한 사법권도 가지고 있지 않으며, 따라서 '종전대로'라는 표현과 연관 지을 수 있을 만한 이전의 어떤 제도도 존재하지 않기 때문이다. 따라서 이 표현은 뚜렷한 의미를 갖지 못하고, 더구나 표현의 불확실성으로 인해 효력이 없다고 할 수 있다.

'종전대로'라는 형태의 규정은 한편으로는 그 규정의 제안자들이 의도하는 바를 충족시키지 못하고, 다른 한편으로는 내가 그 의도를 올바르게 이해한다면, 그 규정 자체가 부적당하다. 내가 추정하는 그들의 생각은, 어떤 연방법원이 소재하고 있는 특정 주의 주 법원에서 비슷한 사건에 배심재판 방식을 적용한다면, 해당 주에 소재한 연방법원도 반드시 배심재판을 채택해야 한다는 것이다. 다시 말하면, 코네티컷주에 소재하는 연방법원에서의 해사 소송은 배심재판에 의해 심리되어야 하고, 뉴욕주에 소재한 연방법원에서는 배심원단 없이 심리되어야 한다. 같은 정부하에서 같은 종류의 사건에 대해 불규칙하고 판이한 방식의 재판을 집행한다는 것은 일관성 있는 판결을 불가능하게 하기에 충분하다. 소송사건이 배심원단에 의해 심리될지 혹은 아닐지의 여부는 많은 경우, 법원과 당사자들이 위치한 주에 의해 좌우될 것이기 때문이다.

그러나 나의 판단으로는 이것이 가장 큰 반대 이유는 아니다. 나는 배심재판에 부적당한 사건도 많다는 신중하고 강한 확신을 가지고 있다. 특히 외국과의 관계에서 생기는 국가의 평화에 관한 사건, 즉 문제가 전적으로 국제법에 관련된 대부분의 사건에 있어 특히 그렇다고 나는 생각한다. 무엇보다도 나포에 관한 사건들이 특히 그런 종류에 속한다. 배심원들이 모두 국제법이나 국제관습에 관한 철저한 지식이 요구되는 그런 조사에 적격이라고 생각할 수 없다. 또, 때에 따라서는 배심원들은 그들의 조사의 지침이 되어야 할 공공정책에 굳이 충분한 주의를 기울이지 않아도 된다는 마음이 들 수도 있다. 배심원의 결정이 다른 국가들의 권리를 침해하게 되어, 그 결과 보복이나 전쟁의 원인을 제공할 위험은 물론 항상 존재한다. 배심원단의 고유한 영역은 사실을 심리하는 데 있는 것이지만, 대부분의 소송사건의 경우 법적인 결론은 사실과 분리 불가능한 형태로 복잡하게 얽혀 있다.

이러한 우려 섞인 견해는, 다음과 같은 점을 고려하면 그 중요성이 더욱 커질 것이다. 나포사건의 결정 방법은 유럽의 여러 강대국들 간에 체결된 조약의 특별규정에 의한 것으로 여겨지고 있다. 그런 조약에 따라 영국에서 나포사건에 대해 내리는 결정은 최종적으로 국왕이 직접 참석하는 추밀원[8]에서 결정되는데, 여기에서 법률뿐만 아니라 사실 문제에 대한 재심의도 이루어진다. 이런 사실만으로도, 어느 특정 주의 제도를 연방정부의 표준이 될 기본 조항으로 헌법에 삽입하는 것은 무분별할 뿐만 아니라, 타당성이 모호한 헌법 조항은 정부에 짐을 지울 수 있는 위험이 될 수 있음이 입증된다.

나는 또한, 형평법을 보통법 관할권으로부터 분리하면 큰 이점이 있으며, 형평법 관할에 속하는 소송을 배심재판에 맡기는 것은 부적합하다는 것에 대해서도 강하게 확신하고 있다. 형평법 법원의 가장 크고 주된 유용성은 예외가 되는 특별한 소송사건에서 구제책을 준다는 것이다.[9] 따라서 이러한 형평법 소송을 보통법 관할권과 통합시키게 되면 일반적 규칙이 흔들리게 되고, 모든 사건은 개별적으로 특별한 판결에 맡겨져야 할 것이다. 반면에 형평법 관할권을 보통법 관할권에서 분리하게 되면 반대의 효과가 나타나게 될 것이다. 그런 분리로 인해 두 관할권은 서로에 대한 감시를 할 수 있게 되고, 각자를 서로 적당한 범위 내에 두도록 유지할 수 있을 것이다. 이것과는 별도로, 형평법 법원에 적합한 소송사건들을 구성하는 요건들은 많은 경우에 있어서

---

8) 추밀원(privy council)은 군주제 국가에서 왕의 자문기관을 일컫는 일반적인 용어이다. 영국에서는 의회의 소집 및 해산, 선전포고가 국왕의 권한이지만 관습적으로 추밀원의 회의를 거치게 되어 있다.

9) 형평법 법원에 의한 구제의 기준이 되는 원칙이 현재는 정규적으로 제도화되고 있는 것은 사실이지만, 그러한 원칙은 일반적 규칙의 예외가 되는 특별한 상황에 주로 적용되는 것도 무시할 수 없는 사실이다. _푸블리어스

까다롭고 또 복잡하므로 배심재판의 특성과는 맞지 않는다. 그러한 사건들은 종종 오랜 시간의 신중하고 중요한 조사를 필요로 하는 만큼, 원래의 직업에서 소환되어 다시 복귀할 때까지 결정을 내려야 하는 배심원들에게는 현실적으로도 부적당할 것이다. 배심재판 방식의 특징은 단순함과 신속함이고 따라서 이러한 방식은 결정해야 할 문제가 하나의 분명한 요점으로 압축되는 것을 요구하는 반면, 형평법 법원의 소송은 일련의 상세하고 개별적인 사항들이 자주 포함된다.

보통법 관할권에서 형평법을 분리시키는 것이 영국 사법체제의 특이한 면이며, 여러 주들이 이런 영국의 방식을 따르고 있는 것은 사실이다. 한편, 보통법과 형평법 관할권이 통합된 어떤 경우에도 배심재판을 채택한 적이 없다는 것 또한 사실이다. 그리고 이 두 관할권의 분리는 배심제를 원래의 순수한 형태로 보존하기 위해서도 필수적이다. 형평법 법원의 특성상 그 관할권을 보통법에 의한 소송까지 확대하는 것은 허용되겠지만, 보통법 법원의 재판 관할권을 형평법 소송에까지 확대하려는 시도는 뉴욕주가 확립한 두 법원의 분리로부터 얻을 수 있는 이점을 누릴 수 없을 뿐만 아니라, 보통법 법원의 특성까지 점차 변질시키게 되고, 결국 보통법 법원은 배심제에 의해 심사하기에는 너무 복잡한 여러 문제들과 마주치게 됨으로써 배심재판의 취지가 손상될 것이다.

이상이, 펜실베이니아주 소수파의 의향이라고 추측되는 바에 따라 검토한 결과, 모든 주의 사법제도를 연방사법부 체제에 포함시키는 방안에 반대하는 결정적인 이유로 보인다.[10] 이제부터는 헌법안에서 배심재판이 제외됨으로써 예상되는 결함을 매사추세츠주의 제안[11]이 어느 정도까지 개선해 줄 수

---

10) 이 페이퍼, 각주 7) 참고.

11) 매사추세츠주에서는 1788년 2월 6일 소집된 회의에서 헌법안을 187:168로 비준했다. 이 비준회의 (Massachusetts Ratifying Convention)는 헌법안의 비준과 함께 9개의 수정 조항을 제안했는데, 배심재판에 대한 제안은 그 9개 중 8번째이다. 참고로, 페이퍼 83번을 포함한 78번부터 85번을 책으

있는지를 평가해 보기로 하자.

그 제안은 다음과 같다. "서로 다른 주의 시민들 사이의 민사소송에서, 보통법상에 근거한 소송에서 발생하는 모든 사실문제는, 소송 당사자들 또는 그들 중 어느 한쪽이 요구할 경우 배심원단에 의해 의해 심리될 수 있다."

이것은 기껏해야 한 종류의 소송사건에 관한 제안에 지나지 않는다. 이에 대해 다음과 같은 두 가지 추론이 타당해 보인다. 매사추세츠주의 헌법비준회의가 서로 다른 주의 시민들 간의 민사소송을 배심재판에 적합한 유일한 연방관할의 소송사건으로 생각했거나, 아니면 그보다 더 포괄적인 규정을 원했지만 그 목적에 적절하게 부응할 만한 규정을 만드는 것이 실제로 불가능하다는 것을 알았다는 것이다. 만약 첫 번째 추론이 맞는다면, 매우 부분적인 것에 관한 규정을 생략한 것이 헌법체제에 있어 중대한 결함이라고는 생각할 수 없을 것이다. 또, 만일 두 번째 추론이 맞는다고 하면, 배심재판에 관한 더 포괄적인 규정을 만드는 것이 얼마나 어려운 일인지를 확증해 준다고 할 수 있다.

그러나 이것이 전부는 아니다. 즉 합중국의 여러 주에 존재하는 법원 및 그들이 행사하는 각기 다른 권한에 대해 앞서 살펴보았던 내용에 주의를 기울여본다면, 배심재판에 회부되어야 하는 소송사건의 유형을 특징짓는 것처럼 모호하고 불확실한 것은 없다. 뉴욕주의 경우에는 보통법과 형평법 관할 소송의 구분은 영국의 원칙에 따르고 있다. 그러나 다른 많은 주의 경우는 그 경계가 별로 명확하지 않다. 어떤 주에서는 모든 소송사건은 보통법 법원에서 심리되고, 그런 근거에서 모든 소송은 보통법에 의한 소송으로 간주되어 소송 당사자들 혹은 그들 중 어느 한쪽이 선택할 경우 배심원단에 의한 재판을 할 수 있다. 그러므로 이런 다른 많은 주에서 볼 수 있는 경우와 다를 것이 없는 매사추세츠주의 제안을 따른다면, 펜실베이니아주의 소수파가 제안한 규정

<hr />

로 먼저 출판한 1788년 5월 28일 당시 뉴욕주는 아직 제안된 헌법을 비준하지 않고 있던 5개 주 중 하나였다. 뉴욕주는 1788년 7월 26일 13개 주들 중 11번째로 제안된 헌법을 30:27로 비준했다.

이 초래할 것이라고 앞서 지적한 것과 같은 불규칙성과 혼란이 있을 것이다. 왜냐하면, 똑같은 소송사건이라도 어떤 주에서는 소송 당사자들 또는 그들 중 어느 한쪽이 요구할 경우 배심원에 의한 재판이 가능하지만, 다른 주에서는 보통법 재판관할권에 관한 사법제도가 다르기 때문에 배심원단의 개입 없이 판결이 이루어져야만 하기 때문이다.

따라서 이 문제에 대한 매사추세츠주의 제안은, 보통법 재판관할권과 형평법 재판관할권의 경계에 대한 어떤 일치된 방안이 각 주에 의해 채택되기 전까지는 전반적인 규정으로서 실행될 수 없음은 분명하다. 이런 종류의 방안을 마련한다는 것은 그 자체로서 매우 힘든 작업이며, 완성되기까지는 많은 시간과 숙고를 필요로 할 것이다. 합중국의 모든 주에서 받아들여질 수 있거나 혹은 각 주의 제도에 완벽하게 부합하는 어떤 보편적인 규정을 제시하는 일은 불가능하지는 않더라도 무척이나 어려운 일일 것이다.

그렇다면, 내가 훌륭하다고 인정하는 뉴욕주의 헌법을 참고해 합중국의 기준으로 삼을 수 없었느냐는 질문이 제기될지도 모른다. 그런 질문에 대해서는, 다른 주도 우리 제도에 대해 우리와 같은 의견을 가질 가능성은 매우 적기 때문이라고 나는 답하겠다. 각 주는 이제까지 자신들의 제도에 애착을 가져왔으며, 각자 합중국의 기준으로 선택되기 위해 경쟁하리라는 것은 당연하다. 만약 헌법회의가 어떤 한 주를 전체의 모델로 삼는 방안을 생각했더라면, 각 대표들이 자신이 대표하는 주정부에 갖는 편애로 인해 그 채택에는 어려움이 따랐을 것이며, 어떤 주가 그 모델로 선택되었을지도 확실하지 않다. 또한 많은 주가 모델이 되기에 부적절하다는 것도 밝혀졌다. 어떠한 경우에도, 뉴욕주나 혹은 다른 주가 모델로서 선호되었을지는 추측에 맡길 따름이다. 헌법회의에서 현명한 선택이 만일 이루어질 수 있었다고 해도, 그것은 선택된 주에 대한 편애로 여겨져 다른 주들의 시기와 혐오를 초래하는 심각한 위험이 따랐을 것이다. 헌법회의의 안에 대한 반대하는 사람들은 많은 지역적 편견을 자극하기에 좋은 구실을 갖게 되었을 것이며, 결국에는 헌법안이 최종적으로 확정되는 것을 상당히 위태롭게 만들었을 것이다.

배심재판의 적용 대상이 되어야 하는 사건을 규정하는 번거로움을 피하기 위하여 배심제를 열성적으로 지지하는 사람들은 모든 사건에 배심재판을 적용하는 규정이 헌법안에 삽입될 수도 있었다는 의견을 제시하기도 한다. 이에 대해서는, 합중국의 어느 주에도 그와 같은 전례는 없다고 생각한다. 펜실베이니아주의 소수파의 제안에 대한 검토에서 논의되었던 것들을 생각해 볼 때, 분별력 있는 사람이라면 누구나 배심재판을 모든 사건에서 채택하는 것은 제안된 헌법안의 용납될 수 없는 결함이 되었을 것임을 알게 될 것이다.

간추리자면, 연방의 목적에 부응하기에 너무 부족하지도 않고, 채택하기에 너무 과도하지도 않은, 그런 규정을 만드는 것은 생각할수록 더 어려운 과제로 보인다. 확고한 중앙정부의 수립이라는 중대하고 필수적인 목적에 반대하는 다른 구실이 생길 여지가 없는, 그런 방식의 규정을 만드는 것 또한 마찬가지로 힘든 과제이다.

다른 한편으로 나는, 공정한 사람이라면, 이러한 고찰 과정에서 이 문제에 대한 여러 관점들을 통해 그들이 품고 있던 의구심을 버리게 되었을 거라고 확신한다. 그런 관점들이 보여주는 것은 다음과 같다. 자유의 보장과 실질적으로 관련이 있는 것은 오직 형사사건에 있어서의 배심재판인데, 이 점은 헌법안에 충분히 규정되어 있다. 또한 대부분의 민사사건과 사회 대부분이 관심을 가지는 소송사건에 대해서는 이런 배심재판의 방식은 헌법안에 의해 손상되거나 영향 받지 않고 각 주의 헌법에 규정되어 있는 그대로 온전히 유지될 것이다. 배심재판은 헌법안에 의해 절대로 폐지되지 않을 것이고,[12] 합중국 헌법에 배심재판에 관한 명확하고 적절한 규정을 마련하는 데는 비록 극복이 불가능하지는 않더라도 대단히 큰 어려움이 존재한다.

---

12) 페이퍼 81번 참조. 그 페이퍼에서 나는, 사실문제에 관한 상소심 재판관할권이 연방대법원에 부여됨으로써 배심재판이 폐지될 거라는 주장을 검토하고 거기에 대해 반박했다. _푸블리어스

이 문제를 가장 잘 판단할 수 있는 사람들이라면, 민사소송에서의 배심재판을 헌법에 규정하는 것을 결코 간절히 바라지는 않을 것이다. 또 사회의 상황이 끊임없이 변화함에 따라 현재 배심재판이 널리 행해지고 있는 많은 소송에 있어서, 재산 문제를 결정하는 데는 다른 방식이 오히려 더 선호될 수도 있다는 것을 기꺼이 인정할 것이다. 나는 뉴욕주에서도 배심재판이 현재는 적용되지 않고 있는 일부 소송에까지 유용하게 확대될 수도 있고, 또 다른 소송에서는 적절하게 축소되어 적용될 수도 있다고 확신한다. 배심재판을 모든 소송에 적용해서는 안 된다는 것은 합리적인 사람이면 누구나 인정하고 있다. 영국에서뿐만 아니라 합중국의 여러 주에서 배심재판의 오랜 적용 범위를 축소한 혁신적 사례들은 그때까지의 그 제도의 적용 범위가 너무 넓어 불편했다는 것을 강하게 시사하고 있으며, 또 앞으로의 경험에 따라 배심제를 제외하는 것이 오히려 더 타당하고 유용한 분야들을 찾을 수 있을 것으로 보인다. 나는 배심재판을 폐지해야 하는 것이 유익하다고 생각되는 한계점을 정하는 것은 세상사의 이치로 볼 때 불가능하다고 생각한다. 나로서는, 이 문제를 입법부의 재량에 맡겨야 한다고 강력하게 주장한다.

이것이 영국에서도 그리고 코네티컷주에서 명백히 인식되고 있는 사실이다. 게다가 미국 혁명, 즉 독립전쟁 이후 뉴욕주의 헌법에 배심재판이 명확하게 규정되어 있음에도 불구하고, 배심재판에 대한 침해가 같은 시기에 코네티컷주 혹은 영국에서 발생한 것보다 이 주에서 더 많이 행해져 왔다는 것 역시 사실이다. 이러한 권리침해는 대개 자신들이 대중적 자유의 열성적인 옹호자임을 믿게끔 노력하는 자들에 의해 저질러졌으며, 그들은 그 과정에서 이러한 침해를 저지하는 어떤 헌법적 장애물의 영향도 받지도 않았다. 사실, 영속적 효과를 실질적으로 보장받기 위해 우리가 의존할 수 있는 것은 오직 정부의 포괄적 능력임이 분명하다. 특정한 세부 규정은 전혀 무용한 것은 아니지만, 일반적으로 여겨지는 것보다 그 가치나 효과도 훨씬 적다. 그리고 그런 특정한 세부 규정이 헌법에 없다 하더라도, 그것이 좋은 정부의 주요 특질을 보여주는 방안이라면 건전한 식견을 가진 사람에게는 결정적인 반대의 이유가 되지 않을 것이다.

형사사건에 대해 배심재판을 명확히 규정하고 있는 헌법이 민사사건에 대해서는 그것을 규정하지 않았다고 해서 자유에 대한 보장이 없다고 단언하는 것은 너무 가혹하고 터무니없이 들린다. 합중국 내에서 가장 민주적인 주로 항상 간주되고 있는 코네티컷주가, 형사사건뿐만 아니라 민사사건에 대해서도 헌법상의 배심제의 규정이 없다는 것을 오히려 자랑으로 여긴다는 것은 모두가 다 아는 사실이다.

푸블리어스

THE FEDERALIST   No. 84

『매클린 에디션』 제2권, 1788년 5월 28일   알렉산더 해밀턴

뉴욕주 시민들에게

지금까지 헌법안을 검토하는 과정에서, 나는 그 헌법안에 대한 반대론의 대부분을 다루고, 또 그에 대해 답변하기 위해 노력해 왔다. 그러나 어떤 특정한 주제에 속하지 않거나 혹은 적절한 부분에서 미처 다루지 못한 몇몇 반대론들이 아직 남아 있기 때문에, 이 페이퍼에서는 그런 것들에 대해 논의하고자 한다. 하지만 헌법안에 대한 검토가 이미 길어졌기 때문에, 이들 다양한 문제에 대한 나의 견해를 이 한 편의 페이퍼에 모두 포함시킬 수 있도록 되도록 간결하게 정리하고자 한다.

남아 있는 반대론 중 가장 중요한 것은 헌법회의의 계획에 권리장전이 포함되지 않았다는 것이다. 이 반대론에 대한 답변으로 다른 경우에 이미 언급했던 것은, 여러 주들의 헌법에서도 마찬가지로 권리장전이 빠져 있다는 점을 종종 지적했었다. 여기서 나는 뉴욕주의 헌법에도 권리장전이 없다는 것을 덧붙이고 싶다. 뉴욕주에서 새헌법에 반대하는 사람들은 권리장전이 포함되지 않은 뉴욕주의 헌법은 무조건 찬양하면서, 새헌법에는 권리장전을 한결같이 요구하고 있다. 이 문제에 대한 자신들의 열의를 정당화하기 위해 그들은 두 가지 주장을 펴고 있다. 하나는, 뉴욕주 헌법의 서문에 따로 권리장전을 두고 있지는 않지만, 헌법 본문 내에 구체적인 기본권과 권리를 보장하는 다양한 조항을 포함하고 있으므로 실제로는 권리장전이 존재하는 것과 같다는 것이다. 다른 하나는 뉴욕주 헌법은 영국의 보통법 및 제정법을 전적으로 따르

고 있기 때문에, 비록 명문화되어 있지는 않지만, 다른 많은 권리들이 영국의 경우와 똑같이 보장되고 있다는 것이다.

첫째 주장에 대해 나는, 새헌법도 뉴욕주의 헌법과 마찬가지로 기본권에 대한 규정을 많이 포함하고 있다고 대답할 수 있다.

정부의 구조에 관한 규정과는 별도로 새헌법에는 다음과 같은 규정들이 있다. 제1조 3절 7항 "탄핵심판에서의 판결은 면직 및 합중국의 명예직, 위임직 또는 유급 공직에 취임·재직하는 자격을 박탈하는 것 이상이 될 수 없다. 다만 이같이 유죄판결을 받은 자일지라도 법률의 규정에 따른 기소, 재판, 판결 및 처벌을 면할 수 없다." 제1조 9절 2항, "반란 또는 침략의 경우에 공공의 안정상 필요한 때를 제외하고는, 인신보호영장에 관한 기본권을 정지할 수 없다." 제1조 9절 3항, "사권박탈법 또는 소급처벌법을 통과시키지 못한다. 제1조 9절 7항,[1] "합중국은 어떠한 귀족의 칭호도 수여하지 아니한다. 합중국 정부에서 유급직 또는 위임에 의한 관직에 있는 자는 누구라도 연방의회의 승인 없이는 어떠한 국왕, 군주 또는 외국으로부터도 종류 여하를 막론하고 선물, 보수, 관직 또는 칭호를 받을 수 없다." 제3조 2절 3항, "탄핵 사건을 제외한 모든 범죄의 재판은 배심제로 한다. 그 재판은 그 범죄가 행하여진 주에서 하여야 한다. 다만 그 범죄자가 어느 주에도 속하지 아니할 경우에는 연방의회가 법률에 의하여 정하는 장소에서 재판한다." 제3조 3절 1항, "합중국에 대한 반역죄는 합중국에 대하여 전쟁을 일으키거나 또는 적에게 가담하여 원조 및 편의를 제공할 경우에만 성립한다. 누구라도 명백한 위의 행동에 대하여 증인 두 명의 증언이 있거나, 또는 공개 법정에서 자백하는 경우 이외에는 반역죄의 유죄 선고를 받지 아니한다." 같은 절의 3항,[2] "연방의회는 반역죄의 형벌을 선고하는 권한을 가진다. 다만 반역죄로 인한 사권박탈 선고는 그 선고

---

1) 이 부분은 실제로 헌법의 제1조 9절 8항에 속하나, 해밀턴은 7항으로 오인한 것 같다.

2) 이 항은 헌법의 제3조 3절 3항이 아니고 실제는 2항이다.

를 받은 자의 생존 기간을 제외하고 혈통오손3)이나 재산몰수를 초래하지 아니한다."

이런 제안된 헌법의 규정들이 대체로 뉴욕주의 헌법에 있는 것들만큼 중요하지 않다는 의문이 들 수 있을 것이다. 그러나 인신보호영장 제도, 소급처벌법의 금지, 그리고 뉴욕주의 헌법에는 들어 있지 않은 귀족 칭호의 금지는 뉴욕주 헌법이 가지고 있는 어떤 규정보다도 자유와 공화주의에 더욱 큰 안전을 보장할 것이다. 범행 이후의 죄의 구성, 즉 어떤 행위가 행해졌을 당시에는 아직 그것이 불법이 아니었던 행위에 대해 처벌하는 것과, 사람을 임의적으로 구금하는 것은 모든 시대를 통해서 전제정이 가장 선호하는 위압적인 수단이었다. 이 문제에 대한 현명한 블랙스톤의 의견4)은 여기에서 인용할 충분한 가치가 있다. "기소나 재판 없이 사람의 생명을 빼앗거나 폭력에 의해 그의 재산을 몰수하는 것은 너무도 역겹고 수치스러운 전제적인 행위이기 때문에, 즉시 독재에 대한 경고가 국가 전체로 퍼질 것이 틀림없다. 이에 비해 그곳의 고통이 외부에 알려지지 않거나 잊혀버릴 감옥에 사람을 서둘러 비밀리에 감금하는 것은 덜 공개적이고, 남의 눈에 잘 띄지 않는 만큼 오히려 더 전횡적인 전제정의 수단이 된다." 그리고 이런 치명적인 폐해에 대한 구제책으로서의 인신보호법에 대해 그는 그의 저서의 곳곳에서 각별한 찬사를 아끼지 않으며, 어떤 부분에서는 이것을 "영국 헌법의 보루"라고 부르고 있다.5)

귀족 칭호를 금지하는 것의 중요성은 더 말할 필요가 없다. 이것은 진정한 공화정부의 초석이며, 귀족이라는 신분이 배제되는 한, 우리의 정부가 국민의 정부가 아닌 다른 어떤 것이 될 심각한 위험은 없을 것이기 때문이다.

두 번째 주장, 즉 뉴욕주의 헌법이 영국의 경우와 같이 보통법과 제정법이 확립되어 있는 것처럼 말하는 것에 대해서 나는, "그러한 법도 입법부가 때에

---

3) 페이퍼 43번, 각주 4) 참고.
4) Blackstone, *Commentaries*, vol. 1, p.136. 참고. _푸블리어스; 페이퍼 69번, 각주 14) 참고.
5) 같은 책, vol. 4, p. 438. 참고. _푸블리어스

따라 수정하거나 제정하는 규정에 따라야 한다"라고 답할 수 있다. 따라서 그 법들은 통상적인 입법권에 의해 언제든지 폐지될 수 있으므로 당연히 헌법적 구속력도 갖고 있지 않다. 그럼에도, 뉴욕주의 보통법 및 제정법을 승인한 선언의 유일한 이유는 오직 독립 훨씬 이전부터 존재했던 오래된 법률의 유효성을 그대로 인정하고, 영국으로부터의 독립의 결과로 인해 그런 법들이 무효화되는 것이 아닌가 하는 의혹을 없애는 것이었다. 따라서 이 선언은, 아메리카 여러 주들이 그들의 헌법에서 정부 그 자체의 권력을 제한하기 위해 의도된 권리선언과 동일한 것으로 간주되어서는 안 된다.

사실 자주 지적되어 왔듯이 권리장전은 원래 국왕과 그의 신민들[6]사이의 약정이었다. 즉 신민의 권리를 위해 국왕의 특권을 축소하고, 군주에게 양도되지 않는 권리를 보전하는 것이었다. 귀족들이 검을 손에 쥐고 존 왕으로부터 쟁취한 대헌장, 그리고 그 뒤를 이은 군주들에 의한 대헌장의 잇따른 승인, 찰스 1세가 그의 집권 초기에 동의한 권리청원, 그리고 1688년에 영국의 상원과 하원에 의해 오라녜 공에게 제안된 후에 영국의 상원과 하원 양원에 의해 제정된 권리장전이라고 불리게 된 권리선언이 그런 것들이다.[7] 따라서 권리장전은 그 원래의 의미에서 본다면 전적으로 국민의 권력에 기초하여 만들어졌기 때문에 그들의 직접적인 대표나 관리에 의해 집행되는 헌법에는 적용되지 않는다. 합중국에서는 엄밀히 말해 국민들은 어떤 권리도 양도하지 않고 이미 모두 가지고 있으므로 특정한 권리를 따로 확보해 놓을 필요가 없는 것이다. "우리 합중국 국민은 …… 우리와 우리의 후손에게 자유의 축복을 보장하기 위하여 이 아메리카 합중국 헌법을 제정한다."[8] 바로 이것이, 여러 주들의 권리장전의 주요 특징을 이루는 많은 경구들보다, 그리고 통치의 근본법인 헌법보다 오히려 윤리학 논문에 더 잘 어울릴 것 같은 많은 경구들보다, 실제

---

6) 페이퍼 80번, 각주 6) 참고.

7) 이에 대한 자세한 설명은 페이퍼 17번, 각주 3) 참고.

8) 합중국 헌법 전문.

로는 국민들의 권리를 더 잘 인정하고 있다.

그러나 특정한 권리에 관한 세부적인 사항은, 모든 종류의 개인적이고 사적인 관심사를 규정하는 그런 종류의 헌법이라면 몰라도, 지금 우리가 고려하고 있는 것과 같은 헌법, 즉 국가의 보편적인 정치적 관심사를 규정하는 것을 주된 목적으로 하는 헌법에는 훨씬 부적합하다. 그러므로 만약 헌법회의의 계획에 반대하는 거센 비난이 만약 이 점에 근거하고 있다면, 뉴욕주의 헌법은 어떠한 심한 비난을 받아도 당연할 것이다. 하지만 사실은, 새헌법과 뉴욕주의 헌법은 모두 보편적인 정치적 관심사를 규정하는 목적에 필요한 것들을 모두 가지고 있다.

한 걸음 더 나아가 나는, 권리장전은 그것이 새헌법의 반대론자에 의해 주장되고 있는 의미와 범위에서 본다면 불필요한 것일 뿐 아니라 오히려 위험할 수도 있다고 확신한다. 만일 권리장전을 헌법안에 넣으면, 그것은 원래 연방정부에 부여되어 있지 않은 권한에 대한 여러 가지 예외를 포함하게 되며, 그 결과 부여된 권한보다 더 많은 권한을 연방정부가 주장할 수 있는 그럴듯한 구실을 제공하게 될 것이다. 원래 금지할 수 있는 권한이 없는 사항에 대해 새삼스럽게 그것을 하지 말라고 할 필요가 있겠는가? 예를 들어, 언론의 자유를 제한할 아무런 권한이 주어지지 않았는데, 언론의 자유는 제한되어서는 안 된다는 말은 왜 해야 하는가? 나는 그런 규정이 언론을 규제할 권한을 부여한다고는 생각하지 않는다. 그러나 그러한 규정은 권리를 침해할 마음을 갖고 있는 자들에게는 그럴듯한 구실을 주는 것이 분명할 것이다. 그런 사람들은 그럴듯한 논리를 이용해, 애당초 주어지지도 않은 권한의 남용에 대비하는 어리석은 일로 헌법이 비난 받아서는 안 되며, 따라서 언론 자유의 제한에 대비하는 규정은, 실은 그에 대한 적절한 규제를 가할 수 있는 권한을 연방정부에 부여할 수 있게끔 의도된 것임을 확실히 보여주는 것이라는 등의 주장을 할 수 있다. 이것은 권리장전에 대해 분별없이 집착한 나머지, 오로지 해석에 의해서만 권한의 존재를 주장하는 원칙에 힘을 실어줄 구실을 무수히 제공하게 될 사례가 될 것이다.

언론의 자유라는 문제에 대해 많은 것을 논의했지만, 한두 가지를 덧붙이지 않을 수 없다. 우선 내가 보기엔 뉴욕주의 헌법에는 언론의 자유에 대한 내용이 한 마디도 없다는 것이다. 다음으로는, 다른 주들이 언론의 자유에 대해 무엇을 언급했든지 간에 그것은 실제로는 아무것도 아니라는 것이다. 언론의 자유는 침해할 수 없게 보존되어야 한다라는 선언은 무엇을 의미하는가? 언론의 자유란 무엇인가? 누가 조금의 허점조차 허락하지 않는 정의를 제시할 수 있는가? 나는 그런 정의를 내리는 것은 불가능하다고 생각한다. 이로 미루어 내가 말하고자 하는 것은, 언론의 자유에 대해 어떠한 훌륭한 선언이 헌법에 들어간다 하더라도 결국은 전적으로 여론에, 그리고 국민과 정부의 일반적인 의식에 달려 있다고 생각한다.[9] 그리고 다른 곳에서도 언급했듯이, 결국은 우리의 모든 권리의 유일하고 확고한 기반은 오직 여론에서 찾을 수 있는 것이다.

이 문제에 대한 결론에 이르기 전에 아직 하나의 견해가 더 남아 있다. 여러 가지 주장에도 불구하고, 헌법은 그 자체만으로도 어떤 합리적인 의미에서나, 또 어떤 유용한 목적을 위한 것이거나 실제로 하나의 권리장전과 다름없

---

9) 언론의 자유에 영향을 미칠 수 있는 권한이 제안된 헌법의 내용에 있다는 점을 과세권을 빌어 지적하기도 한다. 즉, 출판물에 대해 매우 높은 세금을 부과함으로써 사실상 출판 금지의 효과를 갖게 될 수 있다는 것이다. 나는 주 헌법에서 언론의 자유를 선언함으로써 주의 입법부가 출판물에 대해 과세하는 것을 막을 수 있다는 주장이 어떤 논리에서 비롯된 것인지 잘 모르겠다. 비록 그 액수가 적어도, 어떤 종류의 세금이라도 언론의 자유를 침해한다고는 할 수 없다. 영국에서도 신문은 과세의 대상이 되지만, 영국만큼 언론의 자유를 누리는 곳은 없다. 또한 만약 언론의 자유를 침해하지 않고 어떤 종류의 세금이라도 부과할 수 있다면, 그 세금의 규모는 여론에 의해 통제될 수밖에 없는 의회의 재량에 따라 결정될 것은 분명하다. 그러므로 결국 언론의 자유에 대한 일반적 선언은 그런 선언이 없을 경우와 비교해 언론의 자유에 대한 보장에 큰 변화를 줄 수 없을 것이다. 이러한 선언을 포함하고 있는 주 헌법에서도, 이런 선언이 없는 제안된 헌법에서와 마찬가지로 과세라는 수단을 통해 언론의 자유에 대한 침해가 초래될 수도 있을 것이다. 정부는 자유로워야 하고, 세금은 과도해서는 안 된다라는 점들을 선언하는 것은, 언론의 자유가 제한되어서는 안 된다고 선언하는 것만큼 중요할 것이다. _푸블리어스

다는 것이다. 영국에서는 몇 개의 권리장전이 영국 헌법을 구성하며, 반대로 각 주의 헌법은 그 주의 권리장전이다. 그리고 만약 채택된다면 제안된 헌법은 연방의 권리장전이 될 것이다. 정부의 구조와 운영에서 국민의 정치적 기본권을 규정하고 선포하는 것이 권리장전의 목적이 아니었을까? 만일 그렇다면, 그것은 헌법안에서 지극히 충분하고 엄밀하게 이루어지고 있으며, 어떤 주의 헌법에서도 찾아볼 수 없는 공공의 안전을 위한 다양한 예방책을 포함하고 있다. 권리장전의 또 다른 목적은 개인적이고 사적인 관심사와 관련된 일정한 면책과 소송절차를 규정하는 것이 아니었을까? 이것 또한 앞서 살펴보았듯이 헌법안에서 여러 경우에 따라 배려되고 있다.[10] 따라서 권리장전이 갖는 실질적인 의미에 유의한다면, 헌법안에 권리장전이 포함되어 있지 않다는 것은 터무니없는 것이다. 그것을 밝히기는 쉽지 않겠지만, 헌법안이 권리장전을 충분히 도입하지 않았다고 말할 수 있을지도 모른다. 하지만 헌법안에는 권리장전이 없다는 등의 주장을 하는 것은 적절하지 않다. 만약 국민의 권리를 정부를 수립하는 수단, 즉 헌법의 어딘가에서 찾을 수 있다면 그런 권리를 선언하는 순서가 어떻게 되든 그것은 별 문제가 되지 않을 것이다. 따라서 권리장전이 헌법안에 없다는 것에 대해 반대파들이 말해왔던 많은 것들은, 사안의 본질과는 무관한, 단지 표현이나 형식적인 차이에 근거하고 있음이 분명하다.

헌법안에 대한 반대론 중에는, 그것이 자주 반복되어 주장되어 왔기 때문에 마치 그것이 사람들의 신뢰를 받고 있는 것처럼 당연히 여겨지는 것으로 다음과 같은 것이 있다. 헌법안에서 제안된 것과 같은 막대한 권한을 중앙정부, 즉 연방정부에 부여하는 것은 적절하지 못하다. 왜냐하면 중앙정부의 소재지가 부득이하게 많은 주들과 너무 멀리 떨어진 곳에 위치하고 있어서 선거구민들로서는 그들의 대표 기구가 하는 일에 대해 적절한 정보를 얻기가 어렵

---

10) 페이퍼 80번과 83번 참고.

다는 것이다. 이런 주장이 증명할 수 있는 것이 있다면 그것은, 어떤 형태이건 중앙정부는 존재해서는 안 된다는 것이다. 합중국에 부여된 권한은 적절하게 통제되지 않는 기구에는 안전하게 맡길 수 없다는 것은 모두가 인정하고 있다. 하지만 이 반대론의 근거가 부족하다는 것을 보여주는 충분한 이유가 있다. 왜냐하면 거리가 멀다는 것과 관련하여 제기되는 대부분의 주장은 명백한 착각에서 비롯된다는 것이 그 이유다. 그렇다면, 뉴욕주 의회의 소재지에서 멀리 떨어져 있는 몽고메리 카운티의 주민들이 그들의 대표의 주 의회 활동에 대해 판단할 수 있는 정보의 출처는 도대체 무엇이겠는가? 개인적으로 직접 판단할 수 있는 경우는 의회가 소재하는 지역의 사람들에 한해서만 가능할 것이므로, 그들은 자신들이 신뢰할 수 있는 총명한 사람들의 정보에 의존하지 않을 수 없다. 그렇다면 그 총명한 사람들은 어떻게 그 정보를 얻을 수 있을까? 각종 공개적인 수단에 의한 것임은 분명하다. 즉, 신문 같은 공공 간행물, 그들의 대표들과의 서신, 주 의회 근처에 거주하는 사람들과의 연락 등을 통해서 정보를 얻을 것이다. 이런 사실은 단지 몽고메리 카운티에만 국한된 것이 아니라 주 정부의 소재지로부터 멀리 떨어져 있는 모든 카운티에 해당된다.

주 정부에 대한 정보와 마찬가지로, 국민들은 자신들의 연방정부 대표들의 활동에 대한 정보를 같은 출처를 통해 얻을 수 있을 것이 분명하다. 그리고 거리 때문에 생길 수 있는 신속한 정보교환에 대한 장애물들은 주 정부들의 연방정부에 대한 부단한 감시의 효과에 의해 충분히 극복될 것이다. 각 주의 행정부와 입법부는 연방행정부의 모든 부처에 근무하는 자들에 대한 감시인이 되고, 정기적이고 효율적인 정보 체계를 도입하고 추진할 권한을 가지게 될 것이므로 연방의회에서 그들의 선거구민을 대표하는 자들의 행동거지를 쉽게 파악할 수 있고, 따라서 주민들에게 그러한 정보를 쉽게 전달할 수 있을 것이다. 그들은 다른 지역이 자신들의 지역사회의 이익을 위협하는 일이 있다면 어떤 것이라도 즉각 알리려고 하는 성향이 있는데, 그것이 그들 간의 권력 경쟁에서 야기된 것이라 할지라도 일단 국민들은 그들을 신뢰할 수는 있을 것이다. 이와 같은 이유로, 우리는 전적인 확신을 가지고 다음과 같은 결론을 내릴 수 있다. 국민들은 그들이 지금 가지고 있는 모든 수단을 통해 주 대표들의 활동에 대해 알 수 있는 것보다, 위와 같은 경로를 통해 오히려 연방 대표들의 활동 상황에 대해 더 잘 알 수 있게 될 것이다.

또한 정부 소재지나 그에 가까운 지역에 거주하는 시민들도 멀리 떨어진 곳에 사는 사람들과 똑같이 보편적인 자유와 번영에 영향을 미치는 모든 문제에 관심을 갖고 필요할 경우 경종을 울릴 준비가 언제든지 되어 있으며, 사악한 계략의 행위자들이 누구인지 밝혀 줄 것이다. 신문과 같은 공공 간행물도 합중국의 가장 외진 지역의 거주자들에게 신속한 정보의 전달자 역할을 할 것이다.

제안된 헌법에 대한 여러 가지 이상한 반대론 중에서도 가장 터무니없고 또 가장 그럴듯하지 않은 것은, 현재의 연합정부가 국민에게 갚아야 할 채무에 관련된 규정이 없다는 것이다. 이것은 연합정부가 묵시적으로 채무를 저버리고 공공채무 불이행자들을 은닉시켜 구제해 주기 위한 사악한 계략으로 여겨져 왔다.[11] 신문들도 이런 제목의 자극적인 비난으로 넘쳐났다. 하지만 이런 주장은 전혀 근거가 없는 것으로, 극단적인 무지이거나 극단적인 거짓의

---

11) 새헌법이 비준되기 전 영국과의 전쟁기간 동안 주 정부들과 연합정부는 전쟁 비용의 조달을 위해 공채, 즉 채권과 신용증권을 발행했다. 이러한 공채를 보유한 많은 수의 국민들은 주 정부나 연합정부, 혹은 둘 모두에 대한 채권자였다. 따라서 그들은 새헌법에 의해 새 정부가 세워질 경우 발생할지 모르는 주 정부들과 연합정부의 채무 불이행에 대한 많은 우려를 가지고 있었다. 여기서 해밀턴이 지목하는 공공채무(국가채무) 불이행자들은 문맥 상 주로 주 정부들을 의미한다고 볼 수 있다. 한편 1789년 새 정부, 즉 연방정부의 출범과 함께 초대 재무장관에 임명된 해밀턴은, 1789년 이전에 주 정부들과 연합정부가 공채를 발행하여 생긴 부채를 연방정부가 그 공채를 사들이는 방식으로 상환해 주는 방안을 제안하게 된다. 이 제안은 1790년 연방의회가 자금조달법(The Funding Act)을 통과시킴으로써 실현될 수 있었으며, 그로 인한 비용은 연방정부가 새로운 공채를 발행함으로써 해결되었다. 페이퍼 38번의 각주 19), 페이퍼 44번의 각주 3) 참고.

소산임이 틀림없다. 나는 이 문제에 대해 다른 곳12)에서 이미 언급한 내용에 다음과 같이 덧붙이고자 한다. "국가는 그 정부 형태가 변화되었다고 해서 그 권리의 어떤 것도 상실하지 않으며, 또한 그 어떤 의무로부터도 면제되지 않는다."13) 이것은 명백한 상식에 따른 것이며, 또한 정치적 규칙의 확립된 원리이기도 하다.

나름 중요하다고 지금 생각이 드는 마지막 반대론은 연방정부의 비용에 관한 것이다. 헌법안의 채택으로 수립될 연방정부가 상당한 비용의 증가를 초래할 것이 사실이라고 해도, 그것은 헌법안에 대해 중요한 반대의 이유가 될 수 없다.

아메리카의 시민 대다수는 합중국이 자신들의 정치적 행복의 기반이라는 것을 당연히 알고 있다. 아주 소수의 예외를 제외하면, 당파에 관계없이 모든 부류의 상식 있는 사람들은 합중국은 혁신적인 변화 없이는 현재의 연합체제에서 유지될 수 없다는 데 동의하고 있다. 또한 새롭고 보다 포괄적인 권한이 중앙정부에 부여되어야 하지만, 이와 같은 엄청난 권한을 위탁하기에는 단일 정부 체제는 위험하므로 지금까지와는 다른, 주 정부들과 권한을 나누게 될 연방정부 형태의 조직이 필요하다는 데도 역시 동의하고 있다. 이 모든 것을 인정한다면 비용의 문제는 감수해야만 한다. 왜냐하면, 어느 정도의 안전을 확보하면서 새로운 체제를 좁은 기반에 세우는 것은 불가능하기 때문이다. 예를 들면, 입법부의 양원의 수는 처음에 단지 65명14)으로 구성될 것이므로,

---

12) 페이퍼 43번.

13) Rutherford, *Institutes*, Vol. 2, book II, chapter X, Section XIV와 XV 참조. 그리고 Grotius, *On the Laws of War and Peace*, book II, Chapter IX, Section VIII과 IX 참조. _푸블리어스

14) 새헌법에 따르면, 연방정부의 상원은 각 주에서 2명씩 선출되는 26명으로 구성되고, 하원은 인구 비례에 의해 13개 주에서 선출되는 65명으로 구성되므로 연방정부 제1차 의회(1789~1791)의 상원의원과 하원의원의 총수는 91명이 된다. 따라서 상원과 하원이 65명으로 구성된다는 해밀턴의 설명은 단순한 실수이거나, 혹은 반복해서 새 정부의 총의원 수를 줄여 말함으로써 비용의 증가가 부각되는 것을 피하려는 의도였을 가능성도 있다.

이는 현재의 연합체제에서 구성되는 연합의회의 대표 수와 같다. 연방의회의 의원 수가 장차 늘어날 예정인 것은 사실이지만, 그것은 인구 및 국가의 재원 증가와 보조를 맞추게 될 것이다. 그러나 이보다 적은 의원 수는 국민의 자유에 안전하지 않을 것이며, 인구가 증가된 상황에서도 처음의 수를 그대로 유지한다면 국민을 충분히 대표할 수 없을 것이다.

그렇다면 우려되는 비용의 증가는 어디에서 발생하는가? 그것은 새로운 정부하에서 관직의 증가에 의한 것이라는 지적이 있는데, 이 문제를 좀 더 자세히 살펴보자.

현재의 연합정부의 중요한 행정 부처와 동일한 부처들이 새 정부에서도 필요할 것은 확실하다. 현재는 전쟁장관, 외무장관, 내무장관이 있고 출납관,[15] 출납 보좌관, 그리고 서기 이렇게 3명으로 구성된 재무위원회 등이 있다. 이 관리들은 어떤 정부 체제에서도 없어서는 안 될 것이며 또한 새로운 정부에서도 필요하게 될 것이다. 제안된 헌법은 외국에 주재할 대사와 공사 그리고 기타 외교사절들에 관해서는 그들을 근무지에서 더 품위 있게 만들고, 그들의 업무를 더 유용하게 만드는 것 외에는 어떤 변경도 하지 않았다. 세입의 징수에 고용될 사람들로 인해 연방정부 관리의 수가 상당수 늘어날 것은 사실이나, 그 때문에 반드시 공공 비용의 증가가 초래될 거라고는 볼 수 없다. 대부분의 경우 주의 관리들을 연방정부의 관리들로 교체하는 것에 지나지 않을 것이기 때문이다. 예를 들어 관세의 징수를 위해 고용된 모든 사람들은 전

---

15) 연합체제에서는 행정부가 없었기 때문에 재무부가 없었고 대신 재무위원회가 있었다. 재무위원회의 관리인 출납관(Treasurer)은 연방정부가 수립되면서 생긴 재무장관(Secretary of the Treasury)과는 다른 관직이었다. 영국과의 전쟁을 위한 비용 충당을 위해 각 주로부터 할당금을 거두는 것이 재무위원회의 가장 주된 업무였다. 1789년 새헌법의 채택으로 연방체제가 시작되면서 재무부가 설립되었고, 초대 대통령 조지 워싱턴에 의해 알렉산더 해밀턴이 초대 재무장관에 임명되었다. 현재 연방정부 재무부의 Treasurer는 출납국장을 지칭하며 장관과 차관 다음의 고위직이다. 출납국장의 가장 주된 업무는 연방조폐국을 관리하고 감독하는 것이다. 전쟁 중의 각 주의 할당금은 페이퍼 7번 참고.

적으로 연방의 관리가 될 것이다. 각 주는 관세 징수를 위한 어떤 관리도 필요하지 않게 될 것이기 때문이다.[16] 관세를 징수하기 위해 관리들에게 지불하는 비용의 측면에서 보면, 그 세무 관리들이 각 주에 의해 임명되든 연방정부에 의해 임명되든 무슨 차이가 있겠는가? 연방정부의 세무 관리들의 인원수나 급여가 주의 경우보다 많을 것으로 생각할 어떤 타당한 이유도 없다.

반대파들은 우리에게 막대한 규모의 비용 증가를 제시하고 있는데, 그렇다면 그 증가를 초래할 추가적인 지출에 대한 항목은 과연 무엇인가? 내가 생각할 수 있는 주요 항목이라고 하면 연방의 법관을 유지하는 데 드는 비용이다. 대통령을 여기에 추가시키지 않는 것은, 현재 연합의회의 의장에 드는 비용은 연방정부의 대통령으로 인해 발생하는 비용보다 조금 적다 하더라도 크게 적지는 않을 것이기 때문이다. 법관을 유지하는 데 드는 비용은 분명히 종래에는 없었던 추가 비용이다. 그러나 어느 정도의 액수가 필요할지는 이 문제에 대해 장래 채택될 구체적인 계획에 의해 좌우될 것이다. 어쨌든 합리적인 방안에 근거한다면, 그 비용은 크게 문제가 될 만한 액수에는 이르지 않을 것이다.

이제부터는 제안된 연방정부의 수립에 따를 추가 비용을 상쇄해줄 수 있는 것에는 무엇이 있는지를 살펴보기로 하자. 첫째, 현재 연합의회를 연중 개회해 처리하는 업무의 상당 부분이 대통령에 의해 처리될 것이다. 심지어는 외국과의 협상도 상원과 협조하고 상원의 최종적 동의를 얻어야 한다는 일반적인 원칙에 따라 자연스럽게 대통령에게 맡겨질 것이다. 그러므로 1년이라는 기간 중 일부만으로도 상원과 하원의 회기는 충분할 것이며, 하원의 경우는 3개월, 상원의 경우는 4개월 내지는 6개월 정도로 예상할 수 있다. 상원의 회기가 더 길어야 하는 이유는 조약이나 임명에 대한 조언과 동의라는 추가적

---

16) 새헌법에서 수출입에 대한 관세의 부과와 징수의 권한은 연방정부의 독점적 권한으로 규정하고 있기 때문이다. 페이퍼 32번 참고.

인 직무가 있기 때문이다. 이런 상황으로 미루어 볼 때, 하원의원의 수가 현재의 수보다 대폭 증가할 때 까지 연방의회는 1년 중 일부 기간만의 개회로 충분하기 때문에, 상시 개회해야 하는 기존의 연합의회에 비해 상당한 비용이 절약된다고 생각해도 무방할 것이다.

그러나 절약이라는 측면에서 볼 때 또 다른 중요한 사정이 있다. 이제까지 연합의회는 물론 주 입법부까지 합중국의 업무에 매달려야 했다. 연합의회는 비용을 각 주에 할당하고 각 주는 할당된 비용을 제공해야만 했다. 그래서 주 입법부의 회기는 주의 단순한 지역적 업무를 실행하는 데 필요한 기간 이상으로 연장되어 왔고, 주 입법부 회기의 절반 이상이 종종 합중국의 업무와 관련된 안건에 사용되었다. 현재 각 주 입법부를 구성하는 의원들의 총수는 2,000명 이상에 이른다. 지금까지 이 인원이 수행한 일들이 새로운 연방체제에서는 처음에는 65명[17]에 의해 수행될 것이며, 후에 그보다 늘어난다고 해도 그 수는 주 입법부 총의원 수인 2,000명의 4분의 1 또는 5분의 1을 넘지 않을 것이다. 제안된 정부의 연방의회는 주 의회의 개입없이 합중국의 모든 업무를 스스로 처리할 것이다. 따라서 주 의회는 각 주의 사안만 처리하면 될 것이므로 지금과 같이 장기간에 걸쳐서 개회할 필요가 없어질 것이다. 주 의회의 회기가 단축되는 것은 명백히 이득이 되며, 이것만으로도 새로운 체제의 채택에 의해 발생할 수 있는 추가적 비용에 상당하는 정도의 절약 항목이 될 것이다.

이제까지 살펴본 결과, 제안된 헌법이 채택됨에 따라 발생되는 추가 비용은 생각했던 것보다는 훨씬 적을 것이며, 게다가 상당한 절약 항목에 의해 상쇄될 것이다. 추가 비용과 절약 항목을 저울에 걸면 어느 쪽으로 기울지는 모르겠지만, 비용이 적게 드는 정부는 분명 연방의 목적을 달성하기에는 부족한 정부가 될 것이다.

푸블리어스

---

17) 이 페이퍼, 각주 14) 참고.

THE FEDERALIST

No. 85

『매클린 에디션』제2권, 1788년 5월 28일 알렉산더 해밀턴

뉴욕주 시민들에게

내가 첫 번째 페이퍼에서 이 논설들의 주제를 구분한 형식에 따르면, 다음의 두 가지가 아직 논의되지 않고 남아 있는 것 같다. 즉 "제안된 정부와 여러분 자신의 뉴욕주 헌법과의 유사성"과 "새헌법의 채택이 제공할 공화정체와 자유 및 재산에 대한 추가적인 보장"이 그것이다. 그러나 이런 주제들은 지금까지의 이 페이퍼들에서 충분히 논의되었기 때문에, 지금은 앞서 말한 내용을 한층 더 상세한 형태로 반복하는 것에 그쳐야 할 것 같다. 그리고 지금까지 소요된 시간을 생각할 때 그리고 헌법 비준이 임박한 지금, 이 이상의 논의는 삼가야 한다고 생각한다.

헌법회의가 제안하고 있는 헌법안과 뉴욕주의 정부를 조직하는 법, 즉 뉴욕주 헌법을 비교해 보면, 헌법안은 실질적인 장점뿐만 아니라 예상되는 결점에 있어서도 뉴욕주 헌법과 유사하다는 것이 눈에 띈다. 헌법안의 결점이라고 추측할 수 있는 것 중에는 최고행정관의 재임 가능성, 행정평의회의 부재, 공식적인 권리장전의 누락, 언론의 자유에 관한 규정의 누락 등이 있다. 이런 문제들과 앞의 페이퍼들에서 지적되었던 문제들은 현재 뉴욕주의 헌법에서도 마찬가지로 찾아볼 수 있다. 헌법안의 어떤 결함에 대해 비난하면서 뉴욕주 헌법의 같은 결함에 대해서는 기꺼이 용납하는 사람이 있다면 그는 일관성이 별로 없다는 것을 인정해야 할 것이다. 우리 중에는 자신을 뉴욕주 헌법의 열렬한 찬미자라고 자인하면서도 헌법안을 맹렬하게 반대하는 사람들이 있

다. 뉴욕주 헌법이 똑같이 가지고 있는 문제점이나 혹은 그보다 더한 문제점에 대해, 오로지 새 헌법안만을 맹렬하게 공격하는 것은 그들이 얼마나 부정직하고 위선적인지를 가장 잘 보여주는 확실한 증거일 것이다.

현재 논의 중인 헌법안을 채택함으로써 얻을 수 있는 공화정체와 자유 그리고 재산에 대한 추가적인 보장은 다음과 같은 것들이다: 합중국이 유지되면 지역적 당파나 소요를 억제할 수 있고, 또 각각의 주에서 지도자들이나 인기 있는 사람들이 독재자가 되기에 충분한 신뢰와 영향력을 확보할 수 있는 개인적 야심을 억누를 수 있다; 기존 연합의 해체로 인해 초래되기 쉬운 외국의 음모 가능성을 줄이게 된다; 연합이 분열된 상황에서 주들 간의 전쟁으로부터 초래될 수밖에 없는 군비 확장을 방지하게 된다; 각 주의 공화정체를 확실하게 보장하게 된다; 귀족의 칭호를 전면적이고 전체적으로 배제하게 된다; 재산과 신용의 기초를 허물어버리고, 모든 시민에게 상호 불신을 심고, 또한 도덕의 거의 전면적인 붕괴를 초래한 주 정부의 관행이 반복되는 것을 예방해 준다.

그러므로 동료 시민 여러분, 나는 내 자신에게 스스로 부여한 과제를 완수했으며, 그 성공 여부는 여러분의 행동에 따라 결정될 것이다. 그러나 적어도 내가 이 페이퍼들을 쓴 노력에 담은 취지를 여러분에게 확신시키는 데 실패하지 않았음을 인정해 주리라 믿는다. 나는 오직 여러분의 판단에 호소해 왔으며, 모든 당파의 정치 논객들을 비하하기 쉬운 표현과, 새헌법의 반대자들의 언동과 행동에서 적지 않게 볼 수 있었던 거친 언사는 애써 옮겨 적지 않았다. 헌법안의 지지자들에게는 국민의 자유에 반하는 음모를 꾸민다는 비난이 무차별적으로 가해졌다. 그런 비난은 너무 부당하고 악의적이기에, 그런 모욕에 대해 반박하고자 하는 사람들은 가슴속에 품고 있던 분노가 자극될 수밖에 없었다. 모든 지각 있는 사람들의 혐오심을 불러일으킬 정도로, 부유한 자들, 명문가 출신, 또한 훌륭한 사람들에게 끊임없는 변화가 강요되었다. 대중으로부터 진실을 감추기 위한 부당한 은폐와 기만이 다양한 방법으로 저질러졌고, 이는 모든 공정한 사람들의 비난을 받아 마땅한 짓이었다. 이러한 상황으로 인해 나도 때로는 의도하지는 않았음에도 표현의 절제력을 잃은 경우도 있었으며, 사실 감정과 절제 사이에서 종종 갈등을 겪곤 했다. 경우에 따라 감정이 앞선 적이 있었지만 그렇게 자주는 아니었고 격렬하지도 않았다고 굳이 변명하고 싶다.

이제 잠시 멈추어, 이 페이퍼들을 통해 제안된 헌법안은 그에 대해 쏟아진 비방으로부터 과연 충분히 그 정당성을 입증했는지, 그리고 새헌법이 대중의 승인을 받을 만한 가치가 있는지, 또한 공공의 안전과 번영을 위해 필요한 것임을 입증했는지, 우리 자신에게 물어보기로 하자. 모든 사람은 자신의 최상의 양심과 지각에 따라 이 질문에 스스로 답해야 하며, 자신의 진실하고 냉철한 판단에 따라 행동해야 한다. 이는 그 무엇으로도 면제될 수 없는 각자의 의무이며, 사회의 유대를 형성하는 모든 책무가 우리 모두에게 그 의무를 성실하고 정직하게 이행할 것을 요구하고, 아니 오히려 강요하고 있다. 그 어떤 편협한 동기, 특수한 이익, 의견에 대한 자만, 일시적인 감정이나 편견에 의해서도 자신이 해야 할 역할을 잘못 선택하는 것은 자신과 조국 그리고 후손에게 정당화될 수 없다. 누구나 당파에 대한 완고한 집착을 인식해야 하며, 그가 지금 선택해야 하는 문제는 사회 일부의 특정 이익이 아닌 국가의 존속 그 자체에 대한 것임을 명심해야 한다. 그리고 지금 승인하거나 거부해야 할 헌법안에 대해 아메리카의 과반수가 이미 승인했다는 것을 잊어서는 안 된다.[1]

제안된 체제를 채택하도록 여러분에게 권하는 이 논의에 나는 전적으로 자신을 가지고 있으며, 또한 헌법안에 반대하는 논의에서는 어떤 진정한 설득력도 찾아볼 수 없다는 것도 숨기지 않겠다. 나는 또 제안된 헌법이 우리의 정치적 상황과 관습 그리고 견해가 수용할 수 있는 최선의 것이며, 혁명, 즉 독

---

1) 해밀턴이 이 페이퍼, 즉 85번을 집필하고 있을 당시에는 13개 주 가운데 7개 주가 헌법을 비준한 상태였다. 하지만 페이퍼 78번부터 85번이 책으로 출판된 1788년 5월 28일 당시에는 헌법을 비준한 주가 8개 주로 늘었다.

립전쟁이 낳은 그 어떤 헌법보다 뛰어나다고 믿는다.

헌법안의 지지자 측에서 이 헌법안이 절대적으로 완벽한 것이 아니라고 양보한 것은 그 반대자 측에는 적지 않은 승리감을 주고 있다. 반대자들은 말한다. "왜 우리가 불완전한 것을 채택해야 하는가? 왜 변경이 불가능해지기 전에 미리 그것을 수정하여 완전하게 만들지 않는가?" 이런 질문은 꽤 그럴듯하게 들릴지 모르지만, 단지 그럴듯할 뿐이다. 우선 나는, 헌법안 지지자들의 양보의 정도가 크게 과장되어 왔다는 것을 말하고 싶다. 마치 헌법안은 치명적인 결함을 가지고 있어 실질적인 변경을 하지 않으면 사회의 권리와 이익을 안전하게 맡길 수 없다는 것을 마치 그 지지자들이 인정한 것처럼 알려진 것이다. 그러나 그런 양보를 한 사람들의 진의를 내가 이해하는 한, 반대자들은 그들이 의도하는 바를 완전히 왜곡하고 또 악용하는 것이다. 새헌법의 지지자들은 누구라도, 새로운 체제가 모든 부분에서 완벽하다고 할 수는 없지만 전체적으로는 훌륭하며 현재의 여론이나 상황이 허락할 수 있는 최선의 것이고, 합리적인 사람들이 갈구하는 모든 종류의 안전을 약속해 주는 것이라고 단언할 것이다.

다음으로 나는, 완벽한 헌법안을 비현실적으로 추구함으로써 우리 국가의 불안한 상황을 오래 끌어, 합중국을 계속적인 시련의 위험에 빠뜨리는 것은 극도로 무모하다고 생각한다. 불완전한 인간으로부터 완전한 것을 결코 기대할 수는 없는 것이다. 모든 집단의 숙고의 결과물은 그 집단을 구성하는 개개인의 건전한 상식과 지혜뿐만 아니라 실수와 편견을 포함하지 않을 수 없다. 13개의 다른 주를 우호와 결합의 유대 안에 포용하는 계약은 필연적으로 상이한 여러 이해관계와 성향의 타협일 수밖에 없다. 이런 다양한 구성요소들로부터 어떻게 완벽함을 얻을 수 있겠는가?

최근의 헌법회의는 만족스러운 성과를 내기에 유리한 상황에서 소집되었고 숙의를 거쳐 새헌법의 제정이라는 결론에 이를 수 있었다. 그런데 최근 뉴욕시에서 간행된 훌륭한 내용의 한 소책자[2])는 그와 같은 유리한 상황에서 헌법을 제정하기 위한 회의를 다시 소집하는 것은 전혀 불가능하다는 점을 반박의 여지없이 확실히 보여주고 있다. 그 소책자는 많이 배포되어 읽혔다고 생각하기 때문에 여기서 다시 그 내용을 반복하지는 않겠다. 자신의 나라를 지지하는 사람이라면 그 소책자는 정독할 가치가 충분히 있다고 생각한다. 그렇지만 아직도 헌법의 수정에 대한 사항이 논의되지 않았고, 그중 대중에게는 아직 생소한 부분이 있는데, 그것에 대해 먼저 살펴보지 않고는 나는 아직 이 페이퍼를 끝낼 수 없을 것 같다.

헌법은 그것이 비준되기 이전에 수정하는 것보다 그 이후에 수정하는 것이 훨씬 용이하리라는 것은 확실해 보인다. 현재의 헌법안에 변경을 가하는 순간, 그것은 전혀 새로운 헌법안이 되어버리기 때문에 그 채택을 위해서는 각 주에서 다시 비준되어야만 한다. 그러므로 합중국 전체에 걸쳐 헌법이 완전히 확정되기 위해서는 13개 주의 동의가 필요하게 될 것이다. 만약 그와 반대로, 모든 주가 제안된 헌법안을 현재의 상태 그대로 비준한다면, 그에 대한 수정은 그 후 어느 때라도 9개 주에 의해 이루어질 수 있다. 따라서 추후 수정의 가능성은 미리 헌법안을 바꿔 새로운 헌법안을 채택하는 것에 비해 13 : 9의 비율로 유리하게 된다.[3]

이것이 전부는 아니다. 합중국의 헌법은 매우 다양한 항목들로 구성되지

---

2) 그 제목은 "An Address to the People of the State of New-York"이다. _푸블리어스;

이 소책자(pamphlet)의 저자는 "페더럴리스트 페이퍼스"를 게재한 세 명의 저자 중 한 명인 존 제이(John Jay)이며, 원 제목은 "An Address to the People of the State of New-York on the Subject of the Constitution, Agreed Upon at Philadelphia, the 17th of September, 1787"이다. 이 글은 제안된 헌법을 지지하는 가장 강력한 주장들을 요약하고 있으며, 존 제이가 페이퍼 64번을 발표한 1788년 3월 5일과 그가 뉴욕시에서 일어난 폭동사건(1788년의 Doctors' Riot)에서 심한 부상을 입은 1788년 4월 중순 사이에 쓰인 것으로 추정된다. 1788년 4월에 처음 'A Citizen of New York'이라는 필명으로 발표되었으나 발행처는 분명하지 않다. 2개월 후인 1788년 6월에는 ≪아메리칸 뮤지엄(The American Museum)≫에 게재되었다.

3) 사실은 13 : 10이라고 해야 할 것이다. 왜냐하면 수정 발의를 위해서는 전체 주의 3분의 2가 필요하지만, 비준에는 4분의 3이 필요하기 때문이다. _푸블리어스

않을 수 없고, (헌법이 비준되기 전에 수정할 경우) 이 항목들에서 13개의 독립적인 주들의 이해관계나 견해가 조정되어야 할 것이다. 물론 헌법안 제정의 임무를 맡고 있는 사람들 사이에서는 서로 다른 문제에 대해 서로 다른 연대가 생길 수 있을 것이다. 어느 한 문제에 대해서는 다수를 형성하는 사람들의 대부분이 두 번째 문제에서는 소수가 될 수 있고, 세 번째 문제에서는 이 둘과 다른 완전히 새로운 다수가 형성될 수도 있다. 따라서 전체 헌법안의 모든 항목을 계약의 모든 당사자들을 만족시킬 수 있는 그런 형태로 만들고 조정하는 것이 필요하다. 이로 인해, 최종적 결의에 대해 전체의 동의를 얻는 데는 엄청난 어려움과 희생이 뒤따르게 될 것이고, 항목의 수와 당사자들의 수가 증가함에 따라 어려움도 명백히 증가할 수밖에 없다.

그러나 일단 헌법이 확정된 이후의 수정은 별개의 특정한 수정 조항이 될 것이며 개별적으로 제시될 것이다. 그렇게 되면 다른 쟁점과 관련된 조정이나 타협의 필요도 없고 또한 거래할 필요도 없게 될 것이다. 헌법 수정에 필요한 인원의 의지는 곧 그 사안을 중요한 쟁점으로 만들게 될 것이다. 결과적으로 9개 또는 10개 주가 연합해 특정한 수정을 원한다면, 수정은 반드시 이루어질 수밖에 없다. 그러므로 헌법 채택 이후의 수정은 처음부터 완벽한 헌법을 제정하는 것과는 비교할 수 없을 정도로 용이할 것이다.

채택 이후의 헌법 수정의 가능성에 대한 반대 의견으로서, 중앙정부의 운영을 위임받은 사람들은 그들이 일단 보유한 권한의 어떤 부분도 포기하지 않으려 할 것이라는 주장이 제기되어 왔다. 내가 생각하기에는, 충분하게 고려되어 유용하다고 생각되는 헌법의 수정안은 정부 조직에 관한 것이지 그 권한의 크기에 관한 것이 아니라고 확신하기 때문에, 이런 이유로만 볼 때 위의 주장은 그다지 설득력이 없다고 생각한다. 그들의 주장에 설득력이 없는 데에는 또 다른 이유가 있다. 연방의 통치자들이 통상적인 수준의 공공복지와 지역사회의 이익에 대한 관심과 성실성을 가지고 있으리라는 기대 이외에도, 13개 주를 통치하는 데 있어서의 본질적인 어려움이, 연방의 통치자들로 하여금 선거구민들의 합리적 기대에 순응해야 할 것을 끊임없이 강요할 것이라는 데 있다. 또한, 헌법 채택 이후의 수정 가능성에 대한 부정적 의견이 헛된 것임을 확실히 입증할 한층 더 중요한 이유가 있다. 그것은 9개 주가 동의할 경우 연방 통치자들에게는 헌법 수정에 관련해 선택의 여지가 없다는 것이다. 헌법안의 제5조를 보면 연방의회는 "전체 주의 3분의 2(현재로서는 9개주) 이상의 주 의회의 요청이 있을 때에는 수정안 발의를 위한 헌법회의를 소집해야 한다. 수정안이 전체 주의 4분의 3 이상의 주 의회에 의하여 비준되거나, 또는 전체 주의 4분의 3 이상의 주에서 각각 소집한 헌법회의에 의하여 비준되는 때에는 사실상 이 헌법의 일부로서 효력을 발생한다." 이 조항의 어조는 절대적이다. 연방의회는 "헌법회의를 소집해야 한다." 이 조항 어디에서도 연방의회의 재량의 여지는 찾아볼 수 없다. 따라서 연방의회가 변화를 꺼려 헌법 수정에 응하지 않을 것이라는 어떤 열띤 주장도 헛되이 사라질 수밖에 없다. 지역적 이해관계에 영향을 미칠 수 있는 수정안에 대해서는 주 의회의 3분의 2 또는 4분의 3을 결속하기 어려울지는 모르지만, 국민의 보편적 자유와 안전에 관련된 문제에 대해서는 합중국에서는 그러한 어려움을 전혀 염려할 필요가 없다. 우리는 중앙정부의 권한침해에 대항하여 주 입법부가 이를 저지하려는 기질을 충분히 신뢰할 수 있기 때문이다.

만약 위의 논의가 잘못되었다면, 내 자신에게 스스로 기만당하고 있다고 할 수 있을 것이다. 헌법 수정과 관련된 문제는 정치적 진실을 단순히 수학적으로 증명할 수 있는 드문 경우에 해당하기 때문이다. 아무리 헌법이 채택되기 전에 그 수정을 원하는 사람일지라도, 만일 나와 같은 관점에서 이 문제를 보게 된다면, 우선 헌법을 채택하는 것이 그들의 목표에 이르는 가장 빠른 길이라는 데 틀림없이 동의할 것이다.

어느 견실하고 탁월한 저술가의 다음 의견에 기꺼이 동의한다면, 헌법이 확정되기 이전에 수정해야 한다는 열의는 분명 약해질 것이다. "그것이 군주정이든 공화정이든, 보편적 법률에 입각해 광대한 국가나 사회의 균형을 유지하는 일은(그가 말하기를) 너무도 어려워서 아무리 철저하고 능력이 있다고 해도 오직 이성과 성찰에 의한 인간의 능력만으로는 달성할 수 없다. 그 과업에는 많은 사람들의 판단이 결합되어야 하고, 노력은 경험에 의해 바른 길로 인도되어야 하며, 그 과업의 완성에는 이런 것들에 더해 절대적인 시간이 필요하고, 처음의 시도와 시험에서 불가피하게 저지를 수 있는 실수는 불편을 겪음으로써 바로 잡혀야 한다."[4] 이 현명한 성찰은 합중국을 진정으로 사랑하는 모든 사람에게 중용의 교훈을 준다. 또한 오직 시간과 경험을 통해서만 얻을 수 있는 것을, 무정부 상태, 내란, 주들의 영구적인 상호 분리, 심지어 의기양양한 선동가의 군사독재의 위험까지 무릅쓰면서 성급하게 추구하는 것에 대해 경계심을 갖게 해준다. 나에겐 정치적 인내심이 부족할 수도 있다. 하지만 어쨌든 나는 우리의 현재 상황이 끝없이 지속될 위험성을 망상으로 치부해버리려고 하는 사람들처럼 평온함을 즐기고 있을 수만은 없다는 것을 인정한다. 중앙정부가 없는 국가란 나로서는 보기에도 참담한 광경이다. 완전한 평화의 시기에 온 국민의 자발적인 동의에 의해 헌법을 확립하는 것은 경이로운 일이며, 그런 일이 완성되기를 나는 떨리는 초조함으로 고대하고 있다. 이렇게 어려운 과업에 있어서, 현재 13개 주 가운데 7개 주[5])에서 어렵게 얻어낸 헌법 비준을 포기하고, 이미 상당 부분 진행된 과업을 처음부터 다시 시작하는 것은 어떠한 사려분별의 이치와도 맞지 않을 것이다. 뉴욕주나 다른 주의 유력한 사람들이 어떤 가능한 형태의 중앙정부의 설립에도 반대하고 있다는 것을 알고 있는 만큼, 만일 헌법 제정을 위한 새로운 시도들이 이루어진다면, 나는 더욱 그 결과가 두려워진다.

푸블리어스

---

4) Hume's Essays, Vol. I, page. 128. "The Rise of Arts and Science."_푸블리어스

5) 이 페이퍼, 각주 1) 참고.

아메리카 합중국 헌법
Constitution of the United States

아메리카 합중국 헌법 수정조항
Amendments to the Constitution

아메리카 합중국 헌법[*]

우리 합중국 국민은 더욱 완벽한 연방을 형성하고, 정의를 확립하며, 국내의 안녕을 보장하고, 공동의 방위를 제공하며, 국민의 복지를 증진하고, 우리와 우리의 후손에게 자유의 축복을 보장하기 위하여 이 아메리카 합중국 헌법을 제정한다.

제1조(입법부)

1절

이 헌법에 의하여 부여되는 모든 입법권은 상원과 하원으로 구성되는 합중국 의회에 속한다.

2절(하원)

【1항】 하원은 각 주의 주민이 2년마다 선출하는 의원으로 구성하며, 각 주의 선거인은 주 의회의 의원 수가 가장 많은 원의 선거인에게 요구되는 자격 요건을 구비해야 한다.

【2항】 누구든지 연령이 만 25세에 미달한 자, 합중국 시민으로서의 기간이 7년이 되지 아니한 자, 그리고 선거 당시에 선출되는 주의 주민이 아닌 자는 하

---

*   미국 헌법의 한글번역문은 주한 미국공보원 발행본을 수정·보완하였다. 미국 헌법은 조(article)와 절(section), 그리고 절의 밑은 구절(clause)의 단계로 이루어져 있지만 구절에는 번호가 없어 편의상 번호를 붙여 항이라고 표기했다. 제5조와 제7조는 절과 항이 없고, 제6조는 절이 없이 3개의 항으로만 구성되어 있다. 수정 조항의 경우도 절 밑에 구절이 나열되어 있는 경우 편의상 번호를 붙여 항으로 표기했다.

원의원이 될 수 없다.

【3항】 **〈하원의원의 수와 직접세는 연방에 가입하는 각 주의 인구수에 비례하여 각 주에 할당한다. 각 주의 인구수는 연기 계약 노무자를 포함한 자유인의 총수에, 과세 대상이 아닌 인디언을 제외하고, 그 밖의 인구 총수의 5분의 3을 가산하여 결정한다.〉[1] 인구수의 산정은 최초의 합중국 의회를 개회한 후 3년 이내에 행하며, 그 후는 10년마다 법률이 정하는 바에 따라 행한다. 하원의원의 수는 인구 3만 명당 1인의 비율을 초과하지 못한다. 다만 각 주는 적어도 1명의 하원의원을 가져야 한다. 위의 인구수의 산정이 있을 때까지 뉴햄프셔주는 3명, 매사추세츠주는 8명, 로드아일랜드주(프로비던스 플랜테이션 포함)는 1명, 코네티컷주는 5명, 뉴욕주는 6명, 뉴저지주는 4명, 펜실베이니아주는 8명, 델라웨어주는 1명, 메릴랜드주는 6명, 버지니아주는 10명, 노스캐롤라이나주는 5명, 사우스캐롤라이나주는 5명, 그리고 조지아주는 3명의 의원을 각각 선출할 수 있다.

【4항】 어떤 주에서든 그 주에서 선출하는 하원의원에 결원이 생겼을 경우에는, 그 주의 행정부가 그 결원을 채우기 위한 보궐선거의 명령을 내려야 한다.

【5항】 하원은 그 의장과 그 밖의 임원을 선임하며, 탄핵권을 유일하게 가진다.

3절(상원)

【1항】 합중국의 상원은 〈각 주의 의회에서 선출한〉[2] 6년 임기의 상원의원 2명씩으로 구성되며 각 상원의원은 1표의 투표권을 가진다.

【2항】 상원의원들이 제1회 선거의 결과로 당선되어 회합한 때에는 즉시 의원 총수를 가능한 한 동수의 3개 부류로 나눈다. 제1부류의 의원은 2년 만기로, 제2부류의 의원은 4년 만기로, 그리고 제3부류의 의원은 6년 만기로 그 의석

**   괄호 〈 〉 안의 내용은 헌법 수정 조항에 의해 수정, 변경 혹은 폐지된 부분이다.

1)   수정 제14조 2절에 의해 1868년 변경되었다. 그 밖의 인구 총수는 흑인 노예의 총수를 의미한다.

2)   수정 제17조에 의해 1913년 변경되어 직접선거로 선출하게 되었다.

을 비워야 한다. 이렇게 하여 상원의원 총수의 3분의 1이 2년마다 개선될 수 있게 한다. 〈그리고 어떤 주에서든 주 의회의 휴회 중에 사직 또는 그 밖의 원인으로 상원의원의 결원이 생길 때에는 그 주의 주지사는 다음 회기의 주 의회가 결원을 보충할 때까지 임시로 상원의원을 임명할 수 있다.〉[3]

【3항】 연령이 30세에 미달하거나, 합중국 시민으로서의 기간이 9년이 되지 아니하거나, 또는 선거 당시에 선출되는 주의 주민이 아닌 자는 상원의원이 될 수 없다.

【4항】 합중국의 부통령은 상원의장이 된다. 다만 표결에서 가부 동수일 경우를 제외하고는 투표권이 없다.

【5항】 상원은 의장 이외의 임원들을 선임하며, 부통령이 결원일 경우나 부통령이 대통령의 직무를 집행하는 때에는 임시의장을 선임한다.

【6항】 상원은 모든 탄핵심판의 권한을 유일하게 가진다. 이 목적을 위하여 상원이 개회될 때, 의원들은 선서 또는 확약을 하여야 한다. 합중국 대통령을 심판할 경우에는 연방대법원장을 의장으로 한다. 누구라도 출석 의원 3분의 2 이상의 찬성 없이는 유죄판결을 받지 아니한다.

【7항】 탄핵심판에서의 판결은 면직 및 합중국의 명예직, 위임직 또는 유급 공직에 취임·재직하는 자격을 박탈하는 것 이상이 될 수 없다. 다만 이같이 유죄판결을 받은 자일지라도 법률의 규정에 따른 기소, 재판, 판결 및 처벌을 면할 수 없다.

4절(연방의회의 조직)

【1항】 상원의원과 하원의원을 선거할 시기, 장소 및 방법은 각 주에서 그 주 의회가 정한다. 그러나 연방의회는 언제든지 법률에 의하여 그러한 규정을 제정 또는 개정할 수 있다. 다만 상원의원의 선거 장소에 관하여는 예외로 한다.

---

3) 수정 제17조에 의해 1913년 수정되었다.

【2항】 연방의회는 매년 적어도 1회 집회해야 한다. 그 집회의 시기는 법률에 의하여 다른 날짜를 지정하지 아니하는 한 〈12월의 첫 번째 월요일로 한다.〉[4]

5절(연방의회의 운영)

【1항】 각 원은 그 소속 의원의 선거, 선거 결과 및 자격을 판정한다. 각 원은 소속 의원의 과반수가 출석함으로써 의사를 진행시킬 수 있는 정족수를 구성한다. 정족수에 미달하는 경우에는 연일 휴회할 수 있으며, 각 원에서 정하는 방법과 벌칙에 따라 결석 의원의 출석을 강요할 수 있다.

【2항】 각 원은 의사 규칙을 정하며, 원내 질서를 문란케 한 의원을 징계하고, 의원 3분의 2 이상의 찬성을 얻어 의원을 제명할 수 있다.

【3항】 각 원은 의사록을 작성하며, 각 원에서 비밀을 요한다고 판단하는 부분을 제외하고는 수시로 이를 공표해야 한다. 각 원은 출석 의원 수의 5분의 1 이상이 요구할 경우에는 어떠한 의제에 대해서든 소속 의원의 찬반 투표를 의사록에 기재해야 한다.

【4항】 연방의회의 회기 중에는 어느 원도 다른 원의 동의 없이 3일 이상 휴회하거나, 회의장소를 양원이 개회 중인 장소 이외의 장소로 옮길 수 없다.

6절(연방의원의 특권과 겸직의 금지)

【1항】 상원의원과 하원의원은 그 직무에 대하여 법률이 정하고 합중국 국고로부터 지급되는 보수를 받는다. 양원의 의원은 반역죄, 중죄 및 치안 방해죄를 제외하고는 어떠한 경우에도 회기 내의 출석 중에 그리고 각자의 원에 출석하기 위해 가거나 돌아오는 도중에 체포되지 아니하는 특권이 있다. 양원의 의원은 원내에서 행한 발언이나 토론에 관하여 원외에서 문책받지 아니한다.

---

[4] 수정 제20조에 의해 1933년 변경되었다.

【2항】 상원의원 또는 하원의원은 그 재임기간 중에 신설되거나 봉급이 인상된 어떠한 합중국의 공직에도 임명될 수 없다. 합중국의 어떠한 공직에 있는 자라도 재직 중에 양원 중 어느 원의 의원이 될 수 없다.

7절(입법 절차)

【1항】 세입 징수에 관한 모든 법률안은 하원에서 먼저 발의되어야 한다. 다만, 상원은 이에 대해 다른 법안에서와 마찬가지로 수정안을 발의하거나 수정을 가하여 동의할 수 있다.

【2항】 하원과 상원을 통과한 모든 법안은 법률로 확정되기에 앞서 대통령에게 이송되어야 한다. 대통령이 이를 승인하는 경우에는 이에 서명하며, 승인하지 아니하는 경우에는 반대 이유와 함께 이 법안을 발의한 원으로 환부해야 한다. 법안을 환부 받은 원은 반대 이유를 자세히 의사록에 기록한 후 이 법안을 다시 심의해야 한다. 다시 심의한 결과, 그 원의 3분의 2 이상의 찬성으로 가결할 경우에는 이 법안을 대통령의 반대 이유와 함께 다른 원으로 이송해야 한다. 다른 원에서 이 법안을 다시 심의하여 의원의 3분의 2 이상의 찬성으로 가결할 경우에는 이 법안은 법률로 확정된다. 이 모든 경우에서 양원은 호명 표결로 결정하며, 그 법안에 대한 찬성자와 반대자의 성명을 각 원의 의사록에 기재해야 한다. 만일 법안이 대통령에게 이송된 후 10일 이내(일요일은 제외)에 의회로 환부되지 아니할 때에는 그 법안은 대통령이 이에 서명한 경우와 마찬가지로 법률로 확정된다. 다만 연방의회가 휴회하여 법안을 환부할 수 없는 경우에는 법률로 확정되지 아니한다.

【3항】 상원과 하원의 의견 일치를 필요로 하는 모든 명령, 결의 또는 표결(휴회에 관한 결의는 제외)은 이를 대통령에게 송부해야 하며, 대통령이 이를 승인하여야 효력을 발생한다. 대통령이 이를 승인하지 아니하는 경우에는 법안의 경우와 같은 규칙 및 제한에 따라서 상원과 하원에서 3분의 2 이상의 의원의 찬성으로 다시 가결해야 한다.

8절(연방의회에 부여된 권한)

연방의회는 다음의 권한을 가진다.

【1항】 합중국의 채무를 지불하고, 공동 방위와 일반 복지를 위하여 조세, 관세, 수입세 및 소비세를 부과, 징수한다. 다만 관세, 수입세 및 소비세는 합중국 전역에서 균일해야 한다.

【2항】 합중국의 신용으로 금전을 차입한다.

【3항】 외국과의, 주 상호 간의 그리고 인디언 부족과의 통상을 규제한다.

【4항】 합중국 전역에 걸쳐 일률적인 시민권 부여 규정 및 일률적인 파산 법률을 제정한다.

【5항】 화폐를 주조하고, 그 화폐 및 외국 화폐의 가치를 규제하며, 도량형의 기준을 정한다.

【6항】 합중국의 유가증권 및 통화의 위조에 관한 벌칙을 정한다.

【7항】 우편국과 우편도로를 건설한다.

【8항】 저작자와 발명자에게 그들 각각의 저술과 발명에 대한 독점적인 권리를 일정 기간 보장해 줌으로써 과학과 유용한 기술의 발달을 촉진한다.

【9항】 연방대법원 아래에 하급법원을 조직한다.

【10항】 공해에서 범해진 해적 행위 및 중죄 그리고 국제법에 위배되는 범죄를 규정하고 처벌한다.

【11항】 전쟁을 선포하고, 나포인허장을 수여하고, 지상 및 해상에서의 포획에 관한 규칙을 정한다.

【12항】 육군을 모집하고 이를 유지한다. 다만 이 목적을 위한 세출의 승인은 2년을 초과하지 못한다.

【13항】 해군을 창설하고 이를 유지한다.

【14항】 육·해군의 통제 및 규율에 관한 규칙을 정한다.

【15항】 연방의 법률을 집행하고, 반란을 진압하고, 침략을 격퇴하기 위하여 민병의 소집에 관한 규칙을 정한다.

【16항】 민병대의 조직, 무장 및 훈련에 관한 규칙과, 합중국의 군무에 복무하는 자들을 다스리는 규칙을 정한다. 다만 민병대의 장교를 임명하고, 연방의회가 정한 군율에 따라 민병대를 훈련시키는 권한은 각 주에 유보한다.

【17항】 특정 주가 합중국에 양도하고, 연방의회가 이를 받아들임으로써 합중국 정부의 소재지가 되는 지역(10제곱마일을 초과하지 못함)에 대하여 어떠한 사항에 관해서도 독점적인 입법권을 행사하며, 요새, 무기고, 조병창, 조선소 및 기타 필요한 건조물의 건설을 위해 각 주 의회의 동의에 의해 구입한 토지에 대해서도 이와 동일한 권한을 행사한다.

【18항】 위에 기술한 권한들과 이 헌법이 합중국 정부 또는 합중국 정부의 모든 부처와 그 부처의 관리들에게 부여한 모든 기타 권한을 행사하는 데 필요하고 적절한 모든 법률을 제정한다.

9절(연방의회에 금지된 권한)

【1항】 연방의회는 기존의 주들 중 어느 주가, 그 허용이 적당하다고 인정하는 사람들⁵⁾의 이주 또는 수입을 1808년 이전에는 금지하지 못한다. 다만 이러한 사람들의 입국에 대하여 1인당 10달러를 초과하지 아니하는 한도 내에서 조세 또는 입국세를 부과할 수 있다.

【2항】 반란 또는 침략의 경우에 공공의 안정상 필요한 때를 제외하고는, 인신보호영장에 관한 기본권을 정지할 수 없다.

【3항】 사권박탈법 또는 소급처벌법을 통과시키지 못한다.

【4항】 인두세나 그 밖의 직접세는 앞서 규정한 인구조사 또는 산정에 따른 비율에 의한 것이 아니면 부과하지 못한다.⁶⁾

【5항】 각 주에서 수출되는 물품에 대해 조세 또는 관세를 부과하지 못한다.

---

5) 흑인 노예를 지칭한다.

6) 수정 제16조에 의해 1913년 수정되었다.

【6항】 통상 또는 세입에 관한 어떠한 규정에 의해서도, 어느 주의 항만에 대해 다른 주의 항만보다 특혜적인 대우를 제공할 수 없다. 또한 어느 주로 향하거나 또는 어느 주에서 출항한 선박을 다른 주에 강제로 입항, 출항하게 하거나 관세를 지불하게 할 수 없다.

【7항】 국고금은 법률에 따른 세출 승인에 의해서만 지출할 수 있다. 또한 모든 공금의 수납 및 지출에 관한 정기적인 명세와 회계를 수시로 공표하여야 한다.

【8항】 합중국은 어떠한 귀족의 칭호도 수여하지 아니한다. 합중국 정부에서 유급직 또는 위임에 의한 관직에 있는 자는 누구라도 연방의회의 승인 없이는 어떠한 국왕, 군주 또는 외국으로부터도 종류 여하를 막론하고 선물, 보수, 관직 또는 칭호를 받을 수 없다.

10절(주에 금지된 권한)

【1항】 어느 주라도 조약, 동맹 또는 연합을 체결하거나, 나포인허장을 수여하거나, 화폐를 주조하거나, 신용증권을 발행하거나, 금화 및 은화 이외의 것으로써 채무 변제의 법정 수단으로 삼거나, 사권박탈법, 소급처벌법 또는 계약상의 채권채무를 해치는 법률 등을 제정하거나, 또는 귀족의 칭호를 수여할 수 없다.

【2항】 어느 주라도 연방의회의 동의 없이는 수입품 또는 수출품에 대하여 검사법의 시행상 절대적으로 필요한 경우를 제외하고는 어떠한 수입세 또는 관세를 부과하지 못한다. 주가 수입품 또는 수출품에 부과하는 모든 관세나 수입세의 순수입은 합중국 국고의 용도에 귀속되어야 한다. 또한 그러한 법은 모두 연방의회의 수정 및 통제를 받아야 한다.

【3항】 어떠한 주도 연방의회의 동의 없이 선박에 톤세(용적세)를 부과할 수 없고, 평화 시에 군대나 군함을 보유할 수 없으며, 다른 주나 외국과 협정이나 협약을 체결할 수 없고, 실제로 침공당하거나 지체할 수 없을 만큼 급박한 위험에 처하지 아니하고는 교전할 수 없다.

제2조(행정부)

1절(행정부의 기능과 대통령 선거)

【1항】 행정권은 아메리카 합중국 대통령에게 속한다. 대통령의 임기는 4년으로 하며, 동일한 임기의 부통령과 함께 다음과 같은 방법에 의하여 선출된다.

【2항】 각 주는 그 주 의회가 정하는 바에 따라, 그 주가 연방의회에 보낼 수 있는 상원의원과 하원의원의 총수와 같은 수의 선거인을 임명한다. 다만 상원의원이나 하원의원 또는 합중국에서 위임에 의한 관직이나 유급의 관직에 있는 자는 선거인이 될 수 없다.

【3항】 〈선거인은 각기 자기 주에서 회합하여 비밀 투표에 의하여 2인을 선거하되, 그중 적어도 1인은 선거인과 동일한 주의 주민이 아니어야 한다. 선거인은 모든 득표자들의 명부와 각 득표자의 득표수를 기재한 표를 작성하여 서명하고 증명한 다음 봉인하여 상원의장 앞으로 합중국 정부의 소재지로 송부한다. 상원의장은 상원의원 및 하원의원들 앞에서 모든 증명서를 개봉한 후 득표수를 계산한다. 최다 득표자의 득표수가 임명된 선거인의 총수의 과반수가 되었을 때에는 그가 대통령으로 당선된다. 과반수 득표자가 2인 이상이 되고, 그 득표수가 동수일 경우에는 하원이 즉시 비밀 투표로 그중 1인을 대통령으로 선출하여야 한다. 과반수 득표자가 없을 경우에는 하원이 동일한 방법으로 최다 득표자 5명 중에서 대통령을 선출한다. 다만 이러한 방법으로 대통령을 선출할 때에는 각 주의 대표는 1표의 투표권을 가지며, 투표는 주 단위로 실시한다. 이 경우 필요한 정족수는 전체 주의 3분의 2의 주로부터 1명 또는 그 이상의 의원이 출석함으로써 성립되며, 전체 주의 과반수의 찬성을 얻어야 선출될 수 있다. 어떤 경우에서나 대통령을 선출하고 난 후에 최다수의 득표를 한 자를 부통령으로 한다. 다만 동수의 득표자가 2인 이상 있을 때에는 상원이 비밀 투표로 그중에서 부통령을 선출한다.〉[7]

【4항】 연방의회는 선거인들의 선출 시기와 그들이 투표를 실시하는 날을 정

할 수 있으며, 이 투표일은 합중국 전역에 걸쳐 같은 날이어야 한다.

【5항】 출생에 의한 합중국 시민이 아닌 자, 또는 이 헌법의 채택 시에 합중국 시민이 아닌 자는 대통령으로 선임될 자격이 없다. 연령이 35세에 미달한 자, 또는 14년간 합중국 내의 주민이 아닌 자도 대통령으로 선임될 자격이 없다.

【6항】 〈대통령이 면직되거나 사망하거나 사직하거나 또는 그 권한 및 직무를 수행할 능력을 상실할 경우에, 대통령의 직무는 부통령에게 귀속된다. 연방 의회는 법률에 의하여 대통령 및 부통령의 면직, 사망, 사직 또는 직무 수행 불능의 경우에 대하여 규정할 수 있으며, 그러한 경우에 대통령의 직무를 수행할 관리를 정할 수 있다. 이 관리는 대통령의 직무 수행 불능이 제거되거나 대통령이 새로 선출될 때까지 대통령의 직무를 대행한다.〉[8]

【7항】 대통령은 그 직무 수행에 대한 대가로 정기적으로 보수를 받으며, 그 보수는 임기 중에 증액 또는 감액되지 아니한다. 대통령은 그 임기 중에 합중국 또는 어느 주로부터 그 밖의 어떠한 보수도 받지 못한다.

【8항】 대통령은 그 직무 수행을 시작하기에 앞서 다음과 같은 선서 또는 확약을 하여야 한다. "나는 합중국 대통령의 직무를 성실히 수행하며 나의 능력의 최선을 다하여 합중국 헌법을 보전하고 보호하고 수호할 것을 엄숙히 선서(또는 확약)한다."

2절(대통령의 권한)

【1항】 대통령은 합중국 육·해군의 총사령관이 되며, 또한 각 주의 민병이 합중국의 현역에 소집될 경우 그 민병대의 총사령관이 된다. 대통령은 행정부

---

7) 수정 제12조에 의해 1804년 변경되었다. 이 수정 헌법에 의해 대통령과 부통령의 선출은 분리 실시되었기 때문에 사실상 이 항목은 사문화되었다. 또한 1828년 이후 각 주의 대통령의 선거인을 일반 유권자가 선출하게 되어 대통령의 선출은 실질적으로 일반 유권자의 투표로써 결정하게 되었다. 그러므로 현재는 대통령 선거에서의 선거인의 투표는 하나의 의식에 지나지 않게 되었다.

8) 수정 제25조에 의해 1967년 수정되었다.

각 부의 장관에게 소관 직무사항에 관하여 문서에 의한 견해를 요구할 수 있다. 대통령은 합중국에 대한 범죄에 관하여, 탄핵의 경우를 제외하고, 형의 집행유예 및 사면을 명할 수 있는 권한을 가진다.

【2항】 대통령은 상원의 조언과 동의를 얻어 조약을 체결할 권한을 가진다. 다만 이 경우에는 상원의 출석 의원 3분의 2 이상의 찬성을 얻어야 한다. 대통령은 대사, 그 밖의 외교사절 및 영사, 연방대법원 판사 그리고 그 임명에 관하여 이 헌법에 달리 규정이 없으나, 이후에 법률로써 정해지는 그 밖의 모든 합중국 관리를 지명하여 상원의 조언과 동의를 얻어 임명한다. 다만 연방의회는 적당하다고 인정되는 하급관리 임명권을 법률에 의하여 대통령에게만 또는 법원에 또는 각 부처 장관에게 부여할 수 있다.

【3항】 대통령은 상원의 휴회 중에 생기는 모든 결원을 위임장을 수여함으로써 충원하는 권한을 가진다. 다만 그 위임장은 다음 회기가 종료될 때 그 효력을 상실한다.

3절(대통령의 의무)

대통령은 연방의 상황에 관하여 수시로 연방의회에 보고하고, 필요하고 적절하다고 자신이 판단하는 법안의 심의를 연방의회에 권고하여야 한다. 긴급 시에 대통령은 상원과 하원 또는 그중 한 원을 소집할 수 있으며, 휴회의 시기에 관하여 양원 간에 의견이 일치되지 아니하는 때에는 적당하다고 인정하는 때까지 양원의 휴회를 명할 수 있다. 대통령은 대사와 그 밖의 외교사절을 접수하며, 법률이 충실하게 집행되도록 유의하며, 합중국의 모든 관리들에게 직무를 위임한다.

4절(탄핵)

합중국의 대통령, 부통령 그리고 모든 문관은 반역죄, 수뢰죄, 또는 그 밖의 중대한 범죄 및 비행에 대하여 탄핵되거나 유죄판결을 받는 경우 면직된다.

제3조(사법부)

1절(사법권의 귀속)

합중국의 사법권은 하나의 연방대법원에, 그리고 연방의회가 수시로 제정, 설립하는 하급법원들에 속한다. 연방대법원 및 하급법원의 판사는 적법행위를 하는 한 그 직을 보유하며, 그 직무에 대하여 정기적으로 보수를 받으며, 그 보수는 재임 중에 감액되지 아니한다.

2절(재판의 관할)

【1항】 사법권은 이 헌법과 합중국 법률에 따라 발생할, 그리고 합중국의 권한에 의하여 체결되었거나 체결될 조약에 따라 발생할 모든 보통법 및 형평법상의 사건, 대사와 그 밖의 외교사절 및 영사에 관한 모든 사건, 해사법 및 해상관할에 관한 모든 사건, 합중국이 당사자 중 하나가 되는 분쟁, 2개의 주 또는 그 이상의 주 사이에 발생하는 분쟁 〈한 주와 다른 주의 시민 사이의 분쟁, 각기 다른 주의 시민 사이의 분쟁, 각기 다른 주로부터 교부받은 토지의 권리에 관하여 같은 주의 시민 사이에 발생하는 분쟁, 그리고 어떤 주나 또는 그 주의 시민과 외국, 외국 시민 또는 신민9) 사이에 발생하는 분쟁에 미친다.〉10)

【2항】 대사와 그 밖의 외교사절 및 영사에 관계되는 모든 사건 및 주가 당사자인 모든 사건에 대해 연방대법원은 1심의 재판관할권을 가진다. 위에 언급된 그 밖의 모든 사건에서 연방대법원은 연방의회가 정하는 예외의 경우를 제외하고, 연방의회가 정하는 규정에 따라 법률문제와 사실문제에 관하여 상소심의 재판관할권을 가진다.

【3항】 탄핵 사건을 제외한 모든 범죄의 재판은 배심제로 한다. 그 재판은 그

---

9) 신민은 군주국에서 왕의 신하와 백성을 아울러 일컫는 말이다.
10) 수정 제11조에 의해 1795년 수정되었다.

범죄가 행하여진 주에서 하여야 한다. 다만 그 범죄자가 어느 주에도 속하지 아니할 경우에는 연방의회가 법률에 의하여 정하는 장소에서 재판한다.

3절(반역죄)

【1항】 합중국에 대한 반역죄는 합중국에 대하여 전쟁을 일으키거나 또는 적에게 가담하여 원조 및 편의를 제공할 경우에만 성립한다. 누구라도 명백한 위의 행동에 대하여 증인 두 명의 증언이 있거나, 또는 공개 법정에서 자백하는 경우 이외에는 반역죄의 유죄 선고를 받지 아니한다.

【2항】 연방의회는 반역죄의 형벌을 선고하는 권한을 가진다. 다만 반역죄로 인한 사권박탈 선고는 그 선고를 받은 자의 생존 기간을 제외하고 혈통오손[11])이나 재산몰수를 초래하지 아니한다.

제4조(주 상호 간의 관계)

1절(완전한 신뢰와 신용)

각 주는 다른 주의 법령, 기록 및 사법절차에 대하여 충분한 신뢰와 신용을 부여하여야 한다. 연방의회는 이러한 법령, 기록 및 사법절차를 증명하는 방법과 그것들의 효력을 일반 법률로써 규정할 수 있다.

2절(기본권과 면책권)

【1항】 각 주의 시민은 다른 어느 주에서도 그 주의 시민이 향유하는 모든 기본권 및 면책권을 가진다.

【2항】 어느 주에서 반역죄, 중죄 또는 그 밖의 범죄로 인하여 고발된 자가 재

---

11) 혈통오손(corruption of blood): 중범죄인이 개인의 사적 권리의 박탈로 인해 토지 또는 토지에 대한 권리의 상속, 보유 그리고 유언에 의하여 유산의 전부 또는 일부를 물려주는 것을 금지당함을 말한다.

판을 피해 도주하여 다른 주에서 발견된 경우, 범인이 도피해 나온 주의 행정
당국의 요구에 의하여 그 범인은 그 범죄에 대한 재판관할권이 있는 주로 인
도되어야 한다.

【3항】〈어느 주에서 그 주의 법률에 의하여 사역 또는 노역을 당하도록 되어
있는 자[12])가 다른 주로 도피한 경우, 도피한 주의 어떠한 법률 또는 규정에 의
해서도 그 사역 또는 노역의 의무는 해제되지 아니하며, 그 자는 그 사역 또는
노역을 요구할 권리를 가진 당사자의 청구에 따라 인도되어야 한다.〉[13])

3절(새로운 주와 연방의 재산권)

【1항】 연방의회는 새로운 주를 연방에 가입시킬 수 있다. 다만 어떠한 주의
관할 구역에서도 새로운 주를 형성하거나 세울 수 없다. 또 관련된 각 주의 주
의회와 연방의회의 동의 없이는 2개 또는 그 이상의 주나 주의 일부를 합병하
여 새로운 주를 형성할 수 없다.

【2항】 연방의회는 합중국에 속하는 영토나 그 밖의 재산을 처분하는 권한 및
이에 관한 모든 필요한 규칙 및 규정을 제정하는 권한을 가진다. 다만 이 헌법
의 어떠한 조항도 합중국 또는 어느 특정 주의 권리를 훼손하는 것으로 해석
되어서는 안 된다.

4절(연방의 보호)

합중국은 이 연방 내의 모든 주에 공화정체를 보장하며, 각 주를 침략으로부
터 보호하며, 또 각 주의 주 의회 또는 행정부(주 의회를 소집할 수 없을 때)의 요
구가 있을 때에는 주 내의 폭동으로부터 각 주를 보호한다.

---

12) 흑인 노예를 의미한다.

13) 수정 제13조에 의해 1795년 폐지되었다.

제5조(헌법 수정 절차)

연방의회는 상원과 하원의원의 3분의 2가 이 헌법에 대한 수정의 필요성을 인정할 때에는 이 헌법에 대한 수정안을 발의해야 하며, 또는 전체 주의 3분의 2 이상의 주 의회의 요청이 있을 때에는 수정안 발의를 위한 헌법회의를 소집해야 한다. 어느 경우에서나 수정안은 연방의회가 제의하는 비준의 두 방법 중의 어느 하나에 따라, 전체 주의 4분의 3 이상의 주 의회에 의하여 비준되거나, 또는 전체 주의 4분의 3 이상의 주에서 각각 소집한 헌법회의에 의하여 비준되는 때에는 사실상 이 헌법의 일부로서 효력을 발생한다. 다만 1808년 이전에 이루어지는 수정은 어떠한 방법으로도 제1조 9절 1항 및 4항을 변경할 수 없다. 어느 주도 그 주의 동의 없이는 상원에서의 동등한 투표권을 박탈당하지 아니한다.

제6조(헌법의 지위)

【1항】 이 헌법이 채택되기 전에 계약된 모든 채무와 체결된 모든 계약은 이 헌법하에서도 연합규약하에서와 마찬가지로 합중국에 대하여 효력을 가진다.
【2항】 이 헌법, 이 헌법에 준거하여 제정되는 합중국의 법률, 그리고 합중국의 권한에 의하여 체결되었거나 체결될 모든 조약은 이 나라의 최고법이다. 어떤 주의 헌법이나 법률 중에 이에 배치되는 규정이 있을지라도, 모든 주의 법관은 이 최고법을 따라야 한다.
【3항】 앞서 언급한 상원의원 및 하원의원, 각 주 의회의 의원, 합중국 및 각 주의 모든 행정관 및 사법관은 선서 또는 확약에 의하여 이 헌법을 지지할 의무가 있다. 그러나 합중국의 어떠한 관직 또는 위임에 의한 공직도 그 자격으로 종교적 심사를 요구할 수 없다.

제7조(헌법의 비준)

이 헌법이 확정되는 데는 9개 주의 헌법회의의 비준으로 충분하다.

서기 1787년, 아메리카 합중국 독립 12년 9월 17일 헌법회의에 참석한 각 주의 만장일치의 동의로써 이 헌법을 제정한다. 이를 증명하기 위하여 우리는 이에 서명한다.[14]

의장 겸 버지니아주 대표 조지 워싱턴

인증 서기 윌리엄 잭슨

델라웨어주	조지 리드, 거닝 베드퍼드 주니어, 존 디킨슨, 리처드 바세트, 제이콥 브룸	뉴햄프셔주	존 랭턴, 니콜라스 길먼
		매사추세츠주	너새니얼 고램, 루퍼스 킹
메릴랜드주	제임스 매켄리, 대니얼 오브 세인트 토머스 제니퍼, 대니얼 캐럴	코네티컷주	윌리엄 새뮤얼 존슨, 로저 셔먼
		뉴욕주	알렉산더 해밀턴

---

14) 헌법회의에 참석하기 위해 필라델피아에 온 12개주의 대표 74명 중 한번이라도 헌법회의에 참석한 대표는 55명이었고, 그중 39명 만이 새롭게 제정된 헌법안에 서명했다. 39명만 서명한 가장 큰 이유는 개인의 기본권과 주들의 권리를 보장하는 권리장전이 새 헌법안에 포함되어 있지 않았기 때문으로 알려지고 있다. 권리장전은 1791년 헌법 수정 조항 10개로 동시에 비준되었다.

버지니아주 존 블레어,
　　　　　제임스 매디슨 주니어

노스캐롤라이나주 윌리엄 블런트,
　　　　　리처드 돕스 스페이트,
　　　　　휴 윌리엄슨

사우스캐롤라이나주 존 러틀리지,
　　　　　찰스 코츠워스 핑크니,
　　　　　찰스 핑크니,
　　　　　피어스 버틀러

조지아주 윌리엄 퓨,
　　　　　에이브러햄 볼드윈

뉴저지주 윌리엄 리빙스턴,
　　　　　데이비드 브리얼리,
　　　　　윌리엄 패터슨,
　　　　　조너선 데이턴

펜실베이니아주 벤저민 프랭클린,
　　　　　토머스 미플린,
　　　　　로버트 모리스,
　　　　　조지 클라이머,
　　　　　토머스 피츠시몬스,
　　　　　재러드 잉거솔,
　　　　　제임스 윌슨,
　　　　　거버너 모리스

아메리카 합중국 헌법 수정 조항

수정 제1조(종교, 언론 및 출판의 자유와 집회 및 청원의 권리)[15]

연방의회는 국교를 정하거나 또는 자유로운 신앙 행위를 금지하는 법률을 제정할 수 없다. 또한 언론, 출판의 자유나 국민이 평화로이 집회할 수 있는 권리 및 고충의 구제를 위하여 정부에 청원할 수 있는 권리를 제한하는 법률을 제정할 수 없다.

수정 제2조(무기 소지의 권리)

규율 있는 민병은 자유로운 주의 안보에 필요하므로, 무기를 소장하고 소지하는 국민의 권리는 침해당하지 아니한다.

수정 제3조(군대의 숙영)

평화 시에 군대는 어떠한 주택에도 그 소유자의 승낙을 받지 아니하고는 숙영할 수 없다. 전시에 있어서도 법률이 정하는 방법에 의하지 아니하고는 숙영할 수 없다.

수정 제4조(수색 및 체포 영장)

부당한 수색과 압수로부터 신체, 가택, 서류 및 동산의 안전을 보장받는 국민의 권리가 침해되어서는 안 된다. 영장은 상당한 이유에 근거하고, 선서 또는 확약에 의하여 확인되고, 특히 수색할 장소, 체포될 사람 또는 압수될 물품을

---

15) 수정 제1조부터 수정 제10조까지는 권리장전이라고 불리며, 1789년 9월 25일 동시에 발의되어 1791년 12월 15일 비준되었다.

기재하지 아니하고는 발급되지 아니한다.

수정 제5조(형사사건에서의 권리)

누구든지 대배심에 의한 고발 또는 기소에 의하지 않고는 사형에 해당하는 죄 또는 중죄로서 심리를 받기 위하여 구금되지 아니한다. 다만 육군이나 해군 에서 발생한 사건, 또는 전시나 사변 시에 복무 중에 있는 민병대에서 발생한 사건에 관해서는 예외로 한다. 누구라도 동일한 범행으로 생명이나 신체에 대해 재차 유죄를 선고 받지 아니하며, 어떠한 형사사건에 있어서도 자기에게 불리한 증언을 강요당하지 아니하며, 누구라도 적법절차에 의하지 아니하고 는 생명, 자유 또는 재산을 박탈당하지 아니한다. 또 정당한 보상 없이 사유재 산을 공적 용도로 수용당하지 아니한다.

수정 제6조(공정한 재판을 받을 권리)

모든 형사 소추에서 피고인은 범죄가 행해진 주 및 법률이 미리 정하는 지역 의 공정한 배심에 의해 신속한 공개적인 재판을 받을 권리, 기소의 성격과 이 유에 관하여 통고받을 권리, 자기에게 불리한 증언과 대질 심문을 받을 권리, 자기에게 유리한 증언을 얻기 위하여 강제적 수속을 취할 권리, 자신의 변호 를 위하여 변호인의 도움을 받을 권리를 가진다.

수정 제7조(민사사건에서의 권리)

보통법상의 소송에서 소송에 걸려 있는 액수가 20달러를 초과하는 경우에는 배심에 의한 심리를 받을 권리가 보장된다. 배심에 의하여 심리된 사실은 보 통법의 규정에 따르는 것 이외에는 합중국의 어느 법원에서도 재심받지 아니 한다.

수정 제8조(보석금, 벌금 및 형벌)

과다한 보석금을 요구하거나, 과다한 벌금을 부과하거나, 잔혹하고 비정상적인 형벌을 가하지 못한다.

수정 제9조(국민이 보유하는 권리)

이 헌법에 특정 권리를 열거한 사실이 국민이 보유하는 그 밖의 여러 권리를 부인하거나 경시하는 것으로 해석되어서는 아니 된다.

수정 제10조(주와 국민이 보유하는 권한)

이 헌법에 의하여 합중국에 위임되지 아니하였거나 각 주에 금지되지 아니한 권한은 각 주나 국민이 보유한다.

수정 제11조(주를 상대로 하는 소송)16)

(1794년 3월 4일 발의, 1795년 2월 7일 비준)

합중국의 사법권은 합중국의 한 주에 대하여 다른 주의 시민 또는 외국의 시민이나 군주제 국가의 신민에 의하여 개시되었거나 제기된 보통법 또는 형평법상의 소송에까지 미치는 것으로 해석되지 아니한다.

수정 제12조(대통령 및 부통령의 선거)17)

(1803년 12월 9일 발의, 1804년 6월 15일 비준)

선거인은 각각 자기 주에서 회합하여 비밀투표에 의하여 대통령과 부통령을 선거한다. 2명 중 적어도 1명은 선거인과 동일한 주의 주민이 아니어야 한다. 선거인은 투표용지에 대통령으로 투표되는 사람의 이름을 지정하고, 별개의

---

16) 수정 제11조에 의해 헌법 제3조 2절이 수정되었다.

17) 수정 제12조에 의해 헌법 제2조 1절이 수정되었다.

투표용지에 부통령으로 투표되는 사람의 이름을 지정하여야 한다. 선거인은 대통령으로 투표된 모든 사람의 명부와 부통령으로 투표된 모든 사람의 명부 그리고 각각의 득표수를 기재한 표를 별개로 작성하여 선거인이 이에 서명하고 증명한 다음 봉인하여 상원의장 앞으로 합중국 정부 소재지로 송부한다. 상원의장은 상원의원 및 하원의원 참석하에 모든 증명서를 개봉하고 계표한다. 대통령으로서의 투표의 최다 득표자를 대통령으로 한다. 다만 득표수가 선임된 선거인 총수의 과반수가 되어야 한다. 이와 같은 과반수 득표자가 없을 경우 하원은 즉시 대통령으로 투표된 사람의 명부 중 3인을 초과하지 아니하는 최다수 득표자들 중에서 비밀투표로 대통령을 선출하여야 한다. 다만 이러한 방법으로 대통령을 선거할 때에는 선거를 주 단위로 하고, 각 주의 대표는 1표의 투표권을 가지며, 그 선거에 필요한 정족수는 전체 주의 3분의 2의 주로부터 1명 또는 그 이상의 의원의 출석으로 성립되며, 전체 주의 과반수의 찬성을 얻어야 선출될 수 있다. [대통령 선출권이 하원에 귀속된 경우 하원이 다음 3월 4일까지 대통령을 선출하지 않을 때에는 대통령의 사망 또는 그 밖의 헌법상의 직무 수행 불능의 경우와 같이 부통령이 대통령의 직무를 행한다.][18] 부통령으로서의 투표의 최다 득표자를 부통령으로 한다. 다만 그 득표수는 선임된 선거인 총수의 과반수가 되어야 한다. 과반수 득표자가 없을 경우에는 상원이 득표자 명부 중 최다수 득표자 2인 중에서 부통령을 선출한다. 이 목적을 위한 정족수는 상원의원 총수의 3분의 2로 성립되며, 그 선출에는 의원 총수의 과반수가 필요하다. 다만 헌법상 대통령의 직에 취임할 자격이 없는 사람은 합중국 부통령의 직에 취임할 자격도 없다.

---

18) 수정 제20조 3절에 의해 수정되었다.

수정 제13조(노예제도 폐지)[19]

(1865년 1월 31일 발의, 1865년 12월 6일 비준)

1절

노예제도 또는 강제노역 제도는 당사자가 정당하게 유죄판결을 받은 범죄에 대한 처벌이 아니면 합중국 또는 그 관할에 속하는 어느 장소에서도 인정되지 아니한다.

2절

연방의회는 적절한 입법에 의하여 이 조항의 규정을 시행할 권한을 가진다.

수정 제14조(공민권)[20]

(1866년 6월 13일 발의, 1868년 7월 9일 비준)

1절

합중국에서 출생하거나 시민권을 부여받고 합중국의 관할권 내에 있는 모든 사람은 합중국 및 그들이 거주하는 주의 시민이다. 어떠한 주도 합중국 시민의 기본권과 면책권을 박탈하는 법률을 제정하거나 시행할 수 없다. 어떠한 주도 적법절차에 의하지 아니하고는 어떠한 사람으로부터도 생명, 자유, 또는 재산을 박탈할 수 없으며, 그 관할권 내에 있는 어떠한 사람에 대해서도 법률에 의한 동등한 보호를 거부해서는 아니 된다.

2절

하원의원은 각 주의 인구수에 비례하여 각 주에 할당한다. 각 주의 인구수는 과세 대상이 아닌 인디언을 제외한 각 주의 총 인구수이다. 다만 합중국 대통

---

19) 수정 제13조에 의해 헌법 제4조 2절 3항이 폐지되었다.

20) 수정 제14조 2절에 의해 헌법 제1조 2절이 수정되었다.

령 및 부통령의 선거인, 연방의회의 하원의원, 각 주의 행정관 및 사법관 또는
각 주 의회의 의원을 선출하는 어떠한 선거에서, 반란이나 그 밖의 범죄에 가
담한 경우를 제외하고, 〈21세에 달하고〉21) 합중국 시민인 해당 주의 남성 주
민 중의 어느 누구에게도 투표권이 거부되거나 어떠한 방법으로 제한되어 있
을 때에는, 그러한 남성 주민의 수가 그 주의 21세에 달한 남성 주민의 총수에
대하여 가지는 비율만큼 그 주의 하원의원 할당 수의 기준도 감소된다.

3절

과거에 연방의회 의원, 합중국 관리, 주 의회 의원, 또는 주의 행정관이나 사
법관으로써 합중국 헌법을 지지할 것을 선서하고, 후에 이에 대한 폭동이나
반란에 가담하거나 또는 그 적에게 원조를 제공한 자는 누구라도 연방의회의
상원의원이나 하원의원, 대통령 및 부통령의 선거인, 합중국이나 각 주에서
문무의 관직에 취임할 수 없다. 다만 연방의회는 각 원의 3분의 2의 찬성 투표
로써 그 실격을 해제할 수 있다.

4절

폭동이나 반란의 진압에 공헌한 바에 대한 은급 및 하사금을 지불하기 위하여
발생한 부채를 포함하여 법률로 인정된 합중국 국채의 법적 효력은 문제시되
지 않는다. 그러나 합중국에 대한 폭동이나 반란을 지원하기 위하여 발생한
부채나 채무에 대해서, 또는 노예의 상실이나 해방으로 인한 청구에 대해서는
합중국이나 그 어떤 주도 이를 부담하거나 지불하지 아니한다. 모든 그러한
부채, 채무 및 청구는 위법이고 무효이다.

---

21) 이 부분은 수정 제26조 1절에 의해 변경되었다.

5절

연방의회는 적절한 입법에 의하여 이 조항의 규정을 시행할 권한을 가진다.

수정 제15조(흑인의 투표권)[22]

(1869년 2월 26일 발의, 1870년 2월 3일 비준)

1절

합중국 시민의 투표권은 인종, 피부색 또는 과거의 예속 상태로 인해 합중국이나 주에 의하여 거부되거나 제한되지 아니한다.

2절

연방의회는 적절한 입법에 의하여 이 조의 규정을 시행할 권한을 가진다.

수정 제16조(소득세 징수권)[23]

(1909년 7월 12일 발의, 1913년 2월 3일 비준)

연방의회는 소득원의 종류를 불문하고, 각 주들 간에 할당하지 아니하고, 국세조사나 인구수에 관계없이, 소득에 대한 세금을 부과, 징수할 권한을 가진다.

수정 제17조(연방 상원의원의 직접 선거)[24]

(1912년 5월 13일 발의, 1913년 4월 8일 비준)

1절

합중국의 상원은 각 주 2명씩의 상원의원으로 구성된다. 상원의원은 그 주의 주민에 의하여 선출되고 6년의 임기를 가진다. 각 상원의원은 1표의 투표권

---

22) 수정 제1조는 남북전쟁 이후에도 사실상 남부 주들에서 잘 지켜지지 않았다. 흑인의 투표권은 1964년 1월 23일 비준된 수정 제24조에 의해 비로소 모든 주에서 행사될 수 있었다.

23) 수정 제16조에 의해 헌법 제1조 9절이 수정되었다.

24) 수정 제17조에 의해 헌법 제1조 3절이 변경되었다.

을 가진다. 각 주의 선거인은 주 의회에서 의원 수가 가장 많은 원의 선거인에 요구되는 자격을 가져야 한다.

2절

상원에서 어느 주의 의원에 결원이 생긴 때에는 그 주의 행정부는 결원을 보충하기 위하여 선거 명령을 발하여야 한다. 다만 주민이 주 의회가 정하는 바에 의한 선거에 의하여 결원을 보충할 때까지, 주 의회는 그 주의 주지사에게 임시로 상원의원을 임명하는 권한을 부여할 수 있다.

3절

이 수정 조항은 이 헌법의 일부로서 효력을 발생하기 이전에 선출된 상원의원의 선거 또는 임기에 영향을 주는 것으로 해석되지 아니한다.

수정 제18조(금주법)[25]

(1917년 12월 18일 발의, 1919년 1월 16일 비준)

1절

이 조의 비준으로부터 1년이 경과한 후에는 합중국과 그 관할에 속하는 모든 영토 내에서 음용할 목적으로 주류를 양조, 판매 또는 운송하거나 합중국에서 이를 수입 또는 수출하는 것을 금지한다.

2절

연방의회와 각 주는 적절한 입법에 의하여 이 조를 시행할 동등한 권한을 가진다.

---

25) 수정 제21조에 의해 1933년 폐기되었다.

3절

이 조는 연방의회가 이를 각 주에 회부한 날부터 7년 이내에 각 주의 의회가 헌법에 규정된 바에 따라 헌법 수정 조항으로 비준하지 아니하면 그 효력을 발생하지 아니한다.

<h2 align="center">수정 제19조(여성의 투표권)</h2>

(1919년 6월 4일 발의, 1920년 8월 18일 비준)

【1항】 합중국 시민의 투표권은 성별을 이유로 합중국이나 주에 의하여 거부 또는 제한되지 아니한다.

【2항】 연방의회는 적절한 입법에 의하여 이 조를 시행할 권한을 가진다.

<h2 align="center">수정 제20조(대통령과 연방의회 의원의 임기 개시일의 변경)[26]</h2>

(1932년 3월 2일 발의, 1933년 1월 23일 비준)

1절

대통령과 부통령의 임기는 이 조가 비준되지 아니하였더라면 임기가 만료되었을 해의 1월 20일 정오에, 그리고 상원의원과 하원의원의 임기는 그러한 해의 1월 3일 정오에 끝난다. 그 후임자들의 임기는 그때부터 시작된다.

2절

연방의회는 매년 적어도 1회 집회한다. 그 집회는 의회가 법률로 다른 날을 정하지 아니하는 한 1월 3일 정오부터 시작된다.

3절

대통령의 임기 개시일로 정해진 시일에 대통령 당선자가 사망하였으면 부통

---

26) 이 수정 조항의 2절에 의해 헌법 제1조 4절이 수정되었다.

령 당선자가 대통령이 된다. 대통령의 임기의 개시일로 정해진 시일까지 대통령이 선출되지 아니하였거나, 대통령 당선자가 자격을 구비하지 못했을 때에는 부통령 당선자가 대통령이 그 자격을 구비할 때까지 대통령의 직무를 대행한다. 연방의회는 대통령 당선자와 부통령 당선자 모두가 자격을 구비하지 못하는 경우에 대비하여 대통령의 직무를 대행하여야 할 자 또는 그 대행자의 선정 방법을 법률로써 규정하여야 한다. 이러한 경우에 선임된 자는 대통령 또는 부통령이 자격을 구비할 때까지 대통령의 직무를 대행한다.

4절

연방의회는 하원이 대통령의 선출권을 갖게 되었을 때에 대통령으로 선출할 인사 중 사망자가 생길 경우와, 상원이 부통령의 선출권을 갖게 되었을 때에 부통령으로 선출할 인사 중 사망자가 생길 경우를 대비하는 법률을 규정할 수 있다.

5절

1절 및 2절은 이 조의 비준 후 최초의 10월 15일부터 효력을 발생한다.

6절

이 조는 회부된 날로부터 7년 이내에 전체 주의 4분의 3의 주 의회에 의하여 헌법 수정 조항으로 비준되지 아니하면 효력을 발생하지 아니한다.

수정 제21조(금주 조항의 폐기)

(1933년 2월 20일 발의, 1933년 12월 5일 비준)

1절

합중국 수정 헌법 제18조를 폐기한다.

2절

합중국의 주, 영토 또는 속령의 법률을 위반하여 이들 지역 내에서 주류를 인도 또는 사용할 목적으로 수송 또는 수입하는 것을 금지한다.

3절

이 조는 연방의회가 이것을 각 주에 회부한 날로부터 7년 이내에 헌법 규정에 따라서 각 주의 헌법 회의에 의하여 헌법 수정 조항으로서 비준되지 아니하면 효력을 발생하지 아니한다.

수정 제22조(대통령의 임기의 제한)

(1947년 3월 21일 발의, 1951년 2월 27일 비준)

1절[27]

누구라도 2회를 초과하여 대통령직에 선출될 수 없으며, 누구라도 타인이 대통령으로 당선된 임기 중 2년을 초과하여 대통령직에 있었거나 대통령 직무를 대행한 자는 1회를 초과하여 대통령직에 당선될 수 없다. 다만 이 조는 연방의회가 이를 발의하였을 때에 대통령직에 있는 자에게는 적용되지 아니하며, 또 이 조가 효력을 발생하게 될 때에 대통령직에 있거나, 대통령 직무를 대행하고 있는 자가 타인의 잔여 임기 동안 대통령직에 있거나 대통령 직무를 대행하는 것을 중단시키지 아니한다.

---

27) 새헌법에 대통령의 연임 횟수에 대한 제한이 없음에도 불구하고 초대 대통령 조지 워싱턴은 2회 연임 후 고향인 버지니아주로 돌아가 약 2년 9개월 후에 사망하였다. 만일 그가 3번 연임해 3번째 임기 중에 사망했더라면 대통령의 종신 집권의 선례를 남겼을지 모른다. 하지만 그는 2회 연임으로 그쳤고, 그 선례를 따라 31대 대통령까지는 3회 이상 연임을 시도한 경우가 없었다. 그러나 32대 프랭클린 루즈벨트가 2번 연임한 후 1940년에 3번째 그리고 1944년에 4번째로 당선되어 1945년 그의 4번째 임기 중 사망할 때까지 집권하게 되자 대통령이 장기 집권 또는 군주국의 왕처럼 종신 집권을 할 수도 있다는 우려가 대두되었다. 결국 1951년 헌법 수정 제22조가 비준되어 대통령의 연임은 2회로 제한되었다.

2절

이 조는 연방의회가 각 주에 회부한 날로부터 7년 이내에 전체 주의 4분의 3의 주 의회에 의하여 헌법 수정 조항으로서 비준되지 아니하면 효력을 발생하지 아니한다.

<h2 style="text-align:center">수정 제23조(컬럼비아 특별행정구에서의 대통령, 부통령 선거권)[28]</h2>

(1960년 6월 16일 발의, 1961년 3월 29일 비준)

1절

【1항】합중국 정부 소재지를 구성하고 있는 특별행정구는 연방의회가 다음과 같이 정한 방식에 따라 대통령 및 부통령의 선거인을 임명한다.

【2항】그 선거인의 수는 이 특별행정구가 하나의 주라면 배당받을 수 있는 연방의회 내의 상원 및 하원의원 수와 같은 수이다. 그러나 어떠한 경우에도 최소의 인구를 가진 주보다 더 많을 수 없다. 그들은 각 주가 임명한 선거인들에 추가되며, 대통령 및 부통령을 선출할 목적으로 각 주가 임명한 선거인과 같은 선거인으로 간주된다. 그들은 이 특별행정구에서 회합하여 헌법 수정 제12조가 규정하고 있는 바와 같은 직무를 수행한다.

2절

합중국의회는 적절한 입법에 의하여 이 조를 시행할 권한을 가진다.

---

28) 어느 주에도 속하지 않기 때문에 연방 상원의원과 하원의원의 의석이 배정되지 않아 그 결과 대통령, 부통령을 선출하는 선거인이 없었던 합중국의 수도인 워싱턴(Washington, D.C.)에 선거인 3명을 부여한 수정 조항이다.

수정 제24조(동등한 선거권)

(1962년 9월 14일 발의, 1964년 1월 23일 비준)

1절

대통령 또는 부통령, 대통령 또는 부통령 선거인들 또는 연방의회 상원의원이나 하원의원을 위한 예비선거 또는 그 밖의 선거에서의 합중국 시민의 선거권은 인두세나 기타 조세를 납부하지 아니하였다는 이유로 합중국 또는 주에 의하여 거부되거나 제한되지 아니한다.

2절

합중국 의회는 적절한 입법에 의하여 이 조를 시행할 권한을 가진다.

수정 제25조(대통령의 직무수행 불능과 승계)

(1965년 7월 6일 발의, 1967년 2월 10일 비준)

1절

대통령이 면직, 사망 또는 사임하는 경우에는 부통령이 대통령이 된다.

2절

부통령직이 궐위되었을 때에는 대통령이 부통령을 지명하고, 지명된 자는 연방의회 양원의 과반수 득표에 의한 인준에 따라 그 직에 취임한다.

3절[29]

대통령이 상원의 임시의장과 하원의장에게 자신이 대통령직의 권한과 의무

---

[29] 수정 제25조가 비준된 이후 3절은 과거 3번 발동되었다. 제40대 레이건(Ronald Reagan) 대통령이 1985년 암 수술을 위해 그가 마취 상태에 들어가기 이전에 비공식적으로 발동했고, 제43대 조지 W. 부시(George W. Bush) 대통령이 2002년과 2007년 두 차례에 걸쳐 일상적인 의료 절차를 위해 자신이 마취 상태에 들어가기 전에 발동하였다.

를 수행할 능력이 없다는 것을 기재한 성명문을 송부할 경우에, 그리고 대통령이 그들에게 그 반대의 사실을 기재한 성명문을 송부할 때까지는 부통령이 대통령 권한대행으로서 그 권한과 의무를 수행한다.

4절[30]

【1항】 부통령과 각 행정부의 장관의 과반수 또는 연방의회가 법률로 정하는 기타 기관의 장들의 과반수가 상원의 임시의장과 하원의장에게 대통령이 그의 직의 권한과 의무를 수행할 수 없다는 것을 기재한 성명문을 송부할 경우에는 부통령이 즉시 대통령 권한대행으로서 대통령직의 권한과 의무를 수행한다.

【2항】 그 이후 대통령이 상원의 임시의장[31]과 하원의장에게 직무수행 불능이 존재하지 아니하다는 것을 기재한 성명문을 송부할 때에는 대통령은 그의 직무상 권한과 의무의 수행을 재개한다. 다만 그러한 경우에 부통령 그리고 행정부 각부의 장관들의 과반수, 또는 연방의회가 법률로 정하는 기타 기관의 장들의 과반수가 4일 이내에 상원의 임시의장과 하원의장에게 대통령이 그의 직무상 권한과 의무를 수행할 수 없다는 것을 기재한 성명문을 제출하는 경우에는 예외로 한다. 그 경우에 연방의회는 비회기 중이라 할지라도 이 목적을 위하여 48시간 이내에 소집하여 그 문제를 결정한다. 연방의회가 후자의 성명문을 수령한 후 21일 이내에, 또는 비회기 중인 연방의회가 소집 요구를 받은 후 21일 이내에, 양원의 3분의 2의 표결로써 대통령이 그의 직무상 권한과 의무를 수행할 수 없다는 것을 결의할 경우에는 부통령이 대통령 권한대행으

---

30) 3절과 4절 간의 중요한 차이점은 3절은 대통령만이 발동할 수 있는 반면, 4절은 부통령과 각 행정부의 장관의 과반수 또는 연방의회가 법률로 정하는 기타 기관의 장들의 과반수가 그 발동을 개시하고 주도한다는 것이다.

31) 이 경우, 헌법에 의해 상원의장직을 겸하는 부통령이 이미 대통령 권한대행으로서 대통령직의 권한과 의무를 수행하고 있기 때문이다.

로서 계속하여 그 권한과 의무를 수행한다. 그렇지 아니한 경우에는 대통령이 그의 직무상 권한과 의무의 수행을 재개한다.

수정 제26조(투표 연령의 변경)[32]

(1971년 3월 23일 발의, 1971년 7월 1일 비준)

1절

연령 18세 이상의 합중국 시민의 투표권은 연령을 이유로 하여 합중국 또는 주에 의하여 거부되거나 제한되지 아니한다.

2절

연방의회는 적절한 입법에 의하여 이 조를 시행할 권한을 가진다.

수정 제27조(의원의 보수 인상)[33]

(1789년 9월 25일 최초 발의, 1992년 5월 7일 비준)

상원의원과 하원의원의 보수 변경에 관한 법률은 다음 하원의원 선거가 지난 뒤 그 효력이 발생한다.

---

32) 수정 제 26조는 수정 제14조 2절을 변경하였다.
33) 하원의원의 임기에 해당하는 2년 동안 상원의원과 하원의원들이 2회 이상 자신들의 보수를 인상하는 것을 금지하는 헌법 수정 조항이다. 수정 제 27조는 발의에서 비준까지 약 203년이 걸렸다.

참고 문헌

Adair, Douglass. "That Politics May Be Reduced to a Science: David Hume, James Madison, and the Tenth Federalist." *Huntington Library Quarterly*, XX (1956~1957): 343-360.

Carey, George W. "Majority Tyranny and the Extended Republic Theory of James Madison." *Modern Age*, Vol. 20, no.1 (Winter, 1976): 40-53.

_____. "The Supreme Court, Judicial Review amd Fderalist Seventy-Eight." *Modern Age*, Vol. 18, no. 4 (Fall, 1974): 356-368.

Cooke, Jacob E. ed. *The Federalist.* Wesleyan University Press, 1961.

Dawson, Henry B. ed. *The Federalist*, Vol. 1. New York: Charles Scribner, 1863.

Diamond, Martin. "Ethics and Politics: The American Way." in The *Moral Foundations of the American Republic*, edited by Robert H. Horowitz, 39-72. Charlottesville: University of Virginia, 1977.

_____. ""The Federalist" on Federalism: "Neither a National nor a Federal Constitution, but a Composition of Both."" *The Yale Law Journal*, Vol. 86, no. 6 (May, 1977): 1273-1285.

Ostrom, Vincent. *The Meaning of American Federalism: Constituting a Self-Governing Society.* Institute for Contemporary Studies: San Francisco, California, 1991.

Peterson, Paul E. *The Price of Federalism.* The Brookings Institution, Washington, D.C. 1955.

Rosen, Jeffrey. "Madison vs. the Mob." *The Atlantic* (Oct., 2018): 88-93.

Scanlan, James P. "The Federalist and Human Nature" *The Review of Politics*, Vol. 21, no. 4 (Oct., 1959): 657-677.

Storing, Herbert J. *What the Anti-Federalists Were FOR.* The University of Chicago Press, 1981.

Syrett, Harold C. ed. *The Papers of Alexander Hamilton.* 4 Vols. New York and London: Columbia University Press, 1962.

Wootton, David. ed. *The Essential Federalist and Anti-Federalist Papers.* with Introduction by David Wootton. Hackett Publishing Company, Inc. Indianapolis/Cambridge, 2003.

찾아보기

솔론(Solon) 286, 287, 485

순찰군대 104, 105

순회법원 615

술탄(Sultan) 524

스웨덴 155, 165, 182

스위스 연합 342, 343

스코틀랜드 44, 47, 139, 438

스파르타 53, 57, 128, 141, 143~147, 149~151,
204, 286~288, 294, 484, 486, 489

스페인 36, 39, 40, 42, 43, 46, 50, 55, 58, 59, 97,
110, 114, 120, 159, 161, 196, 197, 199, 202

시리아(Syria) 149, 150

시민권 부여
　| 연방정부의 독점적 권한 245, 332, 336
　| 주 정부의 권한 245, 335

신민 606, 608, 649

신성로마제국 54

신용증권 295, 350, 351, 368, 654

신탁(oracle) 142, 147, 288

ㅇ

아나폴리스 회의(Annapolis Convention) 307,
314
　| 아나폴리스 회의 결의 308, 314

아라투스(Aratus of Sicyon) 148, 149, 287

아리스토텔레스 144
　| 정치학 144

아메리카 193
　| 미국 23
　| 아메리카 대륙 36, 42, 43, 50, 59, 65, 97,
100, 196
　| 아메리카 식민지 32, 289
　| 아메리카 합중국 72, 93, 94, 110, 185, 332
　| 연방 100, 542, 649
　| 연합 69, 83, 172, 206, 209, 322, 335, 353,
371, 421, 477, 485, 486, 572, 590, 649, 655,
661

아메리카 대륙 100

아시아(Asia) 100, 512, 524

아이톨리아 연합(Aetolian League) 147

아일랜드 44

아카이아 148
　| 아카이아인들 537

아카이아 연합(Achaean League) 128, 129,
146~151, 287, 361
　| 군대 128, 147
　| 로마 128
　| 아카이아인 151
　| 아카이아인들 151
　| 연합의회 147

아테네 53, 54, 57, 143, 145, 146, 149, 150, 204,
286, 483
　| 아테네인들 144, 145, 287, 288, 483
　| 집정관 485
　| 폭도 430, 483

아테네인 204

아프리카 100

아프리카인들 332

안티-페더럴리스트(anti-federalist) 131, 297,
514, 518, 524, 583
　| 새헌법에 대한 반대 이유 34, 169, 184
　| 정부 형태 제시 27
　| 정부 형태 제안 34, 37, 49

알렉산더 대왕 143, 149, 150

알코올 106

암픽티온 회의(Amphictyonic Council) 141~
147, 149, 287, 342

앤 여왕(Queen Anne) 47

어업 42, 43, 97

어업권 97

에트루리아 문명 534

연기 계약 노무자 421, 424, 425

연방대법원 101, 137, 226, 305, 499~501, 580,
587, 589, 592, 609~611, 613, 614, 616, 617,
619~621, 623~627
　| 관할권 621, 643
　| 연방대법원 판사 506, 514, 530, 574

기타

지은이

알렉산더 해밀턴(1755 또는 1757~1804)

카리브해의 영국 식민지 서인도 제도 네비스섬의 찰스타운에서 태어났다. 그의 출생연도는 1755년 혹은 1757년생으로 알려졌지만, 최근에는 1755년 1월 11일생이라는 것이 더 유력하다. 해밀턴은 비록 사생아로 태어났지만 부유한 상인에 의해 입양되어 자랐으며, 어릴 적부터 아주 영특하였다. 그의 이러한 영특함을 알아본 많은 주변 사람들의 도움을 받아 뉴욕의 킹스칼리지(지금의 컬럼비아 대학교)에서 공부할 수 있었다. 대학 재학 중 영국과의 독립전쟁에 참여해 합중국 총사령관 조지 워싱턴 장군의 부관을 지냈다.

1780년에 해밀턴은, 1600년대 중반에 일찍이 네덜란드로부터 이주해 와 뉴욕주의 명문가로 자리 잡은 스카일러(Schuyler) 집안의 딸인 엘리자베스 스카일러와 결혼하였다. 이후 1787년 필라델피아 헌법회의에 뉴욕주 대표로 참여해 강력한 중앙정부를 기반으로 하는 새로운 헌법의 필요성을 주장하였다. 헌법회의에서 돌아온 해밀턴은 버지니아주 대표로 참가했던 제임스 매디슨과, 뉴욕의 유명한 변호사인 존 제이를 설득하여, 새헌법의 장점과 비준의 필요성을 뉴욕주 시민들에게 알리기 위해 푸블리어스라는 필명으로 뉴욕의 여러 신문에 게재를 시작하여 총 85편의 에세이를 발표하였다. 이 에세이, 혹은 페이퍼들은 뉴욕주에서 새로운 헌법이 비준되는 데 많은 공헌을 했을 뿐만 아니라, 새로운 헌법의 공화주의적 토대와 새로운 정부 형태인 연방제도의 장점을 일반 시민에게 소개했다. 이후 이 페이퍼들은 『The Federalist Papers』라는 이름으로 출판되었고 미국 헌법, 독립선언문과 함께 오늘날까지 미국 정치의 3대 신성한 문서로 여겨지고 있다.

그러나 사실 해밀턴은 매디슨과 제이 이외에도, 거버너 모리스(Gouverneur Morris)와 윌리엄 두어(William Duer)를 공저자로 고려했었다. 하지만 거버너 모리스는 해밀턴의 제안을 거부하였고, 윌리엄 두어의 경우 그의 글이 해밀턴의 마음에 들지 않아 결국 세 사람이 집필하는 것으로 결정되었다.

페이퍼들이 신문에 기고될 당시 저자들은 그들의 신분을 철저히 비밀에 부치기로 약속하였다. 그런 이유로 특히, 해밀턴과 매디슨이 쓴 많은 페이퍼 중 실제 저자가 누구인지에 대해 현재까지도 논란이 있다. 그러나 분명한 것은 해밀턴이 가장 많은 페이퍼를 썼으며, 그가 모든 프로젝트를 감독하고 출판과 계획을 총괄했다는 것이다. 전문가들의 분석에 의하면 원저자의 논란이 있는 12개의 페이퍼 가운데 10개를 매디슨이 썼다고 하는 주장들이 있지만, 아무도 그 진위를 확실히 알 수는 없다.

해밀턴은 새헌법에 의해 연방정부가 수립된 후 미국의 초대 재무장관을 지냈으며, 미국 경제의 초석을 마련하는 데 지대한 공헌을 하였다. 불행하게도 그의 정적인 당시의 현직 부통령이었던 애런 버(Aaron Burr)와의 결투에서 입은 총상으로 그다음 날인 1804년 7월 12일, 만 49세의 나이로 사망했다. 그의 비극적인 사망 이후 그의 아내인 엘리자베스 스카일러 해밀턴은, 그 후 50년 동안 해밀턴의 모든 편지와 논설, 그리고 저서들을 모두 수집하고 정리해 오늘날까지 해밀턴의 글들이 보존되고 읽히는 데에 크게 이바지하였다. 한편 엘리자베스 스카일러 해밀턴은 90살이 가까워졌을 때까지도 미국 사회의 불우한 어린이들을 위해 기금을 모금하고 고아원을 설립하는 등 자선가로 활약하기도 하였다.

제임스 매디슨(1751~1836)

버지니아주 출신인 제임스 매디슨은 프린스턴 대학을 2년 만에 졸업하고, 36살의 나이에 버지니아주의 대표로 필라델피아 헌법회의에 참가할 정도로 뛰어난 엘리트였다. 헌법회의에 참가하고 난 후 버지니아주 출신임에도 불구하고 해밀턴을 도와 뉴욕주에서의 새헌법의 비준을 위해 "페더럴리스트 페이퍼스"를 신문에 게재하였고 새헌법이 뉴욕주에서 비준되는 데 많은 공헌을 하였다.

헌법이 비준된 후 매디슨은 제3대 대통령 토머스 제퍼슨 밑에서 8년간 국무장관을 지냈으며, 그 후에는 제4대 미국 대통령에 당선되어 8년 동안 재임하였다. 제임스 매디슨은 미국 역사에서 미국 헌법의 아버지로 불릴 만큼 미국 헌법의 많은 이론적·사상적 토대를 마련한 것으로 알려져 있다.

"페더럴리스트 페이퍼스" 내용을 보면 해밀턴은 매우 강력한 연방정부의 필요성을 주장하는 부분이 두드러지는 반면, 매디슨은 해밀턴의 강력한 주장을 어느 정도 완화시켜 새헌법의 반대자들을 자극하지 않으려고 노력하는 부분들이 있음을 볼 수 있다.

존 제이(1745~1829)

존 제이는 미국의 법률가, 정치인, 변호사였으며 『페더럴리스트 페이퍼스』 중 가장 적은 5편만을 집필하였다. 그는 1778년부터 1779년까지 대륙회의 의장을 지냈고, 그 후 1779년부터 3년간 스페인 주재 공사로 근무하면서 영국으로부터의 미국 독립을 위해 많은 외교적 노력을 하였다. 새 연방정부가 설립된 1789년에 초대 대통령 조지 워싱턴에 의해 미국 최초의 연방대법원장에 임명되어 약 6년간 재임하였으며, 연방대법원장을 지낸 후에는 제2대 뉴욕주 지사를 지내기도 하였다.

옮긴이

김동영

울산대학교 사회과학대학 국제관계학과 교수를 역임하고 현재 명예교수이다. 보성고등학교와 한국외국어대학교 영어과를 졸업했다. 미국 펜실베이니아 대학교(The University of Pennsylvania)에서 미국정치 전공으로 정치학 석사학위를, 미국 조지타운 대학교(Georgetown University)에서 역시 미국정치 전공으로 정치학 박사학위를 취득했다. 1998년에는 미국 공보원(The United States Information Agency) 초청 'American Federal Democracy' 연수과정을 수료하였으며, 2005년에는 미국 UCLA 대학교(University of California, Los Angeles)에서 방문교수를 지냈다.

주요 논문에는 「미국의 인종차별 폐지 정책에 있어서 연방대법원의 역할」(1995), 「미국의 분할된 정부의 원인에 대한 재고찰(1998), 「미국 연방선거에서 후보무관련 선거운동의 실태와 미래(2000), 「미국 남부에서의 정당지지도 변화의 의미(2000), 「미국 카톨릭교도의 정당지지구조 재편(2003), 「남부와 비남부의 공화당 지지에 대한 투표행태 비교: 1988-2000 미국 대통령선거」(2004), 「2008년 미국 대통령선거: 최초의 흑인 후보에 대한 백인 유권자 투표행태 분석」(2012) 등이 있으며, 주요 역서는 『페더럴리스트 페이퍼』(1995)이며, 2005년 서울대학교 권장도서 100선에 선정되었다. 주요 저서로는 *On the Interest Group Connection*(공저, 2005), 『미국 백인사회의 민족과 종교의 갈등』(2016), 『미국 대통령 선거의 단계별 정리』(2016)가 있다. 주요 관심 분야는 미국 정치와 국제관계이다.

한울아카데미 2491

페더럴리스트 페이퍼스 새 번역판

지은이 ● 알렉산더 해밀턴·제임스 매디슨·존 제이 지음
옮긴이 ● 김동영
펴낸이 ● 김종수
펴낸곳 ● 한울엠플러스(주)
편집책임 ● 조수임

초판 1쇄 인쇄 ● 2023년 12월 20일
초판 1쇄 발행 ● 2024년 1월 22일

주소 ● 10881 경기도 파주시 광인사길 153 한울시소빌딩 3층
전화 ● 031-955-0655
팩스 ● 031-955-0656
홈페이지 ● www.hanulmplus.kr
등록번호 ● 제406-2015-000143호

Printed in Korea.
ISBN   978-89-460-7492-7 93340(양장)
          978-89-460-8275-5 93340(무선)

* 책값은 겉표지에 표시되어 있습니다.
* 무선 제본 책을 교재로 사용하시려면 본사로 연락해 주시기 바랍니다.